# 戦略経営論
## 競争力とグローバリゼーション

著
マイケル・A・ヒット
R.デュエーン・アイルランド
ロバート・E・ホスキソン

久原 正治、横山 寛美
監訳

# Strategic Management

Michael A. Hitt,
R. Duane Ireland,
Robert E. Hoskisson

## Competitiveness and Globalization

Strategic Management: Competitiveness and Globalization, Concepts, 8th Edition
by Michael A. Hitt | R. Duane Ireland | Robert E. Hoskisson

The Japanese edition © 2010 Cengage Learning K.K.
The original text © 2009, South-Western, a part of Cengage Learning

ALL RIGHTS RESERVED. No part of this work covered by the copyright herein may be reproduced, transmitted, stored or used in any form or by any means graphic, electronic, or mechanical, including but not limited to photocopying, recording, scanning, digitizing, taping, Web distribution, information networks, or information storage and retrieval systems, without the prior written permission of the publisher.

# もくじ

日本の読者の皆さんへ x

原著者略歴 xi

学習の手引き xii

## 第1部　戦略要因分析

### 第1章　戦略的経営と戦略的競争力 ……………………………………… 2
オープニング・ケース　ボーイングとエアバス………………………… 3
激しい競争状況 …………………………………………………………… 10
　●グローバル経済・11　●技術と技術変化・15
　★戦略フォーカス・コラム　アップル・18
Ｉ／Ｏモデルによる平均を上回る収益性 ……………………………… 22
　★戦略フォーカス・コラム　ネットフリックス社・25
資源ベース・モデルによる平均を上回る収益性 ……………………… 29
ビジョンとミッション …………………………………………………… 31
　●ビジョン・32　●ミッション・33
ステークホルダー ………………………………………………………… 35
　●ステークホルダーの分類・35
戦略的リーダー …………………………………………………………… 40
　●成果を上げる戦略的リーダーの仕事・41
　●戦略的意思決定の結果を予測する：利益プール・42
戦略的経営のプロセス …………………………………………………… 43
　要約／46　　重要用語／48　　復習問題／50

### 第2章　外部環境：機会、脅威、業界内の競争、競合企業分析 …… 52
オープニング・ケース　ウォルマートに対する環境問題の圧力 …… 53
一般環境、業界環境、競合企業環境 …………………………………… 57

i

外部環境分析 ……………………………………………………………… 60
  ●スキャニング・61  ●モニタリング・63  ●フォーキャスティング・63  ●アセシング・64

一般環境のセグメント ……………………………………………………… 65
  ●人口動態セグメント・65  ●経済セグメント・68  ●政治的/法的セグメント・69
  ●社会文化的なセグメント・70  ●技術的なセグメント・72  ●グローバル・セグメント・74
  ★戦略フォーカス・コラム　グーグル・77

業界環境分析 ……………………………………………………………… 80
  ●新規参入の脅威・81  ●サプライヤーの交渉力・86  ●買い手の交渉力・87
  ●代替製品の脅威・88  ●競合企業間の敵対関係の激しさ・89

業界分析の解釈 …………………………………………………………… 92

戦略グループ ……………………………………………………………… 93
  ★戦略フォーカス・コラム　IBM・96

競合企業分析 ……………………………………………………………… 98

倫理的配慮 ………………………………………………………………… 102
  要約／103  重要用語／104  復習問題／106

## 第3章　内部組織：経営資源、組織能力、コアコンピタンス、および競争優位 …… 108

オープニング・ケース　3M：イノベーションと効率性の対立関係のマネジメント ……… 109

内部組織の分析 …………………………………………………………… 113
  ●内部分析の意味・113  ●価値の創造・114  ●内部組織を分析する課題・116

経営資源、組織能力、およびコアコンピタンス ………………………… 119
  ●経営資源・119
  ★戦略フォーカス・コラム　現代自動車・120
  ●組織能力・125
  ★戦略フォーカス・コラム　ペプシコ・126
  ●コアコンピタンス・128

コアコンピタンスの構築 ………………………………………………… 130
  ●持続可能な競争優位の4つの規準・130  ●バリューチェーン分析・135

アウトソーシング ································································· 139
コンピタンス、強み、弱み、および戦略的意思決定 ························· 141
　要約／144　　重要用語／146　　復習問題／147

## 第2部　戦略行動：戦略の策定

### 第4章　事業戦略 ································································· 150
オープニング・ケース　ペット・フードからペットスマートへ ············· 151
顧客：その事業戦略との関係 ······················································ 156
　●効果的な顧客関係管理・156　　●リーチ、リッチネス、アフィリエーション・157
　●Who：サービスすべき顧客の決定・159　　●What：どの顧客ニーズを満足させるかの
　決定・161　　●How：顧客ニーズの満足を実現するコアコンピタンスの決定・162
事業戦略の目的 ······································································· 163
事業戦略の類型 ······································································· 166
　●コスト・リーダーシップ戦略・168　　●差別化戦略・174　　●集中戦略・180
　★戦略フォーカス・コラム　カリブ・コーヒー・181
　●コスト・リーダーシップと差別化の統合戦略・187
　★戦略フォーカス・コラム　ザラ・189
　要約／194　　重要用語／196　　復習問題／197

### 第5章　敵対的競合関係と競争のダイナミクス ································· 198
オープニング・ケース　ヒューレット・パッカード社とデル社の競争：激しい戦い ············ 199
敵対的競合関係のモデル ···························································· 204
競合企業分析 ········································································· 205
　●市場の共通性・206　　●資源の類似性・208
競争行動と競争反応の原動力 ······················································ 210
　★戦略フォーカス・コラム　ネットフリックスとブロックバスター・211
敵対的競合関係 ······································································· 213
　●戦略的行動と戦術的行動・214

攻撃の可能性 ……………………………………………………………… 215
　●先行者のインセンティブ・215
　★戦略フォーカス・コラム　ウォルマート・216
　●組織の規模・220　　●品質・221

反応の可能性 ……………………………………………………………… 224
　●競争行動の種類・224　　●行為者の評判・225　　●市場依存・226

競争のダイナミクス ……………………………………………………… 227
　●変化の周期が遅い市場・227　　●変化の周期が速い市場・229
　●変化の周期が標準の市場・232
　要約／234　　重要用語／236　　復習問題／238

## 第6章　企業戦略 …………………………………………………… 240

オープニング・ケース　Ｐ＆Ｇの多角化戦略 ………………………… 241

多角化のレベル …………………………………………………………… 245
　●低レベルの多角化・246　　●中レベルと高レベルの多角化・247

多角化の理由 ……………………………………………………………… 248

価値創造の多角化：関連拘束型と関連連鎖型多角化 ………………… 251
　●事業活動の関連性：事業活動の共有・252　　●全社的な関連性：コアコンピタンスの移
　　転・253　　●市場支配力・254　　●事業活動の関連性と全社的な関連性との両立・257

非関連多角化 ……………………………………………………………… 259
　●内部資本市場の効率的な資源配分・259
　★戦略フォーカス・コラム　スミス＆ウェッソン社とルクソッティカ社・260
　●資産のリストラクチャリング・264

価値中立的多角化：インセンティブと資源 …………………………… 264
　★戦略フォーカス・コラム　非関連戦略の復活・265
　●多角化のインセンティブ・267　　●資源と多角化・273

価値削減的多角化：多角化する経営者の動機 ………………………… 274
　要約／277　　重要用語／279　　復習問題／280

## 第7章　企業買収と再編戦略 …………………………………………………………… 282

オープニング・ケース　国境を越えた買収が増加傾向………………………… 283

### 企業合併・買収戦略の流行 ……………………………………………………… 287
- 合併、買収、敵対的買収：その相違点・288

### 企業買収を行う理由 ……………………………………………………………… 289
- 市場支配力の増大・289
- ★戦略フォーカス・コラム　オラクル、CVS・290
- 参入障壁の克服・295　　●新製品開発のコストと加速する市場投入までのスピード・297
- 新製品開発に比べて低いリスク・298　　●一層の多角化・298　　●企業の競争範囲の再構築・300　　●新たな組織能力の学習と開発・301

### 買収の成功を達成する上での諸問題 …………………………………………… 302
- 統合の難しさ・302　　●標的企業の不十分な評価・304　　●多額、あるいは過大な負債・305　　●シナジー達成の不能・307　　●多角化の行き過ぎ・308　　●経営者の企業買収への過剰な傾斜・309　　●過大な企業規模・311

### 効果的な企業買収 ………………………………………………………………… 312

### 事業の再編成 ……………………………………………………………………… 315
- 事業規模の縮小　316
- ★戦略フォーカス・コラム　ダイムラー・クライスラー・317
- 事業範囲の縮小・320　　●レバレッジド・バイアウト・321　　●事業再編成の結果・322

要約／325　　重要用語／326　　復習問題／327

## 第8章　国際戦略 ……………………………………………………………………… 328

オープニング・ケース　上海汽車工業：グローバル市場への参入………………… 329

### 国際的な機会の識別：国際戦略を活用するインセンティブ ………………… 333
- 拡大する市場規模・335　　●投資利益率・336　　●規模と学習の経済性・336
- ★戦略フォーカス・コラム　GM・337
- 立地の優位・339

### 国際戦略 …………………………………………………………………………… 340
- 国際事業戦略・341　　●国際全社戦略・344

### 環境のトレンド …………………………………………………………………… 348

- 外国企業であることの不利・349　　●地域化・350

## 国際参入形態の選択 352
- 輸出・352　　●ライセンシング・354　　●戦略的提携・356　　●買収・357
- 新規完全所有子会社・359
- ★戦略フォーカス・コラム　トヨタ・360
- 参入形態のダイナミクス　363

## 戦略的競争成果 364
- 国際的多角化と収益性・365　　●国際的多角化とイノベーション・366
- 多国籍企業の管理の複雑さ・367

## 国際環境内のリスク 368
- 政治的リスク・368　　●経済的リスク・369
- 国際的な拡大の限界：経営管理上の問題点・371

要約／372　　重要用語／374　　復習問題／375

# 第9章　協調戦略 376
## オープニング・ケース　ＩＢＭにおける協調戦略の利用 377
## 協調戦略の主要なタイプとしての戦略的提携 380
- 戦略的提携の３つのタイプ・382
- ★戦略フォーカス・コラム　コダック・383
- 企業が戦略的提携を展開する理由・386

## 事業単位の協調戦略 390
- 相互補完型戦略提携・391
- ★戦略フォーカス・コラム　日産とルノー・393
- 競争反応型戦略・395　　●不確実性削減型戦略・396　　●競争削減型戦略・397
- 事業単位の協調戦略の評価・398

## 全社的競争戦略 400
- 多角化型戦略提携・400　　●シナジー型戦略提携・401　　●フランチャイジング・402
- 全社的協調戦略の評価・404

## 国際協調戦略 404
## ネットワーク型協調戦略 407

- ●提携ネットワークの種類・408

協調戦略の競争上のリスク ･･････････････････････････････････････････････････ 409

協調戦略の管理 ･･････････････････････････････････････････････････････････････ 412

 要約／414   重要用語／416   復習問題／418


## 第3部　戦略行動：戦略の実行

### 第10章　コーポレート・ガバナンス ･･････････････････････････････････ 420

 オープニング・ケース　ますます強化されてるコーポレート・ガバナンスは、
         ＣＥＯにどのような影響を与えてきたのか？ ･･････････････ 421

所有と経営のコントロールの分離 ･･････････････････････････････････････････ 427

- ●エージェンシー関係・428　●エージェンシー問題の一例としての製品多角化・430
- ●エージェンシー・コストとガバナンスの仕組み・433

所有の集中 ･･････････････････････････････････････････････････････････････････ 435

- ●機関所有者の増大する影響・436

取締役会 ･･････････････････････････････････････････････････････････････････････ 437

- ●取締役会の実効性の強化・441

経営幹部報酬 ･･････････････････････････････････････････････････････････････････ 442

- ●経営幹部報酬の実効性・443

 ★戦略フォーカス・コラム　ホームデポ社・444

企業コントロールの市場 ･･････････････････････････････････････････････････････ 449

- ●経営陣の防衛戦術・452

国際的コーポレート・ガバナンス ･･････････････････････････････････････････ 455

- ●ドイツのコーポレート・ガバナンス・456　●日本のコーポレート・ガバナンス・457
- ●グローバル・コーポレート・ガバナンス・459

 ★戦略フォーカス・コラム　アクティビスト投資家が、"ステークホルダー"資本主義
         に伝統的に焦点を置いていた日本の大企業を侵略する・460

ガバナンスの仕組みと倫理的行動 ･･････････････････････････････････････････ 464

 要約／465   重要用語／467   復習問題／468

## 第11章　組織構造とコントロール……470

オープニング・ケース　戦略と組織構造の変革はＧＥの手中にあるのか？……471

組織構造とコントロール……474

- 組織構造・474

★戦略フォーカス・コラム　ベスト・バイ社・477

- 組織のコントロール・479

戦略と組織構造の関係……482

戦略と組織構造における進化的パターン……483

- 単一事業組織・485　● 機能別組織・485　● 事業部制組織・486　● 事業戦略と機能別組織との間の適合関係・487　● 企業戦略と事業部制組織間の適合関係・492　● 国際戦略と世界的組織間の適合関係・500

★戦略フォーカス・コラム　ゼロックス社・503

- 協調戦略とネットワーク組織間の適合関係・509

事業単位の協調戦略の実行……512

全社的協調戦略の実行……514

国際的な協調戦略の実行……514

要約／516　　重要用語／518　　復習問題／519

## 第12章　戦略的リーダーシップ……520

オープニング・ケース　私はどれぐらい長く仕事に就いていられるのか？
　　　　　　　　　　ＣＥＯとトップレベルの戦略的リーダーの短い命……521

戦略的リーダーシップとスタイル……525

★戦略フォーカス・コラム　ダグ・コナント・528

トップレベルの経営管理者の役割……529

- トップ・マネジメント・チーム・531

経営者の継承……536

鍵となる戦略的リーダーシップ行動……540

- 戦略的方向の決定・541　● 企業の資源ポートフォリオの効果的な管理・542　● 効果的な組織文化の維持・547　● 倫理的実践の重視・549　● バランスのとれた組織コントロールの確立・551

★戦略フォーカス・コラム　次は何？　未来の戦略的リーダー・555

要約／558　　重要用語／560　　復習問題／561

# 第13章　戦略的アントレプレナーシップ 562

オープニング・ケース　グーグル・イノベーション！ 563

アントレプレナーシップと企業家活動の機会 568

イノベーション 569

アントレプレナー 570

国際的アントレプレナーシップ 572

企業内イノベーション 574

● 漸進的イノベーションと破壊的イノベーション・575

★戦略フォーカス・コラム　Razr の優位性・577

● 自律的戦略行為・580　　● 誘発された戦略行為・582

企業内イノベーションの実行 583

● クロス・ファンクショナル製品開発チーム・584　　● 統合とイノベーションの促進・585

● 企業内イノベーションからの価値創造・586

協調戦略によるイノベーション 587

企業買収を通じたイノベーション 590

★戦略フォーカス・コラム　ホール・フーズ社・591

戦略的アントレプレナーシップを通じての価値創造 594

要約／597　　重要用語／599　　復習問題／600

索引　601

監訳者あとがき　607

## 日本の読者の皆さんへ

　われわれの書いた『Strategic Management – Competitiveness and Globalization – 』が翻訳され日本に紹介されることをうれしく思います。この数十年の期間にわたる日本の世界経済への貢献と日本企業のグローバル経済への影響を考えると、日本企業の戦略的経営の問題は非常に重要です。この本では、組織の戦略的経営に関する直近の最重要な知識を提供しています。21世紀の組織に効果的な戦略を開発し、実行するために経営管理者が必要とする知識を提供しているのです。そういうことで、このわれわれが作成したテキストの日本語訳が、多くの日本の学生や社会人の皆さんの手に入るようになることに、心を躍らせています。私はこの本を皆さんにお薦めするとともに、この本の知識が皆さんの現在の学習や将来のキャリアに役に立つことを望んでいます。

2009年10月
著者を代表してマイケル A. ヒット

# 原著者略歴

## マイケル A. ヒット（Michael A. Hitt）

テキサス A&M 大学特任教授兼ジョー・フォスター・チェアシップ教授。
米国経営学界の重鎮。26 冊の本を含む 260 本の論文が主要学会誌に掲載され、数々の賞を受賞し、経営学分野で最もその論文が引用される世界トップ 10 教授の一人。
主要著書に、Downscoping（Oxford University Press, 1994）, Merger & Acquisitions（Oxford University Press, 2001）, Competing for Advantage（South-Western 2008）がある。
世界最大かつ最高位の経営学会である Academy of Management の元会長、Academy of Management Journal, Journal of Management など主要な経営学会誌の編集委員兼務。コロラド大学博士。

## R. デュエーン・アイルランド（R. Duane Ireland）

テキサス A&M 大学特任教授兼ベネット・チェアシップ教授。
戦略経営分野で 175 本の論文が主要学会誌に掲載され、アントレプレナーシップ分野の高名な研究教育者。
主要著書に、Entrepreneurship（Prentice Hall, 2010）がある。
Academy of Management 理事で、Academy of Management Journal の編集長の他, 多数の主要経営学会誌編集委員兼務。テキサス工科大学博士。

## ロバート E. ホスキソン（Robert E. Hoskisson）

ライス大学ビジネススクール、ジョージ・ブラウン・チェアシップ教授。
M&A、ガバナンス、協調戦略などの分野で 120 本の論文が主要学会誌に掲載され、戦略経営分野の高名な研究教育者。
主要著書に、Understanding Business Strategy（South-Western Cengage Learning, 2009）がある。
Strategic Management Society 理事で、Strategic Management Journal, Journal of International Business Studies の編集委員兼務。カリフォルニア大学アーバイン校博士。

## 学習の手引き

### ●本書全体の構成

本書は、戦略経営の理論的概念を、グローバリゼーションが進む現実ビジネスと対比しながら理解させる狙いで、3部構成になっている。

まず第1部は、『戦略要因の分析』とし、第1章では「戦略経営とは何か」の全体像を理解する。そして、第2章で企業を取り巻く「外部環境」、第3章で企業の「経営資源」の分析の方法を学ぶ。次に第2部『戦略の策定』では、第4章の個別の「事業戦略」に始まり、第5章で「競争戦略」を学び、第6章で多角化に関する「企業全体の戦略」、第7章で多角化企業の重要な戦略である「買収と再編戦略」、第8章でグローバリゼーションの下での「国際戦略」、第9章でネットワーク時代に重要性を増す「協調戦略」について学ぶ。最後の第3部『戦略の実行』では経営組織の問題に触れ、第10章で企業統治を考える「コーポレート・ガバナンス」、第11章で戦略の実行に不可欠の「組織構造と経営コントロール」、第12章で戦略を遂行する「戦略的リーダーシップ」の役割、第13章で企業の革新に必要な「戦略的アントレプレナーシップ」について学ぶ。

### ●各章の構成

各章では、まず「本章の狙い」でその章で検討する主要な理論的課題を列挙する。次に「オープニング・ケース」で、その章のテーマの導入となる現実のビジネス・ケースを取り上げる。次に各章のテーマに関する「理論的な概念」が順を追って解説される。特に本文でゴチック表記された理論的概念は、各章の最も重要な概念である。その概念は、わかりやすいように図示されている。各章の途中では、「戦略フォーカス・コラム」で、具体的に戦略が反映された短いビジネス・ケースが示されている。章の最後に重要な理論的概念が「要約」される。この要約を繰り返し読むことで、戦略経営の基本概念が身につく。さらに章末で、その章の「重要用語」と「復習問題」が示され、基本概念の完全な理解を助けるようになっている。

### ●索引

戦略経営の理解に最低限必要な基本的な用語について、巻末の索引で日本語と、英語で関連頁を参照できるようになっている。ここには、各章の重要用語はすべて含まれており、それに加えて理解が必要な専門用語が取り上げられている。

### ●脚注

本書の特徴として、経営学のさまざまな研究成果が縦横に取り入れられ、原著ではその原典が脚注に詳細に示されている。紙数の関係で、本訳書では脚注は割愛せざるをえなかった。原典に興味がある読者は原著の脚注に当たっていただきたい。

# 第1部
# 戦略要因分析

第1章　戦略的経営と戦略的競争力

第2章　外部環境：機会、脅威、業界内の競争、
　　　　競合企業分析

第3章　内部組織：経営資源、組織能力、コアコンピタンス、
　　　　および競争優位

# 第1章

## 戦略的経営と戦略的競争力

本章の狙いは、下記目的に必要な戦略的経営の知識を提供することにある。

1. 戦略的競争力、戦略、競争優位、平均を上回る収益性、そして戦略的経営のプロセスを定義する。
2. 激しい競争状況について詳しく述べ、グローバリゼーションと技術変化がどのようにして激しい競争状況を形成するかを説明する。
3. I/O(産業構造分析)モデルを使い、企業がどのようにすれば平均を上回る収益性を上げられるかを説明する。
4. 資源ベース・モデルを使い、企業がどのようにすれば平均を上回る収益性を達成できるかを説明する。
5. ビジョンとミッションについて詳しく述べ、それらの価値を議論する。
6. ステークホルダーを定義し、組織に与える影響力を述べる。
7. 戦略的リーダーの仕事について詳しく述べる。
8. 戦略的経営のプロセスを説明する。

*opening case*

ボーイングとエアバス：
旅客機製造で優位獲得をめざすグローバル競争の戦い

　ボーイングは、航空機製造史上長い間断トツのナンバーワン企業であった。ところが、2001年エアバスの受注が史上初めてボーイングを上回る事態が生じた。そこでボーイングは挽回策を図ったところ、2006年には商用機の受注が1044機対790機とエアバスを上回って回復し、かつての優位性を取り戻すことに成功した。この受注獲得戦争の中で、特に激しい戦いとなったのはスーパー・ジャンボ級の大型機種で、エアバスA-380型機とボーイング787型機の競合であった。

　1992年ごろ、ボーイングとエアバスの親会社のEADSはスーパー・ジャンボ級大型機種の見通しについて共同調査をすることで合意した。その背景には、中国とインドにおける航空交通量の増加があった。しかし、エアバスとボーイングは市場動向について異なる見解に達し、両者は袂を分かつことになった。

　ボーイング787ドリームライナーは、250人の収容能力を持ち、長距離で効率的な飛行に向くよう設計されている。対するエアバスA-380は、550人以上の乗客収容能力でかつ長距離飛行用にできている。両者の戦略は、次のように異なる。エアバスは、ハブ・アンド・スポーク・システム（hub-and-spoke）を活用する大規模飛行場間を飛ぶことを重要と考える。他方ボーイングは、数多くあるより小規模の飛行場を

結ぶ目的地直行便（point-to-point）システムが重要と考える。実際問題として、エアバス A-380 機が現在着陸できる飛行場は、その大きさと重量の制約から、およそ 35 しかない。これに対し、ボーイング 787 は世界の多くの飛行場に着陸できるばかりでなく、そのような飛行場の数は新興国でも増えてきている。特に東ヨーロッパの小さな飛行場は、国際便の乗り入れを望んでいる。

　エアバスは、2001 年から 2005 年にかけて起きた競争では勝利していた。当時エアバスは、A-320 型機を主力商品として中型機市場に集中し、ボーイング 737 型機と 757 型機と競合していた。A-320 はボーイングの競合機より効率的であった。顧客が効率的な新型旅客機を作ってほしいと望んでいたが、ボーイングは、そういった顧客の要望に応えていなかった。事実、同社は新型機種の開発のスピードを落としていた。加えて、新型機種の売り出し予定もなかったが、それとは別に、そもそも商用機市場そのものが低迷していた。同時多発テロ事件やそれに続く不況で、新規注文が著しく落ち込んでいたのである。エアバスと対抗していたボーイングにとっては、木枯らしの吹く寒い季節であった。

　ごく最近では、受注獲得競争で見る限りボーイング 787 ドリームライナーが全体の設計戦略で勝利している。同社はまた、製造工程で新しい戦略を導入し成功した。同社は、日本や中国等を含めたグローバルなサプライ・チェーンを構築し、製造工程のスピードアップを可能とした。一方、エアバスは、A-380 型機の製造スケジュールに遅れが出てきた。その中型機、A-350 型機も設計変更問題に直面している。この中型機 A-350 は、同サイズの機種のボーイング 787 に比べスケジュールが遅れ、エアバスは受注を増やすために大幅なディスカウント販売をせざるを得ない状況に追い込まれている。

　また欧州各国政府は大株主であり、かつ補助金をエアバスに与えているので、エアバスはより多くの部品を欧州諸国で製造することを余儀なくされている。一方、スペイン、フランス、ドイツ、イギリスの各国政府には、自国の雇用水準を維持しなければならない政治課題がある。それで、エアバスは大部分の製造を欧州地域で行わねばならないのである。ボーイングは 787 ドリームライナー機の工程の 85% を外部に発注して

いるのに対し、エアバス A-380 型機は 15％しか外注していない。設計と開発の遅れで、A-380 の開発コストは 140 億ドルにのぼってしまったが、対するボーイングの 787 向け開発投資は 80 億ドルに留まっている。

　ボーイングは、A-380 に対しジャンボ機でなく 787 ドリームライナーで対抗することを決めた。その際、同社は顧客である航空会社やその最終顧客である旅客の意見を集約し反映するよう、大いに協調した努力を払った。その結果、旅客と航空会社の双方は、乗り換えする必要がなく、より短時間ですむ目的地直行便を圧倒的に好んでいることがわかった。それには、そんなに大型機でなくともよく、小さな飛行場発着でも構わないということであった。この情報に従いボーイングは、最大の資金提供者であるリース会社を訪ねて、リスクの観点からどういう機種が望ましいのか意見聴取をした。ここでもまた、リース会社は大型機のスーパー・ジャンボ A-380 よりファイナンスのリスクが少なくてすむ、より小型の機体を好んでいることがわかった。これらの事業戦略により、ボーイングは当面の明らかな優位性を持つことになった。

　面白いことに、商用機の売上はボーイング全体の 50％にしか過ぎない。これは多角化戦略の成果によるものである。残りの 50％は軍事と人工衛星打ち上げ業務から来る。軍用機と商用機の間には共通する技術もあり、その相乗効果で商用機開発の費用が間接的に削減されている。この議論は、エアバスが欧州各国から補助金を得ることを問題視するボーイングのクレームに対するエアバスの反論に使われている。果てしない戦いがこの 2 社の間で続いている。現在のところボーイングが優勢となっており、この状況は当分続きそうである。ボーイングの受注残高はかなり積み上がっており、2007 年に受注した全機体の引渡し終了には 2012 年から 2013 年頃までかかる見込みである。

出典： J. Bruner & G. Maidment, 2007, Breaking up Airbus, *Forbes*, http://www.forbes.com, March 20; N. Clark & L. Wayne, 2007, Airbus hopes its planes, not its setbacks, will stand out, *New York Times*, http://www.nytimes.com, June 18; G. Colvin, 2007, Boeing prepares for takeoff, *Fortune*, June 11, 133; C. Matlac & S. Holmes, 2007, Airbus revs up the engines, *BusinessWeek*, March 5, 41; D. Michaels, J. L. Lunsford, & M. Trottman, 2007, Airbus seals

US Airways order in big boost for A350 jetliner, *Wall Street Journal Online*, http://www.wsj.com. June 18; D Michaels & J. L. Lunsford, 2007, Airbus faces wide game in A-350 orders, *Wall Street Journal*, June 13, A3; J. Newhouse, 2007, Boeing versus Airbus: The inside story of the greatest international competition in business, Toronto, Canada: Alfred A. Knoph; L. Wayne, 2007, A U.S. star turn for the jumbo of jets, *New York Times*, March 20, C1; D. Q. Wilber, 2007, Boeing's 2006 Jet orders surpass Airbus, *Washington Post*, January 18, D03; 2007, Boeing vs. Airbus: battle of the skies, *CNN*, http://www.cnn.com, May 7; D. Michaels, R. Stone, & J. L. Lunsford, 2006, Airbus superjumbo jet could be delayed further, *Wall Street Journal*, September 13, A3.

　この冒頭のオープニング・ケースで見られるように、エアバスは2001年から2006年までボーイングとの戦いで勝利していたものの、ボーイングが2006年からエアバスに逆転し始めている。この転換の契機は、両社の取った戦略の違いによるものである。両社は同じような競争環境を分析し、それぞれの状況の見通しに適合する意思決定をなした。両社は当然、高い競争力（戦略的競争力のこと）を持ち、平均を上回る収益性という尺度の利益を上げることを目指していると考えられる。企業は、戦略的経営のプロセス（図1.1）を使う際に平均を上回る収益性のような重要な成果を達成しようとする。戦略的経営のプロセスは本テキストで詳しく説明されているが、以下にこのプロセスの概要を紹介する。

　**戦略的競争力**（strategic competitiveness）は、企業が価値創造の戦略を首尾よく策定し実行した場合に、達成される。**戦略**（strategy）とは、コアコンピタンスを開発し競争優位を獲得することを意図した、統合され調整されたコミットメント（決意）と行動からなる。戦略を選ぶ際、企業は競合する代替案の中から選択する。この意味で、選択された戦略は企業が何を成し遂げようとするのか、また何をやるつもりがないのかを示している。オープニング・ケースが示すようにエアバスは、将来を託す取って置きの戦略としてスーパー・ジャンボ・ジェット（550人超の乗員収容能力）に集中することを選んだ。これに対しボーイングは、中型機（250人乗り）に集中した。ただし、従来よりも長距離の飛行が可能で、もっと効率の良い中型機を目指した。両社の戦いは続いているが、ボーイングの決断とその戦略は勝利しつつ

第1章 戦略的経営と戦略的競争力

**図1.1** 戦略的経営のプロセス

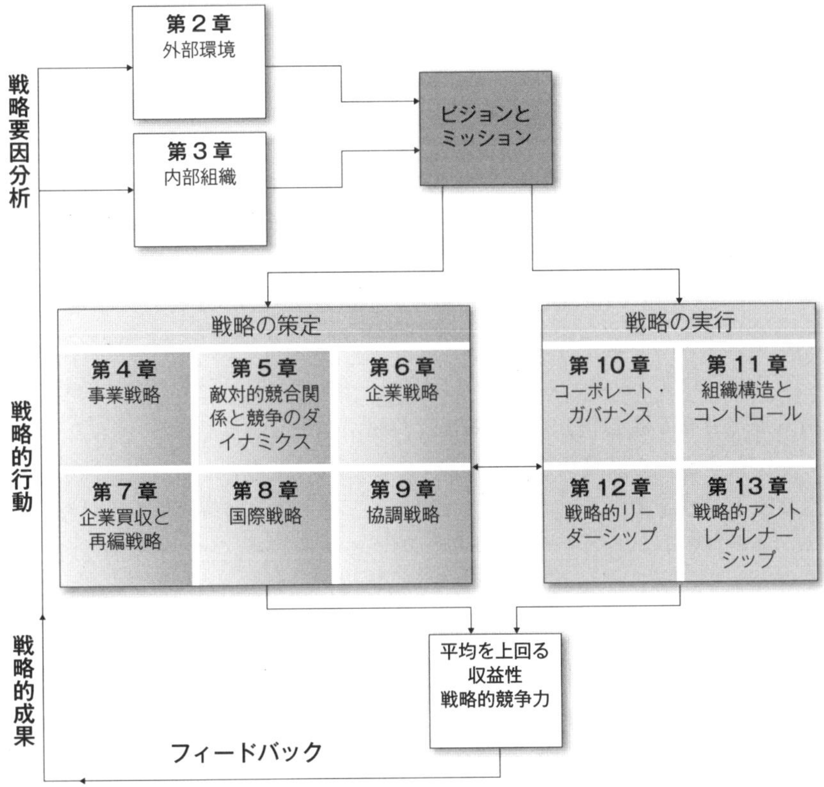

| 戦略要因分析 | 第2章 外部環境 / 第3章 内部組織 → ビジョンとミッション |
| --- | --- |
| 戦略的行動 | 戦略の策定：第4章 事業戦略／第5章 敵対的競合関係と競争のダイナミクス／第6章 企業戦略／第7章 企業買収と再編戦略／第8章 国際戦略／第9章 協調戦略　戦略の実行：第10章 コーポレート・ガバナンス／第11章 組織構造とコントロール／第12章 戦略的リーダーシップ／第13章 戦略的アントレプレナーシップ |
| 戦略的成果 | 平均を上回る収益性 戦略的競争力 |

フィードバック

あるように見える。

　競合他社が複製することが不可能か、または模倣に費用がかかるような戦略を実行するとき、その企業は**競争優位**（competitive advantage）を持つという。ある組織は、競合他社がその戦略を複製しようとする努力を止めるか失敗したときにのみ、その戦略が1つかそれ以上の効果的な競争優位をもたらしたと確信するのである。一方、企業はいかなる競争優位も永遠に有効ではないと理解せねばならない。その企業の価値創造戦略の利点を複製するのに必要とされるスキル（技、技量）を、競合他社は獲得しようとする。その

獲得のスピードが、競争優位をどの程度の期間維持できるかを決定する。

**平均を上回る収益性**（above-average return）とは、ある投資家が同じ程度のリスクの他の投資案件から期待できる水準を超えた収益性のことである。**リスク**（risk）とは、ある特定の投資から投資家が経済的利得を得るのか損失を被るのかわからないような不確実性のことである。収益性は、しばしば、会計上の数値で測られる。例えば、総資産利益率（ROA: return on assets）、自己資本利益率（ROE: return on equity）、売上高利益率（ROS: return on sales）である。別の数値で言えば、収益性は、株式市場の収益性で測られる。例えば、月次利益率｛(その月末の株価－月初の株価)÷月初の株価＝利益率%｝のようなものである。小さな新しいベンチャー企業では、業績は従来型の利益率の物差しよりも成長の量やスピード（例えば、年間売上高の）で計測される。というのは、新しいベンチャー企業が、投資家の投資を満足させる収益性を達成するには時間がかかるからである。一方、どうやって競争優位を構築するかを理解することは、平均を上回る収益性を達成しようとする企業にとって非常に重要なことである。競争優位を有しない企業、または魅力のある産業に属していない企業は、せいぜい平均的な収益性しか達成できない。**平均的収益性**（average return）とは、ある投資家が同じくらいのリスクの大きさを有す他の投資案件から期待できる収益性に等しい。長期的に見ると、少なくとも平均的収益性を達成できない企業は、最終的に失敗する。平均を下回る収益性しか達成できない企業からは投資家が投資を引き上げてしまうので、失敗に終わるのである。

**戦略的経営のプロセス**（strategic management process, 図1.1）とは、ある企業が戦略的競争力を獲得し平均を上回る収益性を達成するに必要とされる、コミットメント、意思決定、そして行動の組み合わせのことである。プロセスの第一歩は、経営資源、組織能力、そしてコアコンピタンス——"戦略的要因"の源泉——を決定する外部環境と内部環境を分析することから始まる。この情報に基づいて、企業はビジョンとミッションを決定し、戦略を策定する。この戦略を実行するため、企業は戦略的競争力を獲得し平均を上回る収益性を達成する方向に向かって行動に移さなければならない。慎重に統合された戦略の策定と実行の形で実現される効果的な戦略的行動は、期待通りの戦略的成果をもたらす。それは動態的なプロセスである。つまり、変

# 第1章 戦略的経営と戦略的競争力

化し続ける市場と競争構造が、企業の継続的に生起する戦略的要因と調整されていくからである。

本書では、戦略的競争力を獲得し平均を上回る収益性を達成するには企業が何をすべきかを説明するために、戦略的経営のプロセスの概念を用いる。この説明は、なぜある企業は常に競争上の成功を成し遂げ、また他の企業はそれに失敗するのかを示す。ご案内のように、グローバル競争は、戦略的経営のプロセスの一番重要な部分であり、企業の業績を大きく左右する。グローバル化した世界でいかにして競争に打ち勝つかを学ぶことは、今世紀に生きる企業にとって最も意味ある挑戦の1つなのである。

本章においてはいくつかのトピックが議論されている。まずわれわれは現在の激しい競争状況を紹介する。この挑戦的な状況は、主として、グローバル化した経済やそれに伴ってもたらされたグローバリゼーション、そして急速な技術変化が実現したことによって出現したのである。次に、企業が、戦略を選択するに必要とされる情報や知識を収集し、そしていかにそれらの戦略を実行に移すかを決めるために用いる2つのモデルを検証する。これらの2つのモデルを使い将来を洞察することは、企業のビジョンとミッションを策定するための基礎として役に立つ。

最初のモデル（産業構造分析モデル、またはI/Oモデル）は、外部環境が企業の戦略的行動を決める主たる要因であることを提示している。このモデルの鍵となるのは、魅力的な（すなわち利益の上がる）産業を見出し、そこでの競争にうまく立ち向かうことである。二番目のモデル（資源ベース・モデル）は、その企業のユニークな（独自性のある）資源や組織能力が戦略的競争力に決定的に関係していることを提示している。このように、最初のモデルは企業の外部環境と関係があり、二番目のモデルは企業の内部組織に焦点を当てる。組織の戦略を選択し活用するのに影響を与える方向性を決める文言であるビジョンとミッションを議論した後、組織が奉仕するステークホルダー（利害関係者）について述べる。ステークホルダーのニーズが最も直接的に満たされるのは、企業が戦略的競争力を獲得し、平均を上回る収益性を達成した場合だといえる。本章では、最後に戦略的リーダーと戦略的経営のプロセスの要素を紹介する。

## ■ 激しい競争状況

　世界の多くの産業の中で競争の基本的特質は変化しつつある。この変化のスピードは容赦なく高まっている。ある産業の境界線を決めることさえ容易でない。例えば、パソコンの対話型のネットワークと通信システムの進歩が、エンターテインメント産業の領域をいかに不明確にしているかを考えればよくわかるかと思う。今日、ケーブルテレビと衛星テレビがエンターテインメント市場の中でシェア争いしているだけではなく、電話通信会社までが従来のブロードバンドのダウンロード速度より50倍も速い光ファイバー網を駆使して参入しつつある。他方、異なるエンターテインメント分野の企業が連携することにより、業界の境界線引きが一層あいまいになっている。例えば、ニュース専門チャンネルのMSNBCはNBCユニバーサル（GE子会社）とマイクロソフトの2社により所有されている。またケーブルや衛星テレビ以外の多くの企業が、ビデオ・オン・デマンド（VOD）のオンライン業務で最も利益が上がり、かつ独特の伝送方法を模索している。イギリスのIP電話会社ラケツは、VODで映画を見ながら電話でおしゃべりもできるという新しいサービスを提供している。この章の後の戦略フォーカス・コラムで述べられているように、アップルのiPodは現在のところVODサービスで一頭地を抜いているが、ネットフリックス等も競争に参入している。こうした状況は、彼らのオンラインDVDレンタル・サービスがやがて衰退することを暗示している。ブロックバスターやアマゾンも、このパイのシェア争いで、パイの一かけらでも得ようとしている競争企業の1社である。

　他にもよく知られた激しい競争状況がある。規模の経済とか巨額の広告宣伝費といった従来から知られた競争優位の源泉は、かつてほど有効ではない。さらに言えば、伝統的な経営管理の考え方に従っていては、企業が戦略的競争力を獲得するのは難しい。経営者は、柔軟性、スピード、イノベーション（技術革新）、経営統合、そして絶えず変化し続ける状況から生じてくる挑戦を重視する新しい考え方を採用せねばならない。激しい競争状況は、世界規模で競争するに必要な投資額が巨額に上り、失敗したらその結果は残酷であるという危険にあふれたビジネスの世界をもたらすのである。戦略を策定し

実行することが、こうした環境で成功するのに重要な成功要因となることに変わりはない。そうすることにより、戦略的行動が企画され、環境条件がここぞというとき、それを行動に移すことが可能になるのである。それはまた、ある特定の市場で競争する責任が任されている事業部が策定した事業戦略を調整するのにも役に立つ。

ハイパーコンペティション（大競争：hypercompetition）とは、激しい競争状況の現実をとらえるのにしばしば使われる言葉である。ハイパーコンペティション下では市場の安定性の前提は、内在する不安定性と変化という概念に置き換えられる。ハイパーコンペティションは、グローバルで革新的な競争者の間で繰り広げられる動態的な戦略的展開から発生する。それは、急速にエスカレートしている価格と品質の関係をどこに位置付けるかの競争や、新しいノウハウを創造し先行者利得を獲得する競争、そして確立された製品や地理的な市場を守るか、あるいは侵略する競争といった状況を指している。ハイパーコンペティション市場においては、企業はしばしば、競争的ポジションから最終的には業績を改善できるという希望を抱いて、競争相手に積極的に挑戦するのである。

いくつかの要因がハイパーコンペティションの環境を作り出し、現在の激しい競争状況の本質に影響を与える。主たる要因には、グローバル経済の出現と技術、特に急速な技術変化、の2つがある。

## ● グローバル経済

グローバル経済（global economy）とは、製品、サービス、人材、スキル、そしてアイデアが自由に国境を越えて動く経済のことである。関税のような人工的な制約からほぼ解放されて、グローバル経済は著しく発展したが、企業の競争環境を複雑にしている。

グローバル経済が出現したことにより、面白そうな機会が出て来て、それに挑戦することもできるようになった。例えば、今や世界最大の単一市場は、7億人の潜在的消費者を持つ欧州であり、米国ではない。EU（欧州連合）に他の西欧諸国を加えたGDP（国内総生産）は、米国よりも35％も大きい。過去、中国は一般的に競争が少なく低コスト国とみなされていた。今日、中国は極めて競争の激しい市場である。そうした市場では、売上高拡大を追求するい

くつもの多国籍企業（multi-national corporation: MNC）が互いに競争し、製品開発のコスト効率が高くスピードのある地元企業と熾烈な競争を展開している。中国がこれまで低価格商品を生産する国と見なされてきたことは事実であるが、プロクター・アンド・ギャンブル（P&G）のような多くのMNCは、近年、優れた中国人経営人材を輸出する企業となっている。これらのMNCは、外国人の専門家を中国に招聘するよりもっと多くの中国人を海外に派遣している。民主主義国の中で世界最大の人口を持つインドは、経済が急成長しており、今や世界第4位の経済大国となっている。たくさんの多国籍大企業が、これらの新興国からも強力なグローバル企業として育ちつつある。

　グローバル経済を表す統計データを見れば、ハイパーコンペティションのビジネス環境がよくわかる。また個々の企業は、自分たちが置かれている競争市場について深刻に考えざるをえなくなる。例えば、ゼネラル・エレクトリック（GE）のケースを考えればよくわかる。本社はアメリカにあるが、2005年から2015年の間の収入の伸びの60%を、急成長の発展途上国（例えば、中国、インド）に期待している。米国や欧州のような先進国ではなく、発展途上国での収入の伸びに期待するのはグローバル経済から見れば全く妥当な判断である。実際、アナリストによれば、GEがやっていることは、選択したからそうなったのではなく、必然的にそうなったのである。発展途上国では、経済成長率が最も高いだけでなく、より持続的な成長が起きている。世界市場とその潜在的成長力の分析に基づいて、2024年までに中国は世界最大の電力消費国となり、世界最大の消費市場、世界最大の消費者金融市場になるとGEは予測している。GEは、今日、中国やインドでの大規模な投資が収入と収益力の強力な源泉となることを予想し、その競争的地位を向上させるために大規模な投資を行うような戦略的決定をしている。

### ▶ グローバリゼーションの進行

　グローバリゼーションは、諸国家間や諸国家の組織間での経済的相互依存を高めている。それは、国境を越えた製品やサービス、金融資本、知識の流れによく表れている。グローバリゼーションは、増大するグローバル経済の中で互いに競争している多くの企業がもたらしたものである。

　グローバル化した市場や産業では、金融資本はある国の国内市場で調達さ

第1章 戦略的経営と戦略的競争力

れるが、別の国で原材料を買うために使われたりする。第三国で購入された製造設備は、四番目の国で売られる製品を作るために使われることもある。このようにして、グローバリゼーションは、現在の激しい状況で競争している企業に対し、活動の機会を広げている。

　例えば、ウォルマートは、グローバルな価格決定、調達、そしてロジスティック（訳者注：物流の総合管理システム）を展開することで、国境のない小売活動を実現するために努力している。企業は、国境のない小売活動を通じて、国内店舗間でこれまで行われてきた商品の移動や価格戦略を、国際市場間でも同じ様に継ぎ目なく推進しようとしている。例えば、ウォルマートの初期の国際投資は、ほとんどカナダとメキシコにおいて行われてきた。というのは、ホームベースである米国と地域的に近い国々でグローバル活動を行うのは、それほど難しいことではなかったからである。ここで習得した経験を基に、同社は欧州、南アフリカ、アジアへと進出国を拡大してきている。2007年現在、ウォルマートは世界最大の小売業者（米国内3,443店舗、米国外2,760店舗）である。グローバリゼーションは、世界各国に本拠地を持つ企業を国内業務だけという観点から見ることをますます難しくしている。米国に本拠地を持つ次の2つの企業を見るとよくわかる。ウォルマートは、年間ベースで見れば国際業務の売上比率を毎年伸ばし続けてきている。GEは近い将来、売上の伸びの60％を新興国からの売上に期待している。これらの2社並みにグローバリゼーションが進んでいる企業にとり挑戦すべき課題は、戦略的経営のプロセスを活用する際に、文化の相違に配慮をした意思決定をする必要を理解することである。また、製品やサービス、人々等が自由に国境を越え異なる市場を行き交うように、取引がますます複雑化していることを覚悟せねばならないことである。

　グローバリゼーションはまた、デザイン、生産、配送、アフターサービスにも影響を与える。例えば、多くの場合、グローバリゼーションはより高品質の製品とサービスを生み出す。グローバル企業のトヨタ自動車は、この良い例である。トヨタは、最初から製品の信頼性と最高の顧客サービスを重視しているからこそ、同社の製品には世界中から多くの需要がある。トヨタ製品に需要があるからこそ、トヨタの競争力ある行動に対抗して、世界の競合他社は、信頼性を高めるよう、またサービスを改善するように強いられてい

13

るのである。トヨタは、米国、ブラジル、メキシコといった外国市場で工場を作る際にも、同じように品質を維持しながら取り組んでいる。実際、どのメーカーの車でも今日購入されるほとんどの乗用車やトラックは、トヨタが本格的に世界進出し始めた頃に比べれば、ずっと高品質になっており、かつより良いサービスでサポートされている。特に、フォード、GM、クライスラーの3社は、「近年製品が大幅に改善されている状況を見れば、代わり映えのしない信頼性に欠けるというデトロイト製の自動車に対する消費者のイメージは、今や昔のこと」というメッセージを強くアピールしている。

　全般的に言えば、グローバリゼーションのおかげで、品質、コスト、生産性、製品の導入までの時間、そして営業の効率性のような多くの競争次元に関して、成果の標準がより高い水準に引き上げられてきている。これらの高レベルの成果の標準は、グローバル経済で競争している企業のみならず、国内市場だけで競争する企業にも影響を与えている。その理由は、顧客は、グローバル企業の製品とサービスが優れている場合には、国内企業よりもそれと競合するグローバル企業から購入してしまうからである。労働者は今やグローバル経済の間を自由に移動するからこそ、そして従業員は競争優位の重要な源泉であるからこそ、企業は「最も優秀な人材は、世界中のどこからでも来る」という言葉をますます意識せねばならないのである。全般的に言えば、21世紀の激しい競争状況においては、グローバル・スタンダードを上回らないまでにせよ、満たす能力のある企業のみが、とりわけ平均を上回る収益性を達成できる組織能力を持つという現実に、企業はいかに対処すべきかを学ばねばならない。

　既に説明したように、グローバリゼーションは機会（トヨタやウォルマートが追求しているようなもの）を創造する。しかしながら、グローバリゼーションはリスクがないわけではない。このようなグローバル経済にあってもその企業の本国以外に進出するリスクは"外国企業であることの不利 (liability of foreignness)"と称される。

　グローバル市場に参入する1つのリスクは、企業が新たな市場においていかに競争するかを学習するのに要する時間の長さである。この知識が進出国で構築されるまで、あるいは本国から新規進出国に移転されるまで、その企業の業績は悪化する。さらに、企業の業績は、グローバリゼーションが本格

第1章 戦略的経営と戦略的競争力

化するとともに悪化する可能性がある。この場合、企業は管理能力を超えて、過度の国際的多角化をしている可能性がある。過度の多角化は、企業の業績全般に対し強いマイナスの効果をもたらす。

このようにして、国際市場への参入に際しては、グローバル経済に十分な経験のあるトヨタやGEのような企業にとってさえ、戦略的経営のプロセスの適切な活用が求められるのである。たとえグローバル市場が、ある企業にとっては魅力的な戦略的選択であっても、戦略的競争力の唯一の源泉ではないということに注意することはまた重要である。事実、ほとんどの企業にとって、グローバル市場での競争に勝利している企業にとってさえ、イノベーションによって生じた技術的な機会や、その潜在的な競争力破壊要因に十分注意を払って、国内と国際の両市場にコミットし戦略的競争力を維持していくことは、極めて重要なことである。

## ● 技術と技術変化

技術変化の特徴とその前提として、技術の普及と破壊的技術、情報化時代、高まる知識集約性の3つがあげられる。これら3つの特徴により、技術は競争の性格を大きく変え、その結果、不安定な競争環境をもたらしている。

### ▶ 技術の普及と破壊的技術

技術普及の速度——新技術が利用可能となり実際に使用されるスピード——は過去15年から20年にわたって実質的に早まっている。次の技術普及の速度を見てみよう。

> 電話が米国の全家庭の25％まで普及するのに35年かかった。テレビは26年かかった。ラジオは22年、パソコンは16年、インターネットは7年かかった。

恒久的なイノベーション（perpetual innovation）とは、新しい情報集約的技術がいかに早くコンスタントに古い技術に取って代わりつつあるかを表現するために使われる言葉である。これらの新技術の急速な普及によって引き起こされたより短い製品寿命サイクルのせいで、新しく革新的な製品やサービスを速やかに市場に導入することができることには、競争上のプレミアムがある。例えば、1980年代前半のコンピュータ産業では、ハードディスク・

ドライブは普通4〜6年間同じものが出荷されていた。新しくてより良い製品が開発されてくるまでには、そのくらいの期間がかかったものである。それが1980年代後半には、製品寿命は2〜3年に縮まった。1990年代には、6〜9カ月まで短縮したのである。

実際、広範で急速な技術の普及によって製品はあまり差異がなくなってきているが、そうした場合、革新的な製品をいかに速やかに市場に提供するかが競争優位の主たる源泉となる（第5章を参照）。グローバル経済はますますたゆまなく続くイノベーションによって牽引され発展している、と主張する人がいる。そのようなイノベーションは、製品の機能性に関するグローバル・スタンダードとグローバルな期待を理解することから生じるに違いないのである。

急速な技術普及のもう1つの指標は、ある企業が競合他社の研究開発や新製品決定に関する情報を収集するのに、たったの12〜18カ月しかかからないことである。グローバル経済においては、競合他社はその企業の成功している競争行動を数日以内にまねることができる。かつては競争優位の源泉であった企業が特許を通じて所有していた防御策は、技術普及の現在のスピードによって息の根を止められてしまった。今日、特許は薬品業界のような数少ない産業においては独自技術を保護するのに有効な手段かもしれない。他方で、エレクトロニクス産業で競争している多くの企業が、特許出願に含まれている技術的知識を競合他社が得るのを恐れて、特許を出願しないケースがある。

破壊的な技術——既存の技術の価値を破壊し新市場を創造する技術——は、今日の競争的な市場で頻繁に登場する。iPodやPDA（携帯情報端末）、WiFi（無線LAN）、ブラウザー（インターネット閲覧ソフト）などの製品開発の基礎となった技術が創造した新市場について考えてみれば、よくわかる。一部の人は、これらの種類の製品が根本的に新しく飛躍的なイノベーションである、と見なしている（革新的なイノベーションについては第13章を参照）。破壊的で革新的な技術は新しい産業といわれるものを創造したり、産業の既存のプレーヤーを淘汰したりする。だが、ある既存のプレーヤーの中には、自分たちの優れた資源や経験、そして複数のルート（例えば、企業連携、買収、自社開発）を通じて新技術を獲得する方法を駆使しながら適応しよう

第1章　戦略的経営と戦略的競争力

としている企業もある。ある破壊的な技術が新しい産業を創造するときには、競合企業が後に続く。戦略フォーカス・コラムで説明されている通り、アップルは新製品戦略を通じてその業界に破壊的な動きを創造しようとしてきている。

新製品設計を革新的に活用することに加え、アップルのCEO（最高経営責任者）であるスティーブ・ジョブスは、タイミングについての偉大な才能を発揮し、その革新的設計のマーケティングで大成功を可能にした。そのようなわけで、アップルは、新製品に関し潜在的消費者だけでなく既存顧客の情報を調査する能力に秀でている。こうした努力は、個々の顧客のニーズや、そのニーズを満たすターゲットの製品とサービスを理解する機会をもたらす。明らかに、アップルは、現代の激しい競争状況の中で行使可能な競争力ある武器として、情報と知識（次章で取り上げるトピック）の重要性を理解している。

### ▶ 情報化時代

近年、IT（情報技術）に劇的変化が起きている。パソコン、携帯電話、人工知能、バーチャル・リアリティ（仮想現実）、そして巨大データベース（例：レキシスネキス）は、技術進歩の結果、情報がいかにさまざまに使われるようになっているかを示すほんの僅かの例に過ぎない。これらの変化によって、情報に効果的かつ効率的にアクセスし利用する能力を有することが、ほぼあらゆる産業において競争優位の重要な源泉となるという重大な結果がもたらされている。ITの進歩により、もしその技術が効率的に使われるならば、小企業でも、大企業と競争する際に幅広い柔軟性を持てることとなった。

IT技術の変化のスピードとその普及は両方とも、ますます勢いを増し続けるであろう。例えば、米国におけるパソコン台数は2010年までに2億7,800万台に達すると見込まれている。ITコストが低下しつつあることやITにますますアクセスしやすくなっている状況は、現代の激しい競争状況を見れば明らかである。相対的に費用の掛からない計算能力のグローバルな普及とそれがコンピュータ・ネットワークを通じ世界的規模でつながることが相まって、ITのスピードと普及を早めている。このように、ITの潜在的競争力は、欧州、日本、北米の大企業に対してのみならず、世界中のあらゆる規模の企

## 戦略フォーカス・コラム

### アップル：技術の流れを創造し競争優位を維持するためにイノベーションを展開

　ボストン・コンサルティング・グループは、「ビジネスウイーク」誌と連携し、グローバル企業上位1,500社のトップ経営者に対して年次調査を行っている。2007年5月の調査によれば、アップルは"最も革新的な企業（the most innovative company）"に3年連続で選ばれている。

　アップルは、2001年に携帯デジタル音楽プレーヤーのiPodという新商品を発売し、事業の再生を開始した。次に、それと対になるiTunesオンライン・ミュージック・ストアを開業し、歌や他のデジタル音楽、短いビデオをダウンロードできるサービスを世に送り出した。アップルは、もともとiPodやiTunes以前から、イノベーションのしっかりした土台を持っていた優良企業である。アップルは、iPhoneやApple TVの新商品を世に出しながら、将来とも成功し続けるつもりである。同社は、単に優れたデザイン製品を製造するだけではなく、美しく優雅なデザインを開発するのに秀でている。それらのデザインに顧客

は喜び、アップル製品の良い評判を口コミで広めているように見える。

　アップルは新製品イノベーションに集中しているが、他方その業界の多くの企業はコスト管理に集中している。デルは、インターネットでパソコンを直接購入できるシステムを導入した最初の企業として成功している。その効率的なサプライ・チェーンを駆使して、デルは、マイクロソフトやインテルのような強大なサプライヤー（供給業者）を管理することができた。しかしながらアップルは、技術設計やマーケティング、そして見事なタイミングで発揮された卓越した能力によって、最近ではほとんどのコンシューマ・エレクトロニクス企業、すなわちデルやソニーのような伝統的に強力な製造会社を凌駕しているように見える。

　アップルは、小売のストア展開でも、ソニーやあるいは既に失敗したゲートウェーのような企業を出し抜いており、デルをウォルマートとの提携で直接小売販売に乗り出さざるを得ない状況に追い込んでいる。ヒューレット・パッカード（HP）は、小売と直接販売の双方とも営業展開できており、パソコン販売では最近デルをリードする立場にあるが、その商品はアップルの持つ優雅さやアピールに欠けているように見える。

　2007年に、アップルは1億台以上の製品を販売したが、他方アップルのiPodに一番近いライバルはたったの8％しか市場シェアを有していない。残りのほとんどのシェアは、アップルのものである。他社は、iPodとiTunesの相互補完的でイノベーティブな関係を単にまねしようとしているに過ぎないのだが、アップルはiPhoneやApple TVのような製品を出してイノベーションを続けている。アップルがイノベーションに集中することは、歴史的にアップルよりはるかに強かった同業他社に対する競争優位とマーケティングでの卓越した能力を維持する上で効果的である。

　アップルは、伝統的な製品市場でただ競争するやり方よりも、「人々の行動様式を変えよう」という経営方針を目指している。そうすることによって、同社は、優雅なデザインから生まれた根本的に新しい概念と、かつほぼ完璧な市場に出すタイミングを通じて先行者利得を確立することができたのである。そのタイミングの成果によって、つい最近、優位

性を獲得したばかりなのである。他社は、漸進的イノベーションを付加しただけの付加価値の低いコモディティ・ビジネスで競争しているように見える。一方、アップルは、消費者の心の中に新しい概念を創造している。このような理由で、他の経営者はアップルをコンシューマ・エレクトロニクス（デジタル家電）の強力なイノベーター（革新者）と見なしているのであろう。

出典：D. C. Chmielewski & M. Quinn, 2007, Movie studios fear the sequel to iPod: They see risk that new Apple TV signals effort to control distribution, *Los Angeles Times*, June 11, C1; J. McGregor, 2007, The world's most innovative companies: The leaders in nurturing cultures of creativity, *BusinessWeek*, http://www.businessweek.com, May 4; B. Schlender, 2007, The trouble with Apple TV, *Fortune*, June 11, 56; R. Stross, 2007, Apple's lesson for Sony's stores: Just connect, *New York Times*, http://www.nytimes.com, May 27; N. Wingfield, 2007, A new wireless player hopes to challenge iPod, *Wall Street Journal*, April 9, B1; 2007, Apple's "magical" iPhone unveiled, *BBC*, http://www.bbc.co.uk, January 9; R. Furchgott, 2006, Cell phones for the music fan, *The New York Times*, http://www.nytimes.com, December 28.

業が獲得可能なのである。

　インターネットは、ハイパーコンペティションを激化させるもう1つのイノベーションである。インターネットは、世界中のますます多くの人々にとって利用可能となっており、いかなる場所にあるコンピュータにも情報を配信するインフラを提供している。アバクロンビ・アンド・フィッチ、ギャップ、ベネトンといった事実上すべてのアパレル業者は、多くの地点の顧客に対し、豊富なショッピングの機会を提供するためにインターネットを活用している。一方、携帯電話のような小型端末を使ってインターネットにアクセスすることは、多くの産業での競争にますます大きな衝撃を与えている。例えば、インターネット・ラジオは、シリウスやエックス・エムという衛星ラジオと競合することが予想されている。インターネット経由のラジオ放送を受信するために、小型受信機がパソコンとは別に開発されているからである。サンディスク社の新型サンサ・コネクト・デジタル音楽プレーヤーは、無線LANのWiFi通信が可能な場所でヤフーのオンライン・ラジオを聞くこと

ができる。

### ▶ 高まる知識集約性

　知識（情報、インテリジェンス（intelligence）、そして専門能力）は、技術ならびにその応用力の基礎である。21世紀の激しい競争状況では、知識は重要な組織的資源であり、競争優位の源泉としてますます価値が高まっている。実際1980年代になる頃から、競争の基礎はハードの有形資源から無形資源へと変化している。例えば、ウォルマートは、サプライ・チェーン・マネジメントならびに情報をふんだんに駆使した顧客とサプライヤーとの関係を構築する、という独自のアプローチで小売業を変革した。例えば、サプライヤーとの関係は無形資源の例である。

　知識は、経験、観察、そして推論を通じて獲得でき、それは無形資源である（有形、無形の資産については第3章で詳しく述べる）。知識を含む無形資源の価値は、株主価値の総額に占める比率を高めている。その企業の生存は、重要な情報をとらえることができる能力、それを役に立つ知識に変換できる能力、そして速やかに社内に浸透させることができる能力いかんによる。そのことを認識している企業は、激しい競争状況において戦略的競争力を獲得できる確率は高くなるであろう。それゆえ企業は、知識を（例えば研修計画を通じて）構築し、（例えば高学歴者や経験者を雇って）獲得しなければならない。そしてその知識を、組織能力を創造するために組織の中に取り込んでいき、そして競争優位を獲得するために適用していかねばならないのである。加えて企業は、ある部門の知識が他の部門でも価値ある場合には、それを全社的に普及させることを助ける手順を築かねばならない。戦略的柔軟性を持つ企業には、これらのことをやってのける優れた能力がある。

　**戦略的柔軟性**（strategic flexibility）とは、動態的で不確実な競争の激しい環境において存在する、さまざまな需要と機会に対応するために駆使される組織能力のことである。このように、戦略的柔軟性には、不確実性とそれに伴うリスクに対処する能力が含まれる。企業は、事業活動のすべての分野で戦略的柔軟性を展開してみるべきである。しかしながら、企業内で戦略的柔軟性を展開しようとする人々は、それが容易な仕事ではないことを知るべきである。その主な原因は、それが時間とともに惰性に陥ってしまうからであ

る。企業の現在の関心事と過去に積み上げたコアコンピタンスは、実際、変化と戦略的柔軟性の速度を落とすのである。

継続的に戦略的柔軟性を持つことと、その柔軟性のもつ競争力上の長所を獲得するために、企業は学習能力を開発しなければならない。ブリティッシュ・ペトロリアムのジョン・ブラウン CEO の言葉によれば、「株主価値を顕著に高めるには、競合企業よりもっと賢く学び、企業全体にその知識を競合企業よりもっと迅速にかつ広範に活用しなければならない」。継続的な学習をしていれば、企業は変化が起きたときに環境に適合できるような最新のスキルを習得できる。学習したことを迅速に広範に活用することができる企業は、不確実でハイパーコンペティションの環境にうまく対処できる可能性を高めるような方法で、戦略的柔軟性と変革する能力を保持していることを示している。情報システムを管理する優れた能力を持つことは、しばしば、優れた戦略的柔軟性と関係がある。というのは、そのようなシステムは、戦略フォーカス・コラムでネットフリックス社に関して解説している通り、競合他社を上回る優位を創造するからである。

## ■ I/O モデルによる平均を上回る収益性

1960 年代から 1980 年代にかけて、外部環境は、成功を目指そうとする企業が選択する戦略の主要な決定要因と見なされていた。I/O モデル（industrial organization model: 産業構造分析モデル）により平均を上回る収益性を目指す方法は、企業の戦略的行動に対して外部環境が支配的な影響を与えていることを説明している。このモデルは、経営者が企業内でなす選択の決定より、企業が属する産業（業界）の方が業績に対しより強い影響を与えることを明確に述べている。企業の業績は、主として産業の幅広い特性によって決まる。その特性には、規模の経済、参入障壁、多角化、製品差別化、業界内の集中の程度が含まれる。これらの産業の性格については、第 2 章で検討する。

経済学に基礎を置く I/O モデルには 4 つの仮定条件がある。第一に、外部環境は、平均を上回る収益性をもたらす戦略を決定するプレッシャーと制

約を課している、と仮定されている。第二に、ある業界内、またはその業界の一分野で競合しているほとんどの企業は、同じような戦略的に関連する資源を管理し、それらの資源から見て同じような戦略を追求している、と仮定されている。第三に、戦略を実行するために使われる資源は、企業間を自由に移転可能である。それゆえ、企業間でできたいかなる資源の差異でも短期間しか持続しない、と仮定されている。第四に、組織の意思決定者は合理的で、利益極大化行動に見られるように企業の最善の利益のために行動するようコミットしている、と仮定されている。I/O モデルは、企業に、競争上一番魅力的な産業を探すよう仕向けている。ほとんどの企業は企業間で移転可能な同じような価値ある資源を有していると仮定されているので、一般的に言うと、業績が向上するのは、最も高い利益を上げられる可能性のある業界に属し、その業界の構造的特性に対応した戦略を実行するためにいかに経営資源を使うかを知っている場合のみである。

　競争に関わる5つの要因（ファイブ・フォーシズ）モデルは、この作業をする企業に便利な分析道具である。このモデルは（第2章で説明する）いくつかの変数を取り込んで、競争の複雑さをとらえようとしている。5つの競争要因は、ある産業の収益性（すなわち資本コストと関連した投資収益率）は、5つの競争要因間の相互作用の関数であるとする。5つの競争要因とは、サプライヤー、買い手、業界内競合企業間の激しい敵対関係、代替製品、そして新規参入業者のことである。ネットフリックスを取り上げた戦略フォーカス・コラムでは、オンラインDVD（映画）レンタル業界がいかに複数のこれらの脅威にさらされているかを如実に示している。これらの脅威とは、多くの新規参入業者、強力なサプライヤー（映画製作会社）、代替製品（例えば、VOD）、そして激しい敵対関係のことである。

　企業は、ある業界の潜在的利益と業界の構造的性格を所与のものとして、防御可能で競争力あるポジションを築くのに必要な戦略を理解するために、この分析ツールを使うことができる。典型的な例として、このモデルは、競合他社のコストより低いコストで企業が標準化された製品を製造するか、または標準化されたサービスを提供することによって、平均を上回る収益性を達成できることを示している（コスト・リーダーシップ戦略）。または、顧客が割り増し価格を喜んで支払うような差別化された製品を製造することに

よって、平均を上回る収益性を達成できることを示している（差別化戦略）。（コスト・リーダーシップ戦略と製品差別化戦略は第4章で詳しく解説する）ネットフリックスはどちらかといえば魅力のない産業に属しているが、その主力業務のオンライン・映画レンタル業に脅威を与える業界の要因を前提とした場合、コスト・リーダーシップ戦略はこれらの脅威に直面したネットフリックスの業績を維持するのに効果があった。

　図1.2に示されている通り、一般環境、業界環境、そして競合企業環境の性格によって支配されるような戦略を企業が実行すれば、平均を上回る収益

**図1.2** I/Oモデルによる平均を上回る収益性

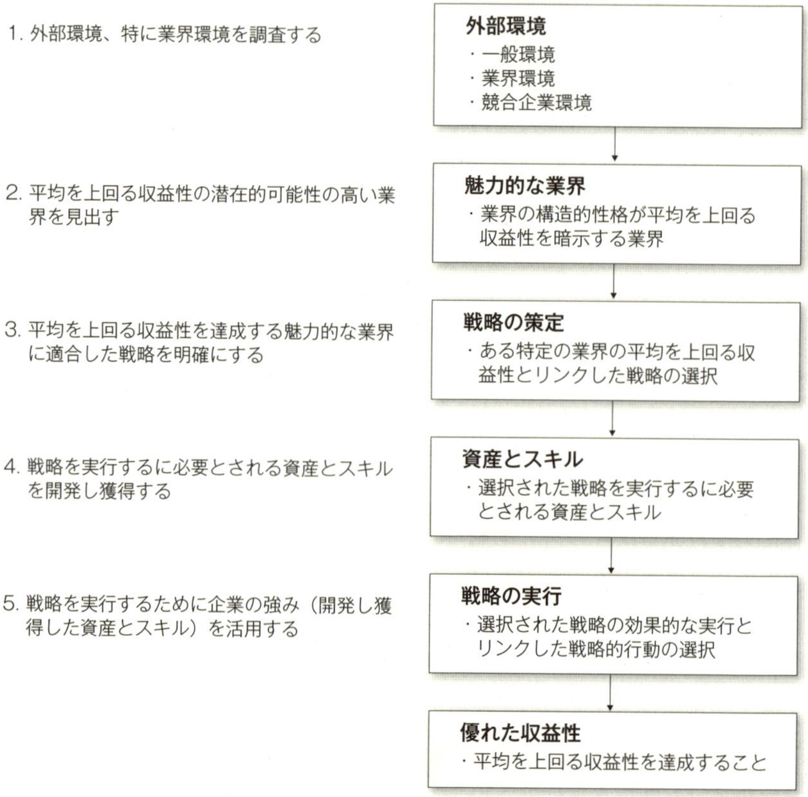

| | |
|---|---|
| 1. 外部環境、特に業界環境を調査する | **外部環境**<br>・一般環境<br>・業界環境<br>・競合企業環境 |
| 2. 平均を上回る収益性の潜在的可能性の高い業界を見出す | **魅力的な業界**<br>・業界の構造的性格が平均を上回る収益性を暗示する業界 |
| 3. 平均を上回る収益性を達成する魅力的な業界に適合した戦略を明確にする | **戦略の策定**<br>・ある特定の業界の平均を上回る収益性とリンクした戦略の選択 |
| 4. 戦略を実行するに必要とされる資産とスキルを開発し獲得する | **資産とスキル**<br>・選択された戦略を実行するに必要とされる資産とスキル |
| 5. 戦略を実行するために企業の強み（開発し獲得した資産とスキル）を活用する | **戦略の実行**<br>・選択された戦略の効果的な実行とリンクした戦略的行動の選択 |
| | **優れた収益性**<br>・平均を上回る収益性を達成すること |

## 戦略フォーカス・コラム

### ネットフリックス社、乱気流の競争環境に直面する

　1998年にリード・ヘイスティングCEOによって設立されたネットフリックス社は、映画レンタル業界にオンライン・サービスを通じて革命を起こした。ネットフリックスは、短い歴史の中で、8万を超える映画、テレビ、その他の娯楽ショーのDVDタイトルを取り揃え、ほぼ700万人の利用者を獲得した。ヘイスティングは、最近のインタビューで、「ちょっと失敗したことは上場を早くやりすぎてしまったことだ。それでネットフリックスのオンライン・モデルが儲かるということをライバル業者に教えてしまったことだ」と語っている。

　彼の指摘した通り、この動きは、ブロックバスター社（レンタルビデオ業）に対し、オンライン・レンタル業が昔ながらの実物店舗を構える業態に与える脅威に気付かせてしまった。その結果2004年ブロックバスターに新規参入を許し、ブロックバスター・オンラインが営業を開始した。2006年後半に、ブロックバスターは、そのサービス名をブロックバスター・トータル・アクセスと変え、ビデオを郵便で返送するか近所のブロックバスター店舗に返却するかのオプションを顧客に与えることにした。2007年半ばに、ブロックバスターは「ブロックバスター・

バイ・メール」という新サービスを導入した。この郵送だけというオプションで、最低料金を4.99ドルまで下げた。一度に3本という限定サービスでは1カ月16.99ドルという安さを実現した。これらのパッケージ料金は、ネットフリックスの競合サービスより1ドルだけ安い。面白いことに、ブロックバスターはトータル・アクセスの業務では赤字営業を続けていたにもかかわらず、これらの新サービスを始めたのである。ネットフリックスは、トータル・アクセスに反撃するため2007年1月に「一度に映画1本、家に持ち帰りサービス」を1ドル安くし4.99ドルに値下げしたが、ネットフリックスには無料の店内ビデオ交換制度がなく、利用者はオンラインで借りても店舗に返却することができない。ネットフリックスの顧客が次のDVDを借りるには、郵送中の映画をネットフリックスが受領するまで待たねばならなかった。

　ブロックバスターや他の昔ながらの実物店舗を構えた業者に加えて、アマゾン・ドット・コムのような大規模業者や中小も含めた多くの競合企業が、オンライン・レンタル業界に参入している。しかしながら、今やり合っている競合企業だけがネットフリックスの目線にある唯一の脅威ではない。視野に入っている最大の脅威は、VOD業である。この市場では、たくさんの競合他社がビデオをパソコンにまで直接、また最終的にはテレビにまで配信する有力な業者になろうとしてしのぎを削っている。2007年8月にブロックバスターは、VOD市場のシェアを勝ち取るため、インターネット上でストリーミング・ビデオを配信し映画会社の巨大なコンテンツを利用できるムービーリンク社の買収を完了した。もちろん、このサービスはケーブルや衛星テレビ会社経由でも可能であった。しかしインターネット上では、これまで不可能であった。多くの企業の中では、アップル、アマゾン・ドット・コム、シネマナウ、ウォルマート、そしてHPが、この市場でダウンロード・サービスを確立しようと努力している。2007年ではアップルのiTunesは、現在小さな市場だが、その利用可能なビデオ・コンテンツ市場の76％のシェアを占めている。またApple TVは――映画をインターネットからテレビに受信する装置だが、主としてアップルのiTunes Storeから買ったビデオのみに作動する――iTunesに主導的地位を与える可能性が高

い。市場はまだ小さいが、コンテンツがさらにデジタル化されるにつれ、350億ドルの市場規模に成長する可能性を秘めている。しかし、VOD業界に参入しようとする多くの強力な競合企業に加え、ネットフリックスは映画産業の強大な配給業者とも渡り合わなければならない。

　ワーナー・ブラザースやディズニーのような多くの伝統的映画産業のプレーヤーは、オンラインでの音楽の著作権侵害に絡む売上の大幅な落ち込みやその他の難しい問題を経験してきている。そうした事情で、これらの業者は巨大な倉庫に眠っている映画やテレビ番組をデジタル化しながらも、このビジネス拡大に取り組むに際しては著作権侵害の被害をできるだけ少なく抑える方法を確実にしたいと望んでいる。したがって、これらの業者はデジタル・コンテンツ販売権を誰に与えるかについて慎重である。これらのデジタル化したビデオの使用に関する正しい解決策を提案することは、映画産業から契約を勝ち取る際の鍵となる。例えば、ウォール街のあるアナリストは「アップルが米国デジタル音楽市場の70％以上を支配しているので、映画のオンライン配信も支配するようになるのではないか」と映画会社が心配していることを認めている。

　リード・ヘイスティングは、最後にはVODが現在のネットフリックスのビデオ・レンタル・サービスにすべて取って代わることを認めている。この需要の移行が直ちに起こるのか、2年から3年以内にかけて起こるのか、それとも5年から10年で起こるのかという問題が、ネットフリックスの現在のビジネス・モデルが成功を続けられるかどうかの決め手となる。ネットフリックスはビジネス環境においてかなりの乱気流に巻き込まれているが、他方これまでの成功の基礎となった強力でよく開発された企業能力を有している。これらの企業能力には、実物店舗を構える競合他社と比べた場合の高利益を生む低コスト構造、高度技術基盤、そしてDVDを配送するためのサプライ・チェーンを開発したり、顧客の忠誠心を創造する方法で顧客満足度を管理したりすることを可能とする技術を創造できる社内インフラストラクチャーのようなものが含まれる。ネットフリックスは、映画製作者がコンテンツのデジタル化を進めているので、VOD市場に進出し成功しようとするときには、この顧客の忠誠心と高度技術基盤を活用できるのではないかと期待している。

出典： 2007, Blockbuster acquires Movielink, *New York Times*, http://www.nyt, August 8; M. Boyle, 2007, Reed Hastings, *Fortune*, May 28, 30–32; T. Calburn & A. Gonsalves, 2007, Big dreams for online video rentals, *Information Week*, January 22, 22; J. Fortt, 2007, HP reels in Hollywood, Business 2.0, May, 42; P. Gogoi, 2007, Wal-Mart enters the movie download wars, *BusinessWeek*, http://www.businessweek.com, February 6; M. Kirdahy, 2007, Blockbuster takes on Netflix, *Forbes*, http://www.forbes.com, January 3; A. Pruitt, 2007, Blockbuster's online plan undercuts Netflix's rates, *Wall Street Journal*, June 13, B4; J. Rose, 2007, Amazon, Netflix volume rise on takeover rumor, *Wall Street Journal*, June 7, C4; J Schuman, 2007, The morning brief: Apple rental ambitions target pay-per-view; *Wall Street Journal Online*, http://www.wsj.com, June 11; N. Wingfield, 2007, Boss Talk: Netflix versus naysayers: CEO Hastings keeps growth strong: Plans for the future after the death of DVDs, *Wall Street Journal*, March 28, B1; 2006, What's next for Netflix, *Financial Times*, http://www.ft.com, November 2.

性が達成されることを、I/O モデルは提示している（環境については第 2 章で述べる）。外部環境が要求する戦略を実行するのに必要な社内のスキルを開発し獲得する企業は、成功する可能性が高い。他方、そうしない企業は失敗する可能性が高い。それゆえ、このモデルは、収益性が、企業のユニークな経営資源と組織能力よりも、主として外部特性によって決まる、ということを示している。

　ある調査によれば、その企業の収益性の 20％はその企業が属する業界によって説明されるという点で、I/O モデルが正しいとされる。しかしながら、この調査は他方で収益性のバラつき（分散）の 36％は企業の特性か行動によるものだとも示している。これらの調査結果は、外部環境と企業の特性双方ともその企業固有の収益性を決めるのに大きな役割を果たしていることを示している。このように、外部環境と企業の戦略の間に相互関係が存在する可能性が高く、そしてその関係が企業業績に影響を与えるのである。

　図 1.2 でわかるように、I/O モデルによれば、企業の戦略とは、企業が競争することを選択した業界の特性に対応して形成されるコミットメント、行動、そして意思決定から構成される。次項で述べる資源ベース・モデルは、戦略策定と実行に関する主要な影響要因について異なる見解を取っている。

## ■ 資源ベース・モデルによる平均を上回る収益性

　資源ベース・モデルでは、それぞれの組織はユニークな経営資源と組織能力の集合したものであると仮定している。経営資源と組織能力のユニークさは、平均を上回る収益性を達成するための企業戦略と企業の能力を決める基礎である。

　**経営資源**（resource）とは、企業の製造工程に投入するもので、それは例えば、資本設備、従業員個々のスキル、特許権、財務力、有能な経営者である。一般的に言えば、経営資源は3つに分類される。物的資本、人的資本、そして組織資本である。第3章で詳しく述べるが、経営資源の本質は、有形か無形かである。

　個々の経営資源だけでは競争優位を生み出さない。実際、経営資源は組織能力と組み合わさってはじめて、競争優位の源泉となる確率が高まる。**組織能力**（capability）とは、任務（task）または業務活動（activity）を統合的に遂行するための経営資源の持つ能力（capacity）のことを言う。組織能力は、時間とともに進化するので、平均を上回る収益性を追求して動態的に管理されねばならない。**コアコンピタンス**（core competence）とは、企業がライバル企業に対して有す競争優位の源泉として役に立つ経営資源と組織能力のことである。コアコンピタンスは、組織化された機能という形で目に見えるものとなることがある。例えば、前の戦略フォーカス・コラムで示したように、ネットフリックスは乱気流の競争の激しい環境下で営業しているとしても、技術分野や顧客の映画への好みを追求する分野での優れた組織能力のお陰で、同社は競争力を維持し続けている。他方、ブロックバスターなどの他社は、市場シェアを高めているかもしれないが、オンライン映画レンタル・ビジネスでは赤字を続けている。

　資源ベース・モデルによれば、時間の経過とともに企業業績に差異が出る理由は、業界の構造的特性によるものではなく、主として企業のユニークな経営資源と組織能力によるものであるとされる。このモデルは、また次の3点を仮定している。企業は、異なる経営資源を獲得し、そしていかに経営資源を結合し活用するかというユニークな組織能力を発展させるものだという

**図1.3** 資源ベースのモデルによる平均を上回る収益性

1. 経営資源を明確にする。競合他社と比較して、その企業の強みと弱みを調査する

   **経営資源**
   ・製造工程への投入財

2. 組織能力を決める。組織能力により、その企業は競合他社より優れた何をすることができるのか

   **組織能力**
   ・任務または業務活動を統合的に遂行するための統合された資源の能力

3. 競争優位の観点から、経営資源と組織能力の潜在力を決める

   **競争優位**
   ・ライバルを凌ぐ企業の能力

4. 魅力的な業界を見出す

   **魅力的な業界**
   ・企業の資源と組織能力によってうまく活用される機会を持った業界

5. 外部環境での機会と関連した経営資源と組織能力を、企業に最適に活用させる戦略を選択する

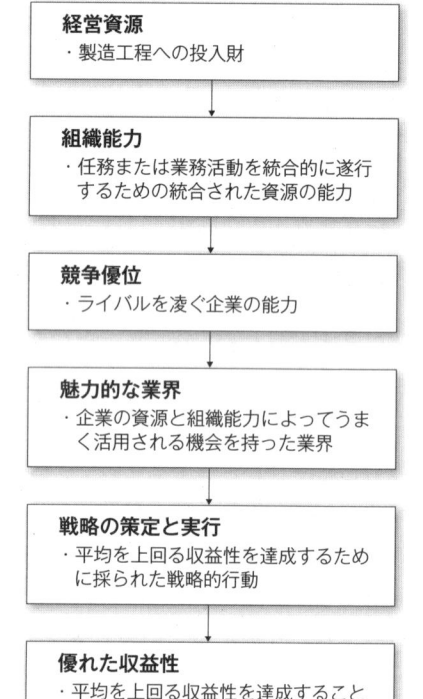

   **戦略の策定と実行**
   ・平均を上回る収益性を達成するために採られた戦略的行動

   **優れた収益性**
   ・平均を上回る収益性を達成すること

こと、そして、経営資源と組織能力は企業間での移転可能性は高くないこと、また、経営資源と組織能力における差異は競争優位の基礎であるということ、の3点である。組織能力は継続的に使うことによりさらに強くなり、競合他社が理解し模倣することがますます困難になる。競争優位の源泉として、組織能力は、模倣しやすいほど単純であるべきではなく、社内の舵取りや管理を困難にするほど複雑であるべきではない。

資源ベース・モデルにより平均を上回る収益を目指す方法は、図1.3に示されている。ご覧のように、資源ベース・モデルは、魅力的な産業（I/Oモデルが魅力的産業を見出すのに使われる）において企業がその持てる競争優位を活用できる戦略を選択するべきであることを示している。

すべての経営資源と組織能力が競争優位の基礎となる潜在的可能性を有しているわけではない。この潜在的可能性は、経営資源と組織能力が、価値があり、希少で、模倣に費用がかかり、そして代替不可能である場合に、実現され発揮されるのである。経営資源は、その資源により外部環境における機会を活用でき、あるいは脅威をなくすことができる場合に、価値がある (valuable) という。経営資源は、もしあったとしても少数の現在あるいは潜在的な競合企業だけに所有されている場合に、希少である (rare) という。経営資源は、他社が獲得できないものか、または獲得するには所有済みの企業に比べコスト上不利な場合、模倣に費用がかかる (costly to imitate)、という。経営資源は、構造的に同じようなものがない場合、代替不可能 (nonsubstitutable) という。多くの経営資源は、時間がかかるが、模倣されるか代替されてしまう。それゆえ、経営資源のみに基づいた競争優位を獲得し維持していくのは困難である。しかしながら、これら4つの基準が満たされたとき、経営資源と組織能力はコアコンピタンスになる。

　前にも述べたが、ある調査によれば、業界の環境と企業内の資源が企業業績に時間とともに影響を与えている。それゆえ、ビジョンとミッションを策定し、その結果1つかそれ以上の戦略を選択し、それらの戦略をいかに実行するかを決定するために、企業はI/Oモデルと資源ベース・モデルの双方とも利用するのである。事実、I/Oモデルは企業外部に焦点を当て、資源ベース・モデルは企業内に焦点を当てるという点で、これらのモデルは互いに補完し合っている。次に、企業のビジョンとミッションの策定について議論する。ビジョンとミッションの策定は、企業が外部環境（第2章）と内部組織（第3章）の現実を理解した後、取られる行動である。

## ■ ビジョンとミッション

　外部環境と内部組織を検討することにより、企業は、ビジョンとミッション（図1.1参照）を策定するに必要な情報を手に入れることができる。ステークホルダー（企業業績に影響を与える、もしくは企業業績によって影響を受

ける人々。本章の後半で述べる)は、企業のビジョンとミッションを検討することによって企業について多くを学ぶことができる。ビジョンとミッションを明文化する重要な目的は、その企業は何をしているのか、企業は何を達成しようとしているのか、企業は誰に奉仕しようとしているのか(誰のためにあるのか)、を伝えるためである。

## ● ビジョン

　ビジョン(vision)とは、企業がかくありたいこと、そして広い意味で、企業が究極的に達成したいと願っていることを絵に描いたものである。このように、ビジョンの文言は、組織の理想的な姿を明確に述べ、目標期限を明示する。言い換えると、ビジョンの文言は、来たるべき将来、結局企業がどのような方向にありたいかという方向付けを企業に示す。例えば、マルチメディアに焦点を当てたディズニーの新しいビジョンによれば、ヒットした映画や関連の音楽はiPodにダウンロードできるようになるだろう。携帯電話は、(ディズニーの)映画や音楽の着メロをダウンロードできるようになる。Disney.comのオンライン・ビデオは、出演者インタビューや映画の紹介を含むであろう。携帯マルチメディア・プレーヤーには、例えば、ファンが埋蔵された宝物を探すために、「パイレーツ・オブ・カリビアン」の有名な映画シーンで悪漢の裏をかく、といったゲームを開発している。ビジョンとは、従業員が組織の中でしているに違いないと想定されていることを人々に肌で感じさせようとする情熱を持って、"大きな絵"を考えることである。企業のビジョンが、単純で、前向きで、そして感情に訴えるとき、人々は何をなすべきかを感じる。さらに、良いビジョンは、人々を成長させ、挑戦もさせる。

　ビジョンの文言が、企業の価値と高い望みを反映し、一人一人の従業員の、そして望むべくは他の多くのステークホルダーの、感情と理性をとらえようとしていることに注目することは、また重要である。企業のビジョンは長期間変えられることはない。一方ミッションは、変動する外部環境状況に応じて変わることがある。ビジョンの文言は、覚えやすいように、比較的短く簡潔である。ビジョンの文言には、例えば次のようなものがある。

　我々のビジョンは、世界で最高のクイック・サービス・レストランたること(マ

クドナルド)
自動車をあらゆるアメリカ人が手にすることができるようにすること(ヘンリー・フォードが設立したときのフォード自動車のビジョン)

　企業の最も重要、かつ卓越した戦略のリーダーとして、CEO は企業ビジョン策定のため他の人々とともに話し合う責任がある。経験によれば、最も効果的なビジョンの文言は、CEO が数多くの関係者(例えば、他のトップ・レベル経営者、組織のさまざまな部署で働いている従業員、サプライヤー、そして顧客)を参加させて原案を練れば、でき上がってくるのである。加えて、企業が期待する将来の状態を達成するのを助けるため、ビジョンの文言は、企業の外部環境と内部組織の状況とに明確に結びついていなければならない。それは、すでに、ディズニーのマルチメディアのビジョンとして実例を挙げたとおりである。さらに、ビジョンの開発に関係した人々の、特にCEO ならびに他のトップ・レベル経営者の意思決定と行動は、ビジョンと矛盾がないようにしなければならない。マクドナルドでは、例えば、従業員が迅速に効果的に顧客にサービスしなければならないことを明確に規定し損なえば、経営の大失敗を招くことになる。

### ● ミッション

　ビジョンは、企業のミッションの基礎となるものである。ミッション(mission)とは、企業が競争しているビジネスと、その企業が対象とする顧客を明確に述べることである。ミッションはビジョンよりもっと具体的である。しかしながら、ビジョンと同様ミッションは、企業の個性を明確にし、そして士気を鼓舞し、かつすべてのステークホルダーに関連しているべきである。ビジョンとミッションは一緒になって、1つかそれ以上の戦略を選択し、実行する基礎を与える。従業員は企業のビジョン達成のために働いているので、効果的なミッションを策定できる確率が高まるのは、従業員が自分たちの行動を律する強い倫理観を持ったときである。このようにして、ビジネス倫理は、企業が何になりたいのか(ビジョン)、それと同様に、企業は誰に奉仕しようとしているのか(誰のためにあるのか)、ならびに企業はどのようにしてそれらの個人やグループに奉仕しようと望んでいるか(ミッショ

ン）を決める際の企業の議論の中核的部分をなしている。

　企業のミッションを策定する最終的責任はCEOにあるが、CEOや他のトップ・レベル経営者はミッション策定作業に多数の人々を参加させる傾向にある。その主たる理由は、ミッションが製品市場と顧客をより直接的なテーマとしていることと、そして中間管理者や他の従業員は、顧客や関連業界の市場と、より直接的なコンタクトを持っているためである。ミッション文言の例には次のようなものがある。

　世界のそれぞれの地域で人々の最高の雇用主たれ、そしてそれぞれのレストランで顧客に最高のサービスを提供せよ（マクドナルド）
　わが社のミッションは、応用工学のリーダーであると顧客に認知されること。われわれはいつも顧客が望んでいる業務に集中する。われわれは、原材料、部品設計、そして組み立て技術の分野における技術的知識を向上させるよう大いなる志に燃え、かつ努力する。（LNP、GEのプラスティック会社）

　マクドナルドのミッション文言が、「世界最高のクイック・サービス・レストランたれ」というビジョンからどのようにして導き出されているかに注目してほしい。LNPのミッション文言は、その企業が競争しようとするビジネス分野（材料、部品設計、製造技術）を具体的に述べている。

　ここで紹介したビジョンとミッションの文言を読み、読者は平均を上回る収益性（時には利益極大化と呼ばれる）を達成することに触れていないのに気付いたことと思う。すべての企業は、平均を上回る収益性を達成したい（この点では、ライバルとの差異はない）と望んでいる。しかも、目標期限までの達成を目指しながら有力な顧客に適切に対応しないと、数値上の成果は出て来ない。言い換えると、平均を上回る収益性は、ビジョンとミッションを達成する努力の果実である。事実、ある調査によれば、効果的に形成されたビジョンとミッションを企業が持つことは、売上、利益、雇用、そして自己資本の伸びによって測られる業績にプラスの効果がある。さらに、企業業績の向上は、次に議論するステークホルダーの利益を満足させる企業能力を高めるのである。コインの裏側もまた真実である。すなわち適切に形成されたビジョンとミッションを持っていない企業は、適切に形成されたビジョンとミッションを持っている企業より、失敗する確率が高い。

# ■ ステークホルダー（利害関係者）

　あらゆる組織は、その主要なステークホルダー・グループとの関係を構築し維持するシステムを必要としている。**ステークホルダー**（stakeholder）とは、企業のビジョンとミッションに影響を与える人々とグループのことで、達成された戦略的成果によって影響を受け、そして企業業績に対し影響を及ぼす権利を有している。経営関与は組織の生存、競争力、そして収益力に不可欠であるが、時にはその関与を手控えたほうが良いというステークホルダーの配慮を受けながらも、企業業績に対する権利は行使される。ステークホルダーは、業績が期待に沿っているか、期待を上回っている限り、その組織を支持し続ける。また最近の調査によれば、ステークホルダーとの関係を巧みに維持している企業は、そうでない企業より業績が良好である。ステークホルダーとの関係は、それゆえ、競争優位の源泉として管理されることになる。

　組織は、ステークホルダーと依存関係にあるのだが、いつもすべてのステークホルダーと平等に依存した関係にあるのではない。その結果、あらゆるステークホルダーが同じ水準の影響を与えるわけではない。あるステークホルダーの関与が重大で価値あるものであればあるほど、企業のそのステークホルダーへの依存性がますます高まる。より大きな依存性は、今度は、ステークホルダーに対し、企業のコミットメント、意思決定、そして行動に対して一層強い影響力を与える。経営者は、重大な経営資源を支配しようとしているステークホルダーの要求を受け入れるか、もしくは要求から組織を遮断する方法を探さねばならない。

## ● ステークホルダーの分類

　企業の事業活動に関係する当事者は、少なくとも3つのグループに分類される。図1.4に示されるように、これらのグループは、資本市場のステークホルダー（株主と、企業資本の主たる提供者）、製品市場のステークホルダー（企業の主要な顧客、サプライヤー、地元地域社会、労働者を代表する労働組合）、そして組織のステークホルダー（非管理者と管理者双方を含むす

### 図1.4　3つのステークホルダー・グループ

**ステークホルダー** → 企業業績によって影響を受け、そして企業業績に対し発言する権利を有している人々

**資本市場のステークホルダー**
・株主
・資本の主要供給者（例、銀行）

**製品市場のステークホルダー**
・主要な顧客
・サプライヤー
・地元地域社会
・労働組合

**組織のステークホルダー**
・従業員
・経営管理者
・非管理者層

ての従業員）である。

　それぞれのステークホルダー・グループは、企業内の戦略的意思決定をする人々がリーダーシップを発揮することを期待している。そのリーダーシップを通じて、企業の価値を置く目的が達成されるのである。さまざまなステークホルダー・グループの目的はしばしば互いに異なり、それゆえ戦略的経営のプロセスに関係する人を、トレード・オフ（二者択一）の意思決定がなされなければならない状況に追い込むこともある。最も明確なステークホルダーは、少なくとも米国の組織では、株主——黒字の投資収益率の達成を期待して企業に投資した個人とグループ——である。これらのステークホルダーの権利は、私有財産と私有企業を規定する法律に基づいている。

　株主とは対照的に、もう１つのグループのステークホルダー——企業の顧客——は、投資家が最低の投資利益しか得られないのを望んでいる。顧客は、

企業製品の品質と信頼性が価格の上昇なしで改善される場合に、自分たちの利益が極大化されたと思うのである。顧客にとっての高い収益性は、資本市場の株主との取引で実現した株主の一層低い収益性という犠牲において実現されるのかもしれない。

　潜在的な利害問題があるので、それぞれの企業は、各ステークホルダーにうまく対応するよう一生懸命に取り組んでいる。第一に、企業は、注意深くすべての重要なステークホルダーを識別しなければならない。第二に、すべてのステークホルダーを満足させられない場合、それらに優先順位を付けなければならない。パワー（権力関係）が、ステークホルダーに優先順位を付ける場合の最大の基準である。他の基準として、各個別のステークホルダー・グループを満足させる緊急性と、ならびに各グループの企業にとっての重要性の程度が上げられる。

　企業が平均を上回る収益性を達成する場合、ステークホルダーとの関係に効果的に対応するという難題は大幅に緩和される。平均を上回る収益性によって提供される組織能力と柔軟性を用いて、企業は、複数のステークホルダーを同時に一層容易に満足させることができる。企業が平均の収益性しか達成できない場合、すべてのステークホルダーの利益を極大化させることはできない。その場合、企業の目的はそれぞれのステークホルダーを少なくとも最低程度にしか満足させられないものになる。それぞれのステークホルダー・グループを支持することが企業にとってどの程度重要性が異なるかという尺度に基づき、トレード・オフの選択決定がなされる。例えば、環境保護団体はエネルギー産業の企業にとっては大変重要かもしれない。しかし、専門的なサービス企業にとってはそれ程重要ではない。平均を下回る収益性しか上げられない企業は、すべてのステークホルダーを最低限満足させる能力さえも持っていない。この場合、経営の直面する問題は、ステークホルダーから失う支持の大きさをいかに最小化するかというトレード・オフを選択することである。社会的価値もまた図1.4に示される3つのステークホルダー・グループに割り振られた一般的なウエイト付けに影響を与える。主要先進工業国ではすべての3つのステークホルダー・グループは、企業によって然るべく処遇されているのだが、企業の処遇の優先順位は文化の違いによって異なる。次に、主要な3つのステークホルダー・グループについて個別に詳細

を述べたい。

### ▶ 資本市場のステークホルダー

　株主と債権者は双方とも、企業に委託した富を企業が保全し高めるのを期待している。彼らが期待している収益性は、投資に付随したリスクの程度に比例している（例えば、低収益は低リスク投資に付きもの、高収益は高リスク投資に付きものとして予想されている）。不満を持つ債権者は、次回の資金調達に対してより厳しい契約条項を要求するかもしれない。不満を持つ株主は、持ち株売却を含めたいくつかの手段を通じて、懸念を表明するかもしれない。

　企業が、資本市場のステークホルダーが抱いている潜在的あるいは現実の不満に気が付いているとき、企業は彼らの懸念に反応するかもしれない。不満を持ったステークホルダーへの企業の反応は、企業のステークホルダーとの依存の関係の性格によって影響を受ける（それは、前にも述べたように、社会的価値によってもまた影響を受ける）。依存関係が大きくなればなるほど、かつ意味が大きいほど、企業の反応はますます直接的かつ大きな影響を持つようになる。オープニング・ケースで説明したエアバスの場合、資本市場のステークホルダーを満足させるために、企業の業績をどのようにして改善せねばならないかを、エアバスCEOやその他のトップ・レベル経営者が真剣に考えているに違いないと期待するのは当然である。事実、エアバスはスーパー・ジャンボA-380のような主要機種の超過コストに直面して、多くの従業員を一時解雇したり、コストを引き下げるために、かつボーイングに対し競争力を増すためにある程度の製造工程を外部委託したりすることを試みてきた。しかしながら、エアバスの本拠地がある欧州では、従業員ステークホルダーが社会的に強く重視されていることもあり、解雇に反対する組合の抗議にも強い世論の支持がある。

### ▶ 製品市場のステークホルダー

　製品市場のステークホルダー（顧客、サプライヤー、地元地域社会、そして労働組合）間には、ほとんど共通の利害がないと思う人がいるかもしれない。しかしながら、4つのすべてのグループは、企業が競争の激しい戦いに

巻き込まれると、恩恵を被る。例えば、製品と産業の性格によって異なるが、企業の顧客に対してはより低い製品価格を課し、そしてサプライヤーからはより高い価格を課されるのが、市場競争の行き着くところかもしれない（競争での勝利に直接関係するタイプの製品とサービスの調達を確保するために、企業はサプライヤーに対しより高い価格を支払う用意があるかもしれない）。

　第4章で述べるように、顧客はステークホルダーとして、可能な限りの最低価格で信頼できる製品を求める。サプライヤーは、受け取る製品とサービスに対し最も高くかつ持続する価格を支払う用意がある忠実な顧客を探している。地元地域社会は、企業が長期雇用者であること、そして公共的な支援サービスに過剰な要求をすることもない優良な納税者であり続けることを望んでいる。労働組合幹部は、彼らが代表する労働者に対し、より好ましい労働条件での雇用を確保することに関心がある。このようにして、資本市場のステークホルダーへの収益性（すなわち、債権者と株主が、企業との利害関係を受け入れ、それを引き続き維持する収益性）と製品市場のステークホルダーが分かち合える収益性とが少なくともバランスし、企業の利益の幅がその均衡を反映する場合に、製品市場のステークホルダーは一般的に満足するのである。

### ▶ 組織のステークホルダー

　従業員——企業の組織のステークホルダー——は、企業がダイナミックで刺激的な、そして努力に対し報いのある労働環境を提供することを期待している。従業員としてわれわれは、成長企業に働くことと、積極的にスキルの向上を図ることで、通常満足する。そのスキルとは特に、チームの中で有力なメンバーとなるために、そしてグローバルな作業標準に合致しもしくは上回るために、求められるようなスキルを言う。新しい知識をいかに生産的に活用するかを学んでいる労働者は、組織の成功に決定的に重要である。まとめて言うと、労働者の教育とスキルは戦略実行と企業業績に影響を与える競争力のある武器である。次の文言から示されるように、戦略的リーダーは、組織上のステークホルダーのニーズに日々のベースで対応する最終的な責任者である。戦略的リーダーシップの仕事は、人間の精神を育むために、共通

の目標にまい進しながらも人々が成長し学ぶことができる組織を創ろうと、人材の潜在能力を全面的に活用することである。面白いことに、ある調査によれば、社外取締役の方が社内の戦略的リーダーより一時解雇を提案する傾向が強い。一方、社内の役員は、費用削減という予防的手段を行使し、現在雇用中の従業員を守ろうとする傾向がある。

## 戦略的リーダー

　**戦略的リーダー**（strategic leaders）とは、企業がビジョンとミッションを達成するのを助けるために、戦略的経営のプロセスを活用するさまざまな部署にいる人々のことである。企業のどの部署かには関係なく、成功した戦略的リーダーは、決断力があり、自分たちの周りにいる人たちを育成することをコミットしており、顧客に対する価値ならびに株主や他のステークホルダーに対する収益性を企業が創造するのに、貢献することをコミットしている。

　誰が戦略的リーダーであるかを明らかにしようとする際、ほとんどの人はCEO（chief executive officer：最高経営執行責任者）と他のトップ・レベルの経営者を思い浮かべがちである。明らかに、これらの人々は戦略的リーダーである。そしてCEOは、企業が戦略的経営のプロセスを効果的に活用することに対して最終的に、責任がある。実のところ、戦略的に経営するようにとのCEOに対するプレッシャーは、かつてないぐらい強いのである。他方、今日の組織における多くの他の人々は、企業の戦略を選択し、次にそれらの戦略を首尾よく実行するための行動を決定することを助けている。その主要な理由は、この章の前半で議論した21世紀の競争の現実（すなわち、グローバル経済、グローバリゼーション、急速な技術変化、知識や人材が競争優位の源泉としてますます重要性を高めていること）によって、"現場に最も近い"人々が、意思決定しかつ取るべき行動を決定する人たちであるべきだという必要性が高まってきていることにある。実際、最も成果を上げるCEOやトップ・レベルの経営者は、経営資源の活用に影響力を持つ企業内の人々に対し

戦略的な権限を委譲する方法を理解している。

組織文化もまた、戦略的リーダーと彼らの仕事に影響を与える。影響を受けた戦略的リーダーの意思決定と行動は、企業の文化を形成する。**組織文化**(organizational culture) は、企業内で共有されておりまた企業がいかにしてビジネスを展開するかに影響を与えるような、イデオロギー、シンボル、そしてコアとなる価値の、複雑な組み合わせのことである。それは、組織を動かす、または動かし損ねる、社会的エネルギーのことである。例えば、大きな成功をおさめているサウスウエスト航空は、ユニークな価値ある文化で知られている。その文化は、従業員をハードワークに駆り立てるばかりでなく、そうしながら喜びをまた与えているのである。さらに、その文化は、相手側の人々——従業員や顧客——に対する尊敬の念を抱かせる。この会社はまた、積極的なすごいサービス(positively outrageous service: POS)をすべての顧客に提供するというコミットメントによって示されるように、特別上級のサービスを提供している。ウォルマートは、同社の継続的な成功は大部分その企業文化のおかげである、と主張している。

ある種の組織文化は、不利益の源泉ともなる。しかしながら、企業の文化が機能を果たしていようといまいと、戦略的リーダーの仕事が文化と関連して営まれることをリーダーが理解することは重要なことである。組織文化と戦略的リーダーの仕事との関係は、リーダーの仕事が絶えず進化する組織文化を形成するのに役立つ一方、文化がリーダーの働き方を具体化するように、相互に作用しつづける。

## ● 成果を上げる戦略的リーダーの仕事

恐らく驚くことではないが、ハードワーク、完全な分析能力、徹底して正直さを貫くこと、企業と企業の人々にもっと実績を上げさせようとする強い性向、そして良識は、戦略的リーダーとして個人が持つべき成功への必要条件である。加えて、戦略的リーダーは自分たちがトップに立つ組織、または自分たちが遂行する機能の目的に関して、これらの目的を達成するのに必要な戦略、戦術、技術、システム、そして人々に関して、ならびにいつも尋ねられることが必要とされる重要な質問について…真剣に深く考えることができなければならない。さらに、成果を上げる戦略的リーダーは、企業内の倫

理的な品格を植え付けるために働く。例えば、IBM のコーポレート・シティズンシップ（企業市民活動）部長のケビン・トンプソンは「ビジネスと社会的価値を統合することなしに生きていけるとは思わない」と示唆している。倫理的行動に対するこうした考え方は、IBM を CRO 社発表の 2007 年ベスト・コーポレート・シティズン 100 社の 6 位にランクさせるのに成果があった。

　戦略的リーダーは、組織の地位に関係なく、しばしば長時間働く。しかも仕事は、効果的な解決策が容易に見出されず、意思決定をしにくい状況ばかりである。しかしながら、この仕事によって与えられる機会は、魅力的であるのに加え、夢を見たり行動したりする興奮するようなチャンスをもたらすのである。次の言葉は、タイム・ワーナーの元会長兼共同 CEO であった故スティーブン・J・ロスに対し、父が送ったものであるが、戦略的リーダーの仕事における機会を説明している。

> 人々は 3 つに分類される――オフィスに出社し足を机の上に投げ出し、12 時間夢を見る人。午前 5 時に出社し、16 時間働き、一時たりとも夢見るために立ち止まったりしない人。足を投げ出し、1 時間夢を見、それから今見た夢について何かをする人。

　会社に挑戦し会社を活性化させることを意味する夢という組織上の言葉は、ビジョンのことである（この章で前に述べた）。戦略的リーダーには夢を見て行動する機会がある。そして最も成果を上げるリーダーは、企業のミッションの基礎としてのビジョンと、それに引き続く 1 つかそれ以上の戦略を活用し実行する機会を与えるのである。

### ● 戦略的意思決定の結果を予測する：利益プール

　戦略的リーダーは、意思決定を実行する努力を始める前に、意思決定の結果を予測しようとする。しかし予測するのは難しい。戦略的経営のプロセスの一部を成す多くの意思決定は、不確実な将来と将来における企業の地位と関連している。

　戦略的リーダーは、異なる意思決定から起こり得る結果を予測するために、そして売上の伸び率に厳密に焦点を当てるよりむしろ利益の伸びに焦点を当てるために、業界の利益プールの地図を描いてみる。**利益プール**（profit pool）とは、ある業界で、バリューチェーンの流れの中のあらゆる点において計上された利益の合計額のことである。（バリューチェーンは、第3章とさらに第4章で説明される）その業界の利益プールを分析することは、ある企業がその業界の利益の主たる源泉を理解する助けとなり、他の企業が見ることができない何かをその企業が見つけるのを助けることになるかもしれない。利益プールを確認するには、4つの段階がある。①利益プールの境界線を決める、②利益プールの全体的な規模を見積もる、③利益プールにおけるバリューチェーン活動の規模を見積もる、そして④それらの計算を照合してみる。

　エアバスは、どうやって民間航空産業の利益プールの地図を描いたかについて考えてみよう。まず、エアバスは業界の境界線を決め、そして次にその規模を見積もる必要があった。オープニング・ケースで述べたように、これらの境界線は地球横断的市場を含む。そして多くのこれらの市場の規模は、特に新興国の市場は、急速に拡大を続けている。そこで、エアバスはバリューチェーンのそれぞれの部分における潜在的な利益額を見積もることにした（ステップ3）。この業界においては製品設計と製品の特徴は、新型機を売る販売キャンペーンより、もっと重要な潜在利益の源泉となるものである。この種の問題は、業界の利益プールの地図を描くために使われるステップ3の行動と関係していると考えられている。それでエアバスは、バリューチェーンの中で最大の利益プールが存在している所で成功するために活用すべき戦略を決めるに必要な情報と洞察を得ることにした。この短い事例が示すように、利益プールは、企業の戦略的リーダーが利益を増大させる確率を高めるために取る行動は何か、を探すために使う道具である。

## ■戦略的経営のプロセス

　図1.1で示されているように、戦略的経営のプロセスは企業が戦略的競争力を獲得し、平均を上回る収益性を達成するために活用する合理的な方法である。図1.1はまた、戦略的経営のプロセスを読者に解説するために、本テ

キストで検討するトピックの概要を述べている。

　本テキストは、3つのパートに分かれている。第1部では、外部環境（第2章）と内部組織（第3章）を分析するために企業は何をなすべきかを述べる。これらの分析は、次の2つの目的のために成し遂げられる。1つは、外部環境における市場の機会と脅威を識別するために（第2章）である。2つ目は、機会を追求し脅威を克服するためにいかにして企業内組織にある経営資源、組織能力そしてコアコンピタンスを活用するかを決めるために（第3章）である。外部環境と内部組織についての知識に基づいて、企業はビジョンとミッションを策定するのである。

　戦略要因分析（図1.1参照）は、1つかそれ以上の戦略を選択し、そしていかに実行するかを決めるための基礎となる。図1.1の2種類の戦略的行動をつなぐ水平の矢印によって示されるように、戦略の策定と実行は、もし企業が戦略的経営のプロセスを首尾よく活用しようとするならば、同時に統合されねばならない。意思決定者が、戦略を選択するときにいかに実行するかについて考え、そして現在選択された戦略を実行しながら企業の戦略に対する変更の可能性について考えるので、統合が必要とされるのである。

　本テキストの第2部では、企業が実行を選択するかもしれないいくつかの戦略を議論する。第一に、事業戦略（business-level strategy）（第4章）を取り上げる。事業戦略は、ライバルを上回る競争優位を開発するように企画された企業の行動を説明する。単一製品市場で競争している企業（例：1店舗の個人営業の青果店）は、1つの事業戦略しか持たない。だがこれから学ぶように、多様な製品市場で競争している多角化企業（例：GE）は、それぞれの事業に対して事業戦略を有している。第5章では、市場の競争において戦略を実践しながらも企業間で生じる行動とその反応を解説する。これから見るように、競合企業は互いの行動に反応し先手を打とうとする。競争の動態は、企業が活用することを選択する戦略に影響を与え、それと同様に選択された戦略をいかにして実行しようとするかについても影響を与える。

　多角化企業にとって、企業戦略（全社戦略、corporate-level strategy）は（第6章）、その会社が競争を考えている事業を決定すること、それと同様に経営資源、組織能力、そしてコアコンピタンスを異なる事業部間にいかに配分するべきかを決定することを扱う。特に多角化企業における戦略策定に決定

的なトピックとして、他社の買収、そして場合によっては企業の事業構成の再編成（第7章）、ならびに国際戦略の選択（第8章）が含まれる。協調戦略（第9章）によって、企業は、競争優位を開発するために経営資源と組織能力を共有する提携関係を形成する。協調戦略は、多様な市場がひしめくグローバル経済の中で、企業が競争するための方策を探そうとしているので、ますます重要性を高めている。例えば、マリオット・インターナショナル・インクと豪華ブティック・ホテルの設計に特化しているイアン・シュラガー社は提携して、スターウッド・ホテル＆リゾートが所有するWホテルのような成功したブランドと競合するホテルを共同で作り出している。

　戦略を実行すべく取られた行動を検証するため、本書の第3部でいくつかのトピックを考察する。第一に、企業を統治するために使われる異なる仕組みを調べる（第10章）。今日多くのステークホルダーによって表明されているコーポレート・ガバナンス（企業統治）を改善してほしいという要求を受けて、組織は、ステークホルダー間の異なる利害をいかにして同時に満たすか、を学ぶことに懸命に取り組んでいる。最後に、企業の活動を管理するに必要とされる組織の構造と行動（第11章）、今日の企業と競争の激しい環境にとって適した戦略的リーダーシップのパターン（第12章）、継続的なイノベーションへの道としての戦略的アントレプレナーシップ（第13章）が触れられる。

　この導入の章を閉じる前に、ほとんどの戦略的経営のプロセスの意思決定が倫理的な次元を伴っている、ということを強調することは重要である。それは、主として、企業がステークホルダーといかに相互に影響し合うかということに関係しているためである。組織の倫理は、組織の文化によって体現される。すなわち、企業の意思決定は、ほとんどの、またはすべての企業の経営者や従業員によって共有されているコアとなる価値から生み出されたものである。特に、21世紀の乱気流の、そしてしばしば不透明な激しい競争状況において、戦略的経営のプロセスの一部分をなす意思決定をする人々は、その意思決定が資本市場の、製品市場の、そして組織のステークホルダーに別々に影響を与えることを認識すること、そして日々の意思決定の倫理的な意味合いを評価することに、挑戦している。これらの現実を認識できない意思決定者は、倫理的なビジネス慣行に密接に関わる場合、企業を競争上の非

優位に置くリスクを負うことになる。

　お気付きのように、本書で検討する戦略的経営のプロセスは、競争優位を発展させるための規律ある方法を求めている。その方法を通じて企業が戦略的競争力を獲得し平均を上回る収益性を達成することができるであろう道筋を示している。この戦略的経営のプロセスに熟達することは、読者の皆さん、そして皆さんが働くことを選んだ組織に対し効果的に役立つこと間違いないであろう。

## 要約　　　　　　　　　　　　　　　　　　　　　*Summary*

■ 企業は、戦略的競争力を獲得し平均を上回る収益性を達成するために戦略的経営のプロセスを活用する。企業が、いかに価値創造の戦略を実行するかの方法を開発しかつ学んだときに、戦略的競争力は達成される。平均を上回る収益性（投資家が同じ程度のリスクの大きさを有す他の複数の投資案件から達成が期待できる水準を超えた収益性）は、企業がすべてのステークホルダーを同時に満足させるために必要な基礎を提供する。

■ 競争の基本的特質は、現在の激しい競争状況においては変わってきている。その結果、戦略的意思決定をする人々は、無秩序と多くの不確実性を生み出す激しい乱気流の混乱した環境の中で、いかに競争するかを自分たちに学習させるような、これまでと異なる考え方を採用しなければならない。業界と市場のグローバリゼーション、ならびに急速で重要な技術変化は、激しい競争状況の乱気流に拍車をかける2つの主要な要因である。

■ 企業は、ビジョンとミッションを策定するのに助けとなる2つの主要なモデルを利用する。そして、戦略的競争力と平均を上回る収益性を追求して活用するための1つかそれ以上の戦略を選択する。I/O（産業構造分析）モデルの中核となる仮定は、企業の外部環境が、経営資源、組織能力、そしてコアコンピタンスよりも、戦略の選択に大きな影響を与えるというものである。それゆえ、I/Oモデルは、ライバルと競争するためにどの戦略を活用するかを決定する際、その業界の特性が企業に与える影響を理解するために使われる。I/Oモデルを支持する論理は、企業が魅力的な業界を見つけその業界の特性によって決まってくる戦略を首尾よく実行するとき、平均を上回る収益性が達成されるというものである。資源ベース・モデルの中核となる仮定は、ユニー

第1章　戦略的経営と戦略的競争力

クな経営資源、組織能力、そしてコアコンピタンスが、企業の外部環境より、戦略を選択し活用することに大きな影響を与える、ということである。平均を上回る収益性は、価値があり、希少な、模倣に費用がかかる、そして代替不可能な経営資源と組織能力を、1つかそれ以上の業界のライバルと競争するために企業が活用するときに達成される。双方のモデルとも、戦略を首尾よく選択し活用することに繋がる洞察をもたらす、ということが実証されている。このようにして、企業は、ユニークな経営資源、組織能力、そしてコアコンピタンスを、企業が関心を持つ業界で競争力を持たせる1つかそれ以上の戦略のための基礎として活用することを望んでいる。

■ ビジョンとミッションは、企業の内部のそして外部の環境を調査することから得られる情報と洞察によって策定される。ビジョンとは、企業がかくありたい、そして広い意味で、企業が最終的に達成したいことを絵に描いたものである。ビジョンから流れ出るミッションは、企業が競争を意図する事業または複数の事業、そして企業が対象とする顧客を明確に規定する。ビジョンとミッションは、企業に方向を示し、ステークホルダーに重要な説明情報を伝える。

■ ステークホルダーとは、企業の戦略的結果に影響を与えるか、そして逆に影響を受ける人々のことである。企業がステークホルダー（株主、顧客、サプライヤー、従業員、地元地域社会等）からの継続的な支持を受けることを頼りにしているので、ステークホルダーは会社の業績に対し影響を及ぼす権利を有している。平均を上回る収益性を達成する場合、企業は、すべてのステークホルダーの利益を最低水準だが同時に満足させるために必要とされる経営資源を有している。しかしながら、企業が平均的な収益性しか達成できない場合、異なるステークホルダーのグループに対しては、企業への支持を保持するために注意深く対応がなされなければならない。平均を下回る収益性しか達成できない企業は、不満を抱いたステークホルダーから失う支持の量を最小限に抑えなければならない。

■ 戦略的リーダーとは、企業がビジョンとミッションを達成する助けとなる戦略的経営のプロセスを利用する企業のさまざまな部署にいる人々のことである。しかしながら、CEOは、企業が戦略的経営のプロセスを適切に活用していることをよく確認する最終的な責任がある。今日、戦略的経営のプロセスの有効性が高まるのは、倫理的意思と行動に基づいているときである。戦略的リーダーの仕事は、しばしば魅力的な代替案の中で、どの案を選ぶか意思決定のトレード・オフに追い込まれる。すべての戦略的リーダーが、特にCEOと他のトップ・マネジメント・チームのメンバーが、一生懸命に働くこと、状況の完全な分析を行うこと、本音の意見交換ができること、矛盾がなく正直であること、そして適切なときに適切な人に適切な問いを発することは、重要なこ

とである。

■ 戦略的リーダーは、戦略的意思決定の起こり得る結果を予測しなければならない。そのために、戦略的リーダーは、バリューチェーン活動とリンクした業界内の利益プールを、まず計算しなければならない。そうすれば、役に立たない戦略を策定し実行する可能性は低くなる。

## 重要用語　*key words*

● **戦略的競争力**（strategic competitiveness）は、企業が価値創造の戦略を首尾よく策定し実行した場合に達成される。

● **戦略**（strategy）とは、コアコンピタンスを開発し競争優位を獲得することを意図した、統合され調整されたコミットメント（決意）と行動からなる。

● 競合他社が複製することが不可能か、または模倣に費用がかかるような戦略を実行するとき、その企業は**競争優位**（competitive advantage）を持つという。

● **平均を上回る収益性**（above-average return）とは、ある投資家が同じ程度のリスクの他の投資案件から期待できる水準を超えた収益性のことである。

● **リスク**（risk）とは、ある特定の投資から投資家が経済的利得を得るのか損失を被るのかわからないような不確実性のことである。

● **平均的収益性**（average return）とは、ある投資家が同じくらいのリスクの大きさを有す他の投資案件から期待できる収益性に等しい。

● **戦略的経営のプロセス**（strategic management process）とは、ある企業が戦略的競争力を獲得し平均を上回る収益性を達成するに必要とされる、コミットメント、意思決定、そして行動の組み合わせのことである。

● **グローバル経済**（global economy）とは、製品、サービス、人材、スキル、そしてアイ

デアが自由に国境を越えて動く経済のことである。

● **戦略的柔軟性**（strategic flexibility）とは、動態的で不確実な競争の激しい環境において存在する、さまざまな需要と機会に対応するために駆使される組織能力のことである。

● **経営資源**（resource）とは、企業の製造工程に投入するもので、例えば、資本設備、従業員個々のスキル、特許権、財務力、有能な経営者である。

● **組織能力**（capability）とは、任務（task）または業務活動（activity）を統合的に遂行するための経営資源の持つ能力（capacity）のことを言う。

● **コアコンピタンス**（core competence）とは、企業がライバル企業に対して有す競争優位の源泉として役に立つ経営資源と組織能力のことである。

● **ビジョン**（vision）とは、企業がかくありたいこと、そして広い意味で、企業が究極に達成したいと願っていることを絵に描いたものである。

● **ミッション**（mission）とは、企業が競争しているビジネス、ならびにその企業が対象とする顧客を明確に述べることである。

● **ステークホルダー**（stakeholder）とは、企業のビジョンとミッションに影響を与える人々とグループのことで、達成された戦略的成果によって影響を受け、そして企業業績に対し影響を及ぼす権利を有している。

● **戦略的リーダー**（strategic leaders）とは、企業がビジョンとミッションを達成するのを助けるために、戦略的経営のプロセスを活用するさまざまな部署にいる人々のことである。

● **組織文化**（organizational culture）は、企業内で共有されておりまた企業がいかにしてビジネスを展開するかに影響を与えるような、イデオロギー、シンボル、そしてコアとなる価値の、複雑な組み合わせのことである。

● **利益プール**（profit pool）とは、ある業界で、バリューチェーンの流れの中のあらゆる点において計上された利益の合計額のことである。

## 復習問題 *Review questions*

1. 戦略的競争力、戦略、競争優位、平均を上回る収益性、戦略的経営のプロセスとは何か。
2. 現在の競争状況の特徴とは何か。この競争状況の主要な原動力となっている2つの要因は何か。
3. I/Oモデルによると、企業は平均を上回る収益性を上げるために何をするべきか。
4. 資源ベース・モデルによると、企業は平均を上回る収益性を上げるために何をするべきか。
5. ビジョン、およびミッションとは何か。この2つは戦略的経営のプロセスにおいてどのような価値があるか。
6. ステークホルダーとは何か。3つの主要なステークホルダーは、組織にどのような影響を与えるか。
7. 戦略的リーダーの仕事について詳しく述べよ。
8. 戦略的経営のプロセスの要素は何か。それらの要素はどのように関連しているか。

第1章　戦略的経営と戦略的競争力

# 第2章

## 外部環境：機会、脅威、業界内の競争、競合企業分析

本章の狙いは、下記目的に必要な戦略的経営の知識を提供することにある。

1. 企業の外部環境を分析することと理解することの重要性を説明する。
2. 一般環境と業界環境を定義し、詳しく述べる。
3. 外部環境分析のプロセスの4つの活動を議論する。
4. 一般環境の6つのセグメントを列記し、詳しく述べる。
5. 5つの競争要因を明らかにし、それらがいかにして業界の潜在的利益を決めるかを説明する。
6. 戦略グループを定義し、その企業に与える影響を詳しく述べる。
7. 競合企業ならびに、競合企業の情報収集に使われるさまざまな方法（倫理的基準を含む）について、企業が知らなければならないことを詳しく述べる。

*opening case*

ウォルマートに対する環境問題の圧力

　主要なライバルはウォルマートを超えつつあるのだろうか。この会社は、社会的に芳しくないイメージや、環境問題の懸念、そして従業員の低い待遇条件に関する非難などの理由で、圧力を受けているのであろうか。最近の「ビジネスウィーク」誌によれば、ウォルマートの 2006 年に開店した新店舗の売上の伸びは、CVS、ターゲット、そしてクローガーのような競合他社と比べてみると最低であった。そのうえ、既存店舗の売上の伸びは 2006 年 12 月に 1.6％反転増加する直前の 11 月にマイナスに転じていた。同時期、コストコとターゲットの売上高は 9％と 4.1％、それぞれ増加した。加えてウォルマートの株価（2007 年央には一株約 48 ドル）は、株式市場が堅調であるにもかかわらず横這いであった。ウォルマートは米国で最大の雇用主で、かつ売上高で 2 番目に大きな会社なので、その一挙手一投足が事細かに監視されている。そして、2006 年と 2007 年は、巨大小売会社にとって厳しい年となった。訴訟問題、広報問題、そして労働問題の狭間の中で、ウォルマートはライバルが仕掛ける競争的行動による問題に直面しはじめている。

　ウォルマートはアーカンソー州の小さな町で誕生し、その後ほぼ 50 年間にわたり小売業市場で支配的な地位を維持してきた。「Everyday Low Price（毎日が低価格）」というテーマソングは、彼らのビジネスモデルが拠って立つコスト・リーダーシップ戦略に基づいているが、過

去2年間にわたり、競合他社に付け入る隙を与え、成長方程式は過去ほど有効に機能していない。2006年には、米国内事業の既存店舗の売上高は1.9%しか伸びていない。これは創業以来最悪の業績であった。この既存店売上高の伸びという鍵になる基準では、ターゲット、コストコ、クローガー、セーフウェー、ウォルグリーン、CVS、そしてベストバイのような競合他社は、今やウォルマートより2倍から5倍早いスピードで成長している。ウォルマートの近年の成長は、既存店舗からではなく、主として新店舗開設によるものである。例えば、2005年ウォルマートは、1日にほぼ1店舗の割合で新店舗を開設することにより米国内売上高で7.2%の成長を達成した。しかしながら、ウォール街はその市場浸透力に懸念を抱き、ウォルマートの株価は低迷している。多くのアナリストもウォルマートが、既存店舗における売上の不調を埋め合わせるため、新店舗の増設にあまりにも頼りすぎていると心配している。

　ウォルマートは、新規顧客を惹きつけ、売上高を伸ばすという能力に影響を与えそうな、多くの他の問題でも悩まされている。ある問題は政治的である。例えば、いくつかの都市は、特別な地域におけるウォルマート店舗の開設に対し、法的に制限を課した。ウォルマートは、多くの従業員に対する低い給料と貧弱な福利厚生について非難されてきている。そうした状況への対策として地域社会におけるイメージを改善しようとし、ウォルマートのCEOのリー・スコットは店舗の3分の1で6%給料を上げることを約束した。しかし、非難は鳴り止んでいない。というのは、これらの賃上げのファンドの大半は、長期雇用従業員の賃金に上限を課すことで相殺されるからである。ウォルマートはまた、健康保険の従業員負担費用を月額23ドルに減らすと約束している。

　環境保護主義者もまた、ウォルマートに圧力をかけている。米国内に3,000以上もの店舗を持つ世界最大級の会社の1つであり、そのような会社が環境に優しくしようとすれば大きな影響を与えるに違いないからである。この圧力と取り組むために、環境政策や環境運動を立ち上げる事業会社を親身に支援する非営利環境団体のコンサベーション・インターナショナルの援助を得て、ウォルマートは環境戦略の全面的な見直しをしている。ウォルマートはその保有する輸送全車両の効率を3年

以内に25％向上させ、10年以内に効率を倍にするという野心的な目標を立てようとしていると、リー・スコットは最近の従業員向けスピーチで述べた。同社は、向こう3年間で店舗のエネルギー消費を30％削減し、店舗から出る固形廃棄物を25％削減することを目標としている。また、店舗で利用される環境技術に毎年5億ドル投資することに同意している。新規の環境改善運動には、廃棄物ゼロを達成し、再生可能資源から燃料を供給すること、そして効果的な環境改善活動を推進するためにサプライヤーとの緊密な共同作業をするという目標に向かって努力することが含まれる。

　ウォルマートは、2007年に最初の環境維持可能性レポートを発行することと、廃棄物と温室効果ガス排出の削減を追跡するために使われるウェブサイト上にデータを掲載することを約束した。しかし、店舗の環境改善に5億ドルの投資を約束することをもってしても、その金額は2006年のウォルマート全売上高の1％の5分の1より少ないのである。

　ウォルマートが対応せねばならない相手は、同社がこの10年間にさらに多くの国際市場に参入したせいで、数が増え複雑さを増している。例えば、ウォルマートは、中国やラテン・アメリカ数カ国および英国を含む15の海外諸国で大規模な営業を展開している。ウォルマートは、中国の製造企業から多くの製品を仕入れているが、他方中国では中国人顧客にサービスする73店舗を展開している。同社は、最近、インド市場に参入すべくインド企業のバルティ・エンタプライズ社と合弁契約に調印した。その合弁企業設立は、外国の小売企業を禁止するインドの法律を回避するための方法である。現在でもインド政府は、同社の市場支配力やとかくの評判でウォルマートを嫌う人から、本件をよく調査するようにとの圧力を受けている。

出典： A. Bianco, 2007, Wal-Mart's Midlife Crisis, *BusinessWeek*, http://www.businessweek.com, April 30; 2007, Key rivals outrun Wal-Mart, *BusinessWeek*, http://www.businessweek.com, April 30; G. Weiss, 2007, Wal-Mart comes to India, *Forbes*, http://www.forbes.com, March 26; J. Carey, 2007, Wal-Mart: Big strides to become the Jolly Green Giant, *BusinessWeek*, http://www.businessweek.com, January 29; M. Guenther, 2006, Wal-Mart sees green, CNNMoney, http://www.cnnmoney.com, July 27; J. Birchall, 2006, Wal-Mart picks a shade of green, *Financial Times*, http://www.ft.com, February 6; J. Birchall, 2005, Wal-Mart sets out stall for a greener future, *Financial Times*, http://www.ft.com, October 25; J. Birger, 2007, The unending woes of Lee Scott, *CNN Money*, http://www.money.cnn.com, January 9; F. Harvey and E. Rigby, 2006, Supermarkets' green credentials attacked, *Financial Times*, http://www.ft.com, September 14.

オープニング・ケースに述べられているように、また研究結果が示すように、外部環境は企業の成長と収益力に影響を与える。ウォルマートの成長は鈍化してきている。その収益力は、業界他社によって最も直接的に影響を受ける。加えて、ウォルマートは、地元地域、州、連邦政府諸官庁（外国政府も含む）、労働組合ならびに緑化環境団体を含む特別目的法人のような他の重要な外部関係者と対応せねばならない。イラク戦争のような重大な政治的出来事、時代によって変わる経済大国とその強さ、ならびに新技術の出現は、世界中の企業に影響を与える外部環境のいくつかの例である。これらのみならず、それ以外の外部環境の状況は、企業に脅威と機会をもたらし、それが今度は企業の戦略的行動に大きな影響を与えることになる。

産業のいかんを問わず、外部環境は、企業の生存と成功に対し決定的に重要である。本章は、企業が外部環境をいかに分析し、そして理解するかについて焦点を当てる。外部環境についての企業の理解は、ビジョンを形成し、ミッションを展開し、そして戦略的競争力と平均を上回る収益性の達成をもたらす行動（図2.1参照）を見極め実行するような内部環境（次章で述べる）についての知識と対になっている。

第1章で述べたように、現代のグローバル経済における外部環境の状況は企業が以前直面したものとは変わってきている。技術の変化ならびに情報を収集し、加工する能力の継続的な発展が、もっとタイムリーで効果的な競争行動と反応を要求しているのである。多くの国々で起きている急速な社会的変化は、労働慣行とますます多様化する消費者の要求する製品の性質に影響を与える。政府の政策や法律は、企業がどこで、そしていかに競争しようとするかについてもまた影響を与える。例えば、米国における公益企業の規制緩和は、最近公益企業によって採用された戦略に大きな影響を与えてきた。

第2章　外部環境：機会、脅威、業界内の競争、競合企業分析

戦略的競争力を構築し繁栄するには、企業は異なる次元の外部環境を認識し理解せねばならない。

企業は、知識と組織能力の基礎を築くために、競合他社、顧客、そして他のステークホルダーについての情報を獲得することによって、外部環境を理解する。新しい情報の基礎の上に、企業は新しい組織能力を築くための、そして外部環境の影響から身を守るための、もしくは環境内のステークホルダーと関係を築くための行動を取ることもある。成功する行動を取るためには、企業は外部環境を効果的に分析しなければならない。

## 一般環境、業界環境、競合企業環境

外部と内部の環境を統合して理解することは、企業が、現在を理解し、将来を予測するための不可欠な作業である。図2.1に示されるように、企業の外部環境は、3つの分野に分けられる。一般環境、業界環境、そして競合企業環境である。

**一般環境**（general environment）とは、業界とその業界内の企業に影響を与える広い意味の社会でのいくつかの次元から成り立つ。これらの次元を6つの環境**セグメント**（segment）に分類する。すなわち、人口動態的、経済的、政治的／法的、社会文化的、技術的、そしてグローバルの6つのセグメントである。それぞれのセグメントで分析された**エレメント**（element）の例は、表2.1に示されている。

企業は、一般外部環境のセグメントとそのエレメント（要素）を直接コントロールできない。そこで、成功するような会社は、適切な戦略を選択し実行するために、それぞれのセグメントとその意味することを理解するのに必要な情報の収集につとめる。例えば、大抵の企業は、それらの企業が競争する個別経済環境や経済全体の環境要素に対し個別の影響を与えることはほとんどない。他方、それぞれの経済環境要素は、企業が操業し生存する能力に大きな影響を与える。このようにして、地球上の会社は皆、個別経済要素の衰退が起きた場合には、それが現在と将来の企業戦略に与える影響をいち早

**図 2.1** 外部環境

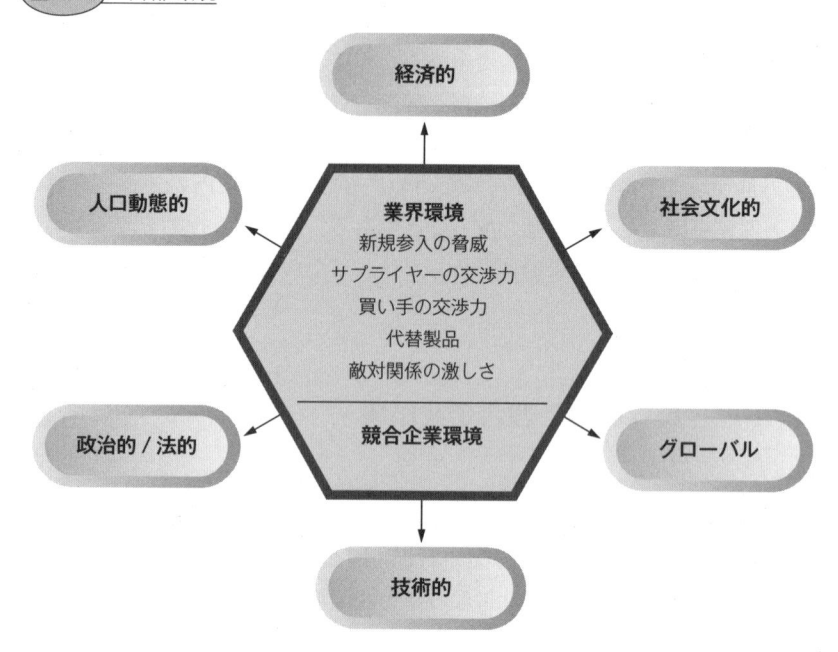

```
                      経済的
                        ↑
   人口動態的  ←    業界環境       →  社会文化的
                  新規参入の脅威
                 サプライヤーの交渉力
                   買い手の交渉力
                    代替製品
                  敵対関係の激しさ
   政治的/法的  ←   競合企業環境    →  グローバル
                        ↓
                      技術的
```

く理解しようと懸命に取り組んでいる。

**業界環境**(industry environment)とは、企業とその競争行動や競争反応に直接影響を与える5つの競争要因である。5つの競争要因とは、新規参入の脅威、サプライヤーの交渉力、買い手の交渉力、代替製品の脅威、競合企業間の敵対的関係の激しさ、のことである。総合すると、これらの5つの競争要因の相互作用が業界の潜在的利益を決定付ける。そこでの挑戦は、企業がそれらの要因に有利に影響を与えることができるか、もしくは企業が要因の影響に対して首尾よく防御できるようなポジションを業界内に見つけることである。実際、ポジショニング(どこで勝負するか)は、オープニング・ケースに示されたように、小売業者にとって重大な問題である。ウォルマートは例外的に大きくかつ強力な会社であるが、ターゲット、コストコ、クローガー、セーフウェー、ウォルグリーン、CVS、そしてベストバイが売上を伸ばし市場シェアを高め始めているので、重大な競争的敵対関係に直面するこ

**表2.1** 一般環境：セグメント（分野）とエレメント（要素）

| 人口動態的分野 | ・人口規模<br>・年齢構成<br>・地域的配分 | ・民族構成<br>・所得配分 |
|---|---|---|
| 経済的分野 | ・インフレ率<br>・金利<br>・貿易赤字、黒字<br>・国家予算赤字、黒字 | ・個人貯蓄率<br>・法人貯蓄率<br>・国内総生産高 |
| 政治的分野／法的分野 | ・独占禁止法<br>・税法<br>・規制緩和哲学 | ・職業訓練法<br>・教育哲学と政策 |
| 社会文化的分野 | ・働いている女性<br>・労働力の多様性<br>・勤務生活の質に関する態度 | ・環境に関する懸念<br>・転職とキャリア選好<br>・製品とサービスの性格に係わる選好の変化 |
| 技術的分野 | ・製品イノベーション<br>・知識の応用 | ・民間や政府が支援する研究開発支出の集中分野<br>・新コミュニケーション技術 |
| グローバル分野 | ・重要な政治的出来事<br>・危機的なグローバル市場 | ・新興工業国<br>・異なる文化や制度の属性 |

ととなった。とはいえ、ウォルマートの市場支配力はまだまだ無視し得るものではない。業界環境に有利な影響を与えられる力が大きければ大きいほど、企業が平均を上回る収益性を達成する確率が大きい。

いかにして会社が競合他社の情報を収集し解釈するかという作業は、**競合企業分析**（competitor analysis）と呼ばれる。企業の競合環境を理解することにより、一般的環境と業界環境を調査することで得られる予測を補完することができる。企業の競合環境を理解する能力は、ウォルマートと競合他社が市場競争を展開しながら達成する実績に影響を与える。

一般環境の分析は、将来に焦点を当てている。業界環境分析は、業界内の企業の収益力に影響を与える要因と状況に焦点を当てる。加えて、競合企業分析は、競合他社の行動、反応、そして意図のダイナミクス（力学）を予測することに焦点を当てる。それらを組み合わせると、企業が外部環境を理解するために利用する3つの分析の結果は、ビジョン、ミッションと戦略的行動に影響を与える。ここではそれぞれの分析を別々に議論するが、一般環境、

業界環境、そして競合企業環境の分析によって与えられる予測を企業が統合したときに、業績は改善する。

## 外部環境分析

　ほとんどの企業は、ひどい乱気流で、複雑で、そしてグローバルな――それらの環境を理解することがますます難しくなる状況の――外部環境に直面している。曖昧で不完全なことが多い環境データに対処するため、そして一般環境の理解を増すために、企業は外部環境分析を行うのである。外部環境分析の継続的なプロセスには、スキャニング（ざっと見ること）、モニタリング（観察すること）、フォーキャスティング（予測すること）、アセシング（評価すること）の4つの作業が含まれる（表2.2参照）。外部環境を分析することは、難しいが意義のある仕事である。

　一般環境を調査する重要な目的は、機会と脅威を見極めることである。**機会**（opportunity）とは、もしうまく活用されれば、企業が戦略的競争力を獲得するのを助ける一般環境の中の1つの状況のことである。例えば、米国の65歳以上の人口は、2014年には2,000万人弱と予想されている。この数字は、2004年に比べおよそ35%増加することになる。小売業者は、同年齢層と彼らの生活のステージ（例えば、レジャー活動、医薬品）のニーズを満足させるよう企画された製品とサービスで、この市場を狙うことができる。こうして、この市場セグメントにおける人々の数の大きな伸びを利用することがで

**表2.2　外部環境分析の構成要素**

| | |
|---|---|
| スキャニング | 環境の変化と傾向の早期兆候を識別すること |
| モニタリング | 現行の観察を通じて環境の変化と傾向の本質を見抜くこと |
| フォーキャスティング | モニターされた変化と傾向に基づいて予想される結果の予測を展開すること |
| アセシング | 環境の変化と傾向に関わる、企業戦略と経営に対するタイミングと重要性を決定付けること |

第2章　外部環境：機会、脅威、業界内の競争、競合企業分析

きるのである。

　**脅威** (threat) とは、戦略的競争力を獲得しようとする企業の努力を妨げるかもしれない一般環境の中の1つの状況のことである。かつて尊敬されていた企業ポラロイドの例は、外部の脅威がいかに深刻であるかを証明している。ポラロイドは、業界のリーダーで、かつ全米トップ50社の1社であった。競合他社がデジタル技術を使う写真装置を開発したとき、ポラロイドは不用意であったし、効果的な対策を何も打たなかった。そして2001年に倒産した。2002年に、元のポラロイド社は、バンク・ワンのOEPイメージング部門に売却された。だが、新会社名はポラロイド・コープとして存続した。フォードの元CEOジャック・ナセールが、新ポラロイドのCEOに指名された。彼はブランドがまだ生き続けているのを知り、ピーターズ・グループとの共同事業でブランドを活用することにした。アジア製のテレビやDVDにポラロイドの名前を付け、ウォルマートとターゲットの小売店網を通じて販売した。ポラロイドは再び上場され2005年にピーターズ・グループに売却されたのだが、新ポラロイドはもともとの事業に比べれば遥かに小さな規模でしかなかった。これらの例が示すように、機会は競争の可能性を示し、他方脅威は潜在的制約のことである。

　さまざまな印刷物（業界誌、新聞、ビジネス出版物、そして学術的研究や世論調査の結果）、商取引展示会、ならびに公的機関のサプライヤー、顧客そして従業員を含んだいくつかの情報源が、一般環境を分析するために使われる。業界横断的位置にいる人は多くの情報を得ることができる。外部の人と接触するセールスマン、購買担当管理者、広報担当者、顧客サービスの代理人は、業界横断的位置にいる人の例である。

## ● スキャニング（ざっと見ること）

　**スキャニング** (scanning) は、一般環境のすべてのセグメントの調査を意味する。スキャニングを通じて企業は一般環境における潜在的変化の兆候を早く見極め、そしてすでに進行している変化を発見する。スキャニングは、しばしば不明瞭で不完全な、もしくは無関係なデータや情報を明らかにする。このように、環境のスキャニングは、挑戦的であるが、変化の激しい環境で競争している企業にとっては極めて重要である。加えて、スキャニング作業

は、組織の置かれた状況によって調整されねばならない。変化の激しい環境向けに設計されたスキャニング・システムは、安定した環境における企業に対しては適切でない。

　多くの企業は、現在それを取り巻く環境で発生しつつあり、かつ外部に公表されている出来事を見極めるのに助けとなる特別のソフトウェアを利用する。例えばニュース事件の探知では、テキストデータを分類し、見過ごした重要な出来事の発見と、間違った警報の発生率の間のトレードオフを削減するような情報ベースのシステムを使う。インターネットは、スキャニングに対し重要な機会を提供している。例えば、アマゾン・ドット・コムは、たくさんのインターネット会社と同様に、そのウェブサイトを訪問する個人の、実際に購入される場合は特に、貴重な情報を記録している。そのお陰で、アマゾンは、次回個人がウェブサイトを再び訪れるとき、顧客を名前で呼んで歓迎することができる。企業は、特別企画や前回訪問時に購入したものに類似した新製品についてのメッセージを送付することさえある。

　加えて、多くのウェブサイトとインターネット上の広告主は、サイトを訪問する人から情報を得るために、クッキーを利用する。これらのファイルは、顧客に企業のウェブサイトにもっと早く繋がるようにさせるばかりでなく、企業に多様な顧客情報を獲得させるために、訪問者のハード・ディスクに保存されている。しかし、クッキーがしばしば顧客の知らないうちに置かれているのは問題で、それらを利用することには疑義がある。コンピュータのクッキーはインターネット広告会社にとって天の恵みとなったが、コンピュータウイルスの重大な脅威、コンピュータシステムに不正侵入する能力、スパイウェア、スパム、そしてコンピュータ利用者に対し他の困難な問題をもたらした。米国連邦政府ならびにいくつかの州政府は、スパイウェアに関する法律を制定した。実際、米連邦政府公正取引委員会は、スパイウェア大手組織に150万ドルもの罰金を課した。しかしながら、公正取引委員会はもっと強力な法律が必要だと考え、議会にスパイウェア組織を追及するための大型予算を要請している。

第2章　外部環境：機会、脅威、業界内の競争、競合企業分析

## ● モニタリング（観察すること）

　モニタリング（monitoring）では、アナリストは、スキャニングによって見つかったものの中から重要な傾向が出現しつつあるのかどうかを調べるために、環境の変化を観察する。モニタリングで成功するのに極めて大切なことは、異なった環境の出来事と傾向の中で重要な意味を見抜く企業の能力である。例えば、アフリカ系アメリカ人の中産階級の規模は、米国内で伸び続けている。富が増え続けるにつれ、この市民層はより積極的に投資の選択肢を追求している。ファイナンシャル・プラニング分野の企業は、競争上の重要な傾向が表面化する程度をはっきりさせるために、経済セグメントでの変化をモニターできるであろう。傾向をモニターすることによって、見極められた傾向が与える機会をうまく活用するよう、企業は新製品とサービスを適切なときに導入できる備えをすることができる。

　効果的なモニタリングのためには、企業が重要なステークホルダーを見極めることが必要である。各ステークホルダーの重要性が企業のライフサイクルの位置によっても異なるので、企業のニーズやステークホルダー・グループに対し、常に十分な注意が払われなければならない。スキャニングやモニタリングは、企業が高い技術の不確実性がある業界で競争するとき、特に重要である。スキャニングやモニタリングは、企業に情報を与えるばかりでなく、市場に関する、ならびに企業が開発した新技術をいかに首尾よく商業化するかに関する、新しい知識を導入する手段としてもまた役に立つのである。

## ● フォーキャスティング（予測すること）

　スキャニングやモニタリングは、一時点における一般環境の出来事と傾向に関連している。フォーキャスティング（forecasting）では、アナリストは、スキャニングとモニタリングを通じて見抜かれた変化と傾向の結果として、何が起きるか、それもどのくらい早く起きるかについての現実的な予測を展開する。例えば、アナリストは、新技術か市場に行き渡るまでに要する時間、企業の新しい訓練の手順が労働力構成の予想される変化に対応し準備されるまでに要する時間、もしくは政府の租税政策の変化が消費者の購買パターンに影響を与える前までにどのくらいの時間が経過するか、を予測するかもしれない。

出来事と結果を正確に予測することは容易でない。アルカス・コーポレーションは、ナイフや料理道具類を生産する有名ブランドのカトコ・カトラリを売り物にする直販会社である。カトコ・カトラリ社は、アルカスの関係会社でもあるが販売予想が主業務の1つであるベクター・マーケティングと提携している。しかしながら、同社は、最近予想困難な問題を経験した。同社は25％の売上増を予想したが、実際は47％増となった。一般的には良いことであるが、この伸びは品不足をもたらし、そのうえカトコ・カトラリ社はタイミングよく注文に応じられるだけの生産能力もなかったのである。通常の2、3週間の商品引渡しが5、6週間にも伸びてしまった。この問題は極めて重要であった。というのは、同社は、消費者に与える価値を差別化する方法として、迅速に商品を納入するという評判を築き上げていたからである。予測することは、需要に適切に対応して売上を調整する上で重要である。

### ● アセシング（評価すること）

アセシング（assessing）の目的は、企業の戦略経営にかかわる環境の変化とその傾向の影響のタイミングと重要度を決定することにある。スキャニング、モニタリング、そしてフォーキャスティングを通じて、アナリストは一般環境を理解できる。もう一歩進めると、評価の狙いは、組織にとっての一般環境理解の意味を特定することである。評価なしでは、企業は、興味深いが競争力との関係が判然としないデータの中に置かれたままである。たとえ、正式の評価が不適当であるとしても、その情報の的確な解釈は重要である。ある研究によれば、戦略やそれに対応する組織的変革のためには、上級経営幹部が競争環境についてどの程度正確に認識しているかは、自分たちの環境にかかわる情報をいかに解釈するかより、重要性が低いということだ。このように、情報を収集し組織することは重要ではあるが、その情報を的確に解釈することに資源を投入することは、同程度に重要であるかもしれない。したがって、情報が収集されたあと、環境で見極められた傾向が機会を表すのか、それとも脅威を表すのかどうかを評価することは、極めて重要である。

第2章 外部環境：機会、脅威、業界内の競争、競合企業分析

## ■一般環境のセグメント

　一般環境は、企業の外部にあるセグメントから成り立っている（表2.1参照）。与える衝撃の度合いは異なるが、これらの環境セグメントは各産業や企業に影響を与える。企業が真剣に取り組まねばならないことは、各セグメントで最も重要であるエレメントをスキャンし、モニターし、フォーキャストし、そしてアセスすることである。これらの努力をすれば、環境の変化、傾向、機会、そして脅威を認識できるに至るであろう。機会は、次に、企業のコアコンピタンスと組み合わされる（組み合わせのプロセスは第3章で述べる）。

### ●人口動態セグメント

　人口動態セグメント（demographic segment）とは、人口規模、年齢構成、地域分布、民族構成、そして所得分配と関係している。人口動態セグメントは、国境を越えた潜在的影響があるためと、多くの企業がグローバルベースで競争しているという理由で、しばしばグローバル規模で分析されている。

#### ▶人口規模

　世界の人口は、2000年の61億人から増え、2007年末には66億人をやや上回った。中国とインドを合計すると66億人の3分の1に達する。減り続ける出生率を前提にした上で専門家は、2050年までに世界の人口は92億人に達すると予測している。インド（16億5,000万人以上と予測される）と中国は（約14億人と予測される）は引き続きもっとも人口が多い国であり続ける。おもしろいことに、10億人をやや上回る人が先進国に住み、他方50億人以上が発展途上国に住んでいる。

　人口動態的な変化を観察していると、この環境セグメントの重要性が浮かび上がってくる。例えば、2006年に、日本の人口の20％が65歳以上であった。他方、米国と中国がこの水準に達するには2036年までかかる。高齢化する人口は、労働者不足と年金資金負担をもたらし、深刻な問題を引き起こしている。日本や他の国では、従業員がこれらの問題を克服するためにより

長時間働くことが要請されている。おもしろいことに、米国はより高い出生率の状況にあり、多くの移民を受け入れている。その結果、日本や欧州諸国より良いポジションにいる。

### ▶ 年齢構成

前に述べたように、日本などの国では、人口は急速に高齢化している。北米や欧州においては、数百万人のベビーブーマー（団塊の世代）が定年に近づいている。しかし、35歳以下の巨大な人口を抱える発展途上国でさえ、出生率は急激に低下している。例えば中国では、2040年までに60歳以上の人口は4億人を超えると見込まれている。北米の9,000万人のベビーブーマーは、年を重ねながらも消費を続けると予想されるので、景気に良い効果を与えている。彼らはまた、これから15年にわたり1兆ドルの相続財産を受け継ぐのと、定年前にさらに蓄財に励むので、ファイナンシャル・プランニング業界の成長に貢献するものと見込まれている。しかしながら、ベビーブーマーを取り巻く未来は、少なくとも2つの分野で陰りがさしている。1つの問題は、医療費の顕著な上昇である。例えば、政府から多額の補助金を受けているカナダの医療費は、2040年までに税収総額の40％を占めることになると予測されている。もう1つの問題は、退職するベビーブーマーの数が膨れ上がるにつれ、社会保障や他の税を払う労働者の数が顕著に減少する結果、北米と欧州の各政府は重大な選択を迫られているのである。各国政府は、定年年齢を引き上げ、給付金を減額し、税率を上げ、そして（または）巨額の財政赤字を余儀なくされるものと思われている。

新興国の人口もまた高齢化しているが、はるかに若い労働力が大勢いる。中国で非常に安く生産され米国に輸出されている消費者向け製品は、北米の消費者に対しインフレを押さえ込むのを助けている。しかしながら、銅、石油、そしてガスのような商品の基本的価格は、中国が生産性を上げる一方、巨大人口の雇用水準を維持しようとしているので、上昇している。西側諸国における労働力が高齢化し、発展途上国での教育水準が上昇するにつれ、米国やカナダは多くの移民労働者を受け入れなければならなくなるであろう。同時に、西側の企業は、ハイテク産業が成長しているインドのような国に仕事をアウトソース（外部委託）している。このように、年齢構成における変化は

第2章　外部環境：機会、脅威、業界内の競争、競合企業分析

経済の中で企業に顕著な影響を与えるのである。

### ▶ 地域分布

　数十年もの間、米国の人口は、北部や東部から西部や南部に移動しつつある。同様に、大都市から中小都市地域に引っ越す傾向は続いている。これらの傾向は、地方税の基礎を変えつつある。それゆえ、立地に関する企業の意思決定は、各地の税務当局が提示する支援の程度や税率によって左右される。

　人口の世界地域分布は、通信技術の発展から恩恵を受けた組織能力によって影響を受ける。コンピュータ技術を通じて、例えば、自宅に居ながら、遠い場所に居る人と仕事の連絡をとることができるのである。

### ▶ 人種構成

　各国の人口における人種構成は変化し続けている。米国内では、各州や各市の人種的特色は顕著に異なる。企業にとって、米国のヒスパニック市場は顕著に変化してきている。ラテン系の若者を対象にした24時間ケーブルテレビのCSI TVは、2004年2月に放送開始し、今や1,000万人の視聴者がいる。そのモットーは、「英語を話し、ラテン的に暮らそう」である。企業は、より広いヒスパニック市場に対してのみならず、白人のアングロサクソン系と統合されたいと願い、かつ差別されたくないと願う人に対しても、マーケティングの焦点を当てる必要がある。後者の市場セグメントは、自分たちの生活をテレビで放送してもらいたいと、アングロサクソン系の人よりも強く願っている。彼らは白人と同じ店で買い物をし、同じような生活様式をしたいと願っている。メンズ・ウエアハウス社は、ラテン系男性向けのエディー・ロドリゲス衣料店（6店舗すべてが2005年に閉鎖された）の失敗でこれを学んだ。消費者は、白人と統合されたいという理由で、同社のコンセプトに単純にノーと言った。14歳から34歳のヒスパニック系の人は英語で話しかけられたいと願っているが、一方でラテン系のアイデンティティに忠実である。ラテン系の消費力は、食料品店、映画スタジオ、金融サービス業、そしてとりわけ衣料品店のような大規模な消費セクターにとって重要である。全体としてみると、ヒスパニック市場はおよそ1兆ドルの規模である。慎重に市場を調べることで、企業は、さまざまな人種グループの独自のニーズを満たす

商品を開発し市場開拓できるのである。

　人種構成の変化はまた、労働力の構成や協力の仕方に影響を与える。米国では、例えば、移民が人口増加のかなりの部分を占めているので、人口と労働力は多様化し続けるであろう。ある調査によれば、ラテン系とアジア系の人口の比率は、2014年までに米国人口全体の20％以上に増えると予想している。おもしろいことに、この移民労働力のかなりの部分は、生活費の高い沿岸部を避け、小さな田舎町に移り住んでいる。多くのこれらの労働者は、建設、食品サービス、宿泊サービス、造園のような低賃金で労働集約的な産業で働いている。この理由で、もし国境警備が強化されると、これらの産業は労働力不足に直面する可能性がある。

### ▶ 所得分配

　所得がいかに階層の内外で分配されているかが理解できれば、企業は、異なるグループの購買力と可処分所得がわかる。所得分配の研究によれば、生活水準は時間とともに向上しているが、国の中や国家間で格差が認められる。企業にとっての関心事は、家庭や個人の平均所得である。例えば、共稼ぎ夫婦の増加は、平均所得に顕著な効果を与えている。一般的には実質所得は減少しているのだが、共稼ぎ夫婦の家計全体の所得は増加している。これらの数字は、企業にとって戦略的に意味のある情報を提供している。例えば、ある研究によれば、ある従業員が共稼ぎ夫婦かどうかは、その従業員が海外勤務を受諾する気持ちに強く影響を与えている。

### ● 経済セグメント

　一国の経済の繁栄状態は、個々の企業や産業に影響を与える。この理由で、企業は変化、傾向、そして戦略的な意味を見極めるために経済環境を研究する。

　**経済環境**（economic environment）とは、企業が競争している、あるいは競争するかもしれない経済の実状とその方向をいう。国は経済のグローバル化の結果、相互に繋がっているので、企業は、国外の経済の健康状態をスキャンし、モニターし、フォーキャストし、アセスしなければならない。例えば、世界中の多くの国は、米国経済の影響を受ける。

―――――― 第2章　外部環境：機会、脅威、業界内の競争、競合企業分析

　米国経済は、2001年に不況に陥って、それは2002年まで続いた。経済を刺激するために、米国の金利は、1958年以来の史上最低レベルまで引き下げられた。主としてこの低金利のおかげで、米国は2004年と2005年にかなりの成長を遂げた。世界の貿易は、同様に刺激を受けた。その後2006年には景気が悪化し、2005年には4％以上あった経済成長率が、2006年には約3.2％に低下した。この低下傾向は続き、2007年の成長率は2.3％と予想されている。2国間貿易は、両国間の景気を刺激するが、どちらかの国に生じた良くない出来事がそれぞれの国に影響を与えることもある。われわれの経済セグメントの議論が示すように、経済問題は外部環境の政治的／法的セグメントの現実と密接に絡み合っている。

## ● 政治的／法的セグメント

　**政治的／法的セグメント**（political/legal segment）とは、組織や利害関係グループが、国家間の交渉を導く立場の立法機関や規制機関を監視するため、注意を喚起し、資源、そして発言権を求めて、競争する活動領域のことをいう。本質的に、このセグメントは、いかにして組織は政府に影響を与えるのか、そしていかにして政府は組織に影響を与えるかを表している。規制に関わる政策は変化するので、このセグメントはルールの変更を通じて競争の本質に影響を与える（政治的／法的エレメントの例は、表2.1参照）。

　例えば、新たな規制が新たな法律に基づき採用される場合（例：コーポレート・ガバナンスを規制するサーベンス・オックスリー法（SOX法）、第10章参照）、それらの新規制によって企業の競争的行動は規制される。一例は、国有企業など国が規制している企業の民営化に向けた世界的な傾向がそうだ。国有企業から民営企業への転換は、いろいろな国や産業における激しい競争状況に重大な影響を及ぼす。

　企業は新たな政府のビジネス関連政策や思考法を慎重に分析せねばならない。独占禁止法、税法、規制緩和対象産業、労働教育法、そして教育機関へのコミットメントの程度は、政府の政策が産業や個々の企業の事業活動や収益力に影響を与える分野である。しばしば、企業は、企業に影響を及ぼす政府の政策や行動に対して、影響を与えようと政治的な戦略を展開する。政府の世界的な政策が企業の競争的なポジションに与える影響は、効果的な政治

的戦略を策定することの重要性を高めている。

　地球上のビジネス企業は、今日、興味ある一連の政治的／法的な問題や課題に直面している。例えば、貿易政策に関する議論が続いている。国は企業の製品を保護するために貿易障壁を設けるべきと、信じる人もいる。しかしながら、多くの国が世界貿易機関（WTO）に加盟し続けるので、ますます多くの国が、複数国にわたる自由貿易は個々の国やその市民たちの最善の利益に役に立つ、と信じているように見える。ジュネーブにあるWTOは世界的な貿易の規則を作っている。例えば、中国はWTOに加盟したあと、40年も続いた輸出規制の繊維クォータ制（割り当て制）に終止符を打った。これに先立ち、他の諸国にもたらした問題を緩和するために、中国は自主的に関税の過渡的な税率を制定した。2005年にクォータ制が廃止になったとき、中国製の繊維製品が世界の市場にあふれかえって、国内繊維産業に脅威を与えた。いくつかの国は、競争条件を平等にするためにもっと高い関税率を課すことによって対応した。

　製薬業界、電話・通信業界に関する規制は、大型の企業買収の承認もしくは不承認に関連して、政府機関の権限を見せ付けている。この権限はまた、企業が政治的戦略を持つことがいかに大事であるかを示している。各国は、同様の問題に対し、異なったアプローチを取る傾向がある。例えば、米国政府とEUの指導者によっては、遺伝子組み換え食品や気候変動に関し、異なった政策が採られてきている。米国政府は遺伝子組み換え食品については緩やかな対応をしてきており、片やEUは遥かに厳しく規制している。そのような環境下、遺伝子組み換え食品関連の米国企業が、EU市場での商品の取り扱いで問題を起こしている。規制は、ある産業にとっては少なすぎ、他の産業にとっては多すぎるのである。ともかく、規制は国や中央政府によって多様化している。企業はこれらの相違に対処せねばならないのである。

## ● 社会文化的なセグメント

　社会文化的なセグメント（sociocultural segment）とは、社会の動向と文化的な価値に関係がある。傾向と文化は、社会の基礎を形作っているので、しばしば人口動態的、経済的、政治的／法的、そして技術的な状況と変化を、推進している。

第2章　外部環境：機会、脅威、業界内の競争、競合企業分析

　社会文化的なセグメントは国によって異なる。例えば、米国では1人当たりの医療費は5,711ドルで、世界で2番目に高いノルウエーよりおおよそ50％も多い。ノルウエーの1人当たりの医療費は3,809ドルで、スイスは3,776ドル、アイスランドは3,110ドル、そしてドイツでは3,001ドルである。おもしろいことに、米国市民の医療機関にかかる比率は、これらの国より低い。

　退職プランについて、逆も真である。15カ国での調査によれば、米国での退職プランは、他の諸国より早く始まる。アメリカ人は他の諸国よりずっと早くに退職問題と取り組んでいる。社会保障や年金制度が退職後ずっと高い割合を占める西欧に比べれば、特にそうである。米国民は30歳代で退職後の計画を始める。他方、ポルトガル、スペイン、イタリア、そして日本では40歳代か50歳代で始める。退職後に備えた貯蓄に関する姿勢はまた、国の経済的、政治的／法的セグメントに影響を与える。

　労働力は増加してきており、多くの女性やさまざまな文化的背景の少数民族が労働力に加わって、一層多様化もしている。1993年に米国全体の労働力は、1億3,000万人弱であった。しかし、2005年には1億4,800万人をやや上回った。2014年までには、1億6,200万人以上に達することが予測されている。2014年には、労働力の47％が女性で、アジア系が5％、アフリカ系が12％、そしてヒスパニック系が16％から構成されると予想されている。労働力の性別、人種的、そして文化的な多様性が高まる中で挑戦と機会が生まれ、それには男性と女性双方の伝統的なリーダーシップ形式の一番良いところを結合することが含まれる。労働力の多様性は業績を改善する潜在力を秘めているが、ある研究によると、これらの組織的な利益を刈り取るには、多様性推進の管理が重要な条件となる。人的資源管理の担当者は、プラス効果を生むために、多様性の問題をうまく管理するよう訓練されている。

　仕事に対する変わりゆく姿勢を表すもう1つの例は、世界中で非正規雇用者（パートタイマー、派遣社員、契約社員）が増え続けていることである。この傾向は、カナダ、日本、ラテン・アメリカ、西欧、そして米国を含む世界各地で顕著に認められる。非正規雇用者の中で最も急成長を遂げているグループは、技術や専門家の分野である。この成長の背景には、終身雇用制度の崩壊（例：日本）とともに、不景気の際に生じる企業再編や雇用削減がある。

　米国や海外の都市近郊コミュニティの継続的成長は、もう1つの重大な社

会文化的な傾向である。郊外で暮らす人が増え続けることで、多くの効果が生まれている。例えば、都心部への通勤時間が長ければ長いほど、より良い交通機関システムや高速道路（例：郊外地域のための外郭環状道路）への圧力を増すのである。郊外の発展はまた、21世紀に急速な発展を予想される在宅勤務者の数に影響を及ぼす。郊外の向こうには、米国国勢調査局がミクロポリタン（micropolitan）と呼ぶ地域がある。これらの地域は、大都市から100マイル以上離れており、1万人から4万9,999人までの人口を抱えている。そこでは、小規模ショッピングセンターやスターバックス、チリズ、ロング・ジョン・シルバーズ、そしてアービーズといったチェーン・レストランのような多くの都市型快適施設とともに暮らす田園の生活を提供している。この発展に伴って、一部の企業は従業員により近い郊外に立地している。このワーク・スタイルは、インターネットの急速な発展と進歩を含む技術的なセグメントの変化のおかげで、実行可能となっている。

　これまで紹介したライフスタイルや労働力の変化は米国住民の持つ価値を表すが、各国や各文化は独自の価値や傾向を持っている。先に示したように、国の文化的価値は組織における行動や組織の成果にもまた影響を与える。例えば、中国やロシアの文化においては集団志向や社会的関係が重要なので、ある組織のメンバー内で情報や知識をオープンに共有できるようになっている。知識の共有は、イノベーションを実行する際のスピードを高める新しい知識を組織内に拡散するために重要である。個人的なコネ（人脈）は中国国内のビジネス様式として定着しているので、個人的な関係（guanxi）は中国において特に重要である。外国企業が中国でビジネスをするには、個人的なコネの重要性を理解することが決定的に重要である。

### ● 技術的なセグメント

　技術的な変化は、広範囲でかつ多様化しており、社会の多くの部分に影響を与えている。これらの影響は、主として新しい製品、工程、そして原材料を通じて生じる。**技術的なセグメント**（technological segment）とは、新知識を創造し、その知識を新しい生産物、製品、工程、そして原材料に転換することと関連した制度や活動を含む。

　技術的変化の急速なペースがこのまま続くと仮定するならば、企業が技術

## 第2章 外部環境：機会、脅威、業界内の競争、競合企業分析

的なセグメントを徹底的に研究することは極めて大事である。これらの努力の重要性は、新技術をいち早く採用した企業がより大きな市場シェアを達成し、かつより高い収益性を達成するということを知ればよくわかると思う。このようにして、そこから企業が競争優位を築けるような新しく出現する技術を明らかにするだけでなく、現在使用されている技術に代わる可能性のあるものを明らかにするためにも、企業は外部環境を継続的にスキャンすべきである。

　しかしながら、フォーキャスティング（予測）は今日一層困難であるのみならず、予測を怠った会社はしばしば株価下落という市場の制裁を受ける。例えば、ドリームワークスSKGの事業部門であるドリームワークス・アニメーションは、「シュレック2」のDVD販売の予測の一部を、過去のアニメDVD販売の寿命が長く続くことに基づいて行った。しかし、競争が激化し（より多くの企業がますます多くのDVDを発売していることで）、また商品棚にも限りがあるので、DVDは今や商品寿命がかなり短くなってしまった。小売業者が数百万枚の売れ残りDVDを返品し始めたとき、ドリームワークスの利益は、アナリストの予測を25％も下回り、株価は下落した。1つのDVDがどれだけ売れるかの判断を誤ると、ドリームワークス・アニメーションのように年にたった2本の映画しか公開しない小さな映画スタジオの利益には、かなりの影響がある。これに対し、毎年多くの映画を製作するスタジオは、商品寿命の短い映画が1本あっても、大して影響は受けない。

　インターネットは重要な技術的進歩であり、大きなパワーを、その潜在力を利用する企業に提供しているが、ワイヤレスの通信技術は、次世代の決定的に重要な技術の機会になると予想されている。携帯の機器や他のワイヤレス通信器具は、さまざまなネットワーク・サービスにアクセスするために使われている。ワイヤレスでネット接続可能な携帯コンピュータ、ネット接続携帯電話機や他の新しく登場するプラットフォーム（例：消費者インターネット・アクセス機器）の利用は、すぐにでも通信と商取引を支配するかもしれず、大幅に増えるものと予想されている。

　明らかに、いくつもの理由でインターネットと通信のワイヤレス形式は重要な技術的進歩である。その中でも、重要である1つの理由は、競争優位を獲得し維持するための決定的に重要な他の技術や知識の普及を容易にすると

いうことである。企業は、技術が進歩するので、いつも最新の情報に接していなければならない。そればかりか、重要な最新の破壊的影響のある技術が導入されたらすぐに、それらを受け入れるよう機敏に行動するべく準備していなければならない。間違いなく地球規模で、一般的環境における技術的な機会と脅威は、企業が新技術を外部から獲得するか（ライセンス契約とか買収のように）、または社内で開発するかどうかに影響を及ぼしているのである。

## ● グローバル・セグメント

グローバル・セグメント (global segment) には、当該企業と関係のある新しいグローバル市場、変わりつつある既存の市場、重要な国際政治的な出来事、そしてグローバル市場の極めて重要な文化的そして制度的な特徴が含まれる。ビジネス市場のグローバリゼーションは、企業にとっての機会と挑戦の双方をもたらす。例えば、企業は、価値ある新しいグローバル市場を見極めて参入する。機会を狙うばかりでなく、企業はまたこれらの市場にある潜在的な競争的脅威を認識すべきである。中国の2001年のWTO加盟は、更なる機会をもたらしている。先に述べたように、低コストの中国製品は繊維産業の多くの企業を脅威に陥れている。例えば、英国のマークス・アンド・スペンサーや世界中にあるその他の繊維製品の購入者は、たとえ関税が課税されているとしても、中国の比較優位性を無視できない。中国の平均的労働コストは、米国やイタリアより90％も低い。さらに、中国の製造企業は、インドやベトナムのような他の低コスト国の衣料品製造業よりもっと効率的なのである。WTO加盟国は、自国市場が破壊されてしまうということを示せるならば、2008年までは中国からの輸入を制限することができる。しかしながら、輸出クォータ（割り当て）が存続している最中でさえ、ウォルマートや、ヒルトンやラジソンのようなホテル・チェーンは、顕著なコスト優位の理由で、中国企業へのアウトソースを増やしている。

グローバリゼーションの傾向を例証するものとして、増え続けるグローバル・アウトソーシング（外部委託）があげられる。しかしながら、最近の調査によれば、もしある特定の機能もしくは製品におけるすべての仕事がアウトソースされる場合、組織は柔軟性と効率性の間のトレードオフに直面する。

第2章　外部環境：機会、脅威、業界内の競争、競合企業分析

特別の注文に応じるためのカスタマイズされた仕事は、例えば、国内製造業者を通じればもっと効率的にできる。標準製品を海外機関にアウトソースするには、15％以上安くなければ意味がない。このような背景で、ある調査によれば、最も効果的なアプローチは、一部の作業をアウトソースし他の作業を自社内製造にして統合することである。このようにして、機能丸ごとというより特別の業務だけがアウトソースされている。そしてアウトソーシング・アライアンス（提携）は、より効果的に管理されている。

　国際市場への参入は、企業の活動範囲と潜在力を拡大する。トヨタは全売上の約50％を母国日本以外から上げている。マクドナルドの売上の60％以上、ならびにノキアの売上の98％は母国外からのものである。企業は、国際市場に参入することによりイノベーションを売り込む機会を広げることもできる。市場全体が大きければ大きいほど、企業がイノベーションによって収益性を達成する確率を高める。確かに、新市場に参入する企業は、自らが創造した新しい知識を広めることができ、他方で新しい市場から学ぶこともできるのである。

　企業は、グローバル市場の異なる社会的文化的そして制度的な特性を認識すべきである。韓国で競争している企業は、例えば、権利よりも義務に価値を置くと同様に、上下階層関係の秩序、形式的手続き、そして自制心にも価値を置くことを理解しなければならない。さらにまた、韓国のイデオロギーは、多くのアジア諸国の特色である共同体主義に重きを置いている。しかしながら、韓国のやり方は、調和（inhwa）に焦点を当てているという点で、日本や中国とは異なっている。調和は、上下階層関係への敬意と権威への従順に基づいている。あるいは、中国におけるアプローチは個人的なコネを重視するが、他方日本では、グループの調和そして社会的な結束である和に重きを置いている。中国の制度的な背景から、政府が中央集権的な計画に大きな重点を置いていることがわかる。中国政府は、高度技術を持つ外国の企業と提携を推進する企業が、知識を構築し新技術を将来中国に導入してくれることを期待して、奨励策を与えている。

　他の国、特に新興国に本拠地を置く企業は、グローバル市場で非常に活躍している。グローバル市場は、成功するのに必要な経営資源を獲得する機会を一層多く企業に提供する。例えば、ドラゴン企業（アジア太平洋地域の多

国籍企業)は、市場支配力を高めている。ドラゴン多国籍企業には、エイサー、イスパット、リー・アンド・フン、そしてホン・レオン・グループが含まれる。これらの企業は、新しい戦略的な手法を駆使し、イノベーションを開発しながら急激なスピードで国際市場に参入しつつある。彼らはグローバル市場で一大勢力となってきているので、米国や西欧の先進国企業は彼らといかに効果的に競争するかを学ばなければならない。

さらに言えば、グローバル市場はリスクを伴う。紹介したように、ある企業は国際市場で競争するために、もっと筋の通ったアプローチを取る。これらの企業は、いわゆるグローバルフォーカシング(globalfocusing)を展開している。グローバルフォーカシング(グローバル市場での集中戦略)とは、グローバル・ニッチ市場に集中することによって国際化を推進することで中堅クラスの国際企業にしばしば活用されている。このようにして、ニッチ市場でリスクを限定的に抑えながら、これら企業は特別な能力や資源を築き活用している。企業が国際市場におけるリスクを限定的にする別の方法は、事業活動と売上を世界の一部地域に集中することである。このようにして、企業は市場に一層強い関係や知識を築くことができる。企業がこれらの強みを築くにつれて、ライバル企業はその市場に参入し競争に勝つことは一層困難だと気が付くのである。

戦略フォーカス・コラムで説明するように、グーグルの不死鳥伝説は、外部環境からの圧力で脅かされている。この圧力は、欧州での裁判所の判決と関連したグローバル・セグメントや米国の著作権法に違反しているという議論と関連した一般環境の政治的／法的セグメントから来ている。その企業規模は市場支配力やふんだんな財務資源を与えるが、それはまた、ライバルからの攻撃にはもっと見えやすくかつ屈しやすくしてしまうのである。グーグルは関連業界に参入し(例：ユーチューブ買収)、ヴァイアコム、マイクロソフト、そしてAT&Tのようなライバルと対決しているのである。このようにして、グーグルは競合他社の行動や属する業界での反応に対処せねばならない。戦略フォーカス・コラムでの議論は一般環境が同社に重要であることをはっきりさせているが(例えば、政治的／法的な――潜在的な独占禁止法訴訟；グローバルな――ベルギー裁判所はフランスやドイツのニュース記事の転載を許可していない)、ほとんどの裁判所の法的措置はライバルから

## 戦略フォーカス・コラム

### グーグルは外部圧力を無視できる市場支配力を持っているか？

　グーグルのサービスの持続的な成長と拡大は、ライバルに恐怖を与えている。現在、グーグルは、もっとも広く使われている検索エンジンである。そうした背景から、同社はインターネット広告を支配している。2004年、グーグルは230億ドルの価値があったが、2007年半ばまでに、時価総額はIBMを超え1,690億ドルにも達した。同社は、非公式の行動指針を持つ自由な企業文化で知られており、顧客から優れた評判を獲得しているように見える。しかし、グーグルの勢力は拡大し続けているので、同社はまた外部からのもっと大きな圧力を経験しつつある。

　ユーチューブ（YouTube）を買収することにより"コンテンツ付き検索"を市場に出すというグーグルの戦略は、世界のメディア業界を驚かせた。この業界では、無料で動画や他の著作権付きコンテンツを見ることができる検索エンジンは海賊行為であると思われていた。ヴァイアコムは、許可なくしてヒット番組の一部分を放送したとの事由で、グークルとユーチューブに対し10億ドルの訴訟を起こした。この訴訟は、『大量の計画的著作権侵害』に言及した。ヴァイアコムは、ユーチューブを著作権法違反で告発した。2007年2月、ヴァイアコムは、ユーチューブに10万件以上の動画を削除するよう要求し、ユーチューブは同意した。ヴァイアコムは、16万件以上の動画がユーチューブ上でヴァイア

コムの許可なくして利用されていると述べた。

　さらに、グーグルは、他の著作権と商標違反にかかわる訴訟事件に巻き込まれている。2006年ベルギー裁判所は、グーグルはフランス語ならびにドイツ語の新聞からニュース記事をグーグル・ニュース・サービスに転載するのを控えるべきだと判決を下した。米国においても、作家組合ならびに米出版社協会に支援された出版社数社が、図書館から著作権付き書籍のデジタル・コピーを作成したという事由でグーグルを訴えた。マイクロソフトもまた、世界中の図書館から数百万部の書籍や雑誌をスキャンし、インターネット上で読めるようにすることによって、「組織的に著作権を侵害している」としてグーグルを告訴した。グーグルは、同社の製品はすべて著作権法を順守していることを示し、これらの告発に反論した。グーグルは、検索プロセスでは著作権付きの作品のほんの一部分しか見られないという理由で、著作権法に違反していないと主張している。米国の図書館でデジタル化され、しかも著作権が生きている書籍については、グーグルはそうした本が存在すると報告しているだけである。

　グーグルのダブルクリック買収は、同社の戦略におけるもう1つの重要な要素となっている。しかし、この動きは、グーグルが独占禁止法に違反しているとして、マイクロソフトやAT&Tなどによって問題にされている。第三者のウェブサイトに掲載された検索広告のうちグーグルのシェアは、ダブルクリック（インターネット広告会社）を合算すれば、インターネット広告業全体に対し支配的なポジションを構築してしまうことを、基本的に彼らは問題視している。この訴訟の中心的な問題は、検索広告とディスプレー広告は、それまで別々のものだったが、規制目的のために単一市場として扱われるべきかどうか、ということである。AT&Tの言い分によれば、この買収により、オンライン広告に依存しているウェブ企業は、たった1社の広告代理店にしか広告を依頼することができなくなってしまうというのである。そして、事実上、グーグルは他のライバルのインターネット企業の売上の生命線を左右することができるようになるのである。

　これらの外部圧力が積み重なって、グーグルのウォール街での立場に

影響を与えている。グーグルはもはや人気企業ではない。実際、株価は最近の株式市場指標より投資成果が下回っている。なぜならば、競合他社からの報復が会社の成長を限定してしまう(最近の統計によれば、グーグルの成長は鈍化している)ことを投資家は心配しているからである。その結果、グーグルの株価は下がっている。グーグルは今や数多くのライバルと対決していて、政府高官の注目もますます集めている。それでも、グーグルの市場支配力は、多くのアクセス数を広告主ウェブサイトに誘導して、広告主を引き付けている。

出典： R. Waters, 2007, All eyes on Google advertising, *Financial Times*, http://www.ft.com, April 16; R. Wachman, 2007, Google's expansion is coming at a price: It's losing its popularity, *The Observer*, http://www.observer.co.uk, March 25; R. Hof, 2006, Ganging up on Google, *BusinessWeek*, http://www.businessweek.com, April 24; M. Devichand, 2007, Is Google really flouting copyright law? *BBC Law in Action*, http://www.news.bbc.co.uk, March 9; 2007, Viacom sues Google and YouTube, *International Herald Tribune*, http://www.IHT.com, March 13.

の告訴か訴訟の結果である。このように、業界の敵対関係はグーグルに重大な影響を与えるのである。

　一般環境を分析する重要な目的は、外部要素の中で予想される変化と傾向を見極めることである。将来に照準を当てれば、一般環境の分析により企業は機会と脅威を見極めることができるようになる。結果的には、環境のこのセグメントを効果的に分析するのに必要な経験、知識、そして感受性を持ったトップ・マネジメント・チームを持つことが必要である。また企業の将来の事業活動にとって決定的に重要なことは、業界環境と競合企業を理解することである。これらの問題は、次に述べる。

## ■ 業界環境分析

　産業または業界（industry）とは、代替品とみなされる製品を生産する企業の集団のことをいう。競争をしながら、それらの企業は互いに影響し合う。とりわけ、産業の中では、企業が平均を上回る収益性を追求する際に利用する競争戦略の組み合わせがふんだんにみられる。これらの戦略には、産業の特性の影響のせいで選択されている面がある。戦略フォーカス・コラムにあげたグーグルは、ある産業の競争要因がいかに企業行動に影響を与えることができるかを示している。

　一般環境と比較すると、業界環境は、企業の戦略的競争力と平均を上回る収益性にかなり直接的な影響を与える。業界の競争の激しさや業界の潜在的利益は、5つの競争要因の関数である。5つの競争要因とは：新規参入の脅威、サプライヤーの交渉力、買い手の交渉力、代替製品の脅威、そして競合企業間の敵対関係の激しさのことである（図2.2参照）。

　5つの競争要因モデルは、競争分析の領域を広げている。歴史的に、企業は、競争環境の調査の対象を、直接に競合した会社に集中してきた。しかしながら、現在の顧客だけでなく潜在的顧客をも明らかにすることにより、企

**図2.2** 5つの競争要因モデル

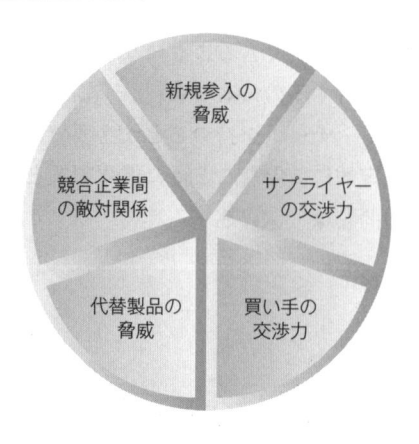

業は現在および潜在的な競合他社をもっと幅広く認識するよう調査しなければならない。同じ顧客を求めて競合すること、そしてそれゆえ、顧客が意思決定の際に立地や企業の組織能力をいかに評価するかによって影響を受けることは、市場のミクロ構造といわれる。この分野を理解することは特に重要である。なぜならば、近年業界の境界がはっきりしなくなってきているからである。例えば、電気通信会社は今ケーブル放送会社と競合し、ソフトウェア製造会社は個人向け金融サービスを提供し、航空会社は投資信託を販売し、そして自動車メーカーは保険を売り金融を提供している。市場を定義するときには、個別的な業界の境界に対してより、むしろ顧客に対して焦点を当て、さらに地域的な境界にもまた注意せねばならない。ある調査によれば、同じ製品でも異なる地域の市場では、かなり異なる競争状況をもたらすことがある。

企業はまた、サプライヤーが川下統合（forward integration）により競合企業になり得るし、買い手も川上統合（backward integration）により同様に競合企業になり得る、ということを認識するべきである。製薬業界のいくつかの企業は、流通業者や卸売り業者を買収することにより、川下統合している。加えて、新規市場参入を狙う企業と、既存の製品に対抗できる代替品を製造する企業は、その会社の競合企業になり得る。

## ● 新規参入の脅威（threat of new entrants）

新規参入業者を察知することは重要である。なぜならば、彼らは既存の競合企業の市場シェアを脅かすからである。新規参入業者が脅威を与える1つの理由は、彼らが追加的な生産能力をもたらすからである。製品やサービスへの需要が増えない限り、能力増加分は消費者のコスト上昇を抑えることになるが、競合企業には売上の減少と一層低い収益性をもたらす。しばしば、新規参入業者は大きな市場シェアを獲得することに極めて関心が高い。結果として、新たな競合企業は、既存企業に対し効率の改善、ならびに新次元でいかに競争するかを学ばせるきっかけとなるかもしれない（例えば、インターネット経由での流通チャネルを使う）。

企業が新産業に参入する確率は、2つの要因の関数である。その2つとは、参入障壁、そして現在の業界企業から予想される報復である。参入障壁は新

規参入企業が業界に参入するのを困難にし、そして参入できたとしても参入企業をしばしば競争非優位に追いやるのである。そういうわけで、高い参入障壁は業界の既存企業の収益性を高め、そしていくつかの企業が市場を支配できるようにしてしまうのである。おもしろいことに、航空業界には高い参入障壁（例えば、巨額な資本費用）があるにもかかわらず、1990年代後半エアトラン航空（ATA）やジェットブルーといった新企業が業界に参入した。両社の参入は、とりわけ21世紀初頭のいくつかの経済問題とともに、大手航空会社に対し競争上の挑戦をもたらした。2社は、消費者の需要が高まっている低コスト・セグメントを競争場としており、その結果、大手の高コストを引きずる航空会社の競争力を低下させている。実際に、2社はサウスウエスト航空とともに、デルタ航空のようないくつかの古い巨大航空会社を破綻させた理由の1つである。2005年9月、デルタは破産手続きに入る声明を出し、それから2007年5月、30億ドルのリストラ計画を成し遂げて破産状態から脱出したことを発表した。デルタのCEOは、これからは獰猛な競争者に変身すると宣言したが、業界における競争が厳しいことを認めている。

### ▶ 参入障壁（barrier to entry）

既存の競合企業は、参入障壁を築き上げようとする。例えば、ケーブル企業が電話サービス業に参入しつつある。したがって、AT&Tのような地域電話サービス会社は、いくつものサービス（例えば、高速インターネット・サービス、衛星テレビ、そして無線サービス）を1つのパッケージにして、顧客が他社へ流出するのを防ごうと低料金で応戦している。ケーブル企業のような潜在的参入企業は、参入障壁が相対的に小さな市場を探し求めている。参入障壁がなければ、新規参入者が黒字を達成する確率が高まるからである。つまり、いくつかの潜在的に意味のある参入障壁は、競合企業を阻止するかもしれない。

### 規模の経済（economies of scale）

規模の経済は、企業規模が拡大するとともに、経験効果により効率が徐々に改善することから生じたものである。一定期間に生産された製品の量が増えるに従って、1単位当たりの生産コストが低減する。規模の経済は、販売、製造、研究開発、そして購買といったほとんどの業務活動で生じる。規模の

第2章　外部環境：機会、脅威、業界内の競争、競合企業分析

経済の向上は、企業の柔軟性を高める。例えば、ある企業は価格を引き下げ、より大きな市場シェアを確保することを選ぶかもしれない。あるいは、利益を増やすために価格を据え置くかもしれない。そうすることで、不況が来たとき役に立つフリー・キャッシュ・フローを増やすことになるだろう。

新規参入業者は、現在の競合他社の規模の経済と対決する際、ジレンマに直面する。小規模の参入は、参入業者をコスト非優位な状況に置く。そうではなくて、新規参入業者が規模の経済のメリットを得るための製品を大量生産する大規模参入では、強い競争的な報復を受けるリスクを冒すことになる。

いくつかの競争の状況は、参入障壁をもたらすような規模の経済の効能を低下させる。多くの会社が今や数多くの小さな顧客グループに対して製品をカスタマイズ（個別注文に応じて製造）している。カスタマイズされた製品は、規模の経済を達成するに十分な量で生産されてはいない。カスタマイゼーションは、新しいフレキシブル・マニュファクチュアリング・システム（第4章参照）によって可能となった。実際、先端的情報システムによって開発された新製造技術は、ますます多くの業界でマス・カスタマイゼーション（mass customization）の発展を促した。カスタマイゼーションはすべての製品に適用されるわけではないが、マス・カスタマイゼーション（顧客の個別要望に対応した大量生産）は製造業においてますます一般化している。実際、インターネット注文はカスタマイズされた製品を入手しようとする顧客の可能性を高めている。それらの製品は、"お一人様の市場"といわれている。カスタマイズされた製品を製造する会社は、規模の経済を推進するより顧客の要望にいかに素早く対応するかを学んでいる。

**製品の差別化 (product differentiation)**

時間とともに、顧客は企業の製品がユニーク（独自性がある）と信じるようになるかもしれない。顧客がなぜ信じるようになるかは、顧客に対する企業のサービスとか、効果的な広告キャンペーンとか、製品やサービスを市場に出す最初の企業であることから来る。コカ・コーラ、ペプシコ、世界の自動車製造会社のような会社は、潜在的な顧客に製品の特色を納得させるために莫大な広告費を支出している。製品の独自性に価値を認める顧客は、製品と製品を製造する会社双方に対し忠実になる。会社はまた、異なるが関連性の強い一連の製品を、参入障壁を設けるために提供する（例えば、自動車

モデルのシリーズ（デザインは同じだが、エンジン、色、内装が多様な組み合わせ）のように、顧客に多様な選択肢を提供する）。通常、新規参入者は、既存顧客の忠誠心をぶち壊すために時間をかけて多くの資源を費やさねばならない。独自性という認知度と戦うために、新規参入業者は低価格製品を頻繁に売り出すのである。しかしながら、この意思決定は、収益の低下ないし損失さえもたらしかねない。

**資本の必要性**（capital requirements）

　新しい業界で競争するには、企業が投資できる経営資源を持っていなければならない。物的設備に加え、在庫、マーケティング活動、そしてその他の重要なビジネス機能を備えるために、資本が必要となる。新しい産業が魅力的なときでさえ、市場参入の成功のために必要とされる資本は、市場機会を追求するために調達が可能とは限らない。例えば、防衛産業は競争力を持つためにかなりの経営資源投資が必要となるので、参入が困難である。加えて、防衛産業では高度知識が必要とされるので、企業は既存企業の買収を通じて防衛産業に参入することもある。いずれにせよ、企業は必要とされる資本への調達ルートを確保しておかねばならない。

**スイッチング・コスト**（switching costs）

　スイッチング・コストとは、顧客がサプライヤーを変え購入するときに発生する1回限りのコストである。新しい補助的設備を購入したり従業員を再教育するコストや、取引関係を終結させる際の心理的なコストが、新しいサプライヤーにスイッチする際に発生する。スイッチング・コストの低い例としては、消費者がソフトドリンクを別なものにスイッチするようなケースがある。スイッチング・コストは、時間とともに変化する。例えば、卒業に必要な単位数から見ると、新入生のときにある大学から別の大学へ転校する学生のコストは、4年生に編入するときのコストより低い。時には、新しい技術革新的な製品を生産する製造企業の意思決定は、最終的消費者へのスイッチング・コストを高くする。マイレージ・クラブのような顧客忠誠心向上プログラムは、顧客のスイッチング・コストを高くしているのである。

　もしスイッチング・コストが高く付くなら、新規参入業者は顧客を引き付けるために、かなり安い価格を付けるか、かなり良い製品を売り出さねばならない。通常、当事者間の関係がしっかりと確立されたものであればあるほ

第2章　外部環境：機会、脅威、業界内の競争、競合企業分析

ど、別の製品にスイッチするのにかかるコストはますます大きい。

**流通チャネルへのアクセス (access to distribution channels)**

　一般的に、製品を流通させる効果的な手段を開発するには、長い時間がかかる。いったん、流通業者との関係が構築されると、企業はそれを大きく育てようとするので、流通業者にとってはスイッチング・コストが生まれる。流通チャネルへのアクセスは、特に非耐久消費財業界（例えば、商品棚が限られている食料雑貨店）や国際市場では、新規参入企業にとって強い参入障壁となりうる。新規参入業者は流通業者に、現在流通されている製品に加えて、もしくは製品に代えて自分たちの製品を扱うよう説得せねばならない。価格破壊や共同広告費用がこの目的のために使われるかもしれない。しかし、こうしたやり方は、新規参入業者の潜在的利益を低下させてしまう。

**規模とは関係のないコスト面での不利**
**(cost disadvanteges independent of scale)**

　実績ある企業は、新規参入業者が真似のできないコスト面での優位を持っていることがある。独占的な製品技術、原材料への有利なアクセス、有利な立地、そして政府の補助金はその例である。競争で成功するには、新規参入業者はこれらの要素の戦略的な意義を低下させねばならない。購入したものを直接買い手に配送することで、有利な立地の優位性に対抗することができる。不利な場所に立地する新参の食品会社は、この手を使っている。同様に、魅力的でない立地の自動車販売店（都市部の下町がおそらくこれに当たる）は、競合他社の立地優位に勝つために、高品質のサービス（サービスの必要な車をピックアップし、サービス終了後に顧客に車を届ける）を提供したりする。

**政府の政策 (government policy)**

　ライセンスや認可要件を通じて、政府はまた産業への参入を規制している。酒類小売、ラジオやテレビ放送、銀行、そして貨物運送は、政府の決定や行動が参入の可能性に影響を与える業界の例である。また、政府は高品質のサービスを提供する必要性ないしは雇用を保護する必要性から、一部の産業への参入を制限している。それとは逆に、米国の航空業界や公益事業に例示されるように、産業の規制緩和は、より多くの企業に参入の機会を与えている。最もよく知られた政府の行動は、独占禁止法に関するものである。例え

ば、米国やEU政府は、マイクロソフトに対し独占禁止法違反を追及している。米国での最新の和解は、相対的に小さな罰金を同社に課すものであったが、EUの判決はもっと厳しかった。戦略フォーカス・コラムで述べたように、グーグルは独占禁止法に違反していると告発されている。しかし政府は今のところ重大な関心を示していない。

### ▶ 予想される報復 (expected retaliation)

ある産業へ参入しようとする企業はまた、その業界企業の反撃を予想する。素早く猛烈な競争的反応が予想される場合、参入の可能性を低くする。既存企業がその業界で大きなシェアを持っている場合（例えば、企業が他の目的に使用できない固定資産を有しているような場合）、企業が巨額の資源を有している場合、そして企業の成長が鈍化するか制約を受ける場合に、猛烈な報復が予想される。例えば、今時航空業界に参入しようとする企業は、過剰設備があるので既存企業からひどい報復を受けることが予想される。

既存企業が関係していない市場の隙間（ニッチ）を探すことにより、新規参入業者は参入障壁を回避することができる。小規模な起業家企業は、一般的にいうと、見過ごされていた市場セグメントを見極め、そこで業務を展開するのに最も適している。ホンダが最初に米国のオートバイ市場に参入したとき、ハーレーダビッドソンのような企業が無視してきた小型エンジンのオートバイ市場に集中した。この見過ごされていた隙間に照準を当てることにより、ホンダは競争を回避した。そこでの地位を強固にしたあと、ホンダは大型のオートバイを導入し、より幅広い市場で競争することにより、ライバルを攻撃しようとその強みを用いた。ホンダやハーレーダビッドソンのような企業間の競争的行動や反応は、第5章でもっと詳しく述べる。

### ● サプライヤーの交渉力 (bargaining power of suppliers)

価格の値上げや製品品質の引き下げは、業界内で競合する企業に対しサプライヤーが行使する可能性のある手段である。もし企業がサプライヤーによるコスト上昇分を自身の価格構造を通じて転嫁できないならば、その収益力はサプライヤーの行動によって低下してしまうのである。サプライヤーのグループは、次のような場合に交渉力が強くなる。

- サプライヤーのグループが、2～3の大企業によって支配されており、販売先の業界より集中化が進んでいる場合
- 満足できる代替製品が、業界企業に調達可能でない場合
- 業界企業が、サプライヤーのグループにとって重要な顧客でない場合
- サプライヤーの製品が、買い手の市場での成功に決定的に重要である場合
- サプライヤーの製品の独自性が、業界企業にとってのスイッチング・コストを高くしている場合
- サプライヤーが、買い手業界に川下統合する脅威を与える可能性がある場合。特にサプライヤーが十分な資源を持ち、高度な差別化製品を供給している場合に、その可能性は高まる。

航空業界は、サプライヤーの交渉力が変化している業界である。サプライヤーの数は少ないが、大型飛行機への需要もまた相対的に少ない。ボーイングとエアバスは、大型機の注文の大部分を取ろうと激しい競争をしている。しかし、中国は、ボーイングとエアバス製の航空機と競合する大型商用機を作る計画を、最近公表した。この競争的な行動は、非常に重要である。なぜならば、中国は2007年から2025年の間に2,230機もの新商用機を購入すると予測されているからである。

## ● 買い手の交渉力 (bargaining power of buyers)

企業は、投資収益率を最大化しようとする。言い換えると、買い手（業界や企業の顧客）は可能な限り安い価格——業界が受け入れられる最低限の投下資本収益率しか稼げない価格——で製品を買おうとする。コストを削減するために、買い手は、より高品質の製品、より水準の高いサービス、そしてより低い価格を求めて交渉する。これらの成果は、業界企業間の競争的戦いを刺激することにより達成される。顧客（買い手のグループ）は、次のような場合に交渉力が強くなる。

- 顧客が、業界の総生産量のかなりの部分を購入する場合
- 購入される製品の売上高が、その売り手の年間売上高のかなりの比率を占める場合
- 顧客が、少ないコストで別の製品にスイッチできる場合

・業界の製品が差別化されていないか、もしくは標準化されていて、そして買い手が、もし売り手業界に川上統合しようとしたときに、確かな脅威を与える場合

　消費者は、ショッピングと流通の代替ルートとしてのインターネットの威力と、製造業者のコストに関する多くの情報を装備し、ほとんどの国でその交渉力を高めている。この変化の理由は、インターネットで購買する場合、別の製造業者からではなくある特定の製造業者から購入すると決める場合や、2番目とか3番目の販売業者ではなく特定の販売業者から購入すると決める場合に、個々の買い手にとってスイッチング・コストは事実上ゼロだからである。

### ● 代替製品の脅威 (threat of substitute products)

　代替製品とは、その業界が生産する製品と同じような、もしくは同じ機能を果たす業界外からの製品とサービスのことである。例えば、砂糖の代替品としてのヌートラ・スイート（補助甘味料）は、砂糖の製造業者の価格に上限を課している。ヌートラ・スイートと砂糖は、異質の物質であるが、同じ機能を果たしている。他の代替品の例には、翌日配達便に代わる電子メールやファックス、ガラスの水差しに代わるプラスチック容器、そしてコーヒーに代わる紅茶、がある。新聞社の場合、過去10年間に著しく発行部数が減少した。減少の事由は、インターネット、ケーブルテレビのニュース局、そして電子メールや携帯電話配信によるものである。これらは、特に若い人の間でますます普及しており、代替製品として、新聞発行部数を全面的に減少させ続ける大きな可能性を持つ。

　一般的には、代替製品は、顧客にとってスイッチング・コストがほとんどない場合、そして代替製品の価格が競合製品より安く、かつ品質と性能が同等かそれ以上の場合に、強い脅威を与える。顧客が評価する（価格、品質、アフター・サービス、そして立地）次元に沿って製品を差別化することが、代替製品の魅力を低める。戦略フォーカス・コラムが示すように、グーグルは市場支配力を持っている。なぜならば、検索エンジンとして最大で、かつ最も頻繁に利用されているからである。結果として、広告主は、明らかに、競合他社よりグーグルを好むのである。なぜならば、グーグルの方が可能な

第2章　外部環境：機会、脅威、業界内の競争、競合企業分析

限り多くの消費者へのアクセスを提供するからである。

## 競合企業間の敵対関係の激しさ
### (intensity of rivalry among competitors)

　業界の企業は相互依存の関係にあるので、ある企業が取った行動が、通常、競争反応を招く。多くの産業において、企業はお互いに激しく競争している。競合企業の敵対関係は、ある企業が競合他社の行動により脅かされる場合か、ある企業が市場におけるポジションを改善する機会を意識する場合に、その激しさを増す。

　業界内の企業は、同質であることは少ない。企業は資源や組織能力において差異があり、自らを競合他社から差別化しようとする。通常の場合、企業は、顧客が高く評価し、かつ企業が競争優位をもつ方法で競合他社から自分の製品を差別化しようとする。敵対関係は、価格、アフター・サービス、そしてイノベーションのような共通の次元で生じる。オープニング・ケースで説明した通り、ウォルマートと多くの競合他社との敵対関係は熾烈である。実際に、競合他社はウォルマートの市場シェアを侵略してきている。ターゲット、コストコ、クローガー、セーフウェー、ウォルグリーン、CVS、そしてベストバイのような多くの競合他社の既存店舗の売上は、ウォルマートの既存店舗の売上と比較すると、2倍から5倍もの早いスピードで成長している。

　次に、これまでの経験から見られる企業の敵対関係の激しさに影響を与える最も顕著な要素を述べる。

### 無数の、または同等にバランスした競合企業

　敵対関係の激しさは、多数の会社が存在する業界に共通している。多数の競合企業がいれば、反発されずに行動できると、信じ込んでいる企業がいることはよくあることである。しかし、他の企業は、一般的に競合他社の行動に気が付いており、しばしば彼らに反応しようとすることが、実証されている。他の極端な例では、同等の規模と支配力をもった2～3の企業で成り立つ業界は、また強い敵対関係を持つ傾向にある。これらの企業は大規模でかつ同規模の資源のベースを持つので、猛烈な行動と反発を生じさせる。エアバスとボーイングの激しい競争の戦いは、2007年にボーイングのエアバス

に対するポジションが優勢になったのであるが、比較的同等の競合企業間の激しい敵対関係の実例である。

### ▶ 業界の低成長

　市場が成長しているとき、企業は拡大する顧客ベースに対応するために資源を有効的に活用しようとする。成長市場は、競合他社から顧客を奪うプレッシャーから開放する。しかしながら、非成長市場や低成長市場での敵対関係は、企業が競合他社の顧客を引き付けて市場シェアを高めようと戦うにつれ、ますます激化するのである。

　一般的に、市場シェアを守る戦いは熾烈を極める。これは航空業界のケースに当たるといえる。これらの激しい競争から生じた市場の不安定さは、業界を通じた全航空会社の収益力を低下させる。

### ▶ 高い固定費または高い貯蔵コスト

　固定費が総コストのかなりの部分を占めるとき、企業は生産能力を最大限に活用しようとする。そうすることで、企業は、大量の生産高全体にコストを割り振ることができる。しかしながら、多くの企業が生産能力を最大化しようとするとき、過剰生産能力が業界全体にわたって生じてしまう。それで在庫を減らそうとして、各企業は、通常、製品価格を引き下げ、顧客に対するリベートや他の割引を提供したりする。しかし、自動車製造業界で一般的なこれらの慣習は、しばしば競争を激化させる。企業レベルでの熾烈な敵対関係をもたらす業界レベルでの過剰生産能力の典型は、高い貯蔵コストを伴う業界に頻繁に認められる。例えば、生鮮食品は時間の経過とともに急速に価値を失う。在庫が増えるにつれ、生鮮食品の生産者は製品を速やかに処分するために、価格戦略をしばしば活用する。

### ▶ 差別化の欠如または低いスイッチング・コスト

　買い手は、ニーズを満たしてくれる差別化された製品を見つけたら、長期間忠実にその製品を購入し続ける。製品の差別化に成功した多くの企業が存在する業界では、敵対関係が少なく、その結果、各企業の競争意識は低くなる。競合企業によって容易に模倣されない差別化された製品を開発し維持し

ている企業は、高い収益を達成する。しかしながら、買い手が製品をコモディティ（例えば、ほとんど差別化されていない特徴または組織能力を持つ製品）とみなす場合、敵対関係は激化する。これらの例では、買い手の購入決定は、主として価格に、そしてそれほどの主だった要因ではないがサービスに基づいている。パソコンはコモディティ化してしまっている。したがって、デル、HP、そして他のコンピュータ製造会社間の敵対関係は激しい。

スイッチング・コストの効果は、差別化された製品と同じである。買い手のスイッチング・コストが低ければ低いほど、競合他社が価格やサービスの提供を通じて買い手を引き付けることはますます容易となる。高いスイッチング・コストは、顧客を引き付けるライバルの努力を部分的にさえぎる。しかし、たとえスイッチング・コスト――パイロットや整備工の訓練費のようなもの――が航空機購入の際に高くついても、ボーイングとエアバスの敵対関係は両者にとっての賭け金が途方もなく大きいので、激しさが変わることはない。

### ▶ 高い戦略的利害

競争の激しい敵対関係は、いくつかの競合企業が市場で良い成果を上げようとする場合、高い確率で起こる。例えば、サムスンは、多角化企業で他の業界ではリーダーであるのだが、消費者エレクトロニクス業界における市場でもリーダーを目指してきて、とてもうまくやっている。この市場は、ソニーや日立、パナソニック、NEC、そして三菱のような他の競合大手他社にとって非常に重要な市場である。この市場での激しい敵対関係は向こう数年にわたり続くものとみられる。

高い戦略的な利害は、地理的な立地の観点からもまた存在し得る。例えば、日本の自動車メーカーは、自動車やトラックでは世界最大の単一市場である米国市場で、重要な存在であり続けることを明言している。日本や米国のメーカーにとってこの国に絡んだ利害が非常に大きいので、米国や世界の自動車産業における企業間の敵対関係は激しいのである。近くに存在することは敵対関係を煽りがちだが、物理的に近い競争は、また潜在的にプラスの利益を生む。例えば、競合企業が互いに近くに立地しているとき、サプライヤーが彼らにサービスするのがより容易となり、そして競合企業はより低い製造コ

ストを可能とする規模の利益を発展させることができる。さらに付け加えれば、サプライヤーのような業界の鍵となる利害関係者とのコミュニケーションは、彼らがその企業に近接していれば、より効率的である。

### ▶ 高い撤退障壁

企業は、たとえ投資収益率が低いかマイナスであっても、業界で競争し続けることがある。こうした選択をする企業は、高い撤退障壁に直面していることが多い。そのような撤退障壁には、このままでは利益を上げることが疑わしい状況のときも産業にとどまらせようとする経済的、戦略的、感情的な要因が含まれる。撤退障壁は航空産業において特に高い。共通の撤退障壁には、次のような項目が含まれる。

- 特殊な資産（特定の事業や立地とつながった価値を持つ資産）
- 撤退の固定費（例えば労働協約）
- 戦略的な相互関係（共有施設や金融市場へのアクセスを含む、一事業と会社の他の事業部門との関係のような相互依存の関係）
- 感情的な障壁（自身の経歴への影響を心配したり、従業員への忠義等の理由で、経済的合理性のビジネス意思決定を嫌った感情）
- 政府ならびに社会的な制約（失業や地域の経済的な影響に対する政府の懸念にしばしば基づいている、米国以外でより一般的である）

## 業界分析の解釈

効果的な業界分析は、複数の出所からのデータと情報の注意深い研究と解釈から成り立っている。業界固有の豊富なデータは、分析用に入手できる。グローバリゼーションが進んでいるので、国際市場とそこでの敵対関係は、企業の分析に含まれねばならない。実際ある研究によれば、戦略的競争力の決定要素として、ある業界では国際的な変数が国内的変数よりも重要であるとされる。さらに、グローバル市場の発展により、国境はもはや産業構造を制約していない。実際、国際市場への進出については、新しいベンチャーが

成功する確率は、伝統的な企業と同じくらいまで高くなっている。

　業界における5つの競争要因を分析することにより、妥当なもしくは優れた収益性を達成する潜在力の観点から、企業は業界の魅力を決定することができる。一般的に、競争要因が強ければ強いほど、業界企業の潜在的な利益はますます低くなる。魅力のない産業には、低い参入障壁、強い交渉力を有したサプライヤーと買い手、代替製品からの強い競争力の脅威、そして競合企業間の激しい敵対関係が存在する。これらの業界の特性は、企業が戦略的競争力を達成し、そして平均を上回る収益性を上げるのを困難にする。これに対して、魅力のある産業には、高い参入障壁があり、サプライヤーと買い手は交渉力が弱く、代替製品からの競争力の脅威は少なく、そして比較的適度の敵対関係が存在する。次に、業界内で活動する戦略グループに目を向ける。

## 戦略グループ

　**戦略グループ** (strategic group) とは、同じような戦略的次元を重視し、同じような戦略を採る企業の集団をいう。戦略グループ内の企業間における競争は、戦略グループ内の一員と戦略グループ外企業との間の競争よりも激しい。それゆえ、戦略グループ内の競争は、戦略グループ間の競争より激しい。実際に、より多くの異質性が、グループ間より、戦略グループ内企業の実績において明らかに認められる。グループ内の実績トップ企業は、グループ内の他の企業の戦略と同様の戦略をとりながら、競争優位を獲得し維持する戦略的独自性を保持している。

　技術的リーダーシップの水準、製品の品質、価格政策、流通チャネル、そして顧客サービスは、グループ内企業が同じように対処するかもしれない戦略的次元の例である。このようにして、ある特別な戦略グループに属していることによって、企業の戦略の本質的な性格が決まる。

　戦略グループの概念は、業界の競争構造を分析するのに便利である。そのような分析は、業界内企業の競合、ポジショニング、そして収益力を診断す

る際、役に立つ。業界内企業間の高い移動障壁、激しい敵対関係、低い水準の資源は、戦略グループの形成を制約する。しかしながら、ある研究によれば、戦略グループが形成されたあと、そのグループの所属企業はしばらくの間比較的に安定するので、その分析を一層容易にし、一層役立つものにする。

　業界の競争構造を理解するために、戦略グループを利用すれば、価格決定、製品品質、流通チャネル等のような戦略的次元に沿って、会社の競争行動や競争反応を、企業は点を結んで描く（plot）ことができる。この種の分析は、数社の会社が、いかに同じような戦略的次元を使っているかという観点から、同じように競争していることを企業に示している。例えば、ラジオ放送会社は独自の市場を狙うかもしれない。というのは、消費者は好みの異なった音楽や番組（ニュース放送、トーク番組）を聞きたいと思うからである。通常、ラジオ局の特色は、音楽か非音楽かのスタイル、番組スケジュール、そしてアナウンサーのスタイルに関して選択され作られる。およそ30の異なったラジオ番組のスタイルが存在し、この業界にはたくさんの戦略グループが実在すると推測されている。30グループ内のそれぞれの戦略は同じようなものである。一方、全部の戦略グループを見渡せば戦略は似てはいない。そうした結果、クリア・チャネル・コミュニケーション社は、大都市では数社の放送局を運営しているが、それぞれの放送局は異なる特色を採用している。それゆえ、クリア・チャネルは、業界における30の戦略グループのすべてで営業する局を持つことになる。さらに、衛星ラジオ会社のXMやシリウスが、個人契約聴取者と同様に自動車メーカーやレンタカー会社のような企業顧客を引き付けようとして激しい敵対関係を形成しているので、新しい戦略グループが誕生している。衛星ラジオは、地上ラジオとは技術的に異なるので、代替サービスである。しかし、100以上も異なるチャネルを持ったそれぞれの衛星会社は、従来の放送局がやっているのと同じ種類の音楽形式や番組を提供している。衛星会社の売上は、契約聴取者からの売上がほとんどであるが、トーク番組、ニュース、そしてスポーツチャンネルでは広告をやっている点で地上放送局に似ている。企業は、前に述べた重要な戦略的次元の観点から会社の行動や反応の点を結んで描くことにより、商業ラジオ業界における競争の理解を高めることができる。衛星ラジオが加わったことにより、異なった戦略グループ間の競争は高まっている。

## 第2章　外部環境：機会、脅威、業界内の競争、競合企業分析

　戦略グループにはいくつかの意味がある。第一に、戦略グループ内の企業は同じ顧客に同じような製品を提供するので、競争的敵対関係は激しさを増す。敵対関係が激しければ激しいほど、企業の収益力への脅威はますます大きくなる。第二に、5つの競争要因（新規参入によって引き起こされた脅威、サプライヤーの交渉力、買い手の交渉力、代替製品の脅威、競合企業間の敵対関係の激しさ）は全部の戦略グループにわたって異なる。第三に、戦略グループ同士が戦略の観点から近ければ近いほど、そのグループ間での敵対関係の可能性はますます大きい。

　主要な競合他社を完全に理解することにより、企業は適切な戦略を策定し実行することができる。明らかに、XMやシリウスは同じ戦略グループにいて互いに直接的に競合している。XMは新しい技術に焦点を合わせるのに成功している。他方、シリウスは革新的なそして独占的なコンテンツ契約を獲得することに焦点を合わせている。フォルクスワーゲンは、中間的な価格の自動車を販売する会社の戦略グループから抜け出そうとした。しかし、プレミアム価格の自動車（例：メルセデス・ベンツ、BMW）を販売する企業の戦略グループへの参入に成功しなかった。これらの努力が失敗に終わったせいで、VWはこの重要な市場における市場シェアを失った。

　IBMは、新技術の導入において、また近年では業界と主要な競合企業の分析においてパイオニアであった。戦略フォーカス・コラムで説明しているように、IBMは慎重に主要競合企業を分析し、そして新戦略を策定するか、もしくは競争優位を保つために現在の戦略を調整している。HPやサン・マイクロシステムズをIBMの戦略チームが分析して得られた知識によって、同社は、戦略を調整し、特にコンピュータやサポート・サービスにおける業界の最前線にとどまっている。その競争優位を維持するために、IBMは社内のサービス・ケイパビリティを改善し続けるばかりでなく、また他の高品質の特別目的のサービス企業を買収することによりその事業領域を拡大している。競合企業の分析から得た知識なしで、その競争優位を維持する戦略を効果的に立案することはできないであろう。

## 戦略フォーカス・コラム

### IBM：ゲームの首位に留まるために競合企業を綿密に調査

　企業が、競合他社の強みに対抗しまた彼らの弱みに付け込むための戦略を策定し実行できるように、主要なライバルを研究することは極めて大事なことである。競合企業を効果的に分析する態勢を整えて、企業は市場ポジションを向上させ、投資収益率を高めることができる。インターナショナル・ビジネス・マシンズ（IBM）は、コンピュータ製品とサービス業界で世界のトップ企業である。IBM は、メインフレーム、サーバー、記憶装置システム、そして周辺機器を製造している。しかしまた、世界で最大のコンピュータ・サービス事業部門を有し、その事業部は全収入の半分以上を占めている。多様な市場で競争力を維持するために、IBM は、ヒューレット・パッカード（HP）やサン・マイクロシステムズのような競合他社を観察し分析する目的だけの競争力分析チームを作った。IBM は、主要なライバルと効果的に確実に競争できるように、戦略と事業計画を調整するため、これらの分析から得たデータを活用している。

　IBM の競争力分析チームは、サンの直販チームが設置ベースで上位1,500 社の顧客に集中しているのに気が付いた。しかも、残りの顧客は、業務提携先からサービスを受けていた。IBM チームはまた、サンの販売代理人が、ソリューション（コンサルティング）の代わりにハードウェ

アを販売することを第一に重視しているのに気が付いた。それは、IBMがサンから顧客を奪おうとする際の決定的な弱点であった。加えて、IBMチームは、HPの商品安定供給のキャンペーンでのeビジネス（インターネット商取引）の弱点を学ぶために、HPのたくさんの開示された情報を注意深く分析した。「5Minutesキャンペーン」は、IBMの顧客にとってはほとんど価値のないアイデアに過ぎないが、HPにとっては大きなマーケティングの価値がある、とIBMは語っている。HPのソフトウェアとサービスは低い売上高しか占めていない、したがって主たる業務はハードウェア会社である、と分析は示している。HPは、自社のサポートやコンサルティングのサービス部門を持たず、EDS、アクセンチュア、シスコ、そしてHPの再販売業者にあまりにも頼りすぎていたので、およそ15％の潜在的な顧客を失っていた。

　IBMは多国籍企業モデルのパイオニアである。各国別に、各々の管理部門、製造部門、そしてサービス部門を持ったミニIBMを作った。ライバルのインド系技術会社を分析した結果に基づき、IBMは、よりフラットな構造とより贅肉の取れた組織が、効果的に競争するのに必要であると確認した。同様に、競合企業分析により、中国の競合企業が高品質の製品やサービスをはるかに安い価格で提供しているのを発見した。これらの競合企業分析によって、IBMはグローバルな事業統合へと向かうことになった。IBMのグローバルなシフトによって、データセンターの機械やソフトウェアを管理するのに、低コストでインドの才能ある人材を活用することが可能となった。加えて、データセンターは互換性があるので、もしインドに問題が生じれば、IBMはコンピュータ関係の仕事を別の経路に迂回し、他のセンターに回すことができる。行き着くところ、国際的な競合企業は、グローバルな物流ハブを建設するであろうが、IBMの科学研究の組織能力と競争するのは困難であろう。IBMの統合されたグローバルなサービスと研究組織により、同社は革新的なサービスを企画することができる。グローバルな統合努力により達成されたコストの節約は、収益の成長を一層高めるのである。このグローバルな統合計画の全体的な目標は、コストの削減にあるが、同時に顧客に優れたサービスを提供することにもある。そうしながら、競

争力を高め、市場シェアを高め、そして売上と利益の伸びに拍車をかけることができる。

　最近の競合企業分析から得た情報に基づき、IBM は 2 〜 3 の調整が必要であると判断した。例えば、IBM は、これまでの事業展開のやり方を一変させる高収益事業のコンサルティングサービスに重点を置き、技術の統合はそれほど重視しないことを決定した。IBM はまた、ソフトウェア事業部の戦略を変えた。ソフトウェアは、同社で最も伸びが高くかつ最も利益が上がる業務なので、IBM は、ファイルネット、MRO ソフトウェア、そしてウエビファイ・ソリューションズを含むソフトウェア会社数社を買収した。これらの買収は、IBM の製品事業領域の穴を埋め、サン・マイクロシステムズや同様のライバルと効果的に競争する能力を高めている。

　IBM の戦略的行動は、プラスの結果を生み出している。2007 年の第一四半期の売上高合計は、前年同期比 7 ％増の 220 億ドルに達した。2007 年の第一四半期の利益は、前年同期比 8 ％増の 18 億ドルにも達した。そして 2007 年の第一四半期の 1 株当たり利益は 1.21 ドルで、前年同期比 12％増となった。

出典：S. Hamm, 2006, Big Blue shift, *BusinessWeek*, http://www.businessweek.com, June 6; T. P. Morgan, 1999, IBM's competitive analysis on Sun, HP, *Computergram International*, http://www.findarticles.com, Oct. 4; LEX: IBM, 2005, *Financial Times*, http://www.ft.com, May 5; S. Hamm, 2006, IBM's revved-up software engine, *BusinessWeek*, http://www.businessweek.com, Aug. 15; J. Krippel, 2007, International Business Machines Corporation, *Hoovers*, http://www. hoovers.com; 2007, http://www.ibm.com/news, May 5.

## 競合企業分析

　競合環境は、調査が必要な外部環境の最後の部分である。競合企業分析は、ある企業が直接競合している各企業に焦点を当てる。例えば、XM とシリウ

第2章　外部環境：機会、脅威、業界内の競争、競合企業分析

ス衛星ラジオ、ホーム・デポとローズ、そしてボーイングとエアバスは、お互いの目標、戦略、前提条件、そして組織能力に強烈に関心があるに違いない。さらにまた、激しい敵対関係は、競合企業を理解しようとする強い必要性を生み出す。競合企業分析では、企業は次の事項を理解しようとする。

・競合企業の将来の目標に示されるように、何が競合企業を駆り立てるのか
・現在の戦略によって明らかにされるように、競合企業は何をしているのか、何ができるのか
・企業の持つさまざまな前提とする条件に示されるように、競合企業は業界について何を信じているのか
・企業の強みと弱みによって示されるように、競合企業の組織能力は何か

これら4つの次元にかかわる情報により、企業が、各競合企業に対し予想される反応の輪郭を描くことができる（図2.3参照）。効果的な競合企業分析の結果により、企業は、競合他社の行動と反応を理解し、解釈し、そして予測できるのである。競合他社の行動を理解することは、業界内の競争に勝利するのに明らかに役立つ。おもしろいことに、ある調査によれば、競争的な動きに対し起こり得る反応を分析する作業が、経営幹部によって頻繁には実行されてはいない。この調査結果は、そのような分析を行う企業は、行わない企業に対し競争優位を獲得できることを示している。

　効果的な競合企業分析にとって極めて重要なことは、企業が、競合他社の意図やそれに伴って生じた戦略的な意味を理解できるデータや情報を収集することである。役に立つデータや情報は、競合企業情報を形成する。**競合企業情報**（competitor intelligence）とは、競合他社の目標、戦略、前提条件、そして組織能力をよりよく理解し、よりよく予想するために企業が収集するデータや情報のことである。競合企業分析では、企業は、競合他社についてのみならず、世界各国の政府の政策についても情報を収集するべきである。そのような情報は、外国競合企業の戦略的姿勢を理解するのに役に立つ。

　効果的な競争や政府の政策の情報を通じて、いかにしてライバルと競争するかについての効果的な戦略意思決定に必要とされる洞察が得られる。マイクロソフトは、かつてネットスケープとのブラウザ戦争でやったように、検索エンジン業務で打ち勝ち支配する方法を求めて、競合企業のグーグルを分

**図2.3** 競合企業分析の構成要素

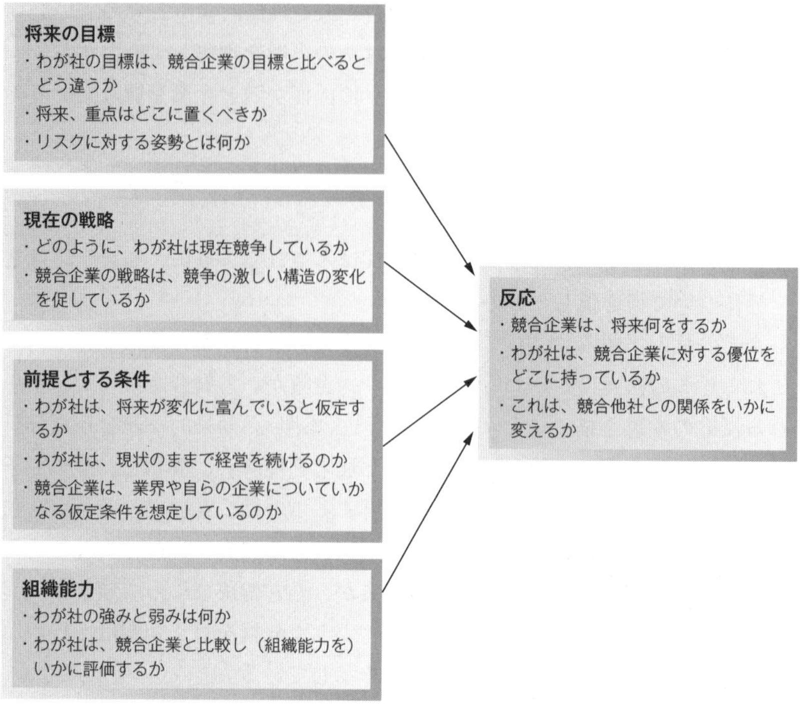

**将来の目標**
・わが社の目標は、競合企業の目標と比べるとどう違うか
・将来、重点はどこに置くべきか
・リスクに対する姿勢とは何か

**現在の戦略**
・どのように、わが社は現在競争しているか
・競合企業の戦略は、競争の激しい構造の変化を促しているか

**前提とする条件**
・わが社は、将来が変化に富んでいると仮定するか
・わが社は、現状のままで経営を続けるのか
・競合企業は、業界や自らの企業についていかなる仮定条件を想定しているのか

**組織能力**
・わが社の強みと弱みは何か
・わが社は、競合企業と比較し（組織能力を）いかに評価するか

**反応**
・競合企業は、将来何をするか
・わが社は、競合企業に対する優位をどこに持っているか
・これは、競合他社との関係をいかに変えるか

析し続けている。「フォーチュン」誌によれば、マイクロソフトの創業者ビル・ゲイツは、求人広告欄で偶然目にしたグーグルのウェブサイトを見ることによって、自身で競争情報収集活動をやっている。「なぜ、多くの採用資格条件がマイクロソフトの職務区分と似ているのであろうか、と彼は思った。グーグルは、ウェブ検索会社であるが、しかしこの求人欄には検索とは関係がなく、OS設計、コンパイラー最適化、分散システムのような分野での経験者を探していた。ゲイツは、マイクロソフトが検索事業で今までにない厳しい戦争に直面するのではなかろうか、と不安に思った。その日、彼が数名の役員に送信した電子メールには、'自分たちがあいつらを監視しなければダメだ。われわれと何か競合するものを造っているぞ' と書いてあった」。

## 第2章　外部環境：機会、脅威、業界内の競争、競合企業分析

　マイクロソフトはグーグルが恐るべき競合相手であることを見抜いていた。このような背景から、マイクロソフトはグーグルとの競争でより有利になろうとして、もう一度ヤフーとの合併を模索したのである。しかしながら、このニュースは、投資家がそのような合併がグーグルに対する競争的な脅威とならないと見なしたので、グーグルの株価に顕著な影響を与えなかった。2007年調査では、グーグルはインターネット検索市場のおよそ57％のシェアであったが、対するヤフーは22％、マイクロソフトのMSNは10％に過ぎなかった。2007年には、グーグルは検索広告料のうち76％を勝ち取るものと、他方ヤフーは16％超を、その他の業者は合計で8％超と予測された。マイクロソフトとヤフーの合併は、両社の強みを統合することによって価値を高める、という人もいるが、大方のアナリストは同意してない。あるインターネットのアナリストは、「大きくなることよりも、もっと賢くなることについて考える必要がある。連携により、必ずしもその目的を達成できるとは限らない」と言っている。

　前述のグーグル分析が示すように、企業の製品と戦略の補完者にもまた注意を払わなければならない。**補完者**（complementor）とは、補完的な製品やサービスを販売するか、焦点となっている企業の製品やサービスと互換性があるものを販売する企業のネットワークのことである。これらの企業はまた、焦点となっている企業と強いネットワーク関係を持つサプライヤーと買い手を含むかもしれない。補完者の強いネットワークはスムーズに機能するので、インターネット・アクセスの多様なサービスで成功しているグーグルの例に見られるように、競争優位を強固にする。もし補完者の製品やサービスが、焦点となる企業の製品やサービスの販売の価値を増すならば、その企業の価値を高めるであろう。例えば、自動車販売の補完業務には、ローンをアレンジする金融サービス、ステレオ装置を含む豪華なオプション付属品、そして保証延長サービスが含まれる。この理由で、競合企業を分析するときには、アライアンス（企業提携）のネットワークもまた分析されねばならない（企業のネットワークとアライアンスの戦略については、第9章を参照）。例えば、ルフトハンザとユナイテッド航空の強みは、国際航空会社のネットワークである、スター・アライアンスに参加していることである。企業はまた、業績不振企業の行動を見極めることに注意深く対応せねばならない。ある調査に

よれば、いくつかのこうした不振企業は、業績を反転させるために特別に立案した戦略的行動を打ち出すことによって、価値を創造し競争優位を回復するか、少なくとも同等の競争力を達成する方法を見つけるかもしれないのである。競合企業分析でそのような企業を見落とすことは、失策となる。

## 倫理的配慮

　企業は、競合企業情報を収集する際に、一般に受け入れられた倫理慣行に従うべきである。業界団体は、企業が採用できる慣行の一覧表を作っている。合法で、かつ倫理的と考えられる慣行には、次の行動が含まれる。(1) 公開されている情報（例えば、判例、競合企業の求人広告、年次報告書、公開企業の財務諸表、そして商法に基づく届け出書類）を入手する、(2) 競合企業のパンフレットを入手するために見本市に参加し、陳列品を観察し、他社製品についての議論に耳を傾ける。

　対照的に、ある種の慣行（恐喝、不法侵入、盗聴、そして製図、見本、または書類を盗むこと）は、非倫理的そしてしばしば違法と広く見なされている。従業員のパソコンに侵入するような競合企業のデジタル不正手段ないし盗みから自らを護るために、ハッキング（不法侵入）から保護する保険を掛ける会社があるくらいである。

　ある競合企業の情報収集慣行は合法的であるかもしれないが、企業が責任ある社会の一員（corporate citizen: 企業市民）として認められるためには、その慣行が倫理的であるかどうかもさらに判断しなければならない。特に電子的な情報取得に関しては、法的慣行か倫理的慣行かの線引きを決めるのは困難である。例えば、競合他社のウェブサイト・アドレスに似ていて、それでその競合他社向けに発信された電子メールをひょっとしたら受信できるウェブサイト・アドレスを開発するかもしれない。このようなやり方は、競合企業の情報をいかに収集するか、またいかに競合他社に自社情報を知られるのを防ぐかを決める際に、会社が直面する難しい挑戦の事例となる。

　情報収集技術に関する公開討論によって、従業員、顧客、サプライヤー、

第2章　外部環境：機会、脅威、業界内の競争、競合企業分析

そして潜在的な競合企業でさえが、競合企業情報を収集するための倫理的慣行に従うべきだとする信念を、企業は徹底させることができる。競合企業情報の慣行に対する適切な指針は、一般的な道徳性の原則、ならびに製品、事業、そして戦略的意図に関わる情報を暴露しないという競合企業の権利に敬意を払うことである。

## 要約　Summary

- 企業の外部環境は、挑戦的で複雑である。外部環境は業績に影響するので、企業は、その環境に存在する機会と脅威を見極めるために必要とされるスキル（技、技量）を発展させなければならない。

- 外部環境は3つの部分からなる。(1) 一般環境（業界と業界企業に影響を与えるより広い社会におけるエレメント）、(2) 業界環境（企業、企業の競争的行動と反応、そして企業の潜在的利益に影響を与える要因）、そして (3) 競合企業環境（主要な競合企業の将来目標、現在の戦略、前提とする条件、そして組織能力を分析する）

- 外部環境分析のプロセスは、4つのステップから成る。スキャニング（ざっと見る）、モニタリング（観察する）、フォーキャスティング（予測する）、そしてアセシング（評価する）。環境分析を通じて、企業は機会と脅威を見極める。

- 一般環境は6つのセグメントから成る。人口動態的、経済的、政治的／法的、社会文化的、技術的、グローバルの各セグメントである。各セグメントに対し、企業は環境の変化や傾向の戦略的関連性を判断しようとする。

- 一般環境と比較すれば、業界環境は企業の戦略的行動に対し、より直接的な影響を与える。5つの競争要因モデルは、新規参入の脅威、サプライヤーの交渉力、買い手の交渉力、代替製品の脅威、そして競合企業間の敵対関係の激しさ、から成る。これらの要因を研究することで、自社に有利になるようその要因に影響を与えることができ、また平均を上回る収益性を達成するために、その要因の影響力からの衝撃を和らげることができる業界でのポジションを見出すのである。

■ 業界には、異なった戦略グループが存在している。ある戦略グループは同じような次元に沿って同じような戦略を展開する企業の集団である。敵対関係の競争は、戦略グループ間におけるよりも、戦略グループ内でのほうが激しい。

■ 競合企業分析は、企業が直接競合している相手会社の将来の目標、現在の戦略、企業の持つさまざまな前提となる条件、そして組織能力に関わる情報を、企業に教えてくれる。完璧な分析には、競合他社の戦略を支えている補完企業、そして競合他社が参加している主要なネットワークやアライアンスを、精査することも含む。また、業界基準を下回る業績の企業が取る重要な行動を見極め、注意深く観察することも大事である。

■ いろいろな技術が、次のような競合企業情報を生み出すために使われる。その情報とは、企業が競合他社をよりよく理解することができ、そしてそれにより可能性の高い戦略的、戦術的行動を予測することができる各種のデータ、情報、そして知識のことである。企業は、情報収集に際して合法的かつ倫理的な慣行のみを取るべきである。インターネットは、競合他社や彼らの戦略的意図に関する洞察を収集する企業の組織能力を高める。

## 重要用語　　*key words*

● 一般環境（general environment）とは、業界とその業界内の企業に影響を与える広い意味の社会での6つのセグメントから成り立つ。すなわち、人口動態的、経済的、政治的／法的、社会文化的、技術的、そしてグローバルの6つである。

● 業界環境（industry environment）とは、企業とその競争的行動や競争的反応に直接影響を与える5つの要因である。5つの要因とは、新規参入の脅威、サプライヤーの交渉力、買い手の交渉力、代替製品の脅威、競合企業間の敵対的関係の激しさ、のことである。

● 機会（opportunity）とは、もしうまく活用されれば、企業が戦略的競争力を獲得するのを助ける一般環境の中の1つの状況のことである。

第2章　外部環境：機会、脅威、業界内の競争、競合企業分析

- **脅威**（threat）とは、戦略的競争力を獲得しようとする企業の努力を妨げるかもしれない一般環境の中の1つの状況のことである。

- **人口動態セグメント**（demographic segment）とは、人口規模、年齢構成、地域分布、民族構成、そして所得分配と関係している。

- **経済環境**（economic environment）とは、企業が競争している、あるいは競争するかもしれない経済の実状とその方向をいう。

- **政治的/法的セグメント**（political/legal segment）とは、組織や利害関係グループが、国家間の交渉を導く立場の立法機関や規制機関を監視するため、注意を喚起し、資源、そして発言権を求めて、競争する活動領域のことをいう。

- **社会文化的なセグメント**（sociocultural segment）とは、社会の動向と文化的な価値に関係がある。

- **技術的なセグメント**（technological segment）とは、新知識を創造し、その知識を新しい生産物、製品、工程、そして原材料に転換することと関連した制度や活動を含む。

- **グローバル・セグメント**（global segment）には、当該企業と関係のある新しいグローバル市場、変わりつつある既存の市場、重要な国際政治的な出来事、そしてグローバル市場の極めて重要な文化的そして制度的な特徴が含まれる。

- **産業または業界**（industry）とは、代替品とみなされる製品を生産する企業の集団のことをいう。

- **戦略グループ**（strategic group）とは、同じような戦略的次元を重視し、同じような戦略を採る企業の集団をいう。

- **競合企業情報**（competitor intelligence）とは、競合他社の目標、戦略、前提条件、そして組織能力をよりよく理解し、よりよく予想するために企業が収集するデータや情報のことである。

- **補完者**（complementor）とは、補完的な製品やサービスを販売するか、焦点の企業の製品やサービスと互換性があるものを販売する企業のネットワークのことである。

## 復習問題 *Review questions*

1. 企業にとって外部環境を研究し理解することは、なぜ重要か。

2. 一般環境と業界環境の違いは何か。この違いはなぜ重要か。

3. 外部環境分析プロセス（4つのステップ）とは何か。企業がこのプロセスを活用するとき、企業は何を学ぶべきか。

4. 一般環境の6つのセグメントとは何か。それらのセグメントの違いを説明せよ。

5. 5つの競争要因は、業界の潜在的利益にどのような影響を与えるか。説明せよ。

6. 戦略グループとは何か。企業が戦略を策定する際に、企業の戦略グループの知識にはどのような価値があるか。

7. 競合企業のデータや情報を収集し、分析する重要性とは何か。競合企業の情報を収集するために企業はどのようなことを実践すべきか。またそれはなぜか。

第2章　外部環境：機会、脅威、業界内の競争、競合企業分析

# 第3章

## 内部組織：経営資源、組織能力、コアコンピタンス、および競争優位

本章の狙いは、下記目的に必要な戦略的経営の知識を提供することにある。

1. 企業が、なぜその内部組織を研究して、理解する必要があるかを説明する。
2. 価値を定義し、その重要性を議論する。
3. 有形資源と無形資源の差異について詳しく述べる。
4. 組織能力を定義し、その形成について明確にする。
5. 経営資源と組織能力がコアコンピタンスであるかどうか決定するのに用いられる4つの規準について説明する。
6. バリューチェーン分析が、経営資源と組織能力を明確にし、それを評価するのにどう用いられるか説明する。
7. アウトソーシングを定義し、なぜアウトソーシングを利用するのか明確に議論する。
8. 組織内部の強みと弱みを明確にする重要性について議論する。

*opening case*

3M：イノベーションと効率性の対立関係のマネジメント

　第1章で論じたように、顧客本位で価値を創造するような方法で、継続してイノベーションをもたらすために企業の資産を上手に利用できれば、それは競争優位の重要な源泉となる。6事業部制で多角化が進んだ技術力のある企業である3Mは、何十年間も成功している企業革新(イノベーション)の1つのモデルであった。イノベーションへの企業としてのコミットメントと、その競争行動にイノベーションが持つ重要性は、次のスローガンによって示される。「イノベーションの精神。それこそが3Mである」。イノベーションの重要性は、実際に、年間売上高の少なくとも3分の1を直近5年間に市場に導入された製品から発生させるという、その有名な目標に示されている。

　3Mは、確かに何十年間もイノベーション関連の能力とその結果としての製品の成功で、存在を認められた。3Mは、科学者と技術者の技術によって、30以上のコア・テクノロジーを開発し、それを元に、5万5,000品目以上の製品を生産して世界中の顧客に販売した。しかし、時代が変わった。2007年の中頃、3Mの売上のたった25％が、直近5年間に市場に導入された製品だった。3Mは以前より少ない資金を研究開発に割り当てていた。研究開発は、通常、製品イノベーションの

源泉である。多くの証券アナリストが研究開発費支出の削減を批判した。2006年度の利益が予想を下回り、その結果、投資家と他のステークホルダー（例えば、供給業者、顧客、おそらく従業員さえ）を納得させていなかったので、新しいCEOのジョージ・バックリーが3Mに栄光の日々を取り戻すべく、ある戦略を実行することになった。

　何が3Mのイノベーションの成果に変化をもたらしたのか。バックリーの前任のCEOジェームズ・マクナーニが指導したシックスシグマ・プログラムの導入が、最近の3Mの実情を招いたと考える人もいる。シックスシグマは、「製品の欠陥を減少させて、効率を高めるよう設計された管理技法」であり、広く使用されている。シックスシグマのテクニックは、作業工程に焦点を合わせて、問題を見つけるのに使用され、また、厳密な測定を用いて生産高の変動を減少させ、欠陥を取り除く。マクナーニはGEに経営幹部として在任中にシックスシグマに精通した。当時GEではジャック・ウェルチがCEOを務めており、シックスシグマが活用されていた。

　シックスシグマなどのテクニックを使用するのは、無駄を抑えて、効率を高め企業の利益率を上げるのに最適である。問題は、イノベーションを起こす行動と効率を高める行動が、ときどき相反することである。アナリストによると、「シックスシグマのようなイニシアチブが企業文化に浸透すると、3Mのように、独創性（およびそれから生じるイノベーション）が簡単に押しつぶされてしまう」という。シックスシグマは定義し、測定し、分析し、改良し、制御することに焦点を合わせる。これらに焦点を合わせると、イノベーションより、むしろ変化しないことをもたらすという議論もある。3Mのある従業員は、効率とイノベーションの対立関係を、"シックスシグマ管理" 対 "イノベーションの自由" として理解した。3Mは長い間イノベーションに関わってきたので、他の従業員は、シックスシグマによってもたらされた管理の偏重が、3Mの精神を失わせたと信じていたと結論づけた。

　最近、CEOのバックリーは、3Mのステークホルダーは研究開発が再び活性化するのを期待できるだろうと述べた。バックリーは、それが成長とイノベーションに3Mの焦点を再び合わせる方法であると信じ

ている。しかし、3Mには能率的なワーク・プロセスを活用する必要性が優先事項として残るだろう。

出典： D. DePass, 2007, 3M earnings disappoint Wall Street, *The Star Tribune*, January 31, D1, D3; B. Hindo, 2007, At 3M, a struggle between efficiency and creativity, *BusinessWeek*, June 3, 8–14; J. Rae, 2007, Have it both ways, *BusinessWeek*, June 3, 16; Scrutinize Six Sigma, 2007, *BusinessWeek*, July 2, 90–91.

　最初の2つの章で述べたように、インターネットの急速な発展を含むグローバル経済のいくつかの要素とグローバル化によって、企業はいかなるときにも持続する競争優位を生み出す方法を見つけるのがますます難しくなった。3Mの経験で示されたように、イノベーションは持続可能な競争優位を生み出すのに効果的な手段かもしれない。製品イノベーションは、企業がスタートする基礎となると同時に、競争優位の源泉ともなり得ることがある。例えば、アルテミス・ペットフード社は、ペットフードを製造する際に品質を重視する。アルテミス・ペットフード社は、ペットフードに人間の食料に使われる天然原料を使用して、急速に成長し、その製品が競合企業の製品価格の2倍以上もするのに、忠実な顧客を獲得している（第4章の最初のケースでペット業界の別の企業（ペットスマート）のイノベーションに関して学ぶ）。

　競争優位と企業間の業績の差異は、企業が保有する経営資源とその活用の仕方にしばしば強く関連している。経営資源は戦略の基礎であり、経営資源のユニークな組み合わせは、富の創造につながる競争優位を生み出す。3Mのケースが示すように、経営資源は、生産効率と、革新的な製品を常に開発できるような競争優位を形成する能力を、同時に保持できるよう管理されなければならない。

　リーダー企業は、長期にわたりその経営資源を識別し、それをうまく使用するために、「価値の決定者である」顧客のために、価値を増大させるようどのように経営資源を管理するかを、絶えず考える必要がある。顧客は購買決定をする前に、企業の製品とサービスを比較するからである。本章が示す

ように、企業は、ユニークなコアコンピタンスを効率的に獲得し、これを束ねて、顧客のために価値を創造する方法で、外部環境で有利な機会を得るように有効に活用（レバレッジ）したときに、戦略的競争力を実現して、平均を上回る収益性を獲得する。

　人的資源は、組織が成長する手段として常にイノベーションの方法を学ぶのを助ける、特に重要な経営資源である。言い換えれば、企業が首尾よく成長するのを助ける能力を持つとともに、成長する必要性をうまく管理したとき、"賢い成長"が実現する。３Ｍでは人的資源は首尾よく成長するために重要な経営資源である。３Ｍのグローバル人材担当の責任者は、企業の従業員のイノベーション能力を活用するのが成長に火をつける手段であると述べている。そして、組織が常にイノベーションする方法を学べるよう経営資源を効果的に管理する方法を知っている他の多くの企業と同様に、３Ｍの人々は、彼ら自身が競争優位の源泉である。企業が有能な個人を雇用しようとすれば、グローバルな労働市場は今ここに存在する。リチャード・フロリダが論じるように「有能な人がいるところには、イノベーション、創造力、および経済成長は確実についてくる」。

　時間がたつにつれて、競合企業がどのような企業の価値創造の戦略の利点も模倣できるという事実から、経営資源を管理する方法を知っている従業員を擁することが大事だということがわかる。このような従業員は、企業が業績を伸ばすのに決定的に重要である。すべての競争優位には時限があるので、模倣の問題は、それが起こるかどうかということでなく、いつ起きるかということになる。一般に、競争優位を持続させるには次の３つの要素を注視しなければならない。①環境変化によりコアコンピタンスが陳腐化する度合い、②コアコンピタンスの代替が可能かどうか、③コアコンピタンスの模倣が可能かどうか。次に、すべての企業にとっての課題は、新しいコアコンピタンスを開発している間、同時に現在のコアコンピタンスを効率よく管理することである。企業が競争優位の必要に貢献する組織能力を連続して生み出すときのみ、戦略的競争力を達成して、平均を上回る収益性を獲得し、競合企業に先んじ続けるのである（第５章参照）。

　第２章では、一般環境、業界環境、および競合企業環境について述べた。外部環境の条件と現実に関するこの知識を武器に、企業は市場の機会とその

――――――――― 第3章　内部組織：資源、組織能力、コアコンピタンス、および競争優位

機会が存在する競争環境の特徴をよりよく理解できる。本章では、企業自体に焦点を合わせる。内部組織を分析することによって、企業は、その組織で何ができるかを決定する。企業ができること(経営資源、組織能力、コアコンピタンス、および競争優位の関係)を、企業が行うかもしれないこと(外部環境における機会と脅威の関係)にマッチさせると、企業は、自ずとビジョンを描き、ミッションを追求して、戦略を選択して、それを実行することになる。

　本章では、はじめに企業の内部組織を分析するのに関連する諸条件について簡潔に述べる。次に、企業の競争優位の源泉であるコアコンピタンスを開発する際の、経営資源と組織能力の役割について述べる。これには、企業が経営資源と組織能力を明確にして、評価するのに使用するテクニックと、その中からコアコンピタンスを選択する規準を含む。経営資源と組織能力はそれ自体では価値がないが、企業が競争優位をもたらすある業務を実行するのに使用するとき、それらは価値を創造する。それゆえ、バリューチェーン(価値連鎖)の概念についても論じ、競争優位を生み出すコアコンピタンスを評価するための4つの規準を検討する。本章の最後に、コアコンピタンスが組織を硬直化させるのを防ぐのに企業が必要とする警告的なコメントを述べる。組織の硬直性は、企業が過去にしばられやすいということを暗示しており、そのことが新しい競争優位を常に生み出すのをさまたげるのである。

## ■ 内部組織の分析

### ● 内部分析の意味

　グローバル経済の中で、労働コストや、財務資源と原材料へのアクセスや、保護あるいは規制された市場などの伝統的要因が、引き続き競争優位の源泉になっているが、その度合いは減少している。その1つの重要な理由は、競合企業が経営資源に国際戦略(第8章参照)を首尾よく適用して、これらの伝統的な経営資源から生み出された優位性を克服する手段としたことである。例えば、フォルクスワーゲンはロシアが撤退した直後に、国際戦略の一

環として生産設備をスロバキアに建設し始めた。フォルクスワーゲンのスロバキアへの総投資額はすでに16億ドルを超えており、その競争優位を模倣して、スロバキアに現在投資しているフランスのプジョー・シトロエンや韓国起亜自動車などのライバルに対して、競争優位を持っていると考えられる。

企業の内部組織を分析する人は、より一層グローバルな思考態度（考え方）を採用すべきである。**グローバルな思考態度**（global mind-set）とは、単一の国、文化、またはコンテクストの仮定に依存しない方法で内部組織を検討する組織能力である。グローバルな思考態度は、国境を越えることができるので、グローバルな考え方を持つ人は、自分たちの企業は国に特有の要素とユニークな社会文化によって影響を及ぼされる競合状態を理解して、それに適切に対処する経営資源と組織能力を保有すべきだと認識している。グローバルな考え方を持つ人を多く抱える企業は、国際市場において長期的競争優位に導く重要な経営資源を持っている。

最終的に、企業の内部組織の分析では、評価者が企業の経営資源のポートフォリオと、経営陣が創造した異種の経営資源と組織能力を検討する必要がある。これは、個別企業には他の企業が少なくとも同じ組み合わせで保有しない、いくつかの経営資源と組織能力があるのを示している。経営資源は組織能力の源泉である。それを持つ企業は、コアコンピタンスの発見からその競争優位の形成に導かれる。企業の経営資源と組織能力のユニークな組み合わせをどのようにうまく多重利用（レバレッジ：leverage）すべきか理解することが、意思決定者が内部組織を分析するときに大変重要である。図3.1は、経営資源、組織能力、およびコアコンピタンスの関係を示し、企業が戦略的優位性を創造するためにどのように使用するかを示している。これらのトピックを詳しく検討する前に、価値とその創造について説明する。

## ● 価値の創造

世界的競争の厳しい基準を少なくとも満たすか、または超えるために、企業はそれらのコアコンピタンスか競争優位を開発することによって、顧客のために価値を創造する。**価値**（value）は、製品の性能特性と、顧客が支払っても構わないと思う属性によって測定される。例えば、ルビー・カフェテリアの顧客は、お買い得で、ヘルシーでサービスが早い食事に対して代価を払

―――――― 第3章　内部組織：資源、組織能力、コアコンピタンス、および競争優位

**図 3.1**　競争優位と戦略的競争力につながる内部分析の構成要素

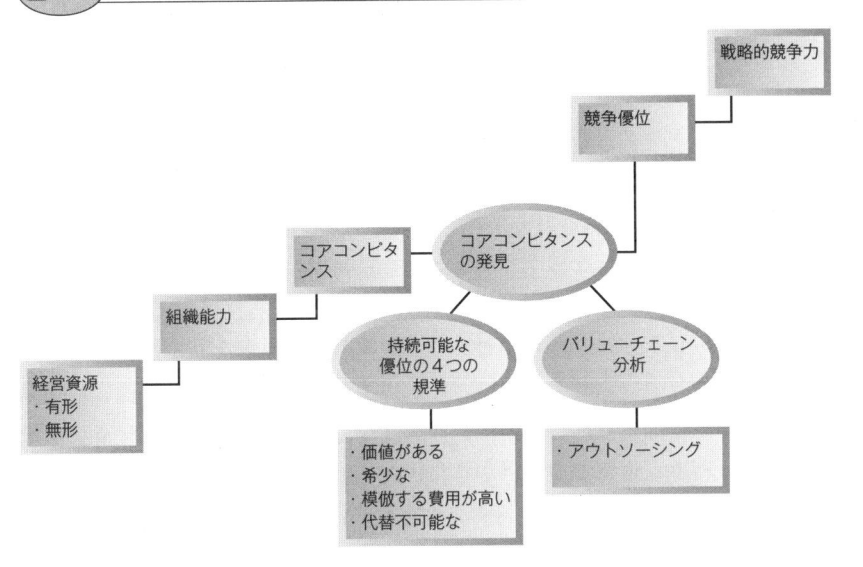

```
経営資源 → 組織能力 → コアコンピタンス → コアコンピタンスの発見 → 競争優位 → 戦略的競争力
・有形
・無形

コアコンピタンスの発見：
・持続可能な優位の4つの規準
  ・価値がある
  ・希少な
  ・模倣する費用が高い
  ・代替不可能な
・バリューチェーン分析
  ・アウトソーシング
```

う。

　競争優位を持つ企業は、顧客に対して競合企業が提供するものより優れた価値を提供する。企業は革新的な方法で経営資源と組織能力を束ね、それをうまく活用（レバレッジ）して価値を創造する。顧客のために価値を創造する方法で、経営資源と組織能力を創造的に束ねて、うまく活用できない企業は業績が悪化する。ときどき企業は、顧客が何を評価するかを理解できないために、このような業績悪化が起こるのであろう。例えば、ゼネラル・モーターズ（GM）が買い手の価値を創造するために、外観デザインに焦点を合わせようとしていると知ったあとに、以前 GM の顧客だった人が、自動車やトラックを買う人は外観デザインよりも耐久性、信頼性、燃費の良さやオペレーションコストの安さを評価するのだ、という考えを述べている。

　究極的に、顧客のために価値を創造するのは、企業にとって平均を上回る収益性をもたらす源泉である。企業が価値創造に関して意図することは、事業戦略の選択（第4章参照）とその組織構造（第11章参照）に影響を及ぼす。第4章の事業戦略では、価値は競合企業の製品と比較して、製品の低コスト

によるか、高く差別化された特徴によるものか、あるいは低コストと高い差別化の組み合わせによって創造されることを、われわれは指摘している。事業戦略は、企業のコアコンピタンスと競争優位を開発するのに使用されてはじめて効果を発揮する。したがって、成功している企業は常に、現在と将来のコアコンピタンスと競争優位の効果を分析する。

　ある時期、戦略的経営のプロセスは、業界の特徴を理解して、その特徴から、どのように競合企業に対してポジショニングするかに深く関係していた。業界の特徴と競争戦略を強調することで、競争優位を開発する際の企業の経営資源と組織能力の役割は過小評価された。実際には、コアコンピタンスは、製品市場のポジションと組み合わせて、企業の最も重要な競争優位の源泉である。企業のコアコンピタンスは、一般環境、業界環境、および競合企業環境の分析結果に加えて、戦略の選択に大きな影響を与えることになる。戦略を策定するとき、企業とその置かれた状況に応じて保持された経営資源は重要である。クレイトン・クリステンセンが示したように、「戦略家が成功するには、競争と進歩のプロセスと、それぞれの優位性を支える要素について深く理解する必要がある。そうしてはじめて、いつ古い優位性が消え去り、その代わりに、新しい優位性がどのように築き上げられるかが、わかることになるだろう」。戦略を策定するときにコアコンピタンスを強調することによって、企業は主として企業特有の差異に基づいて競争することを学ぶ。しかし、同時に、外部環境がどう変化しているかについても、強く意識していなければならない。

## ● 内部組織を分析する課題

　経営者が企業の内部組織の構成要素に関して行う戦略意思決定は、ルーチン（決まった手順）化されておらず、倫理的な意味を持ち、平均を上回る収益性を獲得する企業の組織能力にかなり影響を及ぼす。これらの意思決定には、企業が獲得すべき資産と、その資産をどのように最も効率的に利用するかに関する選択が含まれる。経営者は、その意思決定が大きく組織の業績と存続に貢献すると信じているので、厳密に選択を行う。

　企業の資産にかかわる決定、すなわち経営資源、組織能力、およびコアコンピタンスを明確にして、開発し、配備して、保護することは、比較的簡単

## 第3章　内部組織：資源、組織能力、コアコンピタンス、および競争優位

なように見えるかもしれない。しかし、この仕事は、経営者がかかわる他の仕事と同様、挑戦的で困難である。そのうえ、この仕事はますます国際化している。アナリストが期待する四半期利益を満たすのに役立つ決定だけを追求するよう、経営者へプレッシャーがかかるので、正確に企業の内部組織を分析するのが難しくなると考える人もいる。

　効果的な意思決定が、挑戦的で困難であるのは、組織の意思決定の半分が失敗するということからも示される。企業が内部組織における条件を分析するとき、誤りを犯すことがある。例えば、経営者は、ある組織能力をコアコンピタンスであると認識するかもしれないが、それが競争優位を生み出さないことがある。ポラロイド社のケースは、このような誤りであったかもしれない。競合企業がデジタルカメラを投入するのに必要な技術を開発している時期に、ポラロイド社では、意思決定者が、インスタント・フィルムカメラを作るのに使用した技術が、いまだ世の中に通用する技術であると信じ続けていた。ポラロイド社のような誤りが起きたとき、意思決定者は毅然として誤りを認め、正しい措置を取らなければならない。企業は誤りから学んでさらに成長できる。誤りを修正することによる学習は、新しい競争優位の創出に重要である場合がある。そのうえ、企業とその経営者は、誤りから生じる失敗から競争優位を求めるには何をすべきでないかを学べる。

　コアコンピタンスを開発し、活用することを推進するため、経営者は、勇気、自信、一貫性、不確実性と複雑性に対処する組織能力を持ち、さらに従業員に仕事に対する責任を負わせ、自らも責任をとる覚悟を持たなければならない。したがって、経営資源、組織能力、およびコアコンピタンスに関する難しい経営意思決定は、3つの条件によって特徴付けられる。それは、不確実性、複雑性、および組織内部の軋轢、である（図3.2参照）。

　経営者は、新しい特許（専有）技術や急速に変化する経済と政治的動向、社会的価値の変化、および顧客要求の変化によって、不確実性（uncertainty）に直面している。内部環境を分析するとき、環境の不確実性は検証すべき問題の複雑性（complexity）と幅を増大させる。ピーボディ・エネルギー社のCEOグレゴリー・ボイスが遭遇している決断の複雑性について考えてみよう。ピーボディ社は世界最大の石炭企業である。しかし、石炭は将来の先行きが地球温暖化問題の観点から暗いと思われていて"低質燃料"と考えられ

### 図 3.2　経営資源、組織能力、およびコアコンピタンスに関する経営意思決定に影響する条件

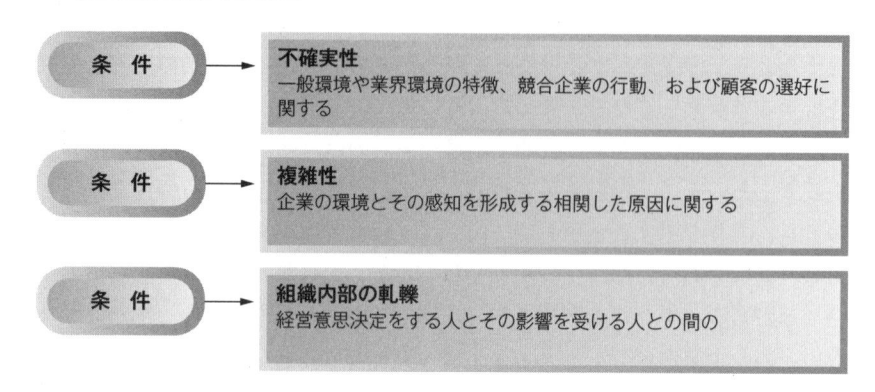

**条件** → **不確実性**
一般環境や業界環境の特徴、競合企業の行動、および顧客の選好に関する

**条件** → **複雑性**
企業の環境とその感知を形成する相関した原因に関する

**条件** → **組織内部の軋轢**
経営意思決定をする人とその影響を受ける人との間の

出典：Adapted from R. Amit & P. J. H. Schoemaker, 1993, Strategic assets and organizational rent, *Strategic Management Journal*, 14: 33..

ている。ボイスはこの企業の主力製品の性質と地球温暖化を考えて、どんな決断をすべきであるか。明らかに、この決断はかなり複雑である。どう不確実性に対処するかに関する偏った考えは、企業の競争優位の基礎になる経営資源と組織能力に関する決定に影響する。例えば、ボイスは、石炭を燃料とする自動車が造られるべきであると考えて、石炭の未来を強く信じている。最終的に、育成すべきコアコンピタンスとそのやり方に関する決定を下すとき、組織内部の軋轢（intraorganizational conflict）が表面化する。

　これらの3つの条件に影響を受ける決定を下すには、判断力が必要とされる。判断力とは、明らかに正しいモデルや規則がまったくないときや、関連データが信頼性に欠けるか不完全であるときに、正しい決定をする組織能力である。このような状況では、意思決定者は起こりうる認識上の偏見を意識しなければならない。例えば、社内の経営資源が強みか弱みかの判断を下すときのように、正しい決定が明白でないときに、自信過剰であると組織の価値を低下させがちである。

　意思決定者は、決定を下すとき往々にして、判断のリスクをとることになる。現在の競争市場では、経営者の判断が競争優位の特に重要な源泉となりうる。その理由の1つは、企業が効果的な判断によって強い名声を築き、ス

テークホルダーの信頼を保持することができ、そして、彼らのサポートが平均を上回る収益性につながるからである。

戦略フォーカス・コラムで説明されているように、現代（ヒュンダイ）自動車の経営者は、企業が不確実で複雑な未来に直面しているとき、意思決定の判断を行う。もちろん、現代自動車の経営者は彼の意思決定が効果的な判断の結果となることを望んでいる。エルメスの意思決定者も同様である。贅沢品の小売業者であるエルメスは国際市場に参入するのが遅く、ルイ・ヴィトンやシャネルなどの競合企業に数年遅れて、2008年にインドに最初の店舗をオープンした。エルメスが国際市場へゆっくり慎重に参入することが、エルメスの意思決定のまずさを証明していると考える人もいる。企業が直面している条件の不確実性と複雑性を考えて、現代自動車とエルメスの経営者は、包括的な意思決定のプロセス（多くの情報が集められて、分析されるプロセス）を使用すべきであろう。

## 経営資源、組織能力、およびコアコンピタンス

経営資源、組織能力、およびコアコンピタンスは競争優位の基盤である。経営資源は組織能力を創造するために束ねられる。また、組織能力は企業のコアコンピタンスの源泉であり、競争優位の基礎である。図3.1はこれらの関係を示す。ここで、競争優位の構成要素の例を定義して提示している。

### ● 経営資源（resource）

経営資源は範囲が広く、個人、そして社会や組織的なさまざまな現象を含んでいる。通常、経営資源だけでは競争優位を生まない。実際、一般に、競争優位はいくつかの経営資源のユニークな組み合わせに基づいている。例えば、アマゾン・ドット・コムは、競争優位を獲得するためにサービスと配送を結びつけた。アマゾンは商品を顧客の注文に応じて直接配送するオンライン書店として開業し、急速に規模を拡大し、"何百万人もの異なった顧客への何百万もの異なった商品"を配送する流通網を創り出した。ボーダーズな

## 戦略フォーカス・コラム

### 現代（ヒュンダイ）自動車：品質が優れているのに、なぜ売れないのか？

　現代自動車は、複数の製造欠陥があり、安い初心者向け製品のメーカーであるとかつて認知されていたのであるが、製品品質の面でその評価を逆転させた。実際、ストラテジック・ビジョンという自動車業界で有名なマーケットリサーチとコンサルタントの会社によると、現代自動車は2007年の自動車の品質調査では5つのカテゴリー（大型、ミニバン、小型スポーツユーティリティー車を含む）でトップの地位についた。この実績によってアナリストの1人が、「品質という点になると、消費者は韓国製品を考えるべきである」と薦めた。この意見は「現在、現代ブランドは高品質を現している」という現代自動車のCEOの見解と一致している。J・D・パワーズの「新車の品質調査」から得られた証拠は、現代の品質がレクサスとポルシェだけに遅れをとっているが、実際にトヨタより高く評価されるという見解を裏付けている。

　少なくとも現代自動車の社員には驚きなのだが、その製品品質が非常に改善されたことは、ヨーロッパと米国という主要な市場の売上の増大に反映されていない。ヨーロッパでは、2006年の現代自動車の新車登録台数が2005年から5.7％低下し、全ヨーロッパでのシェアは1.9％となった（一方、トップであるフォルクスワーゲンは、2006年にヨーロッパ市場の20.3％を獲得した）。米国においては、2007年に現代自動車の売れ残り在庫が急増した。2000～2005年に米国市場で最も速く成長している自動車メーカーとして、この在庫増加は予期されないことだった。21世紀初頭の成功に基づいて、現代自動車は2010年に米国で100万台売るという目標を立てた。その目標は今では70万台まで引き下げられた。それで2012年までにはこの特定の市場で90万台を販売するつもりだ。その代わり膨張した在庫によって表される売上減少は、企業の利益に重大なマイナス効果をもたらした。

　現代自動車の売上関連の問題は、企業が不確実で複雑な未来に直面しているという判断の元で、意思決定がなされなければならないことを意

戦略フォーカス・コラム

味した。第一歩として、経営幹部は、企業の問題の原因を明確にする必要があった。現代自動車の販売担当副社長によると、新しい話題が必要である。彼によると「価格に話題性がなければ、話にならない」。新しいCOO（最高業務責任者）は他の役員と協議して、現代がブランドを再定義して「安くて、質が悪い車というイメージを押し戻してしまうような新しい"ビッグアイデア"が必要である」と判断した。新たなビッグアイデアとは何か。実際には、この企業は「予想以上にやり遂げたが正当に評価されなかったブランドとして、賢い消費者から見直されている」。このポジショニングの変更を支持する決定は、車のデザインイメージに焦点を合わせるための研究開発費にと、ヨーロッパ（チェコ共和国）とインドに生産設備を立ち上げるのに追加経営資源を割り当てる決定を含んでいる。製造コストを下げ、製品品質を上げて追加利益を得ることを目指し、地元の消費者のニーズをよく理解しようとしている。

出典： Hyundai Motor Company, 2007, *Hyundai Motor World*, 15(55): 1–15; D. Goodman, 2007, Hyundai takes lead in 2007 auto quality study, *The Salt Lake Tribune Online*, June 4, http://www.sltrib.com; D. Kiley, Hyundai still gets no respect; Marketing guru Steve Wilhite has to sell drivers a new story, *BusinessWeek Online*, May 21, http://businessweek.com; L. Rousek, 2007, Hyundai Motor breaks ground on its first European car plant, *Wall Street Journal Online*, http://wsj.com; C. A. Sawyer, 2007, Joe Piaskowski & Hyundai's exploratory approach, *Automotive Design & Production*, 119(4): 22.

どの伝統的なブリックス・アンド・モルタル会社（伝統的なリアル店舗を持つ会社）は、アマゾンのような経営資源のコンビネーションを持たず、効率の良いオンラインショップを創業するのは難しいと感じた。このことが伝統的なリアル店舗がアマゾンとのパートナーシップを築くことにつながった。このような連携で、アマゾンは、現在いくつかの企業のためにオンラインで店舗を開き、その商品の発送を扱っている。そこにはボーダーズも含まれており、ボーダーズはリアル店舗販売に専念している。このような提携サービスは、伝統的なリアル店舗を持つ会社が多品種の商品を直接個人に出荷するのに慣れていないため、それらの会社に役立っている。

企業の経営資源（第1章では、企業の生産工程への投入要素と定義される）には、有形資源と無形資源がある。**有形資源**（tangible resource）は、視覚でき、数値化できる資産である。生産機械、製造設備、流通センター、および公式の組織体系は有形な資源の例である。**無形資源**（intangible resource）は、企業の歴史に深く根づいて、時間がたつにつれて蓄積された資産である。それらがルーチンの独特なパターンに埋め込まれているので、競合企業が無形資源を分析して、模倣するのは比較的難しい。知識、経営者と従業員間の信頼、経営組織能力、組織的ルーチン（人々が協働する組織独自の方法）、科学的組織能力、イノベーション能力、ブランドネーム、商品やサービスに関する企業の評判と、それがどのように従業員、顧客、供給者などに影響を及ぼすかは、無形の経営資源である。

有形資源には、財務、組織、物的、技術の4つの種類がある（表3.1参照）。無形資源には、人的、イノベーション、評判の3つの種類がある（表3.2参照）。

#### ▶ 有形資源（tangible resource）

企業の借入能力と物的設備の状態は、有形資源として目に見えるものである。多くの有形資源の価値は、財務諸表を通して確認できる。しかし、ある種の無形の経営資源は無視されるので、財務諸表は企業のすべての資産の価

**表3.1　有形資源**

| 財務資源 | ● 企業の借入能力<br>● 内部資金を生み出す企業の能力 |
|---|---|
| 組織資源 | ● 企業の公式組織体系、公式の計画、統制、調整システム |
| 物的資源 | ● 企業の工場や設備の高度化と立地<br>● 原料へのアクセス |
| 技術資源 | ● 特許、商標、著作権、取引秘密などの技術の蓄積 |

出典：Adapted from J. B. Barney, 1991, Firm resources and sustained competitive advantage, *Journal of Management*, 17: 101; R. M. Grant, 1991, *Contemporary Strategy Analysis*, Cambridge, U.K.: Blackwell Business, 100–102.

### 表3.2　無形資源

| 人的資源 | ● 知識<br>● 信頼<br>● 経営組織能力<br>● 組織的ルーチン |
|---|---|
| イノベーション資源 | ● アイデア<br>● 科学的組織能力<br>● イノベーションを起こす能力 |
| 評判資源 | ● 顧客の評判<br>● ブランドネーム<br>● 製品品質、耐久性、および信頼性の感知<br>● サプライヤー（供給業者）間の評判<br>● 効率的、効果的、支援的で、互いに有益な相互作用と、そして関係を持つような評判 |

出典：Adapted from R. Hall, 1992, The strategic analysis of intangible resources, *Strategic Management Journal*, 13: 136–139; R. M. Grant, 1991, *Contemporary Strategy Analysis*, Cambridge, U.K.: Blackwell Business, 101–104.

値を示していない。また、有形資源から追加的なビジネスや価値を得ることが難しいように、それをさらに多重利用することが困難なので、有形な経営資源の価値も抑制される。例えば、飛行機は、有形な資源か資産であるが、同時に5つの異なったルートに同じ飛行機を使用できない。同時に5つの異なったルートに同じ乗組員を配置できない。そして、同様のことがすでに飛行機に費やしてしまった財務投資にもあてはまる。

　生産設備資産は有形であるが、この資産を使用するためのプロセスの多くが無形である。したがって、製造設備などの有形資源に関連している学習と潜在的な独自の工程は、ユニークな無形の特性を持つことができる。品質管理のプロセスや、ユニークな製造工程や、技術などは時間がたつにつれて、深められ、競争優位を生み出す。

### ▶ 無形資源 (intangible resource)

　有形資源と比べて、無形資源はコアコンピタンスの優れた源泉である。事実、グローバル経済では、企業の成功は物的資産より知的組織能力とシステム組織能力に多くみられる。そのうえ、人間の知性を管理して有用な製品とサービスに変換する能力は、ますますこの時代の重要な経営者のスキルとなっている。

　無形資源は、見えにくく、競合企業にとって理解しにくく、購入も難しく、模倣も代用も難しいので、企業は組織能力とコアコンピタンスの基礎として、有形資源よりむしろ無形資源に頼るのを好む。実際、経営資源が無形で観察不可能であればあるほど、それに基づいている競争優位は、持続できる可能性を増すだろう。無形の経営資源の別のメリットは、ほとんどの有形資源と異なり、それをさらに多重利用できることである。例えば、従業員の中で知識を共有しても、個々の従業員の知識の価値は減少しない。それと反対に、個別の知識を共有している2人は、それぞれが未知のことであっても協力してさらに活用すれば、新しい知識を創造しやすく、企業の業績改善に貢献できる。無形資源では、ユーザーのネットワークが大きければ大きいほど、各当事者へのメリットが大きくなる。

　表3.2に示されているように、無形資源の評判は競争優位の重要な源泉である。現実に、「企業の評判は、持続可能な競争優位に関連している貴重な経営資源だと広く考えられている」と論じる人もいる。価値を創造する評判は、企業の言動を通じて獲得されるので、ステークホルダー（企業をとりまく利害関係者）が認知する優れた市場でのコンピタンスの長年の産物である。評判は、企業がステークホルダーの中で築き上げた認知度と、企業が高く評価される度合いを示す。

　よく知られていて高く評価されたブランドネームは、競争優位の源泉としての評判が応用された例である。イノベーションと積極的な広告を継続してしっかり行えば、ブランドに関連する評判を活用する企業努力を助けてくれる。評判が高いので、ハーレーダビッドソンのブランド名を付けた商品には、例えば、限定版バービー人形、ニューヨークの人気レストラン、ロレアルのオーデコロン製品がある。また、ハーレーダビッドソンは、ハーレーダビッドソン・モータークローズを通して、黒い革のジャケットから子ども向けの

第3章　内部組織：資源、組織能力、コアコンピタンス、および競争優位

ファッションまで、幅広い衣料品を提供している。他の企業も評判を築こうとしている。例えば、ライニング社（スポーツシューズの製造販売）は、中国市場で有名ブランドを持つナイキとアディダスと競合している。ライニング社は、2008年の北京オリンピック大会に備えて、プロクター＆ギャンブル社での経験豊富な人材をマーケティング担当の幹部として雇用し、ライニング社のイメージを築かせた。雇われた幹部の最初の仕事は、全米バスケットボール協会に協力を求め、ライニング社のロゴ入りシューズを使用させることだった。

　業績に影響を及ぼす可能性があるので、企業はブランドネームを育てて、保護することに手を尽くす。何かがブランド価値を低下させるとき、企業は積極的に対策を打つ。例えば、戦略フォーカス・コラムで説明しているように、ペプシコのブランドネームと評判は、インドで低下した。しかし、企業は直接その問題に対処している。もちろん企業は、将来の成功に戦略的に重要であると考えている市場において、ブランドネームの輝きを回復させることに関心があるのだ。そうしながら、ペプシコはインドの市民の福祉にも貢献しようとしているらしい。

## 組織能力（capability）

　経営資源が特定の任務（タスク）、あるいは複数の任務を達成するために目的を持って統合されるときに、組織能力は存在する。これらの任務は、人的資源の選択から製品マーケティングや研究開発活動まで多岐にわたる。競争優位の創造に重要である組織能力は、企業の人的資本を通して開発し、伝達し、交換される情報と知識に基づいていることが多い。顧客に対応する特有の組織能力は、顧客と対話を繰り返し、そうして生まれた顧客のニーズに関する学習から構築されることが多い。その結果、組織能力はしばしば時間とともに進化し発展する。多くの組織能力の基礎が、従業員とその職務上の専門性の中のユニークな技能と知識にある。したがって、組織能力を開発し、それを活用する人的資本の価値と、そこから生まれるコアコンピタンスの重要性は言うまでもない。

　グローバルビジネスのリーダーたちは、人的資本によって保有されている知識は組織能力の最も重要なものなので、結局すべての競争優位の根源かも

## 戦略フォーカス・コラム

### ペプシコ：低下しているブランドネームの修復

　「ペプシコが1つの国で失態を演じることによって、世界的ブランドを危険にさらすと考えるのはおかしい」。ペプシコの CEO であるインドラ・ヌーイのこの言葉は、この企業がライバルのコカ・コーラ社と同様にインドで直面している状況の深刻さを示している。ヌーイは1人のインド人として、インド市場は、彼女が率いるペプシコの成長のための"戦略的最優先事項"だと考えている（ペプシコがインドに 35 の工場を持っているという事実は企業にとって市場重要性を示す1つの指標である）。ヌーイは「目的ある行動」という考え方と一貫した行動を取って、「健康な食品を販売し、従業員を多様化するような面で、ペプシコを市場の先駆者にしようとしている」。おそらく、このような意図と、ペプシコが示すその基礎にある価値は、インドでペプシコに対して向けられた疑惑に関するヌーイの失望と驚きをある程度説明できる。

　2003 年にインドの科学環境センター（CSE）がテストを行い、12 種類のソフトドリンク（ペプシコ製品を含む）における残留農薬量が、ヨーロッパで許容された限度の 11 〜 70 倍であったことを明らかにしたときに、ヌーイとペプシコをとりまく不利な状況証拠が固まった。CSE が民間の研究機関であったので、その発表は消費者の間に相当な騒ぎを引き起こした。ほどなく、消費者の強い怒りは製品の 30 〜 40％の売上減少となって、ペプシコと他のソフトドリンク・メーカーに向けられた。ペプシコの経営者は、ソフトドリンク類に使用される水が、ヨーロッパと米国と同様にローカル標準を満たしていると説明した。また、政府関係機関によって行われたテストの結果が論争に影響を与えた。CSE の検査結果を検証するための政府関係機関は、ペプシコのソフトドリンク類における残留農薬が CSE の検査結果よりはるかに低いと実際に示した。また、ペプシコの経営者は、疑惑をはらすために控訴した。多くのインドの市民が1杯の紅茶を飲むのに利用する水に含まれる残留農薬は 394 杯分のソーダの残留量に匹敵すると主張した。

　2007 年にペプシコはコカ・コーラ社とともに再び、インドの地下水

戦略フォーカス・コラム

（ソフトドリンク類を作る過程で使われる水）を過剰消費すると告発されている。ここでの問題の一部が、インド人にとっての水の意味するものである。これに答えてヌーイは、祖国インドでの水に関連する問題の難しさを認識しているとするが、他方では、ソフトドリンク類とビン詰めの水がインドの工業用水の使用量の0.4%以下であるとも指摘している。

　ペプシコは良き企業市民であるために、ブランドネームが尊重され、評価されることを望んでいるので、インドで地元住人のための村の井戸掘りや雨水の活用法、米やトマトの効果的な栽培方法を教えるなどのさまざまな活動に取り組んでいる。ヌーイを筆頭とするペプシコの従業員はそうして市民を支援しながら、インドにおいてブランドネームの価値を取り戻すよう心がけている。ヌーイは次のように述べている。「私たちは、どうやってうまく耕し、水を集めるのかといった面でコミュニティを教育するのに投資し、それから工場を改造して水をリサイクルするように業界とともに働かなければならない」。

出典：D. Brady, 2007, Pepsi: Repairing a poisoned reputation in India, *BusinessWeek*, June 11, 46–54; B. Bremner & N. Lakshman, 2006, India: Behind the scare over pesticides in Pepsi and Coke, *BusinessWeek Online*, September 4, http://www.businessweek.com; F. Hills, 2006, Coca-Cola: Lab tests prove Cokes sold in India are safe, *Financial Wire*, August 14, http://www.financialwire.com; J. Johnson, 2006, Giving the goliaths a good kicking, *Financial Times*, August 12, http://www.financialtimes.com.

しれないと考えるようになっている。そのため、企業は持っている知識を活用し、それを部門間で移転できなければならない。この現実を考えると、従業員が個々の知識を他の従業員の持つ知識と統合できる環境を創造し、その結果、企業が総合的に重要な組織知を獲得することが、企業の挑戦課題になる。表3.3で示されるように、組織能力は、特定の職能分野（製造、研究開発、マーケティングなど）か、職能分野の一部（例えば、広告）で開発されることが多い。表3.3は、組織的な機能と、いくつかの企業がすべてあるいは、

**表3.3** 企業の組織能力の例

| 職能領域 | 組織能力 | 企業の例 |
|---|---|---|
| 流通 | ロジスティクス管理技法の効果的利用 | ウォルマート |
| 人的資源 | 動機付け、権限委譲、従業員の確保 | マイクロソフト |
| 経営情報システム | POS（売場ベース）のデータ収集方法による在庫の効果的かつ効率的な管理 | ウォルマート |
| マーケティング | ブランド品の効果的な販売促進<br><br>効果的な顧客サービス<br><br>革新的マーチャンダイジング | プロクター＆ギャンブル<br>ポロラルフローレン<br>マッキンゼー<br>ノードストローム<br>ノレル<br>クレートアンドバレル |
| 経営管理 | 衣服の未来を思い描く能力<br>効果的な組織構造 | ヒューゴ・ボス<br>ペプシコ |
| 製造 | 信頼できる製品を産む設計技術と生産技術<br>製品と設計の品質<br><br>部品と製品の小型化 | 小松製作所<br><br>ウィット・ガス・テクノロジー<br>ソニー |
| 研究開発 | 革新的技術<br>精巧なエレベーター制御システムの開発<br>新商品とプロセス開発のための技術の急速な変革<br>デジタル技術 | キャタピラー<br>オーティス・エレベータ<br>チャパラル・スティール<br><br>トムソン・コンシューマー・エレクトロニクス |

ある機能に関して持っていると考えられる組織能力の分類を示している。

### ● コアコンピタンス (core competence)

第1章で定義されたように、コアコンピタンスは、競合企業に対する競争

## 第3章　内部組織：資源、組織能力、コアコンピタンス、および競争優位

優位の源泉として働く組織能力である。コアコンピタンスは、企業の競争力を際立たせ、個性を反映している。そしてそれは、時間がたつにつれて、異なった経営資源と組織能力を活用する方法を蓄積し、学習する組織プロセスを通して現れてくる。行動を実践する能力として、コアコンピタンスは"企業の重要資産"である。それは、企業が競合企業と比べて特にうまくやり遂げる活動であり、それを通じて企業は、時間をかけてユニークな価値をその商品やサービスに付加する。

　イノベーションは、今日のゼロックス社のコアコンピタンスであると考えられる。この企業は、世界を変化させるイノベーションであるゼログラフィーを基に築き上げられたので、このことはまったく不思議ではない。ゼロックスは、PCのグラフィカル・ユーザーインターフェースとマウスを統合した最初の企業であったのだが、最初にこのイノベーションのすばらしい価値を認識して、そこから価値を引き出したのはアップル・コンピュータであった。そして、2000年に、CEOのポール・アレールは、ゼロックスのビジネスモデルがもはや機能せず、イノベーション能力を失ってしまったことを認めた。7年以上たって、ゼロックスで何かが改善された。科学者、技術者、および研究者の能力を駆使して、ゼロックスはコアコンピタンスとしてイノベーションを再編成した。主として、このイノベーションは、顧客が書類中心のプロセスを処理するのを支援することに向けられている。例えば、ゼロックスは、今では、書類を読み、理解し、伝達し、保護する新技術を生み出している。コアコンピタンスとしてのイノベーションを再編成したので、2003年9月以来ゼロックスの利益マージンが3倍増となるような財務上の利益をもたらしている。

　企業が持続可能な競争優位を持つのに、いくつのコアコンピタンスが必要であるか。この質問への答えは異なる。マッキンゼー社は、顧客が戦略行動をまとめることができる組織能力を、3つか4つ以下にしぼるよう勧めている。5つ以上のコアコンピタンスをサポートして育成するのは、市場で組織能力を完全に発揮するために必要な焦点（フォーカス）を企業が築くのを妨げる可能性がある。ゼロックスでは、サービス専門技術、従業員の能力、および技能が、イノベーションに伴うコアコンピタンスであると考えられている。

## ■ コアコンピタンスの構築

　企業がコアコンピタンスを明確にし、築くのを支援する2つの手法がある。第一は、企業がコアコンピタンスである組織能力を決定するのに使用できる、持続可能な競争優位の4つの特定の規準から成る。表3.3に示されている組織能力は、これら4つの規準を満たしているので、それらはコアコンピタンスである。第二の手法はバリューチェーン（価値連鎖）分析である。企業の価値を創造するコンピタンス（能力）に関して、それを維持すべきか、向上すべきか、または内部開発されるべきであるか、そしてアウトソーシングされるべきであるか、を選択するために、企業はこのツールを使用する。

### ● 持続可能な競争優位の4つの規準

　表3.4に示されているように、価値があり、希少で、模倣に費用がかかり、代替が不可能な組織能力はコアコンピタンスである。言い換えると、コアコンピタンスは、ライバル企業に対する競争優位の源泉である。持続可能な競争優位の4つの規準を満たさない組織能力は、コアコンピタンスではない。あらゆるコアコンピタンスは組織能力であるが、すべての組織能力がコアコンピタンスではないのである。少し違った表現をするなら、コアコンピタンスである組織能力は顧客の観点から価値があって、ユニークでなければならない。コアコンピタンスは、競争優位が持続可能であるように、競合企業の観点から模倣できないほど優れており、代替が不可能でなければならない。

　競合企業が企業の戦略のメリットをまねできないか、模倣を試みる経営資源を欠いているときのみ、持続可能な競争優位は達成される。ある期間、企業は、例えば、価値があって希少な、しかし模倣できる組織能力を利用することによって、競争優位を獲得するかもしれない。例えば、本章のはじめのほうで述べたアルテミス・ペットフード社の例がある。アルテミス社がペットフードに天然原料を使用することを思い出してほしい。しかしながら、ナチュラル・バランス社などの競合企業は、同じかあるいは同様の原料を使用できるので、アルテミス社の競争優位はおそらく模倣可能であろう。企業が競争優位を保持すると予想できる時間の長さは、競合企業がいかに早く商品、

第3章　内部組織：資源、組織能力、コアコンピタンス、および競争優位

**表3.4** 持続可能な競争優位の4つの規準

| 価値がある組織能力 | 企業が脅威を弱めるか、または機会を利用するのを助ける |
|---|---|
| 希少な組織能力 | 多くの他社によって所有されていない |
| 模倣に費用がかかる組織能力 | 歴史性：ユニークで価値のある組織文化、あるいはブランドネーム<br>不明な因果関係：能力の原因と用途が不明瞭<br>社会的複雑性：経営者・供給業者・顧客の間の人間関係、信頼、友好関係 |
| 代替不可能な組織能力 | 戦略的に同等の物がない |

サービス、あるいはそのプロセスをうまく模倣できるかによる。持続可能な競争優位は、4つのすべての規準が満たされているときだけ生じるのである。

### ▶ 価値がある

**価値がある組織能力**（valuable capability）を用いて企業は、外部環境における機会を利用するか、または脅威を弱める。機会を利用する組織能力を効果的に用いて、企業は顧客のために価値を創造する。GEは前CEOジャック・ウェルチのリーダーシップの下で、金融サービスにおける貴重なコンピタンスを築き上げた。主に企業買収とそこで新たに獲得したビジネスを統合するGEの持つコアコンピタンスを通じて、この強力な能力を築き上げた。さらに、金融サービスのような能力をうまく成功させるには、人材を適材適所に配置することを必要とした。ウェルチが強調したように、人的資本は顧客価値を創造するのに重要である。

### ▶ 希少性

競合企業がわずかしか保有していない組織能力は、**希少な組織能力**（rare capability）である。この規準を評価するとき問われる重要な質問は、「いくつの競合企業に、このような価値のある組織能力があるか」ということである。多くのライバルが保有する組織能力は、どの企業にとっても競争優位の

源泉ではなさそうである。むしろ、価値があるが一般的な（すなわち、希少でない）経営資源と組織能力は、同様の競争力を生む経営資源にすぎない。競争優位は、企業が競合他社とは異なる価値のある組織能力を築き、活用したときにのみ生じる。

### ▶ 模倣に費用がかかる

　**模倣**に**費用**がかかる**組織能力**（costly-to-imitate capability）は、他の企業が容易に築くことができない組織能力である。その組織能力は、1つあるいは3つの理由の組み合わせで創られる（表3.4 参照）。まず最初に、企業はユニークな歴史的条件（unique historical condition）によって組織能力を開発できることがある。企業は発展するに伴い、その歴史上の特定の経路を反映して、企業にとってユニークな技術、組織能力、および経営資源を身につける。

　企業の歴史の創成期に、ユニークで貴重な組織文化を形成した企業は、別の時代に設立された企業には完全には模倣されないという優位性を持っているかもしれない。それはそれほど価値がなく、競争に役立つ価値も少ないが、企業文化の発展には強い影響を及ぼした信念である。第1章で簡潔に述べられたように、**組織文化**（organizational culture）は組織内のメンバーによって共有される一連の価値である。これについては第12章で詳しく説明する。組織文化は、従業員がそれを信じることでしっかり結束したときに、優位性の源泉となる。

　UPS社は、製品、システム、マーケティング、および他のオペレーションのビジネス能力において優れているので、小荷物配達事業のさまざまな分野で手本となってきた。しかし、その基本的な競争力は、組織の独自の文化に由来していて、およそ1世紀にわたって醸成され、だんだん深まってきたものである。この文化は、企業が行う技能トレーニングから技術革新まですべてに、しっかりと一貫して根を張っている。企業文化は、ムスタング・エンジニアリング（テキサス州ヒューストンに拠点を置くエンジニアリングとプロジェクト・マネジメント企業）においても競争優位であるかもしれない。ムスタング社は、人を大事にする会社として創業され、"業界でユニークだと思われている社風"を持っている。ムスタング社は家族的な社風の職場で

ある。あるクライアントは、家族経営の企業文化を持つ国際級の企業だと評した。

企業の組織能力とその競争優位の因果関係が不明（causally ambiguous）なとき、模倣に費用がかかることに関わる2番目の理由が現れる。この場合、競合企業は、企業が競争優位の基礎としてどのように経営能力を用いているかを、明確には理解できない。その結果、企業は、競合企業が価値を創造している戦略の利点を複製するために、築くべきである組織能力に関して確信が持てない。長年同業者は、サウスウエスト航空の低コスト戦略を模倣しようとしたが、大部分は模倣できなかった。サウスウエスト航空の独自の文化を模倣できないことが主な理由である。その中では、ライアン航空（ダブリンに本部をおくアイルランドのエアライン）は最もうまくいっている。しかしながら、ライアン航空もまたヨーロッパのある所では批判され、別のところでは称賛された、最も論議を呼んだ企業の1つである。そういうことから、ライアン航空の長期的見通しは、サウスウエスト航空ほど確実であるようには見えない。

社会的複雑性（social complexity）は、組織能力は模倣するのにコストがかかりすぎるという3番目の理由である。社会的複雑性は、企業の組織能力の少なくともいくつか、そして多くの場合はそのほとんどが、複雑な社会的な現象から成り立っていることを意味する。人間関係、信頼、管理職同士、管理職と従業員の間の友好関係、およびサプライヤーと顧客からの評判は、社会的に複雑な組織能力の例である。サウスウエスト航空は社風に合う従業員を雇用するようにしている。企業文化と人的資本のこの複雑な相互関係は、客室乗務員の冗談や、ゲートの職員とパイロットの協力のような他の航空会社がまねできない方法で、付加価値をもたらしている。

### 代替不可能性

**代替不可能な組織能力**（nonsubstitutable capability）は、戦略的に同等のものがない組織能力である。この競争優位の源泉である組織能力の最終的な評価規準は、「それ自体が希少でなかったり、模倣できるような、戦略上同等で価値がある資源ということはありえないのである。同じ戦略を実行するのに別々にそれぞれを利用できるとき、2つの価値がある経営資源（または、

経営資源の2つの組み合わせ)は戦略上同等である」ことに基づく。一般に、代替するのが難しくなるに従って、組織能力の戦略的価値は増加する。組織能力は、見えにくく、代替物を探すのが難しいほど、競合企業にとって企業の価値を創造する戦略を模倣しようとする挑戦が大きくなる。企業特有の知識や、サウスウエスト航空にみられるような管理職と従業員の間の信頼にもとづいた仕事上の関係は、その中身を明らかにするのが難しく、代替物を見つけるのが難しい組織能力の例である。しかしながら、その因果関係が不明であると、企業が学習するのは難しく、またそれを改善するのを妨げるかもしれない。その理由として、企業は、容易に成文化されずその結果あいまいなプロセスをどうやって改善していいかわからないからである。

要約すると、価値がありかつ希少で、模倣に費用がかかり、代替不可能な組織能力が多重利用されるときにのみ、持続可能な競争優位は創造される。表3.5は、競争力の因果関係と業績の結果が、持続的な競争優位の4つの規準の組み合わせから生じるのを示している。この表による分析は、経営者が企業の組織能力の戦略的価値を決定するのに役立つ。企業は表の最初の列の規準に合う組織能力を重視すべきでない(すなわち、価値がなく、また希少でなく、模倣できて、戦略的代替物が存在する経営資源と組織能力)。しかし、

**表3.5** 持続可能な競争優位の規準の組み合わせの結果

| 経営資源か組織能力が、価値があるか | 経営資源か組織能力が、希少であるか | 経営資源か組織能力が、模倣に費用がかかるか | 経営資源か組織能力が、代替不可能であるか | 競争力の因果関係 | 業績の結果 |
| --- | --- | --- | --- | --- | --- |
| いいえ | いいえ | いいえ | いいえ | 競争力において不利な立場 | 平均を下回る収益性 |
| はい | いいえ | いいえ | はい/いいえ | 競争上の均衡 | 平均的収益性 |
| はい | はい | いいえ | はい/いいえ | 一時的な競争優位 | 平均的収益性から平均を上回る収益性 |
| はい | はい | はい | はい | 持続可能な競争優位 | 平均を上回る収益性 |

第3章　内部組織：資源、組織能力、コアコンピタンス、および競争優位

第2列の競争上の均衡と第3列の一時的か、第4列の持続可能な競争優位のどちらかをもたらす組織能力は支持されるだろう。コカ・コーラやペプシコのような競合企業には、競争上の均衡の列に該当する組織能力があるかもしれない。そのような場合、企業は同時に一時的か持続可能な競争優位のどちらかを築く組織能力を見いだそうとしている間、これらの組織能力を育てるだろう。

### ●バリューチェーン（価値連鎖）分析

バリューチェーン分析によって、企業は価値を創造するオペレーションと、そうでないオペレーションの分野を理解できる。このことを理解するのは重要である。なぜならオペレーションによって創造される価値が、その価値を創造するためにかかったコストより大きいときのみ、企業が平均を上回る収益性を獲得するからである。

バリューチェーンは、企業が原価の状態を理解して、選択した事業戦略の実施を促すのに使用されるかもしれない複数の手段からどれを選ぶかを決め

**図3.3** 基本的なバリューチェーン

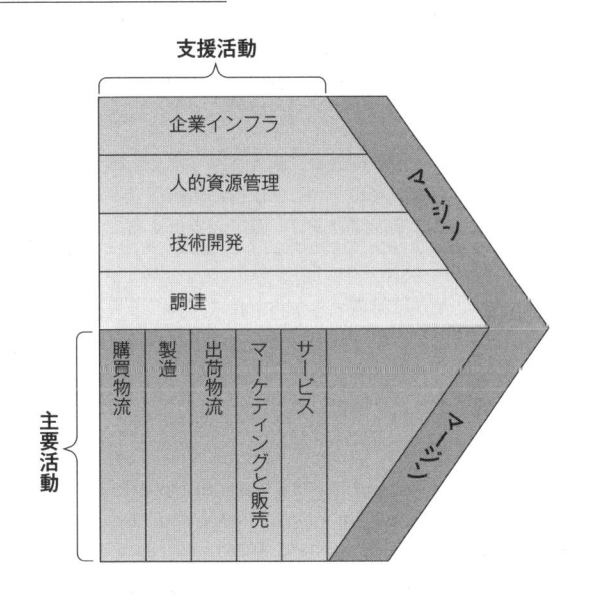

（支援活動：企業インフラ、人的資源管理、技術開発、調達）
（主要活動：購買物流、製造、出荷物流、マーケティングと販売、サービス）
（マージン）

るのに使う、基本的な枠組みである。今日の激しい競争状況は、企業に対して国内だけの状況より、むしろグローバル状況下でのバリューチェーンを検討することを要求している。

図3.3に示されているように、企業のバリューチェーンは、主要活動と支援活動に区分される。**主要活動**（primary activity）は製品の製造、販売、買い手への流通、およびアフターサービスにかかわる。**支援活動**（support activity）は、主要活動が行われるのに必要な支援を提供する。

バリューチェーンは、製品が原料段階から最終顧客までどのように動くか

**表3.6** 主要活動の価値を創造する潜在能力を診断する

| |
|---|
| **購買物流（社内向けロジスティクス）活動**<br>資材処理、倉庫保管、在庫管理などの、製品のための投入財を受け取り、保管し、発送する活動。 |
| **製造（オペレーション）活動**<br>購買物流によって提供された投入財を最終製品にするのに必要な活動。機械工作、パッケージング、組立、設備保全などの活動。 |
| **出荷物流（社外向けロジスティクス）活動**<br>最終製品を集荷し、保管し、顧客へ物理的に流通するための活動。例として完成品の貯蔵、資材処理、発注活動がある。 |
| **マーケティングと販売活動**<br>顧客が製品を購入できる手段を提供し、購入させるために行う活動。企業は、効果的に製品をマーケティングし販売するために、広告と販売促進キャンペーンを展開し、適切な流通チャネルを選び、営業部隊を選び、育て、支援する。 |
| **サービス活動**<br>製品価値を高めるか、または維持するために行う活動。企業は据え付け、修理、研修訓練、および調整を含むさまざまなサービス関連の活動を行っている。各活動は競合企業の能力と比較して診断されるべきである。それに従って、企業は、各活動を、優れている、同等である、あるいは劣ると、格付ける。 |

出典：Adapted with the permission of The Free Press, an imprint of Simon & Schuster Adult Publishing Group, from *Competitive Advantage: Creating and Sustaining Superior Performance*, by Michael E. Porter, pp. 39–40, Copyright © 1985, 1998 by Michael E. Porter.

第3章　内部組織：資源、組織能力、コアコンピタンス、および競争優位

**表3.7**　支援活動の価値を創造する潜在能力を診断する

**調達**
企業の製品を生産するのに必要な投入財を購入する活動。購入される投入財には製品の製造中に消費されるすべての項目（原料や補給品だけでなく、機械、実験室設備、事務備品、および建物などの固定資産）が含まれる。

**技術開発**
企業の製品とその製造プロセスを改良するために行われる活動。
技術開発はプロセス設備、基礎研究、製品デザイン、サービス手順などのさまざまな形を取る。

**人的資源管理**
募集、雇用、訓練、能力開発、報酬など、すべての人材に関わる活動。

**企業のインフラ**
バリューチェーン全体の機能を支援するのに必要な一般管理、企画、財務、会計、法務サポート、政府関連などの活動。このインフラを通して、企業は効率的に一貫して外部の機会と脅威を明確にし、経営資源と組織能力を明確にし、コアコンピタンスをサポートするよう努力する。各活動は競合企業の能力と比較して診断されるべきである。それに従って、企業は、各活動を、優れている、同等、劣る、と格付ける。

出典：Adapted with the permission of The Free Press, an imprint of Simon & Schuster Adult Publishing Group, from *Competitive Advantage: Creating and Sustaining Superior Performance*, by Michael E. Porter, pp. 40–43, Copyright © 1985, 1998 by Michael E. Porter.

を示している。個々の企業にとって、バリューチェーンの要点は、それを使うことで、多大な費用をかけずに付加価値を創造して、創造された価値を獲得することである。グローバルに競争が進む経済では、バリューチェーンで最も価値あるつながりを作るものは、顧客に関する知識を持つ人である。この価値を創造する可能性は、小売業とサービス業にも製造業と同程度に強く適用される。そのうえ、すべての産業の組織にとって、電子商取引の効果によって、企業にとって価値を高める知識プロセスを開発するのがますます必要になる。それは、インターネットが物理的プロセスから奪い取った価値とマージンを補うためである。

　表3.6は、主要活動の価値を創造する可能性を決定するために評価できる

### 図3.4　バリューチェーンにおけるインターネットの優れた活用

**企業インフラ**
- ウェブベースの分散型財務システムおよびERP（統合業務システム）
- オンラインによるインベスター・リレーションズ（情報の発信、双方向会議通話）

**人的資源管理**
- セルフサービスによる人事・福利管理
- ウェブベース　トレーニング（eラーニング）
- 企業情報のインターネットによる共有・発信
- エレクトロニックデータによる勤務時間と経費の報告

**技術開発**
- 立地を問わない、複数の異なるバリューチェーンの参加者間の共働製品設計
- 組織のすべての部門からアクセス可能な知識一覧
- オンライン販売やサービス情報への研究開発担当によるリアルタイムのアクセス

**調達**
- インターネットを活用した需要計画：リアルタイムな販売可能在庫数量と生産・販売可能数量の確認およびその補充
- 購買、在庫、および予測システムなどに関するサプライヤーとの結合
- 支払いや請求の自動化
- 市場、取引所、競売、および買い手と売り手のマッチングを通した直接・間接の資材調達

| 購買物流（社内向けロジスティクス） | 製造（オペレーション） | 出荷物流（社外向けロジスティクス） | マーケティングと販売 | アフターセールスサービス |
|---|---|---|---|---|
| ・リアルタイムな統合スケジューリング、出荷、倉庫管理、需要管理と計画ならびに、自社とサプライヤー間を横断した高度な事前計画・スケジューリング<br>・リアルタイムの入庫・仕掛品に関する在庫データの社内伝達 | ・自社工場、下請け組立工場、および部品サプライヤーの間の情報交換、スケジューリング、および意思決定の統合<br>・営業部門と流通チャネルに対する、リアルタイムな販売可能在庫数量や生産・販売可能数量の情報提供 | ・最終消費者、販売員、または流通パートナーによって出された注文のリアルタイム処理<br>・顧客別の契約と契約条件の自動処理<br>・製品開発や納入状況への顧客やチャネルのアクセス<br>・顧客予測システムによる協力的な統合<br>・情報交換、保証クレーム、および契約管理（工程管理）を含む統合チャネル管理 | ・ウェブサイトや市場を含むオンライン販売チャネル<br>・顧客情報、製品カタログ、変動価格設定、在庫状況、オンラインによる見積もり請求、発注情報等に対する企業外部および内部からのリアルタイムのアクセス<br>・オンラインによる製品仕様の決定<br>・顧客の属性情報を活用したオーダーメイドのマーケティング<br>・プッシュ型広告<br>・顧客ごとにカスタマイズされたオンラインアクセス<br>・ウェブ経由のアンケート調査、オプトイン／オプトアウト・マーケティング、およびマーケティング・プロモーション後の反応の追跡調査などのリアルタイムの顧客フィードバック | ・顧客サービス担当のオンラインサポート：メール応答と管理、請求処理業務の統合、同時ブラウズ、チャット「今すぐお電話ください」、インターネット回線を利用した音声通信、およびビデオ・ストリーミングのような手段の活用<br>・ウェブサイトを通した顧客セルフサービス化と、請求や出荷情報の更新を含む自動サービス請求処理<br>・出先にいるサービス担当者による、リアルタイムな顧客口座のチェック、概要のチェック、部品在庫状況の確認と発注、作業指示の更新、補修部品の管理 |

←──ネット流通システムによるサプライチェーン・マネジメント──→

出　典：Reprinted by permission of *Harvard Business Review* from "Strategy and the Internet" by Michael E. Porter, March 2001, p. 75. Copyright © 2001 by the Harvard Business School Publishing Corporation; all rights reserved.

第3章　内部組織：資源、組織能力、コアコンピタンス、および競争優位

項目を記載している。表3.7に、支援活動を評価するための項目が示されている。両方の表のすべての項目が、競合企業の組織能力と比較して評価されるべきである。競争優位の源泉となるには、経営資源または組織能力によって、企業が、①競合企業によって提供されるよりも優れた価値を提供する方法で業務を実行するか、②競合企業が実行できない価値を創造する業務を実行することを可能にしなければならない。企業は、このような条件下でのみ、顧客のために価値を創造し、その価値を獲得する機会を持つ。

スタートアップ（新規開業）企業は、バリューチェーンの部分を独自の方法で再構成するか、または再結合させることによって、価値を創造することがある。フェデックス社は、出荷物流（主要活動）と人的資源管理（支援活動）を再構成して、そのプロセスに価値を創造して、顧客に翌日渡しサービスを提供することで、配送業務の本質を変化させた。図3.4に示されているように、インターネットは、広範囲の企業のバリューチェーンの多くの局面を変化させた。人々がどのようにコミュニケーションして、情報を見つけ、製品とサービスを購入するかに、インターネットが影響を与えることがその主な理由である。

主要活動と支援活動を遂行する企業の組織能力を格付けするのは難しい。この章のはじめのほうで、企業の経営資源と組織能力の価値を明確にして、見積もるには判断を要することを指摘した。バリューチェーン分析を使用するときにも、判断が同様に必要である。その過程で助けになるような絶対に正しいモデルや規則は誰にでも利用可能なわけではないからである。

企業は、経営資源と組織能力がコアコンピタンスにつながらない、それゆえ競争優位の源泉になっていない、主要活動と支援活動に関して何をすべきであるか。アウトソーシングは、その検討すべき1つの解決策である。

## ■ アウトソーシング

部品、完成品、またはサービスをどのように入手するかに関係して、**アウトソーシング**（outsourcing：**外部委託**）は、価値創造の活動を外部供給業者

（サプライヤー）から購入（購買）することである。営利目的の組織と同様に非営利組織も活発にアウトソーシングに関わっている。効果的なアウトソーシングを行っている企業は、柔軟性を増加させ、リスクを緩和し、資本投資を抑える。複数のグローバル企業では、アウトソーシングの傾向は速いペースで進んでいる。そのうえ、いくつかの業界では、ほとんどすべての企業が、効果的なアウトソーシングを通して得られる価値を求めている。自動車産業と、最近では電子産業の2つが顕著な例である。他の戦略的経営プロセス決定のように、企業がアウトソーシング採用の決定をする前には慎重な分析が必要である。

　すべての主要活動と支援活動において、競争優位を達成できるような経営資源と組織能力を持っている組織はわずかなので、アウトソーシングは効果的なはずである。例えば、競争優位につながる可能性があるすべての技術を内部で開発する余裕がある企業はわずかしかないことが、研究によって示されている。数少ない組織能力を育てれば、企業は過度に拡大しないので、競争優位を発展させる可能性が増える。また、コンピタンスを欠いている分野でアウトソーシングを行えば、企業は価値を創造できる領域に完全に集中できる。

　企業は、価値を創造することができないか、または競合企業と比べてかなり不利な立場におかれた活動だけを、アウトソーシングしなければならない。主要活動と支援活動が適切にアウトソーシングされていることを確かめるために、経営者には次の4つのスキルが求められる。戦略的思考、取引の締結、パートナーシップの統治、および経営の変革（チェンジ・マネジメント）である。経営者は、戦略的思考を行うために、アウトソーシングが会社の中でどのように競争優位を創造するかを理解する必要がある。効果的にアウトソーシング取引を締結するために、経営管理者は、取引を主導しなければならないし、外部のアウトソース先に対して内部の経営管理者が完全に使用できる権利を確保しなくてはならない。経営管理者はサービスがアウトソーシングされた企業との関係を適切に監督して、統治しなければならない。アウトソーシングは、組織の機能を大幅に変更することが可能なので、これらのプログラムを管理する経営管理者は、激しい組織変革の努力に伴う従業員の抵抗を解決することも含めて、変革を管理できねばならない。

——— 第3章　内部組織：資源、組織能力、コアコンピタンス、および競争優位

　アウトソーシングによって、さまざまな問題が起こる。その多くは、いくつかの活動を他社へアウトソーシングすると決めたことで生じる、企業がイノベーション能力を失うかもしれないことや、企業内部での失職といった懸念である。したがって、イノベーションと技術的な不確実性は、アウトソーシングの意思決定をする際に考慮すべき2つの重要な課題である。企業はこれらの問題を意識し、異なるステークホルダー（例えば、従業員）が示すアウトソーシングに関する懸念を熟慮しなければならない。

　すべての戦略的経営の手段と手法に当てはまることだが、アウトソーシング導入決定への指針を示す規準を設けるべきである。アウトソーシングは大きなビジネスであるが（米国企業は2006年だけでも680億ドル以上をアウトソーシングに費やした）、あらゆるアウトソーシングの判断がうまくいっているわけではない。例えば、エレクトロニック・データ・システムズ社は、遅れと予算超過が原因で、ダウケミカルの電話とコンピュータネットワークを稼動する10億ドルのビジネスチャンスを失った。デルとリーマンブラザーズは、顧客から寄せられたクレームによって、顧客コールセンター活動のいくつかを国外に移転しないと決めた。このあまり望ましくない結果は、企業が慎重にアウトソーシングの可能性を検討して、アウトソーシングによって生じる価値がそのコストを超えていることを検証すべきであることを示している。

## ■ コンピタンス（能力）、強み、弱み、および戦略的意思決定

　内部分析の結論を出す際に、企業は、経営資源、組織能力、およびコアコンピタンスにおける、自社の強みと弱みを明確にしなければならない。例えば、企業が、競争優位を達成するのに必要な領域に弱い組織能力しかないか、コアコンピタンスを持っていないなら、それらの経営資源を獲得して、必要な組織能力とコアコンピタンスを築かなければならない。またもう1つの方法として、企業は顧客に提供する価値を改善するために、弱い機能または活動をアウトソーシングすると決めるかもしれない。

したがって、企業は顧客と株主などの他のステークホルダーのために、望ましい戦略を展開して価値を創造するのにふさわしい経営資源と組織能力を必要とする。経営者は、経営資源を多く持っていることが、"適正な"経営資源を持っていることにはならないと理解すべきである。さらに、組織の資源に制約があるとき、意思決定者は、より集中し、生産的になることがある。要するに、意思決定の責任を負う者は、価値創造の競争優位を生み出す方法で、企業が経営資源、組織能力、およびコアコンピタンスを獲得して、活用するのを支援しなければならない。トップレベルの経営者はこれらの課題が起こることを知っておく責任がある。

　アウトソーシングなどの手段は、企業が競争優位の源泉としてコアコンピタンスに集中するのに役立つ。しかし、コアコンピタンスの価値を創造する組織能力が、決して当然のこととみなされるべきでないことを示す証拠がある。さらに、コアコンピタンスの組織能力が永久的な競争優位であるとは想定できない。これらの警告の理由は、すべてのコアコンピタンスは硬直に陥る（core rigidities）可能性があるということである。リミテッドブランド社のCEOレズリー・ウェクスナーは、この可能性について次のように説明する。「成功は成功を生み出さない。成功は失敗を生み出す。ものごとがうまくいくのを知れば知るほど、うまくいかないとは思わなくなるからである。勝利が延々と続けば、自分の弱みについて予見しにくくなる」。このように、競争優位の源泉であるので、通常、コアコンピタンスは強みである。コアコンピタンスがもはや競争力を有していないときに重視されるなら、それは弱みとなり、組織的な惰性の原因になり得る。

　フォード・モーター社では、組織文化に絡んだ惰性が問題かもしれない。実のところ社内で、企業文化が硬直化して、業績を向上させるための努力を束縛していると言うものもいる。ある記者によると、「いずれにしてもフォードは、消費者が実際にほしいと思う自動車を生産する方法を見いださなければならない。そして、それが、すべての基本的な問題に対処すべきことになるだろう。フォードは機能不全に陥り、敗北者の文化のようである」。対照的に、トヨタは2006年に150億ドルの記録的利益を獲得しており、成功に甘えないように慎重に製品計画、顧客サービス、マーケティング、および従業員の訓練慣行を見直している。

― 第3章　内部組織：資源、組織能力、コアコンピタンス、および競争優位

## トヨタ行動指針とは？

　私たちは、世界中のトヨタで働く人々が、社会・地球の持続可能な発展へ貢献していく中で確立され、共有され継承されてきた独自の経営上の考え方・価値観・手法や実務上の行動指針に支えられ、日常業務を行っています。

「どのような会社でありたいか」という経営理念をまとめたものが「トヨタ基本理念」（1992年に制定、1997年に改正）です。この「トヨタ基本理念」は、私たちが、お互いにその内容を良く理解・共有し、社会に貢献することを念頭に作られたものです。

　その「トヨタ基本理念」に基づき、私たちが日常業務を実践する上で、大きな支えとなるものが「トヨタウェイ」と「トヨタ行動指針」です。まず、「トヨタウェイ」（2001年に作成）は、全世界のトヨタで働く私たちが共有すべき価値観や手法をまとめたものです。

　次に「トヨタ行動指針」（1998年策定、2005年改訂）は、実際の会社生活（と日常業務）・社会生活で具体的に行動する上で、私たちひとり一人が規範・羅針盤とすべき基本的な指針および具体的な留意点をまとめたものです。

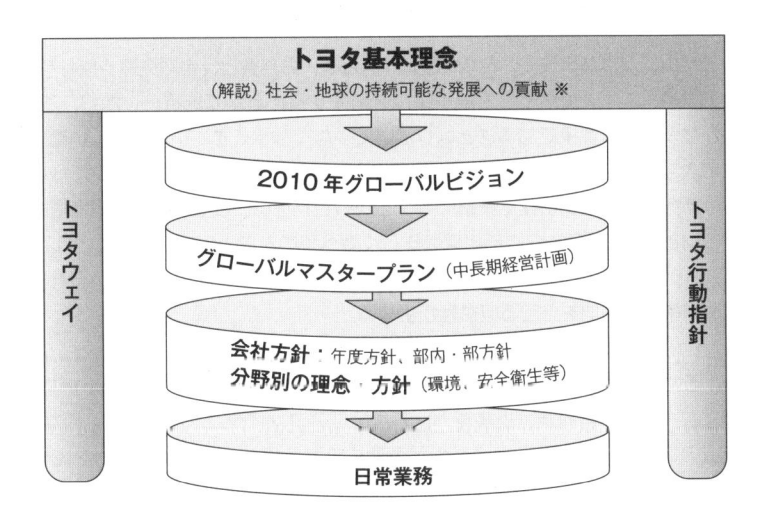

**トヨタ基本理念**
（解説）社会・地球の持続可能な発展への貢献 ※

↓

**2010年グローバルビジョン**

↓

**グローバルマスタープラン**（中長期経営計画）

↓

**会社方針**：年度方針、部内・部方針
**分野別の理念・方針**（環境、安全衛生等）

↓

**日常業務**

（左柱）トヨタウェイ　（右柱）トヨタ行動指針

※「トヨタ基本理念」を、ステークホルダーとの関係を念頭に置きながら、「社会・地球の持続可能な発展に対してどう貢献するのか」という観点から解説（2005年1月公表）。

企業の外部環境で起こる事象は、コアコンピタンスが硬直して、惰性を生み出し、技術革新を阻害する条件をもたらす。しばしば、コアとなる組織能力の裏面あるいは暗い面が、次のような外部の出来事によって顕わになる。新しい競合企業が顧客サービスの良い方法をみつけたとき、新技術が現れたとき、または政治的か社会的な出来事が社会の基層にある条件をシフトさせるとき。しかしながら、煎じ詰めれば、外部環境における変化によって、コアコンピタンスが硬直に陥るのではない。むしろ、経営陣側の戦略的近視眼と非弾力性が原因である。

何をすべきか決定するために外部環境を分析し（第2章で説明）、何ができるかを理解するために内部組織を分析すると（本章で説明）、企業はビジョンとミッションを達成するのを助ける事業戦略を選択するために必要な情報が得られる。次の章では異なった事業戦略を説明する。

## 要約　*Summary*

- グローバルビジネス環境で、伝統的要因（例えば、労務費と、金融資源や原材料への優れたアクセス）は、依然として競争優位を創造することができる。しかし、これらの要素が競争優位の源泉であることはしだいに少なくなってきている。新しい環境では、企業の内部組織における経営資源、組織能力、およびコアコンピタンスは、外部環境における条件より強い影響を業績に与えるかもしれない。最も効率的な組織において、コアコンピタンス（企業の内部組織を詳しく調べることによって、明確にされる）が機会（企業の外部環境を詳しく調べることによって規定される）に合致しているときのみ、戦略的競争力と平均を上回る収益性が生じる。

- どのような競争優位も永遠には続かない。時間がたつにつれて、ライバル企業は、独自のユニークな経営資源、組織能力、およびコアコンピタンスを用いて、異なった価値創造の提案を形作り、その企業の競争優位である価値創造の組織能力を複製する。一般に、インターネットの組織能力は、多くの競争優位の持続性を減少させている。競争優位が永久に持続可能ではないので、企業は現在の優位性を利用しながら、同時に経営資源と組織能力を使って、将来の競争力を持つ成功につながる新しい優位性を形成しなければならない。

## 第3章　内部組織：資源、組織能力、コアコンピタンス、および競争優位

■ コアコンピタンスを効果的に管理するには、企業の経営資源（生産工程への投入財）と組織能力（特定業務を達成する目的で統合された経営資源）の慎重な分析が必要である。人的資本に保有されている知識は、組織の能力の中で最も重要であり、結局すべての競争優位の根源かもしれない。企業は個々の知識を統合できる環境を創造しなければならない。そうすれば企業は重要な組織知を保有できる。

■ 個々の経営資源は必ずしも競争優位の源泉ではない。組織能力は、競争優位の源泉に近く、特に比較的持続可能なものである。企業の組織能力に基づいているコアコンピタンスの育成とサポートは、ライバル企業にとって見えにくく、それゆえ理解しにくく、また模倣しにくい。

■ 組織能力は、価値があり、希少で、模倣する費用が高く、代替不可能であるときにのみ、コアコンピタンスと競争優位の源泉となる。時間がたつにつれて、コアコンピタンスをサポートしなければならないが、それをコアの硬直性に陥らせてはならない。コアコンピタンスは企業が外部環境で機会を利用することによって価値を創造できるときのみ、競争優位の源泉となる。もはやコアコンピタンスが競争優位の源泉とならないとき、企業は、持続可能な競争優位の4つの規準を満たす他の組織能力を選択したり、形成する方向に焦点を移す。

■ バリューチェーン（価値連鎖）分析は、経営資源と組織能力の競争力のある潜在能力を明確にして、評価するのに使用される。主要活動と支援活動に関連したスキルを検討することによって、企業は、コスト構造を理解し、価値を創造できる活動を明確にできる。

■ 企業が主要活動、あるいは支援活動において価値を創造できないとき、アウトソーシングが検討される。アウトソーシングは、価値創造の活動の外部供給業者（サプライヤー）からの購入であり、グローバル経済では一般化している。企業は特定の主要活動か支援活動で、競争優位を持っている企業かどうかを考慮して、アウトソーシングしなければならない。さらに、企業は、価値を創造することができた活動をアウトソーシングしないよう常に明確にしなければならない。

## 重要用語 *key words*

- **グローバルな思考態度**（global mind-set）とは、単一の国、文化、またはコンテクストの仮定に依存しない方法で内部組織を検討する組織能力である。

- **価値**（value）は、製品の性能特性と、顧客が支払っても構わないと思う属性によって測定される。

- **有形資源**（tangible resource）は、視覚でき、数値化できる資産である。

- **無形資源**（intangible resource）は、企業の歴史に深く根づいて、時間がたつにつれて蓄積された資産である。

- **価値がある組織能力**（valuable capability）を用いて企業は、外部環境における機会を利用するか、または脅威を弱める。

- 競合企業がわずかしか保有していない組織能力は、**希少な組織能力**（rare capability）である。

- **模倣に費用がかかる組織能力**（costly-to-imitate capability）は、他の企業が容易に築くことができない組織能力である。

- **代替不可能な組織能力**（nonsubstitutable capability）は、戦略的に同等の物がない組織能力である。

- **主要活動**（primary activity）は、製品の製造、販売、買い手への流通、およびアフターサービスにかかわる。

- **支援活動**（support activity）は、主要活動が行われるのに必要な支援を提供する。

- **アウトソーシング**（outsourcing）は、価値創造の活動を外部供給業者（サプライヤー）から購入（購買）することである。

第3章　内部組織：資源、組織能力、コアコンピタンス、および競争優位

## 復習問題 *Review questions*

1. 企業にとってその内部組織を検討し理解することはなぜ重要なのか。

2. 価値とは何を意味するのか。価値を創造することが企業にとってなぜ重要なのか。企業はどのようにして価値を創造するのか。

3. 有形資源と無形資源の相違は何か。その違いを理解することが意思決定者にとって重要な理由は何か。有形資源のほうが競争優位の構築に、より密接に関係しているのか、あるいは逆か。それはなぜか。

4. 組織能力とは何か。組織能力を構築するのに企業は何をすべきか。

5. 企業のどの組織能力がコアコンピタンスを定めるのか4つの規準を述べよ。これらの規準が用いられるのがなぜ重要か。

6. バリューチェーン分析とは何か述べよ。企業がこの分析ツールをうまく用いることで企業はどのようなメリットがあるのか。

7. アウトソーシングとは何か述べよ。企業はなぜアウトソーシングを用いるのか。その重要性は21世紀に高まるのか。もしそうだとすれば、それはなぜか。

8. 企業は企業内部の強みと弱みをどのようにして明らかにするのか。なぜ経営者が企業の強みと弱みを明確に理解することが重要なのか。

# 第2部
## 戦略行動：戦略の策定

第4章　　事業戦略

第5章　　敵対的競合関係と競争のダイナミクス

第6章　　企業戦略

第7章　　企業買収と再編戦略

第8章　　国際戦略

第9章　　協調戦略

# 第4章

## 事業戦略

本章の狙いは、下記目的に必要な戦略的経営の知識を提供することにある。

1. 事業戦略を定義する。
2. 「who」、「what」、「how」で表される顧客と事業戦略との関係を議論する。
3. 複数ある事業戦略の違いを説明する。
4. 各事業戦略によってどのように平均を上回る収益性を得られるかを説明するために、5つの競争要因を使う。
5. 各事業戦略の実行におけるリスクを詳しく述べる。

*opening case*

ペット・フードからペットスマートへ

 ペット・フードからペットスマートへ。この会社は業界2位のペットコや、大手小売業者ウォルマートやターゲットとの熾烈な競争にもかかわらず、顧客サービスを武器にして、ペットケア業界でトップの座を保ち続けている。ペットスマートは大型ディスカウント店の業態と戦略で事業を始めたが、戦略を変更した。その理由は、平均的な犬の飼い主は、仮に可能な限りのサービスが利用できたとすると、ペットの一生涯に1万5,000ドル以上のお金を使うという調査結果を得たからだ。このようにして、この企業は新しいビジョンとして「あらゆるペット、あらゆる親（飼い主）のために、いつでも、生涯お世話をさせていただく」を打ち立て、「ペットに熱中している人を惹きつけろ」という戦略を打ち出した。

 ペットスマートは1987年にペットフード・ウェアハウスの名前で2つの店舗を立ち上げた。その2年後、会社はその大型ディスカウント店としての戦略を「ペット（PETs）にとって洗練された（SMART）、ペットのためのお店（MART）」へと転換し、また、社名もロゴも「ペッツマート」に変えた。当社が重視したのは、厳選した商品を最良価格で提供することにあった。1993年にペッツマートは株式公開し、1994年には自社のスローガンを「ペットが家族となる場所」に変更した。2000年には、この会社はペットの飼い主（"ペットの親"と称される）に対する

サービスの重要性を認識し、新しいビジョン・ステートメントを創った。それが先に述べた「あらゆるペット、あらゆる"親"のために、いつでも、生涯お世話させていただく」である。2001年にペッツマートはアソシエート（社内での従業員の呼び名）に対し、大規模な顧客サービス訓練プログラムを実施した。このプログラムによって、アソシエートは顧客ニーズを明らかにし、問題解決策を提供する方法の訓練を受けた。2005年には、経営トップ層が「mart」のコンセプトをとりやめ、新しく「Smart」なソリューションと情報の提供を重点化することにした。社名はペットスマートに変更され、ロゴも新たに作成された。

　ペットスマートは専門化したサービスと地域社会への貢献が競合他社に勝つための手段だと考えた。ほとんどのペットスマートの店舗で、次のようなサービスが提供される：ペット・トレーニングの再受講（もし顧客が100％満足しなかった場合、再度受講できる）、認定を受けたペットトリマーのいるペット手入れ施設、24時間体制の介護士が勤務するデイケアと長期滞在ができるペットホテル、フルサービスのペット病院、ペット里親センター、新生児ペット斡旋センター、である。290万以上のペットがペット里親サービスを通じて引き取られている。こうしたサービスに加えて、ペットスマートはユニバーサル・リターン・ポリシー（世界共通の返品サービス）を実施した。これは競合他社から購入した商品であっても、返品を受け付けるというものである。このペットパークスと呼ばれる顧客忠誠心プログラムを通じて、顧客は食料品店で使うのと同様の、顧客の消費を記録し、効果的なマーケティング戦略を開発するのに役立つカードを利用している。そのかわりに、顧客は特別割引を受けることができ、ペットの世話に関する豊富な知識も提供してもらえる。独立した非営利の動物愛護組織であるペットスマート基金（チャリティー）は1994年に創立され、動物愛護活動に5,200万ドル以上を寄付している。

　伝統的なブリック・アンド・モルタルの店舗に加えて、ペットスマートはカタログ・セールスとインターネット www.petsmart.com の両方で商品やサービスを提供している。PetSmart.com では、顧客サービスが一層向上した。顧客はオンラインで商品を注文することができ、会

社を知ることができ、そしてペットスマート基金に寄付できる。ペットスマートは、ペット商品とサービスで最大のオンライン小売業者である。

　ペットスマートは顧客サービスへの努力を続け、成長し続けている。現在のところ、ペットスマートには約3万9,000名の訓練を受けたアソシエートがおり、彼らの大多数はペットの飼い主である。1万3,000種類の商品が45州900店舗ですべて低価格にて購入可能である。アメリカでは、子供が巣立ったことで心にぽっかりと穴が空いたベビーブーム世代や親が、その心を満たすペットを必要としているし、アメリカの若い世代には出産の時期を先送りする人が多いので、ペット市場とペットサービス市場が拡大している。そこでペットスマートは彼らの新たな家族メンバーに「生涯のお世話」を提供している。

出典：V. L. Facenda, 2000, Pet-opia, *Retail Merchandiser*, 40(7): 11; 2000, Calling all returns, *Chain Store Age*, 76(4): 41; J. Covert, 2005, PetSmart focuses on big returns by coming up with new services, *Wall Street Journal*, June 1, A1; 2007, PetSmart Fact Sheet, http://www.petsmart.com, May; 2007, PetSmart pet experts, http://www.petsmart.com/global/customerservice; T. Sullivan, 2006, Fido's at the front desk, as PetSmart adds "hotels," *Wall Street Journal Online*, http://online.wsj.com, October 8.

　企業の成功にとってますます重要な戦略は、2つあるいはそれ以上の代替案の中から選択することに関係している。第1章で述べたように、戦略を選択する場合、企業は代替案の中から、ある1つの行動をとることを決める。その選択は、内部資源、組織能力（ケイパビリティ）、コアコンピタンス（第3章参照）の特性と質的水準だけでなく、企業の外部環境にある機会と脅威（第2章）に影響される。ペットスマートは十分なサービスが行き渡っていない巨大な潜在市場を見つけた。そこで同社は、あらゆるペットのニーズを満たすために、飼い主へのワン・ストップ・ショッピングを提供する商品とサービスの品揃えの能力を開発した。この豊富なサービス提供は競合他社に対する差別化と優位性を与えてくれる。

　どんなタイプの戦略にとっても、戦略的競争力と平均を上回る収益性を得

ることが根本的な目的である（図1.1参照）。戦略は、目的のあるもので、それを適用する行動を取るに先立って、企業のビジョンとミッションの共有理解を明示する。効果的に策定された戦略は、外部環境に適切に対応できるよう企業の資源、組織能力、コアコンピタンスを整理し、統合し、配分する。適切に開発された戦略はまた、それを達成するために取られる行動を伴うことで、企業のビジョンとミッションを正当化する。戦略の適切な形成と実行のために、市場、顧客、技術、国際金融、そして世界経済の変化を含む数多くの変数に関する情報を収集し、また分析することが求められる。要するに、結果に関わる不確実性を少なくする理にかなった戦略の選択が、成功を導く戦略を打ち立てる基盤となる。

　この章のテーマである**事業戦略**（business-level strategy）は、特定製品市場で、コアコンピタンスを開発することによって競争優位を獲得するために企業が活用する、統合されかつ調整された企業のコミットメント（約束）とアクション（行動）から構成される。事業戦略は個々の製品市場で企業がいかに競争するかについて行ってきた選択を示している。これらの選択は重要である。なぜならば、長期的な業績は企業の戦略と密接に結びついているからである。グローバル経済でうまく競争をするには、その複雑性が高いことを考えると、これらの選択は大きな困難を伴う。例えば、差別化した事業戦略の有効性を高めるために（この章の後半で詳述）、キンバリー・クラーク社（訳者注：ダラスの衛生用品会社）の経営陣は一部の製造工場を閉鎖し、従業員を削減することを打ち出した。この決定について、キンバリー・クラークのCEOは、「苦渋の決断だった。簡単なことではない。しかし、私はこの決定がわれわれの競争ポジションを改善するためには絶対に必要だと信じている」と述べた。フレデリック・クーパー社（訳者注：シカゴの照明器具会社）で下された製造工場の閉鎖決定も困難なものであった。

　あらゆる企業は事業戦略を策定し、実行すべきである。しかしながら、あらゆる企業がすべての戦略――企業（全社）戦略、企業買収と事業再編戦略、国際戦略、協調戦略（これらは第6章から第9章で検討する）――を実行するわけではない。単一地域や単一製品市場で競争する企業は、製品の多様性に対処する企業（全社）戦略あるいは、地域の多様性に対処する国際戦略を必要としない。その反面、多角化企業は全社戦略を用いるとともに、それが

競争する個々の製品市場で事業戦略を使い分けている。あらゆる企業は(地域のクリーニング屋から多国籍企業まで)、少なくとも1つの事業戦略を選択する。このように、事業戦略は核となる戦略であり、企業がいかに製品市場で競争しようとするかを説明するために策定される戦略である。

われわれはいくつかのトピックを検討することで、事業戦略を検証していく。顧客は成功する事業戦略の基盤であり、また顧客の存在は当たり前ではありえないため、事業戦略と関連する顧客に関する情報についてまず紹介する。顧客に関して、事業戦略を選択する際、企業は以下のことを決定する。①誰にサービスするか。②企業が満足させるターゲット顧客のニーズとは何か。③いかにしてそれらのニーズを満たすか。顧客を選択すること、そして顧客のどのニーズを満たすかの決定は、いかにしてそれを実行するのかと同様に、企業にとって手腕を問われる課題である。グローバル競争は顧客に多くの魅力的な選択肢をもたらしている。それゆえに、顧客に最適な商品やサービスを提供する戦略の決定は難しい。優れたグローバル市場の競合企業は、多様な文化や地域において顧客ニーズを把握することに精通しているし、また企業の商品やサービスの機能性を異なる文化や地域の顧客ニーズに、いかに迅速に、うまく適応させるかを学習することにも通じている。

事業戦略——5つの戦略——の目的の説明が、顧客の議論に続く。われわれが検討した5つの戦略は一般的(generic)であるといわれる。というのも、これら戦略はあらゆる産業で競争するいかなる組織でも利用できるからである。われわれの分析は、業界の5つの競争要因に関連して、それぞれの戦略の効果的な活用が、いかに企業に有利なポジションを与えるかについて述べる(第2章参照)。これに加えて、バリューチェーン(第3章参照)を用いて、特定の事業戦略の実行に不可欠な主要活動および支援活動の例を示す。また、どんな戦略でもリスクがあるため、これらの戦略を利用する場合に企業が直面する多様なリスクについても説明する。

第11章では、個々の事業戦略の成功した活用と関連する、組織構造とコントロール(統制)について説明する。

## 顧客：その事業戦略との関係

　戦略的競争力の成果が得られるのは、企業が個々の製品市場で競争する基礎としてその競争優位性を用い、顧客グループを満足させることができたときだけである。企業が事業戦略で顧客満足を得なければならない主な理由は、顧客との関係性から得られた利益が、あらゆる組織の活力源であるためである。

　最も成功した企業は、現在の顧客ニーズを満たす新たな方法を模索し、かつ／あるいは、新たな顧客のニーズを満たそうとする。1990年代、デル社はパーソナルコンピュータ市場で大きなシェアを得た。それは顧客ニーズを満たしながら、低コスト戦略を駆使したためである。これによってデルは最大のPC販売企業になった。しかしながら、デルはサプライチェーンを通じたコスト削減に傾斜しすぎたため、顧客からの支持の多くを失ってしまった。同様な戦略をとりながら、ヒューレット・パッカード社（HP）は高い市場シェアをつかみ始めた。HPはコスト削減のためにサプライチェーンを管理する方法を学び、その結果、デルと同水準の競争力を得た。それだけでなく、HPは顧客ニーズを満たす幅広い製品とサービスの品揃えを提供し、デルから顧客を奪うことになった。HPがデルと同じサプライチェーンを管理する能力を構築したように、多くの企業が、同水準の競争力を得ようと競合企業の能力をまねようとする。しかし、模倣されるのを避けるために、企業は暗黙知を創造しそれを活用し続けることができる。デルはあまりにも内向きになり、同社に競争優位をもたらしてきた組織能力の模倣を避けるための方策をとらなかった。こうしてデルは競争優位とそれに伴う大きな市場シェアを失った。

### ● 効果的な顧客関係管理

　顧客に優れた価値を提供した場合に、企業と顧客との関係はより強固なものとなる。顧客との強固な双方向の関係は、利益を上げながら常に顧客特有のニーズを満たす企業努力の基盤となる。

　ハラーズ・エンターテイメント社は、顧客に素晴らしい価値を提供するの

は「カジノ産業で、サービスを最優先して、さまざまな地域に企業展開することだ」ということを確信している。重要なのは、優れた価値の提供で、顧客の忠誠心を高めることである。また、顧客の忠誠心は利益と明確な相関関係がある。しかしながら、多様な選択肢や製品機能情報へのアクセスが容易になることで、洗練され知識を持った顧客がますます生み出されるため、顧客の忠誠心の獲得はそう簡単なことではなくなっている。

多くの企業が顧客関係のすべての局面を管理する術に熟達している。例えば、アマゾン・ドット・コム社は、顧客を維持する質の高い情報を持っていると広く知られているITベンチャーであり、提供しているサービスや顧客ニーズを予測する能力を持っていることでもよく知られている。アマゾンは、持てる情報を駆使して、それぞれの顧客特有のニーズと考えられるものを提供しようと試みる。メキシコに本部を置くセメックス社は「建設ソリューションの世界的なリーディングカンパニー」である。この会社は高品質のセメントや生コンクリートの世界規模の生産・販売業者である。セメックスはインターネットを使って顧客とセメント工場、メインコントロール・センターを結ぶことで、自動発注と、混雑しているメキシコ・シティでのトラック配送の最適化を可能にしている。アナリストは、セメックスのコスト・リーダーシップ戦略とウェブ技術の統合が競合相手との差別化になっていると考えている。その結果、セメックス社は北米最大のセメント生産者となり、世界有数の企業となっている。

以下でわれわれが検討するように、顧客との関係性は3つの次元で特徴付けられる。アマゾンとセメックスのような企業はこれらの次元を理解しており、この視点から顧客との関係を築いている。

## ● リーチ（到達範囲）、リッチネス（豊かさ）、アフィリエーション（つながり）

顧客との関係性の中で**リーチ**（reach：**到達範囲**）の次元は、企業による顧客へのアクセスやつながりに関係している。例えば、書店で最も大きな店舗を持つバーンズ・アンド・ノーブル社は、平均2万5,000平方フィートある793店舗で、20万点以上の本を取りそろえている。他方で、アマゾンは、450万タイトルを常に提供し、増え続ける顧客との接続網が国境を越えて構

築され、数千万のコンピュータ・スクリーン上に店舗が存在している。間違いなく、アマゾンは「仮想上で無限の本棚スペースを持ち、効率的な検索や検索インタフェースを通じて幅広い商品選択を提供することができる」。バーンズ・アンド・ノーブルもインターネット通販網を持っているが、アマゾンのリーチの方が決定的に大きい。一般的に、企業はリーチをさらに大きくしようとし、それを実行することで顧客を増やすことができる。

2番目の次元は、**リッチネス**（richness：豊かさ）である。これは、企業と顧客の間にある双方向の情報の流れの深さと詳細さに関係する。企業が顧客との関係性において競争優位を構築することを可能とするリッチネスの潜在性は、顧客との情報交換をより良く管理することを目的としたオンラインサービスの提供へと企業を導いていく。より広く、深い情報に基づく交換によって、企業が顧客と顧客ニーズをより良く理解することがもたらされる。また、そのような交換によって、顧客は企業による顧客満足の方法に関する豊富な知識を持つことも可能になる。インターネット技術と電子商取引は、現在の、また潜在的な顧客との重要な情報交換コストを大幅に削減している。アマゾンは、顧客との関係構築にインターネットを持ち込んだリーダー的存在である。事実、アマゾンは、自身を地球上で最も「顧客中心企業」であると宣伝している。アマゾンの経営幹部は、企業には顧客がまずあって、そこから遡って仕事をすると述べている。

3番目の次元は、**アフィリエーション**（affiliation：つながり、訳者注：消費者の利益のためにより密着した関係を築くこと）である。これは、顧客との有益な相互作用の促進と関係している。マイクロソフトの MSN オートのようなインターネット・ナビゲーターは、オンライン顧客が情報を見つけたり分類したりする手助けをする。MSN オートは車を買いたい顧客に、多様な客観性のある仕様書からモデル比較ができるデータとソフトウェアを提供する。このプログラムは顧客への費用負担なしでの情報提供を可能にする。なぜならば、インターネット技術が、多様なソースから集まった大量の情報を低いコストで取り扱うことを可能にするためである。車種の比較に基づいて特定のモデルを選択した購入予定者は、その後にニーズと購入条件を満たしたディーラーに接続することができる。収益は最終顧客あるいは、エンドユーザからではなく、他のソース（例えば、インターネット広告、ハイパー

リンク、関連する製品とサービスなど）からもたらされるため、MSN オートはアフィリエーションを育むサービスで顧客の利益を代理している。顧客の視点で世界を見ることと、持続的に顧客のための価値創造を模索することは、アフィリエーションの点から見て、プラスの効果を持っている。

次に述べるのは、効率的な顧客関係性のマネジメントについて（リーチ、リッチネス、アフィリエーションの次元にそって）、誰に、何を、どのように提供するか、という問題に対する企業の解答を手助けするものである。

### ● Who：サービスすべき顧客の決定

事業戦略でサービスするべき顧客ターゲットを誰（who）にするのか、その決定は非常に重要なことである。会社はこの決定をするために、顧客ニーズの違いをもとに顧客をグループ分けしている（ニーズは次の項でさらに検討する）。ニーズに基づく顧客のグループ分けは、**マーケット・セグメンテーション**（market segmentation）と呼ばれている。これは同じようなニーズをもった人を個別に、そして特定可能なグループに分類するプロセスである。例えば、動物のヘルス・ビジネスにおいて、ペット（犬や猫など）の飼い主の餌に対するニーズと、家畜の飼い主の飼料のそれとでは違っている。ペットスマートはペット向けのセグメントを対象に商品やサービスを提供するが、家畜向けには行っていない。事業戦略の一部として、この企業は特定のターゲット・グループに効果的に製品を販売するマーケティング・プログラムを開発している。

人的あるいは組織的なほとんどの特性は、持ち前の特性によって、市場を互いに異なるセグメントに細分化できる。多様な顧客ニーズの共通特性は表4.1 に示されている。企業内部のコアコンピタンスと外部環境の機会に基づいて、企業はターゲット顧客に価値を提供するため、顧客の個別のニーズを満たす事業戦略を選択する。

顧客特性は、しばしば独自のニーズを持つ特定のグループにセグメント化された市場と結びついている。例えば、衣料品市場では、ギャップは、男性と女性では異なるショッピング体験を求めていることを学んだ。会社の公式説明では、「調査によれば、男性は出入りのしやすさを求め、女性は探求を求めているということがわかった」とされる。こうした調査結果を踏まえる

と、ギャップストアの女性用売り場は、アクセサリーとともに目的別（仕事やエンターテインメントなど）にまとめられており、ぶらぶら見て回るように売り場の中に散らばっている。ギャップストアの男性用売り場は、一般的にサイズによって陳列された商品に男性顧客を誘導する標識によりわかりやすくなっている。このように、ギャップは独自性のあるグループのニーズを一層満たそうと、購買動機に絡むいくつかの心理的要因を活用している（表4.1 参照）。

人口動態的要因（表4.1 と第2章参照）は、独特の興味やニーズを持つ個々の世代別のセグメント化にも用いられる。例えば、ダイレクトメールは、第2次世界大戦を経験した世代（1932年以前生まれ）にとって効果的なコミュニケーション媒体であることがわかっている。スイング世代（1933～1945年生まれ）は、船旅や別荘購入に価値を見出す。かつては金銭的に保守的だったが、現在では消費に積極的なこの世代は、製品情報を豊富な情報源から探し求めている。ベビーブーム世代（1946～1964年生まれ）は、自らのキャ

**表4.1　顧客セグメンテーションの基本**

| |
|---|
| **消費者市場** |
| 1. 人口動態的要因（年齢、所得、性別など） |
| 2. 社会経済的要因（社会階層、家族のライフサイクルの段階） |
| 3. 地理的要因（文化、地域、国の相違） |
| 4. 心理的要因（ライフスタイル、個性） |
| 5. 消費のパターン（大量の、普通の、少量のユーザー） |
| 6. 知覚的要因（利便のセグメンテーション、知覚マッピング） |
| **産業市場** |
| 1. 最終需要によるセグメント（分類）（ＳＩＣコードで特定） |
| 2. 製品による分類（技術の差異や生産の経済学に基づく） |
| 3. 地理的分類（国家間、あるいはその中の地域間の境界により定められる） |
| 4. 共通の購買要素による分類（製品市場と地理的セグメントを横断した） |
| 5. 消費者の規模による分類 |

出典：Adapted from S. C. Jain, 2000, *Marketing Planning and Strategy*, Cincinnati: South-Western College Publishing, 120.

リア上の要求と親としてのニーズを、自分の子供のニーズと調和させようとすることから生じるストレスを軽減するような製品を求めている。ファッションと色の一貫性で知られているエレン・トレーシ衣料は、ベビーブーム世代の女性にターゲットを絞っている。誇大広告に一層敏感な 6,000 万人以上の X 世代（1965 ～ 1976 年生まれ）は、約束通りに商品が届くかどうかを重視する。X 世代は主要なショッピング手段としてインターネットを利用し、視覚的に説得力のあるマーケティングを期待する。このグループのメンバーは、保有資産の多くを株式投資信託で運用しており、ミューチュアル・ファンド投資家として最も急成長しているセグメントになる。X 世代が従業員として最優先することは、クリエイティブな学習する環境の中で仕事をし、管理者から絶えずフィードバックを受け、技術的なスキルを使うことが報われることである。さまざまなマーケティング・キャンペーンや流通チャネル（X 世代のインターネットや、第 2 次世界大戦世代のダイレクトメールなど）が、異なる世代のニーズを満たそうとする企業の戦略の実行に影響を及ぼしている。

## What：どの顧客ニーズを満足させるかの決定

　企業は誰にサービスするのかを決定した後、自社製品あるいはサービスで満足させるターゲット顧客グループのニーズを明確化しなければならない。成功した企業は、顧客が欲しいものを、欲しい時に届ける方法を学んでいる。一般的に、ニーズ（what）は、製品の便益と特徴とに関連する。現在の、および潜在的な顧客との密接で頻繁な相互作用を持つことは、企業が、個人および集団が持っている現在のまた将来のニーズを明確にする手助けとなる。戦略的な観点からすると、すべての顧客の基本的なニーズとは、自分のために価値を創造する製品を購入することである。製品あるいはサービスがもたらす一般的な価値の形態は、許容できる機能を低コストで提供するか、あるいは許容できるコストで差別化された高い機能を提供するかの、どちらかである。最も有能な企業は、継続的に顧客のニーズの変化を予測する努力をしている。予測に失敗すると、製品特性と機能でより優れた価値を提供する競合企業に顧客を奪われてしまう。例えば、ディスカウント業者やデパート、その他のホームセンターが、ピアワン・インポート社から顧客を奪うと考え

ているアナリストがいる。ピアワン社は顧客ニーズの変化をタイムリーに予測すべきにもかかわらず、そのような方法で変化を予測してきていない。

　どの業界においても、顧客ニーズは大きく異なっていることが多い。高品質で新鮮なサンドイッチを欲しいと考える顧客のニーズがあるので、ジェイソンズ・デリー社は、メニュー品揃えで顧客に満足を提供しようとする。他方、多くの大型ファストフード店は、許容できる品質で、すぐに出てくる低価格料理で顧客ニーズを満たす。多角的な食品とソフトドリンク生産者であるペプシコは、「いかなる消費者も１日の中の異なる時間帯で、異なるニーズを持つものだ」と考えている。ソフトドリンク（ペプシ製品）、スナック菓子（フリコレイ）、ジュース（トロピカーナ）、そしてシリアル（クエーカー）といったように、ペプシコはブレックファスト・バーから健康によいポテトチップスまで、「すべてのニーズに確実に対応するために」新たな製品を開発している。一般的に、そして多様な製品にわたって（例えば車、服装、食品など）アメリカの大衆市場の消費者は、より高い水準の品質を買いたがるということが明らかになっている。こうした消費者は、よいデザイン、よい工業製品、よい工芸品に大きなプレミアム価格を支払う。こうしたニーズは、いくつかの企業にとって事業戦略によって追求する機会を示している。

　成功を確実にするためには、企業は選択したターゲットとするグループの顧客ニーズを十分に理解しなければならない。企業は顧客ニーズを、その顧客に向けて設計した製品の特性や性能に反映させていく。最も有能な企業は、顧客の現在のニーズだけでなく、将来のニーズも理解しようと熱心に取り組んでいる。

## ● How：顧客ニーズの満足を実現するコアコンピタンスの決定

　第１章と第３章で述べたように、コアコンピタンス（core competence）は、企業のライバルに対する競争優位の源泉となる資源や組織能力のことである。企業はコアコンピタンス（how）を価値創造戦略の実現に使い、それにより顧客ニーズを満たす。コアコンピタンスを継続的に改善し、革新し、向上させる能力を持った企業だけが、常に顧客の期待に応え、うまくいけばそれをしのぐことが期待できる。

　企業は広範にわたるコアコンピタンスから、顧客のニーズを満足させる製

品やサービスを生み出す。SASインスティチュートは、世界の最大の民間ソフトウェア企業であり、ビジネス支援情報と分析システムのリーダー企業でもある。顧客はデータウェアハウス、データマイニング、そして意思決定サポートの目的でSASのプログラムを使う。SASは、収入の30％以上を研究開発費に割り当てており、米国国勢調査局や多くの消費者向け製品を扱っている企業（例えば、ホテルや銀行、カタログ会社など）のような、顧客のデータを必要とする企業関連のニーズを満たすため、研究開発におけるコアコンピタンスに依存している。バンス社は、スケートボードなどの設計と販売のイノベーションとマーケティングにおける自社のコアコンピタンスに依存している。同社はまた、厚底のスリッポン・スニーカーのパイオニアで、このスニーカーは5フィートの跳躍の衝撃を楽に吸収できる。そのパイオニア商品を売るために、独特のマーケティングの組み合わせを使う。マスメディア広告の代わりに、同社はスケートボード・イベントのスポンサーになったり、また全国各地のショッピングモールにスケートボード・パークを設置したりしている。2007年にはスケートボードやその関連商品の販売促進のため、北米の多くの都市で開催されたバンス・ワープド・ツアーのスポンサーとなった。

　SAS社やバンス社を含む、すべての企業組織は事業戦略から選択した顧客のターゲット・グループ（the who）のニーズ（the what）を満たすために、コアコンピタンス（the how）を活かさなければならない。最近の研究では、企業は提供するサービスの質に関する顧客からの手掛かりを注意深く識別すべきであり、また顧客満足を見極める高度かつ簡潔な方法も活用すべきであるとされる。

　次は、事業戦略の公式な目的と、すべての企業に利用できる5つの事業戦略を紹介する。

## ■ 事業戦略の目的

　事業戦略の目的は、自社のポジションと競合他社のポジションの間に相違

を作り出すことである。自社のポジションを競合他社と異なるようにするために、企業は他社と違うように**活動を展開する**か、あるいは違った**活動を取る**か、を決めなければならない。実際に、「ライバルと違うように活動するか、あるいは違った活動をするかの選択」は、事業戦略の本質である。つまり、企業の事業戦略は、独自の価値を創り出すためにいかにして、バリューチェーンの中のどの主要活動や支援活動を実行するかに関する、慎重な選択のことである。実際、複雑化している21世紀の激しい競争環境下では、事業戦略をうまく使うことは、企業が顧客にとっての特別な価値を創造し、競争優位に貢献するようにその活動を統合する方法を学んだときにはじめてその成果が現れる。

　企業は、事業活動を統合するための見取り図として活動マップを開発する。図4.1はサウスウエスト航空の活動マップを示している。サウスウエスト航空による活動の統合の仕方は、コスト・リーダーシップと差別化の統合戦略をうまく利用するための土台となっている（この戦略については、章の後半で述べる）。サウスウエスト航空による緊密な活動の統合は、競合他社よりも有利にオペレーション遂行するための企業能力の重要な源泉だといえる。事実、2007年にはサウスウエスト航空は、エアライン業では先例のない、64四半期連続黒字を発表した。

　図4.1で示すように、サウスウエスト航空は、その活動を6つの戦略テーマに設定している。限定的な乗客サービス、頻繁で信頼性の高い発着時間、無駄がなく生産性の高い地上・ゲート職員、高い機体稼働率、格安な航空運賃、そして、中規模都市の空港と大都市の2番手空港をつなぐ短距離・目的地直行便（ポイント・ツー・ポイント）である。高度に統合された活動の独立したクラスター群が、戦略的テーマの達成を可能にしている。例えば、食事が無く、座席指定が無く、手荷物転送が無いことが、限定的な乗客サービスの戦略的テーマを支援している個々の活動のクラスターを構成している。

　サウスウエスト航空の固く統合された活動は、競合他社によるコスト・リーダーシップと差別化の統合戦略の模倣を困難にしている。同社の企業文化はこうした活動とその統合に影響を与え、それは、コストを低くすることと並んで、サウスウエスト航空のサービスが競合他社と違うことを、常に明確にする能力に貢献している。実際に、競争優位の源泉である企業独特の文化と

第4章　事業戦略

顧客サービスは、ライバル他社が模倣しようとしても模倣できないものである。USエアウェイズの子会社であるメトロジェット、ユナイテッド航空のユナイテッド・シャトル、デルタ航空のソングやコンチネンタル航空のコン

**図 4.1**　サウスウエスト航空の活動システム

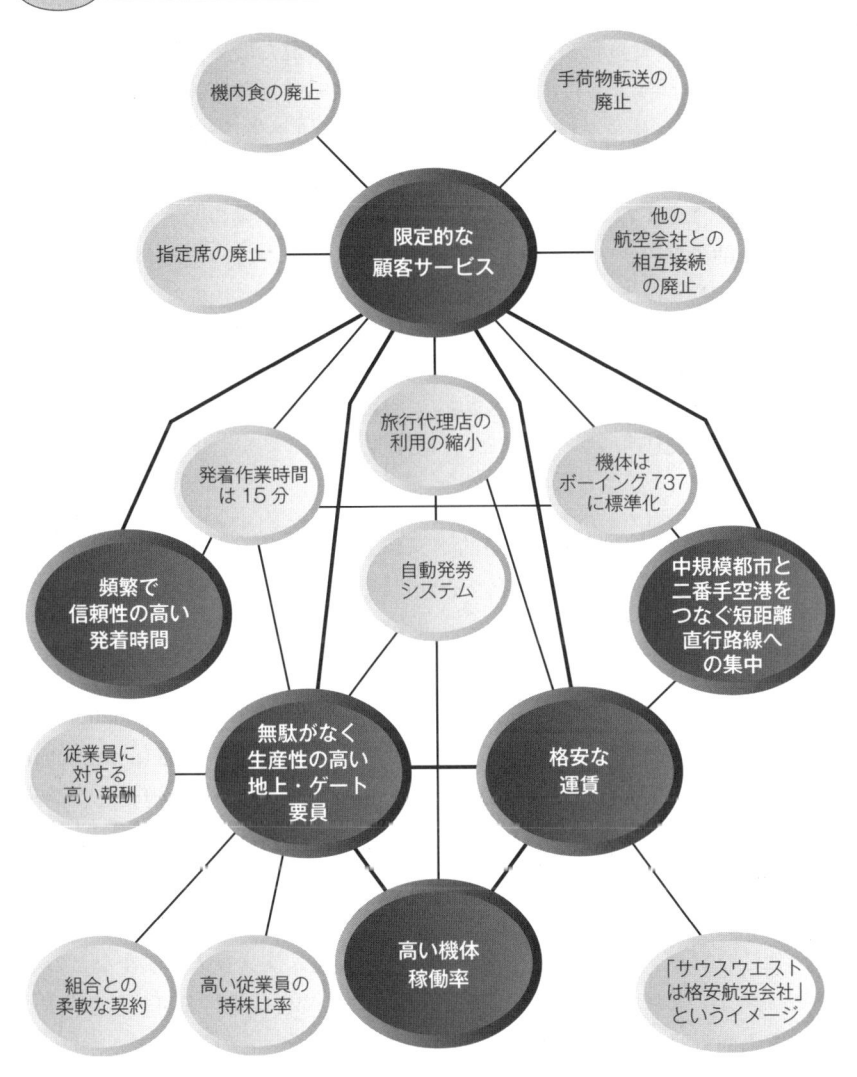

- 機内食の廃止
- 手荷物転送の廃止
- 指定席の廃止
- 限定的な顧客サービス
- 他の航空会社との相互接続の廃止
- 発着作業時間は15分
- 旅行代理店の利用の縮小
- 機体はボーイング737に標準化
- 頻繁で信頼性の高い発着時間
- 自動発券システム
- 中規模都市と二番手空港をつなぐ短距離直行路線への集中
- 従業員に対する高い報酬
- 無駄がなく生産性の高い地上・ゲート要員
- 格安な運賃
- 組合との柔軟な契約
- 高い従業員の持株比率
- 高い機体稼働率
- 「サウスウエストは格安航空会社」というイメージ

チネンタル・ライトは、すべてサウスウエスト航空の戦略をまねようとしたが、失敗した。こうした競合他社は低価格料金を提供したものの、オペレーション・コストをサウスウエスト航空のレベルにまで下げることが出来なかったか、あるいは搭乗中のユニークな体験といったような注目すべき差別化を顧客に提供できなかったことが、後になってわかった。

諸活動間の適合（フィット）は、サウスウエスト航空を含めて、すべての企業が競争優位を持続可能なものとするための鍵だといえる。マイケル・E. ポーターの言うように、「多くの活動間の戦略的適合は競争優位の基礎であるだけでなく、優位を持続させるための基礎でもある。ライバルにとって、特定の販売手法を模倣したり、プロセス技術とマッチさせたり、あるいは一連の製品特性をまねること以上に、数々の連動した活動のマッチングは困難である。活動群のシステムの上に築かれるポジションは、個々の活動から築かれたポジションよりずっと持続可能なものとなる」のである。

## ■ 事業戦略の類型

企業は競合企業に対して戦略的ポジションの構築と防御をするために、5つの事業戦略から選択する。それは、**コスト・リーダーシップ**（cost leadership）**戦略**、**差別化**（differentiation）**戦略**、**コスト集中**（focused cost leadership）**戦略**、**差別化集中**（focused differentiation）**戦略**、**コスト・リーダーシップと差別化の統合**（integrated cost leadership / differentiation）**戦略**である（図4.2参照）。それぞれの事業戦略は、特定の**競争範囲**（competitive scope）の中での特定の**競争優位**（competitive advantage）を構築し、活用する手助けをする。個々の異なる事業戦略の枠内で各活動をどのように統合するかが、他企業といかに違っているかを示すこととなる。例えば、企業によって違った活動マップが存在する。サウスウエスト航空の活動マップは、競合他社のジェットブルー、コンチネンタル航空、アメリカン航空などのものとは違う。優れた活動統合は、競合企業に対して優位を得る可能性を高め、平均を上回る収益性を達成する可能性を高める。

―――――――――――――――――――――――― 第 4 章 事業戦略

　事業戦略を選択する場合、企業は 2 つのタイプの潜在的競争優位について評価をする。「ライバルより低コストであるか、差別化のための追加費用を上回るプレミアム価格を要求するだけの差別化能力があるか」の 2 つである。低コストはライバルと異なる活動を遂行する能力からもたらされる。差別化できることは、異なった（そして価値のある）活動を遂行する企業の能力を示す。このようにして、内部資源、組織能力（ケイパビリティ）、そしてコアコンピタンスの種類と質に基づいて、企業は事業戦略実行の基礎となるコスト競争優位性か、あるいは独自の競争優位の形成を追求する。

　2 つのタイプの競争範囲は、ターゲットが広範であるか狭い範囲であるかの違いである（図 4.2）。広いターゲットを相手にする企業は、業界全体にわたって競争優位を発揮しようとする。狭い競争範囲とは、企業が狭く限定したターゲットの顧客グループのニーズに対応することを意味する。集中戦略では、企業はその業界から 1 つのセグメントあるいはセグメントのグループ

**図 4.2** 5 つの事業戦略

|  | 競争優位 | |
|---|---|---|
| | コスト | 独自性（ユニークさ） |
| 広範な対象 | コスト・リーダーシップ戦略 | 差別化戦略 |
| | コスト・リーダーシップと差別化の統合戦略 | |
| 狭い対象 | コスト集中戦略 | 差別化集中戦略 |

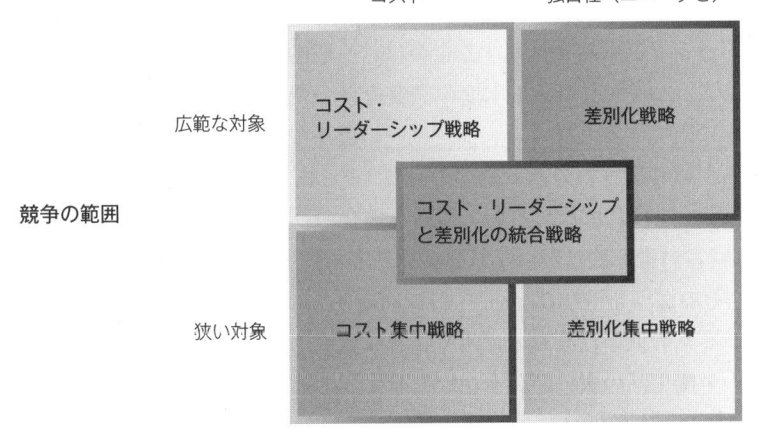

競争の範囲

出典：Adapted with the permission of The Free Press, an imprint of Simon & Schuster Adult Publishing Group, from *Competitive Advantage: Creating and Sustaining Superior Performance*, by Michael E. Porter, 12. Copyright©1985,1998 by Michael E. Porter.

を選択し、他のセグメントを排除し、選択したセグメントにサービスするよう戦略を合わせていく。特別なニーズを持っている消費者や特定地域の消費者は、狭い範囲のターゲット層の例である。図4.2の中で示しているように、企業はまた、広範囲（あるいは業界全体）の顧客層ほど包括的ではないが、限られたセグメントよりは大きな範囲をターゲットとするために、コストと独自性の両方を統合した競争優位を展開しようとする。この場合、コスト・リーダーシップと差別化の統合戦略が利用される。図4.2で示している5つの事業単位戦略のどれかが、他の4つの戦略に対して本質的に、あるいは普遍的に優れているわけではない。それぞれの戦略の効果は、外部環境の機会と脅威、そして企業の資源ポートフォリオに起因する強みと弱みに左右される。したがって、企業にとり重要なことは、外部環境の機会と脅威と、コアコンピアンスによって示される内部環境の強みとの間のマッチングに基づいて、事業戦略を選択することである。

## ● コスト・リーダーシップ戦略

　**コスト・リーダーシップ戦略**（cost leadership strategy）は、競合他社と比べ最も低い価格で、顧客が受け入れることができる特徴を備えた製品やサービスを生産するために取られた統合された一連の行動である。コスト・リーダーシップ戦略を採用する企業は、一般的に標準化された商品やサービス（ただし、競争力のある水準の品質を伴ったもの）を業界内の最も典型的な顧客に販売する。コスト・リーダーの製品やサービスは、顧客に価値を創造するだけの競争力のある水準の品質（そして多くの場合、差別化という特徴）を持たなければならない。極端な場合、コスト削減にだけ集中してしまうと、顧客が誰も欲しがらない製品を効率的に生産する羽目になりかねない。事実、そのような極端なケースでは、イノベーションの潜在性を制限したり、技能レベルの低い従業員の雇用や劣悪な状態の生産ライン、事故、そして従業員の労働生活の質の悪化を招いたりすることになりかねない。

　図4.2のように、コスト・リーダーシップ戦略を採用する企業は、広範囲の顧客セグメントあるいは顧客層をターゲットにする。コスト・リーダーは競争レベルの差異を堅持しつつ、より一層のコスト削減に向けて主要活動ならびに支援活動を完全にする方法を常に見直し、競合企業のコストよりも自

社のコストを引き下げる方法を見出すことに全力を注ぐ。例えば、コスト・リーダーであるグレイハウンド・ライン社は、顧客が納得できるサービスを提供しながら、バスのサービスの諸費用を削減する方法を絶えず探し続けている。近年、グレイハウンドは、顧客がサービスの対価としては安い価格を支払う際に経験する質的水準を、「バスの改装、ターミナルの更新、案内人の導入と顧客サービス・トレーニングの強化」によって改善しようとした。グレイハウンドは、アメリカ国内約1,700の目的地に1,500台のバスを運行し、年間2,000万人以上の乗客にサービスを提供することで、規模の経済を享受している。

バリューチェーンの主要活動の中で、購買物流（例えば、原材料の取扱い、倉庫保管、在庫管理など）と出荷物流（例えば、集荷、入庫、顧客への配送など）が製品・サービス群の総生産コストの中で大きな割合を占める場合が多い。物流（ロジスティック）での競争優位は、差別化戦略を採用する場合よりもコスト・リーダーシップ戦略採用の場合に一層価値を生み出す、と示唆する研究結果がある。このため、コスト削減を追い求めるコスト・リーダーは、購買物流と出荷物流の主要活動に集中したいかもしれない。実際そうしながら、現在、多くの企業が低賃金労働者を雇用している低コスト企業（例えば、中国など）にオペレーション（多くの場合製造業）を外部委託している。

また、コスト・リーダーは潜在的なコスト削減のさらなる源泉を求めて、すべての支援活動を慎重に分析する。企業の製品とサービスの生産に求められる低コストと原材料の品質の最適な組み合わせを見つける新しいシステムの開発は、いかにして調達支援活動がコスト・リーダーシップ戦略をうまく利用することを促進できるかの一例である。

ビッグ・ロッツ社はコスト・リーダーシップ戦略をとっている。「世界最高のバーゲン・プレイス」を標榜するビジョンを持ったビッグ・ロッツは、全米で最大の処分品ディスカウント・チェーンである。一部のアナリストによると、同社は、高度に鍛えられた商品原価と在庫管理システムに頼って、継続的なコスト削減に取り組んでいる。ビッグ・ロッツの店舗では、他のディスカウント店よりも20〜40％安く、従来の小売業者よりも約70％安くブランド製品を販売している。ビッグ・ロッツのバイヤーは卸値よりもはるかに安い価格で商品を見つけようと、製造業者の製造過剰品と製造中止品を捜す。

さらに、同社は海外のサプライヤーから仕入れる。ビッグ・ロッツは、ブランド品の差別化された特徴や能力を、しかも本来の価格の何分の1かで、手に入れたい顧客ニーズに応えている。すべての店舗（1,400店舗弱）にわたる購買と在庫管理の緊密な統合が、顧客ニーズに応えるためにビッグ・ロッツが使う主たるコアコンピタンスである。

第3章でも紹介されているように、企業は価値を創造する活動とそうでない活動の決定にバリューチェーン分析（価値連鎖分析）を使う。図4.3は、企業がコスト・リーダーシップ戦略を通して価値創造するのに役立つ主要活動と支援活動を示したものである。この図に示される活動が、各社が作成する活動マップを通じて結びつけられるが、結びつけることができない会社には、コスト・リーダーシップ戦略を成功させるコアコンピタンスが通常欠落している。

コスト・リーダーシップ戦略の効果的な利用によって、企業は、強い競争要因の存在にもかかわらず、平均を上回る収益性を達成することができる（第2章参照）。次のセクションでは（5つの要因それぞれについて）、企業がいかにしてコスト・リーダーシップ戦略を実行するのかについて説明する。

### ▶ 既存競合企業との敵対関係

低コストのポジションは、競合企業に対抗するのに価値がある。コスト・リーダーが有利なポジションにいるので、競合他社は、とりわけそれから生じる潜在的結果を評価するまでもなく、価格競争に二の足を踏む。ウォルマートはコスト管理および削減能力で有名で、他社が価格競争で挑んでくるのを難しくしている。ディスカウント業者は、いくつかの方法で厳格なコスト管理に成功している：「くすんだ灰色の内装とすり切れたカーペットのウォルマートの66万平方フィートの本部（ヘッド・クォーター）は、世界最大規模の企業の本部というよりも、政府の建物のようにみえる。商談は飾り気のないカフェテリアで行われ、サプライヤーは担当マネージャーと殺風景な狭苦しい部屋でミーティングをする。従業員は仕事が終わると自分でゴミを捨てなければならず、出張先のホテルは2人1部屋である」。

かつてKマートがウォルマートに価格競争を仕掛けたが、同社は失敗しその後倒産を招いた。その競争劣位の流通システム――ウォルマートに比べ

て非効率的で高コスト——は、Kマートが競争力あるコスト構造を獲得するのを阻んだ要因の1つであった。

### ▶ 買い手（顧客）の交渉力

強力な顧客はコスト・リーダーに価格低下の圧力を与えるが、コスト・リーダーを追う業界の有力な競合企業が平均的収益性を得られるレベル以下の価格にはならない。強力な顧客はコスト・リーダーにそのような水準以下での価格を要求することもできるが、しかし、彼らはたぶんそうした選択はしな

**図 4.3** コスト・リーダーシップ戦略と関連する価値創造活動の例

| | | | | | |
|---|---|---|---|---|---|
| 企業インフラ（基盤） | コスト効果的経営情報システム | 人員コスト削減のための比較的少ない管理階層 | 企画コスト削減のための単純な企画作業 | | |
| 人的資源管理 | 販売コスト削減のための一貫した方針 | 従業員の効率性や目標達成度を向上させる徹底的で効果的な訓練計画 | | | マージン |
| 技術開発 | 簡便な製造技術 | 企業の製造工程と関連するコスト削減のための技術への投資 | | | |
| 調達活動 | 原材料として購入する最低コストの（許容できる品質で）製品を見つけるためのシステムと手続き | サプライヤーの能力を監視するための頻繁な評価プロセス | | | |
| | サプライヤーの製品を企業の生産工程とつなぐ高度に効率的なシステム | 生産コスト削減のための規模の経済の活用　効率的規模の生産設備の建設 | コストを削減する配送スケジュール　低コスト輸送機関の選択 | 小規模だが高度に訓練された販売部隊　多額の販売量を売り上げるよう価格設定された製品 | リコール（不良品回収）の頻度と厳しい仕打ちを削減するための効率的で適切な製品の据付け | マージン |
| | 購買物流 | 製造 | 出荷物流 | マーケティングと販売 | サービス |

出典：Adapted with the permission of The Free Press, an imprint of Simon & Schuster Adult Publishing Group, from *Competitive Advantage: Creating Sustaining Superior Performance*, by Michael E. Porter, 47. Copyright©1985, 1998 by Michael E. Porter.

い。2番目に効率的な企業を平均的収益性から遠ざけてしまうほどの低価格は、2番手企業を市場から撤退させてしまい、その結果、コスト・リーダーは競争が少なくなり、さらに強いポジションに置かれることになる。競合企業のいない産業で操業する独占企業から顧客が購入するしかないならば、顧客は交渉力を失い、高い価格を支払うことになってしまうだろう。ウォルマートを取り上げてみよう。ウォルマートが最も低い価格で提供し続けることのできる理由の1つは、同社がコスト・リーダーシップ戦略を試みる競合他社（コストコのような）と比較しながら、自らのコストを削減する方法を常に探っているからである。つまり、顧客は、ウォルマートがコスト・リーダーシップ戦略の採用を試みる競合企業と競争し、競争で戦うために価格を引き下げることから利益を得ていることになる。

### ▶ サプライヤーの交渉力

コスト・リーダーは、競合他社よりも大幅なマージンで操業する。他にも利益がある中で競合他社よりも高いマージンであることは、コスト・リーダーがサプライヤーからの値上げを吸収するのを可能にする。業界がサプライヤーのコストの大幅アップに直面した際、コスト・リーダーだけが高い価格を支払うことができ、平均的あるいは平均を上回る収益性を獲得し続けられるかもしれない。逆に、強力なコスト・リーダーはサプライヤーに価格を下げるよう強制することができるかもしれず、その過程を通じサプライヤーのマージンを減らすだろう。ウォルマートはサプライヤーから低価格を引き出すために、サプライヤーに影響力を行使している（それは同社が多くのサプライヤーから大量購入していることで得られる）。こうした値引きが低価格という形で顧客に還元され、さらにサプライヤーから低価格を引き出す力を持たない競合他社に対するウォルマートのポジションを強くする。ウォルマートは強力な市場支配力を持っている。同社は米国小売市場の中で、食料品以外の日用品販売で29％、健康品および化粧品販売で30％、そして雑貨の売上で45％のシェアを占めている。もちろん、他の企業は、総合的なコストを低く保つのを助ける補完的な資源を得るために、サプライヤーと提携するかもしれない。言い換えると、他の企業は、低コスト構造を維持することを助けるような他社と、コストを共有することができるのである。

## 第4章 事業戦略

### ▶ 新規参入

　他社より低い価格水準にコストを削減する継続的な努力によって、コスト・リーダーは非常に効率的になる。たゆまざる効率性の改善（例えば、規模の経済など）は利益マージンを高めるため、潜在的な競合企業に大きな参入障壁となる。新規参入者は、コスト・リーダーの効率性に近づくために必要な経験を獲得するまで、平均を下回る収益性を余儀なくされ、それに甘んじなければならない。平均的収益性を達成するのにすら、新規参入者はコスト・リーダー以外の競合企業のコストレベルに匹敵するコンピタンスを持たなければならない。コスト・リーダーにとって、利益マージンが低いので（差別化戦略をとる企業が得るマージンと比較して）、平均を上回る収益性を得るために大量販売が必要となる。しかしながら、販売量が増加しても収益のあがるオペレーション能力が低下するため、コスト・リーダーを目指す企業は、あまりにも低い価格設定は避けるべきである。

### ▶ 代替製品

　業界内のライバルと比べて、コスト・リーダーは代替製品という点でも魅力的なポジションにある。コスト・リーダーにとって、そのコストや差別化の特徴や特質が自社顧客にとって潜在的に魅力的である場合、代替製品が問題となる。自社の製品に置き換わる可能性のある代替製品に直面した時、コスト・リーダーは競合他社よりも高い柔軟性を持っている。顧客を囲い込むために、コスト・リーダーは製品やサービスの価格を下げることができる。より低い価格と差別化水準をもって、コスト・リーダーは、顧客が代替製品ではなく自らの製品を選んでくれる確率を高めるのである。

### ▶ コスト・リーダーシップ戦略の競争上のリスク

　コスト・リーダーシップ戦略にリスクが無いわけではない。リスクの1つとして、コスト・リーダーの製品やサービスに用いる生産プロセスが、競合相手のイノベーションによって陳腐化する、ということがある。こうしたイノベーションによって、ライバル企業が従来のコスト・リーダーよりも低コストで生産することが可能となるかもしれないし、あるいは顧客に製品価格の上昇無しに追加的な差別機能を提供できるかもしれない。

第2のリスクは、コスト・リーダーがコスト削減に集中しすぎることで、「差別化の競争的レベル」に対する顧客の感じ方を理解できなくなるかもしれない。しかしながらウォルマートは、コストコがウォルマートのサムズ・クラブを凌駕する能力を持つことで示した問題を経験していた。コストコは低価格と品質を上手に組み合わせた差別化製品でサムズ・クラブを凌駕している。

　コスト・リーダーシップ戦略の最後のリスクは、模倣に関係している。自らのコアコンピタンスを使って、競合他社はときどきコスト・リーダーシップ戦略を巧みに模倣する方法を学ぶことがある。模倣が生じたとき、コスト・リーダーは、自社の製品とサービスが顧客に提供する価値を高めなければならない。一般的に、今ある製品をさらに低価格で販売するか、価格を維持しながら顧客が価値を見いだす差別化の特性を付加することによって、顧客の受け取る価値は高まる。

### ● 差別化戦略

　**差別化戦略**（differentiation strategy）は、顧客が自分たちに意味ある方法で他とは異なっていると感知する製品やサービスを（許容範囲のコストで）提供するために取られる、統合された行動である。コスト・リーダーは業界内の典型的な顧客を相手にするが、差別化戦略を採用する企業は、競合他社により製造されたり販売されたりする製品と異なる方法で、創造される価値を評価する顧客をターゲットにする。

　企業は、顧客の価格負担が大きくならないように、競争的な価格で差別化製品を生産しなければならない。差別化特性が非競争的なコストで生産されると、その価格が企業のターゲットとする顧客が喜んで支払う対価を超えてしまうことがある。そのターゲットとする顧客が価値を見いだすものや、異なったニーズを満足させることに関して顧客が評価する相対的重要度、そしてプレミアム価格を払ってもよいと考えるものについて、企業が完全に理解しているときに、差別化戦略は成功につながる。

　企業は差別化戦略を通じて、低価格製品に価値を見いだす顧客よりも差異のある特徴に価値を見いだす顧客に、標準化されていない製品を提供する。例えば、トヨタのレクサスの差別化された特徴の中には、その高い信頼性と耐久性、高性能の音響システムがある。レクサスの宣伝文句の「私たちは完

全を追求するので、あなたは暮らしを追求できる」は、差別化の源泉としての全面的な製品品質への強いこだわりを表している。しかし同時に、レクサスは顧客にその車を競争力のある価格で提供している。レクサスの例でみられるように、購入価格ではなく、製品やサービスの独特の特質が、顧客に対価を支払いたいと思わせる価値をもたらしている。

継続的な差別化戦略の成功は、企業が顧客の評価する差別的特性を継続的に高めるとき、あるいは大きなコスト増無しで新しいものを創造する（革新する）時にもたらされる。このアプローチは企業に定期的な製品ラインの変更を要求する。成功する企業はまた、互いに補完的な製品ポートフォリオを提供することもある。それにより、顧客に対する差別化を豊富にし、そしておそらく、顧客ニーズのポートフォリオを満足させている。差別化製品は顧客独自のニーズを満足させるため、差別化戦略を採用する企業はプレミアム価格を課すことが可能となる。しかしながら、プレミアム価格を払ってもよいと思う顧客のために、企業は何かで本当に独自性を持つか、独自性があると感知されなければならない。差別的特徴を生み出すコストをはるかに超える価格で製品やサービスを販売できる能力は、企業にライバル他社に打ち勝つ力と平均を上回る収益性をもたらす。例えば、シャツやネクタイ製造のロバート・タルボット社は、職人の技能に関する厳しい基準に従い、その製造の細部にわたって極めて細かい注意を払っている。同社は紳士用ドレスシャツやネクタイを生産するために、世界中で最良の織物工場から高級な生地を輸入している。単針仕立てが採用され、ぴったりの襟があつらえられたシャツが生産される。同社によれば、シャツを購入する顧客には、手に入る最高の生地が約束されるのである。このように、ロバート・タルボットの成功は、輸入生地と独特の製造工程にかかるコスト以上の高い価格で、差別化した製品を販売する能力に負っているのである。

差別化戦略を採用する企業は、コストよりも顧客が価値を見いだせる製品やサービスの差別的な特徴に、投資したり開発したりすることに常に力を注ぐ。例えば、ロバート・タルボットは、"ベスト・オブ・クラス"と呼ばれる最高品質のネクタイ・コレクションを生産するのに、欧州やアジアから最高の技術を用いている。一般的に、差別化戦略をとる企業は、可能な限り多くの次元で競合企業との違いを模索している。企業の製品やサービスと競合

企業のそれらとの類似性が低くければ低いほど、ライバルの行動からの衝撃はより和らげられる。一般的によく知られている差別化製品には、トヨタのレクサスや、ラルフ・ローレンの豊富な品揃え、キャタピラーの高い耐久性を持つ重機がある。世界で最も価格が高く、高名であると考えられているコンサルティング会社のマッキンゼー・アンド・カンパニーは、差別化されたサービスを提供する会社として良く知られた事例である。

製品やサービスの差別化には、多様な方法がある。類い希な特性、素早いレスポンスの顧客サービス、敏捷な製品イノベーションや技術のリーダー

**図 4.4** 差別化戦略と関連する価値創造活動の例

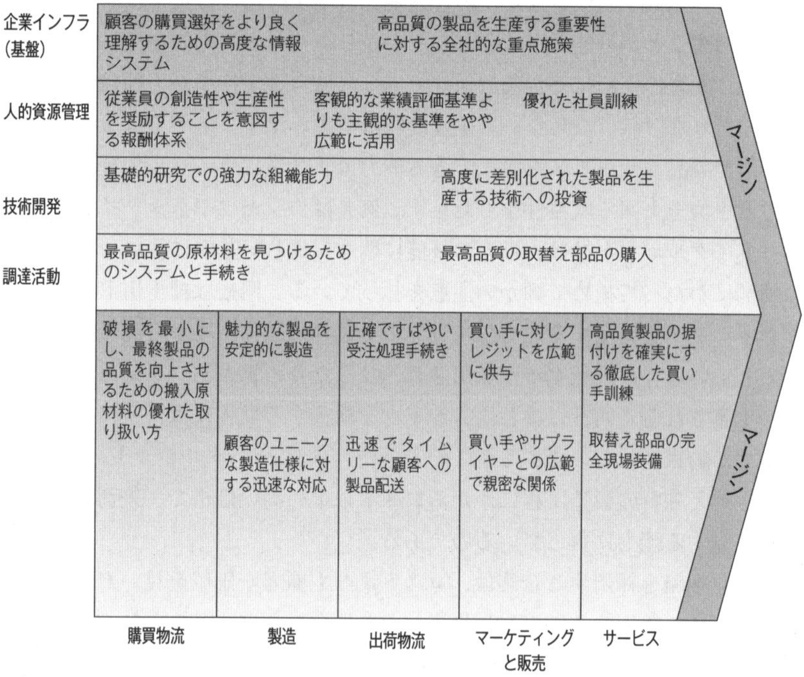

| 企業インフラ（基盤） | 顧客の購買選好をより良く理解するための高度な情報システム | | 高品質の製品を生産する重要性に対する全社的な重点施策 | | | |
|---|---|---|---|---|---|---|
| 人的資源管理 | 従業員の創造性や生産性を奨励することを意図する報酬体系 | | 客観的な業績評価基準よりも主観的な基準をやや広範に活用 | 優れた社員訓練 | | |
| 技術開発 | 基礎的研究での強力な組織能力 | | | 高度に差別化された製品を生産する技術への投資 | | |
| 調達活動 | 最高品質の原材料を見つけるためのシステムと手続き | | | 最高品質の取替え部品の購入 | | |
| | 破損を最小にし、最終製品の品質を向上させるための搬入原材料の優れた取り扱い方 | 魅力的な製品を安定的に製造 | 正確ですばやい受注処理手続き | 買い手に対しクレジットを広範に供与 | 高品質製品の据付けを確実にする徹底した買い手訓練 | |
| | | 顧客のユニークな製造仕様に対する迅速な対応 | 迅速でタイムリーな顧客への製品配送 | 買い手やサプライヤーとの広範で親密な関係 | 取替え部品の完全現場装備 | |
| | 購買物流 | 製造 | 出荷物流 | マーケティングと販売 | サービス | |

（右側：マージン）

出典：Adapted with the permission of The Free Press, an imprint of Simon & Schuster Adult Publishing Group, from *Competitive Advantage: Creating and Sustaining Superior Performance*, by Michael E. Porter, 47. Copyright © 1985, 1998 by Michael E. Porter.

シップ、名声と地位、さまざまな嗜好、エンジニアリング・デザインや性能などが差別化の方法の例である。(コスト・リーダーシップ戦略の上手な利用のところで説明したように) コスト削減の方法の数には限界がある。対照的に、企業が本当の価値あるいは感知される価値を創造するためにすることは、事実上すべてが、差別化の基礎である。事例として製品デザインを取り上げてみよう。デザインは顧客に好ましい経験を創造することができるので、差別化のますます重要な源泉になり、それを重視する企業にとっては、うまくいけば、競争優位の源泉となっている。アップルはデザインに基準を打ち立てる企業の例として、よく引き合いに出される(第1章の戦略フォーカス・コラム参照)。iPodがその良い例であるし、また2007年に発売されたiPhoneはアップルの創造力とデザイン能力を表すもう1つの事例である。

　企業のバリューチェーンは、差別化戦略の活用で価値創造に要求される活動を結びつけることが出来るかどうかを決めるために分析される。製品やサービスを差別化するために一般的に使われる主要活動および支援活動の例は、図4.4で示される。こうした活動を結びつけていくスキルのない会社は、差別化戦略を上手く活用することを期待できない。次に、平均を上回る収益性を獲得するためのポーターの5つの競争要因 (第2章参照) から見て、差別化戦略を採用する企業がどのようにしてうまく地位を築くことができるのかについて説明する。

### ▶ 既存競合企業との敵対関係

　顧客は自分たちに意味があるように差別化されていれば、製品の忠実な購入者になりやすい。こうした顧客のブランド忠誠心が大きくなれば、価格上昇への過敏な反応は減退する。ブランド忠誠心と価格感応度の関係は、競合相手との競争から企業を隔離する。先に述べたように、ロバート・タルボットの"ベスト・オブ・クラス"と呼ばれる最高級ネクタイの品揃えは、その価格にも関わらず、ターゲットとする顧客層の差別化ニーズを満たし続ける限り、競争とは無縁である。同じように、ボーズは同社のステレオ機器が競争力ある購入価格で、高いサウンドクオリティがあると顧客が感知し続ける限り、競合相手との激しい競争から隔離される。ロバート・タルボットもボーズも、その提供する高品質と独自性ある製品によって高い優れた評価を受け

ている。このように、評判が差別化戦略を用いる企業の競争優位を支えるのである。

### ▶ 買い手（顧客）の交渉力

　差別化された製品の独自性は、顧客の価格上昇に対する感応度を鈍化させる。製品が競合企業の提供する製品よりも良く、顧客の独特なニーズを満たしている場合、顧客は価格上昇を喜んで受け入れる。このようにして、キャラウエイのゴルフクラブでニーズが満たされているゴルファーは、購入コストが上がっても同社製品を買い続けるだろう。同様に、10年使っているルイ・ヴィトンの財布で高い満足を得ている顧客は、購入価格が今持っている財布より上がっていても、また同社の財布に買い換える。（ハインツ・ケチャップやクリネックス・ティッシュなどの）ブランド製品購入者は、その製品が自らの独特のニーズを受け入れ可能な価格で満たしていると考えている限り、価格上昇を許容するだろう。これらのすべての事例で、顧客は満足する代替製品が存在すると考えていないので、価格上昇にあまり敏感に反応しない。

### ▶ サプライヤーの交渉力

　差別化戦略を実践する企業は製品にプレミアム価格をつけるので、サプライヤーは高品質の部品を供給しなければならならず、企業のコストを押し上げる。ところが、こうしたケースにおいて企業が得る高いマージンは、サプライヤーによるコストアップの影響と部分的には関係がない。というのも、高くなったサプライヤーのコストはこの高いマージンによって支払うことができるからである。あるいは、顧客が商品値上げに対して鈍感であることで、差別化戦略を採用している企業は、追加的なサプライヤーのコストを独自の製品の価格に上乗せして顧客に転嫁することを選択するかもしれない。

### ▶ 新規参入

　顧客の忠誠心と差別化製品の独自性に打ち勝つ必要は、潜在的参入者に対する高い参入障壁となる。こうした状況下にある産業への参入は、顧客の忠誠心を育てる一方で、大きな経営資源と忍耐強さを通常必要とする。

第4章 事業戦略

▶ **代替製品**

忠誠心を持つ顧客にブランド製品やサービスを販売する企業は、代替製品に対して効果的にポジションを取っているといってよい。対照的に、ブランド忠誠心を獲得していない企業は、顧客が同じような機能を持つ差別化製品（特に、代替製品の価格が安い場合）に乗り換えるか、あるいは多くの特徴を持ち、より魅力的な機能を満たす製品へ乗り換える状況に高い確率で直面する。

▶ **差別化戦略の競争上のリスク**

他の事業戦略と同様に、差別化戦略にもリスクがある。第1のリスクとして、次のものがある。顧客は、差別化戦略を実践する企業の製品とコスト・リーダーの製品との価格差が、あまりにも大きいと判断するかもしれない。こうした場合、企業は顧客ニーズに対し過剰な差別化の特徴を提供しているのかもしれない。そうなると、企業は、顧客ニーズに対し一層的確な特徴と価格の組み合わせを顧客に提供できる競合相手からの攻撃の危険にさらされてしまう。

差別化戦略のもう1つのリスクは、差別化という企業の手段が、顧客にとって支払ってもよいと感じるような価値を生まなくなることである。競合相手が模倣によって本質的に同じ機能の製品・サービスをより低い価格で提供すると、顧客が気付くようになるならば、差別化製品の価値は低下する。例えば、ウォルト・ディズニーは、マジック・キングダムやエプコット・センター、あるいは新しく開発されたアニマル・キングダムといった趣向の違うテーマパークを運営している。それぞれのテーマパークがエンターテイメントと教育機会を提供している。しかしながら、シックス・フラグ・コーポレーションのようなディズニーの競合相手も、ディズニーと似たようなエンターテイメントと教育機会を与えている。顧客が対価を払ってもいいと思えるような価値ある施設を確実に作り出すため、ディズニーは継続的な投資を繰り返すことで、競合他社とのさらにはっきりとした違いを出そうとしている。

差別化の第3のリスクは、顧客が経験により、差別化の特徴である価値に対する知覚を狭めることである。例えば、ノーブランドのティッシュに満足する経験を持った顧客は、クリネックスの差別的特徴には高いコストを払う

価値はないと判断するかもしれない。同様に、ロバート・タルボットの「最高級」ネクタイの品質に好感を持つ一方で、普通のネクタイにも満足する経験を持つことで、顧客は「最高級」ネクタイの価格がその品質相応の便益を上回るという結論に導かれるかもしれない。企業はこのようなリスクに対抗するために、顧客が喜んで対価を払う価格を保ちながら、意味のある方法でその製品の差別化を続けなければならない。

差別化戦略の第4のリスクは、模造である。企業の差別化要素を顧客に非常な低価格で模倣し伝えようとする製品の製造者である模造品のメーカーは、差別化戦略を実践する多くの企業にとって深刻な問題となっている。

カリブ・コーヒー社は多様な手段を使って、スターバックスや他の競合企業との差別化を行っている。戦略フォーカス・コラムで述べているように、カリブ・コーヒーはその提供するコーヒーの種類（例えば環境に優しい）や顧客サービスで革新的である。差別化戦略でイノベーションが重要であり、それは特に補完的な製品とサービス（例えば、無料WiFiの提供）の開発において重要になる。

### ● 集中戦略

それ以外のセグメントは相手にせずに、産業の特定のセグメントあるいはニッチのニーズに対してコアコンピタンスを用いようとするとき、企業は集中戦略を選択する。集中戦略によるターゲットとなる具体的な市場セグメントの例として、次のようなものがある。①特定の購買者層（例えば、若い世代や中年層）、②同じ製品ラインの異なるセグメント（例えば、プロの画家向け製品あるいはＤＩＹ層向け製品）、③地域別市場（例えば、米国東部と西部市場）。つまり、**集中戦略** (focus strategy) は、特定の競争セグメントに製品やサービスを供給する際に採られる統合された一連の行動を意味する。

特定の地域で競争する特定の規模の企業のニーズを満たすためには、次の投資銀行の例のように、企業は専門化する傾向にある。ロサンゼルスの地場投資銀行であるグリーフ・アンド・カンパニーは、自らを「起業家のための投資銀行」と位置づけている。同社は、アメリカ西海岸を拠点とする中小企業にＭ＆Ａのアドバイスをするリーダー的存在である。ゴヤ・フードは全

## 戦略フォーカス・コラム

### カリブ・コーヒー：2番手ならば、さらに努力しろ

　もしあなたが業界ナンバー2であるならば、どのようにしてナンバー1と戦うのか。カリブ・コーヒーは業界トップのスターバックスとできる限りの差別化を試みた。カリブ・コーヒー社のコンセプトは1990年に、婚約中のキム・ホワイトヘッドとジョン・パケット（ダートマス・カレッジの卒業生）がアラスカのデナリ・ナショナル・パークで休日を過ごしていた時に浮かんだアイデアから始まった。彼らは丘の上から谷を疾走するカリブの群れを見下ろしながら、広大な景色に心を打たれ、世界に違いをもたらすビジネスを始めようと決意した。

　カリブ・コーヒー社は1992年にミネソタ州のミネアポリス市で生まれた。現在、アメリカの業界2位のコーヒー専門会社であり、コーヒー店の運営会社である。カリブ・コーヒーは2005年に株式公開し、直近では18州とコロンビア行政区に20以上のフランチャイズを含む、430店舗以上を展開している。その運営するコーヒー店は圧倒的にアメリカの中央部、東部に多く、5,000人以上を雇用している。カリフの企業ミッションは「より良い1日を提供する」である。

　カリブとスターバックスはともに、最高品質の製品と顧客サービスを提供することに力を注いでいるのだが、両社の提供方法はまったく違っている。スターバックスは「venti」や「grande」といったサイズの呼び方を好む、都会中心の顧客にくつろいだ環境を提供している。一方、カ

リブは、顧客になじみのあるサイズの「small」、「medium」、「large」という一般的な名称を使うことを決めた。カリブのコーヒー店は、顧客の居心地に焦点を当てて店舗設計されており、また、山岳スキーのロッジやアラスカ風キャビンをモデルにしている。店内装飾には、暖炉、天井には木製の梁、大きな椅子やソファーのようなゆったりとした家具がある。また、おもちゃやゲームを置いた子供向けの遊技場が設置されており、家族で利用できる雰囲気を作り出している。

2006年、カリブは、顧客にはじめて無料のWiFiサービスと最新のセキュリティ技術を提供するコーヒー企業になるため、ワンダリングWiFi社と提携した。ワンダリングWiFi社の社長であるジョン・マーシャルは、カリブ・コーヒーが多くの顧客に対する利便性、高品質のコーヒー、快適な雰囲気を提供する努力を続けていると信じている。

カリブはまた、「目を覚まし、音楽を嗅ぐ」と謳い、抽選ゲームのポッドキャスト版を提供するために、CEOであるマイケル・コールズの主導下で、アップル・コンピュータと提携した。そのゲームを通して、顧客はiTunes、iPod、そしてコーヒーが当たる。マイケル・コールズはこれを両社で「チャレンジャーブランド」と呼びながら、望ましい製品を提供し、そしてユニークな顧客体験を提供するために、イノベーションを通じて競争する、アップル・コンピュータとカリブのシナジー効果を強調している。2006年3月、カリブはフロンティア航空、USAトゥデイ、ゼネラル・ミルズ（カリブ・コーヒー・バー）、ライフタイム・フィットネス、ケンプス（カリブ・コーヒー・アイスクリーム）、モール・オブ・アメリカなど複数企業と提携した。2007年1月には、オフィス用・家庭用コーヒーのリーディングカンパニーであるクーリッグ社と、パートナーシップを築いた。また、2007年の夏には、カリブとコカ・コーラは新たなカリブ・コーヒーのボトル製品を発売した。

カリブは環境保護にも貢献している。例えば、1996年にカリブはコーヒー店に請願書を展示することで、北極圏国立野生動物保護区を守るよう議会を説得し、環境保護団体のウイルダネス協会を支援した。毎春、同地域に10万以上のトナカイが訪れ、新しい命が授かる。同時に、カリブは、バウンダリ・ウォーターズ・カヌー地区（ミネソタ州）やアメ

戦略フォーカス・コラム

リカの国立公園の同じような地区で、自然保護を支援している。2007年5月に、熱帯雨林連盟がカリブに「コーポレート・グリーン・グローブ賞」を授与した。同社が、熱帯雨林連盟の認証を持つ農場で生産した「持続的成長が可能な」コーヒー豆を使用し続けていることへの授与であった。カリブは、2008年以後、コーヒーの半分をこのような農場から購入するようさらに踏み込んだ約束をした。

　差別化努力によって、カリブ・コーヒーは、将来をさらに強固なものにしようとするアメリカの業界2位のコーヒー専門会社となり、その成功を享受している。同社はさらなる未来への利益の上がる成長の礎として、多方面のビジネスチャネルにわたる拡大に取り組んでいる。

出典： S. Reeves, 2005, Caribou Coffee's robust IPO, *Forbes*, http://www.forbes.com/strategies, September 23; G. Hayes, 2006, Caribou Coffee offers free WiFi service for customers, Caribou Coffee, http://www.cariboucoffee.com, August 28; G. Hayes, 2006, Coffee CEO podcast relays power of branding and music, Caribou Coffee, http://www.cariboucoffee.com, March 16; 2007, Caribou Coffee Company plans for continued business expansion, 2006 operating highlights and 2007 guidance, *Business Wire*, January 8; 2000, A different kind of bottom line, *Wilderness*, May 23; 2007, Rainforest alliance bestows corporate green globe award on Caribou Coffee, *PR Newswire US*, May 22.

米最大のヒスパニック系食品企業である。同社はヒスパニック市場をセグメント化し、1,500以上の製品を消費者に提供している。同社は、「ラテンコミュニティにとって最も大事な存在」になることを追求している。集中戦略をうまく用いることによって、グリーフ・アンド・カンパニーやゴヤ・フードのような企業は、業界全体に渡る競争優位を保有していないにもかかわらず、特定市場のニッチあるいはセグメントで競争優位を獲得する。

　集中するターゲットの幅は明らかに程度の問題なのだが、集中戦略の本質は、違いを持っている狭いターゲットを業界のその他の部分から区分し、開発していくことにある。集中戦略を用いる企業は、業界全体をターゲットにする競合企業よりも効果的に、業界の特定セグメントに対応しようとする。その独特のニーズが非常に特殊なため、業界全体を相手にする競合企業が相

手にしないと決めたセグメントに効果的に対応したり、あるいは業界全体を相手にする競合企業が満足に対応できていないセグメントのニーズを満足させた時に、集中戦略を採用する企業は成功する。

　企業はコスト集中戦略（集中コスト・リーダーシップ戦略）または差別化集中戦略（集中差別化戦略）を用いて、特殊な、独自性を持つマーケットセグメントの顧客に価値を創造できる。

### ▶ コスト集中戦略

　スウェーデンに本社を持つイケア社は、44カ国に店舗を持ち、2006年には235億ドルを売り上げたグローバルに展開する家具小売業者である。同社はコスト集中戦略（focused cost leadership strategy）を実践している。同社のビジョンは、「優れたデザインと機能を低価格で」である。デザインの良いものを低価格で購入したい若い世代が、イケアのターゲット顧客である。このような顧客のために、同社は優れたデザインと機能を持ち、納得のいく品質の家具を低価格で提供する。同社によれば、「常に低価格であることに集中することがすべての活動の段階で適用される原則である」とされる。

　イケアは低コストを維持するために、いくつかの活動に注力する。例えば、最初から外部の製造業者に依存するのではなく、最終組立を顧客ができるような低価格のモジュラー型（組み合わせ型）家具を、同社のエンジニアが設計する。販売員や室内装飾専門家を必要としないでいいように、顧客が家庭でどのような家具の組み合わせが良いかなどをイメージしやすくするため、シングルルームのような配置の中で多様な生活スタイル（ソファー、椅子、テーブルなどを完備する）に思い巡らすことができるような、製品ディスプレーをイケアは行っている。イケアが低コストを維持するためにとっている3つめの活動は、配送サービスを提供するよりも顧客自身に購入した家具を持ち帰ってもらうことである。

　コスト・リーダーではあるが、イケアはいくつかの差別化も実践している。それは特徴のある家具のデザインや、子供のための店舗内プレールーム、顧客用車椅子の用意、営業時間の延長など、である。イケアはこうしたサービスや製品によって、「若くて、裕福でなく、子持ちで（ベビーシッターはいない）、働いているので不規則な時間に買い物する顧客のニーズに、独自の

方法で対応していると考えている。このように、イケアの集中したコスト・リーダーシップ戦略は、低コスト製品に、いくつかの差別化的特徴をも取り込んでいる。

### ▶ 差別化集中戦略

　差別化集中戦略（focused differentiation strategy）を実践する企業もある。すでに述べたように、企業は多様な方法で製品を差別化することができる。例えば、インターネット家具ベンチャーのカスケートファニチャー・ドット・コム（Casketfurniture.com 訳者注：棺桶家具の意味）は、インターネットをショッピング手段として用いることに興味を持ち、多様な目的を持つアイテムを購入したがるＸ世代をターゲットにしている。同社は、「最高品質の家具を提供するインターネット通販業者のリーディングカンパニー」であると自負している。カスケートファニチャーは、希望するなら簡単に棺桶に転用できる、棺桶型の陳列棚やコーヒーテーブル、ＡＶ棚といった種類の製品を提供している。同社はまた、特注棺桶も作る。

　専門企業の例として、中華レストランがあげられる。興味深いことに、多くの中華レストランは似通った料理を提供しているため、激しい価格競争に行き着く。このような競争状況が、カリフォニアのサン・ガブリエル・バレーの中華レストラン街で見受けられる。競合店にスパイを送り込み、レシピや調理法の情報を入手するようなことも起きている。アルハンブラ・キッチンの経営者であるデビッド・ゴンは、激烈な競争と価格戦争が多くの中華レストランの料理の質を低下させていると言う（彼はアメリカ中華レストラン協会の代表である）。ゴンの目標は、中華料理のステータスを高めることにある。彼はオーストラリアのシドニーからシェフを雇い入れ、レストランの料理長とした。彼の集中戦略は、最良の中華料理を調理し、提供することにある。彼の店の料理は、サン・ガブリエル・バレーで１番の中華料理だと評論家に評価されている。

　集中戦略によって、企業は競争優位を開発し、維持して平均を上回る収益性を得るために、競争上優れた手法によってさまざまな主要活動と支援活動を完結させなければならない。コスト集中戦略の実践に要求される活動は、業界全体におけるコスト・リーダーシップ戦略に要求される活動のやり方と

事実上同じである（図4.3参照）。そして、差別化集中戦略の実践に要求される活動も、業界全体における差別化戦略の活動とほぼ同じである（図4.4参照）。同様に、2つの集中戦略のどちらも、2つの広い範囲を対象とする戦略と同じやり方で、企業は5つの競争要因にうまく対応することができる。唯一の違いは、企業の競争範囲である。つまり集中戦略は狭い産業セグメントに焦点を絞る。このように、図4.3と4.4、そして本文中で述べた「5つの競争要因」に関する内容は、2つの集中戦略と競争優位の関係性についても説明している。

### ▶ 集中戦略の競争上のリスク

　いずれの集中戦略も、産業全般にみられるコスト・リーダーシップ戦略や差別化戦略を用いる企業がそれぞれ直面するのと同じリスクに直面する。しかし、集中戦略にはさらに3つのリスクがある。

　第一に、企業がピントを当てていないような、さらに範囲を絞った競争セグメントに競合企業が焦点を当てるかもしれず、企業の集中分野で出し抜かれることになるリスクである。例えば、コンフェデレート・モーター社は、ハーレーダビッドソンの顧客にアピールするような、より差別化したオートバイを生産している。同社は「最高にアメリカ的なオートバイ」（同社の製品はハーレーよりも、アメリカらしい）の生産に取りつかれて、同社の製品はすべて手作業で生産される。実際、オートバイ1台を生産するのに1週間を要する。先鋭的なデザインの同社の製品は、デザインにデジタル技術を使っている。6万2,000ドル以上の価格で販売されている同社の製品は、2007年に導入されたB120 Wraith（「モーターサイクリング」紙で絶賛された）のような、真の意味で差別化された製品を購入したいと望む愛好家向けにのみ、アピールするのだろう。

　第2のリスクとして、業界全体で競争する企業が、集中戦略をとる企業の市場セグメントを魅力的で、追随するに値するものだと判断するかもしれないことが挙げられる。他の婦人服の製造業者や流通業者は、アンヌ・フォンテーヌがターゲットにしている狭いセグメントの潜在的利益が魅力的であると、判断する可能性が考えられる。例えば、ギャップなどの企業は、アンヌ・フォンテーヌの製品ラインと競合するような商品をデザインし販売すること

を試みている。

集中戦略の第3のリスクは、狭かったセグメントのニーズが、時間の経過とともに業界全体のニーズと似たようなものになってしまうことである。こうなると、集中戦略の優位性は低下するか、あるいは無くなってしまう。例えば、比較的安価な製品を購入したいニーズはなくならないにしても、いつかイケアのスタイリッシュな家具が欲しいという顧客ニーズは消えてしまうかもしれない。こうしたニーズの変化が起これば、イケアの顧客は、もっと標準的な家具を安く販売する大手チェーンストアから、製品を購入するようになるかもしれない。

## ● コスト・リーダーシップと差別化の統合戦略

すでに述べたように、多くの顧客は、製品とサービスを購入する時に高い期待を抱いている。戦略的な意味合いで言うと、こうした高い期待を抱く顧客は、低価格で、差別化された製品を購入したいのである。そのような顧客の期待に応えようと、多くの企業が低コストと差別化を同時に実現するような主要活動と支援活動に携わるのである。こうした活動マップを持つ企業は、**コスト・リーダーシップと差別化の統合戦略** (integrated cost leadership/ differentiation strategy) を活用する。この統合戦略を活用する目的は、差別化された特徴をもった製品を効率的に生産することである。効率的な生産は低コストを維持する源泉であり、差別化はユニークな価値の源泉である。この統合戦略をうまく活用する企業は、新しい技術や外部環境の急速な変化に素早く対応するのが常である。2つの競争優位源泉（コストと差別化）の同時開発に集中することは、企業が能力を持つようにならなければならない主要活動と支援活動を増やすことになる。こうした企業はしばしば、いくつかの主要活動や支援活動を遂行する企業の外部者の強いネットワークと繋がっている。こうした状況では、多くの活動でスキルを持つことが、企業により大きな柔軟性を与える。

コアとなる顧客グループ（高収入でファッションに関心の高いディスカウント・ショッパー）のニーズに集中しながら、ターゲット・ストアはコスト・リーダーシップと差別化の統合戦略を取り入れている。同社の年次報告書にこの戦略に関する記述がある：「われわれの組織全体にわたる一貫性と協調

## 戦略フォーカス・コラム

### ザラ（Zara）：コインの両面の統合

　ザラはヨーロッパ最大の衣服専門会社のスペインのインディテックス社が所有する7つのチェーンのうちの1つである。2007年初頭、インディテックスは世界小売業大会から「年度グローバル小売業賞」を受賞した。ザラの1号店は、1975年にオープンした。1990年には世界展開へと動いた。今では、ザラは中国やロシアを含む、64カ国で1,000店舗を展開している。

　ザラは"ファースト"ファッション、あるいは"ディスポーザブル"ファッション、"オンデマンド"ファッション、"10回着られるファッション"と呼ばれる製品を販売している。ファッションショーのファッションアイテムを模倣し、高品質アイテムを求めやすい価格で提供している。実売価格は市価基準である。ザラは既存の市場価格を見つけ、競合他社の同じような製品の最安値より安い価格付けをする。

　ザラは垂直統合企業であり、デザイン決定から販売場所まで製品を管理する。この管理レベルにより、ザラのコストを低く維持することができる。デザイナーは人気のファッションやセレブが着ているスタイル、MTV（ミュージック・テレビ・チャンネル）などで着用されている衣服をしっかりとモニターしている。生産ではジャスト・イン・タイム方式が取られ、大半のファッション性の高いアイテムが内製されている。ザ

戦略フォーカス・コラム

ラは３週間で新たな製品ラインを開発し製造開始することができる。それに対し、業界平均は９カ月を要する。約１万アイテムが年間で生産されて、すべてが週に２回、中央配送センターから直送される。このようにして在庫が最小限に抑えられるので、倉庫を持たなくてもよい。店舗へは、商品の品不足感を出すため限られた数量で配送される。多くのファッショナブルなアイテムはリスクが大きいと考えられており生産数量は抑えられている。迅速な商品の入れ替えが、顧客の頻繁なリピート率を高めている。

　ザラは繁華街の一等地に店舗を構え、顧客が居心地良く感じるような店舗設計をしている。顧客のリピート率を高めるために、魅力的な装飾に重点を置いている。販売員は店頭アイテムの位置を頻繁に変えている。これは、品不足感を演出するためである。デザイナーはすべての店舗から毎日ダウンロードされる情報によって、顧客の好みをよりよく観察できる。

　ザラはベネトンやギャップ、スウェーデンのH&Mのような主要競合他社と比較して、広告には費用をかけない。通常、シーズン終わりのセールの時だけ広告する。

出典： 2007, Zara, http://www.zara.com, July 5; 2007, Inditex, http://www.inditex.com, July 5; 2006, Inditex SA: Net climbs 22% amid cuts in costs, store openings, *Wall Street Journal*, December 14, B10; C. Rohwedder, 2006, Can Inditex stock stay as hip as its "fast fashion" clothes? *Wall Street Journal*, September 21, C14; L. Yaeger, 2003, Fete accompli, *Village Voice*, December 17, 12; 2003, Zara creates a ready to wear business: Leading fashion label designs its whole operation to fit the customer, *Strategic Direction*, November/December, 19(11): 24; L. Yaeger, 2002, Spring breaks, *Village Voice*, April 23, 14; B. Jones, 2001, Madrid: Zara pioneers fashion on demand, *Europe*, September, 43; 2001, Business: Floating on air, *Economist*, May 19, 50; C. Vitzthum, 2001, Just in time fashion—Spanish retailor Zara makes low-cost lines in weeks by running its own show, *Wall Street Journal*, May 18, B1.

を入念に育成することを重点的に集中することを通じて、ターゲットは強力で独創的なブランドを構築した。われわれのブランドの中核は、"高い期待を低価格で"というブランドの約束を通じた差別化と価値の正しいバランス

を図るコミットメントにある」。ターゲットは、特に化粧品ではソニア・カシュク、アパレルではモッシモ、キャンプ用品ではエディー・バウアー、ホーム用品、ガーデニング、電化製品のマイケル・グレイブスといった企業との提携関係によって、差別化された製品を割引き価格で提供している。常に高級なイメージを示す努力をしながら、ターゲットは米国47州に1,500店舗を展開しており、この店舗数には高級食材を扱うスーパー・ターゲット店が含まれる。加えて、多くのターゲットの店舗では、顧客のために写真現像や薬局、フード・アベニューと呼ばれるレストラン街も提供している。

　こうした事例は、統合戦略の成功的活用と平均を上回る収益性とに関係があることを示している。つまり、相対的に安いコストで相対的に差別化された製品を生産できる企業は、高い業績が期待できる。研究者は「競争優位を多面的に組み合わせるビジネスは、1つの競争優位の要素しかないビジネスよりも業績がよい」ことを明らかにしている。この戦略を用いる企業は、2つの戦略の適当なバランスを探さなければならない。2つの戦略はトレードオフ関係にあるので、両方を最適化できることは稀である。

　ザラ社もコスト・リーダーシップと差別化の統合戦略を用いている。同社は、比較的低価格で最新の魅力的なファッションの衣料品を提供する。当該戦略の実践には、センスのあるデザイナーとコスト管理の効果的な手段が実際要求され、それはザラの組織能力と良く適合している。ザラは3週間で新たなファッションをデザインし、そして生産を開始できる。これはザラの組織が、市場の変化や競合他社に対して容易に適合できる柔軟性の高い組織であることを意味している。

　企業が相対的に低コストで、いくらか差別化された製品を生産することを可能にする方法で、主要活動と支援活動を完結するためには、柔軟性が求められる。フレキシブル生産システム（FMS）、情報ネットワーク、全社的品質管理（TQM）は、柔軟性の三要素であり、これは統合戦略が求める継続的なコスト削減目標と、差別化要素の継続的な強化という目的をバランスしようとしている企業にとって特に役に立つ。

### ▶ フレキシブル生産システム

　フレキシブル生産システム（FMS）は、企業が相対的に低コストで、相対

的に差別化された製品を創るために統合して用いるシステムで"人的資源(ヒト)、物的資源(モノ)、情報資源の柔軟性"を高める。重要な技術的進歩であるFMSは、最小の人的作業でもって多様な種類の製品を、適量を柔軟に生産するためのコンピュータ管理プロセスにある。柔軟性は製造プロセスのモジュラー化から生み出されることが多い(他のバリューチェーン活動から出てくる場合もある)。

　FMSの目標は、伝統的な製造技術に内在する"低コスト対多品種"のトレードオフを解消することである。企業は、迅速で容易にある製品から他の製品の製造に変更するために、FMSを利用する。FMSを適切に運用できれば、企業は、低コスト優位や製品の一貫した品質を維持しながら、顧客ニーズの変化にさらに効果的に対応することが出来る。FMSは効率的な小ロット生産(ロットサイズを小さくできる)を可能にするので、狭い競争範囲の独特なニーズに対応する企業の能力は、一層高くなる。全産業において、企業の有形資産(例えば、機械設備)と無形資産(例えば、ヒトの技能)の効果的な組み合わせは、複雑な競争戦略、特にコスト・リーダーシップと差別化の統合戦略の遂行を容易にする。

### ▶ 情報ネットワーク

　企業をサプライヤー、流通業者、顧客とつなぐことで、情報ネットワークはもう1つの柔軟性の源泉を提供する。これらのネットワークは効果的に使われれば、顧客の品質と迅速な配送に対する期待を満たす手助けとなる。海外子会社もまた、効果的に子会社の顧客にサービスするために親会社の知識を利用しなければならない(ローカルの市場と環境の理解と親会社の知識を統合する)。

　前に、われわれは顧客のニーズを把握するために、顧客との関係管理が重要であることを述べた。顧客関係管理(CRM)は、企業がその目的のために利用する情報ベースネットワークプロセスの1つの形態である。効果的なCRMシステムは、顧客との関係について360度の視野を与えてくれる。それは、すべてのコンタクトポイント、業務プロセス、コミュニケーション媒体、販売チャネルを網羅する。企業は、差別的特徴と低コストとの間で顧客が求めるトレードオフを見つけ出すために、この情報を使うことができる。それ

は、コスト・リーダーシップと差別化の統合戦略を活用する企業にとって極めて、重要な評価基準である。

　こうして、組織の文脈の中で効果的な知識を用い、総合的な戦略的意思決定を行うためには、価値ある情報フローが決定的に重要である。より良い経営意思決定には、企業環境に関する正確な情報が必要とされる。

### ▶ 総合的品質管理システム

　総合的品質管理システム（TQM=total quality management）とは、従業員グループやチームへの権限委譲を基礎としたデータの活用と問題解決アプローチを通じた、顧客に対する、そしてすべての業務プロセスの継続的改善に対する、組織を挙げたコミットメント（約束）を重視する経営管理のイノベーションである。企業は次の目的のためにTQMシステムを発展させ、使用する。①顧客満足度の向上、②コスト削減、③革新的製品の市場投入時間の短縮、である。多くの企業が製品およびサービスの品質向上にTQMシステムを用いる。米国の自動車メーカーはこうした目的のためにTQMシステムの使用を進めることで進歩があったものの、彼らは海外のメーカー、特に日本の自動車メーカーに依然として大抵の品質指標で後塵を拝している。

　革新的な製品の開発能力の強化をしながら同時にコストを下げることが出来る企業は、柔軟性を高める。それは、コスト・リーダーシップと差別化の統合戦略を遂行する企業に、特に役に立つ結果となる。顧客が期待する品質を超えることは差別化要素であり、また、コスト削減のための非効率なプロセスの解消は、企業が比較的安価で同じ品質の製品を顧客に提供することを可能とする。このように、効果的なTQMシステムは、差別化を高め同時にコストを削減するための機会を見つけるのに必要な柔軟性を獲得する手助けとなる。しかしながら、TQMシステムはいかなる競合企業でも使用できる。そうであるからこそ、TQMシステムは企業が同等の競争力を保持するのを助けるが、他方でそれだけで競争優位を導くことは滅多にないといえる。

### ▶ コスト・リーダーシップと差別化の統合戦略の競争上のリスク

　コスト・リーダーシップと差別化の統合戦略をうまく利用することによって、平均を上回る収益性を得る潜在性がもたらされる。しかしながら、この

戦略はリスクのある戦略でもある。というのも、比較的低価格でありながらも、ターゲット顧客に価値を創造する水準の、差別化製品の生産を可能にする主要活動と支援活動を見いだすことが難しいからである。さらに、長期間この戦略を適切に実行するためには、企業は生産コストを削減し（コスト・リーダーシップ戦略が要求するように）、同時に製品差別化の程度を高めないといけない（差別化戦略が要求するように）。

　主要活動および支援活動の最適化を実現できなかった企業は、"中途半端(stuck in the middle)"の状況となる。"中途半端"というのは、コスト構造は価格が魅力的なほど低くはなく、その製品がターゲットとする顧客への価値創造につながるほど差別化されていないケースである。こうした企業は、平均を上回る収益性を得られず、また、企業が競争する産業の構造が非常に好ましい時だけ平均的収益性を得られる。このように、企業がコスト・リーダーシップと差別化の統合戦略を採用する場合、相対的に低価格でターゲット顧客にいくつかの差別化された特徴を提供する製品を企業が製造できる方法で、主要活動と支援活動を遂行することができなければならない。前に述べたように、サウスウエスト航空はこの戦略を追求し、"中途半端"に陥ることを回避してきた。

　コスト・リーダーシップあるいは差別化戦略のどちらかをうまく実施できなければ、企業はまた中途半端な状態に陥る。言い換えれば、産業全体での競合企業もまた中途半端となる可能性をもっている。統合戦略にチャレンジすることは、低コストと差別化の双方を追求しなければならない点でコストが掛かる。企業は差別化のために他企業とのアライアンス（提携）が必要かもしれないが、アライアンス・パートナーはコスト・リーダーとなることを難しくしてしまうように、その経営資源の使用に費用を掛けてしまうかもしれない。企業はイノベーションを通じた差別化を維持したり、あるいは競合企業から提供されていない製品を自社ポートフォリオに投入するために、企業買収をすることを動機つけられるかもしれない。最近の研究は、"純粋な戦略"（コスト・リーダーシップか、差別化か）を用いる企業は、"ハイブリッド戦略"（例えば、コスト・リーダーシップと差別化の統合戦略）の実施を試みる企業よりも業績が優れていると述べている。しかし、統合戦略を実施する企業はまた、純粋な戦略を実施する企業と同様に良い業績をみせること

もある。この研究は、統合戦略を実施することが本質的にリスクとなることを示している。しかしながら、統合戦略はより一般化してきており、技術進歩やグローバル競争のせいで、おそらく多くの産業で必要性は高まっている。

## 要約　　　　　　　　　　　　　　　　　　　　　　　　　*Summary*

- 事業戦略は、特定の製品市場におけるコアコンピタンスを開発することによって競争優位を得るために企業が活用する、統合され、調整されたコミットメント（約束）とアクション（行動）の組み合わせである。5つの事業戦略（コスト・リーダーシップ戦略、差別化戦略、コスト集中戦略、差別化集中戦略、コスト・リーダーシップと差別化の統合戦略）を本章で分析した。

- 顧客は成功する事業戦略の基礎である。顧客を考えるにあたって、企業は3つの問題を同時に分析する：who（誰に）、what（何を）、how（いかに、提供するか）である。これらの問題は、それぞれ対応されるべき顧客グループ、企業が満足させようとする顧客のニーズ、そして顧客ニーズを満足させるために企業が用いるコアコンピタンスに関係している。グローバル経済の中で増え続ける市場セグメントの数は、ある1つの事業戦略で対応できる一層ユニークな顧客ニーズを、企業が明確化する機会をもたらす。

- コスト・リーダーシップ戦略で競争優位を求める企業は、産業の中の典型的な顧客のために、実用本位で、標準化された製品を生産する。しかしながら、こうした低コスト製品は、競争力のあるレベルでの差別化を伴って提供されなければならない。平均を上回る収益性は、コストが競合企業より低い一方で、顧客に許容できる水準の差別化の特徴を持つ製品を提供する企業が、常に効率を重視するときに達成されるものである。

- コスト・リーダーシップ戦略に関連した競争上のリスクには、次のものが含まれる。（1）新技術による競争優位の喪失、（2）顧客ニーズ変化の見落とし、（3）自身の独自の戦略的行動を通じてコスト・リーダーの競争優位を模倣する競合企業の能力。

- 差別化戦略を通して、企業は顧客に差別的（価値のある）特徴を持った製品を提供する。

差別化された製品は、競合商品が提供するコストと特徴の組み合わせと比べても、製品の特徴と相対的に見合うと顧客が考えるコストで販売されなければならない。その独自性によって、差別化製品あるいはサービスは、プレミアム価格で販売されるからである。製品はある顧客グループが価値を見いだすどの次元でも差別化できる。この戦略を用いる企業は、できる限り多くの次元で競合企業の製品やサービスからその製品を差別化することを求める。競合企業製品との類似性が少なければ少ないほど、企業にとりライバルとの競争の衝撃はますます緩和される。

■ 差別化戦略に関連するリスクには、次のようなものがある。（1）差別化製品とコスト・リーダーの製品やサービスとの間にある差異はもはやプレミアム価格の価値がないと顧客グループが判断する、（2）顧客がプレミアム価格を支払っても良いというタイプの価値を差別化製品が創造できなくなる、（3）差別化の程度が同じで、しかもより低コストの製品を顧客に提供する競合企業の能力、（4）企業が差別化製品やサービスの安い「模倣品」を生産するような模造の脅威。

■ コスト集中戦略や差別化集中戦略を通じて、企業は狭い競争セグメント（例えば、買い手のグループ、製品セグメント、地理的な地域）のニーズに対応する。この戦略は、業界全体の顧客に対応する企業が生み出す価値を上回る価値を、特化した市場セグメントに与えるのに必要なコアコンピタンスを企業が持っている場合に、成功する。

■ 集中戦略の競争上のリスクは、次のようなものがある。（1）より狭い特定の市場セグメントに対応することによって、集中戦略企業の集中分野で出し抜かれるように、自社のコアコンピタンスを使いこなす競合企業の能力、（2）顧客グループの特化されたニーズに集中するという、業界全体の競合企業による意思決定、（3）狭い市場セグメントと業界全体の顧客ニーズの違いの縮小。

■ コスト・リーダーシップと差別化の統合戦略を実施する企業は、価値ある差別化された特徴も持つ比較的低コストの製品を顧客に提供するよう努力する。柔軟性が、低コストで差別化製品を生産できるような方法で、主要活動と支援活動の使い方を企業が学習するために求められている。この戦略の主要なリスクは、低コストか差別化の点でどちらかが十分な価値を提供しない製品を企業が生産するかもしれないことである。このケースでは、企業が中途半端になっているといえる。中途半端な企業は、競争劣位の状況にあり、平均を上回る収益性の獲得ができない。

## 重要用語 *key words*

- **事業戦略**（business-level strategy）は、特定製品市場でコアコンピタンスを開発することによって競争優位を獲得するために企業が活用する、統合されかつ調整された企業のコミットメント（約束）とアクション（行動）から構成される。

- ニーズにもとづく顧客のグループ分けは、**マーケット・セグメンテーション**（market segmentation）と呼ばれている。これは同じようなニーズをもった人を個別に、そして特定可能なグループに分類するプロセスである。

- **コスト・リーダーシップ戦略**（cost leadership strategy）は、競合他社と比べ最も低い価格で、顧客が受け入れることができる特徴を備えた製品やサービスを生産するために取られた統合された一連の行動である。

- **差別化戦略**（differentiation strategy）は、顧客が自分たちに意味ある方法で他とは異なっていると感知する製品やサービスを（許容範囲のコストで）提供するために取られる、統合された行動である。

- **集中戦略**（focus strategy）は、特定の競争セグメントに製品やサービスを供給する際に採られる統合された一連の行動を意味する。

- **コスト・リーダーシップと差別化の統合戦略**（integrated cost leadership/differentiation strategy）を活用する目的は、差別化された特徴をもった製品を効率的に生産することである。

- **総合的品質管理システム**（TQM＝total quality management）とは、従業員グループやチームへの権限委譲を基礎としたデータの活用と問題解決アプローチを通じた、顧客に対する、そしてすべての業務プロセスの継続的改善に対する、組織を挙げたコミットメント（約束）を重視する経営管理のイノベーションである。

## 復習問題 *Review questions*

1. 事業戦略とは何か。

2. 「who」、「what」、「how」で表される顧客と事業戦略との関係は何か。なぜ、この関係が重要か。

3. コスト・リーダーシップ戦略、差別化戦略、コスト集中戦略、差別化集中戦略、コスト・リーダーシップと差別化の統合戦略、の各事業戦略の違いは何か。

4. 企業が平均を上回る収益性を得る方法として、5つの競争要因との関連で企業を位置づけるために、どのように各事業戦略が使えるか。

5. 各事業戦略の実行に関連した特有のリスクは何か。

# 第5章

## 敵対的競合関係と競争のダイナミクス

本章の狙いは、下記目的に必要な戦略的経営の知識を提供することにある。

1. 競合企業、敵対的競合関係、競争的行為、競争のダイナミクスを定義する。
2. 競合企業を分析する基本単位として、市場の共通性と資源の類似性について論じる。
3. 競争的行為の原動力としての認知度、動機付け、能力について説明する。
4. 競合企業が競争的行動を取る可能性に影響を与える要因について議論する。
5. 競合企業が、対抗して取られた行動に反応する可能性に影響する要素について議論する。
6. 変化の周期が遅い、速い、標準の市場での競争のダイナミクスについて説明する。

## opening case

ヒューレット・パッカード(HP)社とデル社の競争：激しい戦い

「私はこれからの数年間CEO（最高経営責任者）を続けるだろう。私たちは、このビジネスを立て直すつもりだ。」デルの創業者であり再登板したCEOのマイケル・デルのこの言葉は、グローバル規模のパーソナル・コンピュータ(PC)トップセラーの地位を失う原因となった問題を正すために、最善の努力をするつもりであることを示している。実際、2006年末、デルのグローバルPC市場のシェアが14.7%に低下したのに対し、HPは18.1%を握った。シェアの低下によって、2005～2006年のデル社の株式価値は、32%も下落した（HPは同期間2倍に上昇した）。

1984年に最初の投資1,000ドルでスタートしてから、2007年には560億ドルの企業に成長したデルにとって、業績の低下ははじめての経験だった。デルの成長は、天才の着想――仲介業者を迂回し、注文されたコンピュータを直接消費者に販売するモデルの上に成り立っていた。アナリストの中には、"デル・ウェイ"として知られるようになったこのアプローチが、「20世紀後半の革命的なビジネス・モデルの1つ」だと考える者もいる。しかし、このアプローチはもはや価値を生まなくなり、歴史上の1ページとなった。このような変化が生じた理由は、競争行動と競争反応の物語にある。

時間の経過とともに、デルとその競争行動は、そのビジネス・モデルを活用するために、コスト削減により製品価格の引き下げを絶えず行う方法を探すことに焦点を合わせていた。製品に対する需要が拡大している時は、単一のビジネス・モデルに集中することが迅速な成長に繋がる。しかし、やがてイノベーションと改革を行うことが、継続的な成功を続ける上での基礎となる。

　過去数年間、HPは自らを革新し、変革する方法を発見した。ビジネス・モデルを分析した後、トッド・ブラッドリー（現在HPのPC事業のトップ）は、「HPは間違った戦場で戦っていた。HPは、デルが強いインターネットと電話による直販の分野で、デルと戦うために資源を集中していたのだ。それよりも、HPは、デルが全く進出しておらず、自らの強みである小売店に焦点を合わせるべきだ」と結論づけた。うまく焦点を変えるために、HPは小売業者との密接な関係を発展させ、PCを「個性化」させようとまで試みた。「コンピュータはもういちど、あなただけのものになる」キャンペーンと歩調を合わせて、HPは、有名人（例えば、ファッション・デザイナーのヴェラ・ワンや大物ヒップホップ歌手のJay-Z）を広告で特集しながら、さまざまな小売業者向けにユニークな製品を生み出している。例えば、HPは、ベストバイ（アメリカの大手家電販売チェーン）と共同で、白と銀のノート・パソコンをデザインし、生産している。女性客を惹きつけるため、このノート・パソコンには1,100ドルの値段が付けられ、2006年のホリデーシーズンにベストバイで最も良く売れたノート・パソコンの1つとなった。

　デルが小売店での販売に挑むと意思決定したのは、HPの行動に対する競争反応である。デルは、現在、ノート・パソコンとデスクトップ・パソコンを日本で販売するために、日本の小売業者（ビックカメラ）と提携している。さらに、2007年7月にテキサス州ダラスで、最初の直営店を開店し、デル自身が直営店の実験を行っている（その他にも、デルは直販店を出店する計画がある）。また、デルは（製品イノベーションを発見するために）研究開発へ追加的投資を行って、広告キャンペーンの一部を「コンピュータをカスタマイズする利点を消費者に思い出させる」ように、広告キャンペーンを再構築している。

出典： M. Bartiromo, 2007, Will Dell be a comeback kid? *BusinessWeek*, February 26, 128; N. Byrnes & P. Burrows, 2007, Where Dell went wrong, *BusinessWeek*, February 19, 62–66; C. Lawton, 2007, How H-P reclaimed its PC lead over Dell, *Wall Street Journal Online*, http://online.wsj.com/article, June 5; L. Lee & P. Burrows, 2007, Is Dell too big for Michael Dell? *BusinessWeek*, February 12, 33; R. Mullins, 2007, Dell goes retail in Japan, *PCWorld*, http://www.pcworld.com, July 28.

　同一市場で事業を行い、類似した製品を提供し、類似した顧客を狙う企業は**競合企業**（competitors）である。サウスウエスト航空、デルタ、ユナイテッド、コンチネンタル、ジェットブルーは、ペプシコとコカ・コーラのように競合企業である。オープニング・ケースで説明したように、デルとHPは、お互い活発に競争する競合企業である。デルの"オーダーメイド"というビジネス・モデルは何年間もうまくいったが、HPなどの競合企業が最近成功を収めてきていることをみれば、このモデルに対し修正が必要となっているようだ。デルのCEOのマイケル・デルは、競争上の地位を向上させるためにデル社は「サービスをさらに拡大し、もっと国際的に展開していくだろう」と、述べた。

　企業は、平均を上回る収益性を得ようとしながら事業を行う幅広い行動の一環として、競合企業と相互に作用しあう。企業が競合企業との相互作用に関して行う意思決定は、平均を上回る収益性を獲得する能力に重要な影響を与える。80〜90％の新しい企業は行き詰まるので、どのように競争する市場を選択するか、そして、競合企業とどのようにベストの競争をするかを学ぶのは非常に重要である。

　**敵対的競合関係**（competitive rivalry）とは、市場で有利な地位を得ようとする際に企業間で起こる、競争行動とそれに対する競争反応である。特に競争が激しい産業では、企業は戦略的行動に着手し、ライバルの動きに反応したり、対抗策をとったりすることで、絶えず有利な地位を得ようと画策する。主要な企業にとって、「戦略の根幹をなす冷酷な経験的事実は、ある企業が他社をしのぐということにある」という敵対的競合関係を理解していることは重要である。つまり、敵対的競合関係は、競争優位を獲得し、それを維持

する個別企業の能力に影響を与えることを意味するのである。

　企業レベルの行動の連鎖である敵対的関係は、自社の競争行動をまず起こし、次に競合企業のとる行動に対応することから生じる。**競争的行為**(competitive behavior)は、企業が競争優位を築いたり守ったり、市場での地位を向上させるために取った競争行動と競争反応から構成される。競争的行為を通じて、企業は5つの競争要因に関連してうまく自社の地位を築こうと試み（第2章）、将来に向けて優位性を築きながら現在の競争優位を防御しようとする（第3章）。そして徐々に、競合企業は複数の市場で競争行動と競争反応を行うようになる。複数の製品や地域別市場で相互に競争する企業は、**多数市場での競争**(multimarket competition)に取り組んでいる。すべての競争的行為――つまり、すべての企業が市場で繰り広げる競争によって起こる行動と反応の全体――は、**競争のダイナミクス**(competitive dynamics)と呼ばれている。これらの鍵となる概念の間の関係は、図5.1に示されている。

　本章では、敵対的競合関係と競争のダイナミクスに着目している。これらの重要なトピックスの核心は、企業戦略は本質的にダイナミックであるということである。1つの企業によって取られた行動は競合企業からの反応を引き出す。そして次に、通常は最初に行動を取った企業からの次の反応を引き起こす。オープニング・ケースで説明したように、行動と反応の連鎖は、デルとHPの間で起こっている。デルとの競争方法を変更するため、HPは、パソコンを販売する小売業者との間で、極めて行き届いた関係を発展させた。顧客は、購買決定前にPCに"触れたり"、"やりとりしたり"する機会に好意的反応を示したため、直営小売店で試行を開始したデルは、カナダやアメリカにある3,500店舗のウォルマートを含めた小売業者を通じてPCを売ることを決定した。

　企業の戦略に対する敵対的競合関係の影響を強調するもう1つの考え方がある。それは、戦略の成功は企業の最初の競争行動だけによってではなく、競合企業の反応をいかにうまく予測し、なおかつ競合企業の最初の行動（攻撃とも呼ぶ）をうまく予測して反応するかによって決定されるということである。敵対的競合関係は、すべてのタイプの戦略（例えば、全社戦略、買収戦略、国際戦略）に影響を与えるが、最も支配的影響を持つのは事業戦略に

第5章　敵対的競合関係と競争のダイナミクス

対してである。確かに企業のライバルに対する行動と反応は、事業戦略の基本構成要素なのだ。第4章で説明したように、事業戦略は、企業が特定製品市場における競争優位をうまく利用することに関係があったことを思い出してほしい。グローバル経済において敵対的競合関係は激化しており、そのことは企業の事業戦略に対する影響の重要性が増していることを意味している。例えば、薄型パネルテレビ市場における競合は激化している。その1つの理由は、ウェスティングハウスやマクセントといった企業の一流ブランド製品を40%も下回る値引きを行うような価格競争である。しかし、事業戦略を効果的に発展させ、行使する企業は、値引き合戦のような激しい敵対的競合関係を経験している時でさえ、個々の製品市場で競合企業をしのぐ傾向がある。

**図5.1　競合企業から競争のダイナミクスへ**

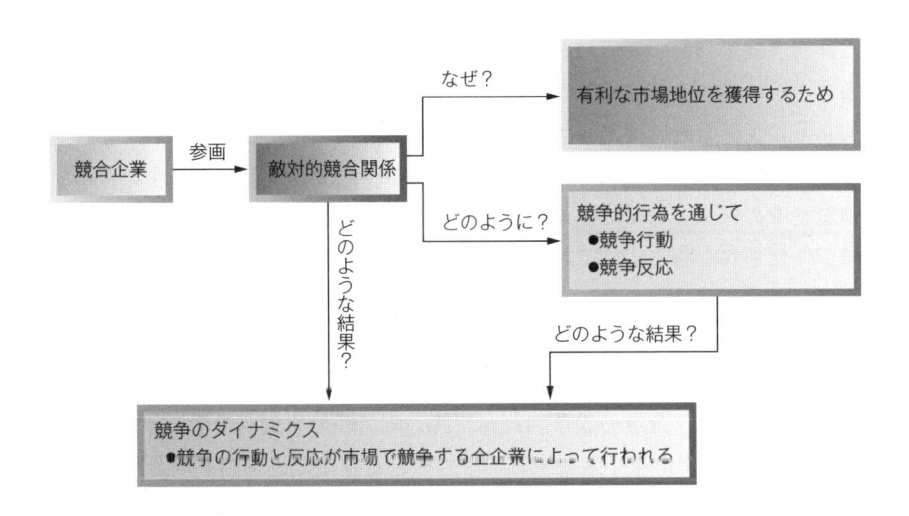

```
競合企業 ──参画──> 敵対的競合関係 ──なぜ？──> 有利な市場地位を獲得するため
                        │
                        ├──どのように？──> 競争的行為を通じて
                        │                    ●競争行動
                        │                    ●競争反応
                        │                        │
             どのような結果？                 どのような結果？
                        │                        │
                        ▼                        ▼
                競争のダイナミクス
                ●競争の行動と反応が市場で競争する全企業によって行われる
```

出典：Adapted from M. J. Chen, 1996, Competitor analysis and interfirm rivalry: Toward a theoretical integration, Academy of Management Review, 21: 100–134.

## ■ 敵対的競合関係のモデル

　時間をかけて、企業は多くの競争行動と競争反応を取る。すでに述べたように、ある企業の競争行動が、競合企業の競争反応を引き起こしながら目に見える効果を及ぼすので、敵対競争関係はこの行動と反応のパターンから徐々に発展する。このパターンは、企業が相互依存的であり、企業が相互の競争行動と競争反応を感知し、市場での成功は個々の戦略と戦略行使の結果の関数であることを示している。経営幹部は、敵対的競合関係が企業の財務業績に大きな直接的影響を与えることを、ますます認識するようになってきた。研究によると、産業内の強烈な競争は、競争する企業の平均的収益性を低下させるという結果を示している。

　図5.2は、簡単な企業レベルの敵対的競争関係のモデルを示しているが、このタイプの競争は普通ダイナミックで複雑である。企業が取る競争行動と競争反応は、有利な市場地位を獲得するための組織能力やコアコンピタンスをうまく構築し、行使するための基盤である。図5.2のモデルは、特定企業と競合各社との間の競争に共通にみられる行動の順序を示している。企業はこのモデルを、どのように競合企業の行為（行動と反応）を予測したり、どのように企業行動に関連した不確実性を減らしたらよいのかを理解するのに利用できる。競合企業の行動や反応を予測できることは、企業の市場地位やその結果としての財務業績に明らかにプラスの効果を持つ。図5.2にモデル化された特定市場で起こるすべての個々の競争の全体は、その市場における競争のダイナミクスを反映している。

　本章の最後に、図5.2で示したモデルの構成要素について説明する。まず、競合企業を分析する構成要素としての市場の共通性と資源の類似性について説明する。次に、企業の競争的行為に関して3つの組織的特徴（認知度、動機付け、能力）の影響を議論する。そして、企業が競争行動を取る可能性に影響する要因と、企業が競合企業の行動に反応する可能性に影響する要因について説明することで、企業間の敵対的競合関係、もしくは企業間の敵対関係について分析する。本章の最終セクションでは、市場の特徴がどのように変化の周期が遅い市場、速い市場、標準的な市場で敵対的競合関係に影響を

——————第 5 章　敵対的競合関係と競争のダイナミクス

及ぼすかについて述べるため、競争のダイナミクスに着目する。

## ■ 競合企業分析

　前述したように、競合企業分析は、企業が競合企業との敵対関係の範囲および性格を予測するための第一歩である。競合企業は、同一市場で営業し、類似製品を提供し、類似顧客を対象としている企業であることを思い出してほしい。企業が競争し合っている市場の数（市場の共通性と呼ばれ、次のページで定義する）と、資源面での類似性（資源の類似性と呼ばれ、次のセクションで定義する）が、企業が競合相手である程度を決定する。高い市場の共通性と資源の類似性をもつ企業は、"明らかに直接の、相互に認知された競合企業"である。オープニング・ケースで示したように、デルと HP は、エイサーとレノボと同様に、直接の競合企業である。エイサーとレノボとの間の世界 PC 市場の 3 番目のシェアを狙った直接競争は、エイサーが低コスト

**図 5.2**　敵対的競合関係のモデル

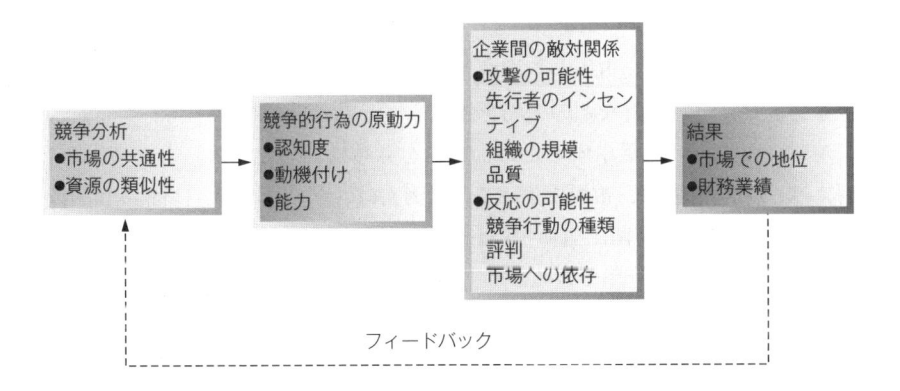

```
┌──────────────┐     ┌──────────────┐     ┌──────────────────┐     ┌──────────────┐
│ 競争分析     │     │ 競争的行為の │     │ 企業間の敵対関係 │     │ 結果         │
│ ●市場の共通性│ ──▶ │ 原動力       │ ──▶ │ ●攻撃の可能性   │ ──▶ │ ●市場での地位│
│ ●資源の類似性│     │ ●認知度     │     │ 　先行者のインセ │     │ ●財務業績   │
│              │     │ ●動機付け   │     │ 　ンティブ       │     │              │
│              │     │ ●能力       │     │ 　組織の規模     │     │              │
│              │     │              │     │ 　品質           │     │              │
│              │     │              │     │ ●反応の可能性   │     │              │
│              │     │              │     │ 　競争行動の種類 │     │              │
│              │     │              │     │ 　評判           │     │              │
│              │     │              │     │ 　市場への依存   │     │              │
└──────────────┘     └──────────────┘     └──────────────────┘     └──────────────┘
        ▲                                      フィードバック                │
        └──────────────────────────────────────────────────────────────────┘
```

出典：Adapted from M. J. Chen, 1996, Competitor analysis and interfirm rivalry: Toward a theoretical integration, Academy of Management Review, 21: 100–134.

PCとこれまでにない流通取引慣行に頼ってシェアを獲得しながら、非常に激しくなっている。しかし、直接の競合企業であることは、デルとHPやエイサーとレノボの場合のように企業間の敵対関係が激しくなることを、必ずしも意味しない。その競争的行為の原動力は、競合企業が競争行動を開始し、そしてその競合企業の行動に対して反応する可能性に影響を及ぼす要因になるのと同様に、競争的行為の原動力（driver）は、直接の競合企業に対しても、敵対関係の激しさに影響を及ぼすことになる。

　第2章では、競合企業分析を企業が競争環境を理解する際に使用する手法として議論した。一般環境、業界環境、競合企業環境が合わさって、企業の外部環境を構成する。さらに、企業が競合企業を理解するのに役立つよう、競合企業分析がどのように使用されるかを説明した。この理解は、競合企業の将来の目的、現在の戦略、その仮定および組織能力の検討に由来している（第2章の図2.3参照）。本章では、競合企業分析の議論が、それらの競争行動と競争反応という形で競合企業の行為を予測するために、企業が何を学習するのかということを説明するところまで拡張される。第2章と本章での競合企業分析の議論は、競争行動と競争反応が予測可能である（本章で説明）前に、企業は第一に競合企業を理解しなければならない（第2章で説明）という点で、相互に補い合っている。

### ● 市場の共通性

　各産業はさまざまな市場から構成されている。金融サービス産業は、保険、証券ブローカー、銀行などの市場を抱える。それは、多様でユニークな顧客グループのニーズに集中するため、市場をさらに細分化することができる。例えば、保険市場は、市場セグメント（例えば、法人と個人）、商品セグメント（例えば、健康保険と生命保険）および地域別市場（例えば、西ヨーロッパと東南アジア）に分類できるかもしれない。一般的に、インターネット技術が作り出す能力は、その産業の中の市場で活動する企業間の競争とともに産業市場の性質を形作るのに役立つ。例えば、広く利用可能な電子ニュース・ソースは、新聞のような伝統的な印刷ニュースの販売者がどのようにビジネスを行うかに影響を与える。

　競合企業は、産業を形成する個別市場の異なる特性について意見が一致す

明細書

発行日：令和04年09月17日

1 / 1

株式会社渡辺薬局

| | 令和09月17日(土) | | | (点) |
|---|---|---|---|---|
| 病院 内科 名称 事務先生 | | 日/回数 | 薬剤料 | 技術料 |
| 粉末細0.60g処入「MY」 | 2ヶシ錠 | | | |
| 粉末細0.60g処入「J」 | | | | |
| 分包用 | | 369 | | |
| ↓ | | | | |
| 初期臨床料 | | | | 10 |
| 分包(1日分) | | | | 4 |
| 本料 1 | | | | 42 |
| | | 369 | | 56 |

る傾向がある。例えば運送業では、民間航空輸送市場が、YRC社（世界最大の輸送サービス・プロバイダーの１社）と、YRCの主要な競合企業であるアーカンソー・ベスト社、コンウェイ社、フェデックス社とによって支配されている陸上輸送市場とは異なるという理解がある。そこには違いが存在するものの、ほとんどの産業の市場は、使用される技術あるいは競争上の優位を開発するために必要とされるコアコンピタンスの点から多少関連づけられる。例えば、異なるタイプの運送業者は、信頼できて適時のサービスを提供する必要がある。したがって、サウスウエスト、コンチネンタル、ジェットブルーのような民間航空会社は、乗客を満足させるサービス能力を開発するに違いないが、他方で、YRCやその主要な競合企業は、物品を輸送するために保有車両を利用する顧客のニーズを満足させるような能力を開発しているに違いない。

　企業は、異なる産業のいくつかの市場で競争し合っていることがある。この状況では、競合企業が相互に何度も遭遇するような市場の共通性と呼ばれる条件が見いだされる。もっと正確にいえば、**市場の共通性**（market commonality）は、企業と競合企業がともにかかわる市場の数と、それぞれに対する個別市場の重要性の度合いに関係がある。いくつかの、あるいは多くの市場で相互に競争する企業は、多数市場での競争に従事している。マクドナルドとバーガーキングは、多数の地域別市場で競争しあっており、プルデンシャル保険とシグナ保険は、商品市場（例えば、生命保険と健康保険）でも、複数の市場セグメント（例えば、卸売保険と小売保険の市場）で競争し合い、アンホイザー・ブッシュとオランダのビール醸造会社ハイネケンは、多数のグローバル市場と製品（つまり、プレミアムビールとライトビール）市場で競合している。航空、化学、薬品、消費者食品産業は、しばしば企業が多数の市場で同時に競争し合う産業の例である。

　複数の市場で競争する企業は、競争行動が取られた市場だけでなく、お互いに競争する他の市場でのライバル企業の行動に反応する可能性がある。この可能性は、ある組織がある市場で取った動きが、そのライバルがすぐに気がつかない方法で、他の市場でその目標を達成しようと企てられる複雑な競争のモザイクを作り出す。この可能性は、競合企業との間の競争を複雑にする。実際、「多数市場との関わりがある企業は、自ら攻撃を始めることは少

ないが、攻撃を受ければ積極的に行動する可能性が高い」ことを示唆している研究もある。したがって、一般的には多数市場での競争は、敵対的競合関係を弱める。

### ● 資源の類似性

**資源の類似性**（resource similarity）とは、企業の有形資源と無形資源が、競合企業の資源と、種類や量の面で比較できる程度のことである。類似した種類と量の資源を持つ企業は、類似した強み・弱みを持っていたり、類似した戦略を取る。業務の効率を向上させたり、コストを削減したりするためにITを利用する最も効果的な方法を見いだそうとするフェデックスとUPSとの競争は、このような予想を実証している。類似した資源の特徴に裏付けられた類似した戦略を推進しながら、これらの企業で働く人々は、積み荷を集荷し、分別し、出荷するのを精力的に行っている。例えば、UPS社の物流センターでは、労働者は、（ピーク時の夜には）4時間以内で少なくとも100

**図 5.3** 競争分析のフレームワーク

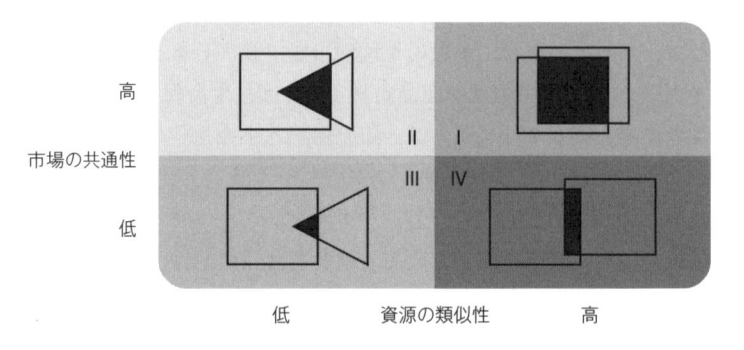

陰影部分は2社間の市場の共通性の度合いを示す
□ 資源Aのポートフォリオ　◁ 資源Bのポートフォリオ

出典：Adapted from M. J. Chen, 1996, Competitor analysis and interfirm rivalry: Toward a theoretical integration, Academy of Management Review, 21: 100–134.

機の貨物機とおそらく160台のトラックから100万個の小包を捌かなければならない（フェデックス社の従業員も、同量の集荷、分別、出荷を捌かなければならない）。フェデックス社とUPS社は、効率を高め、コストを削減する方法を発見するために毎年10億ドル以上を研究開発に費やしている。アナリストによれば、「数百万個の小包を扱っている場合、1分の遅れが巨額のコストとなる」ので、これらの企業は研究開発に取り組んでいるのだ。

　競合企業の分析を行う際、企業は市場の共通性や資源の類似性に応じてそれぞれの競合企業を分析する。これらの分析結果は、視覚的に比較できるようマッピングすることができる。図5.3では、市場の共通性と資源の類似性に関して、企業と個々の競合企業との間の異なる前提の重なり合う部分を示した。これらの重なり合う部分は、企業と比較対象の企業がどの程度の競合企業となるのかを示している。例えば、図5.3の第Ⅰ象限に示された企業とその競合企業は、類似した種類と量の資源を持っている（つまり、2つの会社は似通った資源のポートフォリオを持つ）。第Ⅰ象限の企業とその競合企業は、双方に重要な多くの市場で競争し合うために類似した資源ポートフォリオを用いるだろう。これらの条件は、第Ⅰ象限にモデル化された企業は、直接的かつ相互に認識した競合企業であるという結論に結びつく（例えば、フェデックス社とUPS社）。それとは対照的に、第Ⅲ象限に示した企業とその競合企業は、市場をほとんど共有せず、資源の類似性がほとんどなく、直接的かつ相互に認識した競合企業ではないことを示している。したがって、小さな地元の家族所有のイタリアン・レストランは、オリーブガーデン（イタリア料理のチェーン店）とは直接競合せず、また、ダーデン・レストラン（オリーブガーデンの所有企業）の持つ資源と類似することもない。ライバルとの競争関係のマッピングの状態は、企業が市場へ参入し、退出し、その資源も種類と量の面で変化するため、流動的である。そのため、時間の経過とともに、企業にとっての直接の競合企業となる企業は変化する。

## ■競争行動と競争反応の原動力

　図5.2に示したとおり、市場の共通性と資源の類似性は、競争行動の原動力（認知度、動機付け、能力）に影響を与える。今度は、この原動力が、敵対的競合関係にある際に、企業が取る行動と反応に現れるように、企業の競争的行為に影響を与える。

　**認知度**（awareness）（企業が競争行動や反応を取る前提条件となる）は、競合企業が市場の共通性と資源の類似性に起因する相互依存度を認識する程度を指している。認知度は、企業が多数の市場で競争しあう際に用いる（種類と量で）非常に類似した資源を持つ場合、最も高くなる。日本のトップ建設機械メーカーであるコマツと、アメリカに本拠を置くキャタピラーは、類似した資源を持ち、相手の行動をはっきりと意識している。世界２大スーパーマーケット・グループであるウォルマートとフランスのカルフールについても、同じことが言える。ヨーロッパや南アメリカの複数の市場で支配的な地位を占めようと競争するのに類似した資源を使用するので、２社のお互いの認知度が増している。認知度は、企業がその競争行動と競争反応の結果を理解する程度に影響する。認知度の不足は、過当競争に結び付き、すべての競争者の業績にマイナスの効果を与える場合がある。

　戦略フォーカス・コラムで説明したように、ライバルであるネットフリックスとブロックバスターは、相手の競争行動と競争反応を強く意識している。確かに、それら企業間の敵対関係は非常に激しい。２つの企業と、その行動と反応について見ればわかるように、両社は互いを競争の戦いに引き込むことを強く動機付けられている。

　企業が行動を起したり、競合企業の攻撃に反応したりする動機に関係する**動機付け**（motivation）は、認知された利益と損失に関係している。したがって、企業は競合企業に気づいているかもしれないが、その競合企業の行動に反応しないと、その地位が改善しないか市場地位が被害を受けることがない限り、競合企業と競争しようと動機付けられないかもしれない。

　市場の共通性は、企業の認知とその結果としての動機付けに影響する。例えば、他のすべての条件が同等だとすれば、企業は複数の市場で競争するラ

## 戦略フォーカス・コラム

### ネットフリックスとブロックバスターの競争、勝者はどちらか？

　ネットフリックスは、オンライン映画レンタル事業を立ち上げた。顧客にさまざまなプランを提供したが、そのうちの1つに返却期限なしで1度に3本まで映画をレンタルできるというプランがあり、この企業は当初の8年間は急速に成長した。

　当初から、ネットフリックスの成長は加入者を増やすことで支えられていた。2004年末、ネットフリックスの創業者でCEOのリード・ヘースティングズは、加入者を増やし続けるためにこのプランの価格を下げることを決め、その価格戦略はうまくいった。さらに、同社のマージンは2004年の価格レベルで魅力的であった（2007年初でも基本的に変わらない水準であった）ため、ネットフリックスの利益は2003年の650万ドルから2006年には4,900万ドルに増加した。しかし、ネットフリックスの主要ライバル社であるブロックバスターは、主な競合企業が取るあらゆる競争行動を認識している。さらに、ブロックバスターは、現在ネットフリックスの市場行動に対して積極的に反応している。一部の目には、これら企業間で"醜い"競争を繰り広げていると映るほどだ。さらに悪いことに、これら企業が現在では相互破壊的な競争状況に陥っているのかもしれない。

　その証拠に、2006年にブロックバスターがオンライン・レンタル・サービスで新たなオプションを導入すると、ネットフリックスの勢いは劇的に失われている。"トータル・アクセス"と呼ばれるサービスは、加入者が1カ月あたり1ドルを余分に支払えば、オンラインでのレンタル取引だけでなく、ブロックバスターの店舗でレンタルの返却と貸出を行えるものである。ネットフリックスではレンタルが郵送に限定されているため、この利便性はネットフリックスには提供できない。この競争行動を十分承知した上で、2007年中頃でもネットフリックスはなおこのプランに対して低価格で応じるしかなかった。この競争反応の不利な点は、低価格によって利益が削られたことである。しかし、ネットフリッ

クスも2007年に、「ウォッチ・ナウ」という映画ダウンロード・サービスを開始した。このサービスは、高速インターネット回線を使って、顧客がテレビセットかパソコン上で映画をダウンロードして鑑賞できるものである。

　両社や、両社の行動と反応を鋭く意識している競合企業間での絶え間ない競争の実態の中で、ブロックバスターがネットフリックスの「ウォッチ・ナウ」サービスにどう反応するか気になるところである。ブロックバスターは容易にこのサービスを模倣できるので、ネットフリックスがこのサービスで競争優位を獲得するのは難しい。両社は、収益能力を大幅に損なう競争をどれくらいの期間行うかを決定しなければならないだろう。このレベルの破壊的競争の方法は、すぐ終わるかもしれない。2007年中頃、ブロックバスターは、SEC（証券取引委員会）に提出した有価証券報告書の中で、オンライン・サービスを「継続的な契約増加数と収益性の向上との適切なバランスをとる」ものに変更すると述べた。

出典：　2007, Netflix to cut rental fees in battle with Blockbuster, *USA Today Online*, http://usatoday.com, July 31; D. King, 2007, Netflix trims forecast amid war with Blockbuster, *Houston Chronicle Online*, http://www.chron.com, July 23; M. Liedtke, 2007, Netflix gives up profit to gain business, *Houston Chronicle Online*, http://www.chron.com, July 23; B. Steverman, 2007, Netflix battle with Blockbuster gets ugly, *BusinessWeek Online*, http://businessweek.com, July 24.

イバルよりも、市場の共通性が低いライバルを攻撃する可能性が高い。その主な理由は、企業が複数の市場を共有するライバル企業より有利な位置を獲得しようとすると、思い切った行動が必要となるからである。既述のように、多数市場での競争では、最初の行動が取られた市場と異なる市場で企業が取った行動に対して、競合企業が反応することが見られる。このタイプの行動と反応は、両社がコア市場に集中しなくなり、他の目的に割り当てられた資源で競争し合う状況を引き起こす。市場の共通性の条件下で競争を仕掛けるのは大きな賭けになるので、攻撃された企業が1つ以上の市場での地位

を守るため、競合企業の行動に反応する可能性は高い。

いくつかの事例では、企業は競合企業と共有する多くの市場を認識し、その競合企業からの攻撃に反応するよう動機付けられるかもしれないが、そうする能力を欠いている場合がある。**能力**（ability）は、各企業の資源と企業が提供する柔軟性に関係がある。利用可能な資源（例えば、財務資本と人的資源）なしでは、企業は競合企業を攻撃したり、競合企業の行動に反応したりする能力に欠ける。しかし、類似した資源があることは、類似した攻撃と反応をする能力があることを示唆している。ある企業が類似した資源を持つ競合企業と対峙した場合、類似した資源を持つ競合企業は行動に反応する可能性が高いので、行動を始める前に起こり得る攻撃を注意深く検討する。

資源の**非類似性**（dissimilarity）は、企業間の競争行動と競争反応に影響を与える。つまり、行動を起す企業と競合企業または潜在的な反応者との間の資源の不均衡が大きいほど、資源面で不利な企業の反応は遅れる。例えば、ウォルマートは、小さなコミュニティー（人口2万5,000人以下）だけでの競争にフォーカスしたコスト・リーダー戦略を最初に用いた。特に、ウォルマートは、強みとしての精巧な物流管理システムと非常に効率的な購買業務を駆使して、小規模な小売市場に対して、その当時としては新しいタイプの価値（まずは最低の競争価格で幅広い品揃えという形）を創造した。地元の競合企業は、素早く効果的に反応するのに必要なペースで必要な資源を揃える能力に欠けていた。しかし、より卓越した資源（より高い能力）や魅力的な市場地位を持つ競合企業と対峙した場合、いかに手強そうに見えても、企業は最終的には反応すべきである。少なくともウォルマートの競争行動に反応しなかった地元小売業者に起こったように、反応しないことを選択することは結局失敗に終わるかもしれない。

## 敵対的競合関係

企業と競合企業との間で進行中の競争行動と競争反応は、両社の業績に影響する。したがって、成功する戦略を選択し実行するために敵対的競合関係

を注意深く学習することは、企業にとって重要である。競合企業の認知度、動機付け、能力を理解することは、企業がその競合企業による攻撃の可能性や、競合企業が攻撃に対する反応の可能性を予測するのに役立つ。

　すでに述べたように、認知度、動機付け、能力の点から競合企業を研究して得られた予測は、市場の共通性と資源の類似性に基づいている。これらの予測は、極めて一般的である。競合企業の競争的行動と反応について企業が開発した一連の最終予測の価値は、「攻撃可能性」の要因（例えば、先行者のインセンティブと組織の規模）や、図 5.2 で示した「反応可能性」の要因（例えば、行為者の評判）を検討することで高められる。これらの要因を評価し理解することで、企業は競合企業の行動と反応に関する予測を磨くことができる。

### ● 戦略的行動と戦術的行動

　敵対的競合関係の中で競争行動と競争反応を形成する際、企業は戦略的行動と戦術的行動の両者を用いる。**競争行動**（competitive action）とは、その競争優位性を構築したり防御したりするか、市場地位を向上させるために企業がとる戦略的行動または戦術的行動である。**競争反応**（competitive response）とは、競合企業の競争的行動の影響に反撃するために企業がとる戦略的あるいは戦術的行動である。**戦略的行動**または**戦略的反応**（strategic action or strategic response）とは、組織資源の重要なコミットメントを含んでおり、実行したり撤退したりするのが難しい市場ベースの動きである。**戦術的行動**または**戦術的反応**（tactical action or tactical response）とは、戦略を微調整するための市場ベースの動きである。それは、資源投入が少なく、実行したり撤退したりするのが比較的容易である。

　GUESS 社が市場シェアを失いかけたとき、価格を引き下げてブランド価値を弱めるよりも、企業ブランドと関連商品を高級化することを、GUESS の新しく就任したリーダーが数年前に意思決定したことは、戦略的反応の一例である。また、2008 年の納入を目指して、非常に効率の良い 787 中型ジェット旅客機製造に必要な資源を集中するとしたボーイングの決定は、戦略的行動を例証している。航空運賃の改定が、航空会社から頻繁に発表されている。つまり、容易に撤回できる戦術的行動として、一定期間ある市場の需要を伸ばすため、これらの航空会社は頻繁に価格決定を行っている。

戦略フォーカス・コラムで議論したように、競合企業を犠牲にしながら収入増加をはかり、市場シェアを高める手段として、ウォルマートは思い切った低価格を設定している。しかし、ディスカウント価格や（店舗改装のために必要な）経費の高さは、販売利益を圧迫し、利益の成長を遅らせている。思い切った低価格設定は、ウォルマートの企業としてのあり方や競争のやり方の中核を成すが、果たして思い切った低価格設定という戦術的行動が、歴史的に享受してきた競争上の成功に繋がり続けることができるだろうか。ウォルマートは、すべての企業が市場競争で成功するための基盤である戦略的で戦術的な競争行動と競争反応との間の、ある種のバランスを達成しているのだろうか。

　ライバルを競争に巻き込む際には、企業は戦略的行動と戦術的行動、戦略的反応と戦術的反応の違いを認識しなければならず、2種類の競争行動と反応の間で有効なバランスを求めるべきである。ボーイングが787型機の設計、製造、発売を決定したことは主要な戦略的行動であるので、同社が787ジェット旅客機を市場に出すことに成功するのに必要だと信じている行動を取ることに最大の努力を払っている点に、エアバスは気をつけるべきだ。他方、ジャンバ・ジュースが最近スムージー飲料で違った質感を出そうとしている試みは、ズカ・ジュースのような競合企業から戦略的反応を受けない戦術的行動である。

## 攻撃の可能性

　市場の共通性、資源の類似性、認知度・動機付け・能力の原動力に加えて、他の要因も、競合企業を攻撃するために、ある競合企業が戦略的行動と戦術的行動を用いる可能性に影響を与える。これらの要因のうちの3つ（先行者のインセンティブ、組織の規模と質）を、次に述べる。

### 先行者のインセンティブ

　**先行者**（first mover）とは、競争優位を構築あるいは防衛したり、市場での

## 戦略フォーカス・コラム

### ウォルマートの戦術的行動としての低価格設定

「毎日が低価格（EDLP）」。世界中の人々は、ウォルマートのビジネス・モデルであるこの有名なスローガンをよく知っているだろう。このモデルによって、ウォルマートは目覚しい成功を収めている。2007年中頃の時点で、ウォルマートは6,775の店舗を有し、年間3,500億ドル超の売上を誇っていた。アメリカ合衆国以外での売上が総売上高の約40％に達し、ウォルマートは国際的に拡張しており、カナダとメキシコではナンバーワンの小売業社である。一部のアナリストは、ウォルマートのビジネス・モデルは、日本やドイツなどいくつかの先進市場で収益を上げるには苦労するが、多くの新興市場では非常に魅力的であると信じている。多数の企業（コール、J.C. ペニー、BJ's ホールセールクラブを含む）もこの巨大小売業者と競争しているが、ウォルマートの主要な競合企業はヨーロッパのカルフール、アメリカのコストコ、ターゲットである。

戦術的行動として、ウォルマートは、総売上収入を増加させ、他の商品も購入すると期待して、店に顧客を引き付けるために一部の商品に低価格を付けている。

値下げによって、値下げしない時よりも高い総売上高が得られたり、顧客が買物全体で利益率の高い他の商品も買ってくれる場合は、積極的な低価格設定は（この方法をとるウォルマートやコストコにとり）機能する。最近、ウォルマートとコストコは、顧客を店に引き付ける別の手段として、ガソリン販売を業務に加えた。両社は、顧客が店にある他の商品も買ってくれるだろうという期待を込めて、ガソリンに魅力的な価格をつけている。

戦術的行動として、積極的な価格設定はウォルマートが販売するほぼ全商品に対して用いられている（一部のアナリストは、ウォルマートの値下げを「価格にメスを入れる」と評している）。玩具とエレクトロニクス商品（例えば、薄型テレビ、パソコン、電話機）は、クリスマスシーズンに積極的な低価格設定が行われる。さらに最近、ウォルマートは、

この商品カテゴリーでベストバイ、ホームデポ、ロウズと競争するため、電化製品に積極的な値段をつけている。新学期シーズンには、ウォルマートはしばしば最大1万6,000点にも及ぶ学校関連の商品を値下げ（どこでも10～50%）している。

　企業は、慎重にすべての競争行動と競争反応の有効性を評価しなければならない。一部の人は、ウォルマートが低価格を強調したために、古い店舗の改装や、商品構成の質的向上を行うのに十分な資源を割り当てられなくなっていると感じている。競合企業のコールズとコストコは、商品構成の良さや、近代的な施設が提供するいささか快適な買物体験をアピールすることで、ウォルマートの一部顧客を引き付けているようだ。したがって、ウォルマートは積極的な価格設定という戦術的行動が、うまい具合に市場競争に競合企業を巻き込むことができる程度を慎重に評価しなければならない。

出典： M. Barbaro, 2007, Wal-Mart and Studios in film deal, *New York Times Online*, http://www.nytimes.com, February 6; A. D'Innocenzio, 2007, Wal-Mart sets in motion a price-cutting campaign, *Houston Chronicle Online*, http://www.chron.com, July 23; A. Feldman, 2007, The tiger in Costco's tank, *Fast Company*, July/August, 38–40; R. Fuhrmann, 2007, Wal-Mart vs. AT&T: Wal-Mart, *Motley Fool Stock Advisor*, http://www.fool.com, March, 15; 2007, Wal-Mart Stores, Inc., Hoovers, http://www.hovers.com, July 31.

地位を向上させたりするために、最初の競争的行動を取る企業である。先行者の概念は、イノベーション行動を取って競争優位を達成した企業について議論した有名な経済学者ジョセフ・シュンペーターの研究に影響を受けている（イノベーションは、13章で詳細に定義、説明する）。一般に、先行者は製品イノベーションと開発、積極的な広告、先端研究開発に資金を配分する。

　成功した先行者となる利点は非常に大きい。特に、急速な変化が起こったり、ある一定期間に競争優位を保持することが事実上不可能な変化の周期が速い市場（本章後半で述べる）では、先行者は、追随者の5～10倍の企業価値や収入を得るかもしれない。これは、先行者利得は絶対的ではないが、急

速な技術開発や比較的短い製品ライフサイクルを経験した産業では、先行者利得が企業の成功にとってしばしば決定的に重要な意味を持つことを示唆している。競合企業がその成功した競争行動に反応するまで平均を上回る収益性を得られることに加えて、先行者は、最初に市場投入した企業の製品やサービスにコミットするような顧客の忠誠心や、競合企業が将来の敵対的競合関係の中で入手困難になり得る市場シェアを獲得することができる。先行者が後発の市場参入者より生存率が高いという一般的に見られる証拠は、おそらく先行者利得の最たるものを示している。

　競合企業の競争行動を予測しようとする企業は、競合企業が先行者利得を獲得するために攻撃的な戦略的行動を取ると結論付けるかもしれない。しかし、企業の競合企業が先行者になろうと動機付けられたとしても、そうする能力に欠けているかもしれない。先行者は、積極的な傾向があり、進んでイノベーションを試み、合理的ではあるが高いリスクを取る。先行者であるためには、迅速かつ成功裏に革新的な製品を絶えず生産し、販売し続けるだけでなく、思い切って研究開発に投資するために即時に利用可能な資源を持たなければならない。

　組織スラック（organizational slack：組織が持つ余裕）は、先行者となる（利用可能な資源によって測定されるような）能力を持つことを可能にする。スラックは、現時点では使用されていないが、一定水準の組織によるアウトプットを生み出すために必要な最小限度の資源を上回るような、実在するか入手可能な資源によって提供される緩衝材やクッションである。流動的な資源として、スラックは、先行者利得に結びつく研究開発投資や積極的な販売活動のような競争行動を支援するために素早く割り当てられることができる。スラックと先行者であるための能力との関係によって、先行者である競合企業がおそらく利用可能なスラックを持ち、革新的な製品を連続的に導入するために積極的な競争行動をとるだろうと、企業は予測することができる。さらに、企業は、ある競合企業が先行者として、他の競合企業が最初の行動に有効に反応できるまで、平均を上回る収益性を得ようと急速に市場シェアと顧客忠誠心を素早く獲得しようと試みると予測できる。

　競合企業を評価する企業は、先行者であることが危険を伴うことに気付くべきである。例えば、市場に製品イノベーションを導入することから得られ

るリターンを正確に評価するのは難しい。その結果、追加的なイノベーションをサポートするのに必要なスラックが縮小することになる。製品イノベーションを展開するための先行者のコストは、多大になる可能性がある。したがって企業は、ある競合企業が先行者として達成する成果を注意深く研究すべきである。その競合企業が成功し続けることは、追加的に製品イノベーションを行っていることを意味するが、他方で競合企業のイノベーションによって自社の製品が受け入れられないと、それは将来、先行者であることのリスクを受容しようとする意欲に欠けることを示唆することになろう。

**追随者**(second mover)は、通常は模倣を通じて、先行者の競争行動に反応する企業である。先行者より用心深く、追随者は顧客の製品イノベーションへの反応を検討する。その過程で、追随者は先行者の犯したミスや問題を避けることができるよう、あらゆるミスを見つけようともする。しばしば、先行者のイノベーションをうまく模倣することで、追随者はパイオニア(先行者)の誤りや巨額の支出をともに回避することができる。

追随者は、先行者が用いたものよりも効率的か、消費者に追加的な価値を作り出すプロセスや技術を開発する時間もある。ゴヤというコード名のプロジェクトを通じて、コダックは消費者向けインクジェット・プリンターを開発している。その製品は、「鮮明な色彩が生涯保たれる写真プリントを生み出した、コダックの科学者が開発した粒子状の新しいインク」を基盤としている。HPが支配する500億ドルのプリンター事業への新規参入者としてのコダックが直面した困難な課題について言及して、コダックのCEOは次のような見方を示した:「われわれは、20年遅れて市場に来たことを非常に誇りに思っている。われわれは、産業のビジネス・モデルを破壊させたり、消費者の主な不満(つまり、インクの高コスト)を解消する機会を得られるだろうと思う」。全休として、先行者の競争行動の結果は、追随者の競争反応の性質やタイミングを決定するので、追随者に有効な青写真を提供するかもしれない。コダックは、この競争的な分野の先行者であるHPの行動を注意深く研究した後で、インクジェット・プリンター事業に参入するので、この有効性の利点を経験するかもしれない。

競合企業が(過去の行動に基づいた)有効な追随者かどうかを判断することで、先行者の企業は、競合企業が成功したイノベーションに基づいた市場

参入に対して素早く反応するかどうか予測できるようになる。先行者は、やり手の追随者の競合企業が市場参入を検討し、短期間内で独自の新しい市場参入で反応してくると予測できる。追随者として、競合企業は先行者の製品よりも大きな顧客価値を提供する製品で反応しようとするだろう。最もやり手の追随者は、先行者の成功したイノベーションに対し素早いが首尾よく反応するために、市場のフィードバックを迅速かつ十分に解釈できる。

**後発参入者** (late mover) は、先行者の行動と追随者の反応から相当な時間が経過した後、競争行動に反応する企業である。通常は、遅れた競争反応で達成される成功は、先行者と追随者の達成した成功より相当低くなる傾向があるが、全く反応しないよりはましである。1万ドル未満の見込み価格で、シボレーのTrax、Beat、Grooveブランドを乗用車市場の小型・低燃費セグメントに投入するのは遅すぎる可能性がある。これらの車は、特にホンダのフィット、トヨタのヤリス、日産のヴァーサの対抗車である。

後発参入者と競争する企業は、先行者と追随者がその市場で成功を達成した後でのみ、競合企業が特定市場に参入すると予測できる。さらに、相対的に見れば、企業は、後発参入者の競争行動が少なくとも先行者と追随者の製品が提供するのと同等の顧客価値をどのように作るか理解するのに必要な時間をかけた場合にのみ、平均収益を得ることが許されると予測することができる。例外は存在するが、後発参入者の競争行動の大部分は、先行者と追随者によって始められた競争行動と比べて効果がないだろう。

### 組織の規模

組織の規模は、競争行動の種類やタイミングだけでなく、競争行動を取る可能性にも影響を与える。一般的に、小企業は大企業と比べて競争行動に着手する可能性が高く、それをより迅速に行う傾向が強いようである。それゆえに、小企業は、有利な市場地位を獲得するために特に大企業と敵対的競合関係にある中で、競争優位を防御するか、新しい競争優位を開発するためのスピードと不意打ちに頼る俊敏で柔軟な競合企業であると理解されている。小企業の柔軟性および敏捷さは、競争行動の多様性を開発することを可能にしている。他方、大企業では、用いられる競争行動の種類を制限する傾向がある。

## 第5章　敵対的競合関係と競争のダイナミクス

　しかし大企業は、一定期間中により多くの戦略的行動を伴う、より多くの競争行動を始めると思われる。したがって、組織規模の点から競合企業を調査する場合、企業は総売上高か総従業員数などの計数を使うべきである。企業がより規模の大きな競合企業から受ける競争行動は、より規模の小さな競合企業から受ける競争行動とは異なるだろう。

　組織規模という要素は、いっそうの複雑さをもたらす。敵対的競合関係に関わる場合、企業は多くのユニークな競争行動をたびたび取ろうとする。理論上、組織は数多くの競争行動を始めるため大企業が所有するスラック資源と、多様な競争行動を始めるため小企業が持つ柔軟性を持っている。ハーブ・ケレハー（サウスウエスト航空の共同創立者であり元CEO）は、この問題に取り組み、次のように言った。「大きく考えて行動すると、われわれの得るものは小さくなるだろう。小さくて考えて行動すると、われわれの得るものは大きくなるだろう」。

　敵対的競合関係の意味合いの中では、ケレハーの発言は、（大企業の傾向である）限られた数や種類の競争行動に依存することが、時が経つと競争上の成功を減少させることになることを意味すると解釈できる。その理由の中には、競合企業が予測可能なものに有効に反応する方法を学習することもあるということがあげられる。対照的に、多種多様な競争行動を展開し活用するための（小企業の傾向である）柔軟性と敏捷性を保持することは、ライバルに対抗して成功するのに貢献する。

　戦略フォーカス・コラムで説明したように、ウォルマートは巨大企業で、同社を世界最大の企業とする年間総売上高を生み出している。その企業規模が理由の一部なのだが、ウォルマートは多様な競争行動を取るのに必要な柔軟性を持っている。例えば、2007年の新学期商戦期で、ウォルマートは、顧客の共感を得た製品選択を強調する助けとなる新しい広告代理店を雇った。このメッセージは、企業の典型的な"価格中心の広告"からはっきりと脱却したと考えられる。その柔軟性を示しながら、少なくとも新学期の季節の間は、ウォルマートには"あなたの欲しいブランドが欲しい価格で"あることを見てもらおうと決めた。競争行動の点からこの種の柔軟性を示すことは、コストコ、コールズ、ターゲットのような競合企業とウォルマートの戦いにとって特に重大であることを証明するかもしれない。

## ● 品質

品質には、欠陥のない製品やサービスの生産に関連する定着した定義や、終わりのない連続的な改善サイクル、などの多くの定義がある。戦略的視点から、われわれは、品質は企業の主要活動と支援活動を完成させる方法の結果であると考えている（第3章を参照）。そのため、**品質**（quality）は、企業の製品やサービスが顧客の期待を満たすか、それを上回る場合に存在する。品質が顧客を満足させる上で最も重大な要素かもしれないことを示すいくつかの証拠がある。

顧客の目には、品質は顧客にとって重要な達成度評価に対してほぼ適正なことを行っていると写っている。顧客は、幅広い次元で企業の製品とサービスの質を測定することに関心を持つかもしれない。顧客が共通して興味を示す例となる品質次元は、表5.1で示している。品質は、トップレベルのマネー

### 表5.1　製品とサービスの品質の次元

**製品の品質の次元**
1. 業績 ──────── 経営上の特徴
2. 特徴 ──────── 重要な特定の特性
3. 柔軟性 ─────── 定期間にわたる業務仕様への適合
4. 耐久性 ─────── 性能低下前の使用回数
5. 適合性 ─────── 規定基準との適合
6. 保守性 ─────── 修理の容易さと速さ
7. 美観 ──────── 製品の見た目と感触
8. 認識された品質 ── 主観的評価の特徴（製品イメージ）

**サービスの品質の次元**
1. 適時性 ── 約束された期間内で行うこと
2. 丁寧さ ── 喜んで行うこと
3. 一貫性 ── すべての顧客にいつも同じ体験を与えること
4. 利便性 ── 顧客に近づきやすいこと
5. 完全性 ── 必要に応じた完全なサービスを提供すること
6. 正確性 ── その都度正しく行われること

出典：Adapted from J. Evans, 2008, Managing for Quality and Performance, 7th ed., Mason, OH:Thomson Publishing.

ジャーが支援したり、その重要性が組織全体で制度化されている場合に限り可能となる。品質が皆から制度化され評価される場合、従業員とマネージャーは同様に品質を改善する方法を継続して探し続けようと気を配るようになる。

品質は、グローバル経済での普遍的テーマであり、競争で成功するための十分条件ではないが、必要条件ではある。品質が伴わないと、企業の製品は信頼性に欠ける。つまり顧客は実行可能な購買の選択肢とは思わないことを意味する。確かに、顧客は、自分にとって重要な品質次元について、少なくとも基本的なレベルでの期待を満たせると信じるに足るまでは、製品を買おうとは思わないだろう。したがって、長城汽車（中国の低価格自動車メーカー）は、少なくとも品質が合格水準だと顧客が信じるまで、ヨーロッパでいくら自動車を販売しようと努力しても難しい、と予測できる。

品質は、敵対的競合関係に影響を与える。製品品質の低さに苦しんでいるある競合企業を評価分析する企業は、品質問題が解決されるまでその競合企業の売上高が低下すると予測できるだろう。さらに企業は、顧客から信頼を得るために品質問題が改善されるまで、競合企業が精力的な競争行動を取らないだろうと予測できる。しかし、品質問題が改善されれば、競合企業は積極的に競争行動を取るだろう。さらに、メルセデス・ベンツ自動車のケースのように、品質がいつも重要である競合企業が、自社の品質が認知された製品を生産する能力を回復させるために行動すると予測できる。

歴史的に、メルセデス・ベンツは、品質とエンジニアリングの高さで知られていた。確かに、製品の品質はダイムラー社にとって競争優位であった。しかし、クライスラーを買収し、ダイムラー・クライスラーになったことは、メルセデス・ベンツの品質に否定的な影響を与えたようだ。実際、関係者は、2003年と2006年初頭の間で、メルセデス製品は品質面で"急下降"したことを認めた。例えば、2004年と2005年には、自動車のエレクトロニクスに関する問題が広範囲なリコールに結びついた。企業の設備や生産技術を近代化する緊急の必要性を認識しなかったことで、製品の品質が低下することに繋がった。以前は独立していた2社を統合することに注意が向き、メルセデスの需要にあまり注意が払われなかった可能性がある。しかし、クライスラー部門を売却する決定によって、直ちにメルセデス車を改革することになった。

現在、車が販売される前に問題を発見するために製造過程で数千回もの耐久試験を行い、設備は改良され、品質と生産効率を高めるためにサプライヤーがメルセデスの従業員と全面的に協力する努力がなされている。これらの変化を見て、BMWやレクサスのような競合企業は、自分たちと競争するためにメルセデスが自社製品の品質をさらに向上させるだろうと予測できる。

## ■ 反応の可能性

　企業の競争行動の成功は、反応の（戦略的か戦術的かの）種類や有効性だけでなく、競合企業がそれに反応する可能性によって影響を受ける。前述したように、競争反応は、競合企業の競争行動の影響に対抗するために企業が取る戦略的または戦術的な行動である。一般的には、競合企業の行動に企業が反応する可能性があるのは、①その行動が、一層強い競争優位を獲得するか形成するために、もしくはその市場における地位を改善するために、競合企業の組織能力をうまく活用するよう導く場合、②その行動が、優位性を創出したり維持するために自社の組織能力を活用する企業の能力を破壊する場合、③企業が市場での地位を守れなくなる場合である。

　市場の共通性、資源の類似性、認知度・動機付け・能力に加えて、競合企業がどれほど競争行動に反応する可能性があるかを予測するために、企業は３つの要因（競争行動、評判、市場依存の種類）を評価する（図5.2参照）。

### ● 競争行動の種類

　戦略的行動に対する競争反応は、戦術的行動に対する反応とは異なる。これらの違いによって、企業が始めた競争行動に対して競合企業が取りそうな反応を予測することができる。一般的には、戦略的行動は戦略的反応を受け、戦術的行動は戦術的反応を招く。

　一般的には、市場ベースの動きのような戦略的反応は、かなりの資源のコミットメントを伴い、実行と撤回が難しいので、競争反応の総数は少なくなってしまう。パーム社が自社株の25%をエレベーション・パートナーズ（プラ

イベート・エクイティ投資会社）に売却するとした決定は、撤回が難しい戦略的行動であろう。しかし、3億2,500万ドルの資本投入が、非常に競争的なスマートフォン市場で成長することが求められていたパーム社に、組織能力を提供することになった。

　戦略的行動によって誘発される反応が戦術的行動より少ないことのもう1つの理由は、戦略的行動を実行し、その有効性を評価するのに掛かる時間が、その行為に対する反応を遅らせることができるからだ。対照的に、航空会社がある市場で値下げした競合企業の戦術的行動とほぼ同時に値下げした場合のように、競合企業は戦術的行動には素早く反応する可能性が高い。多数のライバル企業の顧客を対象とする戦略的行動と戦術的行動のいずれかは、強い反応を誘発する可能性が高い。実際、焦点になっている企業に対する競合企業の戦略的行動の影響が大きい場合（例えば、市場シェアを失ったり、基幹従業員のような主要資源を失う場合）、反応は速く強くなる可能性が高い。

## ● 行為者の評判

　敵対競争関係における意味合いでは、**行為者**（actor）とはある行動や反応をとる企業であり、他方で**評判**（reputation）とは「過去の競争的行為に基づいて次々とライバル企業が抱く積極的または消極的な属性」である。肯定的な評判は、特に消費財生産者にとっては、平均を上回る収益性を得る源泉かもしれない。したがって、企業に対する肯定的な評判は戦略的価値があり、敵対競争関係に影響を与える。過去の行為によって将来の行為を予測できると仮定した上で、競合企業が現在または計画中の行動に対して反応する可能性を予測するために、企業は攻撃を受ける時は競合企業が過去に取った反応を分析する。

　競合企業は、マーケット・リーダーによって戦略的あるいは戦術的行動が取られる場合、それらに反応する可能性が高い。その証拠に、成功した行動（特に戦略的行動）は、すぐに模倣されるだろう。例えば、追随者であるのに、IBMはPC市場に参入するため多くの資源を投入した。IBMがこの試みですぐに成功すると、デル、コンパック、HP、ゲートウェイのような競合企業は市場参入という戦略的行動で応えた。戦略的行動での成功と同様に、IBMの評判もこれら競合企業の参入に影響を与えた。しかし、市場の勢力

225

図は、時間とともに劇的に変化した。オープニング・ケースで説明したように、HPは現在、グローバルPC市場で最大のシェアを占めている。デルは、市場での優位性を回復しようと努力している。コンパックは、数年前にHPと合併した。ゲートウェイは生き残ろうと努力している。中国メーカーのレノボは、2005年にIBMのPC部門を買収するために17億5,000万ドルを支払った。

IBMのような強固な評判のある企業に対してとは対照的に、競合企業はリスクが高く、複雑で、予測不可能な競争的行為をとる評判のある企業に対して反応する可能性は低い。価格掠奪者（price predator：市場シェアを獲得または維持するために頻繁に価格を引き下げる行為者）との評判を受けた企業は、その戦術的な価格設定に対する反応を招くことはほとんどない。なぜならば、価格掠奪者は一旦市場シェア獲得という目標が達成されれば通常価格を引き上げるが、そのような価格掠奪者は競合企業から信用されていないからである。

## ● 市場依存

**市場依存**（market dependence）とは、企業の収入または利益が特定市場から得られる程度を表している。一般的に、企業は高い市場依存度をもつ競合企業が市場地位を脅かす攻撃に強く反応するだろうと予測できる。興味深いことに、たとえ重要な市場における企業の地位への攻撃に対して有効な反応が大事だとしても、この場合脅威にさらされた企業は、必ずしも迅速に反応するとは限らない。

サージェント・フーズはウィスコンシンに本拠がある同族企業である。この企業は、サージェント・ブランドの下で販売されるひと口スナックと特殊チーズ、チーズとチーズ以外の原料ベースのスナック食品、エスニック・ソースの包装・販売業者である。毎年6億ドルを超える売上を上げるサージェント社のビジネスは、チーズに対する情熱の上に成り立っている。サージェント社の事業活動が、チーズ製品を中心に厳格に展開されているので、チーズの市場に完全に依存している。そのため、サージェント社とその市場での地位を攻撃することを選択するどの競合企業も、その競争行動に対して強い反応を受けると予想できる。

# 第5章　敵対的競合関係と競争のダイナミクス

## ■競争のダイナミクス

　敵対的競合関係は、有利な市場地位を巡って企業とその競合企業との間で進行中の行動と反応に関係する一方で、競争のダイナミクスは、有利な地位を巡って市場で競争している全企業間で行われる進行中の行動と反応に関係する。

　敵対的競合関係を説明するために、①企業が競合企業となる程度を決定する要因（市場の共通性と資源の類似性）、②個別企業にとっての競争的行為の推進力（認知度、動機付け、能力）、③競合企業が行動したり攻撃したりする可能性（先行者インセンティブ、組織の規模そして品質）と反応（競争行動の種類、評判、市場への依存）、について説明した。競争優位を構築し維持することは、敵対的競争関係の中核を成し、優位性が株主に対する価値を創造する鍵となる。

　競争のダイナミクスを説明するために、特定市場の全競合企業の行為（行動と反応）に基づいてさまざまな市場において競争の速度（変化の周期が遅い、速い、標準の）を変える効果を議論する。競争的行為を取る理由やロジックと同様に、競争行動はそれぞれの市場タイプの中では似ているが、市場タイプをまたぐ場合は異なる。そのため、競争のダイナミクスは、変化の周期が遅い、速い、標準の市場でそれぞれ異なる。企業の競争優位の持続性は、3つの市場タイプによって異なる。

　第1章で論じたように、どのような優位性も永続できないにも関わらず、企業はできるだけ長く競争優位を持続させたいと考えている。持続性の度合いは、競争優位が模倣される速さと模倣するコストの高さに影響を受ける。

### ●変化の周期が遅い市場

　**変化の周期が遅い市場**（slow-cycle markets）とは、企業の競争優位が一般的に長期間模倣から守られ、模倣するためのコストが高い市場である。そのため、競争優位は変化の周期が遅い市場では安定的である。

　ユニークで独占的な能力を構築すると、変化の周期が遅い市場での競争的な優位と成功が生まれる。第3章で述べたように、通常、理解が難しく模倣

するコストが高い資源あるいは組織能力は、ユニークな歴史的状況、因果関係の不明瞭さ、社会的複雑性から生じる。著作権、地理特性、特許、情報資源の所有権はこのような資源の例である。独占的な優位が発展すると、変化の周期が遅い市場での企業の競争的行為は、その優位を保護し、維持し、拡張することに向けられる。

したがって、変化の周期が遅い市場における競争のダイナミクスは、通常企業が自社の競争優位を保護し、維持し、拡張することを可能にする競争行動と競争反応に集中している。買収のようなこれら市場での主要な戦略的行動は、より変化の周期が速い市場の場合よりリスクが少ない。

ウォルト・ディズニー社は、ミッキーマウスや、ミニーマウスや、グーフィーなどの特許で守られたキャラクターを拡大し続けている。これらのキャラクターは、人々を楽しませるためのウォルトとロイ・ディズニーの創造性とビジョンの結果、ユニークな歴史的発展をしてきた。ディズニーのアニメ映画のキャラクターを基にした製品は、ディズニー・ストアと呼ばれる独立した小売直販店だけでなく、ディズニーのテーマパーク店でも売られている。著作権がそれを保護するので、アニメキャラクターの商標という点でディズニーの優位性である独占的所有権が、競合企業の模倣から企業を防御する。

変化の周期が遅い市場におけるその競争上の特性に従い、ディズニーは「同社はかつて託児所を訴え、ミッキーマウスの肖像を施設の壁から取り除かせた」という事実に示されるように、キャラクターとその使用の特許を守護している。変化の周期が遅い市場で競争するすべての企業のように、ディズニーの競争行動（フランス、日本、中国でのテーマパーク建設など）と競争反応（アニメキャラクターの使用を完全にコントロールする権利を守るための訴訟など）は、その独占的競争優位を保護しつつ、それを維持し、拡張している。

新製品発売のためにFDA（食品医薬品局）の認可が必要となるアメリカ合衆国などでは、特許法と法的な要求事項が製薬会社の地位を保護する。この市場の競合企業は、特許による有利な立場を維持するために、薬品の特許を拡張しようとする。しかし、特許期限が切れると、企業はそれ以上競争から保護されず、ジェネリック医薬品による模倣が許され、大抵の場合は売上の減少に繋がってしまう。

変化の周期が遅い市場で競争する企業によって生じた競争のダイナミクス

第5章　敵対的競合関係と競争のダイナミクス

**図 5.4**　持続的な競争優位の緩やかな衰退

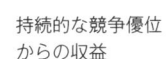

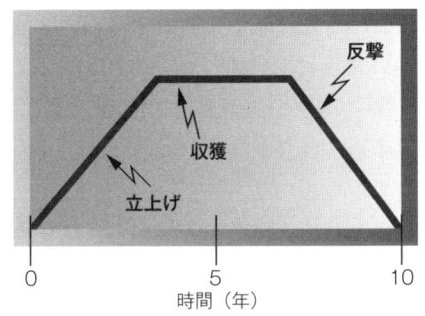

出典：Adapted from I. C. MacMillan, 1988, Controlling competitive dynamics by taking strategic initiative, Academy of Management Executive, II(2): 111–118.

は、図5.4に示した。変化の周期が遅い市場では、企業は自社独自の優位（例えば、研究開発）を通して開発された製品（例えば、新薬）を発売して、製品が競争から保護される間はできるだけ長くそれを利用する。競合企業は結局、反撃をもってその行動に反応する。医薬品市場では、特許が法的に期限切れとなるか、法的手段によって破棄されると、このような反撃が一般的に起こる。その結果、当該企業には保護された市場での地位を求めて別の新薬を市場投入する必要が生まれる、

### ● 変化の周期が速い市場

　**変化の周期が速い市場**（fast-cycle market）とは、競争優位に貢献する企業の能力が模倣から保護されておらず、模倣も急速かつ安価に行われるような市場である。そのため、競争優位は変化の周期が速い市場では持続可能ではない。変化の周期が速い市場で競争している企業は、スピードの重要性を認識している。つまり、これらの企業は、「時間はお金や社員と同様に貴重な事業資源である。また、躊躇や遅延によるコストは、予算超過や財務予測を間違えることとちょうど同じぐらい法外にかかる」と理解している。そのような変化の速い環境は、有効な戦略的決定を早く行うようトップ・マネー

ジャーにかなりのプレッシャーを与える。かなりの程度の競争と技術に基づいた戦略を集中することは、戦略的決定を複雑にすることがある。その結果、意思決定のスピードと統合された深い理解のアプローチという、戦略的意思決定のプロセスにおけるしばしば矛盾する2つの特徴の必要性が増大する。

変化の周期が速い市場におけるリバース・エンジニアリング（訳者注：製品の構造を分析し製造方法や設計図などを調査すること）と技術の普及は、急速な模倣を促進する。競合企業は、模倣に必要な知識を急速に獲得するか、企業の製品を改良するためにリバース・エンジニアリングを用いる。技術は、短期間で競合企業にも利用可能となりながら、変化の周期が速い市場で急速に拡散する。変化の周期の速い競合企業が使用する技術は独占されておらず、変化の周期が遅い市場で競争する企業に使用される技術のように特許で保護されていない。例えば、オープン市場で容易に入手可能な数百個の部品さえあれば、パソコンを組み立てられる。特許は、マイクロプロセッサー・チップなど、ほんの一部の部品しか保護していない。

変化の周期が速い市場は、変化の周期が遅い市場や変化の周期が標準の市場よりも不安定である。実際、企業は自らの成長エンジンとしてイノベーションに依存するので、変化の周期が速い市場では競争ペースがすさまじくなる。このような市場では価格が急落するので、企業はプロダクト・イノベーションからすぐに利益を得る必要がある。多くの現地パソコン・ベンダーと並んで、デルとHPが自社製品を作るのにオリジナル・パソコンのデザインを一部または多くを模倣したことからわかるように、多くの変化の周期が速い製品の模倣は比較的簡単である。パソコンの組立てに必要な情報が特に複雑でなく容易に利用可能である事実と同様に、部品コストが持続的に下落することで、新たな競合企業が著しい困難さもなくこの市場に参入することが可能になっている。

先に説明した変化の周期が速い市場の特性によって、この種の市場の中の企業が持続可能な競争優位を発展させることが事実上不可能となっている。この事実を認識した上で、企業は自社製品のいずれかに忠誠を誓うのは避け、他社がうまく模倣する方法を学習する前に自社製品を転換するだろう。このような重点策が、変化の周期が遅い市場で見られたのと相当異なった競争のダイナミクスをもたらす。変化の周期が遅い市場では競争優位の保護、維持、

第5章　敵対的競合関係と競争のダイナミクス

拡張に集中していたが、変化の周期が速い市場で競争する企業は、他社が取って代わるものよりも優れた、新たな競争優位を急速かつ持続的に発展させる方法の学習に集中している。一般に、このような企業は新製品を開発する速くて効果的な方法を捜し求める。例えば、企業は新技術を得るために戦略的提携を用い、それによってより多くの新製品を開発し、市場に投入することが、一部の産業では一般的になっている。

　変化の周期が速い市場で競争する企業の競争的行為は、図5.5で示される。この市場タイプの競争のダイナミクスは、急速で持続的な製品導入と、絶えず変化する競争優位の開発という行動と反応を引き起こす。企業は、競争行動を達成するために製品を発売し、できるだけ長く優位性を利用する。しかし、競合企業が最初の競争優位に反応できるようになる前に、企業はさらに別の一時的な競争優位を開発しようとする（図5.5参照）。そのため、変化の周期が速い市場における競争のダイナミクスによって、しばしば急速なプロダクト・イノベーションと急速な製品アップグレードが起こる結果となる。

　この議論が示唆するように、イノベーションは、変化の周期が速い市場に

**図5.5　持続的優位を創造する一時的優位の開発**

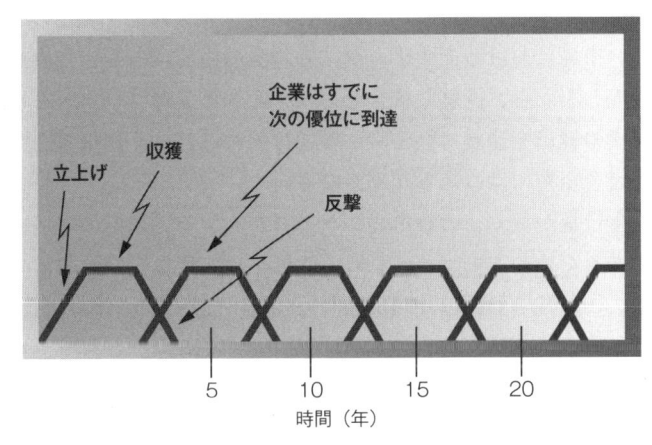

（縦軸：一連の模倣行動からの収益／ラベル：立上げ、収獲、反撃、企業はすでに次の優位に到達／横軸：時間（年）　5　10　15　20）

出典：Adapted from I. C. MacMillan, 1988, Controlling competitive dynamics by taking strategic initiative, Academy of Management Executive, II(2): 111–118.

おける競争のダイナミクスで主要な役割を果たす。そして、個別企業にとって、イノベーションは競争優位の重要な源泉である。イノベーションを通じて、競合企業がうまく模倣する前に、企業は自社製品を転換できる。

## ● 変化の周期が標準の市場

　変化の周期が標準の市場 (standard-cycle markets) とは、企業の競争優位が模倣から適度に保護され、模倣に適度にコストが掛かる市場である。競争優位は、変化の周期が標準の市場ではある程度は持続可能である。しかしそれは、企業がその組織能力の質を絶えず改善し、競争優位をダイナミックなものにすることが可能な場合に限られる。市場での競争のダイナミクスを形成する競争的な行動と反応は、ブランド名を通して顧客の忠誠心を獲得したり、顧客に同じ有意義な体験を一貫して提供できるよう企業の経営を慎重にコントロールしながら、巨大な市場シェアを求めるように立案される。

　変化の周期が標準の企業は、競争市場で多くの顧客のために役に立っている。競争優位に基づく能力とコアコンピタンスがそれほど専門化されていないので、模倣は変化の周期が遅い市場で競争する企業よりも変化の周期が標準の企業にとって速く、そのコストも高くない。しかし、この２つの市場での模倣は、変化の周期が速い市場よりは遅くて高くつく。そのため、変化の周期が標準の市場における競争のダイナミクスは、変化の周期が遅い市場と速い市場におけるダイナミクスの特徴の中間にある。企業がその製品を大量販売しながら、調整し統合したデザインと製造プロセスとを結合することで規模の経済を発展できる時、模倣はそれほど早くは来ず、変化の周期が標準の競合企業にはコストが高くなる。

　生産量が多く、大衆市場のサイズが大きく、規模の経済を拡張する必要性があるため、市場シェアをめぐる競争は変化の周期が標準の市場で激しくなる。この競争形態は、消費者向け食品メーカー間の戦いで直ちに顕著になる。近年では、フリトレー、ペパリッジファーム、ナビスコ、ハーシーのような企業は、"より小さなパッケージで大きく賭けること"を始めた。基本的に、これらの企業は、より小さなパッケージですでに消費者に提供している製品を提供している。ビーフジャーキー（フリトレー）、ゴールドフィッシュ（ペパリッジファーム）、アニマル・チョコ・クッキー（ナビスコ）、ツイズラー

# 第 5 章　敵対的競合関係と競争のダイナミクス

ズ（ハーシー）は、1パック100カロリーで提供されている食材の例である。企業にとっては、この急速に発展する市場は、既存製品を少量ずつ複数の1回限りのパックに入れ、レギュラーサイズのパッケージとほぼ同量か少し多くの量をいくつかのパックに分けて販売できるので、魅力的である。パッケージ・デザインと使い勝手の良さは、これらの企業がこの魅力的な市場セグメントで現在のライバル企業を上回る努力をしながら競争している競争的局面の例である。

特に競争が激しい時に、イノベーションは、変化の周期が標準の市場で競争行動と競争反応を後押しすることができる。変化の周期が標準の市場におけるいくつかのイノベーションは、急進的であるよりむしろ漸進的である（漸進的イノベーションと急進的イノベーションについては、第13章で述べる）。例えば、消費者向け食品メーカーは、ヘルシー製品に関してイノベーションを行っている。自然なブラウン色の方が良いと信じて、クラフトフーヅ社は最近、"センシブル・ソリューション"の旗の下でディジョルノ・ハーベスト・ウイート・クラスト・ブランドの冷凍ピザを導入した。ゼネラルミルズ社のパン事業部は、シナモンロール、パフペースト、クロワッサンなどの製品を作るのに白い全粒小麦粉を使用している。最終的に、ケロッグ社はテレビでトニー・ザ・タイガーを使った子供用の全粒小麦シリアルの新しいタイガー・パワーというブランドを導入した。全体的に、これらの企業は、変化の周期が標準の市場で競争したり、平均を上回る収益性を稼いだりする手段としてイノベーションに依存している。

最後に、イノベーションは、変化の周期が遅い、変化の周期が速い、変化の周期が標準の市場で競争する全企業の行動と反応に影響を与えるので、競争のダイナミクスに実質的影響を与えることになる。これまでの章で企業の戦略的競争力に対するイノベーションの重要性を強調してきたが、第13章でも再び述べる。競争のダイナミクスに関連したイノベーションについて議論することで、企業が競争する全タイプの市場での重要性を示してきたこれまでの議論を拡大した。

## 要約　　　　　　　　　　　　　　　　　　　　　*Summary*

■ 競合企業とは、同一市場で競争し、類似した製品を提供し、類似した顧客をターゲットにしている企業を指す。
敵対的競争関係とは、市場での優位な地位をめぐって相互に競争する際、競合企業間で進行する一連の競争行動と競争反応である。敵対的競争関係の結果は、財務上の収益レベル（平均、平均を下回る、平均を上回る）だけでなく、競争優位を維持する企業の能力にも影響を与える。

■ 個別企業とって、敵対的競争関係で取られる一連の競争行動と競争反応は、競争的行為と呼ばれる。競争的なダイナミクスとは、特定市場において競合企業となるすべての企業が取った一連の行動と反応である。

■ 企業は、競合企業が取る可能性がある競争行動と競争反応を予測できるよう、敵対的競争関係を学習する。競争行動は、実際には戦略的か戦術的かである。企業は、競争優位を防御したり構築したりするため、または市場での地位を向上させるために競争行動を取る。競争反応は、競合企業の競争行動の影響に対抗するために行われる。戦略的行動または戦略的反応は、組織資源のかなりのコミットメントを必要とするので、それをうまく実行するのは難しく、また破棄するのも難しい。それに引き換え、戦術的行動または戦術的反応は、組織的資源をほとんど必要としないので、実行したり撤回したりすることはやさしい。例えば、航空会社にとって、新規市場への参入は戦略的行動または戦略的反応の例だが、特定市場で価格を変更することは戦術的行動または戦術的反応の例となる。

■ 競合企業の分析は、競合企業の行動と反応を予測するための第１ステップである。第２章では、競合企業を理解するために企業は何を行うかについて述べた。本章では、競合企業の市場ベースの行動を予測するために企業は何を行うかまで議論を広げた。このように、理解は予測に先行する。市場の共通性（競合企業がお互いに関与する市場数と、各競合企業にとっての重要性）と資源の類似性（競合企業同士の資源の種類と量がどの程度類似しているか）は、競合企業の分析を完成するため学習される。一般的には、市場の共通性と資源の類似性が高いほど、企業は相手を直接の競合企業と認識する。

■ 市場の共通性と資源の類似性は、企業の認知度（企業とその競合企業が相互依存を理解

第5章　敵対的競合関係と競争のダイナミクス

する程度)、動機付け (攻撃したり反撃したりする企業のインセンティブ)、能力 (企業が持つ攻撃や反撃を可能にする資源の質) を形成する。競合企業の特徴について知識を持つと、企業が競合企業の行動と反応を予測する精度を向上させることができる。

■ 市場の共通性、資源の類似性、認知度、動機付け、能力に加えて、さらに3つの特定の要素が、競合企業が競争行動を取る可能性に影響を与える。第1の要素は、先行者のインセンティブと関係がある。先行者 (最初に競争行動を取る者) は、競合企業がうまく企業の行動に反応し、忠実な顧客を獲得するまでの間、平均を上回る収益性を得ることが多い。この種の競争的行為に参画するために必要な認知度、動機付け、能力が欠けるため、すべての企業が先行者になれるとは限らない。さらに、一部の企業は、むしろ追随者 (先行者の行動に反応する企業) になりたがる。このような理由の1つとして、追随者は、特に素早く行動できるため、先行者に対してうまく競争することができる。先行者の製品、その製品に対する顧客の反応、先行者に対する他の競合企業の反応を評価することによって、追随者は初期の新規参入者が犯す誤りを避け、先行者の製品とサービスが顧客にもたらした価値を向上させる方法を見つけることができる。後発参入者 (最初の行動が取られて長時間経った後に反応する者) は、一般的に業績が低く、それほど競争力はない。

■ 第2の要素である組織の規模は、小規模の競合企業が起こす行動の多様性を増加させる一方で、大企業が着手した競争行動の多様性を減少させる傾向がある。理想的には、敵対的競争関係に参画している時、企業は多種多様な行動を始めたいと思っている。第3の要素である品質は、グローバル経済で競争に成功するための基礎となる基準である。それは、競争上の均衡を達成するのに必要な前提条件である。それは、優位性を獲得するには必要な条件だが、十分な条件ではない。

■ 企業が取った行動の種類 (それが戦略的か戦術的か)、競合企業の行為の性質に対する競合企業の評判、そして行動が取られた市場に対する競合企業の依存が、企業の行動に対する競合企業の反応を予測するために検討される。一般的には、取られた戦術的反応の数は、戦略的反応の数を超える。競合企業は、特にその企業がマーケット・リーダーであれば、予測でき理解できる競争的行為を取るという評判を持つ企業が取った行動に対してより頻繁に反応する。一般的に、企業は、競合企業が競争行動を取った市場での収入と収益性に対して高い依存性がある場合、その競合企業は強い反応を起こす可能性が高いと予測することができる。しかし、複数市場にまたがって多角化した企業は、競争する市場の1つだけに影響を与える特定の行動には反応する可能性が低い。

■ 競争のダイナミクスは、有利な立場をめぐって競争するすべての企業の間で起こる進行中の競争的行為と関係する。市場の特性は、企業の競争優位の持続性だけでなく、特定市場での競争で企業が行う一連の行動と反応にも影響を与える。変化の周期が遅い市場（競争優位を維持できる市場）における競争のダイナミクスは、独占的優位性を保護し、維持し、拡張することを意図した企業の行動と反応であることがわかる。変化の周期が速い市場では、企業は一連の一時的な競争優位を創り出すことに集中するため、競争は大抵激しくなる。変化の周期が速い市場では企業の優位性は独占的でなく、その結果急速かつ安価に模倣されやすいので、この点を強調することは必要である。変化の周期が標準の市場では、変化の周期が遅い市場と速い市場の中間の競争を経験する。つまり、企業は適度に持続可能な競争優位を創造する組織能力を使うので、これらの市場での競争から適度に保護されている。周期が標準の市場の競合企業は、収益性を高めるために大衆市場で事業を行い、規模の経済を発展させようとする。イノベーションは、3種類の各市場で競争に勝つために必要である。企業は、あらゆる企業が行う一連の競争的な行動と反応は市場によって異なることを認識すべきである。

# 重要用語　*key words*

- 同一市場で事業を行い、類似した製品を提供し、類似した顧客を狙う企業は**競合企業**（competitors）である。

- **敵対的競合関係**（competitive rivalry）とは、市場で有利な地位を得ようとする際、企業間で起こる競争行動とそれに対する競争反応である。

- **競争的行為**（competitive behavior）は、企業が競争優位を築いたり守ったり、市場での地位を向上させるために取った競争行動と競争反応の集合である。

- 競合企業は1つ以上の市場で競争行動と競争反応を行うようになる。複数の製品や地域別市場で相互に競争する企業は、**多数市場での競争**（multimarket competition）に取り組んでいる。

- すべての競争的行為——つまり、すべての企業が市場で繰り広げる競争によって起こる行動と反応の全体——は、**競争のダイナミクス**（competitive dynamics）と呼ばれて

――――第 5 章　敵対的競合関係と競争のダイナミクス

いる。

- **市場の共通性** (market commonality) は、企業と競合企業がともにかかわる市場の数と、それぞれに対する個別市場の重要性の度合いに関係がある。

- **資源の類似性** (resource similarity) とは、企業の有形資源と無形資源が競合企業の資源と種類や量の面で比較できる程度のことである。

- **競争行動** (competitive action) は、その競争優位性を構築したり防御したりするか、市場地位を向上させるために企業が取る戦略的行動または戦術的行動である。

- **競争反応** (competitive response) は、競合企業の競争的行動の影響に反撃するために企業が取る戦略的あるいは戦術的行動である。

- **戦略的行動または戦略的反応** (strategic action or strategic response) は、組織資源の重要なコミットメントを含んでおり、実行したり撤退したりするのが難しい市場ベースの動きである。

- **戦術的行動または戦術的反応** (tactical action or tactical response) は、戦略を微調整するための市場ベースの動きである。それは、資源投入が少なく、実行したり撤退したりするのが比較的容易である。

- **先行者** (first mover) とは競争優位を構築あるいは防衛したり、市場地位を向上させたりするために、最初の競争的行動を取る企業である。

- **追随者** (second mover) は、通常は模倣を通じて、先行者の競争行動に反応する企業である。

- **後発参入者** (late mover) は、先行者の行動と追随者の反応から相当な時間が経過した後、競争行動に反応する企業である。

- **品質** (quality) は、企業の製品やサービスが顧客の期待を満たすか、それを上回る場合に存在する。

- **変化の周期が遅い市場** (slow-cycle markets) とは、企業の競争優位が一般的に長期間模倣から守られ、模倣するためのコストが高い市場である。

- 変化の周期が速い市場 (fast-cycle market) とは、競争優位に貢献する企業の能力が模倣から保護されておらず、模倣も急速かつ安価に行われるような市場である。

- 変化の周期が標準の市場 (standard-cycle market) とは、企業の競争優位が模倣から適度に保護され、模倣に適度にコストが掛かる市場である。

## 復習問題　*Review questions*

1. 競合企業は誰か。敵対的競合関係、競争的行為、および競争のダイナミクスは、本章でどのように定義されているか。

2. 市場の共通性とは何か。資源の類似性とは何か。これらの概念が、競合企業分析のための構成要素であるということは何を意味するか。

3. 認知度、動機付け、能力は、企業の競争的行為にどのような影響を与えるか。

4. どのような要因が、企業が競争行動を取る可能性に影響を与えるか。

5. どんな要因が、競合企業が取った行動に対して企業が競争反応を始める可能性に影響を与えるか。

6. 変化の周期が遅い市場で競争する企業の間でどのような競争のダイナミクスがあると予測できるか。変化の周期が速い市場ではどうか。周期が標準の市場ではどうか。

第 5 章　敵対的競合関係と競争のダイナミクス

# 第6章

## 企業戦略

本章の狙いは、下記目的に必要な戦略的経営の知識を提供することにある。

1. 企業戦略を定義し、その目的を議論する。
2. 異なる企業戦略を伴う、異なるレベルの多角化について述べる。
3. 企業が多角化する3つの主な理由について説明する。
4. 企業の関連多角化戦略を用いた価値創造の方法を述べる。
5. 非関連多角化戦略を用いた2つの価値創造の方法を説明する。
6. 多角化を促す要因と資源を議論する。
7. 経営者が企業を過剰に多角化させる動機を述べる。

## opening case

### P&Gの多角化戦略

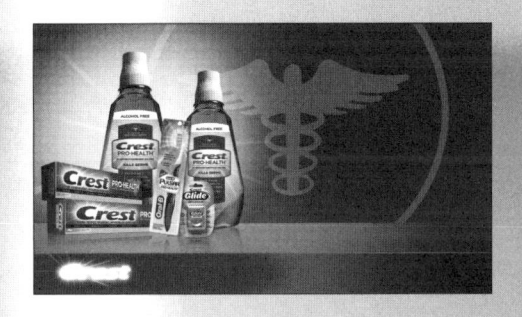

　企業は成長する時、関連ある方法でそれを活用できる事業に多角化することで、ある事業で獲得した専門的技術と知識を生かそうと努める。経済学者は、それを「企業の業務範囲を最大限有効に使う（economizing on the scope of the firm）」、またはより簡潔には「範囲の経済性」と呼ぶ（本章でこの概念を正式に定義する）。いったん別の事業に既存の専門技術を用いて多角化すると、そこではシナジー（相乗効果）という概念が適用されることになる。そこでは、企業のポートフォリオの中の異なる事業が分離され、独立している場合以上に、企業全体で価値が付加されることになる。しかし、事業間のシナジーを創造することは、見た目よりも難しい。プロクター・アンド・ギャンブル（以下、P&G）は長年、さまざまな消費財事業間で関連性を生み出そうとしてきた。

　2005年に、P&Gは、事業間で大きなシナジーが生まれることを期待してジレット社を買収した。ジレット社の消費者向けヘルスケア製品（ジレット、ブラウン、デュラセル、オーラルBなどのブランドで市販されている製品を含む）が主に男性向け市場に集中していたのに対して、P&Gは女性向けの美容製品やベビーケア製品に集中していたため、経営者は両社間に相互補完の機会があると見ていた。しかし、合併を完了するには、両社が独占禁止法の要件を満たすために、各々の製品ライン

を売却する必要があった。例えば、ジレットはレンブラントという練り歯磨粉のブランドを、P&Gはスピンブラシという歯ブラシのブランドを安値で売却しなければならなかった。

　両社が潜在的シナジーを生み出そうとした領域は、歯ブラシと練り歯磨粉の事業を統合することであった。コルゲート社は最近、かつてP&Gの主要ブランドであったクレスト練り歯磨粉の売上を凌駕した。トップの座の奪還を意図した戦略で、P&GはオーラルB歯ブラシとクレスト練り歯磨粉のブランドという補完製品を抱き合わせて販売する狙いで、「プロヘルス」というラベルを使って2つのブランドを統合しようとした。以前、口腔ケアの小売店製品棚は、歯ブラシと練り歯磨粉に別々に分かれていた。この陳列方法は、同じブランドが通常一緒の棚に配置できるヘアケアやスキンケア製品の陳列法とは異なっている。このように、統合アプローチは、小売業者にとって貴重な陳列棚のスペースを節約できるし、顧客には異なる製品を見つけやすくする点で、P&Gに優位性を提供したかもしれない。しかし、両社は口腔衛生セグメントで他の主要ブランドのいくつかを売却しなければならなかったので、期待されていた市場支配力を若干失うこととなった。

　この戦略には見込みがあるように見えたが、製品間で実際に事業活動の関連性を生み出すのは、P&Gやジレットが予想した以上に困難だった（事業活動の関連性については、本章後半で定義する）。第1に、ブルース・クレバリー（ジレット側の部門責任者）とチャールズ・ピアース（P&G側の部門責任者）は、両社が1箇所に従業員を統合する必要があると決定を下した。そこで、彼らは事業の本拠地をP&G本社に近いオハイオ州のシンシナティに移した。しかし、その過程で、ボストン地区に本拠があったジレット社の従業員の多くが移動しないと決め、有能な社員の流出を招いた。第2に、P&Gとジレット社では、事業の意思決定方法が異なっていた。クレバリーが統合部門の責任者となったが、彼は意思決定の自由な権限を持つことに慣れていたのに対して、P&Gの文化は、重要な意思決定を行う場合にはコンセンサスを求める過程を重視していた。結局クレバリーは退任し、意思決定権をピアースに引き渡した。以前、両社は競合企業だったので、シンシナティで従業員を統合した後で

さえ、企業風土は決して完全には統合されなかった。

「プロヘルス」プロジェクトに新製品を提供する担当の研究部門を統合することは、オハイオ（シンシナティ）での生産とマーケティングの人員を統合することにより非常に順調に進んだ。その一番の理由は、研究部門の従業員はさまざまな場所で働くことができ、会議とITを使って協力して作業できたからである。このようなさまざまな困難にもかかわらず、2007年に、P&Gの統合ブランドは市場シェア35％を達成し、市場シェア32％のコルゲートを追い抜いた。この事例が実証するように、製品間に経営上の関連性またはシナジーを作り出すために異なる2社を合併することは、計画段階の想定より達成困難になることがある。

出典：2007, P&G to be divided into three global units, Gillette will no longer be a separate unit, *FireWire*, May 15,1; E. Byron, 2007, Colgate's changing of the guard, *Wall Street Journal*, July 2, B7; E. Byron, 2007, Merger challenge: Unite toothbrush, toothpaste: P&G and Gillette find creating synergy can be harder than it looks, *Wall Street Journal*, April 24, A1, A17; J. Chang, 2007, Design to sell, *Sales and Working Management*, May; J. Neff, 2007, P&G struggles to hang on to top Gillette talent, *Advertising Age*, May 28, 28–29; J. Neff, 2007, Who wins? *Advertising Age*, June 18, 36–37; S. Brangen & C. Huxham, 2006, Achieving a collaborative advantage: Understanding the challenge and making it happen, *Strategic Direction*, 22(2): 3–5.

事業戦略に関する議論（第4章）と、それと関連した敵対的競合関係と競争のダイナミクス（第5章）に関する議論では、単一の産業または製品市場で競争する企業のことだけを考えていた。本章では、1つの事業で競争する企業が、1つの市場から複数の製品市場へ、そしてもっとも一般的に、複数の事業へ**多角化**するために用いる企業（全社）戦略について紹介する。したがって、**企業戦略**（corporate-level strategy）は、企業がさまざまな製品市場で競争するさまざまな事業グループを選択し経営することを通じて、競争優位を獲得するために取る行動を特定する。企業戦略は、企業が新しい戦略的ポジショニング（企業の価値を向上させると予想されるポジショニング）を選択するのに役立つ。オープニング・ケースで説明したように、共同で製

品を販売するために、クレスト練り歯磨粉とオーラルB歯ブラシ（2005年のジレット買収の一部を通じて）という2つのブランドを、クレストプロヘルスというブランドに統合した例のように、P&Gは多くの異なる消費財市場で競争し、関連多角化戦略をしばしば用いている。

　P&Gの例のように、企業は収入と利益を伸ばす手段として企業戦略を活用する。しかし、成長を追求するために行動を取るという決定は、決して企業にとってリスクのない選択ではない。実際に、オープニング・ケースで説明したように、P&Gはプロヘルス製品を生産するために、クレストとオーラルBブランドを統合する際に困難を経験した。効果的な経営を行う企業は、事業のいずれかに経営資源を投じる前に、成長のオプション（多様な企業戦略を含む）を慎重に評価する。

　多角化企業は、複数の異なるユニークな製品市場や複数の事業で活動しているので、企業レベル（企業戦略）と事業レベル（競争戦略）の2つの形態の戦略を策定する。企業戦略は、企業がどの製品市場と事業で競争すべきで、本社はどのようにそれらの事業を経営すべきか、という2つの主要問題に関係している。多角化企業にとって、事業戦略（第4章）は、企業が競争すると決定したそれぞれの事業に対して個別に選択されなければならない。この点で、P&Gのそれぞれの製品や事業は、事業レベルの差別化戦略を取った。

　事業戦略の場合と同様に、企業戦略は価値創造によって企業が平均を上回る収益性を達成するのに役立つことが期待される。一部には、実際に価値を創造する企業戦略はほとんどないとの指摘もある。オープニング・ケースで示したように、企業戦略を通して価値を実現することは、達成困難な場合がある。実際、企業戦略が、全事業部が創造した個別の価値の合計以上に価値を創造するのはどの程度かは、重要な研究課題として残されている。

　その証拠に、企業戦略の価値は、「企業のポートフォリオに含まれる事業が、他のいかなる者の所有下にあるよりも、その企業の経営下にある方が価値がある」という程度によって結局は決まることが示唆されている。したがって、効果的な企業戦略は、企業の全事業をカバーする戦略がない場合に得られるであろう利益を上回る総利益を生み出し、企業の戦略的競争力と平均を上回る収益性を達成する能力に貢献する。

　企業戦略の基本形である製品多角化は、経営者が、企業が直面する機会に

企業の持つ技能と強みを適合させるために、さまざまな事業を買収し、創り出し、処分する方法や、企業が競争する市場と産業の範囲に関係している。多角化が順調に進むと、収益はさまざまな事業から上がるので、企業の収益性の変動が減少すると予想される。多角化する時、企業は開発とモニタリングのコストを負担するので、事業の理想的なポートフォリオは多角化のコストと利益をバランスさせることになる。CEOとトップ経営陣は、自社の理想的なポートフォリオを決定する責任がある。

さまざまなレベルの多角化（低レベルから高レベルまで）の検証から、本章の説明を始める。企業が事業を多角化するさまざまな理由を説明した後、2つの関連多角化（関連多角化は、企業の中程度から高度の多角化を意味する）に焦点を当てる。適切に使用されれば、これらの戦略は、資源の共有（関連拘束型戦略、related constrained strategy）、またはさまざまな事業間のコアコンピタンスの移転（関連連鎖型戦略、related linked strategy）を通じて、多角化企業における価値の創造に役立つ。次に、価値を創造できるもう1つの企業戦略である、非関連多角化について議論する。そして、価値中立的な多角化を促すかもしれないインセンティブと資源の話題に移る。しかし、本章の最後で取り上げるが、経営者の多角化動機によって、企業価値の一部が実際に破壊される可能性がある。

## 多角化のレベル

多角化企業の中身は、事業間の多角化とつながりの度合いによって異なる。図6.1は、多角化の度合いに応じて事業を5つのカテゴリーに分類し、定義している。単一事業と支配的事業のカテゴリーは、相対的に低レベルの多角化を意味する。より全面的に多角化した企業は、関連と非関連のカテゴリーに分類される。事業が複数のつながりを共有する時、企業は多角化を通じて関連付けられる。例えば、複数の事業は、製品（モノまたはサービス）、技術、流通チャネルを共有するかもしれない。事業間でのつながりが増すにつれて、多角化の関連の度合いはより"拘束"される。非関連とは、事業間の直接的

なつながりがないことをいう。

### ● 低レベルの多角化

　低レベルの多角化を追求する企業は、単一事業または支配的事業による企業レベルの多角化戦略を用いる。**単一事業多角化戦略**は、中核事業分野から95％以上の売上高を稼ぎ出す企業レベルの戦略である。例えば、世界最大のチューインガムと風船ガムの生産業者であるリグレー社は、比較的少数の製品市場で活動しながら、歴史的に単一事業戦略を取っていた。同社は他の製品も生産しているが、リグレー商標のチューインガム・ブランドには、スペアミント、ダブルミント、ジューシー・フルーツがある。アメリカのチュー

**図6.1** 多角化のレベルと類型

| | | |
|---|---|---|
| **低レベルの多角化** | | |
| 単一事業： | 単一事業からの収益が95％以上 | A |
| 支配的事業： | 単一事業からの収益が70〜95％ |  A／B |
| **中レベルと高レベルの多角化** | | |
| 関連拘束型多角化： | 支配的事業からの収益が70％以下で、すべての事業が製品、技術的、流通のつながりを共有している |  A／B—C |
| 関連連鎖型多角化（関連型と非関連型の混合）： | 支配的事業からの収益が70％以下で、事業間のつながりが限られている。 |  A／B—C |
| **非常に高度の多角化** | | |
| 非関連型： | 支配的事業からの収益が70％以下で、事業間に共通のつながりがない。 |  A／B　C |

出典：R. P. Rumelt, 1974, *Strategy, Structure and Economic Performance*, Boston: Harvard Business School.

インガム市場で現在最大シェアを誇るシュガーフリー・エクストラは、1984年に発売された。

　リグレー社は、製菓市場で重要なプレーヤーとなるように製品ポートフォリオを多角化し始めている。2005年にリグレー社は、クラフトフーヅ社から有名ブランドのライフ・セイバーズとアルトイズを含む菓子関連資産を買い取った。以来リグレー社の株価は値下がりしており、明らかにリグレー社の経営者側はこの買収を統合するのに苦労している。最近、ハーシー社はキャドベリー・シュウェップス社のガムブランドとの統合提案を行った。もし、それに対抗して、リグレー社がハーシー社を買収しようとするなら、おそらくハーシー社の資産に対して高いプレミアムを支払わなければならないだろう。あるいは、キャドベリー社がハーシー社の資産を買収できるなら、さらに"面倒な"状況になるかもしれない。したがって、企業資産を買収するのが、ある企業かそのライバル社かどうかで、多角化戦略はリスクを伴うことになる。その製品ラインの多角化を増大させることで、リグレー社は、すぐに支配的事業に基づく企業戦略を取り始めるかもしれない。

　**支配的事業に基づく多角化戦略**では、企業は単一事業分野から総利益の70～95％を獲得する。UPSは、この戦略を取っている。最近、UPSは74％をアメリカの宅配事業、17％を国際宅配事業からの売上、残りの9％が宅配以外の事業からの売上である。アメリカでの宅配事業は、現在のところUPSの総売上高の中で最大の割合を占めるが、UPSは将来他の2つの事業が売上高成長率の大部分を占めると予想している。このような期待は、UPSが商品とサービスそのものと、その商品とサービスを提供する国の数との両面で、さらに多角化するかもしれないことを示唆している。

## ●中レベルと高レベルの多角化

　30％以上の売上が主要事業以外から生じ、事業がある程度相互に関連している企業は、関連多角化の企業戦略を取っている。多角化企業の事業間のつながりがかなり直接的である場合、**関連拘束型多角化戦略**が取られている。キャンベルスープ、P&G、コダックカメラ、メルク＆カンパニーは、すべて関連拘束型戦略を取り、大手ケーブル会社も同様である。関連拘束型戦略を取る場合、企業は事業間の資源と活動を共有する。

事業間のつながりがわずかしかない事業ポートフォリオを持つ多角化企業は、関連型と非関連型の混合企業と呼ばれ、**関連連鎖型多角化戦略**を取っている（図6.1）。ジョンソン・エンド・ジョンソン、P&G、GEは、この企業レベルの多角化戦略を取っている。関連拘束型企業と比べて、関連連鎖型企業の方が事業間での資源と資産の共有は少ないが、その代わり、事業間での知識とコアコンピタンスの移転に集中している。他のタイプの多角化戦略を取る企業と同様に、関連連鎖型戦略を実行する企業は、事業ポートフォリオの構成を絶えず調整すると同時に、これらの事業をどう経営するかを意思決定する。

　事業間での関係がない形で高度に多角化した企業は、**非関連多角化戦略**に従う。ユナイテッド・テクノロジーズ、テキストロン、サムスン、ハチソン・ワンポアは、このタイプの企業戦略を取る企業例である。一般的に、この戦略を取る企業は、**コングロマリット**（conglomerate）と呼ばれる。

　ハチソン・ワンポア社は、グローバルな事業で、イノベーションと科学技術に熱心に取り組む代表的な国際企業である。港湾および関連サービス、通信、不動産とホテル、小売と製造、エネルギーとインフラは、ハチソン・ワンポアの5大基幹事業である。これらの事業は相互に関連しておらず、事業活動を共有したり、事業間でコアコンピタンスを移転する努力は全く行っていない。5大事業は、それぞれが大型事業である。例えば、小売・製造事業の小売部門は、31カ国で6,200以上の店舗を抱えている。食料品、化粧品、エレクトロニクス、ワイン、航空券は、これらの店舗で取り扱っている商品の一部である。ハチソン・ワンポアの規模と多角化は、非関連多角化戦略をうまく管理するための課題を示唆する。しかし、ハチソン・ワンポアの最高経営責任者である李嘉誠は、巧みな買収の展開だけでなく、高値での事業売却にも成功してきた。

## ■ 多角化の理由

　企業は、さまざまな理由から企業レベルの多角化戦略を取っている（表

6.1)。通常、多角化戦略は、総合的な業績を向上させることで企業の価値を高めるために取られる。企業戦略を実行した際、その戦略が企業の事業で収入を増加できるか、コストを削減できる時、関連型または非関連型の多角化によって価値が創造される。

多角化戦略には、企業の価値を高めることと無関係な理由もあるかもしれない。実際、多角化は、中立的効果しか持たなかったり、企業の価値を減少させる場合もある。多角化しても価値が中立である理由としては、競合企業の市場支配力に対抗し、それによって競合企業の支配力を中立化したいという願望がある（例えば、競合企業と類似した流通の直販店を買収することで、競合企業の優位性を中立化させる）。経営リスクを減少させるために企業の

### 表6.1　多角化の理由

**価値創造の多角化**
- 範囲の経済（関連多角化）
  - 事業活動の共有
  - コアコンピタンスの移転
- 市場支配力（関連多角化）
  - 多地点での競争を通じて競合企業を阻止
  - 垂直統合
- 財務の経済性（非関連多角化）
  - 内部資本の効率的な配分
  - 事業の再編成

**価値中立的多角化**
- 独占禁止法の規制
- 税法
- 低業績
- 不確実な将来のキャッシュフロー
- 企業のためのリスク削減
- 有形資源
- 無形資源

**価値削減的多角化**
- 経営者の雇用リスクの分散
- 経営者報酬の増加

事業ポートフォリオを拡げるという決定は、企業価値に対してマイナスの影響を与える場合がある。多角化した事業の1つが失敗しても、その事業の最高経営責任者は企業全体を完全に失敗させるようなリスクは冒さないので、多角化の程度がすすんでいるほど経営リスクを減少させることになる。そのため、経営者の解雇リスクが減少する。そのうえ、多角化することで企業規模が拡大し、それによって経営者報酬が増えるので、経営者には企業価値を下げるような水準まで企業を多角化させようとする動機がある。企業価値に中立かマイナスの影響を与えるような多角化の論理的根拠については、本章後半で述べる。

　事業活動の関連性と全社的な関連性の2つは、多角化戦略が価値を生むことができる2つの方法である（図6.2）。これらのそれぞれの独立した関連性の程度に関する研究は、資源と鍵となる能力の重要性を示している。図の縦軸の大きさは、事業間の事業活動を共有する機会（事業活動の関連性）を表し、横軸の大きさは、企業レベルのコアコンピタンス（全社的な関連性）を移転

**図6.2** 価値創造の多角化戦略：事業活動の関連性と全社的な関連性

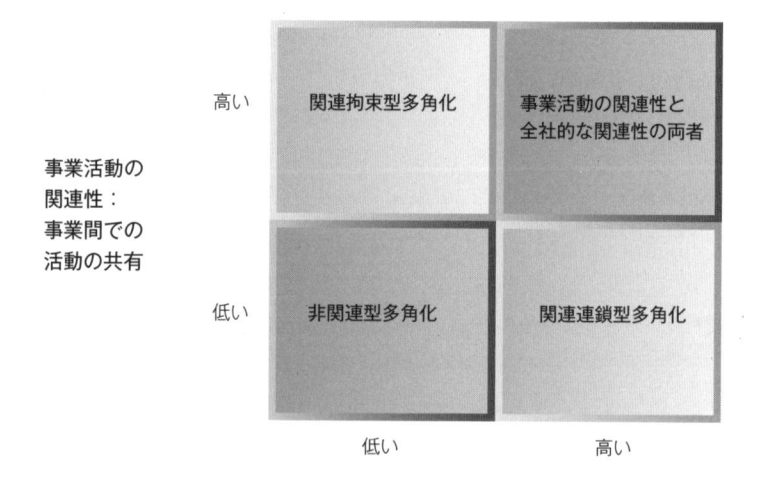

| 事業活動の関連性：事業間での活動の共有 | 低い | 高い |
|---|---|---|
| 高い | 関連拘束型多角化 | 事業活動の関連性と全社的な関連性の両者 |
| 低い | 非関連型多角化 | 関連連鎖型多角化 |

全社的な関連性：
コアコンピタンスを事業に移転する

する機会を示している。事業活動でのシナジーを管理するのに、特に事業間での資源共有を管理するのに、強い組織能力を持つ企業は、左上の象限に位置し、同時に垂直統合を通じて資産を垂直的に共有していることも表している。右下の象限は、事業横断的に1つ以上のコアコンピタンスを移転する企業の組織能力が高度に発達していることを示している。この組織能力は、主に企業の本社に備わっている。非関連多角化は、図6.2の左下の象限に示されている。財務の経済性（後述）は、事業活動の関連性や全社的な関連性よりも、非関連多角化戦略を取る企業にとって価値創造の源泉となる。

## 価値創造の多角化：関連拘束型と関連連鎖型多角化

　関連した多角化を伴う企業戦略を実行することで、企業は、価値を創造するために資源と組織能力を構築したり、拡張したりする。関連多角化戦略を取る企業は、事業間で範囲の経済性を発展させ、有効に利用したいと考えている。複数の製品市場または産業で経営を行う企業にとって利用可能な**範囲の経済性**（economies of scope）とは、企業が一部の資源と組織能力をうまく共有化するか、ある事業から別の事業へと1つ以上の企業レベルのコアコンピタンスを移転することで生み出すコストの節約である。

　図6.2で示したように、企業は2つの基本的な種類の事業の経済性、つまり事業活動の共有化（事業活動の関連性）と企業レベルのコアコンピタンスの移転（全社的な関連性）を通じて、範囲の経済性から価値を創造しようとする。事業活動の共有化とコンピタンスの移転との相違点は、範囲の経済性を生み出すために、ばらばらの資源を統合的に用いる方法の違いによる。範囲の経済性を生むために、生産設備や他の事業部門の物的資産のような有形資源は、時に応じて共有されなければならない。また、生産ノウハウなど、それほど有形でない資源も共有することができる。しかし、物理的または有形の資源が絡まないまま、異なる事業間でノウハウが移転する場合、それは企業レベルのコアコンピタンスの移転であって、事業活動の共有化ではない。

## ● 事業活動の関連性：事業活動の共有

　企業は、主要活動（例えば、在庫品配送システム）または支援活動（例えば、購買活動）を共有化することで、事業活動の関連性を生み出すことができる（第3章参照）。関連拘束型多角化戦略を取る企業は、価値創造のために事業活動を共有化している。P&Gは、この企業戦略を取っている。P&Gのペーパータオル事業と幼児用おむつ事業は、ともに製造プロセスでの原材料として紙製品を使用する。製紙工場で両事業向けの原材料を生産することは、共有された活動の例である。さらに、両事業ともに消費財を生産しているので、これら2つの事業では、流通チャネルと販売網を共有化することになるだろう。

　オープニング・ケースで述べたように、P&Gはジレット社を買収した。そこでは、クレストとオーラルBのブランドの統合を通じてクレスト・プロヘルス・ブランドを創り出すのに必要な研究とマーケティング活動において、事業活動の関連性が必要であった。事業活動の関連性をさらに高めるため、オーラルB歯ブラシの生産に関わっていた人の多くを、P&Gの本社所在地でもあり、クレスト事業部にも近いシンシナティへ配転した。企業は、部門間で活動を共有化することで、戦略的競争力を高め、収益を改善することを期待している。製品の共有化を通じて、P&Gは市場シェアを向上させた。しかし、すでに述べたように、事業活動の関連性を追求することは簡単ではなく、シナジーもしばしば計画通りには実現されない。

　企業の事業同士の関係が事業成果にも関連性をもたらすので、事業活動を共有化することもリスクを伴う。例えば、1つの事業での製品に対する需要が減少すると、共有化した施設を運営するために必要な固定費を賄うための十分な収益が生み出せないかもしれない。この種の組織的な困難によって、活動の共有化による成功が小さくなる可能性がある。

　事業同士の活動の共有にリスクがないわけではないが、それが価値を創造することができることを研究結果が示している。例えば、銀行業のような同一産業内での企業買収（水平的企業買収）を調査した研究は、資源と活動を共有化して、それによって範囲の経済性を作り出すことが、買収後の業績向上や、高い株主配当につながることを明らかにした。さらに、資源の共有が範囲の経済性の源泉となる可能性のある関連部門を売却した企業は、中核事

業と関係ない事業を売却した企業より収益が低いことを明らかにした。さらに、密接に関連する事業を持つ企業の方がリスクが低いことを発見した研究もある。これらの研究結果は、企業の事業同士の活動を共有化して範囲の経済性を高めることは、リスクを減らし、価値を創造するのに重要であることを示唆している。さらに、強い本社がそれを推進する時、活動の共有によるよりも魅力的な結果を得られる。

### ● 全社的な関連性：コアコンピタンスの移転

時が経つにつれて、ノウハウなどの企業の無形資源はコアコンピタンスの基礎となる。**全社レベルのコアコンピタンス**（corporate-level core competence）は、主として経営上や技術上の知識、経験、専門性を通して、異なる事業を結びつける資源や組織能力の複雑な組み合わせである。ある研究によれば、企業のあらゆる事業で新製品にうまく価格をつける能力は、価値が創造されることが明らかになった企業レベルのコンピタンスの例である。全社的な関連性を通じて価値を創造しようとする企業は、関連連鎖型多角化戦略を取っている。

少なくとも2つの方法で、関連連鎖型多角化戦略は、企業が価値を創造するのに役立つ。第1に、コアコンピタンスを開発する費用はすでに企業のある事業で負担したので、それを2番目の事業に移転することで、2番目の事業でそれを開発する資源を割り当てる必要性はなくなる。インク・プリンターでのコンピタンスを高級な複写機に移転したHP社のケースは、その一例である。HPは、高級複写機で標準的なレーザー印刷技術を用いるのではなく、インク印刷技術を用いている。HPのある経営管理者は、「われわれは、より低価格でもっと高品質が達成できるので、その製品を気に入っている」という。この組織能力は、HPにより多くのインク製品を販売する機会を与え、それはHPが高い利益率を上げることができる方法でもある。

資源の無形性は、全社的な関連性を通じて価値を創造する第2の源泉である。無形資源は、競合企業にとって理解し、模倣するのは困難である。この困難性によって、移転された企業レベルのコンピタンスを受け取った部門は、しばしばライバル企業に対して即時に競争優位を得ている。

多くの企業は、1つ以上の企業レベルのコアコンピタンスを、事業間でう

まく移転してきた。バージン・グループは、マーケティングのコアコンピタンスを旅行、化粧品、音楽、飲料、携帯電話、ヘルスクラブ、その他多くの事業にわたって移転している。サーモ・エレクトロンは、新規事業を立ち上げたり、新規事業のネットワークを維持するのに、起業家的なコアコンピタンスを活用している。ホンダは、オートバイ、草刈り機、乗用車、トラックなどの製品を製造する事業に、エンジンの設計と製造でのコンピタンスを開発し、移転してきた。例えば、小型エンジンに関しては、企業レベルのコンピタンスの移転に、エンジンの設計と製造で成功している。ホンダの役員は、「ホンダは、世界最大のエンジンメーカーであり、卓越した品質、性能、および信頼性で評判を得た」と述べている。

　経営管理者が企業レベルのコアコンピタンスの移転を容易にする方法の1つは、キーパーソンを新しい事業の管理職に異動させることである。しかし、前の事業の責任者は、事業成功に重要な知識と経験を蓄積したキーパーソンを異動させるのに気乗りしないかもしれない。そのため、コアコンピタンスの移転を容易にする能力がある管理者は高給でしか新しい事業に異動せず、もしくは関係するキーパーソンは異動したがらないかもしれない。さらに、移転する側の事業のトップレベル経営者は、企業の多角化目標を実現する新事業にコンピタンスの移転を望まないかもしれない。スミス＆ウェッソン社に関する戦略フォーカス・コラムが示すように、望ましい企業のコンピタンスの移転を推進するため社外から多くの管理者を雇うことで、企業のコンピタンスは強化された。さらに、業績が向上している事業では、しばしば技術移転を追求する全社的な熱意と、範囲の経済性を実現するための適切な調整メカニズムが働いているようだ。

### ● 市場支配力

　関連多角化戦略を取る企業は、関連拘束型戦略または関連連鎖型戦略をうまく実行する時、市場支配力を獲得するかもしれない。**市場支配力** (market power) は、企業が自社製品を現在の競争レベル以上に販売できるとき、または、競争レベル以下に主要活動と支援活動のコストを削減できるとき、あるいは両方を満たすときに存在する。大手食品会社のネスレ社は、ノバルティス社からガーバー・プロダクト社の製品部門を買収することで、ベビーフー

ド事業の市場シェアを上げるだろう。ネスレは、ブラジルや中国などの新興国ではベビーフードの大きな地位を占めるが、アメリカでの存在感に欠けている。ガーバーは、アメリカではベビーフードで80％近くのシェアを持つ。ノバルティスが新薬、低コストのジェネリック薬、市販薬の3つの主要分野に集中すると決定したので、この買収の機会がネスレにもたらされた。市場とガバナンスの圧力を受けて、多くの企業が、より少ない数の事業（非関連戦略の復活に関する本章後半の戦略フォーカス・コラムを参照）に集中してきている。ノバルティスのような製薬会社でのこのような事業集中の傾向は、ネスレにとって売却された事業を買収する機会を生み出した。確かにこのような動きを通じて、ネスレは世界中で市場支配力を大幅に強めるだろう。

　ネスレがガーバーの買収を通じて実行しようとしているような、市場支配力を強める手段としての規模拡大の努力に加えて、企業は多地点競争と垂直統合を通じて市場支配力を作り出すことができる。**多地点競争**（multipoint competition）は、2社以上の多角化企業が複数の同じ商品分野または地理的市場で同時に競争する時に存在する。2つの市場（翌日配達と地上輸送）でUPSとフェデックスが取った行動は、多地点競争の例である。UPSはフェデックスの牙城であった翌日配達市場に参入し、フェデックスはUPSの牙城であった地上輸送市場に参入するために、トラック輸送と地上輸送の資産を買収してきた。さらに、ヨーロッパ最強の輸送会社のDHLが、アメリカ市場に参入しようとしているため、市場をめぐる地域別競争が激しくなっている。競争企業3社（UPS、フェデックス、DHL）はいずれも、ある市場に投資するか、現在の市場シェアを拡大させるため、巨大な海外市場に参入しようとしている。例えば、中国が世界貿易機関（WTO）への加盟を許され、官僚も中国市場が国際競争にさらに開放されたと宣言したため、これら運輸トップ3社のグローバル市場をめぐる戦いは、中国や世界中のほかの国で激しく続いている。3社のいずれかがライバル企業との競争で複数の市場での強い地位をうまく獲得すれば、その市場支配力は強まるだろう。

　関連多角化戦略を取る企業の中には、市場支配力を獲得するために垂直統合を行う企業もあるだろう。**垂直統合**（vertical integration）は、企業が自身で投入財を生産するか（川上統合：backward integration）、製品流通の独自システムを所有する（川下統合：forward integration）ときに存在する。事

業活動を利用して製品を生産したり販売したり、外部委託したりしながら、企業は業務を部分的に統合している。

　垂直統合は、ライバル企業に対する市場支配力を強めるために、企業の中核事業で一般的に用いられる。市場支配力は、企業が自社の業務活動で無駄を省き、市場コストを避け、製品の品質を向上させ、おそらくライバル企業に技術を模倣されないよう保護する能力を発展させることで強まる。市場支配力は、企業が市場価格が存在しないような資産同士の強い結合を持つときにも生まれる。そこで市場価格を確立するには、高い調査と取引のコストが生じるので、事業を分離したままにしておくよりも、垂直的に統合しようとする。

　垂直統合には限界がある。例えば、社外のサプライヤーが、より低コストで製品を供給するかもしれない。その結果、垂直統合による企業内取引は費用がかかり、競合企業に対して相対的に利益率が落ちるかもしれない。また、垂直統合に伴って官僚主義によるコストが生じるかもしれない。そして、垂直統合は特定の技術に対するかなりの投資を必要とするので、特に技術変化が早い場合は、企業の柔軟性を低下させるかもしれない。最後に、需要の変化は、生産能力のバランスと調整の問題を生じさせる。ある事業が他の社内事業の一部を構成するが、規模の経済性を達成するのに社内の買い手の吸収能力を超えた量を製造することを最初の事業部に要請するならば、社内事業だけでなく、社外にもその一部を販売する必要が生じるだろう。そのため、垂直統合は、特に競合企業に対する市場支配力を通じて価値を創造できるものの、リスクやコストがないわけではない。

　例えば、ドラッグストア業界でウォルグリーン社の競合企業であるCVS社は、最近、大手の薬剤給付管理会社のケアマーク社と合併した。CVSにとって、この合併は小売からヘルスケアに事業を拡大する川下統合である。しかし、ケアマークの競合企業であるメドコ社は、CVSの競合企業にとっては、CVSとケアマークとが「連携のコンセプトを持つよりも、中立的な立場である方が安心できる」と指摘する。そのため、CVSは市場支配力を獲得するかもしれないが、ウォルグリーンなどの競合企業との関係を悪化させ、彼らがメドコやエクスプレス・スクリプト社など他の薬剤給付管理会社との協力を選択する危険性をはらんでいる。

多くのメーカーは、もはや市場支配力を獲得する手段として垂直統合を追求しなくなった。実際、インテルとデルや、フォードと GM のような大手自動車メーカーの一部でさえも、独立サプライヤーとのネットワークを発展させてきたので、分散経営がほとんどのメーカーにとっての焦点となっている。エレクトロニクス受託製造業者のフレクストロニクス社は、サプライ・チェーン・マネジメントの中で、この革命の促進に寄与する新しいタイプの大手受託製造業者である。フレクストロニクス自体は、事業の補完的ポートフォリオを持つ別の受託製造業者であるソレクトロンに対してされた買収提案を通じて多角化している。このような企業は、しばしば顧客の製品ライン全体を管理して、在庫管理から配送に及ぶサービスとアフターサービスを提供している。電子商取引を通じて事業を行うことで、垂直統合は"バーチャルな（仮想）統合"に転換できる。そこでは、バーチャルな統合または電子的統合手段を通じて、サプライ・チェーン・マネジメントのスキルを改善し、在庫管理を厳しくすることで、取引処理コストを削減できるので、サプライヤーと顧客間の密接な関係を築くことができる。このことは、**垂直統合**より**バーチャルな統合**が、今日の企業が市場支配力を獲得する、より一般的な方法であるかもしれないことを示唆している。

## ● 事業活動の関連性と全社的な関連性との両立

　図 6.2 が示すように、一部の企業は範囲の経済性を生む事業活動の関連性と全社的な関連性とを同時に追求している。活動の共有（事業活動の関連性）とコアコンピタンスの移転（全社的な関連性）を行って、範囲の経済性を同時に実現する能力は、競合企業にとって、模倣のやり方を理解し、学習することを困難にする。しかし、事業活動の関連性と全社的な関連性とを同時に獲得する努力に失敗した企業は、求めていたものとは反対の結果を生むかもしれない。つまり、範囲の経済ではなく、範囲の不経済である。

　スミス＆ウェッソン社とルクソッティカ社に関する戦略フォーカス・コラムが示唆するように、両社は事業活動の関連性と全社的な関連性との両方を用いて成功した例である。同様に、ウォルト・ディズニー社は、事業活動の関連性と全社的な関連性を通じて、範囲の経済性を同時に実現する関連多角化戦略を取っている。例えば、スタジオ・エンターテイメント事業では、ディ

ズニーは、タッチストーン・ピクチャーズ、ハリウッド・ピクチャーズ、ディメンション・フィルムズなど異なる映画配給会社の間で事業を共有することで、範囲の経済性を獲得できている。顧客に関する広くて深い知識は、ディズニーが広告とマーケティングに関する企業レベルのコアコンピタンスを高める際に依存する組織能力である。これらのコンピタンスを用いることで、ディズニーは、リゾートパークと消費者製品事業の一部である流通チャネルを通じて、映画で目玉となった商品を抱き合わせ販売し、全社的な関連性を通じて範囲の経済性を実現することができる。そのため、映画で生み出されたキャラクター（ライオンキングのキャラクターを考えてほしい）は、ディズニーの小売店（消費者製品部門の一部である）を通じて売り出されるキャラクター商品となっている。さらに、映画で確立したテーマは、リゾートパーク事業の一部である、テーマパークの新しい乗り物のモデルとなっている。

　これまで説明してきたように、スミス＆ウェッソン、ルクソッティカ、ウォルト・ディズニーは、活動の一部を共有し、コアコンピタンスを移転して範囲の経済性を実現することで、企業レベルの戦略としてうまく関連多角化を実行することが可能であった。しかし、活動を共有して、コアコンピタンスを移転するので、企業（例えば、ウォルト・ディズニー）が創造した価値を投資家が実際に認めるのが困難な場合がある。このような理由で、範囲の経済性を実現する多角化戦略を取る企業の資産価値を、投資家は割り引く傾向がある。例えば、アナリストは、2大多角化銀行のシティバンクとUBSが、株式市場の評価に関しては、より業務をフォーカス（集中）した同業者に比べ低迷していると批判してきた。実際に両銀行は、保険、ヘッジファンド、消費者金融、投資銀行業務など個々の事業を分離するよう求められてきた。シティグループについて言及するあるアナリストは、シティグループの関連多角化戦略に何らかの規模の不経済があったことをほのめかしながら、「部門間で本当のシナジーを生み出すことは難しかった」と指摘している。

## 非関連多角化

　企業は、企業レベルの非関連多角化戦略を取っている場合、事業活動の関連性も全社的な関連性も追求しない。非関連多角化戦略（図6.2）は、次に述べる２種類の財務の経済性を通じて価値を創造できる。**財務の経済性**（financial economy）とは、企業の内外で行う投資に基づいて財務資源の配分を改善し実現したコストの節約である。

　第１に、効率的に企業内部資本の配分を行うことが、財務の経済性につながる。例えば、相互に異なるリスクの性格を持つ事業のポートフォリオを展開するように誘導するなど、効率的に企業内部資本を配分することで、企業の事業を取り巻くリスクを減らすことができる。第２のタイプの財務の経済性は、買収した資産の再編に関わる。たとえば、多角化した企業が別の企業を買収し、より収益性が上がる経営方法で企業資産を再編した後、外部市場でその企業を売却して収益を上げている。以下では、さらに詳しくこの２つの種類の財務の経済性について議論する。

### 内部資本市場の効率的な資源配分

　市場経済では、資本市場によって資本が効率的に配分されると考えられている。効率が生まれるのは、投資家が将来高いキャッシュフロー価値が見込まれる株式の持ち分（所有権）を取得するからである。また、株主と債権者は、高い成長と収益性が見込まれる事業に資金を出して、投資価値を向上させようとするので、負債を通じても資本は配分される。

　多角化した大企業では、本社が企業全体の価値を創造する事業に対して資本を配分する。資本配分のこのような特徴によって、外部の資本市場による資本配分の結果として株主に発生する利得に対し、それを上回る、内部資本市場の配分による利得が生まれるかもしれない。本社の人々は、事業ポートフォリオの実際の業績および業績見込みについて、通常詳細で正確な情報にアクセスできるので、資本配分を決定する最高の情報を持っていることになる。

　企業本社の従業員と比較して、外部の投資家は内部情報へのアクセスが比

## 戦略フォーカス・コラム

**事業活動の関連性と全社的な関連性：**
**スミス＆ウェッソン社とルクソッティカ社**

　伝統ある拳銃メーカーのスミス＆ウェッソン・ホールディング社と、高級サングラス業者のルクソッティカ社の両社は、事業活動関連型と全社的関連型とを結合した戦略を追求してきた。スミス＆ウェッソンは、映画「ダーティハリー」で44口径マグナム銃が使われるなどしたため、世界で最も認知されたブランドの1つである。興味深いことに、スミス＆ウェッソンには、最近まで拳銃以外の武器関連製品がなかった。しかし、最近、伝統ある拳銃市場から、週末の狩猟用散弾銃とライフル銃の生産に参入した。これらの製品は、経営、技術、そしてマーケティングの分野で同社のルーツに近い。2004年にCEOとして経営を引き継いだマイケル・F・ゴールデンは、トンプソン・センター・アームズ社を11億ドルで買収することで、関連多角化戦略を取り始めた。トンプソンの製造技能は、スミス＆ウェッソンが長身銃の市場で成長を加速させるのに役立っている。

　CEOとして経営を引き継いだ際は銃についてあまり知らなかったゴールデンだが、かつてブラック＆デッカー社で金物製品のマーケティングを改良することによって、工具事業を拡大するのに一役買った経営者であった。同様に、スミス＆ウェッソンのために関連分野に展開する際、ゴールデンはスミス＆ウェッソンのブランドを男性用オーデコロンのような商品広告でも使用できるよう、ライセンス契約に盛り込んだ。マーケティング調査によれば、銃の購入者が、スミス＆ウェッソンの散弾銃、狩猟用のライフル銃、弾薬、警報機サービスにさえ興味があることを示している。この戦略を開発するために、ゴールデンはコカ・コーラ、フリトレー、スタンレーワークス、ハーレーダビッドソンからマーケティング経験のある幹部社員を雇った。2007年の第2四半期には、同社の

戦略フォーカス・コラム

ライセンス収入は17%上昇した。(事業活動関連型と全社的関連型の両方を使用する)二元型多角化戦略を取ることで、スミス＆ウェッソンは「2007年度と2008年度に40％以上」の売上増を予想している。

さらに、新型の45口径拳銃の導入でスミス＆ウェッソンは、それまでベレッタ社が保持していた政府契約による軍への販売が増加すると予想している。この契約だけで、売上で5億ドルの価値があるかもしれない。また、ハイテクで軽量かつ強化されたプラスチックというイノベーションを通じて、警察が気に入りそうな拳銃を製造して、警察当局への売上を増やす計画を立てている。

同様に、ルクソッティカ社は、ファッション・グラス中心からスポーツ・ブランド・サングラスへと移行した。この転換を実行するため、ルクソッティカ社は、主にスポーツ眼鏡類部門が中心だったオークリー社を買収した。経営上は、2つの事業間でシナジーが生まれるため、ルクソッティカは、オークリーに支払った6億6,300万ドルのプレミアムを上回って、事業活動関連の機会によって3年以上で9億3,200万ドルに匹敵する費用節約が生まれると見込んでいる。ファッション・サングラス・メーカーとしてのイメージがある中で、全社的関連型戦略を取ってファッションからスポーツへのブランド転換をうまく管理できるかが大きな問題である。また、もう1つの懸念は、この買収によって、ルクソッティカの80％がアメリカの小売市場に集中してしまう点である。同社はより豊かな市場で小売店網を広げようという動きを早くから示していた。そのため、アメリカ市場に過度に集中するリスクを冒したのである。要約すると、スミス＆ウェッソンとルクソッティカは、成長の機会を増やすために多角化したので、事業活動関連型と全社的関連型を同時に追求する企業の事例となっている。

出典： 2007, Cheap sunglasses? Not for Luxottica: The Italian optics giant snares performance eyewear maker Oakley in a $2.1 billion deal, *BusinessWeek*, http://www.businessweek.com, June 21; R. Owen, 2007, Oakley goes to Luxottica in $2 bn deal, *The Times*, http://www.business.timesonline.co.uk, June 22; A. Pressman, 2007, Smith & Wesson: A gun maker loaded with offshoots, *BusinessWeek*, June 4, 66; S. Walters & R. Stone, 2007, The trouble with rose-colored sunglasses, *Barron's*, 25, M10; C. Hajim, 2006, A stock with fire power: Smith & Wesson, *Fortune*, http://www.cnnMoney.com, October 9.

較的限定されているため、個々の事業の業績と将来の見通しとを推定することしかできない。さらに、資本を必要とする事業については、資金提供候補者（銀行や保険会社など）に情報を提供しなければならないが、内部資本市場を持つ企業は少なくとも2つの情報の優位性を持っているだろう。第1に、年次報告書や他の情報源を通じて資本市場に提供される情報は、良好な見通しと結果を強調するだけで、否定的な情報を含まないかもしれない。外部の資本提供者は、大組織の経営活動の状態を理解する能力には限界がある。情報へのアクセス手段のある外部の株主さえ、完全で完璧な情報開示が保障されているわけではない。第2に、企業は情報を公開しなければならないが、その情報は企業にとって現在の競合企業や潜在的な競合企業にも同時に利用可能となってしまう。このような情報を調査することで得た洞察を用いて、競合企業が企業の価値創造戦略を模倣しようとするかもしれない。そのため、内部市場を通じて資本を効率的に配分する能力は、企業戦略や、多様な事業単位レベルの戦略を実行する間に展開する競争優位を保護するのに役立つかもしれない。

　資本の配分を修正するのに社外からの介入が必要になると、倒産に追い込まれたり、トップ経営陣が交代させられたりと、大きな変化だけが起きることになる。その代わり、内部資本市場では、経営者のインセンティブを調整するようにしたり、事業部門の1つに戦略変更を提案したりするなど、本社はその修正を微調整することができる。したがって、外部市場による配分よりも、より特定された評価基準に応じて資本が配分されることが可能になる。正確な情報が少ないので、外部の資本市場は、潜在性が高い投資に適切に資源を割り当てるのに失敗するかもしれない。多角化企業の本社は、資本の配分を通じて、業績不振の経営陣を規律付けするような任務をより効果的に果たすことができる。

　大型の非常に多角化した事業は、しばしば「コングロマリット・ディスカウント」（企業全体の価値の総和が各部門を足し合わせたものより低くなる）状態に直面する。このディスカウントは、アナリストが複雑な財務報告に基づいて無数の大型事業を評価する方法がわからない場合に生じる。例えば、あるアナリストは、四半期報告書に書かれたGEの決算結果を分析することを、「実際、ルービックキューブを解く方が簡単かもしれない」と指摘する。

このディスカウントを解決するため、多くの非関連多角化コングロマリットあるいは産業コングロマリットは、親会社のブランドを確立しようとしてきた。例えば、ドイツの化学メーカーのBASF社は、最近の広告で「私たちはみなさんが単に買うような製品をたくさんは作っていません。私たちはみなさんが買って得する製品をたくさん作っています」というキャンペーン広告を行っている。BASF社のほかに、GEや他社もこのような広告キャンペーンに大なり小なり成功している。さらに最近、ユナイテッド・テクノロジーズは、「ユナイテッド・テクノロジーズ。みなさんはここからすべてが見えます」というキャッチフレーズでブランド開発に着手した。ユナイテッド・テクノロジーズは、業績が同業の他のコングロマリットよりは良かったが、株価と比較してその株価収益率（PER）は平均的に過ぎないと指摘されていた。「umbrella」のブランド広告で、株価収益率が競合企業に匹敵する水準まで上昇してほしいと期待している。

　非関連多角化にはさまざまな挑戦があるにもかかわらず、特にヨーロッパと新興市場では、多くの企業が非関連多角化戦略を取り続けている。例えば、シーメンスは、高度な多角化アプローチを取るドイツの大手コングロマリットである。同社の前CEOは、「上昇サイクルにあり、資本市場で単一産業企業に投資する機会が多い時には…、投資家はその機会を享受する。しかし、事態が変化すると、単一産業企業はあなたが目にできないほど早く悪化する」と主張している。

　先進国経済で非関連多角化戦略を取る企業にとってのアキレス腱は、競合企業が、事業活動の関連性と全社的な関連性から発展した範囲の経済性から得られる価値を複製するよりも簡単に、財務の経済性を模倣することができる点である。このような問題は新興国市場では小さくなる。新興国市場では、ソフト面のインフラ（効果的な金融仲介機関、適切な規制、契約法など）が整備されていないため、非関連多角化戦略を取ることが支持され、奨励される。実際、インドやチリなどの新興国経済では、多角化が、大手の多角化経営グループの所属企業の業績を向上させることが、研究から明らかになっている。

### ● 資産のリストラクチャリング（再編成）

　企業が他企業の資産を買収し、再編し、外部市場で資産を売却して、価値を創造する方法を学習する時、財務の経済性も生み出すことができる。不動産業のように、低価格で資産を買い、再編し、コストを上回る価格で売却することで、企業の投下資本に対してプラスの収益が生まれる。

　このような戦略を取った非関連多角化企業に関する戦略フォーカス・コラムの例が示唆するように、他企業の資産を取得し、再編することで財務の経済性を創造する場合、重要なトレードオフがあることを理解する必要がある。例えばITWのケースのように、ハイテク製品に対する需要が不確実であるため、ローテクの成熟製品事業の方が成功すると予測される。ハイテク事業では、資源配分の決定が複雑すぎるため、非関連多角化企業と同様に、小企業の本社にとっては情報処理作業の過大な負担を起こしてしまう。ハイテク事業は、しばしば人的資源に依存している。つまり、このような人々は、離職するか、高い賃金を要求するため、獲得した企業の価値を収奪したり、枯渇させたりしてしまう。

　サービスベースの資産を買収し、再編し、外部市場で売却をして利益を得ることも難しい。この場合、売上の中身は、顧客と再編される企業のセールス担当者との親密な人間関係の産物である。したがって、ハイテク企業とサービスベース企業の両方に関して、価値を創造するために再編し、利益が上げられる売却可能な有形資産はほとんどない。人的資本や買い手（顧客）と売り手（社員）との間で時間をかけて発展させた効果的な関係といった無形資産を再編成することは難しい。

## ■ 価値中立的多角化：インセンティブと資源

　関連多角化戦略と非関連多角化戦略を取る際に企業が追求する目標が、企業戦略を取る企業が価値を創造するのに役立つ可能性がある。しかし、このような戦略は、単一事業多角化戦略と支配的事業に基づく多角化戦略の場合と同様に、価値の創造という目的というよりも、むしろ価値中立の目的を念

## 戦略フォーカス・コラム

### 非関連（コングロマリット）戦略の復活：
### 小企業は、大企業が見捨てた事業を取得し、その価値を向上させようとする

　大株主は、企業がポートフォリオを集中し、以前売れ行きの良かったブランドだが特に無数の商品と関連するブランドを売却分離させるために、多くの大手多角化企業に圧力を加えている。リストラクチャリングによって見捨てられた事業が取得可能になると、非公開投資会社に加え、多数の小規模非関連企業がそれらを買収している。　例えば、ジャルダン社は、2005年にコールマン・キャンピング・グッズ社を、前の所有者が倒産した後に買収した。その時、ジャルダンのCEOであるマーチン・フランクリンは、さもなければ競合企業から圧力を掛けられたであろうこの企業を、友好的買収により安価で取引した。フランクリンは「われわれは、マーケットリーダーだが革新的でないブランドを探している」と述べた。ジャルダンは、ボール・カニング・ジャーズ社、バイシクル・プレイング・カーズ社、クロック・ポット・クッカーズ社に対しても同様の買収を行った。

　プレステージ・ブランズ・ホールディングス社もまた、見捨てられた事業を買収する常連である。プレステージ社は、シュアー＆ライト・ガード消臭剤、コメット・クリーナー、アクア・ネットの規格商品、パート・プラス・シャンプー、リット・ダイなどの不採算ブランドが売り出されると、P&G、ユニリーバ、コルゲート・パルモリーブなどの大手消費財企業から見捨てられた事業を買収してきた。プレステージは、数あるブランドの中でもとりわけ、キューテックス・ネイル・ポリッシュ・リムーバーとスピック・アンド・スパンを再生させようとした。ドイツの

ヘンケル社も、類似の戦略に従っている。化粧品子会社のディアルをベースに、P&G（ジレットを買収した際、連邦取引委員会から売却させられた）のライト・ガード、ソフトドライ、ドライ・アイデアを買収した。新ブランド RGX の中でライト・ガードを差別化するため、競合企業の TAG とユニリーバのアックス・ブランドが若い男性を対象に戦っているのに対して、年配男性というターゲット市場を確立しようとした。

　広告代理店のテン・ユナイテッド社と協力して、イノベイティブ・ブランズ社は、クロラセプティック・ソアスロート・トリートメントとパート・シャンプーなどの古いブランドを買収し、再生させた。この再編成戦略は、ゼロからやり直すよりも、古いブランドを再生することによって、もっと安い費用で製品を商店の棚に陳列できることから、これらの企業にとって魅力的である。しかし、この戦略に関連したリスクの1つは、小売業者が、その在庫として自社プライベート・ブランドに加えて、主要ブランドをごく少数しか棚に残せない制限があることだ。このような慣行によって、ウォルマートなどの強力な小売業者が陳列スペース機会を狭めるため、これらの見捨てられたブランドを取得した企業がしばしば締め出されている。

　このような多角化戦略は、消費財産業だけでなく、衣服、金物、工具産業でも行われている。例えば、VF コーポレーションの CEO のマッケイ・J・マクドナルドは、同社をリー、ラングラー・ジーンズ、ヴァニティ・フェアといった下着ブランドの製造業者から、世界最大のアパレル・メーカーに転換させた。VF ブランドの傘下には、リーフ、ジャンスポーツ、ノーティカ、ジョン・ヴァーヴェイトスが含まれている。VF コーポレーションは、可能な限り、買収先事業の創業者や経営管理者を雇用し続け、多くの自立性を与えることで、起業家的アプローチを維持しようとしているが、それと同時に起業家に、買収後に物事がどう運営されるかを確実に知らしめるため、彼らが企業の厳しい財務管理システムの下にあることを警告する。

　イリノイ・ツール・ワークス社（ITW）は、工具メーカーとしてスタートしたが、世界で 750 の事業部を抱え、過去 10 年間で規模が3倍になった。ITW の買収と多角化戦略は、小規模で薄利だが、成熟した産業の

事業に集中している。ねじ、自動車部品、デリ・スライサー、ソフトドリンク缶を結合するプラスチックのリングなどが製品例である。ITWは、狭義の製品範囲に集中し、80対20の概念（収益の80％が20％の顧客によってもたらされるという概念）を用いて最も有利な製品と顧客をターゲットとして、事業部の利幅を向上させるために買収した各事業をリストラクチャリングしようとしている。買収の大部分が1億ドル以下で、価格は通常比較的安い。この戦略フォーカス・コラムで例に挙げた企業は、しばしば安く買収し、事業を再編成し、運営するだけでなく、再編成後は事業を選別して売却しようとするのである。

出典：R. Brat, 2007, Turning managers into take over artists: How conglomerate ITW mints new deal makers to fuel its expansion, *Wall Street Journal*, April 6, A1, A8; E. Byron, 2007, How to turn trash into treasure, *Wall Street Journal*, April 13, B1, B2; A. Cordeiro, 2007, Jarden's bargain hunting wins fans on Wall Street, *Wall Street Journal*, May 23, B3; M. Kanellos, 2007, Corporate castoffs bring new light to VC, CNet News, http://www.news.com, April 11; R.A. Smith, 2007, Boss talk, A special report; VF's new man: (Strong entrepreneurs) + (Financial controls) = Growth, January 22, R4; 2007, Ten United to help revive Sure and Pert Plus: Agency to renew interest in two heritage brands, Press Release, http://www.tenunited.com, January 24; 2006, Henkel successfully concludes the acquisition of deodorant brands in the USA, Henkel Press Release Archive, http://www.henkel.com, May 2.

頭においている多角化戦略として実行されている。以下で論じるように、多角化するさまざまなインセンティブがその時々に発生し、企業が持つ資源の質によっては、価値創造的であるよりも価値中立的である多角化のみを有効なものとするかもしれない。

### ● 多角化のインセンティブ

多角化を推進するインセンティブは、外部環境と企業の内部組織から生まれる。外部のインセンティブには、独占禁止規制と税法が含まれる。内部のインセンティブには、低業績、不確実な将来のキャッシュフロー、シナジーと企業リスクの削減の追求が含まれる。

### ▶ 独占禁止規制と税法

　政府の独占禁止政策と税法は、1960年代と1970年代にアメリカ企業に多角化を推進するインセンティブを与えた。経営者に対して、（垂直統合か水平統合によって）市場支配力を強化する合併を禁止する独占禁止法は、その期間厳しく施行されていた。コングロマリット的多角化を生む合併活動は、主として水平合併と垂直合併を阻止したセラー・キーフォーバー合併禁止法（1950年）によって弾みがついた。その結果、企業はさまざまな業種の事業に進出するようになり、1960～1970年代の合併の多くが"コングロマリット"の性格を帯びていた。1973～1977年の合併の79.1％がコングロマリット形態であった。

　1980年代は、独占禁止法の適用が減った結果、より多数の大型水平合併（2社の石油会社合併のように、同じ業種内の標的企業の買収）が行われた。さらに、投資銀行家は、規制変更により容易になった種類の合併に対して、より積極的になった。その結果、企業買収は空前の数まで増加した。1960年代と1970年代のコングロマリット、つまり高度に多角化した企業は、合併規制が緩和され、事業再編が実施されたので、1980年代と1990年代前半には一層"業務をフォーカス（集中）する"ようになった。

　1990年代後半と2000年代前半には、大量の合併と買収が行われたため（第7章参照）、独占禁止への関心が再び高まった。1980年代と1990年代はじめに比べて、現在は合併に対してさらに監視を受けるようになっている。例えば、P&Gとジレットとの合併（オープニング・ケース参照）では、規制当局は、契約を承認する前に、各社が一定の事業を売却するよう要求した。

　多角化による税効果は、法人税の変更からだけでなく、個人の税率からも生じる。一部の企業（特に成熟企業）は、有利に新規事業に再投資するよりも多くのキャッシュを事業活動から生み出している。一部には、**フリー・キャッシュフロー**（現行事業に投資しても、これ以上経済的収益が見込めない流動金融資産）は、配当として株主に再配分されるべきだという議論もある。しかし、1960年代と1970年代では、配当に対して資本利得より高額の税金が掛けられた。その結果、1980年以前は、企業がフリー・キャッシュフローを、高収益産業の企業を買収したり、高収益の産業で新規に事業を始めるのに使うのを、株主はむしろ好んだ。株式売却益の方が配当より課税率

が低かったので、企業の株式価値が長期にわたって上昇するならば、株主は資金から再配分される配当よりも、投資資金に対し一層高いリターンを受け取れたかもしれないからである。

しかし、1986年の税制改革法によって、個人所得税の最高税率は50%から28%に下がり、特別キャピタルゲイン税により、キャピタルゲインは通常所得の中に含まれるように変更された。これらの変更によって、株主に、多角化の目的のために企業が資金を内部留保することを選好しないインセンティブが生じた。これらの税法改正によって、1984年以降は非関連事業部門の売却を増加させる影響が生じた。そのため、キャピタルゲインと配当に対する個人所得税率は、1986年までは多角化を増加させる株主インセンティブとなったが、1986年以降は税金控除が可能な負債によって資金が供給されない限り、多角化のインセンティブが低下した。株主にとって利益剰余金の魅力が低下するだけでなく、個人の利息控除の撤廃により、企業にとっては支払利息が課税控除の対象であるため、企業によるレバレッジの使用を促したかもしれなかった。

法人税法も多角化に影響を与える。買収は、通常企業の減価償却資産の引当金を増加させる。増加償却額（非キャッシュフロー費用）は、課税所得を引き下げるので、買収に対する追加的なインセンティブを提供する。1986年以前は、買収は税制上の優遇措置を確保するための最も魅力的な手段であったかもしれないが、1986年の税制改革法によって、多角化に関する法人税優遇措置の一部が縮小された。財務会計基準審議会から勧告をうけてなされた最近の変更（買収した企業資産の会計処理に「持分プーリング方式」を適用することの廃止、仕掛かり研究開発費の償却の適用廃止）は、特にハイテク産業関連の買収で、買収インセンティブの一部を削減した（これらの変化は、第7章で詳しく述べる）。

連邦規制は、1980年代にいくらか緩和され、1990年代後半に再強化されたが、銀行業、通信、石油・ガス、電気公益事業を含む多くの特定産業で、規制緩和による合併の増加を経験した。例えば、銀行業では、1982年のガーン・セントジャメイン預金金融機関法（GDIA）と1987年の銀行競争条件平等化法（CEBA）が、州際の銀行買収を制限する規則を緩和することで、銀行業での買収の頻度を増やした。規制の変更は、タイム・ワーナーとAOL

が立て続けに合併を行うなど、多くの合併が認められることで、メディア産業と電気通信産業との集中化に影響を与えた。連邦通信委員会（FCC）は、「放送会社が、アメリカの45％の世帯（元は35％）をカバーするテレビ局を所有し、最大規模市場の3つの放送局（元は2局）を所有し、同じ町のテレビ局と新聞社を所有することを認める」という、強い反対を受けるような裁定を行った。そのため、これまで説明した例のような規制の変更は、多角化を推進するインセンティブとなる。

▶ **低業績**

　低収益が大規模な多角化と関係することを示す研究がある。もし、高業績がより大規模な多角化の必要をなくすのなら、低業績は多角化するインセンティブを提供するかもしれない。イーベイは、オークションの成長が鈍化し、中国と日本の独立型ウェブサイトを閉鎖したため、オークション事業を超えて多角化しようとした。そして、イーベイ・エクスプレスと呼ばれるオンライン・ショップのウェブサイトを作った。このサイトは、定価商品だけを販売しており、見知らぬ人と商品を競り合うことに不安なオンライン買い物客にアピールする。イーベイはオークション・サイトとしてのイメージが

**図6.3** 多角化と業績との間の曲線関係

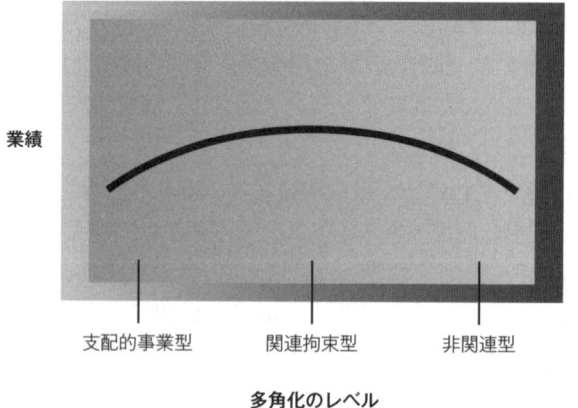

あり、一部の伝統的な顧客は購入価格に決定権を持つやり方を好むという問題もあって、この事業は期待されたほど繁盛しなかった。低い価格と無料配送を提供するアマゾン・ドット・コムのような多くの競合他社も、イーベイ・エクスプレスの多角化戦略の成功を低下させてしまったかもしれない。

多くの企業に関する研究結果と経験から、多角化と業績との間に逆U字型曲線の関係（図6.3）が存在することが示唆される。低業績は多角化するインセンティブになり得るが、広範に多角化した企業は競合企業と比較して総体的に低業績であるかもしれない。さらに、すでに論じたシティグループとUBSのような広い範囲の業務基盤を持つ銀行は、同業銀行と比べて業績が悪いようなので、"解体"圧力に晒されてきた。三洋電機は、あまりにも多くの事業を抱えて経営できないので、リストラクチャリング（事業再編）する必要を感じていた。三洋の業務ポートフォリオは、インターネットサービス・プロバイダー、金融サービス、就職サービス、老人ホーム、ゴルフ場から半導体やバッテリーの事業にまで及んでいた。低業績のため、三洋は投資銀行のゴールドマン・サックス・グループを筆頭とする金融団からの26億ドルの事業再編のための借入を必要とした。事業再編が始まった2004年以来、三洋は15％の人員を削減し、いくつかの工場を閉鎖し、不採算事業から撤退した。

### ▶ 不確実な将来のキャッシュフロー

企業の製品種目が成熟したり、脅かされる時、多角化は重要な防衛戦略と見なされるかもしれない。すでに成熟化した産業や成熟化しつつある産業に属する小企業は、場合によっては長期的に生き残るために多角化する必要がある。例えば、1960～1970年代の鉄道会社の間では、不確実性は、多角化する主要な理由の1つだった。鉄道は、トラック運送業が鉄道事業に対して実質的に不利な影響を与える可能性があるという主たる理由で、多角化した。トラック運送業は、鉄道事業に対する将来の需要量に関して、鉄道事業者に不確実性を与えた。

他の製品市場や他の事業への多角化は、企業の将来のキャッシュフローに対する不確実性を減少させることができる。トムソン（カナダの大手企業）は、イギリスの「タイムズ」紙を所有する以外に、かつてトロントの「グロー

ブ＆メール」紙を含めて北米で130の地方紙を所有していた。1997年、トムソンのCEOは、「アメリカの伝統的な小規模小売店の広告主が大手小売チェーンに飲み込まれて消滅する状況、そしてインターネットに広告収入を奪われる状況」という、2つの大きな脅威に気がついた。そして、これまでの主要な事業から脱皮するために300億ドルの企業買収戦略に乗り出した。トムソンは最近、専門家に金融、法律、ヘルスケアに関する電子データを提供するライバルのロイターグループを、それ以外の事業も含めて買収する合意に達した。

### ▶ シナジー（相乗効果）と企業のリスク削減

　範囲の経済性を追求する多角化企業は、しばしば事業部門間でシナジーを実現できないほど硬直化した投資を行っている。その結果、多くの問題が起きるかもしれない。シナジー（synergy）は、複数の事業部門がともに運営される場合に生み出される価値が、同じ事業部門が独立して運営される場合に生み出される価値を上回った時に存在する。しかし、企業が事業部門間の関連性を強化するのに従って、シナジーは企業の反応の柔軟性を抑制するような事業間での共通の相互依存を起こすので、企業の失敗のリスクも増す。この脅威は、次に述べる2つの基本的な意思決定を余儀なくさせるかもしれない。

　まず、企業がより確実な環境で経営を行うことで、技術進歩が減速するかもしれない。このような行為によって、企業はリスクを嫌って、潜在性はあるが、それが確実でない新製品開発に無関心になるかもしれない。あるいは、企業は事業活動の共有を抑制し、シナジーによる潜在的利益を見送るかもしれない。この意思決定のいずれか一方または両方が、更なる多角化へとつながるかもしれない。前者は、より確実性が存在する産業への関連多角化へとつながるだろう。後者は、追加的だが、非関連の多角化を生むかもしれない。ある研究によると、関連多角化戦略を取っている企業は、新規事業の買収には慎重だが、一方で非関連事業を買収しようとする企業は被買収企業について完全な情報を持たない場合もあるので、非関連多角化戦略を取る企業は新規事業の買収には高値をつけてしまいがちである。しかし、関連多角化戦略を取る企業も、非関連多角化戦略を取る企業も、大きな割増価格を払

う結果になることを理解しなければならない。例えば、オープニング・ケースで説明したように、P&Gとジレットの買収案件は前向きに見られているが、P&Gの株主がこの合併による追加的多角化から財務上の利益を得るには、新会社でのジレット製品の年間成長率は平均12.1％以上が必要となる。

## 資源と多角化

　すでに述べたように、企業には、多角化を推進する複数の価値中立インセンティブと価値創造インセンティブ（範囲の経済性を生み出す能力など）があるだろう。しかし、多角化するインセンティブが存在する時には、企業は企業レベルの多角化戦略をうまく使うために必要とされる種類と水準の資源と組織能力を持つ必要がある。有形と無形の資源はともに多角化を促進するが、それらは価値を創造する能力の点で異なる。確かに、資源が価値を持ち、希少で、模倣困難で、代替不可能（第３章参照）である度合いは、企業が多角化を通じて価値を創造する能力に影響を与える。例えば、フリー・キャッシュフローは、企業の多角化に使用される有形の財務資源である。しかし、無形資源を基礎とした多角化と比較して、財務資源のみを基盤とした多角化は、競合企業にとってより可視的なので、模倣の可能性が増し、長期的には価値を創造しない可能性が高くなる。

　有形資源には通常、製品を生産するのに必要な生産設備が含まれ、柔軟性に劣る資産である傾向がある。あらゆる余剰生産能力は、密接に関連する製品、特に非常に似通った製造技術を必要とする製品に対してのみ使用することができる。例えば、一部のメモリー・チップのメーカーは、市場を調査し、パソコン向けDRAMに使う標準メモリーに対する需要が減少しそうなことを発見した。韓国のサムスン電子やハイニックス・セミコンダクターなど一部の企業は、そのチップ製造で使用される有形資産を基盤として、MP3プレーヤーやデジタルカメラ、そしてその他の製品に使われるNAND型フラッシュメモリ・チップ事業へと多角化した。フラッシュメモリ・チップに多角化したチップメーカーは、アメリカのマイクロン・テクノロジー、ドイツのインフィニオンAG、日本のエルピーダメモリなどDRAMチップ生産に集中し続けているメーカーと比べて、業績が良かった。このように、サムスンやハイニックスの収益は、NAND型製品からの高利益率によって支えられた。

販売要員など、他の有形資源の余剰生産能力は、より簡単に多角化するために活用できる。さらに、販売要員の余剰能力は、類似製品の販売に利用されるかもしれないので、関連多角化にはより効果的となる。販売要員は、関連製品の特徴、顧客、販売チャネルについて一層精通している。有形資源は、生産、マーケティング、調達、そして技術における資源の相互関係を作り出すだろう。このことは、前に活動の共有と定義した。無形資源は、多角化を促進する上で有形の物的資産よりも柔軟性がある。有形資源を共有すれば多角化を促すかもしれないが、暗黙知のような無形資源は多角化をさらに促進できる。

　しかし、価値創造または価値中立を理由として企業を多角化する資源を使用することでは、期待される利益は得られないこともある。例えば、オープニング・ケースで述べたように、事業活動の関連性を実行することは、P&Gとジレットがクレスト・プロヘルス・ブランドを再編し、共同販売の口腔衛生製品（例えば、練り歯磨粉や歯ブラシ）を作ろうとした際、両社にとって困難であった。また、サラ・リーは、多角化したポートフォリオではシナジーを実現できないとわかり、もっと容易にシナジーを達成し、食品と食品関連製品に集中するために、40％の事業を削減した。

## 価値削減的多角化：多角化する経営者の動機

　多角化する経営者の動機は、価値中立の理由（つまり、インセンティブと資源）と価値創造の理由（例えば、範囲の経済性）とから独立して存在する可能性がある。報酬を上げ、経営リスクを減らしたいという願望が、経営トップにとって、価値創造レベルと価値中立レベルとを超えて企業を多角化する2つの動機となる。言い換えれば、経営トップは、収益性が過度に損なわれない限り、経営者自身の雇用リスクを分散させるために、企業を多角化するかもしれない。

　多角化は、株主が喜ばないような追加的利益を経営トップに提供する。多角化と企業規模は密接に相関しており、企業規模が拡大する時には経営幹部

の報酬も増えることが、研究によって明らかにされている。大企業は複雑で、経営が難しい組織であるので、経営トップは組織を率いるのにかなりの報酬を一般的に受け取っている。多角化度が増すと企業の複雑性が増し、その結果、多角化する組織を率いる経営陣に対する報酬がますます増加する。取締役会、企業所有者によるモニタリング（監視）、経営幹部報酬の慣行、企業支配市場などのガバナンス・メカニズムが、過剰に多角化しようとする経営者の志向に歯止めをかけるかもしれない。このようなメカニズムについては、第10章で詳しく論じる。

だがいくつかの例では、企業のガバナンス・メカニズムが強力でなく、経営者が平均的収益性さえ達成し損なうという水準まで企業を多角化するような状況が生じている。適切な社内のガバナンスが失われると、相対的な業績が落ちる結果となり、買収の脅威を誘発するかもしれない。買収によって、無能な経営陣を交代させることで企業の効率が改善するかもしれないが、経営者は、"ポイズンピル"などの防衛策によって買収を回避するか、"ゴールデンパラシュート"協定によって経営者自身のリスクを減らすかもしれない（第7章参照）。そのため、社外からのガバナンスの脅威は、経営者の行動をを抑止するが、多角化に対する経営者の動機を完全にはコントロールできない。

企業を率いる経営者は経営資源を正しく用いる受託者であり、企業レベルの多角化戦略の選択に関わる戦略行動を含めて、彼らの戦略行動の多くは企業の成功に貢献するので、ほとんどの大手公開企業は収益性が高い。すでに述べたように、ガバナンス・メカニズムは、平均を上回る収益性を達成する企業能力を向上させるための意思決定を行い、そして行動を取るという経営規範からの、例外的逸脱に対処するように、設計されるべきである。したがって、経営者は通常、企業の利益に反して自己の利益のために行動すると仮定するのは、あまりにも悲観的である。

トップ経営陣の多角化の意思決定はまた、彼らの評判に対する心配で抑制されるかもしれない。良い評判が経営力の展開と行使を促進するならば、良くない評判はそれを弱めるかもしれない。同様に、強力な経営人材の外部市場があれば、経営者が不適切な多角化を続行するのを思い留まらせるかもしれない。さらに、多角化企業は、自己の資産基盤を再編成するために経営不

振の他社を買収することで、他社を取り締まる監視の役目を果すかもしれない。もしうまく経営できなければ企業は買収されてしまうと知ることで、経営者は価値創造や多角化戦略を実行するように仕向けられるだろう。

図6.4で示すように、業績に最もプラス効果を持つと期待できる多角化のレベルは、資源、経営者の動機、そしてインセンティブの相互作用がどのように特定の多角化戦略の採用に影響を与えるかに、部分的に依拠している。すでに示したように、インセンティブが高く、資源が柔軟であるほど、予

**図6.4** 多角化と企業業績との関係の概要

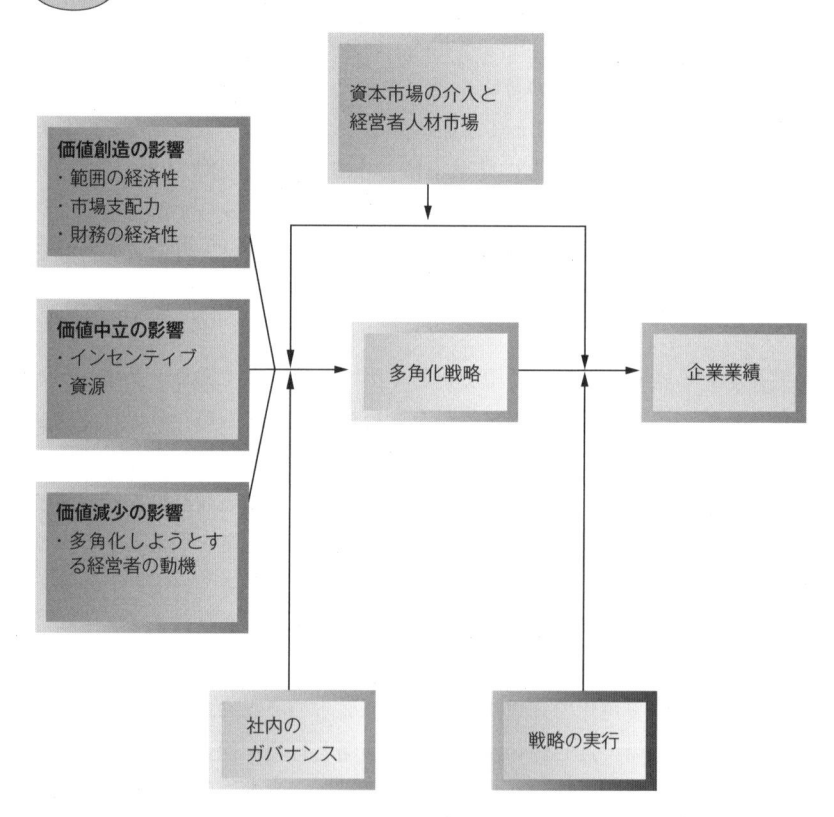

```
                    ┌─────────────────┐
                    │ 資本市場の介入と │
                    │ 経営者人材市場   │
                    └────────┬────────┘
                             │
┌──────────────────┐         │
│ 価値創造の影響   │         │
│ ・範囲の経済性   │         │
│ ・市場支配力     │─┐       ▼
│ ・財務の経済性   │ │
└──────────────────┘ │
                     │
┌──────────────────┐ │  ┌──────────┐    ┌──────────┐
│ 価値中立の影響   │ │  │          │    │          │
│ ・インセンティブ │─┼─▶│多角化戦略│───▶│ 企業業績 │
│ ・資源           │ │  │          │    │          │
└──────────────────┘ │  └────▲─────┘    └──────────┘
                     │       │
┌──────────────────┐ │       │
│ 価値減少の影響   │ │       │
│ ・多角化しようとす│─┘       │
│  る経営者の動機  │         │
└──────────────────┘         │
                             │
        ┌────────────┐  ┌──────────┐
        │ 社内の     │  │          │
        │ ガバナンス │  │戦略の実行│
        └────────────┘  └──────────┘
```

出典：R. E. Hoskisson & M. A. Hitt, 1990, Antecedents and performance outcomes of diversification: A review and critique of theoretical perspectives, *Journal of Management*, 16: 498.

第6章　企業戦略

測される多角化のレベルは高くなる。（最も柔軟な資源である）財務資源は、有形資源または無形資源よりも、多角化の程度と強い関係があるはずである。（最も柔軟性に欠ける）有形資源は、主として関連多角化に有効である。

　本章で述べたように、企業は多角化戦略を効果的に実行することで、更なる価値を創造できる。しかし、多角化は、コーポレート・ガバナンス（企業統治）によって牽制されなければならない（第10章参照）。また、組織構造などの適切な戦略実行手段も重要である（第11章参照）。

　本章では、企業レベルの戦略について説明してきた。次章では、企業が多角化し、利益のある成長を遂げるための卓越した手段として、合併と買収（M&A）を議論する。買収を通じた一層の多角化の流れは、リストラクチャリング（事業再編成）によって部分的に反対の動きがあるものの（第7章参照）、学習が企業レベルの多角化戦略に関して行われたことを示している。したがって、多角化する企業は、多くの事業にではなく比較的少数の事業に集中するよう、慎重に選択すべきである。実際、おそらく1990年代から21世紀初頭までリストラクチャリングが続いたために、非関連多角化は減少したが、関連多角化は増加したことが、研究によって示されている。リストラクチャリングに続く一連の多角化は、アメリカとイギリスの企業行動を反映しながら、ヨーロッパや韓国などの他の地域で行われている。企業は、自社の資源（特に財務資源）、コアコンピタンス、そして国の制度環境と競争環境における機会と脅威に相応しい多角化のレベルを追求する時、戦略的競争力を向上させることができるのである。

## 要約　　　　　　　　　　　　　　　　　　　　　　　*Summary*

■ 企業が企業戦略を取ってさらに多角化する第1の理由は、追加的価値を創造するためである。単一事業または支配的事業に基づく企業戦略を取ることは、企業が事業間で範囲の経済性または財務の経済性を発展させられない限り、もしくは、企業が追加的レベルの多角化を通じて市場支配力を獲得できない限り、さらなる多角化戦略を追求するより望ましいかもしれない。企業が中ないし高度の多角化を伴う企業戦略を取っ

- て多角化する場合、範囲の経済性と市場支配力が価値創造の主な源泉である。

- 関連多角化の企業戦略は、企業がポートフォリオの中の異なる事業間で活動を共有するか、コンピタンスを移転することによって、価値を創造するのに役立つ。

- 活動を共有すると、通常は事業間で有形資源が共有される。コアコンピタンスを移転すると、ある事業で開発されたコアコンピタンスが別の事業へ移転される。企業の本社と事業部との間で、コアコンピタンスが移転されるかもしれない。

- 活動を共有することは、通常、関連拘束型多角化の企業戦略と関連している。活動の共有は、実行し調整するコストが高く、共有に関わった部門に不均衡な利益を生じさせ、経営者のあまりリスクを取らない行動につながるかもしれない。

- 活動の共有とコアコンピタンスの移転をともに追求する企業も関連連鎖型戦略を取っているが、コアコンピタンスの移転は関連連鎖型（または関連と非関連の混合）多角化としばしば関係している。

- 効率よく資源を割り当てるか、標的企業の資産を再編成して厳しい財務管理下に置くことが、非関連多角化をうまく実行する２つの方法である。非関連多角化戦略を取る企業は、価値を生むための財務の経済性の創造に重点的に取り組んでいる。

- 多角化は、ときどき価値中立という理由で追求される。税金と独占禁止政策、業績不振、将来のキャッシュフローの不確実性は、企業がさらに多角化しようとして選択するかもしれない価値中立的理由の例である。

- 経営者が企業を多角化する動機（報酬の増額を含む）によって、過剰な多角化と、それに続く企業の価値創造能力の低下につながる可能性がある。しかし、ある研究によれば、経営トップの大部分は企業資産の忠実な受託者であり、価値を破壊するような方法と金額では、企業を多角化させないようにしているという証拠もある。

- 経営者は、企業にとって最適なレベルの多角化に関する意思決定を行う時、企業の内部組織と外部環境に注意を払う必要がある。もちろん、内部資源は、多角化が進むべき方向を決定する重要な要因である。しかし、競合企業からの予期していなかった脅威があるかもしれないので、企業の外部環境の状態が追加的レベルの多角化を促進するかもしれない。

## 第 6 章　企業戦略

### 重要用語　　*key words*

- **企業戦略**（corporate-level strategy）は、企業がさまざまな製品市場で競争するさまざまな事業グループを選択し経営することを通じて、競争優位を獲得するために取る行動をはっきりさせる。

- **範囲の経済性**（economies of scope）とは、企業が一部の資源と組織能力をうまく共有化するか、ある事業から別の事業へと1つ以上の企業レベルのコアコンピタンスを移転することで生み出すコストの節約である。

- **全社レベルのコアコンピタンス**（corporate-level core competence）は、主として経営上や技術上の知識、経験、専門性を通して、異なる事業を結びつける資源や組織能力の複雑な組み合わせである。

- **市場支配力**（market power）は、企業が自社製品を現在の競争レベル以上に販売できる時、または、競争レベル以下に主活動と支援活動のコストを削減できる時、あるいは両方を満たすときに存在する。

- **多地点競争**（multipoint competition）は、2社以上の多角化企業が複数の同じ商品分野または地理的市場で同時に競争する時に存在する。

- **垂直統合**（vertical integration）は、企業が自身で投入財を生産するか（川上統合）、製品流通の独自システムを所有する（川下統合）時に存在する。

- **財務の経済性**（financial economy）とは、企業の内外で行う投資に基づいて財務資源の配分を改善し実現したコストの節約である。

- **シナジー**（synergy）は、複数の事業部門がともに運営される場合に生み出される価値が、同じ事業部門が独立して運営される場合に生み出される価値を上回った時に存在する。

## 復習問題 *Review questions*

1. 企業戦略とは何か、なぜそれは重要なのか。
2. さまざまな企業戦略を使って企業が追求できるさまざまなレベルの多角化企業とは何か。
3. 企業が事業活動の多角化を選択する3つの理由は何か。
4. 関連多角化戦略を取るとき、企業はどのように価値を創造しているか。
5. 非関連多角化戦略を取るとき、財務の経済性を獲得する2つの方法とは何か。
6. 多角化を促進するインセンティブと資源は何か。
7. どのような動機が、経営者に企業を過剰に多角化させるのか。

第6章 企業戦略

# 第7章

## 企業買収と再編戦略

本章の狙いは、下記目的に必要な戦略的経営の知識を提供することにある。

1. グローバル経済の中で競争する企業の間で、企業買収戦略が重要性を高めてきていることを説明する。
2. なぜ企業は戦略的競争優位性を得るために買収戦略を用いるのか、その理由を議論する。
3. 買収戦略によって競争優位を得ようとする場合に障害となる7つの問題を詳しく述べる。
4. 効果的な買収の持つ特性を上げ、詳しく述べる。
5. 企業再編戦略を定義した上で、一般的な再編戦略の類型間の相違を示す。
6. それぞれ異なる企業再編戦略がもたらす短期的および長期的な成果を説明する。

*opening case*

国境を越えた買収が増加傾向

　国境を越えた買収の数は、グローバルな競争市場でビジネスを展開するというグローバル化がますます進展していることを示している。特にアメリカやイギリスのような発展した大きな市場での、海外からの買収の数を見ればわかるように、その増加は明白である。アメリカ向け海外直接投資は、2005年の914億ドルから2006年の1,615億ドルへと76.7%増加した。これは、ドットコムブームのピークである総額3,356億ドルに到達した2000年以来最高の水準である。保護貿易主義者の風潮がアメリカ議会を象徴しているのだが、アメリカ向け投資は依然魅力的である。海外からの投資の3分の2の1,478億ドルは、外国企業による米国における関連会社買収のためである。

　イギリスもまた、英国国内の資産の購入を外国資本に認めるような市場の開放や国境の開放により、またそのような買収した資産の経営を行う海外からの経営人材によって、大きな利益を受けている。しかしながら、外資による買収によって、英国人従業員が経営幹部になるのがより困難になってしまうのではないかという懸念が表面化している。さらに、業界の専門家の中には、外国企業が研究開発費を母国に投資し英国産業の長期的競争力を衰退させることもあり、外資による買収は英国の知的財産を減らすのではないか、と考える者さえ出てきている。買収の風潮は、マンチェスター・ユナイテッドのような著名な英国を象徴するサッ

カーチームにまで影響を及ぼし、同チームは、アメリカのスポーツ界の重鎮であるマルコム・グレーザーによって買収された

　スペインのような他の欧州企業は、海外企業を多数買収し続けてきた。スペイン企業は、ラテンアメリカで過去数十年の国際的な拡張を通じ経験を積んできた。特に、テレフォニカという大手電気通信会社は、ラテンアメリカで民営化されてきた多くの電気通信会社を買収した。同様に、スペインの銀行も多くの買収を通じて、ラテンアメリカで成長した。このスペイン企業の経験は今現在、ヨーロッパ全土に広がり、電気通信会社や銀行の合併だけでなく、鉄道や空港の経営サービスやインフラ経営サービス会社の買収に拡がっている。例えば、フェロビアル社は、最近民営化された英国で最大手の鉄道・空港の経営サービス会社 BAA を買収しようとした。さらに、バンコ・サンタンデールは、多くの銀行と競合して、英国のアビー・ナショナル銀行を買収しようとした。最近アベルティス社は、イタリアの鉄道アウトストラーデ社を買収しようとした。それは、スペインの会社にイタリアや他のヨーロッパの国の鉄道網の支配権を与えることになる。

　日本の企業もまた長年の沈黙を経て、活発に大規模な海外の企業買収に乗り出した。例えば、JT は最近ギャラハー・グループ社を 147 億ドルで買収した。このイギリスのタバコ会社の買収は、JT の海外売上を大きく伸ばすであろう。興味深いことであるが、多くの欧州と日本の会社による買収活動は通貨価値、とりわけ米ドルに対する相対的な価値の増加に影響を受けている。なぜなら 1990 年代と比べるとドルは、ユーロまたは日本円の通貨より値下がりしているからである。

　新興の経済、例えばインドは、海外での企業買収にとても積極的になっている。インドのタタ・グループは、イギリスの製鉄会社コーラス・グループ社を 132 億ドルで落札した。同様に、ヒンダルコ・インダストリーズ社は、ビール缶や自動車用のアルミ板を製造するアルミニウム製造業のノベリス社を 57 億ドルで買収した。ノベリスは、アルミニウム会社でアルコアに次ぐ第 2 位の規模のアルキャンからのスピンオフ企業で、カナダで法人登記されているが、本社はアトランタにある。インフォシス・テクノロジー社は、もう少し規模の小さい買収を進めている。同社

は、インドを本拠地とするソフトウェア・サービスの会社で、小規模のソフトウェア供給企業を買収することで年率９％の成長を達成した。

　同様に多くのラテンアメリカ企業は、米国企業を買い続けている。実は、最大手の米国のセメント企業はすべて、フランスのラファージュ、スイスのホルシムとメキシコのセメックスなどの海外企業によって所有されている。これらの大手グローバル企業に加え、ブラジルのボトラティン・シネントス社とコロンビアのセメントス・アルゴス社のような多くの中規模セメント製造会社は、北米の資産やコンクリート運搬用のミキサー・トラック車両を買い続けてきた。同様に、メキシコの地域セメント製造企業グルポ・セメントス・デ・チワワ社は、ミネソタ州とサウス・ダコタ州の買収に続いて、コロラドとオクラホマでもさらに買収を行った。これらの買収の多くは、建設ブームでセメントが売り手市場の間にセメントの高い消費率によって推進されたものである。住宅建築の減少に伴って、セメント市場の買収活動も同様に鈍化していくであろう。

　要約すると、国境を越えた取引の数は、先進国とりわけ米国や英国や他の欧州諸国で、多くの新興国企業による企業買収にともなって、増加していくだろう。これらの先進国経済は、新興国経済が参入する産業に一層開放された政策を展開することになる。そのような産業として、特に成熟したグローバル化の進むビジネス、例えば鉄鋼・アルミニウムやセメント産業、あるいは空港や鉄道などのような基本的なサービス、有料道路を管理するようなインフラの経営サービスなどの産業が挙げられる。

出典： 2007, Marauding Maharajahs; India's acquisitive companies, *Economist*, March, 86; D. K. Berman, 2007, Mergers hit record, with few stop signs, *Wall Street Journal*, C11; S. Daneshkhu, 2007, FDI fl ow into richest countries set to rise 20% this year, *Financial Times*, June 22, 7; J. McCary, 2007, Foreign investments rise, *Wall Street Journal*, June 6, A5; J. Saigol, M&A activity gets off to a sprinting start, *Financial Times*, June 30, 18; L. R. McNeil, 2007, Foreign direct investment in the United States: New investment in 2006, *Survey of Current Business*, 87(6): 44–48; J. Singer, K. Johnson & V. O'Connell, 2007, Tobacco consolidation speeds, *Wall Street Journal*, March 16, A3; A. Thompson, 2007, Foreign acquisitions: Success at home has bred victory abroad, *Financial Times*, May 9, 6; P. Wonacott & P. Glader, 2007, Hindalco pact to buy Novelis underlines India's push overseas,

*Wall Street Journal*, February 12, A11; A. Galloni, 2006, European acquisition creates toll-road giant, *Wall Street Journal*, April 24, A3; K. Johnson, 2006, Spain emerges as M&A powerhouse, *Wall Street Journal*, September 26, A6; J. Millman, 2006, Cement demand paves path to takeovers, *Wall Street Journal*, May 23, A8; P. Engardio, M. Arndt & G. Smith, 2006, Emerging giants, *BusinessWeek*, July 31, 40.

　第6章でわれわれは、各企業のコアコンピタンスに根ざし競争優位をつくりだすような、製品多角化戦略の類型やその度合いに焦点を当てながら、企業戦略について学んだ。そこでみたように、多角化戦略によって企業は、余剰資源をより有効に利用することで、新たな企業価値を付加することが可能になった。本章では、企業合併・買収（M&A）について検討する。M&A（merger & acquisition）は、多角化戦略と併用される場合もあり、世界中の企業に用いられる代表的な戦略である。オープニング・ケースで述べたように、先進国に限らず発展途上国においても多くの企業が、M&Aにますます関わるようになっている。

　20世紀後半においては、企業買収は、企業の高い成長を求め、競争上の優位を保ちたいとする大企業がこぞって行ってきた卓越した戦略である。より規模が小さく、数少ない事業に特化した企業でさえ、成長し新しい事業に参入するために企業買収戦略を利用しはじめている。しかしながら、戦略としての企業買収に問題がないわけではない。実際、いくつかの企業買収は失敗している。そこで、本章では、どのようにすれば企業買収が、企業の利害関係者に配分可能な価値を高めることができるようになるかに焦点を当てる。効果的な買収とはどのような特長を兼ね備えているのかを示す前に、まず、企業買収を行う際に企業がもっとも多く直面する問題について検討する。例えば、企業買収が企業の業績を低下させる場合、戦略フォーカス・コラムのダイムラー・クライスラーによるクライスラーの売却のケースで説明するように、企業はその事業を再編成することが必要だとみなすかもしれない。本章の最後に、3つの事業再編（restructuring）戦略について述べるとともに、その実行に伴う短期的および長期的な結果についても言及する。これらのことを論じる前に、まず、M&Aが最近流行している状況を説明し、M&Aと

第7章　企業買収と再編戦略

敵対的買収（takeover）の違いについて論じたい。

## ■ 企業合併・買収（M&A）戦略の流行

　企業買収戦略は、何年もの間、米国企業の間で一般的な戦略の1つであった。1980年から1990年代そして21世紀に入っても、米国企業の効果的なリストラに、企業買収戦略が中心的な役割を果たしてきたと信じられている。オープニング・ケースでも明らかなように、企業買収戦略は、ヨーロッパや、インド、中国、ブラジルなどの新興国を含む他の諸国や経済地域でもますます存在感を増してきている。事実、近年では、国境を越えた企業買収（つまり、ある国を本拠地とする企業が別の国を本拠地とする企業を買収する）の割合が高まってきている。

　例えば、2006年には、国境をまたいだ企業買収の総額は3兆6,000億ドルに達し、過去最高を記録した。また、2007年は、7月までの買収額が2006年の年間の買収額をすでに25％近く上回っている。経済協力開発機構（OECD）の報告によれば、この1月から5月までの間の傾向が2007年全体でも続くとすれば、2007年全体でのOECD諸国の国境をまたいだM&Aの総額は1兆ドルを超える模様だ。興味深いことに、全世界のM&A案件の20％はプライベート・エクイティ・ファンドが資金を提供しており、その資金の多くが負債により調達されている。また、米国で主導されたM&Aに限って言えば、その率が40％に上昇する事実も注目に値する。

　企業買収戦略は、市場の競争状況が不確実なために用いられることがある。企業が買収に打ってでるのは、競争の脅威を感じ市場支配力を高めようとしたり、市場に機会があるので新しい市場に参入しようとしたり、あるいは、不確実な環境によるリスクを分散しようとするためである。さらに、市場の変動がその企業の主要市場に望ましくない変化を引き起こすので、その企業はコア・ビジネスを他の市場にシフトするため他の企業の買収に走るかもしれない。産業構造あるいは規制の変化により、そのような戦略オプションが生じるのかもしれない。例えば、第6章で触れたように、カナダのトロント

を本部としたメディア関連の巨大コングロマリットのトムソン社は、そのビジネス・モデルを、新聞中心から電子媒体によるデータ提供サービス中心へと大きくシフトした。特に法律や企業財務に関するデータとその分析を必要としている企業をサポートするビジネスにシフトした。

　戦略的経営のプロセス（図1.1参照）の中で、企業買収戦略は企業の競争優位性を高め、株主へのリターンを高めるために求められる。したがって、企業買収戦略は、買収を仕掛ける企業が買収対象企業の支配権を得たうえで買収対象企業の資産を活用して全体としての企業価値を将来高めることができる場合に限って行われるべきである。

　しかしながら、実際は買収戦略が少なくとも買収を仕掛ける企業にとって、いつも望ましい結果をもたらすというわけではないという実証の結果がある。研究によると、買収対象企業のもともとの株主は買収の結果、多くの場合、平均を上回る収益性を手にする一方、買収を仕掛けた企業の株主にとっては、通常この買収の結果、もたらされるリターンはゼロに近い。これらの研究結果が示唆するのは、大企業にとり、公開企業を買収するような買収戦略を用いて持続的に企業価値を高めることは、現在ではかなり難しくなっているということである。買収案件のおよそ3分の2で、買収を行うと発表した直後に買収を仕掛けた企業の株価は下落する。この市場の否定的な反応は、買収を仕掛ける企業が買収プレミアムに値するだけのシナジーを達成できるかどうか疑わしいと、投資家が懐疑的になっていることを示すものだ。

## ● 合併 (merger)、買収 (acquisition)、敵対的買収 (takeover)：その相違点

　**企業合併** (merger) は、2つの企業が双方の事業活動を比較的対等の立場で統合しようという戦略である。実際のところ、そのような真の意味での合併というものは極めて少ない。というのも、どちらかの企業のマーケットシェアあるいは企業規模が、他を圧している場合が多いからである。ダイムラー・クライスラー社の合併は対等合併であると言われた。両社の力関係はダイムラー・ベンツ社が圧倒的であったが、クライスラー社の経営陣は合併と呼ばれない限りこの取引の調印を許さなかったであろう。しかし、対等合併というものは必ずしも長続きはせず、本章の後の戦略フォーカス・コラムでも触

——————————————————第 7 章　企業買収と再編戦略

れているように、ダイムラー・クライスラーはクライスラーの資産を売却し、その新社名をダイムラーに変更することになる。

**企業買収**（acquisition）とは、買収先企業をその事業ポートフォリオの中で子会社化することを狙って、一方の企業が他の企業の過半数の株式、あるいは 100％の株式を取得する戦略のことである。この場合、買収先企業の経営陣は、買収を行った企業の監督下に置かれることになる。ほとんどの合併は友好的なものであるが、買収には友好的な場合も敵対的な場合もある。

**敵対的買収**（takeover）とは、標的企業が買収企業の入札を望んでいないという特殊な買収戦略のことである。敵対的株式公開買付の数は 2001 年から 2002 年にかけての不況期に増加したが、これは不況の時期には一般的に起こることだ。なぜなら、その保有資産の価値に比べて株価が割安な、経営がうまくいっていない企業が、より簡単に探し出せるからだ。多くの株式公開買付は、標的企業の経営陣が望んでいるものではなく、敵対的なものと言っていい。数少ないケースでは、株式公開買付が、標的企業と親密で場合によっては友好的な企業により、行われることがある。しかしながら、研究によれば、敵対的買収のほうが友好的買収に比べて、はるかに高い企業価値の増加を買収する企業の株主にもたらすことがわかっている。

比較すると、企業買収が、企業合併あるいは敵対的買収より一般的である。そのため本章では企業買収に焦点を絞りたい。

## ■ 企業買収を行う理由

本節では、企業買収を戦略として使う理由について論じたい。いずれの理由も理にかなったものだが、企業買収は必ずしも競争的優位をもたらすとは限らない可能性がある。

### ● 市場支配力の増大

企業買収を行う 1 つの大きな理由は、市場の支配力を高めたいというものである。第 6 章で定義したように、**市場支配力**（market power）が生じるのは、

## 戦略フォーカス・コラム

### オラクルは水平型買収に、CVS は垂直型買収に特化

　オラクル、SAP とマイクロソフトは、データベース経営管理ソフトウェア分野で競っている。現在、オラクルとマイクロソフトのマーケットシェアはそれぞれ 10％と 5％であるが、SAP はマーケットシェアの約 22％を占め首位に立っている。この企業間の競争は、データベース・ソフトウェアを使った事業部門の統合をいまだ実現していない顧客企業を取り合いながら、熾烈になっている。一度データベース・ソフトウェアの構成が完成すると、他のソフトウェア体系に移行するには莫大なスイッチング・コストがかかる。この問題点が、オラクルを水平型買収戦略による成長に駆り立てることになった。オラクルの買収戦略は、成長を促進させている。というのは、それぞれの新しく買収された企業は、引き続き留まる既存顧客を有していること、新しい販売を担当するためにオラクルの既存営業部隊に統合される営業部隊を有していること、そしてオラクルがいまだ参入していないが買収対象企業が顧客基盤をすでに持つ業界に向いた新しいソフトウェア・アプリケーションを有しているるからである。

戦略フォーカス・コラム

　2004年オラクルは敵対的買収によりピープルソフトを103億ドルで買収した。この買収は、ピープルソフトが以前に買収した業界の他のライバルであるJ.D.エドワーズ社にもまたその権利が及んだ。オラクルの買収戦略は、ラリー・エリソンが企業ソフトウェア産業は成熟しており整理統合が必要であると判断したときに始まった。それ以来、オラクルは、最近のハイペリオン・ソリューション社の買収の33億ドルを含めて240億ドルを、多数の企業を買収するために使った。この一連の買収によって、2007年5月決算でオラクルの収入は50％増加し177億ドルに達した。この買収は、オラクルが小売業、金融サービス、公益事業、通信業や政府によるサービス業界のアプリケーションで洗練された一群の業界に焦点を当て発展させることを可能にした。

　例として、オラクルは、一団の小売業ソフトウェア・アプリケーションを統合するために、プロフィットロジック社や360コマース社そしてレテック社を買収した。それらの買収によりオラクルは、2006年と2007年にウォルマート、ノードストロムやペリー・エリス・インターナショナルなどの30もの新しい小売業顧客を獲得することになった。ペリー・エリスのCIOは、同社がジャスト・イン・タイム方式の在庫管理改善や、商品品揃えの効率化改善と、効率的に店舗と地域による価格調整を支援するソフトウェアで、年間2,000万ドル以上の経費削減を見込んでいる、と述べている。この価格調整のソフトウェアは、新しく統合されたオラクルのソフトウェア・アプリケーションの活用を通じて得たものである。

　相対的にいえば、SAPは特定の産業アプリケーションで先行している。オラクルが5つの産業に対してSAPは26産業にアプリケーションを持っている。また、特定産業における大企業以上に、両社は中小企業においての成長を追求している。オラクルのSAPと対抗する策は買収戦略である。しかしながら、オラクルと中小企業との連携を促進し事業を統合することは簡単な仕事ではないが、オラクルの積み重なる買収経験は、買収統合プロセスを改善してきている。

　垂直合併では、ドラッグストア・チェーンであるCVSコーポレーションは、2007年に薬剤給付管理会社（PBM）のケアマーク社を210億ド

ルで購入した。この合併会社は、ウォルグリーンズ社やメドコ・ヘルス社のようなPBMに匹敵するものを含めたどの競合企業よりもずっと高い年間売上高750億ドルを達成するであろう。この垂直型買収においてCVSは大企業や生命保険供給者に代わって交渉する強力な顧客を手に入れることになる。この垂直型合併の1つのメリットは、PBMが顧客の代表として価格の交渉をすることにより、そして処方箋薬品の通信販売システムの中に企業を押し込むことにより、ドラッグストアに対して圧力を与えることである。この合併によりCVSは、CVSプライベートブランド商品を、大企業社員に大きな割引を提案することにより、大企業との大きな取引を獲得することができる。ウォルマートが多くの店舗でジェネリック薬品を大変安い料金設定で始めた時、ドラッグストアとPBM企業は合併への圧力が増すのを感じた。CVSの大きな競合企業であるウォルグリーンズもまた、PBMビジネスを増やすことを計画している。しかしウォルグリーンズが買収プロセスを用いるかはまだはっきりしない。

　それらの2つの例は、水平型そして垂直型合併が、潜在的なシナジーと、または相互補完性によって市場支配力を増しコスト削減を同時に達成しようとしていることを指し示している。

出典： S. Hamm, 2007, Oracle; Larry Ellison engineered a string of acquisitions that have given boost to the software giant's revenues, *BusinessWeek*, March 26, 64–65; G. Marcial, 2007, Hail to CVS/Caremark, 2007, *BusinessWeek*, April 9, 99; A. Ricadela, 2007, Oracle vs. SAP: Sound or fiery? *BusinessWeek*, April 9, 38; V. Vara, 2007, Oracle adds business-intelligence from Hyperion, *Wall Street Journal*, March 2, B3; V. Vara, 2007, Oracle's profit shows acquisition spree is paying off, *Wall Street Journal*, June 27, A3; K. Whitehouse, 2007, CVS/Caremark directors win election, *Wall Street Journal*, May 10, B6; D. Armstrong & B. Martinez, 2006, CVS, Caremark deal to create drug-sale giant, *Wall Street Journal*, November 2, B1, B2; D. K. Berman, W. M. Bulkeley, & S. Hensley, 2006, Higher bid lifts Caremark, for now, *Wall Street Journal*, December 19, A2; S. Pritchard, 2006, How Oracle and SAP are moving down "The Tail," *Financial Times*, October 18, 5.

企業が完全競争のもとでの価格よりも高い水準で製品あるいはサービスを販売できる場合、あるいは、同業他社に比べて、その主要活動ないし支援活動のコストが低い場合、である。市場支配力は通常、その企業の規模、そして市場で競争するためにその企業が持つ資源と組織能力、から生じる。市場支配力はまた、その企業の市場シェアによっても影響を受ける。したがって、より大きな市場支配力の獲得を狙った企業買収の多くは、競合企業である同業他社、サプライヤー、販売業者、関連性の高いセクターの企業などの買収を伴い、その結果、コアコンピタンスを生かして、買収企業の主要事業で競争優位を獲得することを目的としている。市場を支配することの1つの目的は、その市場でのリーダーになることだ。第6章で触れたように、ネスレ社は、ノバルティス社から製造部門のガーバー・プロダクト社を買収することによってベビーフード製品の市場シェアを増やすだろう。ガーバーはアメリカのベビーフード市場の80％近くを押さえており、この買収を通じてネスレ社は全世界での市場支配力を大きく増大させるだろう。研究成果によれば、マーケティングに関係した問題が存在していれば、合併企業の業績は向上することが示されている。統合された企業のマーケティングが範囲の経済を改善するとするならば、水平買収の結果としてできた買収企業の業績の改善は、平均的な潜在的な費用節約効果よりもはるかに大きいものになる。企業は市場支配力を増大させるために、水平型企業買収、垂直型企業買収、関連型企業買収を行うことが多い。

### ▶ 水平型企業買収 (horizontal acquisition)

買収企業と同じ業界で競争する企業の買収は、**水平型企業買収**と呼ばれる。水平型企業買収は、コストや収益に基づいたシナジー（相乗効果）を利用することで企業の市場支配力を増大させる。研究によると、類似性のある企業を買収した場合に、水平型企業買収は一層高い業績をもたらすことになる。重要な類似性の例としては、戦略、経営スタイル、資源配分パターンが挙げられる。これらの類似性により2つの企業の統合は、よりスムーズに行われる。水平型企業買収は、買収企業が被買収企業の資産を自社の資産と統合した場合、最も効果的であることが多い。しかし、新しく統合してできた企業のコアコンピタンスを補完しないような過剰な生産能力や資産を、再評価し

売却した後でないとその効果は現れない。戦略フォーカス・コラムで示されているように、オラクル社の場合、SAPやIBMとの競争の中で、他のソフトウェア社の水平型企業買収戦略を非常にうまく達成してきた。

### ▶ 垂直型企業買収 (vertical acquisition)

**垂直型企業買収**とは、1つないし複数のその企業の製品やサービスのサプライヤー（供給業者）や販売業者を企業が買収することである。企業は、この種の企業買収を通し垂直的に統合され、その結果企業はバリュー・チェーン（第3章と第6章を参照）の追加的な部分を支配する。戦略フォーカス・コラムが示しているように、薬剤給付管理会社（PBM）のケアマーク社を買収することによって、ドラッグストア・チェーンCVS社の市場支配力は高まることになる。これは、PBMや保険会社を通してドラッグストア・チェーンに対し価格圧力をかけてきた巨大企業との交渉で、より大きな力を発揮することになるからである。

垂直型企業買収はまた、インターネットビジネスでも起こりうる。例えば、グーグルのダブル・クリック社買収によって、グーグルが自社で作るよりもっと高品質のインターネット広告が供給できるようになった。ダブル・クリック社はインターネット上の画像広告供給に特化しており、特に、顧客ポップアップ広告やビデオ広告に特化し、一方グーグルは、インターネットやテキスト・バナー広告に特化している。このように、グーグルは自社の弱い分野でのサプライヤーを買収している。興味深いことに、マイクロソフトはグーグルにダブル・クリック買収で競り負けたものの、この買収がグーグルに過度の市場支配力を与えると、この取引を批判している。

### ▶ 関連型企業買収 (related acquisition)

高度に関連した業界内での企業買収は**関連型企業買収**と呼ばれる。IBMの伝統的な中核業務はコンピュータ・ハードウェアの販売であった。最近になって、同社は売上増大の主たる原動力となったサービス業務へと移行した。しかし、サービス・ソリューションを売り込むには、ソフトウェア・アプリケーションを持たなければならない。このようなわけで、IBMは競争力を保つために小規模のサーバーやソフトウェア業者を買収してきている。もちろん、こ

のソフトウェア業者はIBMのハードウェアやサービス業務に関連している。2003年以来、IBMは118億ドルを54件の企業買収に使った。そのうち36件がソフトウェア会社、18件がサービス会社である。しかしながら、シナジー効果の達成が難しいため、関連型企業買収の価値を測定するのは困難なことが多い。

市場支配力の向上を目指す企業買収は、金融市場による企業評価に加えて、当局の審査を受ける。例えば、第6章のオープニング・ケースに述べているように、P&Gが成功させたジレットの買収は、証券アナリストによる厳密な評価に加えて、政府による大がかりな審査を受けた。結局のところ、P&Gは、買収のための連邦取引委員会の承認を得るために、いくつかの事業を売却しなければならなかった。このように、企業買収によって成長と市場支配力を狙う企業は、買収戦略をうまく使うために、一般環境における政治的および法的セグメント（第2章参照）を理解しなければならない。

### 参入障壁の克服

**参入障壁**（barrier to entry）（第2章参照）とは、市場あるいは現在市場で事業活動している企業に付随する要因であり、この要因によって、新規参入企業がある特定の市場に参入する際直面する費用や困難さが高まる。例えば、事業が十分に確立した企業は、その製品の製造やサービスに相当な規模の経済性をもっているかもしれない。加えて、顧客との永続的な関係は製品への忠誠心を作り出し、それによって新規参入者はその障壁を乗り越えることが困難となることが多い。差別化された製品と対抗する場合、新規参入者は、通常かなりの資源を自社の製品やサービスの広告に使わなければならず、また、新たな顧客に気づいてもらうために他社より低価格で販売する必要に迫られるかもしれない。

規模の経済性や差別化された製品によって生じた参入障壁に直面して、新規参入業者は、現在の買い手になじみのない製品やサービスを提供し市場に競合企業として参入するより、事業が確立した企業を買収するほうが、より効果的であることに気づくかもしれない。実際、新規参入の際の障壁が高ければ高いほど、企業が障壁を克服するために既存企業を買収するという確率はますます高くなる。企業買収には多額の費用がかかるかもしれないが、企

業買収によって新規参入企業は即効性のある市場参入が可能となる。

例えば、オープニング・ケースでも示したように、国境を越えた企業買収の多くが、特に発展途上国における企業買収の場合、参入障壁克服の手段として行われている。注目するのはセメント会社の事例で、フランスのラファージュ，スイスのホルシムとメキシコのセメックスなどは、今では米国における最大のセメント製造業者である。

加えて、企業買収は、一般的に国際市場への参入障壁克服の手段としても行われる。先進国発祥の巨大多国籍企業はブラジル、ロシア、インド、中国（BRICs）といった新興経済国への参入を模索しているが、これはこれらの国が世界で最も経済が成長している国々であるからである。次に述べるように、新興市場国内の標的企業を買収することにより、自力で全く新規にあるいは社内ベンチャーを通じて進出国の制度的な障壁について学ぶよりも、企業にこのような急成長経済に一層迅速に参入することを可能にする。

### ▶ 国境を越えた企業買収 (cross-border acquisition)

異なる国に本社を置く企業間の企業買収は、**国境を越えた企業買収**と呼ばれる。前述したように、こういった企業買収は参入障壁克服の手段として行われることが多い。第9章では、国境を越えた企業提携とこれを実際に行う理由について分析する。国境を越えた企業提携と比較すると、国境を越えた企業買収の方が国際事業でのより強いコントロールが可能となる。

歴史的に、米国企業は国内市場の外の企業の買収を最も活発に行ってきた。しかし、グローバル化した経済では、世界中の企業はますます活発にこの戦略オプションを選んでいる。近年では、国境を越えた企業買収は年間の企業買収件数の40%に達している。規制緩和によって、EC内の諸国間で国境を越えた買収案件の数もまた増加し続けている。多くの巨大欧州企業は国内市場内での成長の限界に近づき、そのため他の市場に成長を求めている。そしてそれが、一部のアナリストが信じるように、国境を越えた企業買収の割合の上昇の背景となっている。

多くの欧米企業は、1997年の通貨切り下げを要因とする金融危機を経験したアジア諸国での企業買収に参画している。研究によると、こうした企業買収は、多くの巨大アジア企業の生き残りや再編成を助け、それは国境を越

えた買収が行われなかった場合に比べて、より迅速な経済回復を導いた。

国境を越えた企業買収は参入障壁克服の手段として広範な産業で行われているが(オープニング・ケースを参照)、文化の相違によってこうした企業買収の交渉や事業運営が困難になることもある。

## 新製品開発のコストと加速する市場投入までのスピード

新製品開発を社内で開発し首尾よくそれらを市場に導入するには、それに要する時間も含めた経営資源のかなりの投資が必要とされることが多く、利益をすぐに得ることが困難になる。イノベーションのうちおよそ88％が妥当な利益を達成し損ねているので、企業経営者は新製品を開発して商業化するために投下した資本から適切な利益を得ることにも懸念を持っている。おそらく、これらの期待を下回る収益性をもたらす背景には、イノベーションの約60％について特許を得てから4年以内にうまく作られた模造品が出回ることがある。このような現実により、経営者は社内製品開発をハイリスクな活動と思い込むかもしれない。

買収とは、新製品や、その企業にとっては新製品となる既存の製品へのアクセスを得るために、企業が行使できるもうひとつの手段である。社内製品開発のプロセスと比べると、買収はより迅速に市場に参入できるだけでなく、より予測可能な利益が計算できる。買収された企業の製品の能力は買収完了前に評価できるので、利益はより予測可能になるのである。これらの理由のため、大規模な入札戦争と買収がハイテク産業では頻繁に起きている。

買収活動は製薬産業全体でも大規模に行われている。この業界では、企業は迅速に市場参入しようとして、社内製品開発の高コストに打ち勝つため、そして投資に対する収益の予測可能性を高めるために、頻繁に企業買収の手段を使う。通例、それはバイオや製薬の大企業が、市場参入に間近い新薬の機会を持っている小さい会社を買収することになる。例えば、ギリアド・サイエンス社は世界の主要な死因の1つとして知られているエイズ治療薬のトップ企業として登場した。また一方、25億ドルで小さなバイオ企業ミョーゲン社と他の1社を買収し、同社は、他の呼吸器官と心臓の病を治療する薬品だけでなく高血圧分野に、素早くその製薬のパイプラインを多角化することができた。それらの開発分野はすべて高い潜在的需要と成長性に満ちた分

野である。

　社内での製品開発と比べた新製品市場への早い参入に加え、企業買収は国際市場参入に最も早い手段となることが多く、企業がそのような戦略的な動きに伴う負担を克服するのを助ける。買収は、新市場と新しい組織能力の両者への迅速なアクセスを提供する。新製品の先駆者になり市場へ素早く参入する新しい組織能力を使うことにより、有利な市場ポジションを作ることができる。例えば、製薬会社は、他の薬品の製造会社の買収を通して新製品を手に入れる。彼らはまた、バイオテクノロジー企業から新製品と新しい技術的能力を獲得する。製薬会社は、バイオテクノロジー企業によって開発された新製品を市場に導入するために、その製造とマーケティングの能力を提供することが多い。

### 新製品開発に比べて低いリスク

　買収による成果は、社内製品開発プロセスの成果よりさらに簡単に正確に予測することができるので、経営者はリスクを低減するものとして買収を考えるかもしれない。社内製品開発プロセスと買収のリスクの違いは、前述のギリアド・サイエンス社の戦略の結果の中に見ることができる。

　本書で議論している他の戦略的行動と同様に、企業は社内製品開発をするときより新製品買収の戦略を使うときに注意を払わなければならない。研究によれば、買収が、リスキーな社内ベンチャー（そして、それゆえリスキーな研究開発投資）を避ける一般的な手段といわれているが、買収は、またイノベーションの代替になるかもしれない。またリスクは、標的企業がその資産や組織能力を正しく表明しないような買収案件に存在する。このように、買収は社内製品開発を通して新市場に参入することへのリスクのない代替案ではない。

### 一層の多角化

　買収はまた、企業を多角化するために使われてきた。経験とそこから得られる洞察に基づいて、企業は、通常、企業が現在事業を展開する市場で新製品を開発し導入することがずっと容易であると気付いている。対照的に、企業が経験を欠く市場で現在の製品ラインと異なる製品を開発するのは困難で

ある。このように、製品ラインを多角化するために社内で新製品を開発することは一般的ではない。シスコ・システム社は、過去たくさんの買収を進めて来た。そのうちのいくつかは、ハードウェア生産に特化したネットワーク機器ビジネスを構築するのに役立った。しかしながら、最近、シスコ社は、ネットワークのためのセキュリティ・ソフトウェアの製造に特化したアイアンポート・システムズ社を買収した。この買収は、シスコ社が、ネットワーク・ハードウェアと基本的なソフトウェア分野でもともと持っていた専門能力を超えて成長するのに役立つであろう。シスコ社は、以前リバーヘッド・ネットワーク社、プロテゴ・ネットワーク社そしてペリフィゴ社の買収を通してセキュリティ分野の技術を獲得した。しかしながら、アイアンポート社買収は、電子メールやウェブ上で行きかう迷惑メールやウイルスから保護するのに役立つ、ネットワーク上のソフトウェア・サービスを新たに加えた。したがって、シスコ社はその他の製品と関連したサービス業の売却案件であればさらに他の買収を行うかもしれない。このようにアイアンポート・グループの買収は、シスコ社の多角化買収の一例である。

　関連多角化と非関連多角化戦略双方とも、買収を通して実行できる。たとえば、ユナイテッド・テクノロジーズ社（UTC）は、コングロマリットを築き上げるために買収を用いた。1970年代中ごろから、同社は変動の激しい航空宇宙産業への依存度を低めるために、オーチス・エレベータ社やキャリヤー社（エアコン）のような、安定した非景気循環的なビジネスのポートフォリオを構築してきた。同社の主業務は、プラット・アンド・ホイットニー（ジェット・エンジン）、シコルスキー（ヘリコプター）、そしてハミルトン・サンドストランド（航空宇宙関係の部品）であった。UTCはまた水素燃料電池のビジネスを買収した。空港で起こるさまざまな問題に対処するセキュリティ（警備保障）ビジネスの機会を察知し、そしてセキュリティは政府と企業両方にとって最大の関心事となっているからという理由で、2003年UTCは、イギリスの電子警備保障会社であるチャブ社を10億ドルで買収した。また2004年には28.4億ドルでキッデ社（英国）を、2007年に16億ドルでレントキル・イニシアル社（英国）のセキュリティ部門を買収したことに伴い、UTCは電子警備保障業界でかなりの世界市場シェアを得ることになるだろうし、オランダでのトップ企業に、ならびにイギリスとフランスの両国で2

番目に大きい電子警備保障会社になるだろう。UTCが買収するすべての事業は、工業製品と商業製品を製造することに関連している。しかしながら、技術に関しては比較的ローテクノロジーの分野が多い（例えば、エレベーターやエアコン、警備保障システムのように）。

　買収は関連型か非関連型かのどちらかであるが、研究によれば、買収された会社が買収企業に対し関連が深ければ深いほど、買収が成功する確率がますます高まる。このように、買収企業が競争しているのとは全く違う製品市場で事業する企業を買収するより、水平型買収（これを通じて企業は競合他社を買収する）と関連型買収の方が、企業の戦略的競争力に対し一層貢献する傾向がある。

### ● 企業の競争範囲の再構築

　第2章で述べたように、競合企業間の敵対関係の激しさは、企業の収益性に影響を与える産業特性である。熾烈な敵対関係が財務的業績に与えるマイナス効果を低減させるために、企業は1つ以上の製品あるいは市場への依存を低めるように買収を用いるかもしれない。特定市場への企業の依存度を減らすことは、その会社の競争の範囲を変えることになる。

　戦略フォーカス・コラムで示したように、オラクル社の買収戦略は、小売、金融サービス、公益事業、通信や行政サービス産業のサービスへの特化を生み出すために、アプリケーション・ソフトウェア企業を購入することを通して、同社の業務範囲を変えるのを促進した。このような組織能力は、オラクルがSAPのような他の業界トップのデータベースの管理プロバイダーと競争するのを助けている。同様に、GEは何年も前に金融サービス産業における買収によってエレクトロニクス市場に対する重視を弱めてきた。今日、GEはサービス会社だと考えられている。なぜなら今やその収入の大部分が工業製品の代わりにサービスからもたらされているからだ。さらに、トムソン社の例が示すように、買収は、同社が主として新聞発行業務に集中することから（クレイグズ・リストのようなインターネット広告による競争を受け新聞案内広告の収入が低下しているため）、金融や法律に関する電子的データサービスを販売することで収入の大部分を得るようにと事業転換を促した。

―――― 第7章　企業買収と再編戦略

### ● 新たな組織能力の学習と開発

　買収のいくつかは、企業が持っていない組織能力を獲得するために行われる。例えば、買収は特別な技術的組織能力を獲得するために用いられるのかもしれない。研究によれば、企業は買収を通じて知識ベースを広げることができ、惰性に陥るのを減らすことができることが示された。したがって、自社の持つものとは異なる技能や組織能力を獲得することにより、買収企業は新しい知識へのアクセスを獲得したり、機動的であり続けることが促進される。例えば、企業が国境を超えた買収を通じて多様な才能を手に入れるとき、企業は自社の組織能力の潜在力を高めるということを、研究は示している。

　このより大きな価値は、そのような多様性や資源創造の潜在力を欠いた単純な買収とは対照的な国際的な拡大を通して創造される。もちろん、もしそのような組織能力が企業の現在もつ組織能力と同じようないくつかの属性を共有しているのなら、企業はこれらの組織能力をより良く学習できる。このように、企業は自社の知識ベースを構築するために、異なっているが関連がありそして補完的な組織能力をもった企業を買収しようと努力するべきである。

　数多くの大きな製薬会社は、バイオテクノロジー企業の買収によって、生物学的製剤（訳者注：血清、ワクチン）としても知られている"巨大分子"の薬剤を創り出すための能力を獲得している。このように、これらの企業は開発中の新薬群（パイプライン）を求めているだけではなく、これらの企業がそのような薬剤を生産するのに必要とされる組織能力をもまた求めている。これらの生物学的製剤は化学技術（すでに多くの製薬会社が専門能力を持つ歴史的基盤）だけでは複製するのがより難しいので、大きな製薬会社にとってそのような組織能力は重要である。化学に基づいた薬剤の特許が期限切れになったあと、これらの組織能力はジェネリック薬品のメーカーをより成功させるだろう。これらの薬剤の種類の違いを説明するために、イギリスの医薬品メーカーのアストラゼネカ社のCEOであるデビッド・ブレナンは、「これらの生物学に基づいた薬剤のいくつかはそれらが単なる対症療法ではなく、実際に病気の経過に変化を与えるということを証明した」と示唆している。さらに、生物学的製剤は、もっと法律規則の障壁やハードルを取り去っていかなければならない。その規則やハードルが取り去られた時、企業の優

位性は一層高められる。例えば、アストラゼネカ社は、生物学的製剤の製造者のメドイミューン社を 2007 年に 156 億ドルで買収した。そして、生物学的製剤の製造過程における組織能力を確立するために、2006 年に 16 億ドルで小さな生物学的製剤専業企業であるケンブリッジ・アンチボディ・テクノロジー社を買収した。

## ■ 買収の成功を達成する上での諸問題

　この章で述べられた理由に基づく買収戦略は、戦略的な競争力を高め、また企業が平均を上回る収益性を得るのを助けることができる。しかしながら、買収戦略はリスクがないわけではない。買収戦略を用いる理由やそのような戦略に関わる潜在的な問題が図 7.1 に示されている。

　研究によれば、すべての合併や買収のおそらく 20％ が成功し、約 60％ が失望する結果を生み、そして残りの 20％ は明らかに失敗するという。成功する買収には通常、標的を選別するよく練られた戦略を持ち、高すぎるプレミアム価格を払うことなく（適切なデュー・ディリジェンスを行って）、そして効果的な統合プロセスを実行することが必要である。図 7.1 で示されるような数々の問題が買収の成功を妨げるかもしれない。

### ● 統合の難しさ

　買収後の 2 社の統合は、非常に困難になることがある。統合が直面する課題としては、2 つの本質的に異なる企業文化を融合し、異なる財務やコントロールのシステムを連結し、効果的な労働関係を構築し（特に経営のスタイルが異なる場合に）、新しく買収した企業の幹部の地位処遇問題を解決することなどがある。

　統合を成功させることの重要性は過小評価されるべきではない。統合の成功なしで、買収がプラスの利益を生むことはない。したがって、統合プロセスを調査する研究者によって示唆されるように、「経営実務および学術的な著述は、買収後の統合段階がおそらく合併・買収における株主価値創造の（そ

第7章　企業買収と再編戦略

して同様に価値破壊の)、唯一の最も重要な決定要素であることを示している」。

　統合は複雑で、多くの活動を伴っている。どれも、もし見落とされれば、著しい障害に結びつく可能性がある。例えば、ユナイテッド・パーセル・サービス(UPS)がメール・ボックス・エトセトラ社(大規模な小売り配送チェーン)を買収した時、それは両方の企業に利益となる補完的な合併であるように見えた。問題は、ほとんどのメール・ボックス・エトセトラ社の拠点がフラン

図 7.1　買収の理由と成功達成までの問題

| 買収の理由 | 成功達成までの問題 |
|---|---|
| 市場支配力の増大 | 統合の困難 |
| 参入障壁の克服 | 標的企業の不適切な評価 |
| 新製品開発のコストと市場投入までのスピードの加速 | 多額のあるいは過剰な負債 |
| 新製品開発に比べ低いリスク | シナジー達成の不能 |
| 一層の多角化 | 多角化の行き過ぎ |
| 企業競争範囲の再構築 | 経営者の企業買収への過剰な傾斜 |
| 新たな組織能力の学習と開発 | 大きすぎること |

303

チャイジー（加盟店）によって所有されていたということである。一旦合併が実行されると、フランチャイジーはフェデックスのような他の運送会社と取り引きする資格を失った。そしてそのような状況は自分たちの競争力を低めた。さらに、フランチャイジーは、UPSがメール・ボックス・エトセトラのフランチャイジー拠点のすぐそばに直営の配送店を作ったと文句を言った。さらに、メール・ボックス・エトセトラのフランチャイズを所有する独立独歩の企業家と、UPS事業活動の効率重視という企業アプローチとの間に文化的衝突が生じた。その事業活動は、効率的に小包みを集荷し配送するために大きなトラック部隊および情報システムを管理することに集中していた。また、メール・ボックス・エトセトラは、小売り配送に集中していたが、他方UPSは大規模の集荷および配達のロジスティクスに、より集中していた。メール・ボックスのフランチャイジーの87％はUPSの名前の下にブランドを付け直すことを決定したが、多数がオーナーズ・グループを形成し、フランチャイジー契約の不利な部分についてUPSに対し訴訟さえ起こした。

　買収後の標的企業の人的資本を維持することは重要である。組織の知識の多くは、その人的資本に含まれる。買収した企業の主要スタッフの離職は、合併企業の業績に負の効果をもたらすかもしれない。必要不可欠な経営管理者のような重要社員の喪失は買収された企業の組織能力を弱めて、その企業価値を引き下げる。買収取引が検討されている場合、経営統合プロセス後の会社を経営するのに必要な主要幹部が退社しないようにするために、人的資本に関わるデュー・ディリジェンスを実施することは、重要な考慮の対象である。もし効果的に実施されれば、統合プロセスは標的企業の経営幹部にプラスの効果があり、経営幹部が退社する確率を引き下げる。

### ● 標的企業の不十分な評価

　デュー・ディリジェンス（適正評価：due diligence）は、買収予定企業が買収のために標的企業を評価するプロセスである。効果的なデュー・ディリジェンス・プロセスでは、何百もの項目が実に多様な分野で精査される。その精査の範囲は、検討中の取引の資金調達、買収企業と標的企業の間の文化の差、取引の税効果、および2社の従業員をうまく融合するのに必要な行動のように多様な分野にわたる。積極的に買収を追求する企業は、自社内の

# 第7章 企業買収と再編戦略

デュー・ディリジェンス・チームを組織することもあるが、デュー・ディリジェンスは一般に、インベストメント・バンカー（投資銀行家）、会計士、弁護士、およびその業務を専門とする経営コンサルタントによって実行される。

効果的なデュー・ディリジェンス・プロセスを遂行し損なうと、買収企業が標的会社に過大なプレミアムを払う事態を容易に招くことになる。面白いことに、研究によれば、株価が高いあるいは値上がりしている時に、デュー・ディリジェンスは手抜きとなる。つまり、企業はこのような時には買収価格を払い過ぎることが多く、合併会社の長期にわたる業績が低迷する。デュー・ディリジェンスなしでは、「買収価格は、どこで、いつ、そしてどのように経営が本当の業績向上をもたらすことができるのかを厳格に評価することでではなく、他の比較可能な買収事例の価格により左右される。（このような場合）支払われた価格は、達成可能な価値とほとんど関係がないかもしれない」と示す研究もある。

多くの企業が、デュー・ディリジェンスを行うために投資銀行を利用する。しかし、エンロン後の時代には、その作業を自社で行うケースが増えている。クレディスイス・ファーストボストンやシティグループのような投資銀行はまだ、大きな合併・買収案件のデュー・ディリジェンスに大きな役割を果たしているが、より小さな合併・買収案件における投資銀行の役割は低下しているように見える。しかし、買収案件に必要な資金の調達をどう行うかという局面においては、公開企業のままとするか、プライベート・エクイティ投資会社により非公開企業にするかどうかによらず、投資銀行の役割は決定的に重要である。

## ● 多額、あるいは過大な負債

1980年代と1990年代に調印された多くの買収案件の資金調達のため、著しく負債のレベルを高めた会社がある。ジャンク債と呼ばれる金融革新は、この負債の増加を可能にすることを促した。ジャンク債（junk bond）は資金調達の一手段で、その手段を通じてリスクの大きな買収が、資金の出し手（債券保有者）に大きな潜在的利回りを与えるマネー（負債）によって、資金が供与された。ジャンク債は担保に特定資産に縛りを付けない無担保の債務であるので、これらのハイリスクの債務手段の金利は、1980年代には18〜

20％にも達することがあった。何人かの著名な金融経済学者は、このような負債による資金調達を、経営者を株主の最大利益のために行動させることで、経営者を規律付けする手段と見なした。

　ジャンク債は、買収の資金調達には現在それほど頻繁に使用されていない。また、債務が経営者を規律付けするという確信は以前ほど強くない。それにもかかわらず、企業買収のために多額の負債を負う会社がまだある。例えば、より多くの負債が、オープニング・ケースで紹介したようにインドのタタ・スチールと英国コーラス・グループ社間の取引のような国境を越えた買収で使用されている。取引は、タタ・スチールおよびブラジルのCSNの2社の有力競争者と9回もの入札を繰り返した後まとまった。CSNはタタ・スチールの最初の提示額を34％も上乗せし、価格を113億ドルまで押し上げてしまった。しかしながら、タタは負債に頼る方法を用いて、取引の資金調達を行うことを提案し、それで、タタの株価はこの発表後に11％下落してしまった。というのは、あるアナリストが示唆したように、「タタはコーラスに対し買収価格の払い過ぎの状況にあった。それで、買収の資金調達のために生じたタタの負債はその後何年にもわたって同社の収益に影響するかもしれない」からである。

　多額の負債は企業に対しいくつかの負の効果を与える可能性がある。例えば、多額の負債が破産の可能性を増加させるので、それは、ムーディーズやスタンダード＆プアーズのような格付機関による企業の信用格付けの低下に結びつく可能性がある。実際、先に述べたタタとコーラスの取引では、それがタタの負債格付けを引き下げるというスタンダード＆プアーズからの警告によって株価が下落するような影響を受け、その格下げは実質的にタタの資金調達コストを引き上げることになるのだ。さらに、多額の負債は、研究開発、人的資源研修およびマーケティングのような、企業の長期的な成功に貢献する活動に必要とされる投資を妨げるかもしれない。それでもやはり、魅力的な拡大の機会を利用することを可能にするような企業の展開にあたって、レバレッジはプラスの力になりえる。しかしながら、過大なレバレッジ（過大な負債のような）は、長期にわたる戦略的競争力を維持するのに必要である研究開発費のような投資を延期したり排除したりするような、マイナスの結果に結びつく可能性がある。

# 第7章　企業買収と再編戦略

## ● シナジー達成の不能

　シナジー（synergy）とはギリシャ語の synergos を語源とし、それは「共に働く」という意味である。共同で働くことにより創造される価値が、単独で働く時に創造される価値を上回る場合、シナジーが存在する（第6章参照）。すなわち、別個に使われる時より相互に関連して使われる時に資産価値がより高くなる場合に、シナジーが存在する。株主にとって、自分でポートフォリオの分散の意思決定を行うことでは富を複製したり超えることができないが、シナジーによりその富が増加することになる。シナジーは、規模の経済性や範囲の経済性から生じた効率性により、そして合併企業の業務全般にわたり資源（すなわち、人的資本や知識）を共有することにより、創造される。

　買収取引がプライベート・シナジー（独自のシナジー）を生み出す時、企業は買収戦略を通じて競争優位を開発できる。買収する企業の資産と買収される企業の資産を組み合わせ統合することが、どちらかの企業の資産をそれ以外の他の企業の資産と組み合わせ統合することによることでは開発できない組織能力とコアコンピタンスを生み出すとき、**プライベート・シナジー**（private synergy）が創造されることになる。プライベート・シナジーは、双方の企業の資産がユニークな方法で補完している時、起こりうる。すなわち、資産補完性のユニークな形態は、どちらかの企業の資産をそれらとは別の企業の資産に結合することによっては生じない。そのユニーク性のため、プライベート・シナジーは競合他社が理解し模倣するのは困難である。しかしながら、プライベート・シナジーは創造するのも困難である。

　予測される売上高やコストに基づいたシナジーを創造するために必要とされるコストを分析する企業の能力は、買収による成功を左右する。買収によってプライベート・シナジーを創造しようとするときに、企業には数種の費用が発生する。取引コストと呼ばれるこれらの費用は、シナジーを創造するために企業が買収戦略を用いる際発生する。取引コストは直接コストの場合も間接コストの場合もある。直接コストには、買収企業のためのデュー・デイリジェンスを実施する投資銀行から請求される法的手数料や費用が含まれる。間接コストには、標的企業を評価するためにかかる時間や交渉をまとめるにかかる時間だけでなく、買収後に経営幹部や従業員が流失する損失が含まれる。買収される企業の資産を買収する企業の資産と組み合わせ統合する

ことによって創造されるかもしれないシナジーの価値を計算する時、企業は間接コストを低く見積もりがちである。

本章の後半の、ダイムラー社によるクライスラー売却に関する戦略フォーカス・コラムで指摘しているように、シナジーの達成は難しいことが多い。この点に関し、ダイムラーのCEOで元クライスラーのトップのディーター・ゼッチェは的確に述べている。「明らかに、われわれはメルセデスとクライスラー間のシナジーを過大評価した。われわれが事業を展開する複数の市場の性質が大変異なることを考えると、高級車と量産車との間のギャップが大き過ぎた」。あるアナリストは、こうも言っている。「かつて完璧にフィットしているように見えたものが、今やまさしく間違ったビジョンように見える」。

## ● 多角化の行き過ぎ

第6章で説明したように、多角化戦略は戦略的競争力や平均を上回る収益性をもたらすことができる。一般的に、関連多角化戦略を用いる企業は、非関連多角化戦略を採用する企業より業績が良い。しかしながら、ユナイテッド・テクノロジー社の事例で示されたように、非関連多角化戦略を用いることによって形成されたコングロマリットもまた成功することがある。

しかし、企業はある時点で多角化の行き過ぎになり得る。多角化の行き過ぎが生じるレベルは企業によって異なる。というのは、それぞれの企業は多角化を管理するための異なった組織能力を有しているからである。関連多角化は非関連多角化よりもっと多くの情報処理を必要とするということを、第6章に戻って思い出してほしい。このようにさらに必要とされる情報処理のために、関連多角化企業は非関連多角化戦略を用いる企業より少ない数の事業部門でも多角化の行き過ぎになる。しかしながら、採用された多角化戦略が何型かにかかわらず、多角化の行き過ぎは業績不振をもたらす。業績不振が続いた後、その事業部門はしばしば売却される。自動車業界では過剰な多角化のパターンが見られるようで、そこでは、以前に買収した業績不振の事業部門が売却に追い込まれる。われわれは、この問題を後でダイムラー・クライスラーに関する戦略フォーカス・コラムの中で述べる。ダイムラーが（クライスラーの）資産を売却しているばかりでなく、フォードや他社までもが

以前の買収を元に戻している。フォードは、フィアットやフォルクスワーゲンとの入札競争に勝ち抜いて、65億ドルでボルボを買収した。しかし今やフォードはボルボ資産を売却しようとしており、そして同様にジャガー、アストン・マーチンやランドローバーといった他の買収済みの高級ブランドの売却を検討している。GMもまた、フィアットや富士重工のような外国企業の持分を売却することによって買収を元に戻した。このようなサイクルは、米企業間では1960年代から1980年代にかけて頻繁に起こったものである。

　企業が過剰な多角化をしていないときでさえ、高度の多角化は企業の長期的業績にマイナスの影響を与えることがある。例えば、追加的な多角化によって形成された企業の業務範囲の拡がりによって、事業部門の業績を評価する上で、戦略的コントロールよりも財務コントロールに経営者は頼るようになってしまうことが多い(財務・戦略コントロールについては、第11章、第12章を参照)。トップ経営幹部は事業部門の目的と戦略を十分に理解できない場合、しばしば事業部門の業績を評価するために財務コントロールに頼る。投資収益率(ROI)のような財務コントロール指標を用いることにより、個々の事業部門責任者が長期的投資を犠牲にして短期的成果に注力するように仕向けている。短期的利益を追求するために長期的投資が削減されるときに、企業の全社戦略的競争力は阻害されるかもしれない。

　過剰な多角化から生じるもう1つの問題は、買収がイノベーションの代替になる傾向があることである。通常、経営者は買収がそのように使われるのを求めているのではない。しかしながら、この傾向を強めるサイクルが生まれている。買収に関連したコストは、イノベーションに直結しているR＆Dのような活動に対し、予算の割り当てをより少なくしてしまう。適切なサポートがなければ、企業のイノベーション力は退化し始める。社内のイノベーション力がなければ、イノベーションを獲得しようとする企業に可能性のある唯一の選択肢は、より多くの買収を成し遂げることである。実証研究によれば、社内のイノベーションの代替として買収を用いる企業は、結局業績がおもわしくなくなるとされる。

## ● 経営者の企業買収への過剰な傾斜

　概して、経営者の時間や労力のかなりの部分が、企業の戦略的競争力を高

めるための買収戦略に必要とされている。経営者が関与する活動には、①成長が期待できる企業買収候補をさがすこと、②効果的なデュー・ディリジェンスのプロセスを完遂すること、③交渉の準備をすること、④企業買収完了後の統合プロセスを管理すること、が含まれる。

トップ経営陣は、企業買収するために必要なすべての資料や情報を自分で集めることはしない。しかし、これらの経営幹部は標的とされる企業に関してや交渉の本質的内容などの、極めて重要な意思決定を行う。企業買収を行うのに必要な活動に参加したり監督したりすることは、長期的な競争上の成功に必要な他の重要な事項から経営者の注意をそらす可能性があることを、企業の経験は示している。他の重要な事項には、好機を見出したり、その他の機会に乗じたり、そして重要な外部の利害関係者と互いに接触することなどがある。

理論と研究の双方が、経営者が企業買収するプロセスに過度に巻き込まれていることを示している。ある観察者は「何人かの経営幹部は、ディールをすること――買収標的企業を選びだし、追いかけ、獲得する――というスリルに夢中になりやすい」と言っている。過度のかかわりは、失敗に学び、また役員会で少しでも反対意見が出ることで、避けることができる。異議がでることは、問題のすべての側面が検討されていることを確かめるのに役立つ（第10章参照）。失敗が起こったとき、指導者は企業買収のプロセスに過度に首を突っ込んでいることより、むしろ失敗を他人のせいにしたり事前に予測できなかった事態のせいにしがちであるかもしれない。

企業買収することに過度に集中している例として、リズ・クレイボーン社が挙げられる。何年もの間にわたり、クレイボーン社の経営指導者はスポーツウェア業界で多くの企業買収をし、そのブランドを16から36まで増やした。その間売上は8億ドルから、最高時にはおよそ50億ドルになった。しかし、その経営陣が企業買収することに集中している一方で、ブランドの数を考えると、問題をもたらす変化が起こっていた。クレイボーン社のほとんどの売上は伝統的な百貨店に集中していた。しかし、大きな百貨店の購買慣行を前提とすると、百貨店業界での企業買収を通じた企業統合により、多くのブランドを受け入れる余地は少なくなっていた。また、自社ブランドを持つコーチのような専門店は増加しており、既存のブランドの売上の可能性を

小さくしていた。このようにして、クレイボーン社の新しい CEO であるウイリアム・マッコムは、16 のブランドを廃止し、将来性のあるブランドを重要視する計画を立てた。

## 過大な企業規模

ほとんどの企業買収は巨大な企業を生み出す。そしてそれは規模の経済性を高めるのに効果があるはずである。これらの経済性は、もっと効率的な活動を導くことができる。例えば、2 つの販売組織はより少ない販売担当者を使って統合できる。なぜならこれらの販売担当者は両社の製品を売ることができるからである（特に、もし買収企業と標的企業の製品が高い関連性がある場合）。

多くの企業は、先に述べたように潜在的な規模の経済性や市場支配力を高めるために規模を大きくしようとする。ある水準で、より大きな企業を運営するのに必要とされる追加コストは、規模の経済性と追加的な市場支配力の便益を上回る。大規模化によって生み出される複雑さによって、経営者は、合併した企業の事業活動に一層官僚的なコントロールを導入しがちである。**官僚的なコントロール**（bureaucratic controls）とは、企業の各部門にまたがった決定や行動の一貫性を保証する目的の、公式化された監督や行動の規則、ならびに方針のことである。しかし、時が経つと、公式化された統制は比較的厳格なそして標準化された経営行動に導かれることが多い。確かに、長い目で見ると、厳格で標準化された経営行動に伴う柔軟性の欠如によって、イノベーションを生みだすことが少なくなるかもしれない。競争上の成功にとってイノベーションは重要であるので、（企業買収によってできた）大きな組織による官僚的な統制は業績に対し有害な影響を与えるかもしれない。あるアナリストは「規模のために努力すること自体は、企業を必ずしも成功させるものではない。実際、企業買収が自力成長の代わりとして取られた戦略は、付加価値という尺度で測るとその実績は良くない」と述べている。

シティグループは、時価総額 2,700 億ドルの世界で最も大きな金融サービス企業である。しかし、同社の株価が、規模は大きいがそれほど複雑でない他の銀行組織ほど上昇しなかったので、たくさんの異なった金融サービス事業を管理するのに伴う複雑さを減らすため、資産の一部を売却した方がよい

という圧力を受けてきた。保険サービスと銀行サービスとの間のクロスセル（同時販売）は期待ほどの価値を生まなかった。

## 効果的な企業買収

　本章の最初のほうで、企業買収戦略が平均を上回る収益性を買収企業に常にもたらすわけではないことを述べた。それにも関わらず、いくつかの会社は企業買収戦略を用いる際に新たな価値を創造することができる。例えば、シスコ社のように買収によってうまく成長してきた企業は少ない。多くの他のネットワーク系企業が、ネットワーク機器バブルの最中に販売力を付けるために買収を繰り返したが、バブルが終わった後でも企業価値をほぼ維持したのはシスコだけであった。ルーセント、ノーテル、エリクソンのような多くの企業が、ドット・コムのバブルがはじけた後、倒産の危機に瀕した。買収を行う際に、シスコは統合についてかなり先のことまで考えている。統合前の企業価値水準を保つことが重要であるばかりでなく、シスコはまた買収によって生じる集中力の低下を最小にしようと努めている。このことは重要である。なぜなら変化のスピードが非常に早いので、標的企業の商品開発チームが動揺しただけでも、買収全体が遅れ、買収の失敗の一因となるからだ。だから、統合は迅速でかつ安心感を与えるようなものでなければならない。

　ある調査研究は、企業買収戦略の失敗と成功の違いを明らかにし、行動のパターンが買収の成功確率を高めることを示唆している。その研究によれば、買収を行おうとしている企業と標的企業の資産の間に補完性があれば、その買収はよりうまくいくことが示されている。補完的な資産によって、その2つの企業の事業活動の統合は高い確率でシナジーを生み出す。実際、補完的な資産を持つ2つの企業の統合は、しばしば独自の組織能力とコアコンピタンスを生み出す。両企業の資産が補完的であれば、買収を行った企業はコア・ビジネスへの集中を維持し、買収対象企業から得られる補完的な資産と組織能力を活用することができる。しばしば、買収のターゲットとなる企業は、買収の前に業務上の関係が構築されることによって、選択され、"手なずけ"

られていた。第9章で論じるように、戦略的提携が企業間の将来の合併あるいは買収の実現可能性をテストするために使われる場合もある。

　その研究結果はまた、友好的な買収は買収に関係のある企業間の統合を容易にすることを示している。友好的な買収を通して、企業はシナジーを創造するために事業を統合する方法を探そうと協調する。敵対的買収では、しばしば2つの企業の経営陣の間に敵対意識が生まれ、新しく作られた会社の協働関係に影響を与える。その結果、被買収企業のより多くの重要な社員を失って、残っている人たちは2つの企業の統合に必要な変化に抵抗するかもしれない。努力により企業文化の衝突は克服されうるし、そして主要な経営幹部や従業員のやる気をなくすものも、去っていくものもより少なくなるであろう。

　さらに付け加えれば、慎重に注意深く標的企業を選び、そしてそれら企業の相対的な健全性（財務の健全性、企業文化の適合度、人的資源の価値）を評価することを伴う、効果的なデュー・ディリジェンスのプロセスは、買収の成功に役立つ。負債、株式や現金などの形態での財務面での余裕が、買収をしようとする企業にも買収される企業にもあれば、買収の成功に役立つ場合が多い。財務面での余裕は買収のために資金調達を楽にするが、債務コストを低く押さえるためには買収後の債務の水準を低くあるいは適度なレベルに保つことも依然として重要である。買収のファイナンスのためにかなりの額の負債を負った場合、買収を成功させた企業は、買収先の企業の資産、特に補完性がないかあるいは不稼働な資産を売却し、速やかに債務水準を下げている。こうした企業では、債務コストがR&Dのような長期的な投資を妨げることにはならず、経営陣は比較的柔軟にキャッシュフローの使途を裁量できる。

　成功する買収戦略のもう1つの要因は、R&D活動への継続的投資に示されるように、イノベーションの重視である。かなりの水準のR&D投資は経営陣の技術革新への強い意志の証拠であり、それはその企業全体の競争力、そして買収の成功にとってますます重要性を高めている特長である。

　柔軟性と適合性は買収が成功する場合の最後の2つの要因といえる。買収する企業と標的企業の両方の経営陣が、買収から経営変革と学習の経験を有していれば、彼らは新しい環境に自分の組織能力をよりうまく適合させるこ

とができるだろう。結果として、両社の経営陣は、2つの組織の統合をよりうまく行うことができよう。このことは、特に企業が異なる組織文化を持っているとき、極めて重要である。

効率的で効果的な統合は、新しくできた会社に望ましいシナジーを早く生み出す。効果的な統合により、買収企業は被買収企業の価値ある人的資源を逃がさないで済むことになる。

成功した買収の要因と結果は表7.1に要約されている。買収を成功させようとする経営者はそこに示されている7つの要因を強調すべきである。バー

**表7.1　成功する買収の要因と結果**

| 要　因 | 結　果 |
| --- | --- |
| 1. 買収される企業が、買収する企業の中核事業に対し補完的な資産や資源を持っている | 1. 強みを維持することによりシナジーと競争優位を築く高い確率 |
| 2. 買収が友好的 | 2. より迅速そしてより効果的な統合、おそらくはより低い買収プレミアム |
| 3. 買収する企業が、標的企業を選ぶためそして標的企業の健全性（財務、文化、人的資源）を評価するため効果的なデュー・ディリジェンスを行う | 3. 最強の相互補完性を持った企業が買収され、そして買収代金の払い過ぎは回避される |
| 4. 買収する企業は財務的余裕がある（現金または良好な負債比率） | 4. 資金調達（負債または自己資本による）は、より容易でありその調達にかかる費用が少ない |
| 5. 合併企業が、負債比率を低くまたは中程度に抑える | 5. より低い資金調達金融コスト、より低いリスク（破産のリスクなど）、そして高い負債比率に伴うトレード・オフを回避すること |
| 6. 買収する企業が、R&Dやイノベーションに対する重視を一貫して持続している | 6. 市場での長期的競争優位を維持する |
| 7. 買収する企業が、変化にうまく対処し、柔軟で適応力がある | 7. より迅速そしてより効果的な統合は、シナジー達成を促進する |

クシャー・ハサウェイ社は世界で最も金持ちの1人であるウォーレン・バフェットのためのコングロマリット持株会社である。その会社は保険業界で幅広く事業を行いつつ、宝石、キャンディ、アパレル、パイロット訓練、靴などの企業にも出資している。また、ウォルマート、アメリカン・エキスプレス、コカ・コーラ、ワシントン・ポスト、ウェルズ・ファーゴなど著名な大企業の株式も所有している。さらにバフェットはアメリカの公益事業会社であるパシフィコープ、衣料品製造会社のラッセル、イスラエルの用具製造会社であるイスカールなどの株式を取得したり、つい最近ではテキサスを本拠にした大きな鉄道輸送と貨物輸送の会社であるバーリントン・ノーザン・サンタフェに30億ドルの投資を行った。彼の保険業界や他の業界における企業買収戦略は特に成功をおさめているが、それは彼が表7.1にある多くの示唆に従っているからだ。

私たちがこれまで学んできたように、いくつかの買収が戦略的競争力を高めている。しかしながら、1970年代から1990年代にかけて行われた買収の多くは、関わった企業の戦略的競争力を高めなかった。実際のところ、歴史が示すように、3分の1から半分以上の買収は、最終的には売却かスピンオフ（分離独立）されている。そのため、企業はしばしば合併や買収の失敗を修正するために事業の再編成戦略を進めなければならなくなる。

## 事業の再編成 (restructuring)

正式に定義すると、**事業の再編成** (restructuring) とは、企業が既存の事業や財務構造を変革する戦略のことである。1970年代から2000年代にかけて、幅広い既存事業から撤退したり、事業規模を縮小させることが、企業の事業再編戦略の大半を占めた。事業の再編成は全世界的規模で進んでいる。

企業買収戦略が失敗したとき、多くの場合、事業の再編成がそれに続く。戦略フォーカス・コラムではダイムラーによるクライスラーの買収を扱っているが、そこでは、すばらしい事業機会にみえた買収が、どのようにしてダイムラーにとって財務的な大失敗に終わったのかが示されている。ダイム

ラーはその結果、クライスラーの持つ資産を、大きな損失に歯止めをかけるため、サーベラス・キャピタル・マネジメントというプライベート・エクイティ投資会社に売り払った。

しかしながら、他のケースでは、企業の外部環境と内部環境に変化があったために事業の再編戦略を用いる例もある。例えば、外部環境の変化から、多角化が進んでいる企業にとってその企業のコアコンピタンスからみて非常に魅力的な事業機会が生じてきたとする。そのような場合は、その変化を所与として、事業の再編成は、利害関係者にもっと多くの価値をもたらすように企業を位置づけることが適切かもしれない。

次に論じるとおり、事業再編成の戦略には次の3つが用いられる。それは事業規模の縮小、事業範囲の縮小、そしてLBOである。

### ● 事業規模の縮小 (downsizing)

かつてはその組織の衰退を示すものと考えられていたが、現在では正当な事業再編戦略として認められている。**事業規模の縮小**とは、従業員数の削減であり、また、事業単位の削減を伴う場合もある。しかし、企業の事業ポートフォリオの構成には変化が生じるときもあれば生じない時もあるかもしれない。したがって、事業規模の縮小は、計画的で積極的な経営戦略であり、それに対し、衰退は、意思に反して起こり組織の資源ベースの腐食をもたらす外部環境あるいは組織の現象である。事業規模の縮小は企業買収に伴ったものが多いことが実証されており、特に、企業合併の際に過大なプレミアムを支払わされている場合に多い。

1980年代後半、1990年代前半、2000年代前半において、何千人もの職が民間組織、公的組織を問わず米国で失われた。ある研究によれば、フォーチュン1,000社に属する企業のうち85％が事業再編戦略として事業規模の縮小を行ったと推定されるという。さらに、フォーチュン500社に属する企業全体で2001年と2002年1月の数週間で100万人以上の従業員がレイオフされ、その数は500社の全従業員の4％にあたる。この傾向は多くの産業で続いている。先に述べたように、シティグループとそのCEOであるチャールズ・プリンスは、事業規模を小さくしろという圧力にさらされてきた。こうした圧力に対応するためもあって、シティグループは2007年に1万5,000人の

## 戦略フォーカス・コラム

### ダイムラー・クライスラーはダイムラーに：
### クライスラーとの合併は失敗

　ダイムラー・ベンツは360億ドルで1998年にクライスラーを買収した。2007年5月に、ダイムラー・クライスラー(合併会社)は、74億ドルでサーベラス・キャピタル・マネジメントによって組成されたプライベート・エクイティ投資家のコンソーシアムにクライスラー部門を売却した。この取引によって、ダイムラー・クライスラーは、ダイムラーと名前を変更し、クライスラー資産の所有権の20％だけを保持した。プライベート・エクイティ投資会社によって提供される74億ドルのうち、50億ドルはクライスラーの事業に、およびおよそ10億ドルはクライスラー金融サービス社に投入され、残りは諸経費に投入される。興味深いことには、ダイムラー・クライスラーは単に13億5,000万ドルしか得ないが、ダイムラーはまた、その時の赤字のキャッシュフローを補填するため、取引が調印される前にクライスラーに16億ドルを支払う予定である。取引の採算を見ると、ダイムラーがそのバランスシートから年金と医療の債務の180億ドルの負担を軽くすること以外に、当初の320億ドルの投資から多くを得てない、ということである。合併に関する問題の多くは、労働者と医療のレガシー・コスト(企業に長年

積み重ねられた遺産としての諸コスト負担）の差異に由来する。その差異は、トヨタのような外資系企業の車1台当たり概算250ドルと比較して、米国の自動車会社の場合車1台当たり平均して最高で1,500ドルにもなると見積もられた。

　この取引の失敗は、BMWによるローバーの買収失敗を思い出させる。BMWは、そのバランスシートから負債の負担を軽くすることができた以外はほとんど見返りもなく、結局ローバーの資産を売却した。ローバーの資産は、南京汽車（自動車）という中国企業から追加出資を受けたプライベート・エクイティ投資会社によって同様に買収された。南京汽車は、欧米のようなより発展した市場へ参入したいという希望を持っていた。

　ダイムラーの元CEOユルゲン・シュレンプは、クライスラー買収の背後にいた立役者で、日本の三菱自動車の支配的所有権の獲得と、韓国の現代（ヒュンダイ）自動車との資本提携で、アジアでも同様の買収を行ってきた。これらの投資にもまた問題があった。また、ダイムラーは2004年に三菱自動車の資産を売却し、同じ年の2000年の景気後退の後に生じた著しい損失のためにヒュンダイの10％の持分を同様に売却した。

　近年、クライスラーの取引のように、多くのプライベート・エクイティ取引で、プライベート・エクイティ投資会社は、自動車、鉄鋼、天然資源およびエレクトロニクスなどの幅広い産業にわたる多様な事業を買い上げている（フィリップス・エレクトロニクスは、最近プライベート・エクイティ投資会社にいくつかの事業を売った）。（プライベート・エクイティ投資会社のような）金融業は、負債の調達が可能であるおかげで、これらの産業資産の再編成を促進することができる。そのようにして調達される負債が、公開企業の株式の代替になる。

　デトロイトの他の自動車会社の希望は、アメリカの取引でプライベート・エクイティ投資会社に所属する金融専門家が、ビッグスリー（GM、フォードおよびクライスラー）を助け、米国企業と外資系企業の間のコスト差の大部分を占める組合年金と医療費に関連した過大なコスト構造に対策を打つことである。米国企業がコストの現状を再構築することが

できなければ、次のステップは、これらのコストを再構築するために航空業界や製鉄業で多くの会社によって使用された、破産であろう。プライベート・エクイティ投資会社はこれらの業界での取引にも関係しており、特に破産から抜け出た後に、その役割を果たした。

　クライスラーの潜在的な1つの機会は、自動車および他の消費に融資する分野である。クライスラーの取引に先立って、サーベラスは、ゼネラル・モーターズからGMAC資産の51％の所有権を購入した。GMACはゼネラル・モーターズの金融部門である。クライスラーの取引でも同様に、サーベラスはクライスラーの金融事業部門を支配する。一旦金融部門活動がクライスラーの事業から分離されれば、GMAC資産と結合して、サーベラスは、自動車に融資するだけでなくモーゲージのような金融機会に進出して、強力な金融ビジネスを展開することを望んでいる。この動きは、同社が、GEキャピタル社の業務に似て幅広い事業金融商品を提供することに発展するかもしれない。合併した事業はほぼ143億ドルの帳簿価額を持つが、一方GEキャピタルは541億ドルの帳簿価額を持つ。自動車事業と比較して、金融部門は、GMACがサブプライム住宅ローン部門のレジデンシャル・キャピタル社を持っているという問題はあるが、すでに利益を上げている。

　クライスラーの例は、本章の多くの重要な側面を表わす。すなわち、買収のリスク性、統合の難しさ、失敗した買収が売却へとつながって何が起こるか、およびプライベート・エクイティ投資会社がどのようにプロセスに携わるか、である。クライスラーは、失敗のリスクと同様に成功の可能性、および買収戦略が失敗する場合企業がどのように撤退に対処するかを示している。

出典： J. Fox, 2007, Buying a used Chrysler, *Time*, May 28, 46; J. S. Gordon, 2007, Back to the future, Detroit style *Barron's*, June 25, 45; S. Power, 2007, After pact to shed Chrysler, Daimler turns focus to other challenges, *Wall Street Journal*, May 15, A14; J. Reed, 2007, Nanjing Automobile begins UK production of MG cars, *Financial Times*, May 30, 20; B. Simon, 2007, "New" Chrysler ready to party, *Financial Times*, July 5, 26; A. Taylor III, 2007, America's best car company, *Fortune*, March 19, 98; D. Welch, N. Byrnes, & A. Bianco, 2007, A deal that could save Detroit: A Chrysler sale to Cerberus may spark a plan to eliminate most of the health care liabilities crushing carmakers, *BusinessWeek*, May 28, 30; B. White, 2007, Chrysler's coy guardian: The Cerberus head has an onerous task turning round the carmaker, says Ben White, *Financial Times*, May 19, 9; G. Zuckerman, S. Ng, & D. Cimilluca, 2007, Cerberus finds luster in Detroit, *Wall Street Journal*, May 15, C1–C2; A. Sloan, 2006, A tough race for GM against Toyota, *Newsweek*, http://www.msnbc.msn.com, March 6.

人員削減と、全世界の 32 万 7,000 人の従業員の 5％にあたる 3 万人以上の人員削減を時間をかけて行うと発表した。その人員削減の過程で 10 億ドルの費用がかかることになる。

### 事業範囲の縮小 (downscoping)

　事業範囲の縮小は事業規模の縮小よりも、その企業の業績にプラスの影響を与える。**事業範囲の縮小は、事業の売却、スピンオフ（会社の一部門の分離独立）、あるいは、その企業のコア事業に関連のない事業を廃止するその他の手法、をいう。**一般的には、事業範囲の縮小とは、企業が自らのコア事業を戦略的に改めて焦点を定め直させるような一連の行動とされる。アメリカン・スタンダード社は、そのエアコン事業とサービス事業に、その最も重要なブランドであるトレインを通して、もう一度企業として焦点を定める決断をした。それを実現しようと、同社は 3 つの主要事業に仕分けた上で、車両コントロール・システムの事業はワブコという公開企業として独立させた。さらに、同社のもともとの事業である浴室台所設備中心の事業は売却する予定だ。事業の解体と方向の見直しが必要だったのは、浴室台所事業が他のトレインとワブコの 2 つの事業に比べて業績が悪かったからである。

　事業範囲の縮小を行う企業は、同時に事業規模の縮小を行う場合も多い。しかし、その過程でその企業の主要事業の中心的な役割を担ってきた従業員を解雇することはしない。その理由は、そのようなことをすればその企業のコアコンピタンスの 1 つあるいはそれ以上を失いかねないからだ。その代わり、事業範囲の縮小と事業規模の縮小を同時に行う企業は事業ポートフォリオの事業の多角化の度合いを減らすことによって、企業規模がより小さくなる。

―――― 第 7 章　企業買収と再編戦略

　中核となる事業に再び集中する戦略をとることで、その企業は経営陣によって一層効果的に経営されることが可能になる。経営能力が向上するのは、その企業が扱う事業の多角化の度合いが減り、経営陣が残された事業をよりよく理解し管理することができるからだ。

　一般的に、米国の企業は、事業の再編成の手段として事業範囲の縮小という戦略を、欧州企業よりも選択する場合が多い。それに対して、欧州、ラテンアメリカ、アジアでは、コングロマリットを形成してきた傾向がある。ラテンアメリカでは、こうしたコングロマリット化した企業を**グルッポ (grupo)** と呼ぶ。多くのアジアおよびラテンアメリカのコングロマリット企業は欧米の企業戦略を近年採用し始めており、彼らの中核事業に焦点を再び当てようとしてきている。この事業範囲の縮小の流れは、グローバル化の進展と企業間競争を激しくしている市場開放の進展と同時に起こっている。事業範囲の縮小によって、企業はその中核事業に集中し、競争力を増すことが可能になってきている。

　事業範囲の縮小は、最近多くの新興市場の企業によって実践されている。例えば、タタ・グループは、1868 年にジャメスティ・ヌセルワンジ・タタによって小さな商社として設立され現在ではインドの最も大きな企業グループになっており、91 社を幅広い産業に有している。この企業グループの事業は、化学、通信、消費者製品、エネルギー、エンジニアリング、情報システム、鉱産物、サービス、と広い産業に及んでいる。2003 年から 2004 年にかけてのこの企業グループの売上は 142.5 億ドルで、インドの GDP の約 2.6% に達する。タタのグループ企業の雇用は約 22 万人で、140 カ国にその製品を輸出している。しかし、インドが変貌を遂げる中で、タタの経営陣はグループ企業の事業の再編をはかっており、「タタの製造業としての伝統の最もすばらしい部分を失うことなく、より少ない事業に集中した体制を構築したい」としている。ここ 10 年の間にタタは事業の数を 250 から 91 に減らした。しかし、すでに述べた通りタタ・スチールがコーラスを買収するなど、グローバルなビジネス展開も同時に開始している。

## ● レバレッジド・バイアウト (LBO)

　伝統的に LBO は、経営の失敗あるいは、企業経営者が株主の利益よりも

まず自分たちの利益に供するような経営の決断をするので、それを是正するための事業再編成戦略として用いられた。LBO（leveraged buyout）とは、当事者がその企業の資産のすべてを買い取りその企業を非上場化する事業再編成戦略である。いったんLBOの取引が成立すれば、その企業の株式は公開市場ではもはや取引されなくなる。公開企業あるいは企業の一事業の非上場化を促したり、あるいはそのような業務に従事する企業を**プライベート・エクイティ投資会社**（private equity firm）と呼ぶ。しかしながら、すでに述べたタタ・スチールのコーラスの買収の事例が示すように、一部の企業はバイアウトを、企業の不良資産を単に処分するというよりも、企業の資源を構築し、拡大するために利用している。

通常、バイアウトの資金調達のため多額の債務を負うことになる。そのため、それは**レバレッジド・バイアウト**と呼ばれる。債務の支払いを確実にし、企業の事業数を減らし、その企業の中核事業に注力するために、その新しいオーナーは即座にその企業の多くの資産を売却するかもしれない。LBOによって企業を購入した新しいオーナーが、今後5年から8年の期間で利益を出してその企業を売却できるような水準までその企業を再編成していこうとするのは極めて普通のことである。

MBO（management buyout）、EBO（employee buyout）、企業全体のバイアウト（whole-firm buyout）、はLBOの3つの類型といっていい。企業全体のバイアウトとは、ある企業あるいは事業組合が対象企業の一部ではなく全体を購入する。MBOのほうが、EBOや企業全体のバイアウトと比較して、事業範囲をより大幅に縮小し、戦略的集中を高め、業績を上げることにつながってきている。これは、1つには経営陣のインセンティブによるものである。研究によれば、MBOはまた起業家的な活動や成長につながるとされる。

バイアウトが行われる他の理由として、気まぐれな金融市場から身を守ったり、企業所有者がイノベーションの開発やその成果を市場に出すことに集中できるようにすることがあげられる。このように、バイアウトは起業家的努力を促し戦略的成長を刺激するような企業再生の一形態である。

### 事業再編成の結果

事業再編成の3つの戦略から生じる短期的および長期的な成果は、図7.2

に示されている。そこに示されるように、事業規模の縮小は、通例、より高い企業業績をもたらさない。しかし、自由市場主義を基盤とする社会一般では、事業規模の縮小は解雇された多くの個人に対し自ら起業しようとする動機付けを生み出してきている。

　研究によれば、事業規模の縮小は米国と日本企業では収益低下の原因の1つとなったことが示されている。企業の存在するそれぞれの国の株式市場では事業規模の縮小はマイナスとみなされた。投資家は、事業規模の縮小は企業が長期的に戦略的競争力を獲得する会社の能力にマイナス効果があると結論づけた。投資家はまた、事業規模の縮小は、その会社が抱える別の問題がもたらす結果として生じると考えるようだ。こうした認識になるのは、重大な事業規模の縮小が発表された場合、その企業の評判が悪くなるからであろう。これらの問題は、すでに述べたシティグループのレイオフの際にもはっきり現れている。

　しかし、事業規模の縮小の予期しない結果は、解雇された従業員が人生の危機を何とか乗り越えようとして新しく起業する場合が多いことである。そのため、事業規模の縮小は新しい起業家精神に満ちたベンチャー企業を多く生み出すことになった。

**図 7.2**　事業再編成とその結果

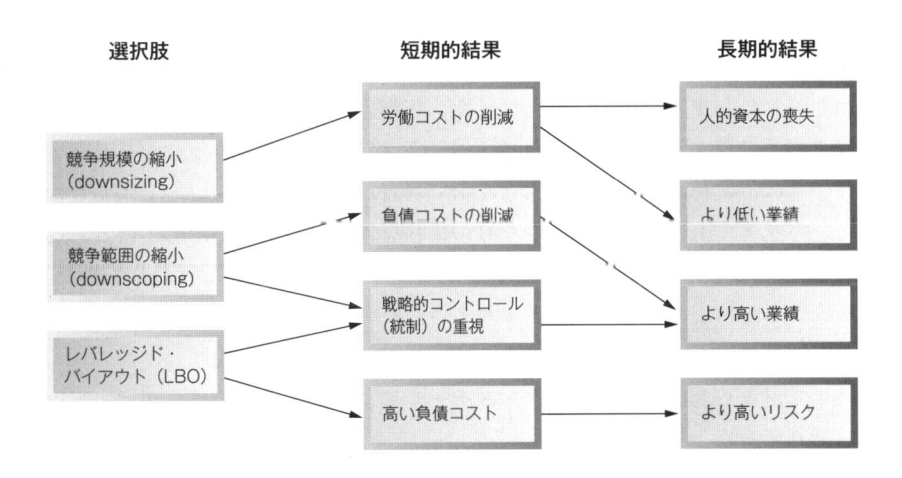

| 選択肢 | 短期的結果 | 長期的結果 |
|---|---|---|
| 競争規模の縮小 (downsizing) | 労働コストの削減 | 人的資本の喪失 |
| 競争範囲の縮小 (downscoping) | 負債コストの削減 | より低い業績 |
| レバレッジド・バイアウト (LBO) | 戦略的コントロール (統制) の重視 | より高い業績 |
|  | 高い負債コスト | より高いリスク |

図7.2が示すように、事業規模の縮小によって長期的には人的資本を失う傾向が強い。その企業での勤務経験が長い従業員を失うことは、知識の大きな喪失につながる。第3章で述べた通り、知識は、グローバル化した経済で競争に勝利するには極めて重要である。したがって一般的に、実証研究と企業における経験が示唆することは、事業規模の縮小には戦略的（または長期的）な価値というよりも、もっと戦術的（または短期的）な価値があるのかもしれない。

　事業範囲の縮小は、一般的には事業規模の縮小やLBOを実施することより、短期的にも長期的にも一層好ましい結果をもたらす（図7.2参照）。事業範囲の縮小が長期的に望ましい高い業績を出すのは、削減された債務コスト、その企業の中核事業に集中するところから生じた戦略的統制の重視、などによる。このようなことを通じて、事業の再構築を行った企業は競争能力を高めることができるに違いない。

　企業全体のLBOは、企業の財務面での再構築のすぐれたイノベーションとしてもてはやされてきたが、そこには望ましくないトレードオフが出てくる可能性がある。まず、結果的に多額の債務は企業の財務上のリスクを高める。実際、企業全体のLBOを実行した後、1990年代に倒産する企業がかなりの数にのぼった。またLBO後の企業のオーナーが買収した企業の効率性を高めて、5年から8年のあいだに売却したいという意向をもっている場合、どうしても短期的でリスク回避的な経営に陥ってしまう場合が多い。その結果、これらの企業はR&Dへの適切な投資を行えなくなったり、その会社のコアコンピタンスを保持し発展させるための他の主要な行動を採り損ねたりしてしまう。研究によればまた、起業家マインドが企業内にある場合は、バイアウトがさらに大きなイノベーションにつながる可能性があるという。特に、債務水準があまり大きくない場合はその傾向が強い。しかしながら、バイアウトは結果としてかなりの債務を伴う場合が多いため、ほとんどのLBOは安定したキャッシュフローが可能な成熟した業界で行われてきた。そういった状況のもとではバイアウトされた企業は債務の支払い期限を守ることが可能であり、このことはオープニング・ケースでも説明し、この章の後半で言及した鉄鋼業界のタタ・スチールによるコーラスの買収が示している通りである。

---第7章　企業買収と再編戦略

# 要約　　　　　　　　　　　　　　　　　　　　*Summary*

- 買収戦略はますます広く使われるようになってきている。グローバリゼーションや、多くの国の複数産業における規制緩和、そして好ましい法律制定のせいで、国内および国境を超えた買収の数や規模が、特に新興国で、増え続けている。

- 企業が買収戦略を用いるのは次の目的のためである。①市場支配力を高めるため、②新市場や地域への参入障壁を乗り越えるため、③新製品開発コスト負担を回避し、新市場参入のスピードを高めるため、④新規事業参入のリスクを低減するため、⑤より多角化を進めるため、⑥異なった事業を開発することにより競争分野を再構築するため、⑦学習を強化し、それにより知識ベースを高めるため。

- 買収戦略を用いると次のような問題が生じることがある。①関連企業を効果的に統合することの難しさ、②標的企業の価値を不正確に評価すること、③適正な長期的投資（例、R＆D）を妨げるほどに債務負担を増やすこと、④シナジー実現の可能性を過大評価すること、⑤多角化し過ぎた企業を生み出すこと、⑥経営者が買収を分析し完了することに時間やエネルギーをますます費やす内部環境を生み出すこと、⑦戦略的コントロール（統制）というよりも官僚的なコントロール（統制）を大規模に展開することを必要とする、巨大すぎる合併企業を生み出すこと。

- 効果的な買収には次のような性格がある。①買収企業と標的企業は、新しく合併してできる企業におけるコアコンピタンスの基礎となる補完的資源を有していること、②買収が友好的なので、それにより2社の経営資源の統合が促進されること、③標的企業が完璧なデュー・ディリジェンスに基づいて選別され買収されること、④買収企業と標的企業は、現金や借り入れ余力にかなり余裕があること、⑤買収された企業は、その一部を売却したり、買収企業の業績不振部門を売却したりすることによって、負債を低水準もしくは適度な水準に維持していること、⑥買収企業と標的企業は、変化に適応するという点で経験を有していること、そして⑦R＆Dとイノベーションが新会社の重要施策であること。

- 事業の再編成は、成果を上げられない経営によって生じた問題を修正することにより、企業の業績を改善するために用いられる。事業規模の縮小による事業再編成は、従業員数や企業組織の階層数の削減をもたらす。それは短期的なコスト削減となるが、価

値ある人的資源（そして知識）や企業全体の評判を失うという点で、長期的成功を犠牲にすることによって、短期的なコスト削減が実現される。

■ 事業範囲の縮小による事業再編成の目標は、企業の多角化のレベルを低くすることにある。企業は、しばしば、この目標達成のため非関連事業を売却する。非関連事業を取り除くことにより、企業や経営トップがコア事業への集中を見直すのを容易にするのである。

■ レバレッジド・バイアウト（LBO）は、KKRやブラックストーン・グループのようなプライベート・エクイティ投資会社による追加的な事業再編戦略のことである。LBOを通じて、企業は買収されて非公開会社になる。LBOは通常、ほとんどの場合負債で資金調達される。LBOは次の３種に分類される。マネジメント・バイアウト（MBO）、エンプロイー・バイアウト（EBO）そして企業全体のバイアウトである。明確な経営者インセンティブを与えるという理由で、３つの中でMBOが最も成功している。多くの場合、バイアウトの目的は、５年から８年以内に企業が首尾よく売却される程度まで効率と業績を改善することである。

■ 一般的に言うと、事業再編成の主たる目標は、企業の効果的な戦略的コントロールを獲得するか、または再構築することである。３つの再編戦略のうち、事業規模縮小は戦略的コントロールの構築と行使に極めて密接な関係があり、通常どちらかというと業績を相対的に改善する。

## 重要用語　*key words*

- 企業合併（merger）は、２つの企業が双方の事業活動を比較的対等の立場で統合しようという戦略である。

- 企業買収（acquisition）とは、買収先企業をその事業ポートフォリオの中で子会社化することを狙って、一方の企業が他の企業の過半数の株式、あるいは100％の株式を取得する戦略のことである。

- 敵対的買収（takeover）とは、標的企業が買収企業の入札を望んでいないという特殊な

# 第7章 企業買収と再編戦略

買収戦略のことである。

● **事業の再編成**（restructuring）とは、企業が既存の事業や財務構造を変革する戦略のことである。

## 復習問題 — *Review questions*

1. なぜ買収戦略はグローバル経済の中で競争している多くの企業でよく使われているのか。
2. 戦略的競争力を獲得するための手段として、企業が買収戦略を用いる決定をする理由は何か。
3. 買収戦略をうまく用いる企業の努力に影響を与える7つの主要な問題とは何か。
4. 成功する買収戦略にみられる要因は何か。
5. 事業再編戦略とは何か、そしてその一般的な形態は何か。
6. 各事業再編戦略と関連する短期的そして長期的成果は何か。

# 第8章

## 国際戦略

本章の狙いは、下記目的に必要な戦略的経営の知識を提供することにある。

1. 企業が国際的多角化を行う、伝統的な動機と新しく台頭してきた動機を説明する。

2. 国際戦略の4つの主要な利点を明らかにする。

3. 事業単位の国際戦略の基礎となる4つの要因を考察する。

4. 3つの企業全社的国際戦略、すなわちマルチドメスティック戦略、グローバル戦略、トランスナショナル戦略について詳しく述べる。

5. 国際戦略、特に外国企業であることの不利と地域化に影響を及ぼす経営環境の動向を論じる。

6. 国際市場へ参入するための5つの代替モデルを列記し、詳しく説明する。

7. 企業の収益性およびイノベーションに対する国際的多角化の影響を説明する。

8. 国際的多角化の2つの主要なリスクを明示し、説明する。

## opening case

上海汽車工業：グローバル市場への参入

　上海汽車工業は、中国で最も古く最大規模の自動車メーカーの1つである。中国にある同社の50の製造工場では、自動車、トラクター、バイク、トラック、バス、および自動車部品（卸売と小売）を生産している。同社は自動車のリースやファイナンスも行っている。上海汽車工業は、成長を遂げている中国自動車市場向けにGMとフォルクスワーゲンの自動車を生産する両社との合弁会社を所有し、大成功を収めている。1990年代および2000年代の上海汽車工業の売上高の大半は、これら合弁会社によるものであった。実際に、中国の大都市で運転すれば、GM（例えば、ビュイック）とフォルクスワーゲンの自動車の人気のほどを窺い知ることができる。しかし、GMとフォルクスワーゲンが上海汽車工業に依存し過ぎるようになったのではないかと考えるアナリストもいる。

　上海汽車工業は、韓国の自動車メーカー双竜の51％の株式も所有し、Kシリーズエンジンと同様にローバー25モデルやローバー75モデルの知的財産権を持っている。2007年に同社はローバー75（中国市場向けに再設計された）の製造を開始した。

　上海汽車工業はそのパートナーシップから多くを学習し、ライセンスされた技術によって独自のブランド車を立ち上げ、売り出すことを決めた。外国ブランドが中国市場の多くを支配しているので、中国政府は中国の会社が独自のブランドを開発することの重要性を強調している。加

えて、これらの企業が確立したグローバルに競争力のある会社になるには、彼ら自身のブランドが必要である。この目標を達成するにあたって、中国人の経営幹部は、自分自身のブランドという意味の「自助品牌 / ズズゥ・ピンパイ」という言い方が気に入っている。実際、自助 / ズズゥ（zizhu）は自身が主人になることを意味している。2007 年に、上海汽車工業は中国市場でロエベと名付けられた独自の自動車ブランドの販売を開始した。

現在、上海汽車工業は中国自動車市場で上位 3 社のうちの 1 社であり、グローバル市場でトップ 10 入りする目標を持っている。そうなるために、同社は米国の自動車市場に参入して効果的に競争する目標を持っている。米国市場は世界最大の自動車市場である。上海汽車工業は、GM チャイナの前会長フィリップ・マートウを上海子会社のトップに迎えた。

すべての主要な自動車会社が米国自動車市場で競争しているので、この目標は上海汽車工業にとって大きな挑戦である。現代自動車（韓国）は、米国市場で首尾よく競争するために大きな労力を払ってこの挑戦の大変さに気がついた。品質を大きく改善し競合他社の同等の自動車より低価格としたにもかかわらず、現代自動車は同社が望んでいたほど米国市場のシェアを獲得することができなかった。2005 年と比較し、現代自動車は市場での順位をやや上げたものの、市場シェアは 3％に少し満たないままである。

概して中国の自動車はほとんど輸出されておらず、米国への輸出はさらに少ない。ここ数年、米国の自動車メーカーの米国市場シェアは落ちてきているが、市場シェアの増加の大部分は日本の自動車メーカー、特にトヨタによるものである。2007 年、中国からの輸出は約 50 万台になると予測されているものの、そのほとんどは南米、東南アジア、および東ヨーロッパ向けである。しかし、やがては米国を含むグローバル市場で中国の自動車メーカーは成功し、上海汽車工業がリーダーの一角になるものとアナリストは予測している。

出典：A. Webb, 2007, China needs strong automakers—not more. *Automotive* News, http://www.autonews.com, July 20: 2007, China's SAIC says first half sales up 23 percent, Reuters, http://www.reuters.com, July 12; A. K. Gupta & H. Wang, 2007, How to get China and India right: Western companies need to become smarter— and they need to do it quickly, *Wall Street Journal*, April 28, R4; G. Dyer & J. Reed, 2007, SAIC plans to develop five new car classes, *Financial Times*, April 20, 23; C. Isidore, 2007, Cars from China: Not so fast, CNNMoney, http://www.cnnmoney.com, January 27; N. Madden, 2006, Chinese carmaker's push threatens Western rivals, *Advertising Age*, 77(50): 28; M. Vaughn, 2005, Refined Hyundai takes on the big boys, *Globe and Mail Update*, http://www.theglobeandmail.com, August 11.

　オープニング・ケースで示したように、中国の企業は競争能力を構築し海外市場への参入を模索している。WTO（世界貿易機関）への中国の加盟は、中国とその貿易パートナーだけではなく、世界中の産業や企業に大きな変化をもたらした。その未発達な市場と制度的環境にもかかわらず、上海汽車工業のような中国企業は、新たな技術や経営管理能力を学習することのできる外国のパートナーを惹きつけるために、成長を遂げる中国市場の規模を利用している。

　多くの企業は、間接投資よりも資産への直接投資（例えば、新規子会社の設立、買収もしくはジョイント・ベンチャー）を選択する。なぜなら、直接投資は他の形態よりも、資産を保護するうえで優れた備えとなるからである。中国国内企業はますます競争的になっており、組織能力を構築しつつある。オープニング・ケースで示されているように、中国企業は製造能力を発展させ、自身のブランド製品（例えば、上海汽車工業のロエベ・モデル）を構築している。そのように、中国企業の潜在的なグローバルな市場支配力は侮れない。

　外資系企業が中国市場に参入するに従い、そして中国企業が他の外国市場に参入するに従い、グローバル市場で競争する企業にとっての機会および脅威の双方が実証されている。この章では、グローバル市場への多角化によってコアコンピタンスの開発と利用を模索する際に、企業が直面する機会について検討する。加えてわれわれは、企業の国際戦略に伴うさまざまな問題、複雑性や脅威について述べる。国境、文化的相違、および地理的な距離のすべてが、企業が多くの市場に参入する際の障壁となるが、大きな機会が事業

**図8.1** 国際戦略の機会と成果

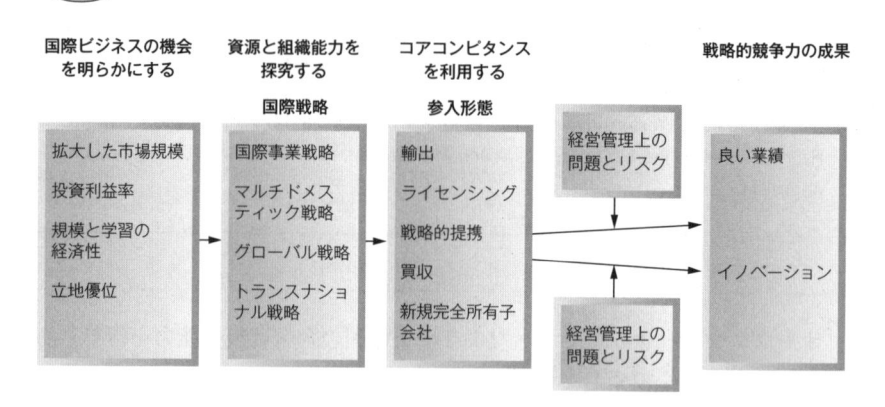

| 国際ビジネスの機会を明らかにする | 資源と組織能力を探究する<br>国際戦略 | コアコンピタンスを利用する<br>参入形態 | | 戦略的競争力の成果 |
|---|---|---|---|---|
| 拡大した市場規模<br>投資利益率<br>規模と学習の経済性<br>立地優位 | 国際事業戦略<br>マルチドメスティック戦略<br>グローバル戦略<br>トランスナショナル戦略 | 輸出<br>ライセンシング<br>戦略的提携<br>買収<br>新規完全所有子会社 | 経営管理上の問題とリスク<br>↕<br>経営管理上の問題とリスク | 良い業績<br>イノベーション |

　の国際市場への参入を動機付ける。事業をグローバルに展開しようとすれば、そのようなグローバルな機会の利用に成功する戦略を策定しなければならない。また、企業を真のグローバルな会社に育て上げるために、経営者はグローバルな思考態度を育まなければならない。企業は国際市場に参入するとき、サプライヤー、顧客、そしてパートナーとの関係を深め、これらの関係から学習する。例えば、上海汽車工業はGMやフォルクスワーゲンとのパートナーシップから新しい組織能力を学習した。

　図1.1（第1章参照）に例示されているように、われわれは戦略的競争力や平均を上回る収益性の源泉としての国際戦略の重要性を論ずる。この章では、国際化を促進するインセンティブに焦点を当てる。企業は国際的に競争することを決めた後、戦略を選択し、国際市場への参入形態を選択しなければならない。企業は、母国ベースの工場からの輸出、いくつかの製品やサービスのライセンシング、国際パートナーとの合弁会社の設立、海外に拠点を置く企業の買収、もしくは新しい子会社の設立によって、国際市場に参入する。そのような国際的多角化は、製品のライフサイクルを延ばし、更なる技術革新のインセンティブを与え、平均を上回る収益性を生み出すことを可能にする。これらの利点は、政治的および経済的なリスク、そしてさまざまな国で業務を行う複雑な国際企業の経営管理上の問題によって影響される。

　図8.1は戦略的競争力のさまざまな選択肢や成果の概要である。本章では、

国際的な機会の間の関係、戦略に結実する資源や経営能力、そしてコアコンピタンスの基礎となる参入形態を詳しく検討している。

## ■ 国際的な機会の識別：国際戦略を活用するインセンティブ

　国際戦略 (international strategy) とは、それを通じて企業が自社の製品ないしサービスを国内市場の外へ販売する戦略である。国内市場に焦点を当てた戦略とは対照的に、国際戦略を実行する主な理由のひとつは、国際市場が新しい機会をもたらすことである。

　レイモンド・バーノンは国際的多角化の古典的根拠を論じている。彼が示唆したのは、通常企業は、母国市場、特に米国のような先進的経済においてイノベーションを発見する、ことである。多くの場合、製品の需要は他の国へ広がり、そして国内事業によって輸出がもたらされる。外国市場での需要の増加は、外国事業への直接投資、特に外国の競合企業をかわすための直接投資を正当化する。したがってバーノンは、企業が国際的多角化を追求する根拠のひとつは、製品のライフサイクルを長期化することにあると論じた。

　企業が多国籍になる他の伝統的な動機には、必要とされる資源の確保がある。特に鉱物やエネルギー等の主要な原料の供給は、いくつかの産業で重要である。衣料、電気製品、時計製造、そして多くの他の産業は、低い生産コストを求めて海外のロケーション（立地）に事業の一部を移転した。明らかに、中国企業の国際的な拡大の目的の1つは、重要な資源へのアクセスを獲得することである。

　これらの伝統的な動機は健在であるが、他の顕在化してきた動機もまた国際的な拡大を推進する（第1章参照）。例えば、事業のグローバルな統合への圧力が高まったが、概してそれは、さらなる普遍的な製品の需要によって駆り立てられた。諸国が工業化するのに伴い、いくつかの製品や商品への需要が、より類似してくるように思われる。グローバルにブランド化された製品に対するこのボーダレスな需要は、先進国における生活スタイルが類似しつつあることによるものであろう。グローバルな通信メディアの増加もまた、

異なる国の人々が異なる文化の生活スタイルを思い描いたりモデル化したりするのに一役買っている。例えばイケアは，フランチャイジーを通して所有・運営する約 300 店舗を使って 44 カ国で家具を販売し，グローバルなブランドになった。2006 年，イケアは 22 億 2,000 万ドルの売上をあげた。同社の家具はすべて，フラットパックに梱包され購入後に消費者によって組み立てられるコンポーネントの形で販売されている。この方式は，ユニットを完全に組み立てられた製品よりも手間のかからない輸送と出荷を可能にし，そのグローバルなブランドの展開を促進した。

　いくつかの産業では，技術がグローバリゼーションを推進する。なぜなら，最低水準にまでコストを削減するために必要な規模の経済性は，しばしば国内市場の需要を満たすために必要とされる以上の投資を要するからである。会社はコスト削減の圧力にもさらされており，それは最も安価なグローバル・サプライヤーからの調達によって達成される。例えば，新規事業の創業に向けた研究開発の専門的知識は，国内市場に存在しないかもしれない。

　中国やインドのような新しい大規模な新興経済国（エマージング）市場は，消費財やサービスに対する高い潜在的需要に基づく強い国際化へのインセンティブを企業にもたらす。通貨変動のために企業が選択するのは，一国内の平価切り下げリスクを削減するために，新興経済国を含む多くの国にまたがって諸事業を分散することである。しかしながら，新興経済国市場の特性は，機会と挑戦の双方を提示している。例えばインドは，文化，政治，そして経済システム規範を含む多くの点で西欧諸国と異なっている。一方で，インドは巨大な潜在的市場を提供しており，同国政府は海外直接投資に対してより協力的になっている。しかし，中国とインドと西欧諸国との間の相違は，金融，経済，そして政治リスクの管理に必要なスキルを強調する西欧の競争的パラダイムに対して重大な挑戦を示している。

　雇用契約や労働力は国際市場では大きく異なる。例えば雇用契約の相違により，米国より欧州のほうが従業員の解雇が難しい。多くのケースで，受入国（host country）の政府はローカル事業に投資する外国企業に，ローカル企業との共同所有を要求するが，これは外国企業に関税障壁の回避を可能にさせる。また，受入国の政府が頻繁に要求するのが，ローカル資源を使わせるために外国企業に課す，調達，製造，研究開発における高い現地化の比率

である。これらの問題は、グローバルな規模の経済性を追求するのとは反対に、現地投資や現地適応の必要性を高める。

　われわれは、国際戦略を利用する企業に影響を及ぼす動機について考察した。これらの戦略が成功するとき、企業は4つの基本的な利益を得ることができる。すなわち、①拡大する市場規模、②大きな資本投資もしくは新しい製品やプロセスへの投資に対する高い収益性、③より大きな規模の経済性、範囲の経済性、学習の経済性、④立地を通じた競争優位（例：安価な労働力・重要な資源・顧客へのアクセス）である。われわれは、それらの利点について、そのコスト（高い調整コスト、受入国の政治的影響力に関する知識への限定的アクセス）と経営管理上の課題の双方の観点から考察する。

## 拡大する市場規模

　企業は、国際市場への参入によって——時折、劇的に——潜在的な市場規模を拡大する。製薬会社は、その市場規模が理由で中国に莫大な直接投資を行ってきた。ある研究者が見出したのは、研究の対象となった製薬会社のうち約85％が、中国市場への参入形態に現地の中国パートナーとのジョイント・ベンチャーを利用し、残りの企業は子会社を設立したことである。

　文化的価値や伝統に根ざしている消費者の嗜好や習慣を変えるのは簡単ではない。しかし国際戦略に従うことは、成長機会が限られている国内市場で競争する企業にとって、特に魅力的なオプションである。例えば、米国の飲料業界の企業は、今日まで外国市場における成長を追求してきている。主要な競争相手であるペプシコとコカ・コーラはここ数年、米国において比較的安定した市場シェアを有していた。彼らの売上の成長のほとんどが、外国市場によるものであった。最近では、ペプシコが日本市場において更なる売上と収益を獲得するために、高度に現地に適合したソフトドリンクを取り扱っている。例えばペプシコは"アイスキューカンバー"を期間限定で売り出し、480万缶を販売した。ペプシコは日本において、いくつかのそのような期間限定商品を売り出し（例：ベリー風味のペプシブルー）、大きな成功を収めてきた。限定版ドリンクは、日本人の顧客のためにデザインされている。

　国際市場の規模もまた、市場で競争優位を確立するために研究開発へ投資する企業の前向きな姿勢に影響を及ぼす。より規模の大きい市場は、通常よ

りも高い潜在的な収益性をもたらすので、企業の投資リスクはより小さい。進出国の科学基盤の強みもまた、企業の海外研究開発投資に影響を及ぼす。ほとんどの企業は、研究開発活動から価値を創造する商品やプロセスを産みだす必要があるので、科学的知識と人材を有する国に対するより大きな投資を好む。ある調査によれば、ドイツの多国籍企業は市場探求型の動機ではなく、資源開発や学習を目的とする国際的な研究開発の機会への投資をますます増加させている。

### ● 投資利益率 (return on investment)

　工場や資本装備ないし研究開発といった大きな投資に見合う収益を得るためには、規模の大きな市場が重要であろう。したがって、エレクトロニクスのような研究開発集約的産業の多くが国際的である。研究開発への巨額の投資を回収するための大きな市場の必要性に加えて、新しい技術を開発するペースは速くなっている。新しい製品はより急速に陳腐化するので、投資はより迅速に回収される必要がある。それ以上に、新しい技術を開発する企業の能力は向上しており、特許法が国ごとに異なるために、競合企業による模倣が起こりやすい。リバース・エンジニアリングを通じて、競合企業は製品を分解し、新しい技術を学習し、そして類似した製品を開発することができる。競合企業が比較的素早く新しい技術を模倣することができるので、企業はより迅速に新製品の開発コストを回収しなければならない。結果的に、国際的な拡大によりもたらされる大きな市場は、企業にとって大きな資本投資と大規模な研究開発支出を回収する機会を広げるので、製薬企業のような多くの産業では特に魅力的である。

　しかしその他の問題はさて置き、国際市場に投資する根本的な理由は、平均を上回る収益性を生むことである。それでもなお、異なる国々からやってきた企業は異なる期待を抱き、国際市場へ投資するかどうかを決定するために異なる評価基準を用いる。

### ● 規模と学習の経済性

　企業は市場を拡大することによって、特に製造オペレーションで規模の経済性を享受することができる。企業は国境を越えて自社製品を標準化したり、

## 戦略フォーカス・コラム

### GMの生き残り策は国際市場に依存しているのか？

　76年にわたり、GMはグローバル産業の販売リーダーであった。2006年、GMは約910万台の自動車を販売したが、そのグローバル市場のシェアは長年、減少傾向にあった。事実、2007年にはトヨタが世界で最大規模の自動車メーカーとなった。さらに近年GMは、黒字達成に悪戦苦闘している。数年にわたる大きな損失を計上したのち、2007年にGMはようやく黒字に転じた。GMの問題の多くは、北米市場における同社の競争力に端を発しており、北米市場ではトヨタや他の外国自動車メーカーがかなりの利益をあげていた。

　興味深いことに、GMの収益性が黒字に転じたのは北米事業の成功によるものではない。コスト削減のための主要プログラムのおかげで損失は過去数年と比べ減っているものの、GMは依然として北米市場で損失を出し続けている。GMの近年の利益は、国際的な事業、特に中国市場での販売から来るものであった。GMは20億ドル以上を中国に投資し、それらの投資の収益はブームになっている。2006年、軽トラックと自動車を合わせて720万台が中国市場で販売された。これで中国は日本を上回り、世界で第2位の自動車市場になった。GMは中国市場でフォルクスワーゲンに次ぐ第2位の市場シェアを有する。

　中国におけるGMの販売は、上海汽車工業と折半出資したジョイン

ト・ベンチャー、上海GMによるものである。2006年、上海GMは40万台以上の乗用車を製造した。GMは、上海GMが2010年までに100万台の乗用車を製造することを予測している。もちろん、中国自動車市場は成長し続け、最終的に世界最大の自動車市場になることが期待されている。そのジョイント・ベンチャーのすべてを通じて、2006年にGMは87万5,000台以上を中国で販売した。同時期にトヨタがわずか27万5,000台の販売であったことから、GMの競争優位は明らかである。このように、GMはトヨタのアジア以外での販売拡大に対抗すべく、アジアにおいて大きな投資を行った。

　GMのヨーロッパにおける事業は縮小された。これらの事業縮小を埋め合わせるため、GMはブラジルでの新しい製造施設の建設に約5億ドルを投資している。GMがアジアで成功を収め南米で更なる成功を望むとしても、同社は次の10年間で多くの問題を経験するだろう。重要なことは、GMの中国におけるパートナーが厄介な競合企業になるかもしれないことである。ジョイント・ベンチャーを通じた技術や管理能力の移転は、GMが中国で販売するビュイックと競合することになる上海汽車工業のブランド車の開発を手助けしているのである。

　また、トヨタは2010年までに中国での生産能力を2倍にすることを計画している。その結果、GMは中国およびその他のアジア市場で現在の競争優位を維持するために、効果的な戦略を採用しなければならない。そしてまた、その他の市場（例えば米国および西欧）の市場シェアを失った流れを断ち切ろうと努力しなければならない。

出典： Investing in China, 2007, General Motors, http://www.gm.com, July 31; General Motors gives it stick, 2007, *The Detroit News*, http://www.detroitnews.net, July 31; Rising in the East: General Motors, 2007, *The Economist*, April 28, 82; G. Dyer, 2007, Foreign marks' lead narrows, *Financial Times*, April 25, 15; G. Dyer & J. Reed, 2007, Groups in race to sell alternative fuel cars, Financial Times, April 23, 22; G. Fairclough, Passing lane: GM's Chinese partner looms as a new rival; Learning from Detroit, Shanghai Automotive pushes past its own cars, *Wall Street Journal*, April 20, A.1; J. B. While & S. Power, 2007, GM retrenches in Europe, shifts gaze east, *Wall Street Journal*, April 18, A.4.

同一もしくは類似の生産設備を利用したりすることができれば、重要な資源機能を調整して最適な規模の経済性を達成しやすくなる。

規模の経済性は、グローバルな自動車産業において非常に重要である。中国のＷＴＯへの加入決定は、他国の自動車メーカーの中国への参入と低関税率の適用を可能にした（過去には、関税障壁のおかげで中国自動車メーカーは海外の自動車メーカーに対して優位性を持っていた）。フォード、ホンダ、GM、フォルクスワーゲンは中国の自動車に対抗すべく、それぞれ大衆車を生産している。（自社の製品に競争的な価格設定を可能とする）グローバルな規模の経済性や中国における現地投資のおかげで、これらの会社すべてが中国において大きな市場シェアを獲得する可能性がある。それに対して、上海汽車工業は海外の自動車メーカーと競争するために、（オープニング・ケースで説明したように）独自のブランド車を開発している。上海汽車工業のGMやフォルクスワーゲンとのジョイント・ベンチャーは、同社とパートナー双方にとって非常にうまくいっている。しかしオープニング・ケースで説明したように、上海汽車工業は海外への輸出に努めており、おそらく他の方法による海外市場への参入も模索している。同社は2012年までに世界自動車メーカーのトップ10に入り、そして2020年にはトップ6入りすることを熱望している。

企業はまた、その各部門とネットワーク・パートナー間の国境を超えた資源と知識の共有化を通じて、国際市場でコアコンピタンスを利用することができるだろう。この共有化はシナジーを生み、それは企業が安価で高品質の製品やサービスを生産するのに役立つ。さらに、国際市場に打って出ることは、企業に新しい学習機会をもたらす。多国籍企業は、別々の国際市場において彼らが直面する異なる慣行から学習する重要な機会に恵まれている。しかしながら、ある調査によれば、国際的な研究開発投資を活用するには、知識を吸収するための強力な研究開発システムを、すでに企業が十分に備えている必要があることを示している。

## ● 立地の優位

企業は供給する製品ないしサービスの基礎的なコストを低減するために、他国に施設を立地するであろう。これらの施設は、安価な労働力やエネル

ギー、そして他の天然資源への容易なアクセスをもたらすだろう。その他の立地優位には、重要なサプライヤーや顧客へのアクセスがある。一旦、魅力的な場所に首尾よく立地したら、企業は立地優位の利点を完全に得るために、施設を効率的に経営管理しなければならない。

そのような立地優位は、対象とする顧客のニーズはもちろん、生産コストや輸送要件によっても影響される。文化的影響もまた、立地優位や立地の不利に影響を及ぼすであろう。もし国際的な取引が行われている文化間で強い調和があるのならば、大きな文化的隔たりがある場合よりも、外国企業であることの不利は小さい。またある調査によれば、規制上の隔たりも専門的な人的資源を管理するための戦略と同様に、多国籍企業の所有ポジションに影響を及ぼす。

戦略フォーカス・コラムで示されたように、GMは市場規模拡大に向けて国際市場に参入した。GMは国際投資に対して良好な収益を上げているが、それは主としてアジアからの利益によるものである。事実、GMの最近の収益性の回復は、同社のアジア、特に中国におけるオペレーションによるものである。GMは76年間続いた世界最大の自動車メーカーとしてのポジションを失う一方で、中国事業への大規模な拡大計画を持っている。依然としてGMは、中国の現地企業やGMのパートナーである上海汽車工業、そしてトヨタやフォルクスワーゲンといった外国の競合企業との数多くの問題に直面している。中国における現在の競争優位を維持するために、GMは中国市場で成功する戦略を策定し、実施しなければならないだろう。

## 国際戦略

企業は国際戦略の2つの基本的なタイプの1つ、もしくは双方の利用を選択する。すなわち、事業単位の国際戦略と全社的国際戦略である。事業単位では、企業は一般戦略に従う。すなわちコスト・リーダーシップ戦略、差別化戦略、コスト集中戦略、差別化集中戦略、もしくはコスト・リーダーシップと差別化の統合戦略である。3つの全社的国際戦略とは、マルチドメス

ティック戦略、グローバル戦略、もしくはトランスナショナル（マルチドメスティックとグローバルの組み合わせ）戦略である。競争優位を生み出すために、それぞれの戦略では、模倣困難な資源や組織能力に基づくコアコンピタンスを活用しなければならない。第4章と第6章で述べたように、企業は事業単位の国際戦略と全社的国際戦略の実行を通じた価値の創造を必要としている。

### 国際事業戦略

それぞれの事業は、自社の国内市場に焦点を当てた競争戦略を展開しなければならない。われわれは、第4章で事業戦略、第5章で競争的敵対関係と競争のダイナミクスについて論じた。国際事業戦略は、いくつかのユニークな特徴を有する。国際事業戦略では、事業の母国は競争優位の重要な源泉である。母国で構築された資源や組織能力を活用すれば、企業は、しばしば他国の市場に参入する戦略を推進できる。しかし、ある調査によると、企業が複数の国際的な立地で成長を続けるに従い、企業の母国は競争優位にとってそれほど重要でなくなることを示している。

図8.2で例証されているマイケル・ポーターのモデルは、主要なグローバルな業界における企業の優位性や、特定の母国もしくは地域的環境に付随する企業の優位性に寄与する諸要因を表している。ポーターモデルの第1の次元は、生産要素である。この次元は、どの産業で競争する場合でも必要となるインプット（投入要素、または投入資源）――労働、土地、天然資源、資本、そしてインフラストラクチャー（輸送、郵便、通信システムなど）をいう。そこには、基本的要素（たとえば天然資源や労働力）や先進的要素（デジタル通信システムや高度な教育を受けた労働力のような）がある。その他の生産要素には、一般化された要素（高速道路システムや借入資本の供給）および専門化された要素（積荷の化学品の取り扱いに特化した港湾の労働者のような、特定の産業におけるスキルを持った人員）がある。もし、国家が先進的・専門的な生産要素の双方を所有しているならば、その国に世界的な成功を収めることができる競争企業群を出現させ、それによって産業自体を活性化することができるだろう。

皮肉にも、いくつかの国では、重要な基本的資源が不足しているので、先

**図 8.2** 国の競争優位の決定要因

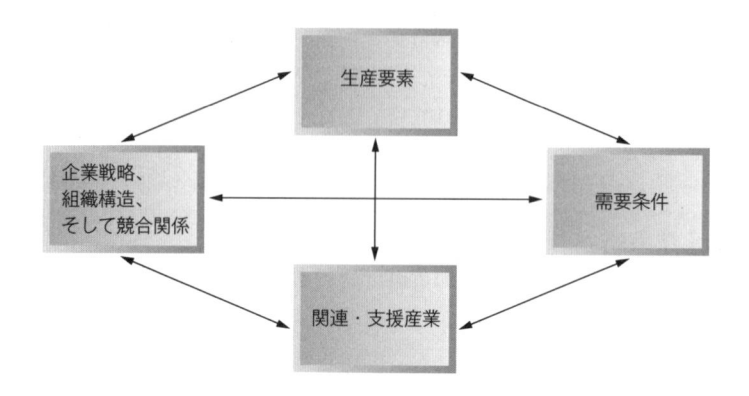

```
            生産要素
           ↗  ↕  ↖
          /      \
企業戦略、         needs
組織構造、  ←→   需要条件
そして競合関係
          \      /
           ↘  ↕  ↙
          関連・支援産業
```

出典：Reprinted with the permission of The Free Press, a Division of Simon & Schuster Adult Publishing Group, from *Competitive Advantage of Nations*, by Michael E. Porter, p. 72. Copyright © 1990, 1998 by Michael E. Porter. All rights reserved.

進的・専門的な要素を創り出すことがある。例えば、韓国のようなアジア諸国は、豊富な天然資源に恵まれていないけれども、強力な労働倫理、豊富な数のエンジニア、そして製造における専門知識を生み出す大企業システムを有する。同様に、ドイツは強力な化学産業を発展させたが、それは部分的に輸入への依存を減らすために、ヘキストとBASFが長年をかけて合成インディゴ染料を開発したからである。このドイツの化学産業の発展は、イギリスの場合とは異なる。というのも、イギリスでは植民地が大量の天然インディゴを供給したからである。

　ポーターのモデルの２つ目の次元は、需要条件である。需要条件は、当該産業の製品もしくはサービスに対する、母国市場における買い手ニーズの性質や大きさによって特徴づけられる。大きな市場領域は、規模効率的な設備に見合う程の需要を創出することができる。

　中国の製造業企業は、国内事業の構築に何年もの時間を費やしたが、上海汽車工業についてのオープニング・ケースで示されているように、今日では国境を越えて国際市場に目を向け始めている。すでに述べたように、（他の中国企業と同じく）上海汽車工業は中国だけでなく、特に他国においてブラ

ンドの資産価値を構築する挑戦的なプロセスを開始した。そうすることで、大部分の中国企業は準備が整い次第、西側の市場に参入する意図を持って、まずは極東でそのプロセスを開始した。中国のWTO（世界貿易機関）への加盟によって、上海汽車工業のような会社は恩恵を受けた。もちろん、国際市場に参入する同社のような会社の関心は、自社の市場シェアと利益の拡大である。

　関連産業と支援（サポーティング）産業は、ポーターのモデルの第3の次元である。イタリアは、関連産業と支援産業のおかげで製靴業界のリーダーになった。十分に確立された革加工産業は、靴や関連製品を作るために必要な皮革を供給する。また、多くの人は皮革製品を購入するためにイタリアへ旅行する。このことが、流通を支えている。皮革加工のための機械やデザインサービスに関する支援産業もまた、製靴産業の成功に貢献する。実際、デザインサービス産業は、スキーブーツ、ファッション衣類、そして家具といった、それ自身の関連産業をサポートする。日本では、カメラと複写機は、関連産業である。同様に、「人気漫画とアニメーション部門によって育まれた創造的な資源が、コンシューマ・エレクトロニクス産業で蓄積された技術的知識と結びついて、競争力のあるテレビゲーム産業が日本で花開いた」と言われている。

　企業戦略、組織構造、そして競合関係は、国の優位性を構成する最後（4つ目）の次元である。それらはまた、ある産業の成長を促進する。戦略タイプ、組織構造、企業間の競合関係は、国ごとに大きく異なる。ドイツの優れた技術的な訓練システムは、製品とプロセスの継続的な改善を重要視することを培う。日本では、独特の協調的かつ競争的システムが、複雑な組み立てオペレーションのクロス・ファンクショナルな経営管理を促進した。イタリアでは、イタリアのデザイナーの国家的なプライドが、スポーツカー、ファッション衣類、そして家具において強い産業を産み出した。米国では、コンピュータメーカーとソフトウェア製作者間の競争が、これらの産業の発展に貢献した。

　図8.2のダイヤモンドモデルの4つの基本的な次元は、国の競争優位に貢献する国民経済の環境的・構造的属性を強調する。政府の政策もまた、明らかに多くの企業や産業の成否の一因となる。例えば、中国政府は、上海汽車

工業のような中国の企業が、自身のブランド製品を開発し、国際市場で効果的に競争するために必要な組織能力を伸ばすインセンティブを与えた。

　各々の企業は自社の成功を生み出さねばならない。しかし、すべての企業がグローバルな競争企業になってうまくやっていくわけではない。また、成功している企業を生んだ同じ国家的要因の下で事業を行う企業であっても、すべてうまくやっていける保証はない。経営者が下す実際の戦略的選択が、成功ないし失敗の最も有無を言わさぬ原因であろう。したがって、企業が、明確な国家的要因を活用する適切な戦略を開発し実行するときだけ、図8.2に例示された要因が競争優位を産み出す。このように、国際的なスケールで利用される事業戦略（すなわち、第4章で論じられたコスト・リーダーシップ戦略、差別化戦略、コスト集中戦略、差別化集中戦略、コスト・リーダーシップと差別化の統合戦略）に関して決定を下す際に、これらの別個の国家的要因が十分に考慮されなければならない。しかし、企業が受入国での競争に順応するに従い、国際戦略を追求していくと一層の調整や学習をせざるを得ないことになる。中国市場でのGMの事業活動によって例証されたように、そのような調整は継続的なものである。GMは、パートナーである上海汽車工業やグローバル市場において主要な競合企業であるトヨタからの高まり行く競争に適応しなければならない。

### ● 国際全社戦略

　国際事業戦略は、少なくとも部分的には企業が選択した国際全社戦略のタイプに基礎付けられている。自社の事業戦略を開発するために、個別の国の事業部に権限を与える企業戦略もあるし、企業の製品を標準化し世界中で資源を共有するために、事業戦略より優位に立つ企業戦略もある。国際全社戦略は、製品および地理的多角化双方を通じて、企業の事業範囲に焦点を当てる。国際全社戦略は、企業が複数の産業や複数の国もしくは地域で行動する際に必要とされる。本社がその戦略を先導する。しかし、次に見る国際全社戦略のタイプによっては、事業単位ないし国単位の責任者が実質的な戦略的主導権を持ち得る。図8.3で示されているマルチドメスティック型、グローバル型、そしてトランスナショナル型が、国際全社戦略の3つのタイプとなる。

第8章 国際戦略

### ▶ マルチドメスティック戦略

マルチドメスティック戦略 (multidomestic strategy) とは、製品をローカル市場に適合させることができるように、戦略的および事業運営上の決定がそれぞれの国の戦略的事業単位 (SBU) に分権化された国際戦略である。マルチドメスティック戦略は、それぞれの国の内部での競争に焦点を当てている。また、市場が国ごとに異なると想定している。したがって、市場が国境によって細分化されている。マルチドメスティック戦略は、高度に分権化されたアプローチを利用し、各部門が地理的な地方、地域ないし国に焦点を当てることを可能にする。言い換えると、消費者ニーズと欲求、産業条件（例えば、競合企業の数とタイプ）、政治的および法的構造、そして社会的基準は国ごとに異なる。マルチドメスティック戦略を用いて、その国を担当する経営責任者は、ローカルの顧客の特定ニーズや嗜好を満たす際に必要な、企業の製品をカスタム化する自主性を保持する。したがって、これらの戦略は、各市場の独特な要件に対する企業の競争的反応を最大化するであろう。

**図 8.3** 国際全社戦略

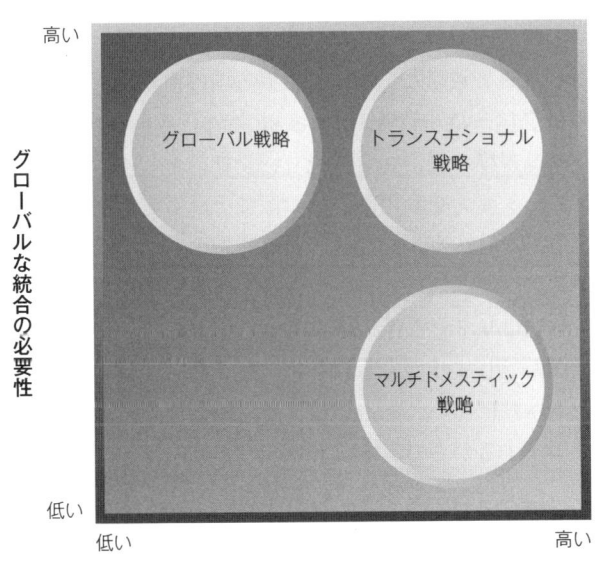

（縦軸：グローバルな統合の必要性　低い〜高い）
（横軸：現地反応の必要性　低い〜高い）

- グローバル戦略（左上）
- トランスナショナル戦略（右上）
- マルチドメスティック戦略（右下）

通常マルチドメスティック戦略の利用は、企業が現地の顧客ニーズに注意を払うことができるので、ローカル市場のシェアを拡大する。しかし、市場間の相違と、そのため各国現地事業単位ごとに違う戦略が採用されるので、これらの戦略の利用は企業全体にとってより多くの不確実性をもたらす。さらに、マルチドメスティック戦略は規模の経済性の展開を許さないために、よりコストが高くなる。その結果として、マルチドメスティック戦略を採用する企業は、自社の戦略上・事業運営上の決定を、各国で事業運営を行う事業単位に分権化する。歴史的に、ヨーロッパの消費財製造の大企業ユニリーバは、その国際事業を管理するために、高度に分権化されたアプローチをとってきた。このアプローチは、市場のニーズに合うように製品を適合させるための相当な自主性を現地の経営責任者に与える。

### ▶ グローバル戦略

　マルチドメスティック戦略とは対照的に、グローバル戦略は、世界中の市場における製品のさらなる標準化を想定している。結果的に、グローバル戦略は母国のオフィスによって集権化され統制されている。各国でオペレーションを行う戦略的事業単位(SBU)は、相互依存していると想定されており、本社は、これらの各国事業を越えた統合を達成しようと試みる。企業は、本社に集権化された競争戦略とともに、世界各国の市場で標準化された製品を供給するために**グローバル戦略** (global strategy)を利用する。したがって、グローバル戦略は規模の経済性を重視し、全社的もしくはある国において開発されたイノベーションを利用し、他の国でそれらを活用するための大きな機会を提供する。グローバルな会計と財務報告の基準の改善は、グローバル戦略を促進する。

　グローバル戦略はリスクが低いかもしれないが、ローカル市場で企業が成長する機会を摘んでしまうかもしれない。なぜなら、ローカル市場が成長の機会として認識されにくい、あるいは、その機会がローカル市場向けに改良された製品を要求するからである。グローバル戦略は、ローカル市場にすぐ反応しないし、国境を越えて戦略と事業運営上の決定を調整する必要があるので経営管理が難しい。ヤフーやイーベイ(eBay)は、両社が特にアジア市場に参入する際、これらの課題に直面した。例えばイーベイは、北米から日

本や中国へ自社のビジネス・モデルとビジネス手法の移植を試みた際、双方の国でうまくいかなかった。イーベイは中国に再進出したが、同社のCEO（最高経営責任者）メグ・ウィットマンは、イーベイが日本市場へ再進出する計画を現時点で持っていないことを示唆した。ヤフーは、何人ものCEOの交代を経ながら、中国市場で効果的に競争するための正しい方法を見出そうとして苦労してきている。

グローバル戦略で効率的なオペレーションを達成するには、国境を越えた資源の共有化や、調整と協調の促進が必要である。したがって、グローバル戦略は、集権化と本社によるコントロールを必要とする。さらにEUのような、国々の地域的な統合が起きているエリアで企業が展開するならば、グローバル戦略のパフォーマンスは高められるということを研究は示唆している。多くの日本企業は、グローバル戦略をうまく利用している。

セメックスは、フランスのラファルジュとスイスのホルシムに次ぐ世界で3番目に大きなセメント会社である。また同社は、ローカル化されたセメント製品を作るのに必要なすべての成分が入っているパッケージ製品の生コン最大手の生産会社である。

セメックスは欧州ばかりでなく、南北アメリカにも強い市場力を持っている。同社は50カ国以上の顧客にサービスし、世界中に5万人以上の従業員を抱える。セメックスは効果的にグローバル戦略を追求しているので、その集権化プロセスは、同社が米国、欧州、そしてアジアで獲得したさまざまな事業の統合を促進した。その事業をグローバルに統合するために、セメックスはインターネットを利用している。インターネットの利用による物流の改善や広範な供給ネットワークの管理によって、同社は売上を増加しコストを削減することができる。異なる国々における事業間の連結性と世界共通標準が、この方法を支配的にしている。高まるグローバルな競争とコスト効率化の必要性のために、一方で高品質で差別化された製品を同時に提供しているのだが、多くの企業は次に説明するトランスナショナル戦略を追求し始めた。

### ▶ トランスナショナル戦略

トランスナショナル戦略（transnational strategy）は、それを通じて企業がグローバルな効率性（global efficiency）と現地反応（local responsiveness）

の両立を追求する国際戦略である。これらの目標を実現するのは難しい。ある企業は密接なグローバルな調整を必要とする一方、他の企業はローカルな柔軟性を必要とする。トランスナショナル戦略の実行には、"柔軟な調整"——統合されたネットワークを通じて共有化されたビジョンと個人のコミットメントを構築すること——を必要とする。そのような統合されたネットワークは、企業が独立業者間の市場取引を利用するよりも、顧客、サプライヤー、そして他の関係者との関わりをより効率的に管理することを可能にする。相反する目標のため、トランスナショナル戦略を利用するのは難しい（トランスナショナル戦略と他の全社的国際戦略の実行については第11章を参照）。プラスの側面として、トランスナショナル戦略の効果的な実行は、しばしばマルチドメスティックもしくはグローバルな国際企業戦略を実行するよりも高い業績を産みだす。

トランスナショナル戦略の実行は大変ではあるが、国際市場で競争するにはますます不可欠になってきている。グローバルな競合企業の増加は、コスト低減のための条件を厳しくしている。しかし、より大きな情報の流れ（例えば、インターネットの普及に基づく）とともに増す市場の洗練さや、消費者ニーズを満たすための専門化された商品に対する欲求のために、企業は製品の差別化のみならず、その製品をローカル市場にカスタム化することを余儀なくされている。文化や制度環境の相違もまた、企業が製品とアプローチをローカルな環境に適応することを求める。その結果、より多くの企業が次第にトランスナショナル戦略を利用している。

## 環境のトレンド

トランスナショナル戦略の実行は難しい。しかし、より多くの産業がグローバルな競争を経験し始めたので、グローバルな効率性に対する重要性が高まっている。その問題に加えて、ローカルな要件の重要性の高まりが意味するのは、グローバルな製品およびサービスが、しばしば特定の国内の政府規制を満たしたり消費者の好みや選好に順応したりするための、多少のカス

タム化を必要とすることである。加えて、セメックス社の事例で示されたように、大部分の多国籍企業はコストを抑えるために、世界中の市場で資源の調整と共有化を望んでいる。さらに、中には、ほかの製品や産業よりも国境を越えた標準化に相応しい製品や産業もあるかもしれない。

結果的に、多角化した製品を有するいくつかの大規模な多国籍企業は、一定の製品品目に関してマルチドメスティック戦略を採用し、それ以外の製品品目に対してはグローバル戦略を採用する。その理由には、トレンドが時間とともに変わることがあるが、仮に多くの多国籍企業が戦略的に競争力を持とうとするならば、このタイプの柔軟性を必要とする。2つの重要なトレンドとは、次に述べる、外国企業であることの不利と地域化(リージョナル化)である。前者は、テロリストの攻撃やイラクにおける戦争によって増加した。

## 外国企業であることの不利 (liability of foreignness)

1980年代の米国市場や他の国際市場におけるトヨタやソニーのような日本企業の劇的な成功は、米国の経営者に大きな衝撃を与え、彼らに急速にグローバル化する市場での国際的な競争の重要性を気付かせた。21世紀には、中国、インド、ブラジル、そしてロシアが、米国、日本、韓国、そしてEUを含む多くの国の企業にとって、潜在的に大きな国際市場の機会になっている。しかし、国外でのテーマパークの開園にともなうウォルト・ディズニーの経験によって例示されたように、グローバル戦略の相対的な魅力について、もっともな懸念が存在する。例えばディズニーは、フランスでのディズニーランド・パリの開園にあたって訴訟に悩まされた。というのも、同社に移転された人事政策と、それを実行するように命じられたフランス人従業員との間に不適合があったため、訴訟で損害をこうむったのである。ディズニーの経営陣は、最新テーマパークを香港に建設する際に、フランスの経験から多くを学習した。

研究が明らかにしているのは、グローバル戦略は以前ほど普及しておらず、インターネットをベースとした戦略を利用するときですらグローバル戦略の実行は依然として難しいことである。2001年9月11日に発生した同時多発テロや2003年のイラクにおける戦争が、これら懸念を説明する2つの事例となっている。加えて、有限の資源や顧客を争奪する競争が激しければ、企

業はグローバル市場よりも地域市場へ、活動の焦点を限定してしまう。地域に焦点を合わせることによって、企業は自社の限りある資源を、多くの国際市場に拡散させるよりも地域市場で効果的に競争するために動員できる。

このように、企業は真のグローバルな市場にはそれほど焦点を当てず、地域的な適合に一層多く焦点を当てる。インターネットとモバイル通信の同時発展が、地球大でのコミュニケーションを促進しているが、前述のとおり、ウェブ・ベースの戦略の実行にもまた、現地への適合が必要になる。

ローカルな戦略を用いた事業のグローバル化は、ローカルのインターネット・ポータル・サイトを使用して自社製品の販売を行うランズエンド社のオンライン・オペレーションによって例示される。かつてダイレクトメール・カタログ事業者であり、現在シアーズローバックの一部門であるランズエンドは、自社の事業の一部として1995年にウェブ・ベースの事業を立ち上げた。同社はカタログ事業を開始する以前の1999年に、ウェブサイトをイギリスとドイツに、2000年にはフランス、イタリア、アイルランドに設立した。同社は口コミや限定的なオンライン広告を用いて、莫大なマーケティングの初期費用をかけずに外国でウェブサイト事業を設立することができた。オンライン事業の規模が十分に大きくなった後、オンラインを使用していた顧客に的を絞り、郵便を用いたカタログ事業を開始することができた。したがって、母国立地の外に重要な実際の店舗施設を持たずとも、電子インフラストラクチャーによって販売が促進されるならば、小さな企業であってもかれらの製品やサービスをグローバルに販売することができる。ランズエンドや他の小売業者は、インターネット上で衣服のサイズを合わせるオーダーメイドの仕組みを創り出すことによって、事業をさらに発展させている。顧客がオンラインで注文し、店舗で商品を受け取ることが出来ることによって、サービスは向上される。カスタム発注システムでも、相当な現地適合が各国ないし各地域において依然として必要とされている。

## ● 地域化 (regionalization)

地域化とは、グローバル市場でより一般的になった第2のトレンドである。企業の立地は、その戦略的競争力に影響を及ぼし得るので、企業は全部もしくは多くのグローバル市場で競争するか、特別な地域もしくは諸地域に焦点

を当てるのか決定しなければならない。すべての市場での競争は、結合された市場の規模によって達成される経済性を生み出す。研究が示唆するのは、リスクの高い新興経済国（エマージング）市場で競争する企業は、高い業績を上げるということである。

　しかし、各国市場が大きく異なる産業（そこでは、企業はマルチドメスティック戦略を採用しなければならない）で競争する企業は、世界の特定の地域に競争の焦点を絞ることを望む。そうすることによって、文化、法的・社会的規範、そしてそれらの市場における効果的な競争にとって重要な他の要因を、より良く理解することができる。例えば、企業は中東、ヨーロッパ、そして極東において同時に競争するよりも、極東市場にだけ焦点を当てるかもしれない。もしくは、企業は市場がより類似していて、資源の多少の調整や共有が可能な、世界のある地域を選択するかもしれない。この方法で、たとえマルチドメスティック戦略を採用しなければならなかったとしても、企業は自社が競争する市場をよりよく理解することができるだけでなく、いくらかの経済性も達成することができる。例えば、研究が示唆するように、大部分の大規模な小売業者は、真のグローバルな企業になることよりも、特定の地域に焦点を当てることに長けている。概して、企業は母国（home country）に隣接する国々へ国際市場参入の大部分を集中するが、ここを"ホーム地域"と呼んでよいであろう。

　地域の経済力を拡大するために貿易協定を展開する国は、地域戦略を推進するであろう。欧州連合（EU）と南米の米州機構（OAS）は、それぞれの地域内における国家間の貿易フローを増やすために貿易協定を進める国家連合である。EUが欧州市場のさらなる一体化をもたらすにつれ、多くの欧州企業は欧州全体をカバーするブランド（汎ヨーロッパ・ブランド）をよりよくまとめるため、欧州で事業の買収・統合を行っている。新たな国がEUに加盟しているのでこのプロセスは継続していきそうだし、EUの市場規模が拡大しているので、グローバル戦略に対して地域戦略の追求を選好する国際企業もあるだろう。

　米国、カナダ、メキシコによって署名された北米自由貿易協定（NAFTA）は、北米における国家間の自由貿易を促進する。NAFTAは、この地域内における国際戦略に対する規制を緩和し、地域的国際戦略に対して大きな機

会を提供する。NAFTA は、米国の事業を国境を越えて移動させる目的だけに存在するのではない。実際、メキシコは米国の第 2 位の貿易相手国であり、NAFTA はメキシコの対米国輸出を大いに拡大している。研究によると、中小企業の経営者は、かれらが実行する戦略や（コスト・リーダーシップ戦略を追求する中小企業よりも、差別化戦略を実行する中小企業のほうがNAFTA に向いている）、経験、そして輸出業者との敵対関係に影響される。

ほとんどの企業は、自社の精通する市場から始まって、次いで地域市場に参入する。かれらはまた第一に、最も大きくて強力な事業品目を地域市場に導入し、一旦最初の事業品目が成功を収めると、それに続いて他の事業品目を導入する。また、企業は通常、最初の投資先と同じ地域にも投資する。

企業はその国際戦略を選択し、地域市場と世界市場のどちらでそれを採用するのかを決定した後、市場参入形態を選択しなければならない。

## 国際参入形態の選択

国際的な拡大は、製品の輸出、ライセンシング協定への参加、戦略的提携の形成、買収の実行、そして新規完全所有子会社の設立によって達成される。国際市場に参入する手段やその特徴が表 8.1 に示されている。市場参入の各手段には、利点と不利な点が存在する。それゆえ、国際市場に参入する適切な形態もしくは方策を選択することは、それらの市場における企業の業績に影響を及ぼす。

### ● 輸出 (exporting)

多くの企業は、製品もしくはサービスを他国に輸出することで国際的な拡大を開始する。輸出は受入国 (host country) における事業構築の費用がかからないが、輸出業者は製品のマーケティングや流通のためのいくつかの手段を構築しなければならない。通常、輸出業者は受入国の企業と契約上の取り決めを結ぶ。

輸出の不利な点は、しばしば輸送費が高いことや、高い関税がいくつかの

**表 8.1** グローバル市場参入：参入（形態の）選択

| 参入タイプ | 特徴 |
|---|---|
| 輸出 | 高コスト、低いコントロール |
| ライセンシング | 低コスト、低いリスク、コントロールしにくい、低い収益性 |
| 戦略的提携 | コストの共有、資源の共有、リスクの共有、統合の問題（例：2つの企業文化） |
| 買収 | 新しい市場への素早い参入、高コスト、複雑な交渉、国内事業との統合の諸問題 |
| 新規完全所有子会社 | 複雑、高コスト（多くの場合）、時間浪費的、高いリスク、コントロールが最もしやすい、潜在的な平均を上回る収益率 |

輸入製品に課されることである。さらに、輸出業者は受入国で自社の製品のマーケティングや流通のコントロールがしにくい。そのため、流通業者へ手数料を支払わねばならないか、あるいは、その費用回収や利益獲得のために、流通業者が価格を上乗せするのを認めなければならない。その結果、輸出により競争的な製品を販売したり、各国際市場へカスタム化した製品を供給したりするのは容易ではない。しかしながら、差別化戦略が新興経済国でより成功を収めるのに対し、コスト・リーダーシップ戦略は先進諸国での輸出パフォーマンスを向上させる、という調査結果がある。

　安価な輸送費や、地理的な隣国間に通常見られる強い類似性により、企業は大抵、自社の設備に最も近い国へ輸出する。例えば、テキサスから輸出された製品の半分以上は、米国のNAFTAパートナーであるメキシコやカナダ向けによって占められている。前に紹介したランズエンド社のオンライン販売システムによって例示されたように、インターネットもまた輸出をより容易にした。インターネットの出現により、中小企業でさえ外国市場に関する重要な情報を入手したり、目標とする市場を調査したり、潜在的な顧客のリストを見出したりすることができる。政府もまた、輸出や輸入ライセンスの申請を容易にするためインターネットを活用している。テロリストの脅威がインターネットの進化を遅らせる可能性があるが、高速テクノロジーの押

し寄せる波は今後も続く。

　中小企業は、国際参入する場合に輸出の形態が最も利用しやすい。為替変動は、中小企業が直面する最も大きな課題のひとつである。ブッシュ前政権は、対ユーロで弱いドルを支持した。ドル安政策は、米国の顧客にとっては欧州からの輸入品価格の上昇を意味し、欧州の買い手にとっては米国からの輸入品価格の下落を意味することから、米国輸出業者に対するある種の経済的な支援になった。

### ● ライセンシング（licensing：使用許諾契約）

　ライセンシングは、組織的ネットワークの形態としてますます一般的になっており、特に中小企業の間でそうである。ライセンシング契約により、外国企業は、受入国もしくはいくつかの国の中での自社製品の製造および販売を行う権利を購入することができる。ライセンサー（ライセンス供与者）には普通、製造そして販売された単位に応じてロイヤリティが支払われる。ライセンシー（ライセンス使用権取得者）は、各自でリスクを負い、製品やサービスの製造、マーケティング、流通を目的とした施設へ金銭的な投資を行う。結果として、ライセンシングは海外進出で最も費用のかからない形態と考えられる。

　健康への懸念から、米国ではタバコ市場が縮小している。他方で、中国のタバコ市場は巨大で、成長している。しかし、米国のタバコ企業は、中国市場への参入に問題を抱えていた。それは、中国国有のタバコ企業が、外資参入に反対しロビー活動を行ったからである。そのような事情でフィリップモリスインターナショナルの親会社であるアルトリアグループのようなタバコ企業には、それら中国国有企業と交渉を行うインセンティブがあった。交渉を通じた合意によって、中国の国有企業は、世界で最も知名度の高いブランドであるマルボロを取り扱えるようになった。中国企業とフィリップモリス両社は、中国がその市場をより大きく開放することによって生じる機会を利用するために、ライセンシング契約を締結したのである。フィリップモリスが直接投資よりもライセンシングを選択したので、中国側が流通を支配している。

　ライセンシングもまた、過去のイノベーションをもとに収益性を拡大する

手段である。たとえ製品のライフサイクルが短かくとも、ライセンシングは有益な戦略的手段であるかもしれない。例えば、玩具産業は容赦のない変化と予測不可能な買い手に直面しているので、労賃が安価な外国市場でしばしばライセンシングが採用され、契約が締結されている。マペット（操り人形）のクリエーターであるセサミ・ワークショップは、「かつて対象とされなかったティーン／大人向け」アパレル市場に焦点を絞ったターゲットやその他の専門店舗に対して、エルモやスナッフルパガスといった人形のライセンシングを行い、大きな事業を生み出した。

　ライセンシングには不利な点も存在する。例えば、他国における製品の製造やマーケティングに対するコントロールが制限されていることである。したがって、ライセンシング取引は適切に構築されなければならない。さらに、収益がライセンサーとライセンシーの間で分配されなければならないため、ライセンシングから見込まれる収益幅は非常に薄いものである。加えて、ライセンシング契約満了後、国際企業は技術を学習し、類似した競合する製品の生産や販売を行うかもしれない。例えばコマツは、建機事業においてキャタピラー社と競争するために、インターナショナル・ハーベスター社、ブシルス・エリー社やカミンズ・エンジン社から多くの技術のライセンスを受けた。その後、コマツはこれらのライセンシング契約を打ち切り、米国企業から獲得した技術をベースに独自の製品を開発した。マリオット・インターナショナル社は、ホテルチェーンのフランチャイズのライセンサーとして成功した。2007年半ばまでに、マリオット・インターナショナルは、米国とそれ以外の67カ国において約2,900 ものホテルを運営もしくはフランチャイズ化している。しかし、30％以上の資産を所有しているヒルトンやスターウッド（セントレジス、シェラトンやウェスティンホテルチェーンズを傘下に持つ）とは異なり、マリオット・インターナショナルが所有するのはそれら物件の3％以下である。マリオット・インターナショナルはフランチャイズ・ライセンシングをうまく利用してきたが、所有権比率を変更したい場合に、ライセンシングは柔軟性を欠くかもしれない。したがって、企業は将来を見据えて国際市場への一連の参入形態を考慮することが重要である。

## ● 戦略的提携（strategic alliance）

　近年、戦略的提携が国際的な拡大の手段として好まれるようになってきた。戦略的提携は、リスクの分散や国際市場参入に必要な資源の共有を企業に可能とさせる。さらに戦略的提携は、企業の将来の戦略的競争力に貢献する新しいコアコンピタンスの開発を容易にする。

　オープニング・ケースや戦略フォーカス・コラムで説明されているように、GMは中国市場に向けてビュイックやキャデラックを生産するために、上海汽車工業とジョイント・ベンチャーを設立した。戦略的提携は両社にとって大成功となった。この例と同様に、ほとんどの国際戦略的提携はその国の競争的条件、法的・社会的規範、文化的特性を把握している受入国の企業と結ばれており、その提携は、競争力のある製品の生産と販売の拡大に役立つ。しばしば新興経済国の企業は、新しい高度な技術へのアクセスを得るために、国際提携やジョイント・ベンチャーの形成を望む。上海汽車工業がGMと提携を行う目的のひとつは、新しい技術のアクセスを獲得することであった。このタイプの協定は、非新興経済国の企業にとっても有益なものとなる。というのは、非新興経済国の企業は、新たな市場へのアクセスを得るし、ローカルな会社とパートナーを組むことによって関税を回避することができるからである。その見返りとして、受入国の企業は、先進国企業の拡大しつつある技術とイノベーティブな製品への、自社の新しいアクセスが魅力的であることに気がつく。

　各提携パートナーは、知識ないし資源をパートナーシップにもたらす。実際、しばしばパートナーは新しい組織能力を学習する目的で提携を結ぶ。それらの望ましい組織能力の中で共通のものは、技術的スキルである。しかしながら通常、提携によって移転される技術的知識は、パートナー間の信頼を必要とする。これらの期待をうまく管理することによって、業績の改善を促進することができる。

　長期間にわたり、パートナー間の期待をうまく管理したおかげで、GMと上海汽車工業の提携は成功を収めている。事実、両社は成果に満足している。ある調査によれば、会社の経営幹部は、自社をよく知り、異国の規範に影響を及ぼす要因を理解し、共同事業が他のパートナーからどのように見られているのかを知り、そして自社の文化的価値と調和を保ちつつも順応するため

に学習する必要がある。そのような多種類で多方面のアプローチは、GMと上海汽車工業の提携の成功に役立ってきた。

　すべての提携が成功を収めるとは限らない。実際、多くが失敗している。失敗の主要な理由として、不適切なパートナーおよびパートナー間の衝突が挙げられる。国際戦略的提携は、事業運営が特に難しい。さまざまな原因が関係に負の影響を及ぼす。パートナー間の信頼は重要であり、少なくとも次の4つの根本的な要因によって影響される。すなわち、関係の初期の状況、協定締結に至る交渉プロセス、パートナーとの相互作用、そして外部の出来事である。信頼は、提携やジョイント・ベンチャーに関わる国の文化によっても影響される。

　資本関係のある提携によって、企業はより強いコントロールを有し、より高い収益を上げる傾向があることを研究は示している（第9章で詳しく述べる）。しかしながら、リサーチ活動における協調で新しい組織能力を創り出すために信頼が必要とされる場合、資本関係は必要な関係構築を妨げることになり得る。もし戦略的提携やジョイント・ベンチャーにおける対立が管理不能な場合、買収がより良いオプションであろう。高い不確実性を伴う場合、パートナー間で知識を共有するために協調が必要とされる場合、特に中小企業について戦略的柔軟性が重要である場合に、提携がより有利なオプションであることを研究は示している。戦略的柔軟性があまり必要でなく、規模ないし範囲の経済性を維持するために取引が行われる場合に、買収は提携よりも良いオプションである。提携もまた買収につながるが、これについては次に検討される。

## ● 買収（acquisition）

　自由貿易がグローバル市場で拡大するにつれ、クロス・ボーダー企業買収も著しく増えてきている。ここ数年、クロス・ボーダー企業買収は、全世界で行われた企業買収の45％以上を占めている。第7章で説明されているように、買収は新しい市場への迅速なアクセスをもたらすことができる。実際、買収は国際参入の初期段階では、どの代替的な参入形態よりも、最も速くて大規模な拡大をしばしばもたらす。したがって、参入スピードは他の参入形態より格段に速い。例えばウォルマートは、ローカル企業の買収によってド

イツとイギリスに参入した。その後、ウォルマートはドイツから撤退した。また、東欧市場に進出するために多くの企業によって利用された参入形態も、買収である。

　買収は、国際市場参入に際して好まれる形態になってきたが、その代償も存在する。国際的な買収は、国内の買収と同じ不利な点を抱えている（第7章参照）。加えて、国際的な買収は高価であり、しばしば余計なコストを伴う資金の借入を要する。買収に関する国際的な交渉は非常に複雑で、国内の買収よりも概して複雑である。例えば、国内の買収で入札から合意に至ったものは40％なのに対し、国際的な買収ではわずか20％であったと推定されている。興味深いことに、買収者はひどく腐敗した国ではほとんど買収を行わない。事実、買収者がそのような国で企業を買収するにしても、概して標的企業を買うために支払われるプレミアムはわずかなものである。

　買収標的企業の国において、法制上・規制上の要件に対処したり協定について交渉するために適切な情報を入手したりすることは、しばしば重要な問題をもたらす。最後に、新しい企業を買収企業に統合する問題は、国内の買収よりも複雑であることに触れておこう。買収企業は、異なる企業文化だけでなく、潜在的に異なる社会的文化や慣習にも対処しなければならない。これらの相違は、買収後の2社間の統合をさらに厄介なものにさせる。文化的相違により、仮に統合がもつれる困難な状態に陥るならば、将来的にシナジーを獲得するのは難しい。したがって、国際企業買収は新しい市場への迅速なアクセスをもたらすために好評な一方で、企業にとりまた多大なコストと複数のリスクも伴うのである。

　オープニング・ケースで説明されたように、中国に拠点を置く自動車メーカー上海汽車工業は、由緒あるイギリス自動車メーカー、MGローバーグループの資産を買収した。そのとき、ローバーは破産状態に瀕していた。この買収は、上海汽車工業が欧州へ参入する足がかりと、MGローバーの商標を通じて上海汽車工業の独自のブランドを確立する機会を与えた。それより以前、上海汽車工業はジョイント・ベンチャーを検討していたが、1億400万ドルで買収の入札に臨むことを決めた。しかし、上海汽車工業は英国において政府の激しい反対に遭い、認可を得るために特別な規制上のハードルを越えなければならなかった。

## 新規完全所有子会社 (new wholly owned subsidiary)

　完全所有子会社の新規設立は、グリーンフィールド・ベンチャー (greenfield venture) と呼ばれている。グリーンフィールド・ベンチャー設立に至るプロセスは、しばしば複雑で潜在的にコストがかかる。しかし、それはベンチャーに対する最大限のコントロールを企業に与え、平均を上回る収益性をもたらす最も高い可能性を秘めている。この可能性は、グリーンフィールド・ベンチャーを通じて活用される強力な無形の組織能力を持った企業にとって特に当てはまる。企業はグリーフィールド・ベンチャーにより、子会社を完全なコントロール下に置くことができる。突出した技術力を持つ企業にとって、コントロールの完全な確保は非常に有利である。また、研究が示唆するのは、最終顧客との強いコンタクト、高いレベルの専門知識、特別なノウハウ、カスタム化、等を要するサービス産業においては、完全所有子会社の設立と駐在員の派遣が好まれるということである。物的な資本集約型設備が計画される際には、グリーンフィールド投資がより適した参入形態であることを示している研究もある。また、人的資本比率が高い場合、すなわちグリーンフィールド・アプローチを通した知識の移転を難しくする高い労働組合加入率や際立った文化的相違が存在する場合、買収がより適した参入形態であると言われている。

　新しい国での新規ビジネス事業設立は、高いリスクを伴う。企業は、受入国現地人材、場合によっては競合企業の人材、あるいは当該国のコンサルタントを雇うことによって、現地市場の知識や専門技術を獲得しなければならないが、これは高くつくに違いない。それでも、新規進出を通じ企業は、自社製品の技術、マーケティング、そして流通に関するコントロールを維持することになる。さらに、企業は新しい市場で競争するために、新しい製造施設を建設したり、流通ネットワークを構築したり、適切なマーケティング戦略を学習し実行しなければならない。研究がまた示唆するのは、カントリーリスクが高い場合、企業はリスクを管理するため、グリーンフィールド投資ではなくジョイント・ベンチャーによる参入を選好することである。しかしながら、当該進出国において過去に事業の経験がある場合、企業はジョイント・ベンチャーではなく完全所有のグリーンフィールド・ベンチャーの利用を選好する。

## 戦略フォーカス・コラム

### トヨタ：世界最大の自動車メーカーは国際戦略で間違いを犯したのか？

　2007年、その目標より3年早く、トヨタは世界で最大の自動車メーカーになった。トヨタは2007年の第1四半期にGMより90万台多い、235万台の自動車を販売した。歴史上、GMの販売台数を上回った会社はトヨタがはじめてである。多くのアナリストが、その目標を達成した自動車メーカーを賞賛している。トヨタは多くのプラスの特性を有している。トヨタブランドは、お手頃の価格での信頼性を意味するようになった。また、トヨタ車の欧州での販売を制限するように意図されたEUの政策により、トヨタの販売台数は横ばいになった一方、同社は2016年までに北米でさらに5つの大規模な組み立て工場の設立を計画している。同計画により、北米では13工場5万人の従業員に上ることになる。

　トヨタは、日本で作った自動車を輸出して1960年代に中国市場にはじめて参入した。興味深いことに2002年になって、はじめてトヨタは中国で中国市場を対象とした自動車の製造を開始した。それは、フォルクスワーゲンよりも10年も遅れた生産開始であった。中国自動車市場はフォルクスワーゲンとGMの2強によって占められている。トヨタは、第一汽車(FAW)中国とのジョイント・ベンチャーの1パートナー

として、中国に製造施設を建設した。トヨタは、小型で比較的お手頃価格の自動車ビオス(Vios)の販売を積極的に開始した。これは以前に多くの新興経済国市場で利用された戦略と同じである。初期段階の販売は良好であったが、中国人の顧客が高級車に対する興味をさらに強めたこともあり販売は減少した。しかし、2006年にトヨタは多くの国際市場で人気のあるカムリ(Camry)を中国市場に投入することによって素早く立ち直った。2007年にその売上台数は15万台に到達した。トヨタはエンジンを生産するために、中国で広州汽車集団(Guangzhou Automotive Group)などともジョイント・ベンチャーを設立した。依然、トヨタは中国で独自のブランド名を構築する必要があるし、第2次世界大戦での日本政府の行動からくる反日感情をかわさなければならない。これらの理由や当初の出遅れにより、フォルクスワーゲンやGMといった市場のリーダーを追い越すためには販売台数で大きな差が存在する。

トヨタはまた、他の国際市場でいくつかの問題を抱えている。例えば、北米では自動車のリコール数が近年の3倍に膨れ上がった。消費者の経験を基に格付けしているJ.D.パワー社がトヨタを36番中28番目に評価したように、トヨタ車に対する顧客満足度は落ちている。アナリストは、これらの結果の背景には、顧客満足度を犠牲にして売上拡大しようとするトヨタ本社の容赦ない圧力があると示唆している。これらの問題により、トヨタはEM2(Everything Matters Exponentially：すべては乗数的に重要になる)と称される新しい意識改革プログラムを北米で開始した。同プログラムは、自動車ディーラー制度と並んで商品計画、顧客サービス、販売およびマーケティングを改善することを重視したプログラムである。

2000年代のトヨタの主要な国際的取り組みの対象は中国市場であった。したがって、トヨタはこの間「北米市場から少し目をそらした」のかもしれない。しかし、中国で市場シェア争いを展開しながら、同時にドル箱の北米市場で息つく余裕はない。したがって、トヨタが北米市場で顧客満足度を取り戻し、引き続き市場シェアを高め、同時に、中国市場で利益を拡大できるかを注視することは興味深いことだろう。

出典：2007, Toyota, *Hoover's Company Information*, Hoover's, Inc.; D. Welch, 2007, Staying paranoid at Toyota: Fearful of "big-company disease," the No. 1 carmaker keeps scrambling to retool itself, *BusinessWeek*, July 02, 80; R. Regassa & A. Ahmadian, 2007, Comparative study of American and Japanese auto industry: General Motors versus Toyota Motors Corporations, *The Business Review, Cambridge*, Summer, 8(1): 1–11; A. Chozick, 2007, Japan's auto giants steer toward China; Toyota, Nissan, Honda refocus their efforts as U.S. demand slows, *Wall Street Journal*, May 16, A 12; M. Zimmerman, 2007, Autos; Toyota ends GM's reign as car sales leader, *Los Angeles Times*, April 25, C.1; G. Dyer & D. Pilling, 2007, Toyota: Ready to accelerate the Chinese market, *Financial Times*, April 23, 22; M. Dickerson, 2007, Global capital; Picking up steam in Mexico; Japanese automakers are gaining on their U.S. counterparts in what is becoming a key market, *Los Angeles Times*, April 21, C.1; N. Shirouzu, 2006, Toyota speeds up push to expand in China, India; Strategy takes aim at emerging markets with low-cost cars, *Wall Street Journal Asia*, November 13, 1.

　航空貨物産業のグローバル化は、UPSやフェデックスのような会社にとって密接な関係がある。このグローバル化の影響は、特に中国とアジア太平洋地域に関連している。中国の空輸貨物市場は、2023年まで年率11％の成長が期待されている。したがって、最近UPSやフェデックスは、上海と杭州にそれぞれ新しいハブ・オペレーションを開設した。フェデックスは、2007年5月下旬に同社の杭州子会社を開設し、中国全土の200以上の都市にサービスを提供するとともに、世界中の都市と中国の事業をつないでいる。ほぼ同時期の2007年8月に、UPSは同社の新しい上海ハブ・オペレーションの建設を始めた。上海オペレーションの開設前の5年間に、UPSはすでに約6億ドルを中国に投資していた。これらの投資が完全所有子会社を通して行われるのは、企業が効率性を最大化するために自社のITと物流システムの融合を維持する必要があるためである。グリーンフィールド・ベンチャーもまた、企業が自社のシステムの独自性を維持するのに役立つ。

　戦略フォーカス・コラムで説明されているように、トヨタは世界で最大の自動車メーカーになった。その成功は、欧州や北米といった国際市場への参入と効果的な競争を含む積極的な行動に依拠している。トヨタは早い段階から中国市場に輸出を通じて参入したが、それでも中国での製造拠点設立は遅かった。中国で自動車を製造するために、トヨタは中国企業とのジョイン

ト・ベンチャーを設立した。いくつかの理由から、中国での自動車の製造は気乗りしないものであった。その中でも重要なのは、トヨタが同社の技術と製造工程が中国の競合企業の手に渡らないように保護したかったことである。このように同社が躊躇している間に、トヨタは、中国市場での市場リーダーの座をフォルクスワーゲンやGMに譲ることになった。そしてトヨタは、中国市場で大きな市場シェアを獲得するため、厳しい競争に直面している。2000年以来、トヨタは中国に膨大な資金と労力を投入した。しかし、そうすることが、北米市場における同社の品質や顧客の満足度が低下している課題の理由の一部になっているかもしれない。トヨタの経験が示唆するのは、国際市場で事業を行うのは、資源が豊富で強力な多国籍企業にとってさえ、大きな挑戦に違いないということである。

### ● 参入形態のダイナミクス (dynamics of mode of entry)

国際市場に参入する際の企業の参入形態の選択は、さまざまな要因によって影響される。まずはじめに、市場参入はしばしば輸出を通じて行われるが、それは海外での製造の専門知識を必要とせず、流通チャネルへの投資だけで済むからである。コマツの事例のように、ライセンシングは、外国市場参入に必要な製品の改善を容易にすることができる。戦略的提携は、企業が対象市場にすでに存在する経験豊かなパートナーと結合することを可能にするので、企業に好まれる参入形態になってきた。戦略的提携は、費用の共有を通じてリスクも軽減する。したがって、輸出、ライセンシング、戦略的提携という3つの形態はすべて、初期段階の市場開拓にもってこいの戦術である。また、戦略的提携はしばしば、深刻なリスクが存在する国、たとえばコロンビアの新興経済国のように、より不安定な状況のなかで利用される。しかし、新興経済国で知的財産権が十分に保護されていない場合や、当該産業における競争が激しい場合、そしてグローバルな統合の必要性が高い場合には、完全所有子会社による参入が選好される。

国際市場で強い存在感を確保するためには、買収もしくはグリーンフィールド・ベンチャーが必要であろう。タレス社（Thales SA）のような軍事装備メーカーが、グローバルな存在感を構築するために買収を利用したのに対し、エアバスやボーイングのような大規模な航空機メーカーは、ジョイント・

ベンチャーを利用している。トヨタのような日本の自動車メーカーは、グリーンフィールド・ベンチャーとジョイント・ベンチャーの両方を通じて米国での存在感を高めている。トヨタは非常に効率性の高い製造プロセスのため、可能な限り自動車製造においてコントロールの維持を望む。トヨタは、ジョイント・ベンチャーを1つ持っているが、そのほとんどの米国製造拠点はグリーンフィールド投資である。したがって、トヨタは輸出のような参入形態(トヨタが中国で行ったように新しい市場では当初、輸出を利用しているが)よりも、海外直接投資のいくつかの形態(例:グリーンフィールド・ベンチャーやジョイント・ベンチャー)を利用する。買収とグリーンフィールド・ベンチャーの双方は、輸出や提携に比べて国際戦略の進展の後期の段階で利用されやすい。加えて、両戦略は投資を行う企業が価値のあるコアコンピタンスを所有している場合、よりうまくいく傾向がある。新興経済国でよく見られる大規模な多角化企業グループは、多角化によって資源を手に入れるだけでなく、海外直接投資の資金流入と流出の差を管理する専門化された能力を持っている。GM、トヨタ、フォルクスワーゲンの間で繰り広げられている、中国における市場シェア獲得競争に示されるように、多国籍企業は国際市場において激しい敵対的競合関係に置かれる。

以上のように、グローバル市場に参入するために、企業は取り巻く状況に最も相応しい参入形態を選択する。いくつかの例では、輸出からはじまりグリーフィールド・ベンチャーで終わるように、さまざまなオプションが連続的に続いていく。その他のケースでは、企業はそれぞれの異なる市場で、すべてではないが異なるいくつかの参入形態を利用するだろう。どの参入形態を利用するかに関わる決定は、主に産業の競争条件、国の状況と政府の政策、そして企業の資源、組織能力、コアコンピタンスのユニークな組み合わせによる。

## 戦略的競争成果

自社の国際戦略と参入形態が選択された後、企業は戦略実行の問題に注意

の眼を向ける（第11章参照）。国際的な事業拡大にはリスクが伴い、競争優位の獲得を難しくするので、戦略の実行は非常に重要である。戦略が効果的に実行されるとき、企業が国際戦略を用いて成功を収める可能性が高まる。

## 国際的多角化と収益性

　企業が国際的に多角化するのには、数多くの理由がある。**国際的多角化**（international diversification）は、企業がグローバルな地域や国境を越えて、異なる立地ないし市場で自社の製品やサービスの販売を拡大するための戦略の1つである。潜在的な優位性のため、国際的多角化は企業の収益性と明確に関連するのは当然である。研究が明らかにしたのは、国際的多角化が拡大するにつれ、企業の収益性は初期の段階では減少するが、企業が国際的に拡大した経営管理を学習するに従い、今度は収益性が急速に高まることである。事実、株式市場は国際市場への投資に特に敏感である。複数の国際市場へ幅広く多角化している企業は、通常、特にコアとなる事業分野を地理的に多角化する際、最も高い株式投資収益を得ることができる。多くの要因が、潜在的な規模の経済性と経験、立地優位、拡大する市場規模、そして収益性を安定させる機会のような、国際的多角化のプラスの効果に貢献する。収益性の安定化は、企業の全体的なリスクの軽減に役に立つ。これらのすべての成果は、大企業や確立された企業によってのみならず、中小企業や新興のベンチャーによっても獲得される。

　トヨタが見出したのは、子会社間における知識資源の共有化がシナジーを生むので、国際的多角化が同社のコアコンピタンスのより良い利用を可能とさせることである。また、企業の収益性は、国際的な多角化の決定に影響を及ぼすかもしれない。例えば、国内市場での低い収益性は、企業に利益の可能性を高めるための国際的な拡大を促す。さらに、米国に参入する日本企業のケースと同様に、国際的な多角化を図る企業はより柔軟な労働市場へのアクセスを有するだろうし、それによって企業は、競争と市場機会に関する国際市場の調査から利益を得るだろう。また、多くの国の資産とのグローバルなネットワークを通じて、企業は起こりうる変化に対応するための、より柔軟な組織を開発することができる。特に企業がより柔軟な労働市場を有する市場に移転する際、「オフショア・アウトソーシング（海外への外部委託）」は、

それに携わる企業に大きな価値創造の機会を生み出した。さらにオフショアリングは、オフショアリング契約を受託する企業への輸出を増加する。

### ● 国際的多角化とイノベーション

われわれは、新技術の開発が戦略的競争力の核心であると、第1章で述べた。ポーターのモデルが示したように（図8.2参照）、国の競争力は、1つには、国の産業がイノベーションを行う能力に基づいているからである。結局はかつ必然的に、勝ち残る企業は、事業や製品の革新や改善に失敗する企業より優れている。それゆえ、競争優位性を維持する唯一の方法は、技術を継続的に高めていくことである。

国際的多角化は、企業がイノベーションに対する大きな収益を獲得し、研究開発投資の大きなリスクをしばしば低減する可能性をもたらす。したがって、国際的多角化は企業の技術革新のためのインセンティブを与える。加えて、企業はその主要な資源と組織能力を利用して国際的に多角化し、これらの組織能力（例：イノベーション能力）をもとに更なる収益性を獲得する。

さらに、国際的多角化は、大規模な研究開発事業を維持するのに要する資源を産みだすために必要であろう。急速な技術的陳腐化がみられる環境は、この環境下の競争に必要な新技術や資本集約的事業へ投資することを難しくさせる。国内市場でのみ事業を行う企業は、初期投資の回収に時間がかかることから、そのような新技術や資本集約的事業への投資を行うのが難しいことに気づく。もし投資期間が長くなるのであれば、技術が陳腐化する前に投資を回収することは不可能であろう。とはいうものの、国際的多角化は、イノベーションによって生み出された初期の競争優位を競合他社が凌駕する前に、イノベーションからの追加的な収益を取り込む企業の能力を改善する。加えて、国際市場に参入する企業は、新しい製品やプロセスに直面する。仮に国際市場に参入する企業がこれら製品やプロセスを学習し、その知識を自社の事業に統合するならば、更なるイノベーションが生み出される。その学習を企業が自身の研究開発プロセスに組み込むには、更なるイノベーションを生み出す新しい知識を吸収し利用するために、プロセスを効果的に管理しなければならない。

国際的多角化、イノベーション、そして収益の間の関係は複雑である。あ

るレベルの業績は国際的多角化を行うための資源の供給に必要であるが、これがまた研究開発への投資のインセンティブと資源をもたらす。仮に適切に行われるのならば、もちろん後者は企業の収益性を高めるし、したがって継続的な国際的多角化や研究開発投資へのさらなる資源をもたらす。

　企業業績やイノベーションに対する国際的多角化の潜在的なプラスの効果のため、そのような多角化は製品多角化企業の収益性をも高めるだろう。国際的多角化は、企業の製品品目それぞれの市場の将来性を高めるが、製品多角化と国際的多角化の双方を行う企業の経営管理は甚だ複雑である。メディア企業は、製品と市場の双方の多角化から利益を得ることを研究が示している。先進諸国の企業にとって、国際的多角化のほうが製品多角化よりも役に立つのだが、研究がまた示唆するのは、発展途上国の企業が特に途上国の市場へ参入を望む先進国の多国籍企業とパートナーを組む時、途上国の企業のほうが製品多角化からもっと多くを得るということである。

　より文化的多様性のあるトップ・マネジメント・チームは、しばしば国際市場やそれらの特性（異質性）に関する多くの知識を持っているということを証拠が示している（トップ・マネジメント・チームについては、さらに第12章で検討される）。さらに、トップレベルの経営管理者の間で多様な市場を深く理解することは、企業内の調整や、事業部門責任者と彼らの事業単位の業績を評価するための長期的・戦略的な基準の利用を促す。同様に、このアプローチは、イノベーションや業績の向上を容易にする。

## 多国籍企業の管理の複雑さ

　企業は国際戦略の実行によって、多くの利益を実現することができる。しかし、国際戦略の実行は複雑であり、大きな不確実性が生じる。たとえば、企業がいくつかの異なる国で事業を行うとき、複数のリスクが伴う。企業は管理不能になったり、あるいは管理の費用が収益を上回らない限り、より大規模かつ多角的に成長することができる。経営管理者は運営しなければならない企業の複雑性や、ときには文化や制度的なシステムによって制約される。多様な国際事業の経営管理に伴う複雑性は、トヨタのような高い業績の企業ですら経験してきた諸問題に示されている。戦略フォーカス・コラムはトヨタが北米市場で販売に非常に力を入れるようになってから、品質問題（例：

リコール数の増加）を経験し、顧客満足度を低下させたことを説明している。トヨタはまた、製造拠点の中国市場参入に出遅れた。その結果、同社は現在、フォルクスワーゲンや GM といった中国市場におけるマーケット・リーダーの後塵を拝している。その他の複雑性として、グローバル市場の厳しい競争的性格、複数の文化的環境、潜在的に急速に変動する通貨価値、そしていくつかの国の政府の不安定があげられる。

## 国際環境内のリスク

国際的多角化は複数のリスクを伴う。これらのリスクのため、国際的な拡大は実行と経営管理が難しい。主要なリスクは政治的なものと経済的なものである。政治的・経済的リスクの具体例が図 8.4 に示されている。

### ● 政治的リスク

政治的リスクは、政府の不安定さや、国内・国際の双方のレベルでの戦争に関わるリスクである。政府内の不安定な状態は、政府の規制により生じる経済的リスクと不確実性、ことによると、相互に利害の対立する政府監督当局や腐敗の存在、私有資産の国有化の可能性を含む多数の問題を生み出す。他の国への投資を行う外国企業は、政府の安定性や、社会的不安や不安定な政府が投資もしくは資産に与える影響を懸念している。

ロシアは、より民主的政府への革命的な移行の後、比較的高いレベルの制度的な不安定を数年の間経験した。分権化された政治的管理と頻繁に起こる政策転換が社会的混乱を招き、特にビジネス分野で混乱した。より集権的なコントロールの回復と社会的混乱を鎮めるために、ロシアの指導者は影響力がある民間企業の経営者の訴追、企業資産の国家による管理の追求、そして外国企業による地元ロシア企業買収の阻止等といった行動をとった。中央政府の行動の結果生じた初期の制度的不安定性は、いくつかの企業による対ロシア直接投資の大幅な遅延や取り止めを引き起こす原因となった。ロシアの前大統領ウラジミール・プーチンは、潜在的な投資家の財産権や諸優先権に

関して投資家を安心させようと努めたが、さまざまな他の法律（例えば、環境や従業員に関わる法律）が脆弱であるという事実、徴税官やマフィアへの情報隠蔽のための多くのロシア企業による二重帳簿の作成、横行する政府の汚職問題が、企業による対ロシア直接投資を用心深くさせている。

## 経済的リスク

ロシアの制度的不安定性と財産権の事例で例証されたように、経済的リス

**図 8.4** 国際環境におけるリスク

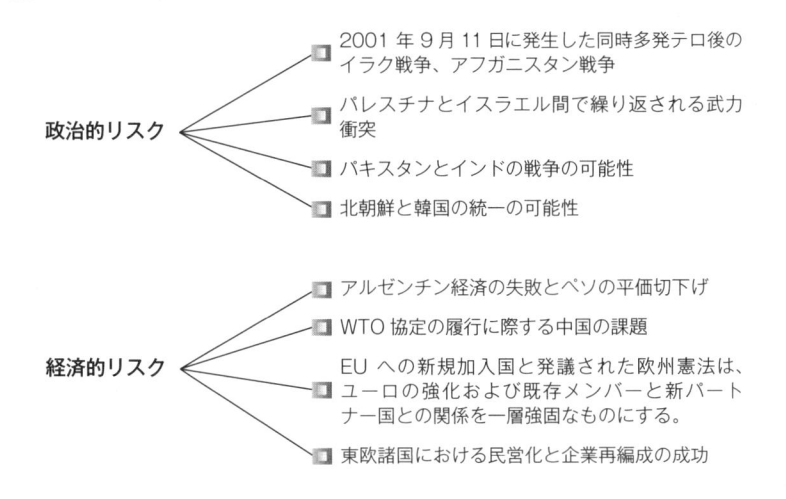

**政治的リスク**
- 2001年9月11日に発生した同時多発テロ後のイラク戦争、アフガニスタン戦争
- パレスチナとイスラエル間で繰り返される武力衝突
- パキスタンとインドの戦争の可能性
- 北朝鮮と韓国の統一の可能性

**経済的リスク**
- アルゼンチン経済の失敗とペソの平価切下げ
- WTO協定の履行に際する中国の課題
- EUへの新規加入国と発議された欧州憲法は、ユーロの強化および既存メンバーと新パートナー国との関係を一層強固なものにする。
- 東欧諸国における民営化と企業再編成の成功

出典：2003, Finance and economics: The perils of convergence; Economics focus, *The Economist*, April 5, 71; K. D. Brouthers, 2003, Institutional, cultural and transaction cost influences on entry mode choice and performance, *Journal of International Business Studies*, 33: 203–221; F. Druni, 2003, With a constitution to ponder, Europeans gather in Greece, *New York Times*, http://www.nytimes.com, June 20; B. Davis, R. Buckman, & C. Rhoads, 2003, A global journal report: For global economy, much rides on how the U. S. war plays out, *Wall Street Journal*, March 20, A1; J. Flint, 2003, China: How big, how fast, how dangerous? *Forbes*, http://www.forbes.com, July 1; G. A. Fowler, 2003, Copies 'R'Us–Pirates in China move fast to pilfer toy makers' ideas, *Wall Street Journal*, January 31, B1; W. Rugg, 2003, A down dollar's lure–and peril, *BusinessWeek Online*, http://www.businessweek.com, May 22; J. H. Zhao, S. H. Kim, & J. Du, 2003, The impact of corruption and transparency on foreign direct investment: An empirical analysis, *Management International Review*, 43(1): 41–62.

クは政治的リスクと相互に依存している。知的財産を保護できないならば、企業は海外直接投資をまずもって行わないであろう。したがって、国は海外直接投資を誘致するために、強力な知的財産権を制定し、維持し、実行する必要がある。他の経済的リスクに、テロリストによる安全保障上のリスクがある。例えば、インドネシアにおけるテロリズムの懸念は、投資家によるインドネシア経済への投資を躊躇させた。エネルギーや鉱業部門における多くの海外投資家は、政治的・経済的リスクからインドネシアでの投資を見合わせてきたが、経済成長を維持するためにインドネシアは新たな投資家を必要としている。安全保障上のリスクがインドネシアより低い中国やインドにおいて比較的急速に投資が増大している状況に対して、インドネシアは投資の誘致競争で苦境にある。

　前述のとおり、国際的多角化の経済的リスクの中でもっとも主要なものは、異なる通貨の価値の相違と変動である。他の通貨に対するドルの相対価値は、米国企業の国際的な資産の価値やその収益性を決定する。例えば、USドルの価値の増加は、他国における米国多国籍企業の国際的な資産の価値や収益性を低下させる。さらに、異なる通貨の価値は、異なる国で製造される製品の価格に影響を及ぼす。したがってまた、グローバル市場における企業の競争力にも劇的な影響を及ぼす。ドルの価値の増加は、製品の価格差により米国企業の国際市場への輸出に害を及ぼす。したがって、その国における経済および金融資本に対する政府の監視と統制は、同国におけるローカルな経済活動だけでなく海外投資にも影響を及ぼす。

　イーベイは、米国と欧州におけるインターネット・オークション市場で市場リーダーである。しかし、そのアジア諸国への拡大ではいくつもの困難に直面した。前述のように、日本と中国の市場へのイーベイの最初の事業は失敗し撤退した。2007年、イーベイのCEOメグ・ウィットマンは、新たなパートナーとともに中国市場に再参入する計画を発表した。イーベイは過去の失敗から学習し、同社のサービスを通じた偽造品の販売を停止する厳格な規制を用いて参入している。このように同社は、中国市場において、イーベイを通じた製品の販売と購買の信頼性と安全性を確保するための施策を講じている。

## 第 8 章　国際戦略

### ● 国際的な拡大の限界：経営管理上の問題点

　国際市場における効果的な事業運営方法を学習した後、企業は国際的多角化から良好な収益性を得る傾向がある。しかし、国際的多角化がある点を越えて大きくなると、収益性はしばしば横ばいになり、そしてマイナスになる。国際的多角化のプラスの効果の限界を、いくつかの理由が説明する。第1に、国境を越えたより広範な地理的分散が、事業単位とその製品流通との間の調整費用を増加させる。第2に、貿易障壁、物流コスト、文化的多様性、およびその他の国ごとの違い（例えば、原材料へのアクセスや従業員のスキルレベルの違い）が、国際的多角化戦略の実行を非常に複雑にする。

　制度的・文化的要因は、国から国へ企業の競争優位を移転させる際の強い障壁となる。企業が新しい国に拡大する際、マーケティング・プログラムがしばしば再設計されなければならず、新たな流通ネットワークが構築されねばならない。加えて、企業は異なる人件費や資本課税に直面するだろう。概して、企業の国際的な事業を効果的に実行し、経営運営し、コントロールすることは容易ではない。

　国際的多角化の管理可能な範囲は企業ごとに異なるし、各企業の経営管理者の能力によっても異なる。企業が地理的に近接している、より友好的な国や、自国の文化と同じような文化を有する国に多角化する場合、本社による集権的調整と統合の問題は緩和される。その場合、企業は貿易障壁に悩まされず、法律や習慣は理解しやすく、そして製品をローカル市場に適応させるのは容易である。例えば米国企業が見出したのは、アジア諸国と比較して、メキシコ、カナダ、西欧諸国のほうが事業を拡大しやすいことである。

　企業はまた、一般的に国際的な業務拡大に対して低い収益性を容認しない。もし収益性が低いのなら、直接投資から得られる収益性を高めるために、企業は通常、組織構造あるいは経営アプローチを変えようとする。例えば、IBMは、マルチドメスティック戦略からトランスナショナル戦略に、その組織構造を再編し変革した。そうすることで、IBMはより"シームレスな（継ぎ目のない）"組織を作り、自社のコアコンピタンスの利用を可能にしている。

　経営管理面では、受入国の政府と多国籍企業間の関係も考慮に入れなければならない。しばしば政府の政策と規制が障壁となるが、トヨタやGMのような多くの企業は中国で行ったように、それらの障壁を克服すべく戦略的

提携に向かっていった。戦略的提携のような組織間ネットワークの形成によって（第9章参照）、企業は資源やリスクを共有し、そして柔軟性を構築することもできる。しかしながら、大規模なネットワークは管理が困難に違いない。

## 要約　*Summary*

- 国際戦略の利用が拡大している。その伝統的な動機には、製品ライフサイクルの長期化、重要な資源の確保、安価な労働力へのアクセスがある。新しい動機には、インターネットと携帯電話の融合が含まれ、それはグローバルな取引を容易にしている。また、企業は商品需要がボーダレスになるに従い、グローバルな統合へ圧力が高まるのを経験し、しかも同時にローカル国からの反応に対応するべき圧力も感知している。

- 国際戦略は概して、主に4つの利点を活用するために設計される。すなわち、増大する市場規模、大規模な投資に対する収益性の獲得、規模や学習の経済性、そして立地の優位である。

- ポーターモデルが示すように、通常、国際的事業の戦略は、1つないしそれ以上の母国競争優位に基づいている。ポーターモデルは国の競争優位の4つの決定要因を強調している。すなわち、生産要素、需要条件、関連・支援産業、そして企業戦略・組織構造・競合関係のパターンである。

- 国際全社戦略には3つのタイプがある。マルチドメスティック戦略は、企業が競争するそれぞれの国の競争に焦点を当てる。マルチドメスティック戦略を活用する企業は、各国でオペレーションを行う事業単位に、戦略的そして事業運営上の決定を委譲している。グローバル戦略は、世界中の製品の標準化を想定している。したがって、競争的戦略は母国の本社に集権化され統制される。トランスナショナル戦略は、現地反応とグローバルな統合・調整を強調するために、マルチドメスティック戦略とグローバル戦略の双方の特徴の統合を追求する。統合されたネットワークと個別のコミットメントの文化を必要とすることから、この戦略の実行は難しい。

- トランスナショナル戦略の実行は挑戦的な課題であるが、経営環境の動向は、多くの

第8章　国際戦略

多国籍企業にグローバルな効率性と現地反応度の双方の必要性を考慮させることになる。特に多くの種類の製品を取り扱う大規模な多国籍企業は、いくつかの製品品目にマルチドメスティック戦略を利用し、その他の製品品目にグローバル戦略を利用する。

■ 戦争やテロ攻撃の脅威は、国際戦略のリスクや費用を増大させる。また、研究が示すのは、外国企業であることの不利は、かつて考えられたよりも克服が困難であるということである。

■ 世界のすべての市場を潜在的な機会とみなすのとは反対に、世界のある地域でのみ競争することを決定する企業もある。地域市場における競争は、企業と経営者が特定の市場、文化、立地、資源、そしてその他の要因について彼らが学習することを可能にする。

■ 企業は、輸出、ライセンシング、戦略的提携、買収、そしてしばしばグリーンフィールド・ベンチャーと称される新規完全所有子会社の設立を含む参入形態のうち1つを利用して国際市場に参入する。大多数の企業は、費用やリスクが低いことから、輸出もしくはライセンシングを用いて国際市場への参入を開始するが、次いで、国際的な拡大のために戦略的提携や買収を利用するだろう。最も費用が高くリスクを伴う新しい国際市場への参入手段が、新規完全所有子会社の設立を通じたものである。一方、そのような子会社設立を通じた参入は、企業による最大限のコントロールの利点をもたらし、仮にそれが成功を収めれば、最も大きな収益をもたらす。

■ 国際的多角化は、企業内のイノベーションを容易にする。というのも、国際的多角化はイノベーションから上がる収益を、より大きく迅速に獲得するための大きな市場をもたらすからである。さらに国際的多角化は、大規模な研究開発プログラムの維持に必要とされる経営資源を産みだすだろう。

■ 一般的に、国際的多角化は平均を上回る収益性に関連するが、国際的多角化が効果的に実行され、企業の国際的な事業が上手く経営管理されているということが前提である。国際的多角化は、より大きな範囲と学習の経済性をもたらすし、それはまた大きなイノベーションとともに平均を上回る収益性を生み出すのに役立つ。

■ 多国籍事業の経営管理にはいくつかのリスクを伴う。それらリスクの中には、政治的リスク（例えば、各国政府の不安定性）や経済的リスク（例えば、国の通貨価値の変動）がある。

■ ある種の限界もまた、国際的な拡大を効果的に経営管理する能力を制約している。国際的多角化は調整や流通費用を増加させ、経営の諸問題は貿易障壁、物流コスト、そしてとりわけ文化的多様性によって深刻化する。

## 重要用語　　　　　　　　　　　　　　　　　　　　　　　key words

- **国際戦略**（international strategy）とは、それを通じて企業が自社の製品ないしサービスを国内市場の外へ販売する戦略である。

- **マルチドメスティック戦略**（multidomestic strategy）とは、製品をローカル市場に適合させることができるように、戦略的および事業運営上の決定がそれぞれの国の戦略的事業単位（SBU）に分権化された国際戦略である。

- 企業は、本社に集権化された競争戦略とともに、世界各国の市場で標準化された製品を供給するために**グローバル戦略**（global strategy）を利用する。

- **トランスナショナル戦略**（transnational strategy）は、それを通じて企業がグローバルな効率性と現地反応（local responsiveness）の両立を追求する国際戦略である。

- 完全所有子会社の新規設立は、**グリーンフィールド・ベンチャー**（greenfield venture）と呼ばれている。

- **国際的多角化**（international diversification）は、企業がグローバルな地域や国境を越えて、異なる立地ないし市場で自社の製品やサービスの販売を拡大するための戦略の1つである。

第 8 章　国際戦略

## 復習問題　*Review questions*

1. 企業の国際的拡大を引き起こす伝統的な動機と新しく台頭してきた動機は何か。

2. 国際戦略の4つの主要な利点は何か。

3. 国際事業戦略に基礎を提供する4つの要因は何か。

4. 3つの国際全社戦略とは何か。その3つはそれぞれどのように違うか。それらを開発に導く要因は何か。

5. 国際戦略に影響を及ぼす環境の動向は何か。

6. 利用可能な国際的な拡大の5つの形態とは何か。そして、それら5つの形態を利用する標準的な順序はどういうものか。

7. 国際的多角化とイノベーションの関係とは何か。国際的多角化はイノベーションにどのような影響を及ぼすのか。国際的多角化が企業の収益性に与える影響とはどんなものか。

8. 国際的多角化のリスクとは何か。多国籍企業を管理する難しさとは何か。

# 第9章

## 協調戦略

本章の狙いは、下記目的に必要な戦略的経営の知識を提供することにある。

1. 協調戦略を定義し、企業が協調戦略を利用する理由を説明する。
2. 戦略的提携の3つのタイプを定義し、議論する。
3. 事業単位の協調戦略を列記し、それらの利用を詳しく述べる。
4. 多角化企業における全社的協調戦略の利用を議論する。
5. 国際協調戦略としてのクロス・ボーダー戦略的提携の重要性を理解する。
6. 協調戦略のリスクを説明する。
7. 協調戦略の管理に利用される2つのアプローチを詳しく述べる。

## opening case

### IBM における協調戦略の利用

　世界で広く知られている企業 IBM の 35 万人を超える従業員は、コンピュータシステムや、ストレージシステム、ソフトウェア、マイクロエレクトロニクスといった先端情報技術の設計、製造、販売、保守点検を行っている。その広範な製品とサービスのラインアップは、3つの中核ビジネス・ユニット——システム＆ファイナンス、ソフトウェア、サービス——にグループ化されている。

　すべての企業がそうであるように、IBM もまた成長に向けて3つの手段を活用している。すなわち、自社開発（主にイノベーションを通じたもの）、M&A（法人向けセキュリティ・ソリューションを提供する能力を高めるために、IBM が最近インターネット・セキュリティ・システムズを買収したような例）、そして協調戦略である。IBM は、他社と協調することによって、業績の向上と改善のためにコアコンピタンスを活用することができる。

　協調戦略（例えば、本書で定義・検討される戦略的提携やジョイント・ベンチャー）を通じて製品やサービスを提供するために、IBM は多様な企業と協働している。しかし、IBM は一連の協調をアレンジする際、成し遂げたい業績に関する明確な目標を持っている。競合他社と協調関係を結ぶ場合もある（実際、ある特定の市場ないし市場セグメントで競争するために競合他社との協調に踏み込むことが、次第に普通のことになってきている）。2007 年の終わりに、IBM はコンピュータ事業にお

ける長年のライバル企業サン・マイクロシステムズと手を組んだ。この全社的協調戦略（全社的協調戦略については本章で後述）に対する期待は高いものであった。それは、両社の経営幹部がこの協調のことを"競争市場状況の構造的な変化"を示す"包括的な関係"と称したことからも窺い知ることができる。サンのソラリス(Solaris)OS が IBM のサーバーのみならず、やがてはメインフレームに搭載されるために、両社はどうしてもサーバー技術で協調したかった。グローバルなサーバー市場における主導権争いでヒューレット・パッカードを出し抜くことが、この協調協定にとって重要な目的であった。

　IBM は、特定の規模の企業ニーズに応えるために他社と協調する場合もある。例えば、IBM の SAP(ビジネス・ソフトウェアの世界的なリーディング・プロバイダー)との協調は、「信頼に足るインフラストラクチャーの上に構築された世界クラスのビジネス・アプリケーションが欲しい」という 12 カ国における中規模の会社のニーズに応えようとするものである。グローバルな規模で、推定 8,000 万社の中小企業が両社の共同事業から利益を得ることができる。協働によるこの可能性は、協調関係を拡大しようという企業の考えを後押しする。IBM は、同社のパソコン事業を買収したレノボともグローバルな提携関係にある。特定の産業（医療、ファイナンシャル・サービス、教育、小売り、政府）の企業に焦点を当てながら顧客の問題を解決するために、両社は広範な技術ソリューションの提供に向けて協調している。シスコシステムとの協調協定のように、IBM の協調協定には息の長いものもある。1997 年に結ばれたこの戦略的提携のパートナー双方は、IBM とシスコの間の人的交流の結果として生じる競争優位の活用によって、顧客企業が事業を"変革"するのに役立つソリューションやサービスを提供することに重点を置いている。

　予想される通り、IBM ほどの規模で多角化している企業は、すでに述べたような数々の協調関係に関わっている。優れた業績を達成し維持していくという挑戦や、協調関係の全般的な成功に照らしてみるならば、IBM は成長と業績の向上の手段として協調戦略を利用し続けるものと思われる。

出典：B. Bergstein, 2007, IBM and Sun join forces in server technologies, *Houston Chronicle*, http://chron.com, August 17; D. Kawamoto, 2007, IBM to buy ISS for $1.3 billion, http://news.com, May 24; 2007, International Business Machines, *Market Edge Research*, http://marketedgeresearch.com, August 27; 2007, Lenovo and IBM expand global alliance, http://ibm.com, May 22; 2007, IBM and SAP expand partnership to reach midsize companies in Europe and Asia-Pacific, http://ibm.com, April 23; 2007, Cisco and IBM Strategic alliance, http://cisco.com, August 15; 2006, Cognos and IBM form global strategic alliance to deliver integrated solutions to boost customer performance, http://ibm.com, March 7.

　オープニング・ケースで述べたように、成長と業績の改善のために、企業は3つの手段を利用する。すなわち、自社開発、M&A、そして協調である。それぞれのケースにおいて、企業はステークホルダーのために最大限の価値を生み出すように自社資源を利用しようと努める。

　企業に成長をもたらし得るエンジンとして認識されているように、**協調戦略**（cooperative strategy）は、共有された目標を達成するためにいくつかの企業が協働する戦略である。したがって他社との協調は、顧客に対して価値を提供するのにかかる費用以上の価値をもたらし、そして競争上の有利なポジションを確立するために、企業が利用するもう1つの戦略である。

　オープニング・ケースで説明したように、IBMは数々の協調協定に携わっている。競合企業よりもうまく顧客に対応して有利なポジションを獲得するという意図は、IBMを協調戦略の利用に向かわせる。たとえば、IBMのサン・マイクロシステムズとの全社的協調戦略から、その意図を読み取ることができる。すなわち、グローバルなサーバー市場での主導的な地位をめぐる企業競争の中で、IBMは顧客の価値を最大化しつつ、ヒューレット・パッカードに対して自社のポジションを改善するようなサーバー技術の提供に努めているのである。レノボとの事業単位の提携からわかるのは、次のことである。すなわち、IBMとレノボが、特定の業界内において競争する顧客企業の独特のPCに対するニーズに着目しているということである。協働によってIBMと多様なパートナーが追求する目標が示すのは、21世紀においては

企業が協調戦略を上手に利用するスキルを開発しなければならないという現実である。協調戦略は、自社開発やM&Aを通じて企業が成長し業績を改善していくための組織能力を補完するものである。

本章では、いくつかのトピックスについて検討する。第1に、協調戦略の主要なタイプとしてさまざまな戦略的提携を定義し、それらの事例を提示する。次に、グローバル経済において協調戦略が幅広く利用される理由を検討する。続いて、事業レベル（共謀戦略を含む）、企業レベル、国際的、そしてネットワーク型の協調戦略を説明する。最後に、協調戦略の利用にともなうリスクと、リスクを減らすための協調戦略の効果的な管理について議論する。

以下に見るように、本章では戦略的提携に焦点を当てる。なぜなら、企業は、他のタイプの協調関係よりも、戦略的提携を頻繁に利用するからである。戦略的提携ほど頻繁に利用されるわけではないが、本章で議論されるもう1つのタイプの協調戦略が共謀戦略である。共謀戦略では、完全競争の水準よりも価格を上げるために、2社もしくはそれ以上の企業が協調する。

## 協調戦略の主要なタイプとしての戦略的提携

戦略的提携（strategic alliance）は、競争優位を生み出すために、企業が資源や組織能力の一部を結合する協調戦略である。したがって、戦略的提携は、製品やサービスの共同開発・販売・保守のために、企業による資源や組織能力の一定程度の交換と共有をともなう。戦略的提携によって、企業は新しい競争優位の基礎として追加的な資源や組織能力を開発するためにパートナーと協働する一方、自社の既存の資源と組織能力を活用することができる。「戦略的提携が多くの企業にとって競争戦略の基礎になった」、という昨今の現実は揺るぎないものである。

コダックのケースを検討してみよう。CEO（最高経営責任者）のアントニオ・ペレズは「今日のコダックは、ほんの数年前には思いもよらなかったパートナーシップに関わっている」と述べている。彼のコメントは、コダックの関わっている協調関係の広がりと深さを物語っているが、戦略フォーカス・

第9章 協調戦略

コラムに描かれたそれぞれの協調関係は、成長と業績改善の源泉として新しい競争優位に導くことを目的にしている。

協調戦略を通じた競争優位の開発は、**協調することを通じた優位性**(collaborative advantage)あるいは、**関係を持つことを通じた優位性**(relational advantage)と呼ばれることがある。すでに述べたように(特に第4章で)、競争優位は市場における企業の成功を強化する。急速な技術変化とグローバル経済は、企業が戦略的な競争力維持のために新しい競争優位を開発する一方で、絶えず現状の競争優位の水準を高めるよう企業に迫る要因である。

多くの企業、とりわけ大規模でグローバルな競合企業は、複数の戦略的提携を結んでいる。われわれはオープニング・ケースで、それらのほんの一部を検討したに過ぎない。しかし、IBMが協調戦略の利用に際して数百ものパートナーシップを結んだのは現実である。競争の手段として協調戦略を頻繁に利用しようとする決定は、IBMだけに限られたものではない。ロッキード・マーティン社は、自社の主要な事業である防衛部門の近代化と航空産業のニーズに応えることに注力しつつ、先進技術の開発に焦点を当てて30カ国以上の企業と250以上の提携を結んでいる。最近になってロッキード・マーティン社は、増大する空輸量の問題を早急に解決すべくボーイングと戦略的提携を結び、両社の組織能力を統合することにした。ゼロックスは、急速に変化する競争環境下で競争しながら、成長しライバル企業に伍すべく、何百もの協調協定に依存している大企業の1つである。ここでわれわれが検討してきた事例を含むすべての協調協定にとって、より成功しやすいのは、パートナーが協調的に振る舞い、相互に影響しあうときである。問題解決に積極的であること、信頼に足ること、価値を生み出すためにパートナーの資源と組織能力を結合する方法を一貫して追求することは、提携の成功に寄与するものとして知られる協調的行為の例である。

同様に仕事の質を改善すべく、公的セクター機関も、ますます戦略的提携を利用するようになっている。「ニューヨーク州向け財務システムの導入」をうまく調整する目的で締結された州監査局と予算部の間の提携は、この事象の一例である。

## ● 戦略的提携の３つのタイプ

　戦略的提携の３つの主要なタイプには、ジョイント・ベンチャー、資本関係のある戦略的提携、そして資本関係のない戦略的提携がある。

　**ジョイント・ベンチャー（合弁事業：joint venture）**は、その資源や組織能力の一部を共有するために、２社もしくはそれ以上の企業が法的に独立した会社を設立して競争優位を開発する戦略的提携である。ジョイント・ベンチャーは、しばしば不確実な競争環境下において競争に必要な組織能力の改善のために形成される。そしてそれは、他社との長期的な関係の構築と暗黙知の移転に効果的である。なぜならば、暗黙知は、成文化することができず、ジョイント・ベンチャーにおいて、パートナー企業の人々との協働を通じた経験によって学習されるからである。第３章で述べたように、暗黙知は、多くの企業にとって競争優位の重要な源泉である。

　一般的に、ジョイント・ベンチャーのパートナーの出資比率は同等であり、事業活動への貢献も同等である。ポロ・ラルフローレンとジュネーブを本拠とする時計・宝石会社リシュモン社のジョイント・ベンチャーにおいて、両社は合弁会社にそれぞれ50％ずつ出資している。ポロ・ラルフローレン・ウォッチ＆ジュエリーと称する新しい会社を使って、パートナーは世界中の時計店や宝石店およびラルフローレンのブティックを通して、製品の開発と流通を目指している。このジョイント・ベンチャーは、ポロによる高級宝飾・高級時計ビジネスへの初参入であり、リシュモン社にとってはファッション・デザイナーとのはじめてのジョイント・ベンチャーである。全体的に見て、証拠が示唆するのは、企業がそれぞれに保持する競争優位とは全く異なる競争優位を生み出すために資源と組織能力を結合する必要がある場合や、パートナーが不確実性の高い市場に参入しようとする場合、ジョイント・ベンチャーは協調契約の最適なタイプということである。それらの条件は、ポロ・ラルフローレン・ウォッチ＆ジェリー社を設立しようとする独立した親会社２社の意思決定に影響を与えた。

　**資本関係のある戦略的提携（資本提携：equity strategic alliance）**は、２社もしくはそれ以上の企業が、競争優位を生み出すためにその資源や組織能力の一部を結合して設立した会社を、異なる所有比率で保有する提携である。日本や米国の会社によって中国に投資された多くの海外直接投資は、資本関

## 戦略フォーカス・コラム

### コダックにおける成功のための提携

　1892年設立のイーストマン・コダック社（コダック）は、その写真フィルム製品をして世界中の消費者との豊富な歴史を有する。しかしながら今日、コダックはその競争に向けた努力を3つの主要な事業に集中させている。すなわち、デジタル写真事業、ヘルス・イメージング事業、そして印刷事業である。コダックは、依然としてフィルムやデジタルイメージの印刷に使われる銀塩紙の世界的なリーディング・メーカーである。しかし、もはやコダックは銀塩フィルムを生産してないし、従来のフィルムカメラの生産のためにコダックの名を他社へライセンスすることもない。この戦略的行動は、コダックがデジタル市場における成長を重要視していることを浮き彫りにしている。

　コダックは大企業として、成長と業績向上のために自社開発、M&A、そして協調戦略を利用している。ソニー、キヤノン、そして富士フィルムは、コダックが協調関係を進めているパートナー企業のほんの一部に過ぎない。協調戦略を利用する企業にとって普通のことであるが、コダックは、ヒューレット・パッカードやゼロックスのような競合他社ともパートナーである。コダックは商用印刷でゼロックスと競争する一方、iGen3デジタル印刷機の中でゼロックスが使用しているコントローラーの供給で、ゼロックスとパートナーである。コダック－クレオのユニットは、ヒューレット・パッカードと商用・家庭用印刷市場において競争しながらも、ヒューレット・パッカードのインディゴ・プリンターに印刷工程のワークフローを供給している（訳者注；コダックは、印刷工程の全体最適化を実現する、コダック・ユーファイド ワークフローのソリューションを顧客に提唱している）。

　コダックが結んだ多数の個別の協調協定は、印象的かつ興味深いものである。最近、ソニーとコダックは"他社の特許ポートフォリオへの幅広いアクセスを認める"技術クロス・ライセンス契約を結んだ。同時にコダックは、ソニー・エリクソンと技術提携を結んだ。この契約は、パー

トナー間での技術と技術的組織能力の共有を掲げている。コダックはそれらの協定が、デジタル志向のイノベーションと重要な製品開発の活性化を可能にする技術の入手の道を拓く一方、自社の知的財産ポートフォリオの質を担保するものと見なしている。コダックは、世界のデジタルカメラ市場に向けてあらゆる製品、あらゆるシステム、そしてインストールとサポートを含むあらゆるサービスを効果的に提供するために、リアルDやバルコといった会社とも協力関係にある。

　大規模で定評のある会社との協調関係に加えて、コダックは、大学や政府の研究所、新興の会社との戦略的関係の取りまとめ責任を担うユニットを組織した。このユニットは、グローバル・ベースでイノベーションと技術的組織能力を活用するために協調関係を利用するコダックの努力にとって、非常に重要なものと考えられている。これらの協調関係をコダックは「初期段階企業提携」と呼んでいる。コダックはこのような協調関係が新しい技術や製品、サービスへのアクセスをもたらす一方、コダックの自社開発を補完するものと考えている。

　元来、提携の織りなす関係性は多様なものである。しかし、協調戦略を利用してコダックが構築しているすべての関係は、デジタル志向の企業として自社の成長と業績を促進するように設計されている。われわれが見てきたように、これらの関係のいくつかは、大規模で定評のある企業とのものであり、他は新興の会社と結ばれたものである。しかしすべてのケースにおいて、コダックの成長と業績向上の手段として、提携の焦点はデジタル化に当てられている。

出典：R. E. Hoskisson, M. A. Hitt, R. D. Ireland, & J. S. Harrison, 2008, *Competing for Advantage*, 2nd ed., Thomson South-Western; 2007, Eastman Kodak, Wikipedia, http://en.wikipedia.org, August 26; 2007, Kodak external alliances, http://kodak.com, August 26; 2005, Kodak and Barco forge strategic alliance to serve the worldwide digital cinema market, *Digital Content Producer*.com, http://digitalcontenproducer.com, June 22; 2005, Kodak and Real D strategic alliance for 3D cinema, http://letsgodigital.org, December 20.

係のある戦略的提携を通して行われた。

　たとえば、シティグループと日興コーディアル証券が締結した包括的な戦略的提携が意図したものは、日本の文化とビジネス慣行を十分に重んじつつ日本の主要な金融サービスグループの一角を占めるべく、結合されたフランチャイズを通じて重要な新しい成長機会の追求を可能にすることである。シティグループは、この提携の過半数の持ち株を有していた。リテール・ビジネスと資産管理、そして資本市場と銀行業務は、多くのタイプの顧客に向けたサービスの基盤として両社がまさに補完的な組織能力と考えるものを統合する意図を持っていた、製品・サービスの事業領域の例である。

　**資本関係のない戦略的提携（業務提携：nonequity strategic alliance）** は、競争優位の創造に向けてユニークな資源や組織能力を共有するために、2社あるいはそれ以上の企業が契約関係を構築する提携である。このタイプの提携では、企業は別個の独立した会社を設立するわけではないため、株式出資の形をとらない。この理由から、資本関係のない戦略的提携は、ジョイント・ベンチャーや資本関係のある戦略的提携よりも公式的でなく、パートナーのコミットメントをほとんど必要としない。この非公式的で低いレベルのコミットメントで特徴づけられる資本関係のない戦略的提携は、パートナー間の効果的な暗黙知の移転が成功のために必要とされる複雑なプロジェクトには向いていない。

　資本関係のない戦略的提携の形態は、ライセンス契約、流通契約、そして供給契約を含む。ヒューレット・パッカードは、戦略的提携を通じて自社の知的財産の一部を積極的にライセンスしている。概して、アウトソーシング契約は、資本関係のない戦略的提携の形態をとる（第3章で検討したように、アウトソーシングは価値を生む主要活動、もしくは他社からの支援活動の購入である）。デルや大部分の他のコンピュータ企業は、ラップトップ・コンピュータの製造のほとんど、あるいはすべてをアウトソースし、それら企業との関係の中身を具体化するために、しばしば資本関係のない戦略的提携を結んでいる。米国の州政府は、刑務所部門を民間の請負業者にますますアウトソースしている。コレクションズ・コープ・オブ・アメリカとジオ・グループは、刑務所事業の2大請負業者である。州政府は、コスト削減とサービス改善のためにこれらの関係を結んでいる。

## ● 企業が戦略的提携を展開する理由

　これまで述べたように、協調戦略は競争的情勢と不可分であり、多くの会社のみならず教育機関にとってさえ非常に重要である。たとえば教育機関では、サービス改善に向けて協調する図書館の数が増加している。営利組織では、多くの経営幹部が戦略的提携は企業の成功にとって主要なものであると信じている。「あなたは今日、パートナーを組まなければならない。さもなければ、次の波を逸するだろうし、十分に素早く技術を獲得することはできない。だから、パートナーを組むことが不可欠である」というある経営幹部の姿勢がこの信念を強調している。

　何よりも戦略的提携は、パートナーに、独立した活動では開発することのできない価値の創造と、市場により迅速にそしてより大きな市場浸透の可能性を持って参入させることを可能にする。そしてさらに、多くの（すべてではないとしても）企業は、自社の目標到達に必要な資源と組織能力をすべて一式充足しているわけではない。このことが示すのは、他社と組むことが、企業特殊的な業績の目標に到達する見込みを高めるということである。最近、モトローラはソネイ（中国第２の家電量販店）と戦略的提携を結んだ。ソネイはモトローラの中国におけるはじめての直販小売りパートナーとなる。そしてゴメ・アプライアンス（中国最大の家電量販店）との提携は、ストア内小店舗 (store-within-a-store) のコンセプトを使って、モトローラの製品を販売することになる。そのパートナーシップを通してモトローラは、独立の会社として成し得る以上に中国の携帯電話市場におけるシェアを迅速に伸ばそうとしている。

　協調戦略の頻繁な利用の影響――特に戦略的提携の場合――は重要である。たとえば大企業では、提携業務が売上高の25％もしくはそれ以上を占める。そして多くの経営幹部は、提携が企業の成長にとって主要な手段であると信じている。いくつかの産業では、競争という点に関して、提携対提携の競争が企業対企業の競争よりも顕著になってきている。たとえばグローバルな航空産業では、競争が次第に航空会社間よりも大きな提携間のものになっている。

　要約すると、競争を減らし、競争優位を高め、資源へのアクセスを獲得し、機会を利用し、戦略的柔軟性を構築し、革新するために企業は提携を結ぶと

いえる。これらの目標を達成するために、企業は正しいパートナーを選択して信頼を育んでいかなければならない。そこで企業は、提携ネットワーク・ポートフォリオの開発を試みることになる。それは、企業に対して柔軟性をもたらす社会的資本である。社会的資本であるがゆえに、企業は必要な時に、パートナーに援助を求めることができる。もちろん、社会的資本が意味するのは互恵関係の存在である。すなわち、パートナーも企業に援助を求めることができる（そして企業はそれを提供することを期待されている）。

変化の周期が遅い市場、速い市場、そして標準の市場それぞれにユニークな競争状況によって、企業が協調戦略を使って達成する目標はわずかに違ってくる（表9.1参照）。われわれは第5章において敵対的競合関係と競争のダイナミクスを考察した際、これら3つの市場のタイプについて述べた。

**変化の周期が遅い市場**（slow-cycle market）は、企業の競争優位がライバ

**表9.1** 市場タイプ別の戦略的提携の理由

| 市場 | 理由 |
|---|---|
| 変化の周期が遅い市場 | ・制限された市場へアクセスを獲得する<br>・新しい市場においてフランチャイズを構築する<br>・市場の安定性を維持する（例：業界標準を確立する） |
| 変化の周期が速い市場 | ・新しい製品もしくはサービスの開発速度を速める<br>・市場参入の速度を速める<br>・市場リーダーシップを維持する<br>・業界技術標準を確立する<br>・リスクの高い研究開発費を分担する<br>・不確実性を克服する |
| 変化の周期が標準の市場 | ・市場支配力を獲得する（業界の過剰生産能力を減らす）<br>・補完的な資源へのアクセスを獲得する<br>・より高い規模の経済性を確立する<br>・貿易障壁を克服する<br>・他の競合企業からの競争的挑戦に対抗する<br>・非常に大規模な資本を要するプロジェクトのために資源をプールする<br>・新しいビジネスの手法（技法）を学習する |

ル企業から長期間にわたって守られ、模倣が高くつく市場である。それらの市場は独占的な状態に近い。歴史的に、鉄道や通信、公益事業、そして金融サービスが変化の周期の遅い市場の特徴を有する産業の例である。**変化の周期が速い市場** (fast-cycle market) では、企業の競争優位は模倣から守られず、競争優位を長期間保持するのが難しい。**変化の周期が標準の市場** (standard-cycle market) では、競争優位は模倣から適度に守られ、変化の周期が速い市場の状態よりも長期間にわたって競争優位は持続可能である。しかし、変化の周期が遅い市場よりも競争優位の持続期間は短い。

### ▶ 変化の周期が遅い市場

　変化の周期の遅い市場にある企業は、しばしば制限的な市場への参入や、新しい市場におけるフランチャイズ構築のために戦略的提携を利用する。たとえば米国の鉄鋼産業は、最近数十年間で買収による企業統合が進んだため、わずか2社の主要なプレーヤーしか残っていない。すなわち、USスチールとニューコアである。グローバルな鉄鋼市場において首尾よく競争するための能力を改善するために、両社は協調的関係を構築している。両社は、欧州とアジアにおいて戦略的提携を結び、南米とオーストラリアの事業に出資している。しかし同時に、米国以外の国に拠点のある会社は、部分的に制限された米国の鉄鋼市場において彼らのプレゼンスを高めるために提携を結んだり拡張したりしている。たとえば世界の主要な鉄鋼メーカーであるアルセロール・ミタルは、最近になって日本の新日本製鐵との戦略的提携を強化した。米国における自動車座席用鋼材事業でシェアを高めるべくパートナーの能力を拡張することが、この提携の重要な目標のひとつである。

　問題の真相は、21世紀の競争環境下では、いくつかの理由のために変化の周期が遅い市場が姿を消しつつあることである。その理由には、産業や経済の民営化や、迅速な情報の普及のためのインターネットの能力の急速な拡張、そして複雑な製品であったとしても先進的技術によって素早く模倣することのできるスピードがある。鉄鋼メーカーを含む、変化の周期が遅い市場で競争する企業は、競争優位が部分的には持続可能（変化の周期が標準の市場の場合）もしくは持続不可能（変化の周期が速い市場の場合）な状況に遭遇する未来を念頭に置いておくべきである。協調戦略は、相対的に保護され

ている市場からより競争的市場へと移行している企業にとって役に立つ。

### ▶ 変化の周期が速い市場

変化の周期が速い市場は、不安定であり、予測不能であり、複雑である。それらの条件が重なると、息の長い競争優位の構築は不可能である。また、現有の資源を使って価値を創造しつつ、新しい競争優位の源泉を常に探し求めることを企業に強いることになる。過剰な資源や組織能力を現在保有している企業と将来有望な組織能力を持っている企業との間の提携は、現在から未来へ効果的に移行したり新しい市場へ迅速に参入したりすることで、変化の周期が速い市場で企業が競争するのに役立つ。

IT（情報技術）産業は変化の周期が速い市場である。この市場環境の下で起こる変化に効果的に対処する方策として、企業にパートナーシップの形成を動機づける。マイクロソフトとノベル（リナックスをベースとした全社的なオペレーティング・システムのリーダー）のパートナーシップは、相互操作性と知的財産の保証を改善するための新しいソリューションの構築、マーケティング、サポートを意図して2006年に結ばれた。つづいて2007年、デルがこの協調に加わった。マイクロソフトとノベルのパートナーシップに加わるはじめての主要システム・プロバイダーとしてデルは、マイクロソフトからSUSEリナックス・エンタープライズ・サーバー認証の購入と、デル・リナックスの顧客ではない既存のリナックスのユーザーがSUSEリナックス・エンタープライズ・サーバーへ移行するためのサービスとマーケティング・プログラムの構築に同意した。この拡張されたパートナーシップが形成されたのは、ウィンドウズとリナックスが、将来的にハードウェアを利用したアプリケーションの多くが使われるプラットフォームになるであろうとの関係各社の思惑による。

### ▶ 変化の周期が標準の市場

変化の周期が標準の市場では、補完的資源と組織能力をもったパートナー間で提携がより結ばれやすい。もともと、航空会社の提携は売上高増加を目的として結ばれたものであった。しかし、航空会社は提携がコスト削減にも効果があることに気がついた。スカイチーム（デルタ航空とエールフランス

が統括している）は、共同購入を促進し、メンバーに価格設定の情報交換を行わせるために、チーム内でウェブサイトを開発した。ワンワールド（アメリカン航空や英国航空、日本航空などが加盟）の経営者たちは、共同購入を通じてすでに提携のメンバーが2億ドル以上のコストを削減したと述べている。そして、スターアライアンス（ユナイテッド航空やルフトハンザ、全日空などが加盟）は、共同発注によってメンバーの航空会社が25％のコスト削減に成功したと推定している。

　市場が拡大している地域を考慮して、航空会社間のグローバル提携はアジアの航空会社をパートナーとして追加している。最近、中国南方航空がスカイチームに参加した。また、エアチャイナと上海航空がスターアライアンスに加えられ、日本航空やドラゴンエアーがワンワールドに加わった。エアチャイナの経営幹部による次のコメントは、企業がエアライン提携への加盟を選択する理由を示している。「生き残って発展していくために、航空会社は複数の提携協定を含むさまざまな形態を通じて、他のパートナーと協調しなければならない」。航空会社のケースにおいて、規模の経済性は、企業が変化の周期が標準の市場で提携を結ぶ際に追求する主要な目標となっている。ワンワールド、スカイチーム、そしてスターアライアンスが世界の航空輸送能力の60％以上を占めている事実が物語るのは、それらの提携に参画するメンバー企業が規模の経済性を獲得したということである。

## ■ 事業単位の協調戦略

　企業は個別の製品市場において成長し業績を改善するために、**事業単位の協調戦略**（business-level cooperative strategy）を利用する。第4章で述べたように、事業単位の戦略は、特定の製品市場において競争優位を獲得するために、企業が実行しようとすることを詳細に表している。したがって、企業が自社の資源や組織能力を、1社ないしそれ以上のパートナーと結合して、自力では生み出せない競争優位、あるいは特定の製品市場において成功に導く競争優位を創出しようとするときに、事業単位の協調戦略を結ぶ。図9.1は、

## 第9章 協調戦略

**図 9.1** 事業単位の協調戦略

```
相互補完型戦略提携
  ●垂直的
  ●水平的
競争反応型戦略
不確実性削減型戦略
競争削減戦略
```

4つの事業単位の協調戦略の一覧である。

### ● 相互補完型戦略提携

**相互補完型戦略提携**（complementary strategic alliance）は、複数の企業が競争優位の開発のために、補完的な方法で他社と資源や組織能力を共有する事業単位の提携である（図9.1参照）。

### ▶ 垂直相互補完型戦略提携

**垂直相互補完型戦略提携**（vertical complementary strategic alliance）において、複数の企業が競争優位を生み出すために、バリューチェーン（価値連鎖）の異なる段階にある資源と組織能力を共有する（図9.2参照）。しばしば垂直相互補完型戦略提携は、環境変化に順応するために形成される。そして時には、GEとコニカミノルタのケースのように、変化に順応するのみならず、自社を革新するための機会として形成される。

GEとコニカミノルタは、この変革型技術の開発を加速するために、両社の重要な資源と経験を結合すべく提携を結んだ。薄い有機的材料を2つの電子伝導体の間に挟んだ有機発光ダイオードが、両社が開発をもくろむ変革型技術にほかならない。GEとコニカミノルタは、この技術が独創的な照明アプリケーションに開花することを期待している。2007年半ばに提携し、2010年までに有機発光ダイオードを基盤とした照明アプリケーションの市場導入を両社は望んでいる。この目的のために、コニカミノルタのイメージングに関わる組織能力が、GEの照明製品の組織能力と結合された。GEと

**図 9.2** 垂直・水平相互補完型戦略提携

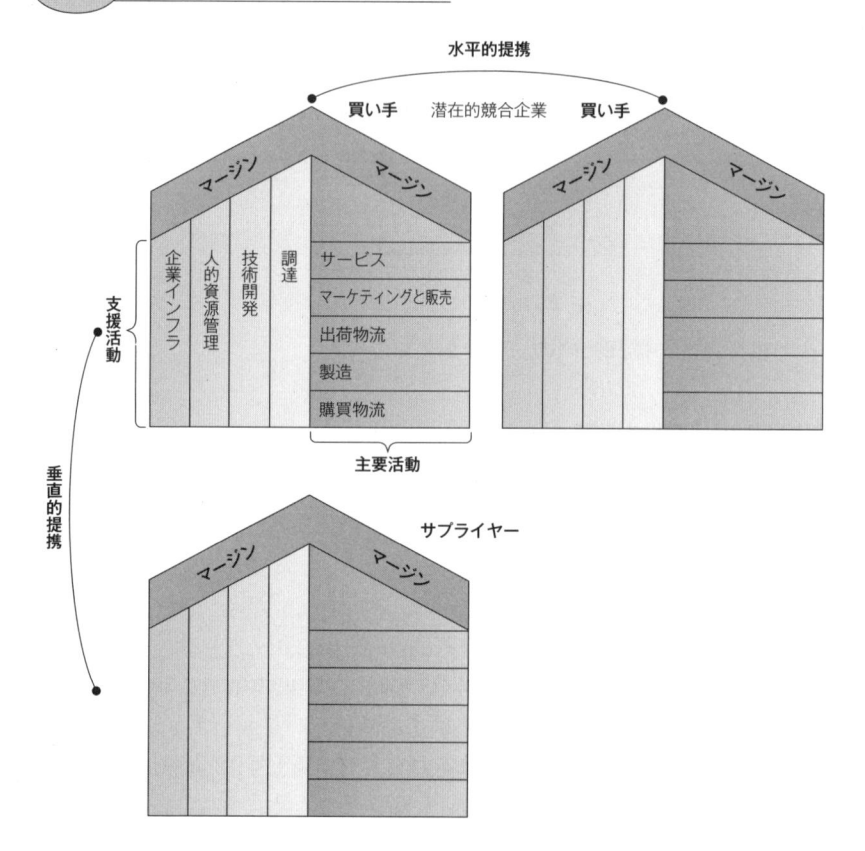

水平的提携: 買い手 — 潜在的競合企業 — 買い手

（バリューチェーン図）
- 支援活動: 企業インフラ、人的資源管理、技術開発、調達
- 主要活動: 購買物流、製造、出荷物流、マーケティングと販売、サービス
- マージン

垂直的提携: サプライヤー

　コニカミノルタとも、これまで各々の研究開発ラボで技術の開発を進めてきた。しかし、革新的な製品に結びつく優れた成果を開発するために、協調してお互いの異なるスキルを利用することが最も有望な方法であったと、両社は結論を下したのである。

### ▶ 水平相互補完型戦略提携

　水平相互補完型戦略提携(horizontal complementary strategic alliance)は、競争優位を生み出すために複数の企業がバリューチェーン（価値連鎖）の同じ段階（もしくはいくつかの同じ段階）にある資源と組織能力を共有する提

## 戦略フォーカス・コラム

### 日産とルノー：グローバルな自動車産業において成功するために、相互補完的な資源と組織能力を利用する

　自動車メーカーとして会社が成功を収めることのできる可能性は、規模の経済性（企業の生産プロセスの規模の増大が長期にわたる単位当たり平均コストの低減をもたらすときに生じる）と範囲の経済性（企業が販売する製品の数だけでなく、マーケティングや流通のような活動の範囲を広げることによって、より多くの売上を得るかコストを削減するときに生じる）によって影響を受ける。実際、規模と範囲の経済性を生み出す組織能力に欠けることは、グローバルな自動車メーカーを競争上不利にする。特に規模の経済性は、バリューチェーン（価値連鎖）の中で特定の活動を完成するために企業の資源と組織能力を結合することによって生み出される。

　日産とルノーは相対的に小さな規模であったがゆえに、1990年代の両社のコスト構造は競争力のない水準であった。そして多数の革新的な製品を供給する両社の組織能力も減退していた。共通の似たような問題に対処するために、両社は1999年3月にユニークな戦略的提携の細目について詰めた。これは、日本とフランスの会社が関与するはじめての提携であり、それぞれが自社の企業文化とブランド・アイデンティティを有していた。本質的に水平的な日産とルノーのパートナーシップは、

資本関係のある戦略的提携の一例である。ルノーは日産の44.4％の株を保有し、逆に日産はルノーの株の15％を保有している。カルロス・ゴーンが両社のCEOに就いている。

これまでのところ、その提携は成功していると思われる。日産──日本で2番目、世界で9番目に大きな自動車メーカー──は近年、相当な利益を上げ、これは会社が深刻な財務上の問題にあった1990年代後半からの大きな転換であった。現在ルノーは、世界で10番目の自動車メーカーであり、世界自動車市場の9.8％のシェアを占めている。

規模と範囲の経済性を生み出すために、両社はいくつもの共同活動に関与している。生産プラットフォーム（両パートナーは2010年までに10のプラットフォームの共有を意図している）とパワートレイン（エンジンと変速機）の共有は、いかにして規模の経済性が生み出されているかの事例である。規模の経済性は、パートナーのIS/IT部門に対するシスコシステムとの提携活動、すなわち費用対効果のあるシステムと最適化されたインフラストラクチャー能力の供給によって生み出された。範囲の経済性を実現するために、両社は販売、購買、そして欧州における共通の流通チャネルの利用を含むいくつかの活動で協調し、資源と組織能力を結合している。包括的かつ要約された意味で、この提携からわかることは、日産とルノーがグローバル製品開発、財政的ポリシー、そして企業戦略について協調しているということである。提携の目標を達成すべく努力を重ねるために、両パートナーはいくつものクロス・カンパニー・チーム（新製品開発と既存製品の生産について、追加的シナジー創出の方法を模索する両社からの従業員）とファンクショナル・タスク・チーム（法務、税務、そしてコスト管理と統制といったサポート機能におけるシナジーに資する方法を模索する両社からの従業員）を設置した。

提携のパートナーは、協調関係の業績を高める方法を追求し続ける。たとえば、両パートナーは買収の条件が整ったので、2007年にフォードのジャガー部門とランドローバー部門の買収の可能性を検討したが、入札するまでには至らなかった。多様なバリューチェーン（価値連鎖）活動において、資源と組織能力を共有しているパートナー間の関係性を管理する挑戦は、いつの時代も変わらず重要でありつづける。

———————————————————————————————— 戦略フォーカス・コラム

> 出典：A. English, 2007, No news is bad news, http://telegraphc.co.uk, June 16; S. O'Grady, 2007, Jaguar and Land Rover: Marques on the market, The Independent on Sunday, http://news.independent.co.uk, September 2; 2007, The Renault-Nissan alliance, http://renault.com, August 20; 2007, Topics of the alliance, http://nissan.com, August 20; 2006, Q&A: GM-Renault-Nissan alliance, BBC News, http://news.bbc.co.uk, July 4; 2005, Renault and Nissan: Forging a global alliance that is creating more than the sum of its parts, http://cisco.com.

携である。概して企業は、長期にわたる製品開発と販売に集中するために、相互補完型戦略提携を利用する。スプリント社は、通信産業を再定義する目的の一部として、いくつもの水平相互補完的な戦略提携を結んでいる。それら提携のひとつとして、スプリント社はモバイル・ブロードバンドを含む無線データサービスとネットワークを基盤としたVoIPソリューションを開発するために、ルーセント社とパートナーを組んでいる。

　自動車製造産業では、多くの水平的な相互補完型戦略提携が結ばれている。実際、事実上すべてのグローバルな自動車メーカーは、多数の協調関係を形成するために協調戦略を利用している。戦略フォーカス・コラムで説明したように、1999年3月27日に締結されたルノーと日産の提携は、水平相互補完的な戦略提携の有名な事例である。提携がうまくいくための挑戦的課題は、パートナー両社のユニークな企業文化を維持しつつオペレーションを統合することである。

### ● 競争反応型戦略

　第5章で述べたように、競合企業はライバルを攻撃するために競争的行動を起こし、競合他社の行動に対して競争的反応に出る。戦略的提携は、競合企業の攻撃に反応するために、事業単位で活用することができる。攻撃を翻すのは困難であり、反撃も高くつく。したがって、戦略的提携が結ばれるのは主として、戦術的というよりもむしろ戦略的行動を採用するためであり、同じように競合企業の行動に反応するためである。

たとえばフランステレコムとマイクロソフトは、2つの初期の主要なプロジェクトで提携を結んだ。第1のプロジェクトで両パートナーは、インターネット・サービスを使ったマイクロソフトの技術を基盤とした電話シリーズを開発した。その電話は、従来の携帯電話として使われ、または在宅でも路上でもインターネットにアクセスするために設計されている。このプロジェクトは、新しいハイブリッド固定回線とブルートゥースと呼ばれる近距離無線技術を使った携帯電話サービスを、BTグループが発表したことに対する反応であった。フランステレコムとマイクロソフトとの提携は、よりパワフルなWiFi技術を利用する。フランステレコムのCEOディディエ・ロンバールは、「電話産業は急速な変化にあり、現在のメンバーも変化に順応するために敏速に行動しなければならない」と述べている。マイクロソフトとのパートナーシップは、これら変化に反応するために立案されたのである。

### ● 不確実性削減型戦略

　特に変化が早い市場において、リスクや不確実性を防ぐために事業単位の戦略的提携を結ぶ企業がある。事業単位の提携は、新しい製品市場や新興経済国への参入のような、不確実性の存在するところでも利用される。化石燃料の持続的な利用可能性に関わる長期にわたる不確実性が、コノコ・フィリップス社とタイソン・フーズ社が再生可能な"次世代"ディーゼル燃料の生産のために戦略的提携を結んだ動機である。再生可能な次世代ディーゼル燃料は、従来の石油ベースのディーゼル燃料の利用を補完するものと目されている。タイソン社が牛肉や豚肉、鶏肉を加工する際に出す副産物の脂肪は、輸送用燃料を生み出すために使用される原成分である。この事業単位の提携は、"再生可能なディーゼル燃料の米国への導入に向けて、タイソン社のタンパク質の性質に関する先進的知識と、コノコ・フィリップス社のもつ生産とマーケティングに関する専門性を活用する"ために協調するという、両パートナーの全体的な目標の一部である。

　新製品の開発や技術標準の確立にともなう不確実性削減のために、事業単位の提携を結ぶ例もある。おもしろいことに、既述のフランステレコムとマイクロソフトとの提携は、フランステレコムにとって競争反応型提携であるが、マイクロソフトにとっては不確実性削減のための提携である。マイクロ

ソフトは、通信産業や通信事業についてさらに学習するためにこの提携を利用している。マイクロソフトが学習したいのは、テレコム産業におけるニーズを満足させるために、いかにしてソフトウェアを開発することができるかである。通信産業に属する企業とパートナーになることによって、その市場とソフトウェアのニーズに関する不確実性を削減する。両社の提携は、新製品の開発のために明確に計画されている。したがってその提携は、双方の知識と組織能力とを結合することによって、両社の不確実性を削減する。

### ● 競争削減型戦略

共謀戦略は競争を削減するために利用されるが、それがしばしば違法なタイプの協調戦略である点において戦略的提携とは異なる。2つのタイプの共謀戦略とは、明示的共謀と暗黙的共謀である。

2社もしくはそれ以上の企業が、生産量や製品の価格について歩調を合わせる意図で直接的に交渉を行うとき、明示的共謀が現れる。明示的共謀戦略は、米国や多くの先進諸国（規制産業は除く）において違法である。

明示的共謀戦略を利用する企業は、他社が競争行動に挑んでくることを知る可能性がある。たとえば2006年暮れ、アメリカン航空、ユナイテッド航空、英国航空の間の"価格調整"の疑いについて調査を行うために英国公正取引局および米国司法省が結集した。その徹底的な調査は、乗客の運賃、貨物輸送費、そしてさまざまな燃油費に関して航空会社間で起こり得る明示的共謀を捜査するために実施された。2007年半ば、米国のイリノイ州に拠点を置くバイオ製品の会社グリーンオイルは、ロシアで最大の原油産出企業ルクオイルが、サウジアラビアとベネズエラの会社と結託して、米国における生産数量と生産物の価格を操作するために共謀したと申し立てた。グリーンオイルの申し立ての巻き添えになったすべての会社は、その告発を根拠のない誤ったものであると退けた。これらの事例が示唆するように、戦略として明示的共謀を利用するいかなる企業も、競合企業や取締機関がそれら競争行動の妥当性に異議を唱えるかもしれないことを認識しておくべきである。

暗黙的共謀は、ある産業のいくつかの企業が、それぞれの競争行動と反応を監視することによって、企業間で生産と価格の決定を間接的に調整するときに現れる。暗黙的共謀によって、結果的に完全競争レベル以下の生産高で、

完全競争価格以上の価格レベルになる。明示的共謀と違って、暗黙的共謀に手を染める企業は、生産高と価格の決定について直接的に交渉しない。

　暗黙的共謀は、朝食用シリアル食品のような、非常に集中が進んだ産業における事業単位の競争削減型戦略として利用される傾向がある。それらの産業に属する企業が認識しているのは、企業は相互依存関係にあり、したがって戦略的行動と反応は、彼らに対する競合他社の行動に強い影響を及ぼすということである。そのことから、この相互依存を理解し競合他社を注意深く監視することが、暗黙的共謀に導く。

　ケロッグ、ゼネラルミルズ、ポスト、クェーカーの4社は、米国シリアル市場のインスタント食品分野において売上高の80％以上を占めていた。この高い市場集中度によって、「ブランドものシリアルの価格が生産コストをかなり上回る」結果になっていると考えるものもいる。この産業における競争レベル以上の価格は、支配的企業が暗黙的共謀協調戦略を利用している可能性を示唆している。

　第6章で述べたように、相互自制は、企業が多数の市場において対抗するライバルに対して、競争行動をとらない暗黙的共謀のひとつの形態である。ライバルは複数の市場での競争に関与しているとき、互いについて多くのことを学習する。そしてそこには、ライバル企業の競争的攻撃や反応の影響をいかに妨げるかが含まれている。競合企業としてそれぞれのことを理解するならば、企業は複数の製品市場における破壊的競争に関与しない選択をする。

　一般的に自由経済において、政府は現存の規制に違反することなくライバルが競争力を高めるために、いかにして協調し得るのかについて決定する必要がある。しかし、共謀戦略、とりわけ暗黙的共謀戦略を評価する際、この決定は困難である。たとえば、グローバルな競争に対処するために協調する薬品やバイオ技術企業の規制は、行き過ぎた価格設定を導くかもしれない。したがって、そのバランスが適切であるかを確かめることが規制には要求されるが、規制は時には効率的な市場の足かせになる。個々の会社は、自社の業績と競争力に対する競争削減型戦略の効果を分析する必要がある。

## ● 事業単位の協調戦略の評価

　個々の製品市場における優れたポジションと業績に寄与し得る競争優位を

開発するために、企業は事業単位の戦略を利用する。提携を利用して競争優位を生み出すためには、提携を通じて統合された資源と組織能力は、価値があり、稀少で、模倣困難で、代替不可能でなければならない（第3章参照）。

証拠が示唆するのは、相互補完型事業単位の戦略的提携、特に垂直的な提携（例えば、ジャスト・イン・タイム生産方式の実現に向けた日本の自動車メーカーとサプライヤーとの協調関係）が持続的競争優位を生み出す非常に高い可能性を有するということである。水平相互補完型提携は、しばしばそれがライバル企業との間に結ばれるものなので、維持するのが難しいことがある。

この場合、企業は提携を続けるべきか止めるべきかについて逡巡するであろう。たとえば航空会社は、自社の市場とターゲットとする顧客を確保すべく他社との激しい競争の覚悟がある。しかし、航空会社は競争行動と反応を通して互いに競争する一方で、規模の経済を発揮したり資源と組織能力（スケジューリング・システムのような）を共有したりする必要性のために、協調的行動と反応を利用することによって競争力を持つことができるように提携が結ばれる。これら事例における企業の挑戦とは、競争的行動と協調的行動の双方から非常に大きな価値を生み出す方法を見出すことである。日産とルノーは、このバランスの取り方を学習したように思われる。

戦略的提携は、競争に反応するためにデザインされ、不確実性を削減することで競争優位を生み出すことができるかもしれない。しかし、これらの利点は、相互補完型（水平・垂直双方）戦略提携を通じて開発された利点よりも一時的であることが多い。その主な理由は、相互補完型提携は、競合企業を攻撃するよりも競合企業の行動に反応もしくは不確実性を削減するために結ばれる競争削減型提携や不確実性削減型提携以上に、価値の創造に焦点が強く当てられているからである。

4つの事業単位の協調戦略のうち、競争削減型戦略が持続的競争優位を生み出す可能性が最も低い。たとえば、リーダー追随型の模倣アプローチとして提携を利用して海外直接投資戦略を行う企業は、強い戦略的目標ないし学習目標を有していないことを研究が示唆している。したがって、そのような投資は競争優位の構築（これを中核の目標にすべきである）というよりも、関係企業間での暗黙の共謀の性格を帯びている。

## 全社的協調戦略

　企業は、提供製品あるいは進出市場もしくはその双方の多角化の促進に役立つよう、**全社的協調戦略**（corporate-level cooperative strategy）を利用する。多角化型提携、シナジー型提携、そしてフランチャイジングは、最も一般的に利用される全社的協調戦略である（図9.3 参照）。

　企業は、M&A 以外の方法を通じたオペレーションの多角化によって成長と業績を改善するために、多角化型提携とシナジー型提携を利用する。ホスト（受入）国の政府が M&A を禁じている市場への多角化を企業が模索するとき、提携は特に適切なオプションとなる。

　全社的な戦略的提携は、合併や、とりわけ買収と比較して魅力的でもある。なぜなら、全社的な提携は、資源のコミットメントはほとんど必要ないからである。また、パートナーのオペレーションを多角化する労力という点に関して、大きな柔軟性を与えるからである。提携は、パートナーが、将来、パートナー間の M&A から利益を得るかどうかを判定する方法として利用することができる。この"将来の M&A の可能性をテストする"プロセスによって、企業のユニークな技術的資源や組織能力を結合するために提携が結ばれるのにつながることが多くなっている。

### ● 多角化型戦略提携

　**多角化型戦略提携**（diversifying strategic alliance）とは、企業が新しい製品ないし地域別市場に多角化するためにその資源や組織能力の一部を共有する、全社的協調戦略である。最近、マリオット・インターナショナル社とミ

**図9.3**　全社的協調戦略

- 多角化型提携
- シナジー型提携
- フランチャイジング

ラー・グローバル・プロパティ社そしてニコロデオン社は、互いに提携しなければ生み出すことのできない価値を創造するために、その資源や組織能力の一部を結合することを決めた。このケースでは、エンターテイメント産業の巨人ニコロデオン社（バイアコム社に所有されている）は、ニコロデオン・テーマ型ホテル設立のために、そのブランド名の使用を許可している。この戦略的提携の多様化に対するマリオットの貢献は、ミラー・グローバル・プロパティ社がホテルを所有する一方で、マリオット社がそのホテルを管理運営することである。これらパートナーが関係を形成したのは、テーマパーク型施設への旅行を希望する家族の増加傾向に乗じるためである。ニコロデオン社は、この提携を通じたホテル事業への多角化の決定によって、2つの利益を得ることができると考えている。すなわち、①流通チャネルとしてホテルを利用することによって、ニコロデオン・マーチャンダイズ（例：本、DVD、おもちゃ、衣類）の売上を増やすことができ、②ニコロデオン・プログラム（例：Nick @ Nite）を継続的に視聴する機会のあるホテル客がニコロデオン・プログラムの忠実な視聴者になることである。

ここで注意しておかなければならないのは、非常に多様化した提携のネットワークは、パートナー企業によって思わしくない（水準以下の）業績をもたらし得ることである。しかし協調的ベンチャーは、多角化の行き過ぎた企業がそれを是正するために利用されることもある。日本のチップ（IC）メーカーである富士通、三菱電機、日立製作所、NEC、東芝は、業績の芳しくない多角化事業を合併整理した後にスピン・オフ（子会社として分離）するために、ジョイント・ベンチャーを利用してきた。たとえば富士通は、メモリーチップが財務的負担になってきたので、アドバンスト・マイクロ・デバイスによって支配されているジョイント・ベンチャー会社にフラッシュ・メモリー事業を投げ売りした。この提携は、富士通が自社のコア・ビジネスに再度集中するのに役立った。

### ● シナジー型戦略提携

**シナジー型戦略提携**（synergistic strategic alliance）は、範囲の経済性を生み出すために、企業間でその資源と組織能力の一部を共有する全社的協調戦略である。事業単位の相互補完型戦略提携と同じく、シナジー型戦略提

携はパートナー企業間の複数の機能ないし事業にわたってシナジーを生み出す。オープニング・ケースで検討したIBMとサン・マイクロシステムズとの間の協調的関係が、このシナジー型戦略提携にあたる。

2007年暮れ、NBCユニバーサルとバイアコム、ニューズコーポレーション、CBSの4社は、YouTube（ユーザーがアップロード、視聴、そしてビデオクリップの共有が可能なビデオ・シェアリング・ウェブサイト）と競争するためにウェブサイトを立ち上げるべく結集した。2006年に始まったYouTubeについて、多くのテレビやエンターテイメントの経営者は"一時的な成功に終わる"事業コンセプト（コンテンツに関する著作権違反容疑の可能性を考えると、ことによるとYouTubeは違法である）として相手にしていなかった。しかし2006年10月、グーグルが16億5,000万ドルをかけてYouTubeを買収したとき、かれらの見る目が劇的に変わった。その時になってはじめて巨大メディア企業は、YouTubeが巨大な市場ポテンシャルを持っていて、顧客ニーズに応えていることに気がついた。アナリストが言うには、いくつもの要素が絡み合って、関係企業が是が非でも形成したいと望んでいた協調関係の完成が阻まれてきた。

株式持分比率と経営陣の構成は、提携交渉に影響を及ぼす問題の1つであった。それらの巨大企業間で、このタイプの提携の前例がほとんどなかったという事実もまた、提起された提携の詳細を詰めるための交渉の複雑さを増大させた。それにも関わらず、アナリストは巨大メディア企業が提携を結ぶことを期待していた。その提携によって、巨大メディア企業は自社の製品——オンライン・ビデオ——にとってますます重要な流通チャネルになると目される競争的プラットフォームを構築することができる。したがって、NBCユニバーサル、バイアコム、ニューズコーポレーション、そしてCBSの間の提携のようなジナジー型戦略提携は、それがシナジーを起こしつつ、関係企業に新しい事業への多角化の道を拓くという点において、相互補完型事業単位の提携とは一線を画す。

### ● フランチャイジング

フランチャイジング（franchising）は、企業（フランチャイザー）が、パートナー（フランチャイジー）との資源や組織能力の共有を記述し統制するた

めの契約的関係として、フランチャイズを利用する全社的協調戦略である。フランチャイズは、特定の期間に定められた場所において、フランチャイジーによるフランチャイザーの製品の販売、もしくはその商標を使って事業を行う権利を認める、法的に独立した2社間の契約協定である。戦略経営の用語では、フランチャイジングは、「市場の支配を共通目標とする特定の関係と責任にある人々からなるグループ間の戦略的提携」である。

フランチャイジングは（フランス語の誠実、もしくは自由に由来）、ポピュラーな戦略である。米国だけで、2,500以上のフランチャイズ・システムが75以上の業界で行われている。そして、それらフランチャイジングの運営店舗は、ざっと米国の全小売り売上の3分の1に達している。先進国で頻繁に利用されているフランチャイジングであるが、21世紀には新興経済国においても成長の多くの部分を占めるようになると予測される。多角化型戦略提携やシナジー型戦略提携と同じように、フランチャイジングはM&Aを通じた成長の追求の代案である。マクドナルド、ヒルトンインターナショナル、ミセス・フィールズ・クッキーズ、サブウェイ、そしてエースハードウェアは、企業が利用するフランチャイジング全社的協調戦略のよく知られた事例である。

フランチャイジングは、小売業や商業印刷のような小規模企業分立型の産業において利用する際に特に魅力的な戦略である。小規模企業分立型の産業では、中小企業の大多数がライバルとして競争している。そこで支配的なシェアの企業はひと握りとて存在しない。しかし、契約協定を通じて独立企業が統合することによって、1つの会社が大きな市場シェアを獲得することが可能になる。

最もうまくいくフランチャイジング戦略では、パートナー（フランチャイザーとフランチャイジー）が密接に協働する。フランチャイザーの主要な責任は、ローカル・レベルでうまく競争するために必要とされる知識やスキルをフランチャイジーに移転するプログラムを開発することである。逆に、フランチャイジーはいかに彼らのユニットがより効果的かつ効率的になり得るかについて、フランチャイザーにフィードバックすることである。パートナー双方は、協調的に仕事をすることによって中核となる会社のブランド名を強化する方法を見出す。このことは、フランチャイジーがローカル市場におい

て活動する上で、しばしば最も重要な競争優位である。

### ● 全社的協調戦略の評価

　それぞれのタイプの協調戦略にはコストがかかる。事業単位の協調戦略と比較して、一般に全社的協調戦略は範囲が広く複雑であり、比較的コストがかかる。特に全社的協調戦略を締結し利用する企業は、提携のコストを自覚し、慎重に監視するべきである。

　それらのコストにも関わらず、企業は全社的協調戦略を効果的に結んで利用するとき、競争優位と価値を生み出すことができる。戦略を優位性に結び付けることができる見込みは、成功を収めた提携の経験が内部化されたときに増えていく。言い換えれば、全社的協調戦略の策定と利用に関わる企業は、将来的に成功を収める方法についての有用な知識の開発にも提携を利用することができる。この知識から最大限の価値を獲得するために、企業は知識を体系づけ、常に提携の形成と利用に関わる企業に知識が適切に分配されていることを確認すべきである

　第6章で説明したように、企業は全社的戦略を策定するために2つの疑問——多角化企業はどの事業で競争するのか？　そしてそれらの事業をどのように管理するのか？——に答えを出す。それらの疑問は、企業が全社的協調戦略を形成するときにも回答される。したがって、全社的協調戦略を展開し、それらを価値があり、稀少で、模倣困難で、代替不能な（第3章参照）方法で管理することのできる企業は、個別の協調戦略の活動を通じて獲得される優位性に追加して競争優位を生み出す（この章の後で、他の潜在的競争優位としての提携マネジメントについてさらに説明する）。

## ■ 国際協調戦略

　クロス・ボーダー型戦略提携（cross-border strategic alliance）は、異なる国に本社を有する諸企業が競争優位を生み出すために、彼らの持つ資源と組織能力の一部を結合する国際協調戦略である。ほとんどすべての業界にお

いて行われているように、クロス・ボーダー型戦略提携の数は増え続けている。それらの提携は、時にはM&A（それはリスクがより高いに違いない）の代わりに形成される。クロス・ボーダー型戦略提携は、複雑で管理が大変である。しかし、母国を離れた場所で価値を生み出すべく資源や組織能力を利用するのに役立つ可能性がある。

ソニーとエリクソンによって結ばれたジョイント・ベンチャーは、両社が母国の外で価値を生み出すために組織能力を効果的に利用する協調関係である。2001年に設立されたそのジョイント・ベンチャーは、ソニーエリクソンと呼ばれている。この関係は、ソニーのコンシューマ・エレクトロニクスに関する専門組織能力と、通信分野におけるエリクソンの技術的リーダーシップを結合して、携帯電話を作るために結ばれた。このクロス・ボーダー戦略的提携は、2006年末時点ではグローバル携帯電話市場においてシェア9％を有する。これは、ノキア、モトローラ、サムスンに次ぐシェアであり利益も生み出している点で成功を収めてきた。

いくつかの理由が、クロス・ボーダー型戦略提携の利用の増加を説明している。その理由の中には、一般的に多国籍企業は国内でのみ活動する企業よりも高い業績を上げているという事実がある。クロス・ボーダー型提携にともなって行われるのは、企業が国内の成功の基盤であるコアコンピタンスを国際市場で活用することである。ナイキが提供するのは、競技用製品やアパレルの多様な品揃えをグローバルに拡大していくために、セレブリティ・マーケティングに関するコアコンピタンスを活用する事例である。ナイキは20億ドルのタレントCM出演料の予算を使って、アスリートにグローバルなアピールをしてもらう関係を結んだ。タイガー・ウッズ、マイケル・ジョーダン、ツール・ド・フランスを7度制したランス・アームストロング、そしてマジック・ジョンソンは、それら個人アスリートの例である。加えてナイキは、ブラジル人のサッカーのスターであるロナルド・ナザリオや、世界で最も人気のサッカーチームであるマンチェスター・ユナイテッドのような米国外のスター選手や組織とCM契約を結んでいる。それらの提携とナイキのパワフルなブランド名の結合は、ナイキが自社のマーケティング・コンピタンスを米国以外の市場に生かすのに役立つ。

限られた国内の成長機会と外国の政府の経済政策が、企業がクロス・ボー

ダー型提携を利用するさらなる理由である。第8章で述べたように、いくつかの国では資本の現地化が国家政策の重要な目標である。たとえばインドと中国では、政府の政策がローカル企業にライセンスを供与する強い選好になって表れている。したがって第8章で述べたように、国際的な多様化を追求する企業にとって、いくつかの国では参入形態の選択肢のすべてを利用することはできないだろう。実際これらの例では、海外企業による投資はクロス・ボーダー型提携のようなローカル企業とのパートナーシップを通してのみ認められる。特に重要なのは、ローカル・パートナーとの戦略的提携は、現地の文化や制度的規範の知識不足といった海外の国への参入に伴うある種の不利を、企業が克服するのに役立つことである。クロス・ボーダー型戦略提携は、海外のパートナーにオペレーショナルな見地から役立つこともできる。というのも、ローカル・パートナーは、現地市場、資本調達先、法的手続き、そして政治といった競争上の成功に寄与する要素について、海外パートナーよりも非常に多くの情報を持っているからである。

　概してクロス・ボーダー型提携は、国内戦略提携よりも複雑でリスクが高い。しかしながら、国際的に競争している企業が国内でのみ競争している企業よりも業績が優れているという事実は、国際市場への多角化の仕方を学習する重要性を示している。M&Aと比較してクロス・ボーダー型提携は、このプロセスを学習する良い方法である。特に、企業の地理的な多角化の初期段階において良い方法である。その好例がスターバックスである。

　スターバックスが海外への拡張を模索していたとき、拡張を通じた継続的成長に対する強い志向をサポートする手段として、同社は素早く展開することを望んだ。そこでスターバックスは、スピードを重視して多くの国で複雑な一連のジョイント・ベンチャーに合意した。スターバックスは、自社のコーヒー供給のライセンス料だけでなく売上や利益の歩合を受け取っているが、海外のコストの管理は米国内よりも難しい。スターバックスは、当初同社が形成した協調関係がもたらした成果から学習している。スターバックスは学習を通じて、同社の役員がやがてはスターバックスにとって最大の国際市場になると考える中国を含む異なる国々において、他社と協調する機会を評価し続けている。スターバックスはさまざまな行動の中で、米国以外の国（中国のような）で関係しているいくつかのジョイント・ベンチャーについて高

い株式所有比率を取ることに努めている。

## ■ ネットワーク型協調戦略

　企業は、ますますさまざまな協調戦略を利用するようになっている。個別の会社と独自の提携を結ぶことに加えて、複数のネットワークの中に結集する企業の数が増えてきている。**ネットワーク型協調戦略**（network cooperative strategy）は、共有する目標を達成するために、いくつかの企業が複数の協調契約に合意する協調戦略である。IBMとシスコは、トヨタ自動車とGMが提携しているように、複数の協調協定を結んでいる。ネットワーク型協調戦略の複雑さが映し出すものは、シスコもまた、ヒューレット・パッカードとデルの双方と一連の独自の協調関係にあるという事実である。その事実とは、企業が複数の製品とサービスとを複数の地理的（国内および国際的）ロケーションに提供しながら、価値を創造する最善の方法を見出そうと努めるにしたがって、今日締結されているネットワーク型協調戦略の数が増え続けているということである。

　ネットワーク型協調戦略が特に効果的なのは、カリフォルニアのシリコンバレー（そこでは"シリコンバレー文化が協調的なクモの巣状の関係を促進する"）や、シンガポールのシリコン・アイランドのような、地理的に集積した企業群によって形成されるときである。企業群の資源や組織能力を共有した上でのパートナー間の効果的な社会的関係や相互作用は、そこに生産性の高い**戦略的中核企業**（strategic center firm）を保有するのと同じく、ネットワーク型協調戦略を成功しやすくする（第11章に詳述）。ネットワークに関わる企業は、複数の所から情報や知識を得る。彼らは、より多くのより優れたイノベーションを生み出すために、それら異質な知識の集合を利用することができる。結果的に、提携のネットワークに関わる企業は、より革新的になる傾向がある。しかし、ネットワークのパートナーに囚われて、他社との提携の進展を妨げられてしまうように、ネットワークへの参加が不利になることがある。日本の**系列**のような一定のタイプのネットワークにおける

ネットワーク内の企業は、同じネットワークの他社が援助を必要とする時、力になることを期待されている。そのような期待は負担になり得るし、徐々に中核企業の業績を低下させることになる。

### ● 提携ネットワークの種類

　ネットワーク型協調戦略の重要な利点は、企業のパートナーのさらにその先のパートナーへ企業がアクセスを得ることである。複数の協調へのアクセスによって、共有された資源と組織能力の組み合わせが拡張するにつれ、追加的な競争優位が形成される可能性が高まる。同様に、新しい組織能力を開発できるようになることは、グローバル経済の中で戦略的優位を持つのに非常に重要な製品イノベーションをさらに刺激する。

　ネットワーク型協調戦略の利用の結果として生じる戦略的提携パートナーシップ群は、一般的に**提携ネットワーク**（alliance network）と呼ばれている。会社が展開するその提携ネットワークは、業界の状況によって異なる。**安定的な提携ネットワーク**（stable alliance network）は、比較的需要が一定かつ予測可能な成熟産業において形成される。安定的な提携ネットワークを通じて、企業は比較的成熟した産業にある自社の中核オペレーションから利益を上げ続けつつ、他の産業へ自社の競争優位の拡張を試みる。したがって、安定的なネットワークは主としてパートナー間に存在する経済性（規模と範囲の経済性もしくはどちらか一方の経済性）を発揮するために構築される。**動態的な提携ネットワーク**（dynamic alliance network）は、頻繁な製品イノベーションと短い製品ライフサイクルを特徴とする産業で利用される。たとえばIT産業におけるイノベーションのスピードが速すぎるので、仮に企業が単独でのみ競争するならば、いかなる企業であっても成功は難しい。動態的な提携ネットワークでは、パートナーは通常製品イノベーションや新しい市場への参入、新しい市場の開発につながる潜在性を秘めた新しいアイデアと可能性を探究する。しばしば、ソフトウェアや製薬といった産業に属する大企業は、イノベーションをベースとした成果を求め、小さな起業家的なスタート・アップ企業との関係のネットワークを創造する。小企業にとって、提携ネットワークで大企業とうまくパートナーを組むことの重要な成果は、規模の大きな協力者と連携することによって築く信用である。

## ■協調戦略の競争上のリスク

　簡単に言うと、多くの協調戦略は失敗する。実際に証拠が示しているのは、協調戦略の3分の2が2年間で重大な問題を抱え、そのうち70％もが失敗するということである。この失敗の割合は、パートナーシップが潜在的に補完的でシナジーがあるとしても、提携の成功がとらえどころのないことを示唆している。失敗は望ましいものではない。しかしそれは、価値ある学習経験になり得る。このことは、企業が将来の協調協定をいかに形成し管理するかについて洞察を得るために、協調戦略の失敗を慎重に分析すべきということを意味している。図9.4に協調戦略の顕著なリスクを示しておく。

　協調戦略のリスクの1つは、パートナーが機会主義的に行動することであろう。機会主義的行動が表面化するのは、公式の契約が機会主義的行為を防げないとき、もしくは提携がパートナーの信頼性について不正確な認識に基づくときである。しばしば機会主義的な企業は、パートナーの暗黙知をできる限り多く獲得することを望む。協調戦略においてパートナーが望むものを十分に知ることは、企業が他社の機会主義的な行動から損害を被る可能性を減らす。

　2003年にBP社がロシアの石油王ミカイル・フッドマン、ビクター・ヴェクセルバーグ、そしてレン・ブラヴァニクと結んだジョイント・ベンチャー

**図9.4** 協調戦略における競争のリスクを管理する

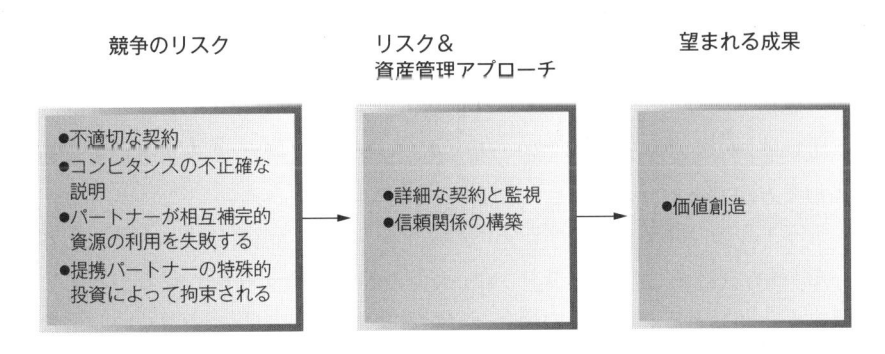

| 競争のリスク | リスク＆資産管理アプローチ | 望まれる成果 |
|---|---|---|
| ●不適切な契約<br>●コンピタンスの不正確な説明<br>●パートナーが相互補完的資源の利用を失敗する<br>●提携パートナーの特殊的投資によって拘束される | ●詳細な契約と監視<br>●信頼関係の構築 | ●価値創造 |

の 2007 年末の状況は、政治的リスクばかりでなく機会主義的行動を物語っている。TNK-BP と称されるその協調関係がユニークなのは、"極めて重要なロシアの石油とガスへのアクセスをはじめて西側の会社にもたらした"ベンチャー（投機的事業）を、BP 社とその 3 人の石油王のグループがそれぞれ 50％ずつ所有していることである。国家のエネルギー産出活動におけるクレムリンの関与の高まりと、TNK-BP がある産地（コビクタ）の生産に関わるライセンス条件のすべてを満たせなかったというクレームが、そのベンチャーの脅威となっている。　そのライセンスの一部は、ベンチャーにコビクタにおける年間 90 億立方メートルのガス生産を求めている。しかし、実際の生産額は、おおよそその 18 分の 1 である。国家が経営する巨大ガス会社ガスプロムが、産出不足の処理のために、パートナーとしてそのベンチャーに参加するであろうと憶測するものもいる。もし、このような事態になれば、問題は TNK-BP が自身の持ち分を確保できるのかということである。その事態に備え、BP 社はロシア政府との良好な関係の維持に努めている。2007年に TNK-BP に 12 億 5,000 万ドル投資する BP 社の計画は、このコミットメントを示している。加えて、ロシアで入手できる石油とガスの備蓄を考慮して、BP 社は他の協調関係を結んでいる。それは、2007 年にサハリン島にて原油の掘削を行うために、国営の巨大石油会社ロスネフトとのベンチャーに少数の持ち分を取得したものを含んでいる。それにも関らず、われわれが見たように BP 社のロシアの会社との協調戦略はリスクと無縁ではない。

　企業が、パートナーシップに自社が提供できるコンピタンスを誤って伝えていたことが明らかになったとき、いくつかの協調戦略は失敗する。コンピタンスの説明不足のリスクは、パートナーの貢献がその無形資産の一部に基づいているときに高い。現地の状況についての卓越した知識は、パートナーがしばしば提供に失敗する無形資産の一例である。協調戦略において共有すべき資源や組織能力（その大部分は形のないものだとしても）を保有している証拠をパートナーに提供するよう求めることは、このリスクを処理する効果的な方法であろう。

　もう 1 つのリスクは、企業がそのパートナーに、協調関係にコミットしている（最も洗練された技術のような）資源や組織能力を利用させることに失敗することである。これらの場合、異なる文化と言語が契約条項ないし信頼

を基礎とした期待に誤解をもたらす。

　最後のリスクは、ある企業は提携に特殊な投資を行うかもしれないのに対して、パートナーは(提携に特殊な)投資を行わないかもしれないことである。たとえば、提携が生み出すアイテムの生産にだけ利用可能な設備の開発のために、企業は資源と組織能力をコミットするかもしれない。仮にパートナーが提携に特殊な投資を行わないのならば、特殊な投資が行われる場合に比べて、その企業は提携から得る収益の点で比較的不利である。それらの論点は、ピクサーとウォルト・ディズニー社との間で結ばれた協調関係に関わる問題で現実のものになった。

　ピクサー（コンピュータアニメーション・スタジオ）とエンターテイメントの巨人ウォルト・ディズニー社は、「トイ・ストーリー」「モンスターズ・インク」「カーズ」を含むいろいろなコンピュータアニメーション作品の開発・販売に向けてパートナーとなり、そのすべてが大ヒットした。しかし、ディズニーはピクサーとのパートナーシップにリスクを感じていた。主としてそれは、ディズニー抜きでピクサーが制作した映画は、ディズニーが自前のスタジオ運営で制作した映画よりも、興行上大きな成功を収めていたからである。さらに、ディズニーがピクサーと制作した映画は、ディズニーが自前のスタジオ運営から稼ぐ収益の相当な割合（2002年に35％）を占めていた。したがって、ディズニーはピクサーよりも提携に特殊なコミットメントを行ってきたものと思われる。

　その後、ピクサーの社長スティーブ・ジョブスと当時のディズニーのCEOマイケル・アイズナーとの間のコミュニケーション不足によって、2004年半ばにパートナーシップ契約の修正に向けた交渉は頓挫することになった。しばらくしてアイズナーがディズニーのCEOを離れた後、2005年9月に両社間の交渉が再開した。交渉の末、2006年1月にディズニーはピクサーを買収することになった。その買収額は、株式交換で74億ドルの価値であった。スティーブ・ジョブスはピクサーの発行済み株式の50.1％を所有していたので、ディズニーとの株式交換によってジョブスはディズニー最大の単独株主になった。現在ディズニーは、ピクサーと一緒になって大成功を収めたいくつかの作品の続編の制作を続けている（たとえば2010年に「トイ・ストーリーⅢ」が劇場公開）。

## 協調戦略の管理

　協調戦略は企業の成長と業績向上の重要な手段であるが、これら戦略の管理は一筋縄にはいかない。しかし、協調戦略の効果的な管理の仕方を学習することは、学習可能な状態にあることが競争優位の源泉になり得るという意味で重要である。なぜなら、協調戦略を効果的に管理する能力は、概して組織にまたがって不均等に分配されているので、企業の協調戦略に対する経営上の責任を上層の経営者もしくは1つのチームに命ずることによって、その戦略がうまく管理される可能性を高めるからである。

　協調戦略の管理責任者は、活動を調整し、前の経験から学んだ知識を類別し、協調戦略を効果的に策定して利用する方法について企業が経験して知ったことが、適時、適格者によって把握されているのを確認するために必要な行動をとるべきである。そして、企業は協調協定に関わる有形資産と無形資産（例えば、知識）の双方を管理する方法を学習しなければならない。よくあることだが、パートナーは協調関係における無形資産の管理をなおざりにして、有形資産の管理だけに集中する。

　協調戦略を管理するために、2つの主要なアプローチ──コスト最小化と機会最大化──が利用される（図9.4参照）。**コスト最小化**（cost minimization）の管理アプローチでは、企業はそのパートナーと公式の契約を作成する。それらの契約は、いかに協調戦略が監視されるべきか、そしていかにパートナー企業の行動が統制されるべきかを明示する。すでに述べたTNK-BPのジョイント・ベンチャーは、契約上の合意を通じて管理されている。コスト最小化アプローチの目標は、協調戦略のコストを最小化し、パートナーによる機会主義的な行動を防ぐことである。2番目の管理アプローチ──**機会最大化**（opportunity maximization）──の焦点は、パートナーの価値創造の機会を最大化することである。このケースでは、パートナーは、お互いから学習したり追加的な市場機会を開拓したりするために、予期せぬ機会を利用してもよいと思っている。パートナーの行動に対して制約がほとんどない、さほど公式的ではない契約がパートナーに可能にさせるものは何か。それは、いかにしてかれらの資源や組織能力を複数の価値創造方法に分配し

得るのかを探させることである。

　企業は協調戦略を管理するために、双方のアプローチをうまく利用することができる。しかし、コスト最小化アプローチが提携のコスト削減を目指しているとしても、契約の詳細を記述したり広範な監視メカニズムを利用したりすることが高くつくことから、協調戦略を監視するコストはばかにならない。監視システムは、パートナーが自分たちにとって最善の利益になるように行動するのを防ぐだろう。しかし、監視システムは提携の競争優位の利用を顕在化する新しい機会に対する建設的な反応を、妨げもする。したがって、公式の契約や広範な監視システムは、協調戦略への参加から最大の価値を得ようとするパートナーの努力を抑制するし、配置し利用するために多くの資源を必要とする。

　それほど細目にこだわらず、さほど公式的とはいえない契約は、2番目の管理アプローチである機会最大化を利用する企業によって作成される契約の一部である。その意味するところは、企業はパートナーシップにとって最善の利益になるように行動するために、互いに信頼する必要があるということである。協調協定のコンテクストにおける信頼の心理的状態とは、他方の会社がパートナーの弱みに付け込む機会に直面したとしても、そうしないというパートナーによって抱かれる期待である。パートナーがお互いに信頼すれば、提携におけるそれぞれの企業の行動を明示するための詳細かつ公式の契約を記述する必要はそれほどない。また、その方が協調関係はより安定的な傾向にある。国内協調戦略に比べて、国際協調戦略において信頼を築くのは困難な傾向がある。貿易政策や文化、法規、そして政治における相違はクロス・ボーダー提携に付き物で、困難さが増している原因である。信頼が存在するとき、パートナーの監視コストは削減され、価値を創造する機会は最大化される。本質的にそれらのケースでは、企業は社会関係資本を構築している。戦略フォーカス・コラムで検討したルノーと日産の提携について同社役員は、「運営ルールと守秘義務とが相まって…2社のパートナー間の相互信頼の上に構築されている」と述べている。

　パートナー間の信頼が提携の成功の可能性を高めることを明らかにした研究は、協調戦略を管理するための機会最大化アプローチの利点を強調するように思われる。信頼は提携のパートナーの行動に影響を及ぼしコントロール

する、最も効率的な方法でもあるだろう。信頼は、価値があり、希少で、模倣困難で、しばしば代替不能な組織能力になり得ることを研究は示している。したがって、信頼に足るとして知られる企業は、協調戦略の開発と利用の仕方について競争優位を保持することができる。ひとつの理由は、公式の契約の中で、協調戦略のすべての運営上の細目の明示は不可能ということである。そのパートナーを信頼し得るという自信は、すべての提携の細目を契約上コントロールできないことについての企業の懸念を減らす。

## 要約　　*Summary*

- 協調戦略は、複数の企業が共有している目標を達成するために協働する戦略である。競争優位を生み出すために、企業がそのいくつかの資源や組織能力を結合する戦略的提携は、協調戦略の主要な形態である。ジョイント・ベンチャー（合弁事業：企業が競争優位の開発を意図した新しいベンチャーを創造し、その会社を均等な持ち分で所有する）、資本関係のある戦略的提携（資本提携：企業が新しく創造したベンチャーを異なる持ち分で所有する）、資本関係のない戦略的提携（業務提携：企業が契約関係を通じて協調する）は、戦略的提携の3つの基本タイプである。第3章で述べたアウトソーシングは、一般的に企業が資本関係のない戦略的提携を形成するときに現れる。

- 共謀戦略は、もう1つのタイプの協調戦略（戦略的提携とは別物）である。世界中どこへ行っても、明示的共謀戦略は政府の政策による認可がない限り違法である。グローバリゼーションの高まりは、明示的な共謀を政府が認可する状況を減らしている。相互自制とも称される暗黙的共謀は協調戦略であり、その戦略を通じて企業は潜在的な競争的生産高を下回る水準にまで業界の生産高を減らすために暗黙裡に協調し、それによって競争的な水準以上へと価格が上昇する。

- 企業が協調戦略を利用する理由は、変化の周期が遅い市場、変化の周期が速い市場、そして変化の周期が標準の市場によって異なる。制限的な市場（変化の周期が遅い市場）への参入、ある競争優位から他の競争優位への迅速な移行（変化の周期が速い市場）、そして市場の支配力の獲得（変化の周期が標準の市場）は、企業が協調戦略を選択する数ある理由のうちの3つである。

# 第9章　協調戦略

■ 個別の製品市場において企業がその業績の改善を促進するために、4つの事業単位の協調戦略が利用される。①垂直・水平相互補完型提携を通じて、会社は価値連鎖の異なる部分（垂直的）で価値を生み出したり、同じ部分（水平的）で価値を生み出したりするために、資源や組織能力を結合する。②競争反応型戦略は、競合企業の行動、特に戦略的行動に反応するために形成される。③競争削減型戦略は、企業がその競争力を改善するために資源や組織能力を整理する一方、過当競争を回避するために利用される。④不確実性削減型戦略は、（新しい製品市場のような）不確実性のある競争環境の状態によって生み出されるリスクをヘッジするために利用される。相互補完型提携は、最も高い持続的競争優位の獲得の可能性を有する反面、競争削減型提携が持続的競争優位を獲得する可能性は最も低い。

■ 製品多角化と（もしくは）地理的多角化に従事するために、企業は全社的協調戦略を利用する。戦略的提携の多角化を通じて、企業は新しい市場への参入もしくは新しい製品の生産のために、その資源や組織能力のいくつかを共有することに合意する。シナジー型提携は、企業が範囲の経済性を開発するために資源と組織能力を共有する提携である。この提携は、企業がオペレーショナルなシナジー（全社的シナジーの開発のために利用されるシナジー型提携を除く）の開発に努める事業単位の水平相互補完型提携と似ている。フランチャイジングは、全社的協調戦略である。そこでは、フランチャイジーとの資源や組織能力の共有方法を明示する契約関係として、フランチャイザーがフランチャイズを利用する。

■ 国際協調戦略として、クロス・ボーダー型提携はいくつかの理由で利用される。その理由には、国内市場の外の市場において競争する企業の卓越した業績や、M&Aを通じた成長に対する政府の規制が含まれている。一般的にクロス・ボーダー型提携は、国内の提携よりもリスクが高い。特に、パートナー同士がパートナーシップに参加するお互いの目的を完全に認識していないときにリスクが高い。

■ ネットワーク型協調戦略では、共有された目的の達成のために、いくつかの企業が複数のパートナーシップの形成に合意する。ネットワーク型協調戦略の主要な利点は、"パートナーのさらにその先のパートナー"へのアクセスを獲得する企業の機会である。これが起こるとき、競争優位を形成するために、資源と組織能力を共有するユニークな方法をパートナーが見出す可能性が飛躍的に高まる。ネットワーク型協調戦略は、安定的な提携ネットワークもしくは動態的な提携ネットワークのどちらかを形成するために利用される。成熟産業で利用される場合、パートナーは競争優位を新しい領域に拡張するために安定的なネットワークを利用する。頻繁に製品イノベーションが起こる急速に変化する環境では、イノベーションのツールとして、主に動態的なネット

ワークが利用される。

- 協調戦略はリスクに無縁というわけではない。もし契約が適切に結ばれなければ、あるいはコンピタンスの説明が不十分ないしパートナーがコンピタンスを入手し損なうならば、協調戦略は失敗に陥りやすい。さらに、企業はパートナーに関連する資産特殊的な投資を行うというかたちで、拘束されてしまうだろう。そして、その投資はパートナーに食い物にされてしまうだろう。

- 信頼は、成功する協調戦略のますます重要な側面である。企業は、信頼に足る会社とパートナーを組むことの価値を認識している。信頼が存在するとき、協調戦略はパートナー間の機会の追求を最大化するように管理される。信頼がなければ、協調戦略を管理するために公式の契約と広範な監視システムが利用される。このケースでは、協調戦略に参加することによって機会を最大化することよりも、コストを最小化することが関心事である。

## 重要用語 *key words*

- **協調戦略**（cooperative strategy）は、共有された目標を達成するためにいくつかの企業が協働する戦略である。

- **戦略的提携**（strategic alliance）は、競争優位を生み出すために企業が資源や組織能力の一部を結合する協調戦略である。

- **ジョイント・ベンチャー**（合弁事業：joint venture）は、その資源や組織能力の一部を共有するために、2社もしくはそれ以上の企業が法的に独立した会社を設立して競争優位を開発する戦略的提携である。

- **資本関係のある戦略的提携**（資本提携：equity strategic alliance）は、2社もしくはそれ以上の企業が、競争優位を生み出すためにその資源や組織能力の一部を結合して設立した会社を、異なる所有比率で保有する提携である。

- **資本関係のない戦略的提携**（業務提携：nonequity strategic alliance）は、競争優位の

創造に向けてユニークな資源や組織能力を共有するために、2社あるいはそれ以上の企業が契約関係を構築する提携である。

● 企業は個別の製品市場において成長し業績を改善するために、**事業単位の協調戦略**（business-level cooperative strategy）を利用する。

● **相互補完型戦略提携**（complementary strategic alliance）は、複数の企業が競争優位の開発のために、補完的な方法で他社と資源や組織能力を共有する事業単位の提携である。

● 企業は、提供製品あるいは進出市場もしくはその双方の多角化の促進に役立つよう、**全社的協調戦略**（corporate-level cooperative strategy）を利用する。

● **多角化型戦略提携**（diversifying strategic alliance）とは、企業が新しい製品ないし地域別市場に多角化するためにその資源や組織能力の一部を共有する、全社的協調戦略である。

● **シナジー型提携**（synergistic strategic alliance）は、範囲の経済性を生み出すために、企業間でその資源と組織能力の一部を共有する全社的協調戦略である。

● **フランチャイジング**（franchising）は、**企業**（フランチャイザー）が、パートナー（フランチャイジー）との資源や組織能力の共有を記述し統制するための契約的関係として、フランチャイズを利用する全社的協調戦略である。

● **クロス・ボーダー型戦略提携**（cross-border strategic alliance）は、異なる国に本社を有する諸企業が競争優位を生み出すために、彼らの持つ資源と組織能力の一部を結合する国際協調戦略である。

● **ネットワーク型協調戦略**（network cooperative strategy）は、共有する目標を達成するために、いくつかの企業が複数の協調契約に合意する協調戦略である。

## 復習問題 *Review questions*

1. 協調戦略の定義は何か。そしてなぜこの戦略が、21世紀の競争環境において競争する企業にとって重要なのか。
2. 戦略的提携とは何か。競争優位を開発するために企業が利用する戦略的提携の3つのタイプとは何か。
3. 4つの事業単位の協調戦略とは何か。そしてそれらの違いは何か。
4. 3つの全社的協調戦略とは何か。競争優位を生み出すために、いかにして企業は3つの戦略を利用するのか。
5. なぜ企業はクロス・ボーダー型戦略提携を利用するのか。
6. 協調戦略を利用するときに企業が陥りやすいリスクとは何か。
7. 協調戦略を管理するための、コスト最小化アプローチと機会最大化アプローチの違いは何か。

# 第 3 部

# 戦略行動：戦略の実行

第 10 章　コーポレート・ガバナンス

第 11 章　組織構造とコントロール

第 12 章　戦略的リーダーシップ

第 13 章　戦略的アントレプレナーシップ

# 第10章

## コーポレート・ガバナンス

本章の狙いは、下記目的に必要な戦略的経営の知識を提供することにある。

1. コーポレート・ガバナンス（企業統治）を定義し、それがなぜ経営者の戦略的意思決定をモニター（監視）し、コントロールするのに使われているのかを説明する。

2. 現代の企業において、多くの場合、所有が経営のコントロールとなぜ分離されているのかを説明する。

3. エージェンシー関係と経営者の機会主義について定義し、またこれらの戦略的意味について述べる。

4. 3つの企業内部のガバナンスの仕組み——所有の集中、取締役会、そして経営幹部報酬——が、経営者の意思決定のモニタリングとコントロールに、どのように使われるのかを説明する。

5. 経営幹部の受け取る報酬のタイプと、それらが戦略的意思決定へ与える効果について議論する。

6. 外部のコーポレート・ガバナンスの仕組み——企業コントロール市場——が、トップレベルの経営者の戦略的意思決定にどのような拘束をもたらしているのか述べる。

7. 国際的な場において、特に、ドイツと日本における、コーポレート・ガバナンスの用いられ方について議論する。

8. どのようにしてコーポレート・ガバナンスが倫理的な戦略的意思決定を生み出すのか、トップレベルの経営幹部がそのような行動をとることの重要性について述べる。

## opening case

ますます強化されているコーポレート・ガバナンスは、CEO（最高経営責任者）にどのような影響を与えてきたのか？

　2006年には、記録的な数のCEOが、解雇、退職、または別の企業への転職のために、その職を離れていった。この注目すべき大量の離職の原因の一部には、取締役会、ガバナンス活動家による圧力の増加がある。また、特にプライベート・エクイティ・ファンドや企業に介入するヘッジ・ファンドによる、企業コントロール市場（低業績の標的企業の株式を手に入れたり、全面的な直接買収を考えている他の企業）からの圧力の増加により、CEOに対する監視が強まったことがある。多くのCEOはまだ、取締役会長ならびに最高経営責任者の肩書を保っているが、"皇帝のようなCEO"の時代は終わっている。現在では、CEOがすべてのステークホルダーの利益になる方向を目指していないと思われる場合、取締役会のメンバーにはCEOの見解に反対をするように、との圧力がかかっている。このように、社外取締役も以前より活発に発言するようになっている。コーポレート・ガバナンスの専門家であるネル・ミノーは、「以前は、（取締役会のメンバーにとって）厳しい質問をすることは、なにかしら無礼であり不適切な行動であると考えられていたが、現在では厳しい質問をしないことが無責任だと認識されている」と述べ

ている。

　また、メディアや、証券取引所（SEC）などのような政府機関、アクティビスト投資家（例えば、年金基金）による、経営幹部報酬に対する批判や監視が高まっている。サーベンス・オクスリー（SOX）法（2002年に通過）によって、米国のコーポレート・ガバナンス政策は、ますます強化された。このような監視は、形式を問わずいかなる形の汚職、利益相反、そしてその他の悪事や不適切な行為に対しても許容度がゼロになることにつながる。

　他方、この監視すべてには代償があるのかもしれない。興味深いことには、あまりにも多くのCEOが新しく任命されるために、平均的なCEOの在職期間は、18～24ヵ月へと短期化している。「ハーバード・ビジネス・レビュー」の記事は、「現在の率でいくと、米国の大企業の約50％が、次の4年以内に新しいCEOを迎える」と報告している。この動きは、特に、どのように事業を行うのかの企業内部の知識を持たずに、短期間で利益を上げるために外部から雇われて来るCEOに、真の挑戦をつきつける。CEOの交代が増え在職期間が短くなっているので、CEOは、より短期間の業績回復のための企業戦略にいっそう焦点を当てるようになり、また離職が避けられないので、その際の契約条件に関心を向けるようになっている。皮肉にも、ガバナンスのコントロールの強化は、CEOの報酬と離職手当をより高額なものとしている。この中には、ゴールデン・パラシュートも含まれる。これは、もしも企業がテイクオーバー（企業買収）されるという理由で、契約期間以前にCEOが辞める場合、しばしば3年分の年俸が支払われるものである。ほとんどの企業でCEOの在職期間がより短期化していることを考えると、もしも、SECが離職手当を制限した場合、CEOは自分が負うリスクへの補償として、はじめからより多くの報酬支払いを要求するようになるだろう。

　それに加えて、現在の自分の企業の活動に集中するために、他社の社外取締役を兼任するCEOが減っている。しかし、その結果、CEOにとって、S&P 500社やフォーチュン500社ランキングに含まれるような大規模で複雑な組織を理解するための外部ガバナンスの経験の減少につ

ながっている。『ビジョナリーカンパニー』（原題 "Built to Last"）の著者ジェームズ・C・コリンズは、社内出身のCEOが、その企業に特有な情報を提供することができ、その結果、長期的な利益と平均を上回る収益性を生むことを可能にする、ということを見いだした。企業が利益を生み出すようになるのに平均してCEOの7年間の在職期間が必要であるが、ほとんどのCEOが7年もたたないうちに"辞職"をしていくことを彼は問題視している。コリンズは、「もしも、われわれが何も考えずに会社の救い主を探し、CEOの在職期間を短縮しているのであれば、われわれは凡庸への道を歩んでいることになる」と指摘している。

　コーポレート・ガバナンスはもろ刃の剣である。一方では、エンロンの惨禍は従業員を含めたステークホルダー全員に多大な損失を招いたが、このようなスキャンダルが再び起きないようにすることが必要である。また、他の管理職や従業員と比べCEOへの報酬はあまりにも高額である。もう一方では、過度に厳しいガバナンスは、CEOに経営リスクを取らないようにさせたり、ガバナンスのコストを過度に引き上げ、また、CEOの意思決定権を制限する。皮肉にも、多くのガバナンス活動家の意図に反して、過度のガバナンスはかえってCEOの報酬を引き上げている。コーポレート・ガバナンスは必要であるが、ここにあげたような問題を避けるために、確実にその適切な実行を行うことが重要になる。

出典：N. Byrnes & J. Sasseen, 2007, Board of hard knocks: Activist shareholders, tougher rules and anger over CEO pay have put directors on the hot seat, *BusinessWeek*, January 22, 37–39; K. P. Coyne & E. J. Coyne, Sr., 2007, Surviving your CEO, *Harvard Business Review*, 85(5): 1–9; D. R. Dalton & C. M. Dalton, 2007, CEO succession: Best practices in a changing environment, *Journal of Business Strategy*, 28(2): 11–13; L. Dittmar, 2007, Raising the bar on governance: Are boards up to the task? *Financial Executive*, 23(2): 50–63; D. Eichinger, 2007, Do you know where your next CEO is? *BusinessWeek*, http://www.businessweek.com, July 31; F. Guerrera, 2007, Once mighty U.S. chiefs feel the heat, *Financial Times*, January 3, 22; C. Hymowitz, 2007, Personal boundaries shrink as companies punish bad behavior, *Wall Street Journal*, June 18, B1; K. Kelly, 2007, Roller coaster leadership, *Business Strategy Review*, 18(1): 22–27; 2006, Why corporate boardrooms are in turmoil, *Wall Street Journal*, September 16, A7; N. Byrnes, D. Kiley, R. O. Crockett, & T. Lowry, 2006, The great CEO exodus, *BusinessWeek*, October 30, 78.

オープニング・ケースで示されるように、企業を監督するガバナンスの仕組みが間違いなく適切に使用されることが、戦略的経営のプロセスのますます重要な部分になってきている。もしも取締役会が、企業の戦略的リーダー（例えばCEO）の選択、統治、報酬に関して間違った決定を行うと、株主とその企業が苦しむことになる。CEOが、企業にとって（特に株主にとって）の利益を最大化させるように行動しようと動機付けられていれば、その企業の価値は上がるはずである。

　批判的な人は、米国のCEOの収入は高すぎると論じているが、近年の彼らのインセンティブ報酬の大幅な上昇は、彼らの報酬を企業の業績と連動したことに表向きは由来しており、米国の企業は他の国の多くの企業と比べて好業績である。しかし、研究によると、特に、トップ経営陣の協力がより大切な場合、CEOと他のトップレベルの経営幹部との報酬のギャップが小さい方が、企業業績がよいことが示されている。業績の改善は、トップ経営陣のより良い協力のおかげだからである。また、コーポレート・ガバナンスが極端に弱い場合、CEOが過度の報酬を受け取るという研究もある。

　**コーポレート・ガバナンス (corporate governance：企業統治)** は、ステークホルダーの間の関係を管理し、組織の戦略的方向性や業績を決定しコントロールするために使われる一連の仕組みのことである。コーポレート・ガバナンスの中核は、戦略的意思決定が効果的に行われるための方策を間違いなく見つけていくことにある。また、コーポレート・ガバナンスは、利益が相反するかもしれないグループ（企業の所有者とトップレベルの経営者）の間に秩序を確立するために、企業が使う方策であるとも考えることができる。このように、コーポレート・ガバナンスは、企業の価値を反映しより高めるためのものである。現代の企業において、特に米国と英国においては、コーポレート・ガバナンスの第1の目的は、トップレベルの経営者と株主の利益が同じになるように保証することにある。コーポレート・ガバナンスは、所有者、経営者、取締役会のメンバーの間の利益相反がおこりそうな領域の監視を伴う。オープニング・ケースで示されるように、これらの領域には、取締役の選出、CEOの報酬全般の監視、取締役の報酬に一層焦点を絞った監督、企業の全体的な構造や戦略的方向が含まれる。

　コーポレート・ガバナンスが最近強調されるようになったのは、しばしば

第10章　コーポレート・ガバナンス

トップレベルの経営陣の意思決定を適切に監視しコントロールすることができなかったという、コーポレート・ガバナンスの仕組みの失敗が主な理由である。この結果として、特に取締役会の有効性を改善するために、ガバナンスの仕組みを変える試みが、世界中で生じている。しかし、こうした変化は、取締役会の適切な役割についてたびたび混乱を生じさせている。ある識者によれば、「取締役会については、会社によって非常に異なる見方をしている。ある取締役会は、コンプライアンス規制のチェックボックスを埋めることだけをしているが、別の取締役会は根本的な統治の仕方を変えることを考えており、また別の取締役会はCEOや会社が細部ばかりを見る微視的経営に陥っているのではないかと心配している。かなりの混乱がおこっており、また、同時に皆がどうすればよいのかを探っている」という。コーポレート・ガバナンスへの興味が高まっている2つ目の理由は、もっと積極的な理由で、よく機能しているコーポレート・ガバナンスとコントロール・システムは、個々の企業の競争優位をつくりあげることができるということを示す証拠からきている。例えば、ガバナンスの仕組みの1つである取締役会は、米国企業の重要な戦略的な力として急速に発達してきている。そこで、この章では、トップレベルの経営者の行為が、その企業が戦略的競争力や平均を上回る収益性を得るために役立つことを確実にするための、モニタリングやコントロールの方法に焦点を当てた戦略の実行に関する行動について述べる。

　効果的なコーポレート・ガバナンスは国益でもある。コーポレート・ガバナンスは社内の基準を反映するものであるが、またそれは集合体として、その国の社会の基準を反映している。国内の企業とその取締役会とともに、自国の企業を効果的に統治できる国は、他のライバル国に対して競争優位を得るかもしれない。多くの国において、特に米国と英国では、ビジネス組織の基本的な目標は、株主価値の最大化である。伝統的に、株主は企業の法的な所有者なので、企業の主要なステークホルダーとして扱われてきた。企業の所有者は、トップレベルの経営陣や、企業の行動に影響を及ぼすその他の人々（例えば、取締役会）が、会社の価値を最大化し、それにより所有者の富を最大にするような意思決定に期待している。面白いことに、国境を越えた企業買収において、弱いガバナンス（例えば、株主保護が弱い）の国の企業は、強いガバナンス規制をもつ国の標的企業に比べ、低くしか評価されないとい

う、研究結果がある。

　本章の最初の部分では、現代の企業の成立基盤となる関係、すなわち所有者と経営者の関係について詳しく述べる。本章の大部分では、経営者を統治し、株主の利益を最大化するという責任を間違いなく果たさせるために、所有者が用いるさまざまな仕組みについての説明がなされる。

　現代の企業では、3つの企業内部のガバナンスの仕組みと、1つの企業外部からのガバナンスの仕組みが使用されている。本章で説明する3つの企業内部のガバナンスの仕組みは、①株主の類型と経営者を監視するうえでの異なった動機で示される所有の集中、②取締役会、そして、③幹部報酬である。次に、外部のコーポレート・ガバナンスの仕組みとして企業コントロール市場を考えていく。本質的には、この市場は、潜在的な所有者の一群が低い価値の企業を探し、無能なトップレベルの経営者チームを交替させることにより平均を上回る収益性を投資から得ようとするものである。本章の焦点は、次に、国際的なコーポレート・ガバナンスの問題へと移る。グローバル競争の現実に直面して、伝統的なガバナンス構造が影響を受けているドイツと日本の企業のガバナンスへのアプローチを、簡潔に説明する。ドイツ、日本、英国、米国、そして新興経済国といった多くの異なる国々において、この世界的企業を統治するために用いられる構造は、違ってきているのではなく、逆に似通ってきているということを議論する。コーポレート・ガバナンスの分析の最後は、これらのコントロールの仕組みが、組織における倫理的な行為を奨励し支援するために必要であるということを検討する。

　重要な点は、本章で議論する仕組みは、現代の企業では、トップレベルの経営陣に重要な責任と権威を与えているが、現代の企業のガバナンスに有益な影響を及ぼすことができるということだ。しかし、複数のガバナンスの仕組みが同時に作動する中で、これらのガバナンスの仕組みの間で対立が起ることもあり得る。後ほど、私たちは、これらの対立がどのようにして起るのかを概観する。

第 10 章　コーポレート・ガバナンス

## ■ 所有と経営のコントロールの分離

　歴史的に、米国企業は創業者である所有者とその子孫によって経営されてきた。この場合、企業の所有とコントロールは同じ人たちが握っていた。企業が大きく成長するにつれて、経営者革命によりほとんどの大企業で所有と経営が分離され、そこでは企業のコントロールが企業家から専門経営者へとシフトする中で、日常の経営には携わらない何千人もの組織化されていない株主に所有は分散した。これらの変化は、所有と経営コントロールの効率的な分離が基盤となった現代の公開企業をつくりあげた。この分離を支えている基本的な法的な前提は、企業活動の主目的は企業の利益の増大であり、それにより所有者（株主）に財務上の利益をもたらすというものである。

　所有と経営コントロールの分離は、株主が、諸費用を支払った後に残る収益（残余利益）への権利を有する株式というものを購入することを可能にする。しかしながら、この権利は、また、株主に、企業の費用が収入を超えるというリスクを負わせることになる。この投資リスクを管理するために、株主は数社に投資することによって、分散したポートフォリオを組み、全体的なリスクを低減しようとする。株主が多くの企業に投資し分散を図ることによって、彼らのとるリスクは低減する。投資した会社の一社が業績不振や倒産に陥っても、投資全体にとっては少ない影響で済む。したがって、株主は投資リスクの管理に特化する。

　小さな企業では、経営者は大口株主であることが多く、これは所有と経営コントロールの分離があまりなされないことを意味する。事実、多くの同族経営の会社では、所有と経営コントロールは分離されていない。米国では、少なくともS＆P 500 社のうち3分の1が、同族によって大口の所有がなされており、彼らは発行済み株式の平均約 18％を保有している。そして、同族経営の会社は、外部者がCEOである時より家族のメンバーがCEOである方が、業績がよい。米国以外の多くの国、例えばラテンアメリカ、アジアやいくつかのヨーロッパの国では、同族所有が主な企業形態である。これらの企業はほとんどの場合、その第一の目的は、家族の富を増加させることである。これはなぜ家族の中から出てきたCEOの方が、外部から来たCEO

より良い業績をあげることが多いのかを説明する。

　同族経営の企業は、少なくとも2つの重要な問題に直面する。まず最初に、企業が成長するに従って、彼らは、企業を効率的に経営し、家族の利益を最大にするために、必要なスキルのすべてを持っているわけではないかもしれないという点である。したがって、彼らは外部者を必要とするかもしれない。また、企業の成長にともなって、彼らは、外部の資本を必要とし、そのため所有の一部を外部へ渡さざるをえなくなるかもしれない。これらの事例では、少数派の所有者の権利をいかに保護するかが重要になってくる。これらの潜在的な問題を避けるため、会社が成長してより複雑になった場合、所有者兼経営者は経営の専門家と契約を結ぶかもしれない。これらの経営者は、所有者の持っている企業内で、大きな決定をし、彼らの意思決定スキルに基づいて報酬を受け取る。経営者は、意思決定の専門家として会社の所有者の代理人（エージェント）であり、意思決定能力を使って、所有者の投資への収益を最大にするべく所有者の会社を経営することが期待されている。

　所有者（株主）がリスク負担に特化し、経営者が意思決定に特化することなしには、所有者の経営能力と有効な戦略的意思決定を行う能力では、企業には限界があるかもしれない。したがって、所有（リスクの分担）と経営コントロール（意思決定）の分離と専門化は、企業の所有者にとって最も高い収益をもたらすはずである。

　所有者にとっての価値は企業の株価に反映される。前にも述べたように、取締役会や企業業績に基づく報酬といった、コーポレート・ガバナンスの仕組みは、CEOが会社の株価に対して一般的に関心を示す理由である。

## ● エージェンシー関係

　所有と経営の間の分離はエージェンシー関係を作りだす。1人以上の人（プリンシパル）が、別の1人以上の人（エージェント）を、意思決定の専門家として雇うときに、**エージェンシー関係** (agency relationship) は発生する。すなわち、ある一団が別の一団に報酬を支払って意思決定をする責任を移譲した場合に、エージェンシー関係が存在する。株主とトップ幹部のみならず、エージェンシー関係の例としては、コンサルタントとクライアントの関係や、保険会社と保険契約者の関係が挙げられる。それに加えて、組織内では、エー

ジェンシー関係がトップ経営陣と企業の所有者の間だけでなく、経営者と従業員の間にも存在する。現代の企業では、経営者は、これらの関係と企業の有効性が結びついていることを理解しておかなければならない。経営者と従業員とのエージェンシー関係は重要だが、本章では、企業戦略の実施に直接的に影響を与えるという理由から、企業の所有者（principal）とトップレベルの経営者（agent）とのエージェンシー関係に焦点を合わせる。

所有と経営コントロールの分離は問題含みである。研究によると、現代の企業におけるさまざまなエージェンシー問題を裏付ける証拠がある。プリンシパルとエージェントの間に異なった利害や目標があるため、あるいは、株主は公開されている大企業に直接的なコントロールをすることができないために、問題が顕在化する可能性がある。エージェントがプリンシパルの目標に反する目標の追求をする意思決定を行う場合にも、問題は起こる。したがって、所有とコントロールの分離は、（プリンシパルとエージェント間で）かい離している利害が表面化するのを潜在的に許し、そうした状況が経営者の

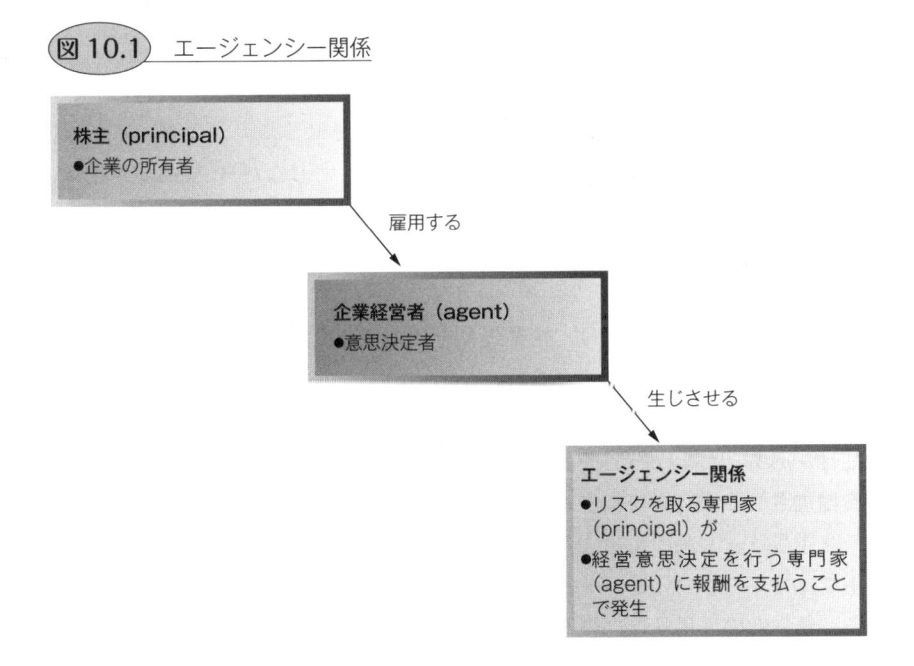

**図10.1** エージェンシー関係

```
┌─────────────────────────┐
│ 株主（principal）        │
│ ●企業の所有者            │
└─────────────────────────┘
            │ 雇用する
            ▼
    ┌─────────────────────────┐
    │ 企業経営者（agent）      │
    │ ●意思決定者              │
    └─────────────────────────┘
                │ 生じさせる
                ▼
        ┌─────────────────────────────┐
        │ エージェンシー関係            │
        │ ●リスクを取る専門家           │
        │  （principal）が              │
        │ ●経営意思決定を行う専門家     │
        │  （agent）に報酬を支払うこと  │
        │  で発生                       │
        └─────────────────────────────┘
```

機会主義をもたらすかもしれない。

**経営者の機会主義** (managerial opportunism) とは、策略（すなわち、ずるさや偽り）によって個人的利益を満たそうとすることである。機会主義は態度（例えば、傾向）と、行為（すなわち、私利のための特定の行動）の両方を指す。プリンシパルにとって、あらかじめ、どのエージェントが機会主義的な行動をし、どのエージェントが行動しないかを知るのは不可能である。トップ経営者の評判は不完全な予測でしかなく、機会主義的な行為は実際に起きるまで観察できないのだ。したがって、プリンシパルは、機会主義的行動をとりそうなエージェントがほんの一握りであったとしても、エージェントが機会主義的に行動するのを防ぐためにガバナンスとコントロールの仕組みを設定する。プリンシパルがエージェントに意思決定の責任をゆだねる場合には、いかなるときでも、利益相反の機会が存在する。例えば、トップ経営陣は個人的な利得を最大化し個人的リスクを最小化するような戦略的決定を行うかもしれない。このような決定は、株主の富の最大化を妨げてしまう。このような可能性のあるものの中には、製品の多角化に関する決定がある。

## ● エージェンシー問題の一例としての製品多角化

第6章で説明したように、会社の製品ラインを多角化させるための企業戦略は、企業の戦略的競争力を高め、収益を増加させることができ、これは、株主と経営トップ幹部の利益にかなっている。しかしながら、製品多角化は、株主には利益をもたらさないが、経営者にとっては利益となる2つの結果をもたらす。この理由から、トップ経営陣は株主よりも製品の多角化をより好むかもしれない。

1つには、通常多角化は、企業規模を拡大させ、規模は幹部報酬に正の関連があるという理由である。また、多角化は企業の経営やビジネスのネットワークを複雑化させるので、この複雑さからより多くの報酬を要求できる可能性がある。したがって製品の多角化は、トップ幹部にとって、彼らの報酬を増加させる機会を提供する。

2番目に、製品の多角化と、その結果として起こる企業のビジネス・ポートフォリオの多角化は、トップ経営陣の雇用リスクを減少させることができる。経営者の雇用リスクには、失職、報酬の喪失、そして経営者としての評

判の下落という3つのリスクがある。これらのリスクは多角化によって減少する。なぜならば、多角化した企業とその上級経営陣は、1つまたは少数の製品ラインやビジネスの需要減少からは影響を受けにくいからである。例えば、ケロッグ社は、長年にわたって2番手だったゼネラル・ミルズ社にトップシェアの地位をはじめて奪われた2001年には、朝食用シリアル分野に集中していた。長い間管理職を務めていたカルロス・グティエレスを、ケロッグ社はCEOに任命し、その後同社は低業績を乗り越えるための新しい戦略を開始した。「ビジネスウィーク」の記事は、彼の戦略の結果について次のように述べている。「販売を伸ばすために、グティエレスは、スペシャルKスナックバーといったような新製品を発表し、クッキー製造のキーブラー社を買収し、大豆、ベジタリアン製品のウォージントン・フーズ社およびシリアル製造のカシ社を買い取って、ケロッグの健康食品市場での存在感を示すことになった。彼は1998年から2004年までに純利益を77％増の、8億9,060万ドルにまで伸ばし、売上を42％増の96億ドルに上げ、その結果、株価が54％も急騰し、42ドル付近にまで伸びたのも驚くに値しない」。2006年のケロッグ社の売上は109億ドルであり、株価は52ドル近くである。ケロッグ社の多角化の範囲は広がり、そして、この戦略により、CEOが失職するリスクは大幅に減少した。

　エージェンシー問題を示す気がかりなもう1つの事例として、トップ幹部がコントロールできる企業のフリー・キャッシュフローがある。フリー・キャッシュフローは、既存ビジネスの中で、プラスの現在価値を有するすべてのプロジェクトに企業が投資したその後に、さらに残っている余剰資金のことである。プラスの収益を予測して、経営者は企業の多角化のレベルを進めるため、既存のビジネスに関連のない製品分野にこれらの資金を投資する決定を行うかもしれない。フリー・キャッシュフローを使って、企業が度を越した多角化を行うという経営の意思決定は、利己的で機会主義的な経営行為の一例である。経営者とは対照的に、株主は、現金がどう投資されるかを自分でコントロールできるので、フリー・キャッシュフローが配当として分配されるのを好むかもしれない。

　図10.2の曲線Sは株主にとって最適水準の多角化を表している。企業所有者は、企業が全体として失敗をおかすリスクを減らし、かつ規模の経済と

### 図10.2 経営者と株主のリスクと多角化

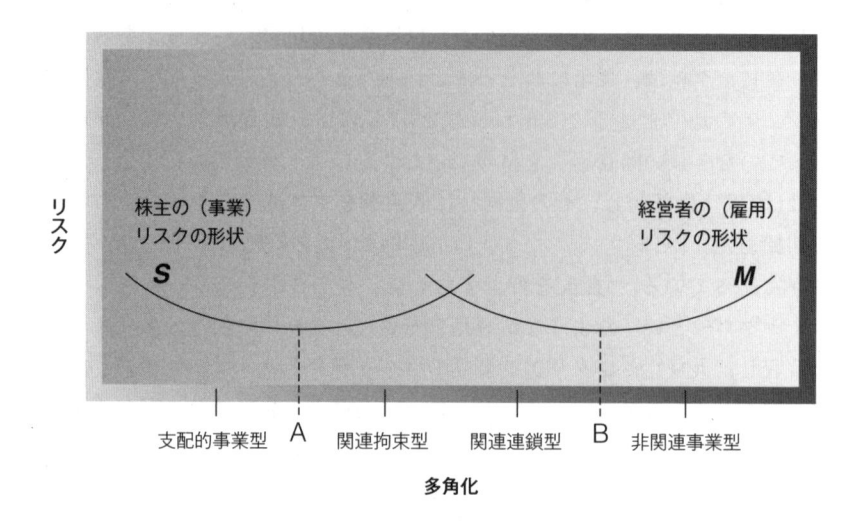

|リスク軸|株主の（事業）リスクの形状 **S**|経営者の（雇用）リスクの形状 **M**|
|---|---|---|

多角化：支配的事業型　A　関連拘束型　関連連鎖型　B　非関連事業型

範囲の経済によって企業の価値が上がるようなレベルの多角化を求めている（第6章を参照）。図10.2に示されている4つの企業レベルの多角化戦略では、株主は曲線S上のA点で示された多角化を好むであろう——これは支配的事業型多角化と関連拘束型多角化戦略の間に位置する。もちろん、所有者が求める最適な多角化レベルは、企業によって異なる。株主の好みに影響する要因としては、その企業が主に属している業界、その業界での競争の熾烈さ、トップ経営チームの多角化戦略を実行した経験がある。

　プリンシパルとしての株主が最適水準の多角化を求めるのと同じように、トップ層の経営幹部もエージェントとして、最適水準の多角化を求める。行き過ぎた製品多角化による業績の下落は、市場で企業のコントロール権が取得されてしまうという確率を増加させる。企業が買収されてしまうと、企業のトップ経営陣の雇用リスクは大幅に増加する。その上、経営者の外部の労働市場（第12章参照）における雇用機会は、企業の業績不振からマイナスの影響を受けてしまう。したがって、トップ層の経営幹部は、多角化を好むが、彼らの雇用リスクを増加させ、彼らの雇用機会を減少させてまでの多角化は望んでいない。図10.2の曲線Mは、経営幹部は株主より高いレベルの製品

の多角化を好むことを示している。トップ経営幹部は曲線M上の点Bによって示された多角化のレベルを好む可能性がある。

　一般的に、株主は、企業がリスクのより高い戦略を取り、より焦点が絞られた多角化を行うことを好む。彼らは、多角化したポートフォリオの株式投資を行うことで、自分のリスクを低減させる。逆に、もちろん経営者は、さまざまな分野の複数の企業で働くことによって、雇用リスクのバランスをとることはできない。したがって、トップ経営陣は企業規模と自分たちへの報酬を最大にして、かつ雇用リスクを減少させるために最適な多角化のレベルを好むのかもしれない。つまり、製品の多角化は、プリンシパルにとってエージェントの行為をコントロールするためのコストがかかる結果となり得る、潜在的なエージェンシー問題である。

## エージェンシー・コストとガバナンスの仕組み

　図10.2によって示された潜在的な利益相反は、どの経営者が機会主義的に行動するかプリンシパルにはわからないという事実とも相まって、なぜガバナンスの仕組みをプリンシパルが確立しようとするのかの理由を表している。しかしながら、企業が1つ以上のガバナンスの仕組みを使用する際には、コストが発生する。これらのガバナンスの仕組みによっても、エージェントが従うことを完全には保証できないので、**エージェンシー・コスト** (agency cost) は、インセンティブ・コスト、モニタリング・コスト、執行コスト、プリンシパルが被る個別の財務上の損失を合計したものとなる。もしも企業が多角化していれば、社内で何が起こっているのかを監視するのは、いっそう難しくなるので、ガバナンス・コストは上昇する。

　一般的に、ガバナンスの仕組みが弱いときには、経営者がかなり自主性をもって戦略的意思決定を行うことが許されるので、経営者の利益が勝ってしまうかもしれない。しかしながら、もしも取締役会が経営者の独自性をコントロールするか、または他の強いガバナンスの仕組みが使用されるならば、企業の戦略は株主の関心をよりよく反映するはずである。最近では、ガバナンス問題を観察する人は、非効率的な企業戦略を越えた、より悪質な行為のほうにより関心を示している。

　エンロン社やワールドコム社に見受けられた詐欺的な行為により、コーポ

レート・ガバナンスへの関心は引き続き高まっている。2002年、米国議会は、サーベンス・オクスリー（SOX）法を制定したが、これによりコーポレート・ガバナンスの仕組みは強化された。

2002年のSOX法の施行以来、この法律が経済にプラスの効果があるか、またはマイナスであるのかが大きな論争となっている。プラス面を見ると、多くのアナリストは、それが世界中の民主主義社会や他の経済でも真似られているような一連の規制であると主張している。その上、SOX法は施行以来、企業幹部社員による詐欺の可能性を減少させ、株式市場への信頼が強まることを助けたので、株式市場の価値が著しく増加した。SOX法の404項は、会計と会計監査に関連する内部統制の透明性を著しく改善し、内部監査による監視を向上させたといわれており、財務報告への信用度を向上させた。事実、最近の研究では、404項に関連する内部統制が株主価値を向上させたことを示している。

他方で、多くの人は、SOX法、特にその中の404項は、企業に過度の負担を課していると論じている。確かに、情報システムの監査を行う企業の収入は増加し、そのような企業にSOX法は恩恵をもたらした。また、他の人は、同時期に外国の証券取引所への上場が増加しているのにもかかわらず、米国証券取引所に上場する外国企業の減少が起こったと主張している。このシフトの理由の一部には、米国の証券取引所に上場するために満たさないといけないSOX法の要求に関連するコストが高いことがあるかもしれない。事実、統計によれば、自国と米国の株式市場への上場を行う外資系企業の数が減っており、あまり規制の強くない国での上場が増加している。興味深いことに、この見解は当時の米国財務長官であったヘンリー・ポールソンによっても支持された。

これらの批判により、ブッシュ政権は法律を修正することによってSOX法の影響を少なくしようとした。そこで、「米国の企業幹部の報酬は政府が決めるべきではない」と、ブッシュは述べている。しかしながら、「CEOの報酬とボーナスは、企業を良くし、株主にとっての価値を上げるのに成功したかどうかに基づくべきだ」と、彼は付言している。

ガバナンスの仕組みのより強力な適用は、戦略に著しい変化をもたらすかもしれない。例えば、ガバナンスが強まったために、企業はリスクの大きな

第10章　コーポレート・ガバナンス

プロジェクトへの挑戦を減らし、潜在的には得られたはずの株主の富を低下させているかもしれない。オープニング・ケースが示すように、SOX法の求める詳細なコンプライアンスの期限に間に合わせたり、ガバナンスの強化やメディアによる監視への対応のために、CEOや取締役は、より重要な戦略課題に集中できないでいる。次に、異なったガバナンスの仕組みが、企業の戦略の選択や使用についての経営の意思決定にどのような効果をもたらすかを説明する。

## 所有の集中

　大株主の数と彼らが保有している株式の割合の両方が、**所有の集中** (ownership concentration) を決定づける。**大株主** (large-block shareholders) は、通常、企業が発行している株式の少なくとも5％を所有している。ガバナンスの仕組みとしての所有の集中は、大きな関心を集めている。なぜならば、大株主が経営の意思決定をコントロールするために、効果的なガバナンスの仕組みを企業が採用することを求めて、いっそう活動的になってきているからである。

　一般に、分散された所有（少数の株式を保有する多数の株主や、たとえいたとしても大株主がごく少ない場合）は、経営者の意思決定に対する監視を弱める。とりわけ分散された所有では、株主が彼らの行動を効果的にコーディネートするのを難しくする。株主にとっての最適なレベルを超えた企業の製品ラインの多角化は、経営者の意思決定を効果的に監視できていないことから生じる。監視の水準をより高めることで、経営者が株主価値を損じるような戦略の決定を避けることが促される。実際、研究の結果は、所有の集中により企業の製品多角化が低水準になることを示している。したがって、高度の所有の集中とともに、経営者の戦略的意思決定が、株主の価値の最大化を目的としている確率が大きくなる。

　前述のように、所有の集中は、戦略と企業価値に影響を与える。おもしろいことに、スペインでは、株主の集中と企業価値は上向きにカーブした曲線

の関係を示すという研究がある。適度な水準の株主の集中のもとでは、企業価値は増加するが、しかし、高い水準の集中では、企業価値は株主、特に少数株主に対して低下した。

　大株主が大きな富をもつ場合、特に彼らが経営者の地位にある場合は、少数株主と比較して大株主は、企業から富を奪い取る権力をもつ。特に創業者が去ったあと、第2世代の、株主の富を回収しようというようなインセンティブのある強い同族経営に関連して、米国では、少数株主の価値を収奪してしまう問題を解決するために取締役会の役割が重要となっている。このような収奪は、少数株主の権利が米国ほど保護されない韓国などの国では、しばしば認められる。しかしながら、米国ではこの所有の集中の多くは、機関投資家の所有の増加に由来している。

### ● 機関所有者の増大する影響

　1930年代に出版された名著（訳者注：バーリ＆ミーンズ）によれば、"現代の"企業は、所有と経営コントロールの分離によって特徴付けられている。この変化は、主に企業が成長するにしたがい、企業が複雑化してしまい、創業者かつ所有者が、この2つの地位を保持していくのがむずかしくなるのが主な原因である。最近になって、別の変化が起きた。現在、多くの現代の企業の所有は、個人株主ではなく機関投資家の手に集中している。

　**機関所有者** (institutional owners) は、株式投資信託や年金基金などの金融機関で、大株主としての地位を占めている。大株主として、機関所有者は卓越した所有者としての地位を持っているので、強力なガバナンスの仕組みになっている。このタイプの株主は、米国の企業の株式の50％以上を所有しており、トップ1,000社の企業では、平均56％を所有している。年金基金だけでも、少なくとも企業の株式の半分をコントロールしている。

　これらの所有比率が指し示すことは、機関所有者は、投資家として、無能なトップレベルの経営者を罰し、企業の戦略の選択や全般的な戦略的意思決定に重大な影響を及ぼすための規模と動機付けの両方を持つことである。研究によれば、機関株主や他の大株主は企業とビジネス上の関係がない場合、企業の戦略的意思決定に影響を及ぼすために、よりアクティブになってきていることが示されている。はじめは、これらのアクティビスト（物言う）株

主や機関投資家は、CEOの業績や責任に注意を集中し、多くのCEOの更迭に貢献した。今では彼らは取締役会のプロセスが効果的ではないと信じているので、株主により多くの決定権を与えることを意図した委任状投票提案を使って、より直接的に取締役会の行動に介入することを目指している。

　例えば、カルパースは130万人以上の現役または退職した公務員に対して退職金と健康保険を提供している。米国で最も大きな公務員年金基金として、カルパースは、投資している企業の株式価値を上げると考えられるガバナンスの決定や行為を促進するよう積極的に動いている。例えば、「フィナンシャル・タイムズ」紙は、カルパースが「前年2006年は17件であったが2007年6月30日現在で33件の'株主提案'を出している」と伝えている。ここで言われている株主提案は、たいていガバナンスの改善の提案（例えば幹部報酬）であり、新しい取締役会メンバーの指名も含めて毎年の委任状投票において多数の株主によって支持されている。2007年の前半に委任状投票で提案されたカルパースの6件の議案は、平均60％以上の株主の支持を獲得した。最大の機関投資家であるTIAA-CREFは、カルパースと同様の行動を取っているが、しかし、公的にはそれほど攻撃的でない姿勢をとっている。これまで、この機関投資家のアクティビズム（訳者注：経営への積極的関与）は企業の業績に直接的効果を持ってはいなかったかもしれないが、しかし、国際的な多角化やイノベーションなどの重要な戦略的意思決定への影響を通じて、間接的に影響を与えているかもしれないということを研究は示している。SOX法の通過に関連したガバナンスの強化の中で、機関投資家や他のグループは経営への関与を強めている。しかし、また、このアクティビズムも国の状況によるのかもしれない。例をあげれば、あるアナリストは、重要な企業の取締役会の一員であったインドの機関投資家のアクティビズムに失望していた。

## ■ 取締役会

　通常、株主は取締役会を通して企業の経営の意思決定と行動の監視を行う。

株主は企業の取締役会のメンバーを選出する。選出された取締役は、経営者を監督し、企業が株主の富を最大にするように間違いなく経営されることを期待されている。米国企業では大手機関投資家が主要な株式所有者となっているが、それでも、ほとんどの企業では分散した所有が存続している。それは個人の株主によって大企業の経営者の監視とコントロールを行うことには限界があるということを意味している。その上、銀行などの大きな金融機関は、直接企業の株式を所有することや、代表が企業の取締役会に入ることが禁止されている。この制限は、ヨーロッパやその他の国では当てはまらないのだが、これらの条件により、コーポレート・ガバナンスにとって、取締役会はより重要になっている。残念ながら、取締役会は、トップ経営陣の行為の監視や、コントロールにおいてだんだん効果的ではなくなってきている。オープニング・ケースで述べたように、トップ幹部による不適切な行動を未然に防ぐために、取締役会の監督の役割を強化するように、株主、議会、および規制当局から取締役会への圧力が強まっている。さらに、取締役会は監視の役割を果たすのみではなく、資源を企業に提供している。この資源には、個人的知識と専門性、そして外部へのコンタクトや関係を通した他企業の資源へのアクセスが含まれる。

　**取締役会** (board of directors) は、選出された個人の集まりで、その主たる責任は、所有者にとり最善の利益となるように企業のトップレベルの経営幹部を正式に監視し、コントロールすることである。取締役会は、組織の諸問題を指示する権力を持ち、経営者を罰したり報酬を与えて、株主の権利と利益を保護する。したがって、適切に構成されて、かつ効果的な取締役会は、株主を経営者の機会主義から保護し、エンロンやワールドコムのケースのように株主や従業員が重大な損失に遭遇することがないようにする。取締役会のメンバーは、企業の資源の受託者と考えられていて、彼らがどのようにしてその責任を全うするかは、その企業が存在する社会にも影響を及ぼす。例えば、研究によれば、より良いガバナンスは新興経済諸国への海外直接投資の流入を増加させることが示されている。

　一般的に、取締役会のメンバーは、3つのグループに分類される（表10.1）。**社内取締役** (insider) は、企業のトップレベルの経営陣として活動している人々で、彼らは企業の日々の経営に関する情報源として、取締役に

選ばれている。**関連社外取締役**（related outsider）は、契約を通してかそうでないかは別として、その企業との何らかの関係を持つ。独立性に関しての疑義は出るかもしれないが、これらの個々人は、企業の日々の活動とは関わりがない。**社外取締役**（outsider）は、他の会社のトップレベルの経営者か、現在のCEOが在職する前から取締役に選出されていたような人々で、独立した助言者としての役割を企業に提供する。

　歴史的に、取締役会はインサイダーの経営者により主に支配されてきた。広く受け入れられた視点として、企業のトップ経営陣が多くの割合を占める取締役会は、経営の意思決定の監視とコントロールが比較的弱くなる傾向がある。経営者は、自分の権力を利用して、取締役を選び、報酬を与え、個人的な結びつきを利用してきたのではないかと疑われている。社外取締役で監査委員会を構成しようというSECの提案に対応して、1984年にニューヨーク証券取引所は、正式な法律導入の先手を打って、社外取締役が監査委員会の議長となることを求める監査委員会ルールを施行した。それに続いて、報酬委員会や指名委員会などの重要な委員会の委員長も、独立的な社外取締役とすることが規則化された。これらの規則は、SOX法が通過した後に設けられ、現在、アメリカン証券取引所とニューヨーク証券取引所では、上場企業の取締役会メンバーの半数以上は独立的な社外取締役により構成され、完全に独立した監査委員会を維持することを求めている。このように、コーポレート・ガバナンスは、取締役会の仕組みを通して、より強化されているのは明白である。

　批判する人は、独立した社外取締役が取締役会のメンバーの大部分を占めることを確実にすべきだという改革を主張するが、研究によればそれはすで

### 表10.1　取締役会のメンバーの分類

社内取締役（インサイダー）
- 企業のCEOや他のトップレベル経営者

関連社外取締役
- 企業の日常業務には携わっていないが、企業と何らかの関係をもっている個人

社外取締役（アウトサイダー）
- 企業の日常業務やその他の関係を持たない独立した個人

に達成されている。他方、社外取締役がいることだけでは、問題は解決されないという主張もあるが、それはCEOの権力による。CEOの権力を低下させるための提案の1つは、取締役会での議長の役割とCEOの役割を切り離すというものであり、これにより同人物が両方の地位に就くことをできなくするものである。

取締役会の中でこれまで起きたスキャンダルのため、CEOと議長の役割を切り離そうという動きは続いている。この動きにより、CEOに対抗して独立社外取締役にはより多くの権力と独立性が与えられる。この動きはオープニング・ケースが示すように、ロバート・ナデリのケース（戦略フォーカス・コラムを参照）のように、何か問題が生じたときに、より多くのCEOが解雇されることにつながっている。最近の問題が、CEOの権力の乱用と関係しているので、CEOは、今では、より厳しい基準を満たさなければならない。SOX法は財務に関して監視を強めたが、法案の提出やメディアの関心によって、企業業務を運営する上でのリーダーの実際の能力だけでなく、リーダー候補者の幅広い特性にまで監視を強めるようになっている。

しかしまた、多数の社外取締役メンバーの存在は、いくつかの問題を生じさせることもある。社外取締役は、企業の日々のオペレーションに接しているわけではなく、特に経営者の意思決定やその取り組みを効果的に評価するのに必要な水準の、経営者本人やその経営の力量についての情報を手に入れることが難しい。しかしながら、社外取締役は、取締役会議やその他の場で社内取締役と頻繁に接触を持つことで、貴重な情報を得ることができる。社内取締役は、組織内での地位からそのような情報を持っているからだ。したがって、通常、社内取締役が一定の数以上いる取締役会では、意図する戦略的取り組みとその取り組みの理由、そして、期待される結果についてよく理解している。このような情報なしに、社外者によって支配された取締役会は、経営者や事業部門の業績を評価する情報を集めるために、戦略的コントロールではなく、財務的コントロールを使うことを強調してしまうかもしれない。事実上財務的な評価だけに頼ってしまうことは、リスクをトップレベル経営管理者だけにシフトし、その結果、トップレベルの経営管理者は、自分たちの利益を最大にし、雇用リスクを減少させるような意思決定をするかもしれない。研究開発投資の削減、会社のさらなる多角化、そしてより高い報酬を

追求することは、社外取締役が支配的な取締役会によって設定された財務目標を達成するために、経営者のとる行動の結果の一部である。

## 取締役会の実効性の強化

コーポレート・ガバナンスにおける、取締役会の重要性と、株主、特に大手機関投資家による監視が強まった結果、取締役会の個々のメンバーも取締役会全体も、以前に比べてより正式により厳しく評価されるようになった。より大きな責任や業績向上への要求を受けて、多くの取締役会が自発的に変わろうとしている。この変化の中には、①取締役会メンバーの多様化を図る（例えば、公的機関、学者、科学的な研究所の出身者を増加させる、人種的マイノリティーや女性を増やす、異なった国の人を米国企業の取締役会メンバーに迎える）、②内部の経営と会計管理システムの強化、そして③取締役会の業績を評価するため正式なプロセスを確立し継続して使うこと、がある。その他の変化としては、④強い権限を持つ"筆頭取締役"を作り、取締役会の議題や、経営陣以外の取締役会メンバーの活動を監督させること、⑤取締役の報酬を変え、特にストック・オプションを報酬パッケージの中で小さな割合にするか、または取り除くこと、がある。また、カルパースなどのアクティビスト投資家は、「取締役は相対多数よりも投票総数の過半数を獲得することによって選出されるべきだ」とロビー活動を行っている。

取締役会は戦略的意志決定の過程に一層関わるようになってきており、そのために彼らは協力的に働く必要が出てきている。ある人たちは、取締役会の意思決定のプロセスと、経営者と企業の成果を監視するプロセスを改善することが、取締役会の実効性を上げるカギだと論議している。さらに、所有者からの高まる圧力と取締役会のメンバー間の対立の可能性のため、戦略的意志決定プロセスを促進するよう取締役会が有効に機能するための手順が必要とされる。

社外取締役は取締役就任のための前提条件として、かなりの株式を保有することがますます求められている。事実、ある研究が示すところでは、社外取締役が多くの株式を保有している方が会社の業績が良い。実際により多くの株式を所有している取締役には、より高い報酬を支払う一方で、ストック・オプションは少なくするという動きがある。しかしながら、他の研究の示す

ところでは、あまりに多くの株式を所有することは、取締役の独立性を低め、企業にとって問題を招く。さらに、他の研究の示すところでは、多様な背景を持つ人たちから構成される取締役会は、企業がより効果的な戦略的決定を行うことを助け、長期的な業績を向上させる。より独立的で多様性のある取締役会が有効かどうかに疑問は残るものの、取締役会の独立性と多様性の増加は続きそうである。オープニング・ケースでみたように、アクティビスト投資家は、活動を活発化させており、株主提案を続けるだろう。このような状況下で、取締役会は、より有効に機能するように取り組む必要がある。

## 経営幹部報酬

　この章のオープニング・ケースと戦略フォーカス・コラムで示されるように、トップレベルの経営者、特に CEO の報酬は、多くの関心や強い意見を生じさせている。このように広く関心が持たれている理由の1つとしては、極端な、また、過度なものに対する自然な好奇心がある。例えば、「ロサンゼルスタイムズ」紙は「1990年から2004年までの間に、CEO の報酬は3倍に上昇したが、これは企業利益の上昇率の3倍以上に達する。米国の大企業11社の CEO は、株主の利益がマイナスであった5年間で8億6,500万ドルを受け取っている」と報じている。別の理由は、もっと本質的な意見で、CEO の報酬は、大企業の基本的なガバナンスのプロセスに、間接的ではあるが実体的な形で結びついているというものである。それは、だれが権力を持っているのか、権力の基盤は何か、所有者と経営者はいつどのように、彼らの望みを優先させるのか、取締役会はどれくらい注意深く監視しているのか、誰が誰を利用しているのか、といったことである。

　**経営幹部報酬** (executive compensation) は、給与、ボーナス、および長期インセンティブ報酬により、経営者と所有者の利益を同調させようとするガバナンスの仕組みである。長期インセンティブ報酬には、株式の付与やストック・オプションなどが含まれる。米国企業において長期インセンティブ報酬は報酬パッケージの重要な部分になっている。理論的には、長期報酬の

第10章 コーポレート・ガバナンス

活用は、一般株主の富と経営者の富をリンクさせることによって、潜在的なエージェンシー問題に対応したり、あるいは回避するのを助けるものである。

　長期インセンティブ報酬プランの採用によって、大株主（例えば、機関投資家）が取締役会の構成の変更を主張できなくなることがある。これは、長期インセンティブによって、トップ経営陣が株主の利益の最大化のために行動することを確実にしていると思わせるからである。また、株主はほとんどの場合、社外取締役に支配されている取締役会が存在する場合は、トップ経営陣の報酬と企業の業績がより連動していると仮定する。しかしながら、研究は、ストック・オプションのインセンティブには不正行為が伴いうることを示している。これは特に取締役会のメンバーもストック・オプションを保持しており、また、CEOが取締役会の会長の地位にいるときに生じやすい。

　最近、幹部報酬パッケージに関して、取締役会の行為を問いただす、機関投資家による執拗な追及の成果が出てきている。戦略フォーカス・コラムで示されたように、ホームデポ社のCEOであるロバート・ナデリは幹部報酬についてのアクティビスト投資家とメディアによる執拗な追及により、解雇されている。

　ガバナンスの仕組みとして幹部報酬を効果的に用いるのは、国際戦略を実施する企業には特に難しいものである。例えば、多国籍企業の株主の利益は海外支社の報酬方式が、あまり統一的でないほうが最大化されるのかもしれない。一連の独自の報酬方式を開発するためには、さらに監視をする必要があり、その企業の潜在的なエージェンシー・コストを増加させる。重要なのは、報酬のレベルは世界の各地で異なっていることである。例えば、経営者の報酬は、米国では最も高く、アジアではずっと低い。インドでは、多くの大企業は同族によって所有されコントロールされているという事情もあって、インドの経営者の報酬はより低いものとなっている。企業が他国の企業を買収するとき、問題は複雑化し、さらなるガバナンス問題を引き起こすかもしれないので、取締役会にとって経営者の報酬は非常に難しい問題である。

### ● 経営幹部報酬の実効性

　経営幹部報酬——特に長期インセンティブ報酬——は、いくつかの理由から複雑な問題になっている。第1の理由は、通常トップレベルの経営者によっ

## 戦略フォーカス・コラム

### ホームデポ社：経営幹部報酬は、ますますメディア、アクティビスト投資家、政府規制当局の標的になってきている

2007年4月に、「ウォールストリート・ジャーナル」紙は、経営幹部報酬に関する特別レポートを特集した。そのトップ記事の見出しは「報酬で投資家の信頼を取り戻すための10の方法：どのような言葉で報酬パッケージへの株主の怒りを和らげることができるのか」と題したものであった。度を越した経営幹部報酬への怒りが高まる中、メディア、アクティビスト投資家、政府規制当局を含む多くの企業外部団体が、CEOやその他経営幹部の報酬パッケージの高額化を抑えようと模索している。

ホームデポ社の前CEO、ロバート・ナデリの報酬パッケージの事例は、この怒りの理由を明らかにする上でよい事例である。ホームデポ社はナデリに、5年間の在職に対して2億4,500万ドルの報酬を支給した。しかしながら、彼の在任中、会社の株価は12％下落し、一方、最も主要な競合企業であるロウ社の株価は173％も上昇した。ナデリがホームデポ社に雇われたとき、彼はうまく交渉し、前職のゼネラル・エレクトリック社(GE)にそのまま勤務し続けたときに貰えるのと同等の額の報酬を受ける権利を勝ち取った。このようにして、彼の任期開始日に、ホームデポ社はナデリに、2,500万ドル分の価値を確定した株式を支給した。さらに、彼は3年ごとにメルセデスベンツSシリーズ価格相当の新車を受け取り、個人的な旅行に会社のジェット機を使用する権利を得

―――――――――――――――――――――――――――――――――――― 戦略フォーカス・コラム

　て、さらには5年間金利が免除される年利5.8%の借入1,000万ドルを受けたのである。

　ホームデポ社の取締役会にナデリを紹介した高名なリクルーターのジェラルド・R・ロシュが、「第2のナデリを探すように多くの企業が言ってきている」と語るように、ナデリは簡単に他社へ移ることができるから、取締役会は、ナデリのような知名度の高い候補者を雇うことができたのはホームデポ社にとって大きな成果であると主張した。ナデリが一流の経営者であるという認識もあって、取締役会はナデリが目標を達成できなかった時に、長期報酬インセンティブ・プランを変更し、ナデリが目標を達成し、交渉した報酬を得られるように、達成すべき目標を低くした。

　ナデリのような知名度の高いCEOの獲得競争以外に、取締会がロバート・ナデリの受け取ったような報酬パッケージを認める理由は何なのか。「ニューヨーク・タイムズ」紙のある記事は、他社のCEOで構成された6人からなる同社の報酬委員会において、そのうちの1人のメンバーは、ナデリより高い報酬パッケージを受けていたことを指摘している。他のメンバーは、ナデリと、彼の前の職場であるGE社で、直接的または間接的に関係があったとされる。そのように、特に他の1人の取締役会メンバーがナデリより高い報酬を得ているときに、彼の仲間がナデリの報酬を低くすることは難しかったと考えられる。

　しかしながら、前述のように、メディア、政府、アクティビスト投資家を含むさまざまな関係者からの圧力が強くなってきている。2006年7月、証券取引委員会は、経営幹部報酬について株主投票に関する委任勧誘状(proxy statement)で株主に提供するべき情報の公開を要求するためのルールを見直した。これによって情報開示が進んだだけでなく、バックデーティング・オプション(事後的に、ストック・オプションの行使価格をその年の最低株価または、最低株価に近いものとする行為で、不法行為にあたる)に関するスキャンダルの数も増加した。このようなことから、取締役会の経営幹部報酬委員会(そして取締役会全般)は、アクティビスト投資家の関心の的となり、政府による監視の強化へとつながった。ホームデポ社は、もちろんこの監視の主な対象となり、その

結果、ナデリが低い報酬パッケージを受け入れなかった際、取締役会はナデリを罷免せざるを得なくなった。

　ホームデポ社の新しいCEOのフランク・ブレイクは、前任者よりかなり少ない報酬パッケージを受けた。おもしろいことに、ブレイクはホームデポ社からの最初の申し出を、報酬が多すぎるという理由で断った。彼は、株価が下がっても価値が下がらない制限付き株式を受けとることを拒否したのだ。言い換えれば、彼は、彼の報酬パッケージがホームデポ社の株主の要求に沿ったものにしたいと望んだのだ。最終的に、ブレイクは800万ドルの報酬パッケージを受け取ることとなった。これは、ホームデポ社でロバート・ナデリが6年間にわたって稼いだ毎年の年収2,400万ドル(ストック・オプションを除く)の約3分の1である。少なくともホームデポ社の事例の場合、監視の強化、アクティビスト投資家による監視、そして経営幹部への支払い開示のルールが、CEO報酬を正常化するのに大きな影響を与えたようにみえる。

　しかし、経営幹部と組合に属さない従業員の俸給の増加の間には、まだ大きな差が存在している。2006年、米国の大企業350社では、給与とボーナスが7.1%上がったが、組合に属さない従業員の俸給上昇率は3.6%でしかなかった。しかしながら、経営幹部の長期インセンティブ報酬は8.1%増加し、これは給与とボーナスの上昇率よりも高い。2006年には企業利益が14.4%も跳ね上がっているということに注目することは重要である。少なくとも、直近のデータでは、報酬全体は利益の増加のペースに足並みをそろえているようにみえる。

出典： M. Byrnes & J. Sasseen, 2007, Board of hard knocks, activists shareholders, tough rules and anger over CEO pay have the directors on the hot seat, *BusinessWeek*, January 22, 37; G. Colvin, 2007, A tie goes to the Managers, Fortune, May 28, 34; G. Colvin, A gadfly in the ivory tower, 2007, *Fortune*, April 16, 40; J. S. Lublin, 2007, Ten ways to restore investor confidence in compensation: What boards can do to ease shareholder anger over pay packages, *Wall Street Journal*, April 9, R1, R3; J. S. Lublin, 2007, The pace of pay gains: A survey overview, *Wall Street Journal*, April 9, R1; J. S. Lublin & A. Zimmerman, 2007, Home Depot CEO takes stand on pay, *Wall Street Journal*, B7; S. Lueck, 2007, Executive pay looks to take hit, *Wall Street Journal*, January 30, A4; J. McGregor, 2007, Activist investors get more respect, *BusinessWeek*, June 11, 34; G. Morgenson, 2007, Panel to look at conflicts in

―――――――――――――――――――――――――――――――――― 戦略フォーカス・コラム

> consulting, *New York Times*, http://www.nyt.com, May 11; M. Orey & M. Arndt, 2007, Jumping without a parachute, *BusinessWeek*, April 16, 16; J. Sasseen, 2007, A better look at the bosses pay: New SEC rules require greater disclosure but don't expect CEOs to take a hit, *BusinessWeek*, February 26, 44; E. White & A. O. Patrick, 2007, Shareholders push for vote on executive pay, *Wall Street Journal*, February 26, B1, B3; G. Wright, 2007, Home Depot reports pay for its CEOs, *Wall Street Journal*, April 16, B5; J. Creswell, 2006, With links to board, Chief saw his pay soar, *New York Times*, http://www.nyt.com, May 24.

てなされた戦略的意思決定は通常複雑で状況に応じた特殊なものであり、彼らの意思決定の質を判断するのに、経営幹部を直接的に監督するなどということはできないことである。その結果、トップレベルの経営者の報酬を企業の財務業績のような測定可能な結果に連動させる傾向が生じる。2番目の理由は、経営幹部の決定はしばしば長期間にわたって、企業の財務業績に影響を与えるので、はたして現在の決定が企業業績にどう影響を与えているのか判定するのが難しいのである。実際、戦略的意思決定というのは短期的ではなく、企業の長期的な戦略的結果に影響を与えるものである。3番目の理由は、トップレベルの経営者の意思決定や行為以外に、他の多くの要因が企業の業績に影響を与えることである。予測できない経済的、社会的、法的な変化（第2章参照）は、戦略的意思決定の効果を判明させるのを難しくする。したがって、戦略フォーカス・コラムで示されたように、業績にもとづいた報酬は、トップ経営チームに、株主の最善の利益になるように意思決定を行うインセンティブを与える可能性があるが、この報酬方式だけで経営者を監視しコントロールするには、不完全である。しかし、それでもインセンティブ報酬は、多くの幹部の報酬全体の中で大きな部分を占めている。

　インセンティブ報酬プランは、株主の期待に沿って企業の価値を増大させるかもしれないが、ホームデポ社の例が示すように、経営者によって操作されてしまうこともある。さらに、毎年のボーナスは、企業の長期的な利益を犠牲にして、短期的な目的を追求しようとする動機づけともなりえる。長期的な、業績に基づいたインセンティブは、短期的に投資を控えるという誘惑を抑えるかもしれないが、経営者にとっては、コントロール不可能な事態に

関連するリスクにさらされることを意味する。このリスクはたとえば市場の変動や産業の衰退などである。インセンティブ報酬が長期間をカバーするものであればあるほど、トップレベルの経営者にとって、取らなくてはならない長期的リスクを増大させる。また、長期のインセンティブは、融通がきかない方法で経営者の富全体をその企業に固定化してしまう。そのため、ほかの多くの金融資産投資に富を分散させる機会を持っている外部の投資家が評価するほど、このようなインセンティブと所有を、経営者は高くは評価しないかもしれない。したがって、企業は、長期のインセンティブを使用する場合、経営者に過大な報酬を支払わねばならないかもしれない。

ストック・オプションに基づく報酬プランのいくつかは、オプションの行使価格が現在の株価よりもかなり高く設定され、うまく設計されているが、多くのストック・オプションは、ただ多くの富を幹部社員に与えるように設計されたものである。オプションの行使価格が当初決定された価格から下げられる場合のような、ストック・オプション行使価格の改定に関する研究の示すところによると、そのような行動はリスクの高い状況でより頻繁に採られている。しかしながら、企業業績が悪い時もオプション価格の改定がなされている。これはオプションのインセンティブ効果を回復させるためである。研究の知見によると、社内ポリティックスがしばしば関係し、"後付のオプション価格付け"を生じさせる。面白いことに、機関投資家は、ストック・オプションの採用を含む、業績に報酬が連動する報酬設計を好む。この事実はまた、いかなる企業内部のガバナンスの仕組みも完全ではないということを示している。

ストック・オプションは、業績に連動する報酬としてトップ経営陣に大変人気がある。しかし、それはまたオープニング・ケースで示したように、最近では物議をかもすようになっている。すべての企業内部のガバナンスの仕組みは不完全であるので、企業の外部からのガバナンスの仕組みが必要になる。次に、そのようなガバナンスの方法について説明をする。

第10章 コーポレート・ガバナンス

## ■ 企業コントロールの市場

　企業コントロールの市場（market for corporate control）とは、企業の社内のコントロールが機能しなくなったときに働く、外部からのガバナンスの仕組みである。企業コントロールの市場は、潜在的に市場からの評価が低い企業の所有権を購入したり、テイクオーバー（企業買収）する、個人や企業から構成されている。その結果、個人や企業は、既存の多角化した企業の中に新しい部門を立ち上げたり、あるいは以前は別会社であった2社を合併したりできることになる。市場からの評価が低い企業の経営幹部は、業績不振を導いた戦略の策定や実行に対して責任があるとみなされるので、通常、彼らは別の経営幹部にすげ替えられる。したがって、企業コントロールの市場が有効に機能するときには、それによって、無能であったり機会主義的に行動する経営者が懲罰を受けることになる。

　企業コントロールの市場は、しばしば"最後の砦"とみなされている。企業内部のガバナンスの仕組みが比較的弱く、かつ効果がないと判明したときにだけ、外部からの懲罰手段としてのテイクオーバー（企業買収）市場が用いられる。他方、別の研究によれば、好業績で懲罰を必要としていない標的企業の所有権を得るための投資としてのテイクオーバーの論拠と比べて、コーポレート・ガバナンス戦略としてのテイクオーバーの論拠は、強固なものではないことが示されている。1980年代における活発な企業乗っ取り屋についてのある研究によると、テイクオーバーの試みの多くは、その業界において平均を上回る業績の企業を対象とするものであった。総合すれば、テイクオーバーの対象は必ずしもガバナンスの弱い低業績の企業ではないことを、この研究は提示している。そういうことで、この研究は、ガバナンスの手段として、企業コントロールの市場は、理論が提示するほどには効率的に働いてはいないかもしれないことを示している。少なくとも、企業内部のガバナンスのコントロールの方が、この外部のコントロールの仕組みに比べて、より的確なものであろう。

　第7章やオープニング・ケースでも述べたように、ヘッジ・ファンドもまた、アクティビスト（積極的に経営に物を言う）投資家の発生源になりつつある。

巨額の資金がヘッジ・ファンドに投資されており、市場で高収益を得るのが著しく困難になってきているので、ヘッジ・ファンドが積極的に経営に物を言うようになってきているのである。同時に、投資家が業績不振の責任を経営者にとらせたいと強く望むことを特徴とするような競争的な環境が、ヘッジ・ファンドが経営への関与を強めることを認めさせている。伝統的に、ヘッジ・ファンドは、個人またはチームによって多数の投資家のために運用される株式あるいは債券、またはその両方からなるポートフォリオである。通常、ヘッジ・ファンドは、従来の投資信託よりも早く資金が回収できる投資を行っている。ヘッジ・ファンドのファンド・マネージャーは、市場の急激な変化を利用しようと、先物取引やデリバティブ、その他の高リスク投資戦略への投資を行うことが多い。アクティビズムにより、彼らが株価を短時間でつり上げて売り抜けるために大量のポジションをとり、市場に影響を与えることが可能になる。最近ではこのような行動は、株主の委任状による投票を通して行われ、そこではファンドの代表者が取締役会の一員として選ばれることが追求されている。ヘッジ・ファンドのマネージャーたちは、伝統的な投資信託や年金基金を運営管理しているわけではないので（法律上、投資信託のファンド・マネージャーあるいは金融機関にはこの特権が与えられていないのに対して）、取締役となることができるのである。一定の個人投資家の代理として活動しているので、ほとんどのヘッジ・ファンドは証券取引委員会（SEC）の規制を受けていない。しかし、最近では、ヘッジファンドのような機関投資家の利益は、大規模な公的年金基金によって代表されるようになってきた。多くの年金基金は、ポートフォリオ残高の平均6％をプライベート・エクイティ・ファンドやヘッジ・ファンドに投資している。

　コーポレート・ガバナンスに関する限り、企業コントロールの市場はそれほど役に立たない仕組みかもしれないが、第7章に述べたように、企業買収市場は引き続き活発である。実際、コーポレート・ガバナンス厳格化の環境が、企業買収市場をますます活発化させているかもしれないと示唆する研究がある。機関投資家は株式をより集中的に所有しているので、買収の標的になっている企業に興味を示すかもしれない。買収標的企業は、買収企業と比べて多大なプレミアムを得る。同時に、所有権やストック・オプションを持つ経営者は、買収企業と取引を結ぶことによって利益を得るであろう。会社

第 10 章　コーポレート・ガバナンス

が買収されれば最長3年間の追加報酬とその他のインセンティブというゴールデン・パラシュートを採用する企業の数が増加していることをみると、このような利益が得られているという、より多くの証拠がある。これらの報酬契約は、会社が買収された場合の経営者にとってのリスクを低減させている。

　通常、プライベート・エクイティ投資会社は、"友好的"なテイクオーバー取引を開始することによって市場で株式をより安い価格で取得しようとする。標的企業の経営幹部はそのような友好的な取引に素直に応じるかもしれない。なぜなら、彼らはゴールデン・パラシュートによる報酬を得られるだけでなく、新しい企業で働く契約金として、"ゴールデン・ハロー"を受け取ることができるかもしれないからだ。ゴールデン・パラシュートは、経営幹部を退かせるのに役立つが、次の転職先企業にとってゴールデン・ハローは彼らを招聘するためにますます必要になってきている。たとえば、ジェームズ・マックナーニ・ジュニアは、ゼネラル・エレクトリック社の前経営幹部であったが、2000年に3M，そして2005年にボーイング社に転職し、巨額の報酬パッケージを受け取った。彼が、3Mからボーイングに転職したときには、2,530万ドルの制限付き株式と彼が受け取るべき3Mの年金に相当する2,200万ドルを含めて、5,200万ドル以上にも上る報酬パッケージを受けとった。1980年代は、敵対的テイクオーバーに対してかなり防衛策がとられていたが、最近の環境はもっと友好的なものになってきており、これは、買い手（機関投資家）側と企業経営者側の両方のコーポレート・ガバナンスの仕組みが厳格化していることが影響しているのであろう。標的企業で多くの株を所有するかストック・オプションを持っているCEO（最高経営責任者）が、1990年代そして21世紀に入っても、友好的な取引でうまく利益を上げていることは、研究によっても立証されている。

　企業コントロールの市場のガバナンスの仕組みは、当該企業が同じ業界の競合他社と比べて業績不振に陥っていることが引き金となるべきである。業績不振はその企業の平均を下回る収益性に現れることが多いのだが、企業内部のガバナンスの仕組みが機能していないことを示している。すなわち、企業内部のガバナンスの仕組みを用いることが、経営者が株主の利益を最大にする経営判断につながっていないのだ。ここしばらく企業コントロールの市場は活発であった。第7章で述べたように、過去最多の件数および最高の金

額の企業買収・合併が2005年、2006年に行われた。さらに、企業買収・合併の数は増加し始めており、企業買収・合併活動の40％以上が異なった国の企業が関わるなかで、企業コントロール市場はますます国際的になってきている。

買収企業にとって重要な資源の獲得を目的とする企業買収もあるが、ほとんどの**敵対的買収**（hostile takeover）の企ては、標的企業の業績不振が原因によるものである。そのため、標的企業の経営者や取締役会のメンバーは敵対的公開買い付けに非常に敏感である。敵対的買収は、彼らが企業の経営を効率的に行っていないことを意味することが多い。もし彼らが買収の申し出を受け入れると、買収した企業が自分たちの選んだ経営陣を送り込むので、標的企業の経営者たちは職を失う可能性が高い。しかし、もし買収の申し出を断り、買収の試みに対抗しようとするなら、経営陣は会社の業績を上げるしかない。さもなければ職を失うリスクをとることになる。

### ● 経営陣の防衛戦術

敵対的買収は、企業コントロールのガバナンスの仕組みの市場において主要な活動である。すべての敵対的買収が企業の業績不振によって促されるわけではなく、また、敵対的買収の対象になった企業は買収の企てに対抗するために複数の防衛戦術をとるかもしれない。歴史的に見た場合、企業コントロール市場の活用の増加によって、このガバナンスの仕組みの影響を減じるために用いられる経営陣による防衛戦術は、洗練され多様化されてきた。企業コントロールの市場は、経営者にとってのリスクを増加させやすい。その結果、経営者の報酬はゴールデン・パラシュート（前述したように、会社が買収された場合、CEOは最大3年分の給料を受け取ることができる）を通じて間接的に補われることが多い。ゴールデン・パラシュートは、他のほとんどの防衛戦術と同様に、論議を呼ぶものである。

何よりも、買収防衛策は買収を仕掛けるコストを上げ、その結果、新しい経営陣を導入する機会を減らす一方で、現在の経営陣を守りに入らせてしまう。"ポイズンピル"として伝統的に知られている買収防衛策がある。この防衛策では、もし設定された比率以上（通常10〜20％）の標的株が買収された場合、（買収企業以外の）株主は、"株主の引き受け権"を大量の普通株

式へ転換することができる。この転換により、買収企業がプレミアムを支払って購入しなければならない持ち株の比率が下がり、買収を仕掛けた企業にとって、実際の買収のコストが上昇する。

そのような買収防衛策を控えるよう多くの企業が圧力をかけられている。サラ・リー社は、第7章に述べたように、業務を再編成し、子会社の売却とスピンオフにより、収入の約40％を削減してしまった。また、同社は株価の上昇を促すために、約30億ドルにも上る自社株の買い戻しを計画している。それに加えて、サラ・リー社に公開買い付けが提示された場合、株主の利益を増加させるため（訳者注：既存株主の利益を希薄化させないため）、株主はサラ・リー社の"ポイズンピル"による買収防衛策の中止を議決した。

表10.2は、一連のさまざまな買収防衛戦略を挙げている。発行株式の買い戻しのような、企業の財務構造の変化だけを必要とする防衛戦術もある。また、（別の州で企業を再法人化するというような）株主承認を必要とする戦術もある一方、グリーンメール策のように、企業買収を避けるために乗っ取り屋から株式を買い戻すのに資金を使うものだが、株主承認を必要としない戦術もある。毎年取締役会のメンバーの3分の1だけしか改選されないという、取締役の選任を交代で行う防衛策を採用している企業もある。研究によれば、このような防衛策は、経営者を守りに入らせ、そして敵対的買収の危険性が低くなることが示されている。これらの防衛策は、論議をよぶものであり、これらの効果についての研究結果は、まだ一定の結論に至っていない。

ほとんどの機関投資家は防衛策の使用に反対している。TIAA-CREFとカルパースは、何社かのポイズンピルを排除するための行動を起こした。また、多くの機関投資家が退職手当（ゴールデン・パラシュート）に反対しており、ヨーロッパでも反対の動きが非常に強まっている。しかし、前に述べたように、退職手当の利点は、株主にとって魅力的な株式公開買い付けを経営幹部が受け入れやすくすることである。さらに、ホームデポ社のロバート・ナデリの事例に見られるように、退職手当は、仕事のできないCEOが辞職するように仕向ける助けになっているかもしれない。

企業コントロール市場の潜在的な問題として、それが必ずしも効率的というわけではないかもしれないということが挙げられる。1980年代の最も活

**表 10.2** 敵対的買収の防衛戦略

| 防衛戦策 | 区分 | 企業に好まれているか | 防衛策としての効果 | 株主の富への影響 |
|---|---|---|---|---|
| **ポイズンピル** 例えば、株主に魅力的な交換レートで提供される合併企業の優先株。 | 予防的 | 高い | 高い | プラス |
| **会社定款の変更** 例えば、攻撃を受けている企業の取締役会のメンバーの選出を時間差をおいて行うよう変更を加えることにより、全員が同一年度に選出されなくなるので、買収入札者が、その年に、取締役会のメンバーを全員はすげ変えることができなくなる。 | 予防的 | 中 | 極めて低い | マイナス |
| **ゴールデン・パラシュート** 敵対的公開買い付けによって企業が買収された場合、一定の上級経営者のグループに支払われる一括払いの現金。 | 予防的 | 中 | 低い | ほとんどなし |
| **法廷闘争** 標的にされた企業が敵対的攻撃を止めさせるために行う訴訟。独占禁止法、詐欺、不適切な開示などの訴訟を含む。 | 受動的 | 中 | 低い | プラス |
| **グリーンメール** 仕掛け人から企業を買収の標的にしないとの約束と引き換えに、仕掛け人の獲得した株を高値で買い取ること。 | 受動的 | 極めて低い | 中 | マイナス |
| **スタンドスティル・アグリーメント** 標的企業が一定のフィーを支払い、その交換として、合意された期間、企業買収を仕掛けているほうがこれ以上標的企業の株の買い取りを行わないという契約。 | 受動的 | 低い | 低い | マイナス |
| **資本構成の変化** 株式を希薄化させることにより、入札者が企業を買収するコストを引き上げるもの。この中には、従業員持ち株プラン（ESOP）、増資、新規の負債、株式の売り出し、自社株買いなどが含まれる。 | 受動的 | 中 | 中 | 対抗策によって異なる |

出典：J. A. Pearce II & R. B. Robinson, Jr., 2004, Hostile takeover defenses that maximize shareholder wealth, *Business Horizons*, 47(5): 15–24.

発であった企業乗っ取り屋のうちの何人かを調査した研究によると、乗っ取り屋による買収の試みの約50％は、その業界において平均を上回る業績の、株価の市場評価が低いわけでもなく経営がうまくいっていないわけでもない企業を標的とするものだった。高い業績のビジネスを乗っ取りの標的とすることは、プレミアムを上乗せした高価格での買収につながり、また標的とされた企業の経営者が企業内での地位を守るために、コストが高くつくような防衛策をとることにもつながる。

　企業コントロールの市場は、企業内部のガバナンスの仕組みのような精緻さには欠けているが、買収されるかもしれないという恐怖や企業乗っ取り屋からの影響は、経営者の企業拡大の野望にブレーキをかけるために有効である。企業コントロールの市場は、多くの企業の重要な戦略の変更につながっており、適切に使用されると株主の利益のためになる。しかし、この市場やその他のコーポレート・ガバナンスの方法は、世界の地域や国によって異なる。そこで、国際的なコーポレート・ガバナンスについて、次に述べる。

## 国際的コーポレート・ガバナンス

　今日のグローバル経済で活躍する多国籍企業にとって、英国と米国のコーポレート・ガバナンスの構造を理解するだけでは充分ではない。ドイツと日本のガバナンス構造にみられる安定性は、今まではプラスの財産とみられてきた。しかし、これらの国のガバナンス・システムは変化してきており、同じく世界中のその他の国でも変化がみられる。このような変化をもたらしている理由の1つは、多国籍企業が多くの国で操業しており、より世界的規模のガバナンス・システムを生み出そうと試みていることである。さまざまな国においてのガバナンス・システムは一層似かよったものとなってきてはいるものの、まだそこでは大きな違いが残っている。国際戦略をとる企業は、異なった国際市場で効果的に事業を行うためには、各国のガバナンスの違いを理解しなければならない。

### ● ドイツのコーポレート・ガバナンス

　ドイツの非公開企業の多くでは、まだ、所有者と経営者が同一人物であるかもしれない。このような場合には、エージェンシー問題は存在しない。ドイツの公開企業でさえ、1人の株主が株の大半を持っていることがよくある。したがって、米国同様、所有の集中はドイツのコーポレート・ガバナンスにおける重要な手段である。

　歴史的に、銀行がドイツのコーポレート・ガバナンス構造の中心を占めており、これは他のイタリア、フランスなどの多くの欧州諸国でも同様である。資金の貸し手として、すでに貸し付けのある企業がその創業初期に株式市場からの資金供給を必要としたり、債務の不履行に陥ったりした際に、銀行が大株主になったのである。銀行が企業の株式を保有できる法的規制としては、銀行の資本の15％を超えて特定企業を所有することはできないというものだけであるが、銀行の保有する株式は通常10％未満である。自行の保有する株式を通じて、また自行に株を預けている個人株主の委任状により代理投票を行うことによって、特にドイツ、ドレスナー、コメルツの3大銀行は、巨大な力を発揮している（訳者注：2008年コメルツはドレスナーを買収した）。個人株主は企業の所有者として銀行にどのように投票してほしいかを伝えることができるのだが、通常、個人株主はそうはしない。自行の保有する株と委任状による代理投票を合わせると、この3銀行は、ドイツの多くの企業の過半数の株式を所有する地位にある。これらの銀行は、他の銀行とともに、貸し手および株主として、監査役会に代表を選出することによって、経営者の監視とコントロールを行っている。

　2,000人以上の従業員がいるドイツ企業は、二層構造の取締役会を持つことが義務付けられており、経営の（または監督の）意思決定と行動に対して監視やコントロールを行う責任が、別のグループに託されている。すべての指示と経営の機能は取締役会（Vorstand）の責任だが、取締役会メンバーの任命は、監査役会（Aufsichtsrat）の責任である。従業員、組合員、および株主が、この監査役会のメンバーを任命する。ドイツのコーポレート・ガバナンスの構造は、企業の過ちや"独裁的CEO"による軽率な決断を防止すると支持する人もいる。しかし、この構造は、意思決定を遅らせ、しばしばCEOの自由を奪うと批判する人もいる。ドイツでは、地域コミュニティや

労働組合も代表に含んでおり、権力の分散の行き過ぎがあるのかもしれない。それによって、ドイツのコーポレート・ガバナンスの枠組みは、企業が業績不振に陥ったときに、米国のようなスピードで企業再生を行うのを難しくしている。このことはエアバスの親会社であるEADS社の場合にもみられる。エアバス再生の時の難しさの一部は、ドイツのみならず、フランスにおいてもコーポレート・ガバナンスが複雑なことに由来している。

ドイツのコーポレート・ガバナンス構造において、地方自治体の役割が（監査役会の構造を通じて）大きく、また、銀行の力が大きいので、個人株主がドイツ企業の大口の所有権を持つことは稀である。年金基金や保険会社のような大手機関投資家も、株式所有者として比較的重要な位置を占めているわけではない。したがって、少なくとも歴史的には、他の多くの国と異なって、一般的に、ドイツの経営陣は、株主の利益を最大にすることに専念してはこなかった。

しかしながら、ドイツのコーポレート・ガバナンスは、ビジネスのグローバル化によって少なくとも部分的には変化してきている。多くのドイツの企業が米国システムの方へ傾き始めている。最近の研究によると、従来のシステムでは、外部の所有者の権力が不足していたため、ある程度のエージェンシー・コストが発生していたことが示されている。研究によると、ドイツのように歴史的にリレーションシップを重視する資本市場を持つ国でも、企業が（その多くが米国の）証券取引所への上場などの金融資本主義のガバナンスの必要に直面し、それを受け入れる必要がでたときには、しばしばそのようなガバナンス基準を採用するということが明らかになっている。例えば、そのような必要のあるドイツ企業は、長期のインセンティブ報酬政策として経営幹部のストック・オプション報酬の採用を増加させる傾向にある。

## 日本のコーポレート・ガバナンス

日本のコーポレート・ガバナンスに対する姿勢は、義理、家族、コンセンサスといった概念に影響を受けている。日本では、義理は、恩返しや借りを返すことで、これはより一般的な関係、例えば家族、同窓、企業（官庁）、そして国家に対する関係から生じるものかも知れない。このような義理の感覚は、他の国でも見受けられることだが、日本ではより強く感じられている。

企業一家の一員として、個人は彼らの生活を包み込む集団の一員となっている。すなわち、家族のような関係が企業全体の関係者の注意を引き、関係者に忠誠を命じる。さらに、**系列**（株式持ち合いで繋がったグループ企業）は経済概念以上の意味を持っている。系列もまた家族と考えられているのだ。日本のコーポレート・ガバナンスにおいて重要な影響を与えるコンセンサス（意見の一致）は、経営トップの鶴の一声ではなく、可能な限りいつでも、多くの人の賛同を得るために多くのエネルギーを費やすことを求めている。たとえ意思決定プロセスが時間と手間のかかるものになっても、コンセンサスは高く評価されている。

　ドイツの場合と同様に、日本の銀行は公開大企業の融資や監視に重要な役割を果たす。最大シェアの株式を保有し、最大額の融資をしている銀行——メインバンク——は、企業のトップ経営幹部と最も親密な関係を保ってもいる。メインバンクは、企業に金融面でのアドバイスを行い、また、経営者を緊密に監視もしている。したがって、米国では市場を基盤とする金融とガバナンスの仕組みがあるのに対して、日本では、銀行を基盤とする金融とガバナンスの仕組みがある。

　融資以外に日本の銀行は企業の株式の最大5％までを保有できる。多くの場合、メインバンク関係は水平的系列の一部となっている。通常、系列企業は、他の系列企業の2％未満の株式しか所有していない。しかし、一般的に、各社はすべての系列各企業にこの規模の株式を保有している。その結果、企業のおよそ30～90％に上る株式が、系列内の他のメンバーグループによって保有されていることになる。したがって、系列とは株式持ち合いのシステムということになる。

　ドイツの場合と同様に、日本のコーポレート・ガバナンスの構造も変化している。例えば、日本の銀行は経済性を持つ組織としての進化を続けているので、そのため邦銀が経営行動や企業の業績の監視やコントロールにおいて果たす役割は、以前に比べると小さくなっている。実際、業績の低い経営者がその地位に留まることによりガバナンスのコストが増加したという研究がある。同時に金融部門の規制緩和は、敵対的買収をしかけるコストを低下させた。そのため、規制緩和は、日本において以前は存在しなかった、企業コントロール市場の活動を促進させている。

また、次の戦略フォーカス・コラムで述べるように、アクティビスト投資家は、ガバナンスを変えるためのロビー活動を活発化させている。外国人株主が日本企業全体の株式の28％を所有するようになっており、彼らは株主総会において修正提案を出し意見を述べている。社外取締役の影響力は増加しており、戦略フォーカス・コラムで示しているように、アクティビスト投資家は、彼らの持ち株比率が増加するとともに、経営への関与の動きを強めている。

　このような株主アクティビズムが、日本企業の長期的志向にどのような影響を及ぼすかを観察するのは興味深いことである。ある研究によれば、歴史的に社内出身の経営陣が主役を占める日本のスチュワードシップ（受託責任）経営のアプローチは、米国の財務志向のシステムよりも、長期的なR＆D（研究開発）プロジェクトではより多くの投資を生み出してきたことが示されている。より強力な企業買収市場への動きが増える可能性があるので、長期の"戦略的柔軟性"を維持するために、上場をやめることを考えている日本企業もある。おもしろいことに、研究によれば、米国においてもSOX法が企業の上場廃止を増加させたことが示されている。

## グローバル・コーポレート・ガバナンス

　戦略フォーカス・コラムで述べるように、世界のあらゆる経済で外国人投資家はますます株主として重要になっており、これは新興経済諸国においてさえも同様である。多くの場合、国内株主は経営者よりの投票行動をとるのだが、アクティビスト外国人株主が参入してくると、国内の機関投資家も活発に株主提案を行う勇気を持つようになり、結果として株主の利益を増加させることになろう。

　例えば、スティール・パートナーズ社は、韓国のタバコメーカーのＫＴ＆Ｇ社に注目した。スティール・パートナーズ社のウォーレン・リヒテンシュタインとカール・アイカーンはＫＴ＆Ｇ社に株式の市場価値を上げるように圧力をかけた。リヒテンシュタインとアイカーンは、2006年2月に経営への関与を始め、ＫＴ＆Ｇ社に対して韓国で人気がある高麗人参を製造し利益をあげている高麗人参部門を売却するように強いると同時に、彼らが選任する取締役陣を任命することを求めた。また、彼らは、同社に不動産資産を売

## 戦略フォーカス・コラム

アクティビスト投資家が、"ステークホルダー"資本主義に伝統的に焦点を置いていた日本の大企業を侵略する

　日本は、伝統的にリレーションシップ資本主義に焦点をあてており、これは、企業は弱っている時には互いに助け合い、強い時には互いに成功をより促進するという前提で築かれている。このリレーションシップ資本主義は、企業を経営する緊密なインサイダー・グループと、お互いに相手の株式の持ち合いを行うことで結ばれた大きな相互持ち合い株主とで、"外部"の所有者から企業を防衛するシステムを作り出した。この仕組みにより、日本企業は部外者による"乗っ取り"をおおむね防いできた。1980年代には、このような銀行、企業、保険会社間の相互株式持合いは、株式全体の約50％を占めていた。しかし、最近では、株式持合いはわずか20％しか占めていない。この変化と規制緩和によって、より多くの外国人の株式所有が可能になり、外国人株主による日本企業の株式保有比率は、1990年には約4.7％だったのが、2007年には28％にまで増加した。

　それに平行して、企業を異なった方法で統治することを提案するアクティビスト外国人投資家の増加傾向がある。日本では株式が公開されて

———————————————————————————————————— 戦略フォーカス・コラム

いる企業の多くが、6月の後半に年次株主総会を開催する。2007年の多くの株主総会では、日本の経営者は、特に外国人投資家によるアクティビズムの増加に直面した。興味深いことに、日本では、株主は配当と経営幹部報酬の可否を直接に投票することができる。したがって表面的には、日本の株式市場政策は、米国や英国と比べて株主寄りであるように見える。そのうえ、株主は、理由がなくても取締役全員を罷免する投票をすることができる。しかし日本の投資家は、安易にはこの権力を使わず経営陣の提案に従うことがほとんどである。

　外国の機関投資家が日本の株式の28％を所有している今日において、これらの慣行は変化してきている。2007年6月の年次株主総会では、企業は30件の株主決議に直面したが、この数は2006年と比べてほぼ2倍になっており、日本の緊密なビジネス文化を維持しようとしている日本人の経営者にとっての脅威である。たとえば、アクティビスト投資家は、かなりの企業が保有している現金の多さや、解雇を伴う事業再編成へのためらいを俎上に載せた。アクティビスト投資家は、留保されている多額の現金を、配当率の向上による株主リターンの増加や、自己資本利益率を改善するための事業再編成を通じて株価全体の上昇をもたらすために使うように、経営陣に要求した。たとえば、米国やヨーロッパにおいて自己資本利益率は14％（米）から17％（欧）であるのに対して、日本は約9％である。実際日本の経営者は、留保している現金をよりよい使い方をして利益を上げるか、または株式の買戻しあるいは配当を高くすることにより資金を株主に返還することができるということを、これらの数字は示唆している。

　驚くに値しないことではあるが、日本の大企業の多くは、政治家やマスコミをけしかけて、アクティビスト投資家は短期的利益を長期的健全性より優先させる"金融犯罪者"であるとして"悪者扱い"させることで反撃に出ている。2005年にプライベート・エクイティ投資会社が敵対的買収を行ったときに、欧州の報道機関がそれを"貪欲な人々"と呼ぶことで、同様の非難が行われた。しかしながら、長期的平均でみた米国企業の現金と株式はGDPの約5％であるのに比べ、日本企業の保有する現金と株式はGDPの16％に上っており、日本企業の長期的な健全

461

性は、アクティビスト投資家によってかえって改善されるかもしれない。日本でのこれらの余剰資源は長期的視野を持つことに役立っているのかもしれないが、アクティビスト投資家の目には、これは有効に利用されていない資金として映り、もし使われないのであれば、配当か株の買戻しによって、株主に返還されるべきものであるとみられている。

出典：2007, Business: In the locust position; shareholder activism in Japan, *Economist*, June 30, 80; S. Moffett, 2007, Signs of hope for Japan's activists, *Wall Street Journal*, July 13, C3; M. Nakamoto, 2007, Corporate Japan needs the activist touch, *Financial Times*, June 25, 13; D. Pilling, 2007, Japan's outsiders can come in from the cold, *Financial Times*, June 28, 9; A. Scott, Japanese companies get an ear full; activist funds try to muscle cash out of big firms, *Wall Street Journal*, March 27, C5; L. Santini, 2006, Investor activism grows globally, but wins are rare, *Wall Street Journal*, July 3, C1.

り払って、配当を上げ、普通株を買い戻すことを要求した。それらの要求に応えなかった場合、リヒテンシュタインとアイカーンは敵対的な株式公開買い付けを行うと脅した。株主はスティール・パートナーズ社の行動を支持し、ＫＴ＆Ｇ社の取締役にリヒテンシュタインを選出した。2006年にアイカーンは、ＫＴ＆Ｇ社の4.74％の株式を売却し、当初の投資額に対し33％の収益を上げた。2007年に入り、KT&G社は韓国で2番目に大きい金融機関である新韓銀行グループの1％の株式を取得するという申し出を行った。リヒテンシュタインは、それに反対したものの、この株式取得の提案はＫＴ＆Ｇ社の12人の取締役のうち11人によって承認された。そこで、リヒテンシュタインは、ＫＴ＆Ｇ社がその取引を決行するならば、CEOであるカク・ヨンギュを免職すると脅しをかけた。興味深いことに、リヒテンシュタインの反対を支持するかのように、株価が2.2％下落した。スティール・パートナーズ社のようなアクティビスト・ヘッジ・ファンドは、韓国企業や他の新興経済諸国に大きな儲けを期待できる活動の場所を見つけたのである。そこでの企業の価値は、他のグローバル経済での同業企業に比べ低く評価されているからである。

# 第 10 章　コーポレート・ガバナンス

　ガバナンス改善のトレンドは、ほとんどの企業が国有である中国にまでも及んできている。中国は 2008 年 8 月の北京オリンピックに先立って、経済の開放度が進んでいることを示そうとしている。そのため、中国は企業の透明性を大幅に向上させるための規制を、2008 年 5 月 1 日に実施予定である。この規制は、中国の社会全体の透明性を広げようとするものである。これは財務情報の公開を前進させるという点で中国企業のコーポレート・ガバナンスに影響を与えるものである。しかしながら、中国は中央共産党が支配するシステムであるため、ある部分の情報公開には"慎重を要する"と考えられ、政府はある種の情報を保護するためのスクリーニング・システムを保持している。多くの国有企業は、これらの方策を利用して身を隠し、詳しい情報を明らかにしないだろう。

　2002 年にできたサーベンス・オクスリー（SOX）法により、米国のコーポレート・ガバナンスは強化されたが、世界中の他の国の政府も、米国や他の世界各地で起こったような企業スキャンダルを防ぐために企業の透明性を高め、コーポレート・ガバナンスを強めようとしている。例えば、英政府は 2003 年にデレック・ヒッグス報告書の知見に基づき、英国総合企業ガバナンス行動規範を導入し、ガバナンスを強化させた。同様に、日本は「金融商品取引法」の一部を改正して対応した。この法律は、米国の SOX 法に類似しているため"J-SOX"と呼ばれており、2008 年 4 月 1 日より実施された。また、ＥＵはトランスパレンシー・ディレクティブ（企業情報開示指令）と呼ばれる規則を制定した。これはヨーロッパ内の資本市場での企業による会計報告書の報告と公開の水準を向上させるためのものである。また、ＥＵの別の施策で「会社法の近代化とコーポレート・ガバナンスの向上」と名付けられたものは、株主、債権者や社会全体といった重要なステークホルダーに対して、経営幹部、取締役会メンバー等が負うべき責任と義務を向上させることを約束している。このように、ガバナンスは世界各地で一層強化されているのである。

## ガバナンスの仕組みと倫理的行動

　本章で述べているガバナンスの仕組みは、第1章で説明したように、企業の所有者のエージェントである企業のトップ経営幹部が、ステークホルダー（利害関係者）集団全体の利益に最もかなった戦略的決定を行うのを確実にすることを目的としている。米国では、株主が企業の最も重要なステークホルダーと考えられている。したがって、ガバナンスの仕組みは、株主の利益になる経営の意思決定を確実に行うことに重点を置いているが、製品市場のステークホルダー（例えば、顧客、サプライヤー、進出先のコミュニティ）や組織内のステークホルダー（例えば、管理職や従業員）も同様に重要である。したがって、企業行動は、すべてのステークホルダーの少なくとも最低限の利益なりニーズを満たすものでなければならない。さもなければ、不満を抱いたステークホルダーは、その企業を支持することをやめ、別の企業を支持するようになってしまうのである（例えば、顧客は、許容できる代替品を提供する他の売り手から製品を購入するだろう）。

　企業のガバナンスの仕組みが、すべてのステークホルダーの利益を考慮するものになると、その企業の戦略的競争力は向上する。この考え方は議論の余地もあるのだが、倫理的責任感の強い企業は、すべてのステークホルダーの利益になるようなガバナンスの仕組みを設計し活用していると、信じている人もいる。しかしながら、一層重要な関係が、倫理的行動とコーポレート・ガバナンスの仕組みの間には存在する。エンロン事件は、いかに企業の非倫理的行為が、その企業のステークホルダーのみならず他の企業にも、壊滅的な影響を与えるかを示している。この問題は他国でも真摯に受け止められている。ガバナンスによる監視を強化する動きは、世界各地に広がっている。

　例えば、韓国のＳＫ社はCEOを免職させるか、CEOの役割を大幅に変えるという株主提案に直面した。CEOは（不正会計によって有罪と宣告されたにもかかわらず）支配的な家族所有者であったので罷免されることはなかったが、しかし企業統治の方法をいくつか変えることを余儀なくされた。

　エンロン社に加えて、ワールドコム社、ヘルスサウス社やタイコ社の企業スキャンダルは、すべての企業所有者は、株主の利益の最大化のための決定

第 10 章　コーポレート・ガバナンス

をするために雇われたエージェントであるトップレベルの経営者を含む従業員の反倫理的な行動の餌食となりやすいことを示している。企業の取締役会の決定と行動は、これらの行為を抑止するのに効果を発揮することができる。実際に、最も効果的な取締役会は、企業のビジネス倫理と価値観の境界を定めると信じられている。その企業のすべてのステークホルダーの倫理的な意思決定や行動に関する取締役会の期待は、それが一旦形成されたら、それはトップレベルの経営者に明確に伝えられなければならない。さらに、株主のエージェントとして、これらの経営者は、倫理に反する意思決定や行為を許容するような企業文化を展開させ推進した場合、取締役会が経営者に対して責任を取らせることを、理解しなければならない。第 12 章で述べるように、CEO は、倫理的行動を向上させるうえで、よいお手本になることができる。

　適切なコーポレート・ガバナンスが行使されるときにだけ、企業が戦略的競争力を持ち平均を上回る収益性を得られるような戦略を策定し実施することができる。本章で論じられたように、コーポレート・ガバナンスの仕組みは、まだ不完全ではあるものの、企業が戦略を選択しうまく活用するために重要である。

## 要約　*Summary*

- コーポレート・ガバナンスは、企業の方向性を定め業績をコントロールするために使われるステークホルダー間の関係のことである。企業がいかにトップレベルの経営者の意思決定と行動を監視しコントロールするかは、戦略の実行に影響を与える。経営者の意思決定を株主の利益に沿ったものにするような効果的なガバナンスは、競争優位性を生み出すための一助となる。

- 現代の企業における企業内部のガバナンスの仕組みには、①所有の集中、②取締役会、③経営幹部報酬の３つがある。企業コントロール市場は、経営者の意思決定やその意思決定の結果に影響を及ぼす企業外部からのガバナンスの唯一の仕組みである。

- 現代の企業では、所有は経営コントロールから切り離されている。所有者（プリンシ

パル)は、企業価値を最大にするような意思決定をしてもらうために経営者(エージェント)を雇う。リスク負担の専門家として、所有者は異なるリスクの要素を持つ複数の企業に投資することによって、リスクを分散させる。所有者は、彼らのエージェント(企業のトップレベルの経営者)が意思決定の専門家として、企業の価値を最大化するような意思決定を行うことを期待する。したがって、現代の企業は、あるグループ(企業の所有者)が別のグループ(トップレベルの経営者)を、その意思決定のスキルを活用するために雇用し、報酬を支払うときに生じる、エージェンシー関係によって特徴づけられる。

- 所有と経営コントロールの分離により、エージェントがプリンシパルの意図と反する目的を追求するとき、エージェンシー問題が生じる。プリンシパルはこの問題をコントロールするためにガバナンスの仕組みを確立し活用する。

- 所有の集中は、大株主の数と彼らが所有している株式の割合に基づいている。巨大な投資信託や年金基金によって保有されているような大きな所有権の割合により、機関投資家は、しばしばトップ経営幹部の戦略的意思決定や行動に影響を及ぼすことができる。したがって、経営の意思決定に対する監視やコントロールが比較的弱い所有の分散の場合と異なり、所有の集中はより積極的で効果的な監視を生みだす。機関投資家は、米国企業社会においてますます強力になっており、彼らは所有の集中という立場を活発に使って、経営者や取締役会が企業価値を最大にするような意思決定をするように強いている。

- 米国や英国においては、社内出身の取締役、関連社外取締役、そして社外取締役で構成された取締役会が、株主の集団的な利益を代表することが期待されるガバナンスの仕組みとなっている。現在、多くの取締役会において社外取締役の割合は、社内出身の取締役の割合を超えている。SOX法の実施により、企業の内部から選ばれる取締役と比べて、社外取締役は、企業のトップレベルの経営者から、より独立していることが期待されている。

- 経営幹部報酬は、非常に目立ち、またしばしば批判の対象となるガバナンスの仕組みである。給与、ボーナス、長期の報酬インセンティブは、経営者と株主の利益を同じ方向に向けることを強化するように用いられる。企業の取締役会は、企業の経営幹部の報酬システムの有効性を決める責任がある。効果的なシステムは、株主の最善の利益につながる経営の意思決定を引き出す。

- 一般的に株主と取締役会は、経営の意思決定へのコントロールに、より気を配るよう

になってきているという証拠が示されている。それにもかかわらず、これらの仕組みは、多くの大企業で経営者の行動を統治するのに不十分である。したがって、企業コントロール市場は、重要なガバナンスの仕組みである。これは完全なものではないが、企業が非効率な多角化をすることを止めたり、より効果的な戦略的意思決定を実施することに効果的である。

■ ドイツと日本で用いられているガバナンスの構造はそれぞれ異なっており、また米国で用いられている構造とも異なる。歴史的に、米国のガバナンス構造は、株主の利益の最大化に焦点を置いている。ドイツでは、ステークホルダー集団として、従業員が、ガバナンスにおいてより重要な役割を果たしている。対照的に、最近まで日本の株主は、トップレベルの経営者の監視やコントロールに関して、実質的には何の役割も果たしていなかった。しかしながら、現在、日本企業は"アクティビスト"投資家による挑戦を受けている。国際的には、これらのシステムはすべてどんどん似通ったものとなってきている。同じように、フランスやスペインなどの先進国と、ロシアや中国といった移行経済の両方の多くのガバナンス・システムも似通ってきている。

■ 有効なガバナンスの仕組みとは、すべてのステークホルダーの利益を保証するものである。したがって、資本市場での利害関係者（例えば、株主）、製品市場の利害関係者（例えば、顧客とサプライヤー）、および組織的な利害関係者（管理職、非管理職の従業員、第2章参照）を少なくとも最低限は満足させるような方法で企業が統治されるときに、企業の長期的な戦略的成功が得られる。さらに、効果的なガバナンスは、戦略の策定と実行において倫理的な行動を生み出す。

## 重要用語　　　　　　　　　　　　　　　　　*key words*

● コーポレート・ガバナンス (corporate governance・企業統治) は、ステークホルダーの間の関係を管理し、組織の戦略的方向性や業績を決定しコントロールするために使われる一連の仕組みのことである。

● 1人以上の人（プリンシパル）が、別の1人以上の人（エージェント）を、意思決定の専門家として雇うときに、**エージェンシー関係** (agency relationship) は発生する。

- **経営者の機会主義** (managerial opportunism) とは、策略 ( すなわち、ずるさや偽り ) によって経営者が個人的利益を満たそうとすることである。

- **エージェンシー・コスト** (agency cost) は、インセンティブ・コスト、モニタリング・コスト、執行コスト、プリンシパルが被る個別の財務上の損失を合計したものとなる。

- 大株主の数と彼らが保有している株式の割合の両方が、**所有の集中** (ownership concentration) を決定づける。

- **大株主** (large-block shareholders) は、通常、企業が発行している株式の少なくとも5％を所有している。

- **機関所有者** (institutional owners) とは、投資信託基金や年金基金などの金融機関で、大株主としての地位をコントロールしている。

- **取締役会** (board of directors) は、選出された個人の集まりで、その主たる責任は、所有者にとり最善の利益となるように企業のトップレベルの経営幹部を正式に監視し、コントロールすることである。

- **経営幹部報酬** (executive compensation) は、給与、ボーナス、および長期インセンティブ報酬により、経営者と所有者の利益を同調させようとするガバナンスの仕組みである。

- **企業コントロールの市場** (market for corporate control) とは、企業の社内のコントロールが機能しなくなったときに働く、外部からのガバナンスの仕組みである。

## 復習問題　　*Review questions*

1. コーポレート・ガバナンスとは何か。アクティビスト投資家、ビジネス誌の記者や学者などの複数の関係者が、コーポレート・ガバナンスに対して多大な注目をしている要因としてはどのようなものがあるか。なぜ経営者の意思決定をコントロールするためにガバナンスが必要なのか。

2. 現代の企業において、所有と経営コントロールが分離しているといわれるが、それはどういう意味か。なぜこの分離が存在するのか。

3. エージェンシー関係とは何か。経営者の機会主義とは何か。現代の企業所有者は、エージェントとしての経営者のことをどのように見ているのか。

4. 所有権の集中、取締役会、経営幹部報酬というそれぞれの3つの企業内部のガバナンスの仕組みは、企業の所有者の利益とそのエージェントである経営者の利益を一致させるのにどのように用いられているのか。

5. 経営幹部の報酬についてどのような動向があるのか。長期報酬インセンティブが用いられることが多くなっているが、それは、どのように経営者の戦略的意思決定に影響を与えているのか。

6. 企業コントロール市場とは何か。どのような条件によって、一般的にこの企業の外部からのガバナンスの仕組みが作動するようになるのか。この仕組みはトップ経営者の意思決定や行動をどのようにして制御するのか。

7. ドイツや日本、そして新興経済国におけるコーポレート・ガバナンスの特質はどういうものか。

8. コーポレート・ガバナンスは、エージェントとしての経営者の倫理的な戦略的意思決定や行動をどのようにして育むことができるのか。

# 第11章

## 組織構造とコントロール

本章の狙いは、下記目的に必要な戦略的経営の知識を提供することにある。

1. 組織構造と組織コントロール（統制）を定義づけ、戦略的コントロール（統制）と財務的コントロール（統制）の違いを議論する。
2. 戦略と組織構造との関係を説明する。
3. 事業戦略で実行される機能別組織について議論する。
4. 異なった多角化戦略で実行される3類型の事業部制組織（M型組織）について説明する。
5. 3つの国際戦略で実行される組織構造について議論する。
6. 戦略的ネットワークを定義づけ、戦略的な中核企業が戦略的ネットワークを事業や企業、そして、国際レベルでどのように実行しているかについて議論する。

*opening case*

戦略と組織構造の変革は GE の手中にあるのか？

　GE は、ダウ・ジョーンズ社が考案した 1896 年の最初の「ダウ平均」のリストにも含まれ、かつ今日のダウ・ジョーンズ工業株価指数にもリストアップされている唯一の企業である。この事実は、GE の成果が 1 世紀を超える価値があることを示唆するものである。その 2006 年における財務成果（1,630 億ドルの収入と 207 億ドルの利益）も、GE が極めて好業績を達成しているという見方を支持しているかのようである。今日の GE は、100 カ国以上で 30 万人以上の世界規模の従業員を雇い、米国の国外から 50% 以上の収入を生み出している。GE はそのような利益の伸長をもたらす重要な源泉としてイノベーションを重視しており、2006 年には研究開発に 57 億ドルを費やした。しかし、すべてのアナリストや投資家の目に GE の何もかもがよく映るわけではない。GE が企業（全社的）戦略や組織構造の変革を進めている理由がそこにあるのかもしれない。

　2005 年半ば、ジャック・ウェルチから CEO の座を引き継いでわずか 4 年足らずで、ジェフリー・イメルトは GE の組織構造を変え、11 の事業単位ではなく 6 つの事業単位に組み替えた（法人金融、ヘルスケア、産業インフラストラクチャー、マネー（個人向け金融サービス）、

そしてNBCユニバーサルが、新しい組織構造を形成する6つ目の事業単位であった。インフラストラクチャー部門は総収入のうち最も大きな比率を占め、NBCユニバーサルは最も小さな比率を占めた)。イメルトは、ビジネスとして成功する潜在力をもった次世代技術に対して企業が一層集中するように持続的に努力し続けることを重視しており、「これらの変革は基幹産業分野でのGEの成長を加速させるだろう」と述べている。こういった組織再編を行いながらも、GEは、全社的な、関連連鎖型多角化戦略 (related-linked diversification strategy)（第6章参照）を継続的に行っており、また、関連連鎖型戦略の実行を促進するために、(本章で述べる) 事業部制組織構造における戦略事業単位 (SBU) の形態が組織構造として残されていた。

　2007年半ばになると、著名なアナリストが、彼の同業者や投資家を代弁するかのようにして、GEの6つの事業部門のうちのいくつかを売りに出すことを求めた。それは、NBCユニバーサルやマネー部門 (以前は消費者金融と呼ばれていた) などの中核ではない事業部門を売却することで、"数十億ドルを調達し、1人の男がこの巨大企業を管理することをはるかに容易にさせる" ものであった。つまり、それら2つの事業部門がその他の4つの事業部門に比べて相対的に共通点が少なく、GEの事業ポートフォリオの観点から考えると、高い類似性を持っている4つの事業部門にまたがる付加的シナジー（主に範囲の経済性から生み出される――第6章参照) の創出から注意を逸らせてしまう、という考えであった。しかしながら、ウェルチは、このアドバイスに従うと「大変な惨事につながりかねない」と述べ、イメルトとウェルチの両者ともこの提案に対してあまり反応を示さなかった。

　これら2つの事業部門が売却されていたなら、GEの全社的戦略は、関連連鎖型から関連拘束型 (related-constrained) へ変革していたと考えられる。さらに、もしこのような戦略の変革が起きていたなら、企業の組織構造も戦略事業単位 (SBU) 型事業部制組織から協調型事業部制組織へ変革させる必要があっただろう。戦略的経営の観点から考えると、組織構造の変革は企業戦略を変革させる決断に伴うものである、という結論が重要である。このように変革が伴って起こる理由は、戦略と組織

構造間のミスマッチが企業の業績に負の影響を及ぼすからである。

出典：2007, Our businesses, http://www.ge.com, September 2; 2007, The weight of one observer's words, *New York Times Online*, http://www.nytimes.com, July 22; N. D. Schwartz, 2007, Is GE too big for its own good? *New York Times Online*, http://www.nytimes.com, July 22; G. Colvin, 2006, Lafley and Immelt: In search of billions, *Fortune*, December 11, 70–82.

　第4章で説明したように、すべての企業は1つあるいはそれ以上の事業（単位）戦略（business-level strategy）を実行している。6～9章では、企業の選択肢となるその他の戦略（企業（全社）戦略、国際戦略、協調戦略）について述べた。企業がある戦略を選択すると、その戦略は真空状態で実行されるのではない（訳者注：周囲と関連を持ちながら実行される）。この章の主題である組織構造とコントロールは、営利組織と非営利組織のどちらでも実行される戦略の枠組みを提供するものである。しかしながら、以下で説明するように、異なった戦略をうまく実行するためには、それぞれ異なった組織構造とコントロール（統制）を必要とする。すべての組織のトップレベル経営者は、自社の各戦略にとり適切な組織構造を確実に適合させること、および、必要な時には確実に戦略と組織の両方に変化を起こすことに対して最終的な責任を持っている。そのために、GEが現行とは異なった全社戦略を用いることを決定する場合には、トップであるジェフリー・イメルトが、自社の組織構造を変革させる責任を持つことになる。戦略と組織構造の組み合わせや適合の度合は、企業が平均を上回る収益性を得るために行っている活動に影響を及ぼす。したがって、適切な戦略を選択し、それを適切な組織構造と適合させる能力は、有効な戦略的リーダーシップの重要な特性になるのである。

　本章ではまず、組織構造とコントロールについて述べる。続いて、企業の戦略と組織構造を適切に適合させる必要性について、より詳細に検討する。戦略と組織構造を適合させようとする企業の努力に作用するものは、戦略と組織構造の相互に及ぼす影響である。本章で述べるように、かつては、組織構造は戦略に影響を及ぼすとされたが、戦略が組織構造に対して、より重要な影響を及ぼすのである。次に、成功した企業の事例に基づきながら、企業の

成長と組織構造の変化との関連性について述べる。さらに、企業が事業戦略や企業戦略、国際戦略、協調戦略といった異なった戦略を実行するときにそれぞれ導入される組織構造について議論を進める。戦略にマッチさせるためのさまざまな組織構造は、一連の図表を通して理解することができるだろう。特に、巨大で複雑な組織は、経験に基づき時間をかけて、一般的な組織構造を独自のニーズに合ったものへとカスタマイズする。通常、企業は、戦略の実行を容易にさせるのに十分な複雑さを持ち、かつ、すべての当事者が戦略を理解し実行し得るだけのシンプルな組織構造を形作ろうとするものである。組織構造があまりにも複雑になりすぎた時に、企業はその複雑性を減らそうと努力するのである。例えば、ヤフーがグーグルなどのライバルと対決した際にも同じようなプロセスを辿っている。ヤフーは顧客とより緊密になるために、組織の階層をフラット化することに注力したのである。

## 組織構造とコントロール

これまでの研究は、組織構造と組織構造の一部分であるコントロールが企業の業績に影響を及ぼすことを示している。特に、企業の戦略が最適な組織構造とコントロールに適合しない場合、企業の業績が悪化することを論証している。また、たとえ戦略と組織構造間に非適合が起きていたとしても、経営者は自社の組織構造を形成し変革する際には合理的に行動しようとすることを示している。仮にGEでいくつかの事業部門の処分が決定されたとしたら、おそらくジェフリー・イメルトはこれまでの戦略と組織構造が適合しており、その状態が現在も続いていることを確かめる必要があることに特に留意するだろう。彼の成功記録がそれを物語っている。

### 組織構造

組織構造 (organizational structure) は、企業の公式的な報告体系や手続き、コントロール、権限、そして、意思決定プロセスを詳細に表すものである。企業の戦略を効果的にサポートしてくれるような組織構造を創り出すことは

難しい。グローバル経済の進展によるダイナミックで、急速に変化する競争環境の中では特に難しい。それは、そのような環境の中では因果関係の不確実性（あるいは、予測不可能な変化）が高まるからである。組織構造の構成要素（報告体系や手続きなど）がそれぞれ適切に揃った場合、その組織構造は企業の戦略を効果的に実行させてくれる。そのために、組織構造は効果的な戦略実行プロセスにとって決定的な要因であるといえる。

　企業の組織構造は、企業のとる特定の戦略や戦略全体を前提に、やるべき仕事、および、その仕事を達成する方法を明示するものであり、そのために組織構造は経営者の仕事の仕方や意思決定に影響を及ぼす。組織構造は、戦略の実行をサポートすることで、組織がタスク（任務）を達成するプロセスに影響を及ぼすのである。企業は、しばしば、従業員が任された仕事をやり遂げる上で有用なクリエイティブなプロセスを創り出すこともある。ベスト・バイ社のケースをその例として挙げることができるだろう。戦略フォーカス・コラムで述べているように、ベスト・バイ社のROWE（結果オンリーの職場環境——戦略フォーカス・コラム参照）プログラムはユニークであり、会社にとっても、また、それに参加する従業員にとっても肯定的な結果を生み出している。ただし、ベスト・バイ社を含め、すべての企業は一般的に以下のことを認識しなければならないだろう。つまり、仕事がいかに遂行されるべきかについて詳しく述べられているプロセスを変革することは、魅力的でやりがいはあるが、同時に、さまざまな理由で抵抗に遭うのである。

　効果的な組織構造とは、戦略をうまく実行するのに必要である安定性を与えることで、既存の競争優位性を維持しながら、同時に、今後必要となる優位性の開発を可能にしてくれる柔軟性を提供するものである。組織構造の安定性は、日々の日常業務を一貫して予定通り管理するという企業にとって必要な能力を提供する一方で、組織構造の柔軟性は、競争上の可能性を探索し、将来、企業を成功に導く競争優位性を生み出すと考えられる活動に対して資源配分を行う機会を提供する。優れた柔軟な組織構造では、将来に必要な潜在能力を持った新しい優位性を開発しながら、同時に既存の競争優位性を利用することができる。たとえばBMW社において、組織構造とは"フラットで、柔軟であり、企業家精神を持ち、素早い"ものであるべきだと考えられており、その特徴は、新しい優位性を探索しながら既存の優位性を利用しようとする

活動に対して積極的に働きかけるところにある。ベスト・バイ社のROWEプログラムが長期間にわたって成功を収めた理由は、そのプログラムを使うことで、自社の組織構造における安定性と柔軟性を同時に促進させる働きをしていたからであると考えられるだろう。

　企業による既存戦略の修正や新しい戦略の選択は、組織構造の変革を必要とする。しかしながら、これまでの研究は、一度適所に収まると組織には慣性（惰性）が作られてしまうことを示している。組織変革が必要な時期であることの微候を企業の業績が示している時でさえ、そのような慣性によって組織変革への活動が抑制されてしまうのである。アルフレッド・チャンドラーの先駆的研究では、組織は自社の効率の悪さのために変革せざるを得なくなったときになって、ようやく自社の組織構造の変革に乗り出すのだと指摘している。変革が絶対的に必要だという段階まで企業の業績が悪化しない限り、企業は現状の組織構造や慣れ合った職場関係の方を好むようである。サムスン電子のケースでは、その変革の必要性がより切実であるだろう。複数のアナリストは「サムスン電子が曲がり角に差し掛かっている」と考えている。ふらついた全社戦略とその戦略をサポートする組織構造の導入が会社を困難に陥れているのだろう。

　上で述べた問題に加え、トップレベルの経営者は、自社の組織構造（あるいは、さらに言えば自社の戦略）に問題があると結論づけることを躊躇するのだ、ということを記しておくべきであろう。なぜなら、その結論は、彼らの以前の選択が最適のものではなかったことを意味するからである。経営者にはこういった慣性に陥る傾向があるために、企業の業績不振に耐えられなくなったステークホルダー（利害関係者）が行動（資本市場や顧客からの行動：第2章参照）を起こすことで、組織構造の変革が引き起こされる場合もしばしば見受けられる。組織構造の変革が起こる最適なタイミングは、企業が戦略をうまく実行する上で必要な調整や方向付けを、現在の組織構造が提供できないと、トップレベルの経営者層が認識した時であることが論証されている。

　チャンドラーの研究は、組織構造や組織構造と戦略、成果との関係についてわれわれにとても重要な知見を与えてくれた。チャンドラーが力説する組織構造が、経営史の分野を大きく塗り替えたために、チャンドラー博士が出

## 戦略フォーカス・コラム

### ベスト・バイ社：職務の自律性の高まり、業績と職務満足度の向上に対する組織構造的アプローチ

　ベスト・バイ社は、アメリカ最大級の家電量販店であり、10万人以上の従業員とおよそ800店舗を抱えている。よく知られている本社だけでなく、ベスト・バイ社はフューチャーショップ（カナダで最大級かつ最も急速に成長した家電量販店）やマグノリア（家庭用、自動車用、ビジネス用のAV機器専門の家電量販店）も所有している。アトランタやダラス、ミネアポリス（本社所在地）などのいくつかの都市では、ベスト・バイ社のギーク・スクワッド部門（訳者注：おたく隊の意味で、パソコン・サポート・サービス部門）が各店舗に配置され、自立した企業のように動いている。

　ベスト・バイ社は、職務満足度や従業員の生産性、企業の業績を改善するために、ROWE（Results-Only Work Environment：結果オンリーの職場環境）の試みを続けている。社内で開発されたROWEは、2002年に導入され、およそ4,000人の本部従業員が実験的に参加している。このプログラムを通じて達成された成果は、目覚しいものである。その新しいシステムを導入した管理者の報告や見積もりを基にして作成された数字を見ると、ROWEを導入したベスト・バイ社店舗では、生産性が6カ月から9カ月の間に平均35%も増加した。調査の対象となったベスト・バイ社の3つの店舗では、自主退職が52%から90%のレンジ

で低下した。従業員調査アンケートの結果でも、従業員は自分の職務に対して一層の使命感を持つようになったこと、および、彼ら自身の職務に関連したタスク（課業）遂行方法だけでなく、職務自体についても、はるかに素晴らしい満足を表していることが示されている。

　ROWEの中核を成しているのは、職務活動の実行方法を再設計することにある。従業員が、いつ、どこで仕事をするかを自ら決定できる自由と責任を持つところにその本質がある。この方法で監督責任を任されている従業員は、目標とする結果を上げさせるためにその他の従業員を直接管理しているというよりも、結果自体を管理していると感じている。ROWEの設計者はこのプログラムの目的の1つとして、「仕事を、週に5日、8時から5時まで行かなければならない場所として考えるのではなくて、何かあなたにとってできることとして考えてほしい」と説明している。

　このような職務活動におけるパラダイムのシフトは、ベスト・バイ社の組織構造において一層中心を占める部分となっており、それは13の"おきて"によって動かされている。その中で公開されているのは、「①職務スケジュールは存在しない、②すべての会議への参加は選択制である、③従業員は同僚の時間の過ごし方についてどのような批判も示してはならない」という3つの"おきて"のみであり、残りはROWEプログラムを他社に販売するための部門（カルチャーRX）を設けているために公開されていない。たとえオフィス内でだれも仕事をしていなかったとしても、従業員の成果は完了したタスク（任務）に基づいて厳密に判断が下される。このような結果主義の職場環境の中で、その職務デザインは、従業員が好きな時間に出退社することを可能にする。しかし、その代価として、従業員は時間内に、きちんと仕事を完了させることに対して明確な責任を持つことになる。口実は許されず、また、従業員は"どこで仕事が終わり、どこから余暇が始まるかを知らせる指針"が次第にぼやけてくることを理解しなければならない。

　ROWEが成功を収めたことで、ベスト・バイ社の経営者たちは、自社の組織構造の中でこれまでROWEを使っていない他のタスク（任務）でも使えるように、ROWEをいかに適合させるかに挑んでいるようだ。

―――――――――――――――――――――――――――――――― 戦略フォーカス・コラム

果たして、成果主義アプローチが、ベスト・バイ社の職務プロセスすべてに適合できるのだろうか。この重要な問題に対する解答は、まだ出ていない。

出 典：J. Brandon, 2007, Rethinking the clock, *Business 2.0*, March, 24–29; F. Jossi, 2007, Clocking out, *HR Magazine*, June, 47–50; C. Penttila, 2007, Flexibility is the workstyle of the future, *Entrepreneur*, May, 47; M. Conlin, 2006, Smashing the clock, *BusinessWeek*, December 11, 60–68; P. J. Kiger, 2006, Throwing out the rules of work, *WorkForce Management*, September 25, 16–23.

版した以前を"B.C."（チャンドラー以前を意味する）と呼ぶ人がいることも、なるほど納得がいくものである。以下では、経営者が自社の組織構造を調整するタイミングを認識する上で、適切な組織のコントロールが経営者の手助けになることについて述べよう。

## ● 組織のコントロール

組織のコントロールは、組織構造の重要な一部分である。**組織のコントロール**（organizational control）は、戦略の活用を導き、期待された結果と実際の結果を比較する方法を示す。そして、それはその違いが容認できない時には、取るべき正しい行動を示唆するものである。期待された成果と実際の成果との違いが少ない時に、組織のコントロールはより効果的であり、効果的な組織のコントロールがなければ、企業はその競争優位性をうまく利用することが難しくなる。また、適切に設計された組織のコントロールは、企業業績を向上させるための行為に関する明確な洞察を与えてくれる。企業は自社戦略の行使をサポートするために、戦略的コントロールと財務的コントロールの両方を使っている。

**戦略的コントロール**（strategic control）とは、主に主観的な評価基準であり、その基準は自社の外部環境、および、競争優位性における諸条件に対して、企業が適切な戦略を用いているかどうかを確認する意図を持つものである。そのために、戦略的コントロールは、（外部環境から機会を見出すことで）

企業が今後するかもしれないことと、（自社の競争優位から示されることで）企業が現在できることとの、適合性を検討する上で必要となる。効果的な戦略的コントロールは、何が企業を成功に導くのかに関する企業の理解を促すものである。また、戦略的コントロールは、戦略を実行する上で最初に責任を持つ現場責任者（中間管理者や現場の管理者など）と、戦略的コントロールを使った企業の業績の判断に責任を持つ経営管理者との間に豊富なコミュニケーションを必要としており、このような頻繁なやり取りは、その性格上公式のものも非公式のものもある。

　さらに、戦略的コントロールによって、自社の戦略を実行する上で必要とすることに企業がどれぐらい集中しているのか、その程度を評価することができる。例えば、事業戦略においては、重要な活動に力を入れ適切に実行されていることを確かめるために、主要活動と支援活動（第3章の表3.6および表3.7参照）を検討することができる。関連性のある企業戦略においては、知識や市場、技術といった特定の戦略要素が、事業部門をまたがって共有されていることを確かめることができる。戦略的コントロールを効果的に使い関連多角化戦略を評価するには、経営陣が各事業単位の戦略を深く理解しておかなければならないのである。

　オープニング・ケースで述べたように、GEのCEOであるジェフリー・イメルトは、戦略的コントロールに関連する問題に多大なエネルギーと時間を費やしている。"利益を生む成長をもたらすこと"へ絶え間なく挑戦する経営陣は、業績改善の方法としてイノベーティブ（革新的）な戦略とそれに適切な組織構造に依存している。イメルトは彼が信ずる鍵となる技術（例えば、再生可能エネルギーやナノ技術）へ集中するために、ヘルスケア、水、セキュリティやそのほかの分野に力点を置く一方で、保険事業の多くを手放すことでGEの組織構造の改革を行った。同じように、プロクター・アンド・ギャンブル社（P&G）のCEOであるA・G・ラフリーは、自社部門のリストラクチャリング（事業再編成）を行っている。ラフリーは、革新的な製品を開発するために外部パートナーと手を組むことを決定し、クリスコやジフ、パート・プラス、シュアなどの認知度の高いブランドを売却し、ジレットやクレイロール、ウエラなどの巨大なブランドを買い取った。P&Gにとって、これらの買収に適応させるのに最適な組織への変革が必要であるが、その宿

題はいまだ進行の途中である。とは言っても、これら両企業のCEOは彼らが選択した戦略をサポートするために戦略的コントロールを行使しているといえる。

**財務的コントロール**（financial control）とは、前もって確立された定量的基準に対する、企業の業績測定に使われる主に客観的な評価基準である。投資利益率（ROI）や総資産利益率（ROA）などのような会計ベースの基準、および経済的付加価値（EVA）などの市場ベースの基準が財務的コントロールの例である。戦略的コントロールは、極端な多角化を推進する企業に適用する上では難しい点もあるので、財務的コントロールが非関連多角化戦略を実行する企業の業績を評価するのに重視される。財務成果（第6章参照）に焦点を絞っている非関連多角化戦略においては、部門の業績と経営責任者の業績とを比較するために標準化された財務的コントロールを行使する必要がある。

企業は財務的コントロールを行使するとき、競合企業の業績や業界の平均だけでなく、自社の過去の成果と対比しながら現在の業績を評価する。グローバル経済の中では、技術の進歩によって非常に精巧な財務的コントロールが開発されている。そのおかげで、企業が自社の業績をより徹底的に分析し、諸規制に対するコンプライアンス（法令順守）を確実なものにすることができるようになった。たとえば、オラクルやSAPなどの企業は、サーベンス・オクスリー法（SOX法）によって義務付けられた財務報告上の必要条件を満たすのに使用するため、そのプロセスを自動化したソフトを販売している（第10章で述べたように、この法律によって、企業の代表者と財務担当役員は、企業の財務情報や関連情報をSEC（証券取引委員会）に提出する四半期報告書と年次報告書で、認証しなければならない）。

戦略的コントロールと財務的コントロールの両方とも、それぞれの組織的構造に応じて重要な側面があり、すべての組織構造の有効性は、戦略的コントロールと財務的コントロールの組み合わせで決定されることについてすでに述べてきた。しかしながら、コントロールの適切な使用は、戦略のタイプによって異なる。たとえば、コスト・リーダーシップ戦略をとっている大規模で多角化された企業の企業全体や事業部門では、財務的コントロール（定量的なコスト目標など）が強調されるが、差別化戦略をとっている企業や事

業部門は、戦略的コントロール（製品開発チームの成果の主観的な測定方法など）を強調する。これまで説明したように、事業単位間での共有を企業全社レベルにおいて強調すること（関連多角化戦略に求められることであるが）は、戦略的コントロールに力点を置く結果を導くが、その一方で、企業の活動や組織能力が共有されていない戦略（例えば、非関連多角化戦略）では財務的コントロールに力点が置かれる。

　企業がコントロールを考える時の重要なポイントは、戦略的コントロールと財務的コントロールを行使する際に、適切なバランスを取ることである。片方を犠牲にしながらもう片方を偏重すると、まさに業績悪化を招いてしまうのである。「近年のデル社における業績不振の背景は、魅力的な短期の成果を生み出すために財務的コントロールに偏重した結果によるものである」と、CEOのマイケル・デルは述べている。彼はこの問題について以下のように語っている。「わが社は、あまりにも短期的視野に集中しすぎてしまい、優先順位のバランスは短期的結果をもたらすものに過度に傾いていった」。デルは、現在、短期的だけでなく長期的成果にも適切に力が入れられるように、自社のリストラクチャリング（再編）を行っている。このリストラクチャリングを通して戦略的コントロールがより重視されるようになるだろう。

## ■ 戦略と組織構造の関係

　戦略と組織構造は相互的な関係をもつ。この関係は、戦略の策定（第4章、第6〜9章参照）と戦略の実行（第10〜13章参照）の間に光をあてるものである。一般的に、この相互的な関係をみると、企業の戦略選択から生みだされる組織構造、あるいは、その選択に従っている組織構造が見出される。しかし、その一方で、組織構造は，将来の戦略についての選択だけでなく、現在の戦略的活動にも影響を与えることができる。例えば、ベスト・バイ社の場合について、現在、および、将来の戦略においてROWEプログラムが及ぼす可能性のある影響について考えてみれば理解できる（「戦略フォーカス・コラム」参照）。

戦略と組織構造の関係の一般的な性質として、企業戦略に生じる変革が、組織のタスク（任務）遂行方法を変革させる必要性を生み出しているということが言われる。一方で、"組織構造が戦略に影響を及ぼす"という観点について見ると、企業は、その課業が達成されることを求める組織構造が、選択された戦略を実行する条件と、整合性を持ち続けていることを確認する努力を怠ってはならない。しかしながら、これまでの研究は、「戦略が組織構造へ及ぼす影響は、その逆よりもはるかに重要である」ことを示している。

　戦略と組織構造間における相互関係の強さに関わらず、企業の戦略と組織構造の選択において必要なのは以下の点だろう。つまり、既存の競争優位性に必要である安定性と、将来の優位性開発に必要である柔軟性を提供するような組織構造と、それぞれの戦略を適合させるように心がけることである。したがって、企業は戦略を変革する際には、その新しい戦略の行使をサポートするのに必要と思われる組織構造について、同時に考慮しなければならない。戦略と組織構造が適切に適合した時に、企業は競争優位性を生み出すことができるからである。

## 戦略と組織構造における進化的パターン

　これまでの研究は、ほとんどの企業が戦略と組織構造の関係において一定のパターンを経験することを示している。チャンドラーは、企業が何らかの予測可能なパターンに沿って成長する傾向があることを発見した。「最初は規模の拡大、その後は地理的拡大、さらに統合（垂直的、水平的）による拡大、最後には製品や事業の多角化による拡大（図11.1参照）を行う」というものである。チャンドラーは、彼自身の研究結果により、企業の成長パターンが組織構造を決定することを示すものであると解釈している。

　図11.1が示すように、売上高の成長は調整とコントロールの問題を生み出し、既存の組織構造は効率的に運用できなくなる。そして、組織の成長は、企業がさらに業績を伸ばすために、戦略の変革を実行する機会を生み出すことになる。しかしながら、既存の組織構造における公式的な報告体系や手続

**図11.1** 戦略と組織構造の成長パターン

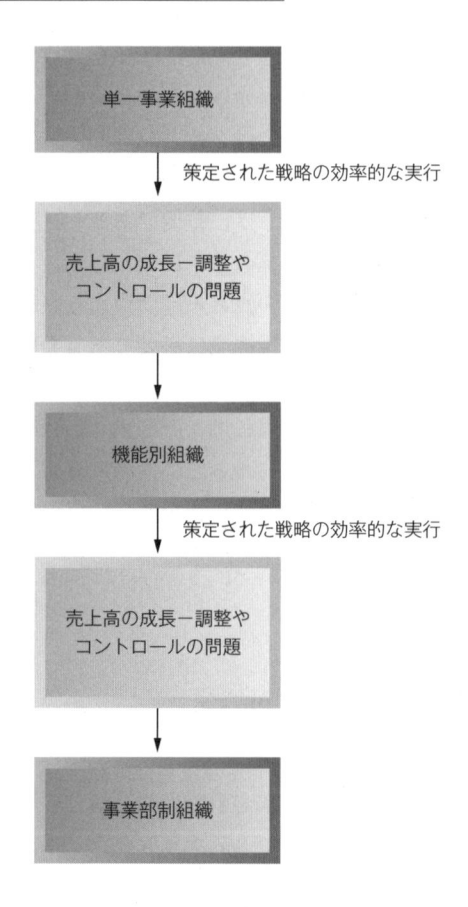

```
┌─────────────┐
│  単一事業組織  │
└─────────────┘
       │ 策定された戦略の効率的な実行
       ▼
┌─────────────┐
│ 売上高の成長－調整や │
│ コントロールの問題  │
└─────────────┘
       │
       ▼
┌─────────────┐
│   機能別組織   │
└─────────────┘
       │ 策定された戦略の効率的な実行
       ▼
┌─────────────┐
│ 売上高の成長－調整や │
│ コントロールの問題  │
└─────────────┘
       │
       ▼
┌─────────────┐
│  事業部制組織  │
└─────────────┘
```

き、コントロール、権限、そして、意思決定プロセスは、新しい戦略の行使をサポートするのに必要とされるほど高度なものではない。そのために、新しい戦略を実行するための行動を効果的に統合、調整する上で必要な知識や理解を得ようとする意思決定者にとって、それらを手助けする新しい組織構造が必要となるのである。

　企業は、主要な3つのタイプ、つまり、単一事業組織、機能別組織、事業部制組織の中から組織構造を選択し、新しい戦略を実行するようになる。

第11章　組織構造とコントロール

## ● 単一事業組織

**単一事業組織**（simple structure）とは、オーナー経営者がすべての主な意思決定と全活動の監視を行い、従業員は経営者の監督指揮権限の手足となって動く組織構造である。通常、オーナー経営者は、日常的な業務に活発に取り組む。インフォーマルな関係で規則が少なく、タスク（任務）の専門化程度が低く、情報システムが単純であるのがこの組織の特徴であり、オーナー経営者と従業員間の頻繁、かつ、非公式的なコミュニケーションによって、事業活動が比較的円滑に調整される。この単一事業組織は、集中戦略と事業戦略にマッチした組織形態であり、このような戦略を実行している企業は、一般的に、単一地域で単一製品を提供することで競争しているところが多い。例えば、地元のレストランや修理ビジネス、その他の専門的な企業などは、単一事業組織を採用している企業の例である。

　企業の規模が拡大し複雑になるにつれ、管理上の問題と組織構造上の問題が出てくる。例えば、分析しなければならない競争に関する情報量は大幅に増加し、オーナー経営者にかなりのプレッシャーを与えるだろう。さらなる成長や成功によって、企業は戦略を変革することになるが、たとえ戦略が変革されないままであったとしても、企業規模の拡大は、より精緻な業務の流れや統合メカニズムを必要とする。このような進化的な観点からみると、企業は単一事業組織から機能別組織へ移行する傾向を示すのである。

## ● 機能別組織

**機能別組織**（functional structure）は、生産、会計、マーケティング、研究開発、エンジニアリング、人材管理など、企業組織の主要領域での機能別ライン管理者という限られたスタッフとCEOによって構成される。この組織構造は、機能別に専門化することで、各機能別領域内での積極的な知識の共有を促すものである。知識の共有によって、機能別スペシャリストが専門的に養成されるだけでなく、キャリア・パスも促進される。しかしながら、機能志向によって、異なる組織機能を代表する人の間のコミュニケーションや調整が損なわれることがある。このため、CEOは、個々の組織機能での決定と活動が、単一機能だけでなく企業全体の協調を促進しているかどうかを確認する作業に注力しなければならない。機能別組織は、低い水準の多角化を通して、事

業戦略と一部の（単一事業、あるいは支配的事業における）企業（全社）戦略の実行をサポートしている。単一事業組織から機能別組織へ移行する際に、企業は、イノベーションや創造性の促進を損なわせる価値破壊的な官僚制の導入を回避することを望む。

### ● 事業部制組織

　企業は成長や成功を続けるために、しばしばより大規模な多角化を考える。多角化戦略をうまく導入する上で、同じ製品を異なった市場へ投入する際（市場多角化や地域多角化）や、複数の市場に異なった製品を投入する際（製品多角化）に、より膨大な量のデータや情報の分析が必要となる。さらに、高度に多角化した事業を機能別組織で管理しようとすると、その調整やコントロールに深刻な問題が生じ、それによって一般的には新しい組織構造を導入するようになる。

　**事業部制組織（M型組織）**（multidivisional structure）は、それぞれが異なった事業やプロフィット・センターを意味する現業部門から構成されており、トップ経営陣から事業部門長へ、日常の業務や事業部門単位の戦略についての権限が委譲されている。各事業部門では、独自の機能別ヒエラルキー（階層）を持ち、性格が異なりそれだけで完結した事業を営む。このようなM型組織は、最初に考案された時、以下の3つの利点があると考えられていた。つまり、「①企業の経営者は、それぞれの事業部の業績をより正確に監視することで、コントロールの問題を単純にする、②事業部門間の比較を容易にすることで、資源配分プロセスを改善できる、③業績の低い事業部門の管理者を刺激することで、業績改善の方法を見つけさせる」ということである。M型組織を通して業績監視を積極的に行うことで、個別事業部門のトップに立つ経営管理者が、ステークホルダーの最善の利益にかなう意思決定を下す可能性が高くなる。多角化は、グローバル経済の中で使われる主要な企業戦略であるために、M型組織は、幅広く導入されている組織構造であるといえる。

　また、M型組織は、関連／非関連多角化戦略の実行をサポートすることに用いられており、多角化によって生じる多くの問題点を、企業がうまく管理するよう手助けしている。チャンドラーによると、デュポン社やゼネラルモーターズ社などの巨大企業の多くは、1920年代に機能別組織を導入して

いた。その時に直面した調整とコントロールの問題をイノベーティブ（革新的）に解決してくれたのがM型組織であるという。また、企業が多角化を通して成長する際にはM型組織が適合することを、これまでの研究が示している。それが多角化企業にとり価値があることもあって、事業部門制は20世紀最大の組織的革新の1つであると考える人もいるのである。

　これまで論じてきた単一事業組織、機能別組織や事業部制組織の中で、そもそも最も優れた唯一の組織構造というものはない。ピーター・ドラッカーは、この問題について、「正しい唯一の組織はない。（中略）むしろ、タスク（任務）は、（中略）手元の特定のタスク（任務）やミッションのために組織を選択するべきである」と言及している。言い換えると、ドラッカーは、選ばれた戦略を行使する上で"正しい"組織構造を企業が選択しなければならないと言っているのである。あらゆる場合に最適である唯一の組織は存在しないので、経営者は"最適"な組織構造を探すことよりも、戦略と組織構造間のより適切な適合関係を開発することに尽力する。例えばファイザー社では、このような戦略と組織構造間の適合を実現している。現行の組織構造がうまく機能していないことに注目したCEOのデイビッド・シェドラーは、組織構造の変革を進めている最中である。それによって今後、製品の共同開発をオープンに行ったり、効果的な提携を結んだり、理想的な買収先の企業を見つけるといった行動（これらすべての行動は企業の戦略実行に必要なものであるが）を、ファイザー社の社員がより容易に行えるようになることが意図されている。

　次に以下では、企業業績にプラスの影響を及ぼすと論証されている、戦略と組織構造間の適合関係について述べることにする。

## ● 事業戦略と機能別組織との問の適合関係

　企業は、コスト・リーダーシップ戦略、差別化戦略、そしてコスト集中／差別化集中戦略の実行をサポートするために、それぞれ異なった機能別組織の形態を導入する。その形態の違いは、主に以下の3つの重要な組織的の特徴を行使する上で、その使い方の違いによって説明することができる。つまり、**専門化** (specialization)（業務を遂行する上で必要とされる職務の種類と数に関連するもの）、**中央集権化** (centralization)（意思決定の権限が上層

部の経営者に集中している程度)、**公式化** (formalization) (公式のルールと規則が業務を支配する程度) がそれである。

### ▶ コスト・リーダーシップ戦略を実行するための機能別組織の活用

　ある産業の典型的な顧客に対して大量の標準化製品を販売するのが、コスト・リーダーシップ戦略をとる企業である。報告体系が単純で、意思決定と権限の階層が少なく、中央集権的、そして、研究開発を重視することで、新製品開発をするというよりも製造機能での工程改善に強く焦点をあてるのが、このコスト・リーダーシップ型の機能別組織の特徴である (図11.2参照)。この組織構造は、低コスト文化を生み出す。その低コスト文化とは、従業員が、業務遂行上で生じるコストをいかに削減するか、その方法を絶えず見つけようとする文化である。

　中央集権化という観点からすると、意思決定の権限は、それぞれの組織的機能 (エンジニアリングやマーケティングなど) の中でもコスト削減重視を維持するためのスタッフ機能に集中される。コスト削減を持続的に推進する際に、ある1つの機能部門における更なるコスト削減活動が、その他の機能部門における生産性に悪い影響を及ぼしていないかを確認する役割を果たすのが、これら集権化されたスタッフなのである。

　コスト・リーダーシップ型の機能別組織においては、職務は高度に専門化され同質的な下位組織に分割される。生産された製品単位で、あるいは、その製品やサービスを提供した顧客単位で、業務が一括処理されることもあるが、最も一般的な下位組織は組織の機能部門である。職務を専門化することで従業員は効率性を高め、その結果コストが削減されるのである。この組織構造において従業員の仕事は、高度に公式化された規則や手順によって遂行されるが、それらはしばしば集権化されたスタッフから創り出されている。

　ウォルマート社は、自社の3つのセグメント (ウォルマート・ストア、サムズ・クラブ、インターナショナル) のそれぞれにコスト・リーダーシップ戦略を実行するために、機能別組織を導入している。全売上高のうち最も大きいシェアを占めているウォルマート・ストア部門において、スーパー・センターやディスカウント・ストア、ネイバーフッド・マーケットの小売り店舗形態でコスト・リーダーシップ戦略を実行している。ウォルマート社は、

第 11 章 組織構造とコントロール

これまで19年間も使ってきた「Always Low Price（いつも低価格）」というよく知られているスローガンから、近年「Save Money, Live Better（節約して、よい生活を）」という新しいスローガンに切り替えた。新しいスローガンを導入したにも関わらず、ウォルマート社は自社部門でコストをさらに削減させるために機能別組織を使い続けていた。第4章で述べたように、ウォルマート社におけるコスト・リーダーシップ戦略の成功を模倣しようとした競合他社の努力は、ことごとく失敗に終わっている。その理由の1つには、ウォルマートの各セグメントにおいて、戦略と組織構造の適合関係が有効であったからといえるだろう。

**図 11.2** コスト・リーダーシップ戦略を実行するための機能別組織

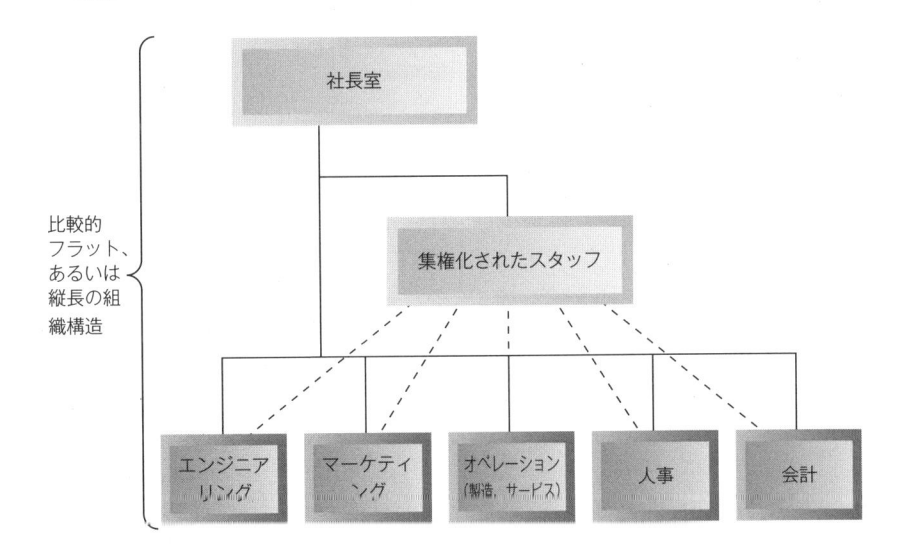

```
                    ┌──────────┐
                    │  社長室  │
                    └────┬─────┘
                         │
                  ┌──────┴────────┐
                  │ 集権化されたスタッフ │
                  └──┬──┬──┬──┬──┘
  ┌────────┬────────┬────────┬────────┬────────┐
  │エンジニア│マーケティ│オペレーション│  人事  │  会計  │
  │ リング  │  ング   │(製造, サービス)│        │        │
  └────────┴────────┴────────┴────────┴────────┘
```

比較的フラット、あるいは縦長の組織構造

注：
- 主軸となる機能部門はオペレーション（製造、サービス）である。
- 工程エンジニアリングの方が新製品研究開発より重視される。
- 比較的規模が大きく集権化されたスタッフが各機能部門を調整する。
- 公式的な手続きは低コスト文化の実現を十分に考慮している。
- 組織全体は機械的であり、仕事上の役割は高度に構造化されている。

### ▶ 差別化戦略を実行するための機能別組織の活用

　差別化戦略を実行する企業は、顧客に対する価値創造の方法に差異があると顧客が感じられるような製品を生産する。この戦略を実行する企業は、独特なニーズを持つ顧客に対して、標準化されていない製品を販売する。比較的複雑で柔軟な報告体系を持ち、機能横断的な製品開発チームを頻繁に使い、（コスト・リーダーシップ戦略を実行する機能別組織で強調されている）製造や工程の研究開発よりもむしろ、マーケティングや製品の研究開発に力点を置くことが、この差別化戦略を実行する機能別組織の特徴である（図11.3参照）。このような組織構造から開発志向の文化が生み出されるが、その文

**図11.3　差別化戦略を実行するための機能別組織**

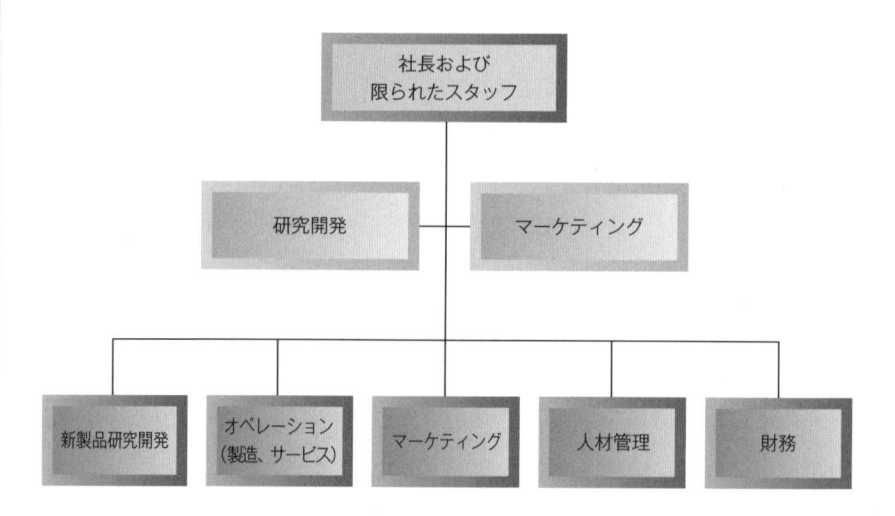

```
            社長および
           限られたスタッフ
                │
        ┌───────┴───────┐
     研究開発         マーケティング
        │
  ┌─────┬─────┬─────┬─────┐
新製品  オペレー  マーケ  人材    財務
研究開発 ション   ティング 管理
       (製造、
       サービス)
```

注：
- 主軸となる機能部門は、新製品に関するアイデアの動向を把握するためのマーケティング部門である。
- 新製品の研究開発が重視される。
- ほとんどの機能部門は分権化されるが、研究開発とマーケティング部門は集権化されたスタッフを持ち、相互に緊密な関係を保つ。
- 公式化の程度は限られているために、新製品に関するアイデアが容易に生み出され、また、変革も容易に達成することができる。
- 組織全体は有機的であり、仕事上の役割はあまり組織化されていない。

化の中で従業員は、現在の製品をより差別化させてくれる方法を模索し、新しく、かつ高度に差別化された製品を開発しようと努める。

　持続的な製品イノベーションのためには、しばしば曖昧で不完全、かつ、不確実性に満ちた情報に基づき、企業内の従業員が解釈を加え行動を起こす必要がある。新しい機会を識別するために外部環境を強調することによって、従業員はしばしばその情報を企業外部の人（顧客や供給者など）から収集する。一般的には、意思決定の責任や権限の分散化の必要性を提案しながら、収集された情報が示す可能性へ迅速に対応することが必要である。創造性とそして差別化の源泉や新製品の新たな源泉の持続的な追求をサポートするために、この組織における職務は、それほど専門化されていない。この専門化されていないということは、1人の従業員が比較的多くの職務を持つことを意味する。また、公式のルールや手順が少ないことも、この組織の特徴であるだろう。公式化程度の低さ、意思決定における権限と責任の分権化、そして、職務における専門化程度の低さという特徴は、従業員が明確に差別化できる新製品のアイデアを考えながら、現在の製品に対していかに差別化を深めるかに関するアイデアを頻繁に交換するために交流するような組織を創造してくれるのである。

### ▶ コスト・リーダーシップと差別化の統合戦略を実行するための機能別組織の活用

　コスト・リーダーシップと差別化の統合戦略を実行する企業は、比較的コストが低く、適度の差別化の源泉を基に価値を創り出す製品を販売する。それらの製品のコストは、コスト・リーダーの価格に対して"相対的に"低く、差別化戦略を実行する企業の明白でユニークな製品の特徴に比べるとその差別化は"ほどほど"である。

　コスト・リーダーシップと差別化の統合戦略は、その実現は難題であるが、グローバル経済において頻繁に使われている。この組織を用いるのが難しいのは、コスト・リーダーシップ戦略と差別化戦略を実行するとき、それぞれ異なった主要活動と支援活動（第3章参照）が重要になるという事実による。つまり、コスト・リーダーシップの地位を達成するためには、製造技術や工程技術が強調され、製品の革新はめったに起こらない。反対に、差別化の地

位を達成するためには、マーケティングや新製品研究開発が強調され、製造技術や工程技術は強調されないのである。したがって、統合型戦略を有効に実行するためには、コスト削減をしようとする活動と、追加的な差別化の特徴を創造しようとする活動を、うまく組み合わせる必要がある。その結果、統合型の機能別組織は、部分的に集権的で、かつ、部分的に分権化された意思決定パターンを持たなければならなくなる。さらに、職務はある程度専門化され、また、規則や手順は、一部は公式的であり、一部は非公式的である職務行動を必要とするのである。

### 企業戦略と事業部制組織間の適合関係

すでに説明したようにチャンドラーの研究は、企業の持続的な成功が、製品多角化か市場多角化、あるいは、その両方を導くということを明らかにしている。企業の多角化の程度は、互いに競い合う事業群の数とタイプについての意思決定だけでなく、それらの事業群をいかに経営管理するのかについての意思決定と関わっている（第6章参照）。個々の組織機能を管理することに付随して、多様性の増加は、結局、機能別組織には処理することができない情報処理や調整、コントロール問題を生み出す。したがって、多角化戦略を実行することによって企業は、戦略と組織構造の適切な適合関係を追求するために機能別組織から事業部制組織への変革を強いられるのである。

第6章の図6.1が示すように、企業戦略は、製品と市場の多角化において異なるレベルをもつ。異なった多角化のレベルは、それぞれの戦略を有効に実行するためのユニークな組織構造の必要性を生み出すのである（図11.4参照）。

#### ▶ 関連拘束型戦略 (related constrained strategy) を実行するための、協調型事業部制組織の活用

**協調型組織** (cooperative form) は、事業部門間の協調を引き出すために水平的統合を行った組織構造である。関連拘束型戦略を実行する企業の事業部門は一般的に、製品や市場、あるいはその両方を軸に形成される。図11.5では、協調型事業部制組織の例として、製品事業部門制を示している。市場事業部門制では、この図から製品事業部門を市場事業部門に代えるか、ある

第 11 章　組織構造とコントロール

### 図 11.4　事業部制組織における 3 つの類型

```
           事業部制組織
           （M 型組織）
          /      |      \
   協調型組織  戦略事業単位  競争型組織
              （SBU）型組織
```

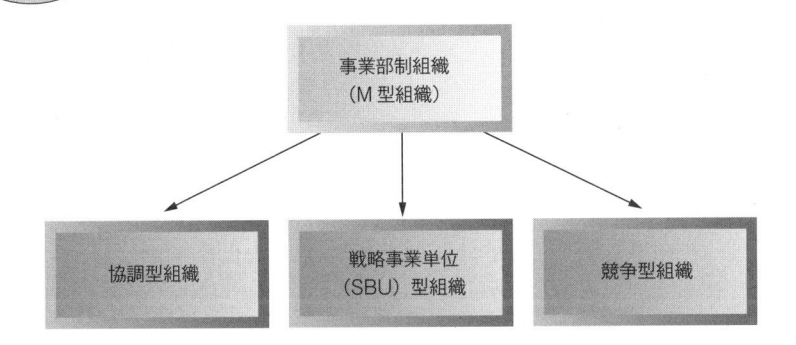

### 図 11.5　関連拘束型戦略を実行するための協調型事業部制組織

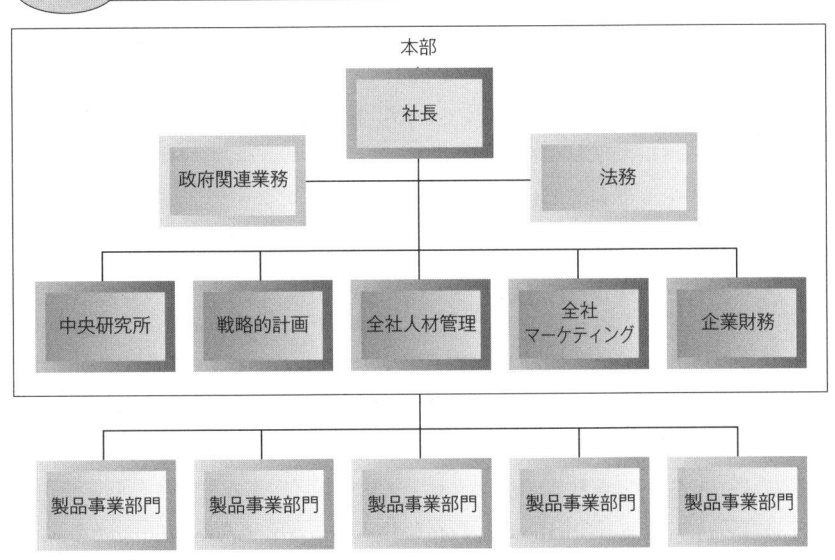

```
                         本部
                         社長
       政府関連業務 ――――― | ――――― 法務
                          |
   ┌─────┬─────┬─────┬─────┬─────┐
 中央研究所 戦略的計画 全社人材管理  全社    企業財務
                              マーケティング
   └─────┴─────┴─────┴─────┴─────┘
                          |
   ┌─────┬─────┬─────┬─────┬─────┐
 製品事業部門 製品事業部門 製品事業部門 製品事業部門 製品事業部門
```

注：
- 組織構造を統合することによって全事業部門間における強い関連性を生み出す。
- 企業本部は、部門間の協調を促すために、集権化された戦略的計画や人的資源、マーケティングを重視する。
- 研究開発は集権化されがちである。
- 報酬体系は主観的であり、事業部門の業績に加え企業全体の業績を重視する傾向を持つ。
- 協調的で共有を重視する企業文化を持つ。

いは、製品事業部門に追加して使うことができるだろう。

この組織構造を使っているハーレーダビッドソン社は、オートバイと関連製品、および、金融サービスという2つの事業部門、または事業区分を持っている。これらの事業部門は、"それぞれの業務の基本的な差異に基づいて別々に管理"されている。しかしながら、それらは企業のブランドや評判を共有することで"関連して"いるのである。

ハーレーダビッドソン社のケースのように、関連拘束型戦略を実行する企業のすべての事業部門は、1つあるいはそれ以上の自社の優位性を共有している。例えば、アウトバック・ステーキハウス社は、店舗不動産開発における購買と賃貸という強み、および、8つのフード・コンセプト（アウトバック・ステーキハウス、カラバーズ・イタリアン・グリル、ロイズ・レストラン、ボーンフィッシュ・グリル、フレミングズ・プライム・ステーキハウス・アンド・ワインバー、リー・ロイ・セルモンズ、チーズバーガ・イン・パラダイス、ブルーコーラル・シーフード・アンド・スピリッツ）にまたがったフランチャイズ運営に関する専門性を共有している。協調型M型組織を導入しているコルゲート・パルモリーブ社においても、オーラル・ケアやパーソナル・ケア、ペットフード事業部門において、マーケティングと製造技術を共有している。事業部門の能力を共有することは、範囲の経済性を生み出すための企業の働きかけを促進する。第6章で説明したように、範囲の経済性（1つの事業部門から開発された能力をその他の事業部門で共有することから生み出されるコスト削減）は、関連拘束型戦略の成功する実行に結びつく。また、事業部門内での能力の共有は、協調関係によって左右されるものであり、そのために協調型事業部制組織の導入が望ましい。統合メカニズムの効果的な実行によって生み出されるつながりは、無形資源（知識など）と有形資源（施設や設備など）の両方の協調的な共有をサポートするものであり、そのようなつながりはますます重要性を増している。

協調型組織構造は、事業部門内の協調を促す統合メカニズムとして、他の形態とは異なった組織構造の特徴（集権化、標準化、公式化）を組み合わせている。アウトバック・ステーキハウス社の例をあげると、企業全社レベルで不動産開発に集中しており、そこから生み出された能力は、8つのフード・コンセプトにおいて横断的に使われている。事業部門長間の頻繁で直接的な

やり取りは、別の統合メカニズムである。それは、協調と、新しい優位性を生み出すのに利用できる能力や資源を共有することを、促進しサポートする。ある事業部門での仕事とその他の事業部門での仕事とを、統合したり協調したりすることに事業部門長が費やす時間を、新しく設置された他部連絡役(リエゾン)が削減してくれることもしばしばある。また、短期的チームやタスクフォースは、プロジェクトを中心に形成されるだろうが、複数の事業部門内に組み込まれた能力を共有できるかどうかによって、その成功が左右される。短期的チームやタスクフォースが頻繁に使われる企業においては、公式の統合部門が設置されるかもしれない。

最終的には、関連拘束型戦略を実行する企業では、**マトリックス組織**(matrix organization)が展開されることになるだろう。マトリックス組織とは、機能別専門化と製品別／プロジェクト別専門化の両方を結合した、二重の組織構造である。このマトリックス組織は複雑ではあるが、有効なマトリックス組織は、企業の事業部門間の協調関係を改善してくれる。

事業部門がいかに情報をうまく処理するかによって、協調型事業部制組織の成功が強く影響を受ける。しかしながら、事業部門間における協調は、管理上の権限を弱らせることを意味する。このために、事業部門長はこの組織構造にとって必要である統合的な情報処理活動に簡単にコミットしないだろう。さらに、事業部門間の協調は、事業部門長にしばしば不平等な成果の流れをもたらす。言い換えると、経営管理者の報酬が少なくとも部分的に個別事業部門の業績に基づいて策定される場合、企業の能力を共有することによって最も多くの利益を享受できる事業部門の管理者は、ほかの事業部門の犠牲において相対的な利得を受け取っているとみなされるだろう。そのような意味で、戦略的コントロールは重要である。なぜなら、少なくとも部分的には、事業部門長がいかにうまく事業部門間の協調を促進させたかに基づいて、部門長を評価することができるからである。さらに、個々の事業部門が達成した成果に加え、企業全体の業績を重視する報酬システムを使うことによって、協調型組織に付き物の問題点を克服することができる。

▶ **関連連鎖型戦略 (related linked strategy) を実行するための戦略事業単位 (SBU) 型事業部制組織の活用**

　事業部門間の相互関連性が薄いか、あるいは、密接な関連が少ない企業は、関連連鎖型多角化戦略を実行する。戦略事業単位 (SBU) 型事業部制組織は、このタイプの戦略の実行をサポートする。SBU 型組織 (strategic business unit form) は、企業本部と SBU、および、SBU 事業部門の3つのレベルから構成されている (図11.6 参照)。SBU 型組織構造は、大企業で使われており、組織のサイズや製品、市場多角化の程度を反映して、組織は複雑になってしまうことがある。

　各 SBU 内の事業部門間は、製品や市場、あるいはその両方を共有しているという意味で関連している。しかし、ある1つの SBU 内の事業部門は、他の SBU 内にある事業部門とあまり関わりを持たない。各 SBU 内における事業部門間では、範囲の経済性を達成し、また、可能であれば規模の経済性をも達成するために、製品や市場の能力を共有している。この SBU 組織構造を管理する統合メカニズムは、同じ組織の一部である個々の SBU 内の事業部門においても、同じようによく使われているものである。この組織構造において各 SBU は、本部によってコントロールされ評価されるプロフィット・センターとしての役割を果たす。財務的コントロールと戦略的コントロールの両方とも重要であるが、相対的に考えると、財務的コントロールは、本部が各 SBU を評価する際に極めて重要となり、戦略的コントロールは、各事業部門の業績をその SBU のトップが評価する際に重要となる。さらに、自社の事業群の効果的な事業ポートフォリオを形成したかどうか、また、その事業群がうまく管理されているかどうかを評価する本社の努力にとっても、戦略的コントロールはとても重要であるだろう。

　SBU 型事業部制組織の重要な特徴として、SBU 内の部門単位間で能力を共有することを挙げることができる (図11.6 注参照)。その一方で、SBU 組織構造の問題点は、多様な事業群を持つこの複雑なビジネスモデルを株主に説明することが難しいということである。さらに、SBU 間の協調が必要な時には常に問題が発生する。なぜなら、以下で説明する競争型組織と類似した SBU 組織構造では、SBU をまたがった協調を積極的に促してはいないからである。

## 図11.6　関連連鎖型戦略を実行するためのSBU型事業部制組織

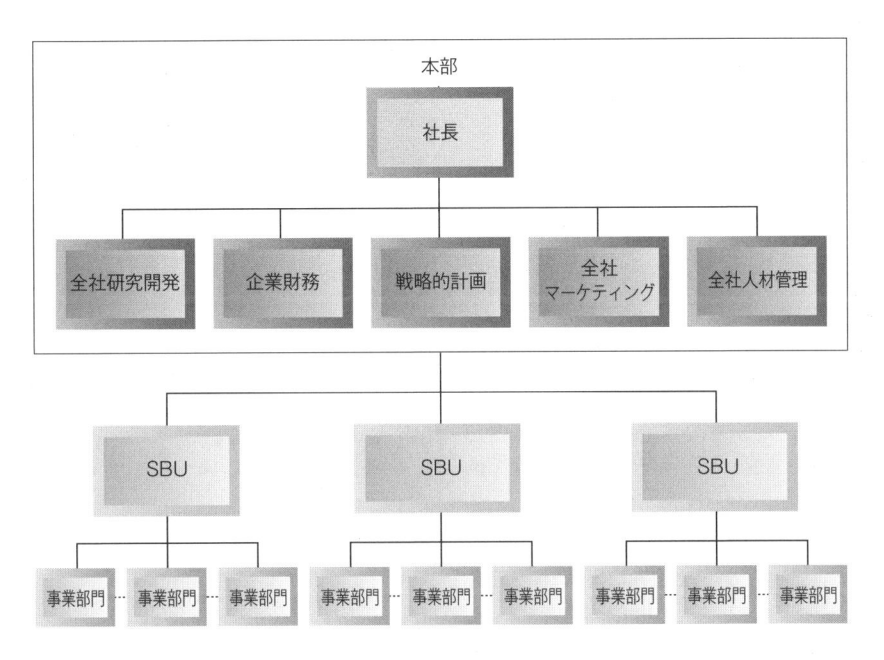

```
                              本部
                              社長
          ┌──────┬──────┬──────┬──────┐
      全社研究開発  企業財務  戦略的計画  全社      全社人材管理
                                    マーケティング

          ┌──────────┬──────────┐
         SBU         SBU         SBU
       ┌──┼──┐    ┌──┼──┐    ┌──┼──┐
     事業  事業  事業  事業  事業  事業  事業  事業  事業
     部門  部門  部門  部門  部門  部門  部門  部門  部門
```

注：
- SBU内の事業部門間は組織構造上統合されているが、SBU間では独立的である。
- 戦略的計画部門は、各SBUの戦略的な計画を社長が承認するプロセスを管理する部門であり、最も重要な本社機能である。
- 各SBUは統合を推進するスタッフのために独自の予算を持つ。
- 企業本部のスタッフは、協調型組織のように製品戦略を直接的に関与するというよりも、SBUや事業部門にとってコンサルタントのような役割を果たす。

### 非関連多角化戦略を実行するための競争型事業部制組織の活用

　非関連多角化戦略を実行する企業は、効率的な内部資源の配分や事業群の売買、再編を通じて価値を創造しようとする。競争型事業部制組織がこのような戦略の実行をサポートするのである。

　**競争型組織**（competitive form）は、企業の事業部門間がお互いに完全に独立しているという特徴を持った組織構造である（図11.7参照）。協調型組織構造の事業部門とは違い、競争型組織構造の一部をなす事業部門は、企業共

**図11.7** 非関連多角化戦略を実行するための競争型事業部制組織

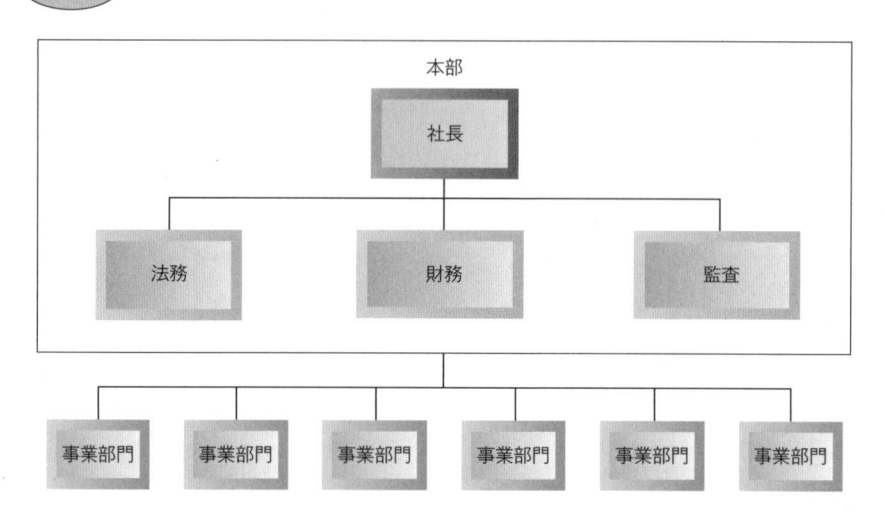

```
                        本部
                        社長
          ┌──────────────┼──────────────┐
        法務            財務            監査

    ┌────┬────┬────┬────┬────┬────┐
   事業  事業  事業  事業  事業  事業
   部門  部門  部門  部門  部門  部門
```

注：
- 企業本部は少数のスタッフしか持たない。
- 財務部門と監査部門は、キャッシュフローの管理や事業部門から出された業績データの正確性を精査する部門であり、本部にとって最も重要な機能部門である。
- 企業が資産を買収／売却する時には法務部門が重要となる。
- 各事業部門は財務的評価の便宜上、独立的で分離されている。
- 各事業部門は戦略的コントロールの権限を持つが、キャッシュの管理は本部が行う。
- 各事業部門は企業全体の資源を競争で勝ち取る。

通の強みを共有しない。強みが共有されていないために、競争型組織構造内の事業部門が使うための統合システムは開発されないのである。

　非関連多角化戦略を実行する上で基盤となる効率的な内部資本市場は、事業部門間の協調よりも競争に力点を置く組織を必要とする。内部競争によって、以下の3つの利益が期待されている。1つ目は、内部競争が柔軟性を創出するということである（つまり、異なった技術やプロジェクトを推進する事業部門を持つことで、企業の本部は最も素晴らしい潜在性を秘めた事業部門を識別することができる）。そして、企業全体の成功へと導く可能性が最も大きいとみられる事業部門に対して、資源配分を行うことができるのである。2つ目は、内部競争によって、現在の状況や不活発さに対する挑戦が引

き起こされることである。その理由は、将来の資源配分が、優れた現在の業績だけでなく将来の業績に関する優れたポジショニング（位置決め）の産物であることを、事業部門長が認識しているからである。最後に、内部競争は、内部の同輩と競い合う取り組みが、外部のライバルと競い合う取り組みと同じぐらい激しいものになり得る点で、努力することを動機づける。この組織構造の中では、組織的コントロール（主に財務的コントロール）は、事業部門間における内部競争を重視しサポートするために使われ、また、事業部門の業績に基づき資本配分をするための基本システムとして実行されるのである。

　大規模で"多業種"の事業を営む企業であるテクストロン社は、魅力的な企業を特定し、調査し、選別し、買収し、そして統合することを追求し、意思決定を導くための一連の厳格な評価基準を開発してきた。テクストロン社は常に、長期的な成長可能性を豊富に持つ魅力的な産業の中で、ブランドが認知された事業群を合併し中核でない資産部分を売却することによって、自社のポートフォリオを高め再構築することを目指している。テクストロン社は、ベル・ヘリコプタ（収益の29％）、セスナ・エアクラフト（35％）、ファイナンス（6％）、インダストリアル（30％）の4つの独立した事業群を運営している。テクストロン社は、それら多角化した事業群の評価を"導く指標"として、投下資本利益率（ROIC）を使用しており、そのために内部では資源獲得のための競争が繰り広げられている。

　本部は、事業部門間の競争を重視するために、事業部門の問題への干渉を、業務を監査し業績が良くない事業部門の経営管理者を指導することのみに留めることで、それら事業部門と一定の距離をおいている。事業部門間の競争を重視する上で、本部は各種収益率の目標を設定するために、戦略的コントロールに依存し、またそれらの目標に関連した事業部門の業績をモニターするために、財務的コントロールに依存する。そして、本部は、キャッシュを生み出した事業部門へ自動的にキャッシュを戻すのではなく、競争をベースとしてキャッシュフローを割り当てるのである。このようにして、事業群のポートフォリオが財務的成功につながることを確かめるために、本部の役割は業績の評価、資源配分、および、長期計画に焦点が置かれることになる。

　事業部制組織の3つの主要形態は、それぞれ特定の企業戦略と組み合わせ

**表11.1** 関連拘束型戦略、関連連鎖型戦略、そして、非関連多角化戦略を実行するために必要な組織構造の特徴

| 組織構造の特徴 | 全体的な組織構造 | | |
|---|---|---|---|
| | 協調型M型組織（関連拘束型戦略）＊ | SBU型M型組織（関連連鎖型戦略）＊ | 競争型M型組織（非関連多角化戦略）＊ |
| オペレーションの集権化 | 企業本部に集権化 | 部分的に集権化（SBUにおいて） | 事業部門へ分権化 |
| 統合メカニズムの使用 | 広範囲 | 普通 | 存在しない |
| 事業部門の成果の評価 | 主観的（戦略的）評価基準を重視 | 主観的（戦略的）評価と客観的（財務的）評価の混合型基準を使用 | 客観的（財務的）評価基準を重視 |
| 事業部門のインセティブ報酬・報償 | 企業全体の成果に連動 | 企業全体、SBU、事業部門の業績に複合的に連動 | 事業部門の業績に連動 |

＊：それぞれの組織構造で実行された戦略

ることができる。表11.1は、この組織構造の特徴を示している。各形態の違いは、中央集権化の程度、業績評価の焦点、水平的組織構造（統合メカニズム）、そして、報酬・報償の仕組みによるものである。最も中央集権的でコストのかかる組織構造は協調型組織であり、反対に、最も分権化され階層化によるコストが低いのは競争型組織である。SBU型組織は、部分的に中央集権化され、事業部門間の関連性をもたらすための何らかのメカニズムを必要とする組織構造である。また、事業部門のインセティブ報酬・報償は、SBUと企業全体の両方の業績に沿って配分される。

### ● 国際戦略と世界的組織間の適合関係

第8章で説明したように、ボーダレスなグローバル経済がさらに進行する中で、長期的な成功を達成する上でますます国際戦略の重要性が増している。企業は国際戦略を通して、競合企業より優れた業績を出すための活動として、新しい市場や資源、コアコンピタンスや技術を見つけることができる。

全社戦略や事業戦略のような異なった国際戦略をうまく実行する上で、それぞれ独自の組織構造が必要である。国際戦略と組織構造間の適切な適合関係を形成することによって、自社のグローバル活動を効果的に調整しコントロールするための企業の取り組みを促進することができる。さらに重要なことは、国際戦略と組織構造間の適合関係の有効性は、先行研究によって明らかにされている。それらの適合関係について以下に述べよう。

### マルチドメスティック戦略を実行するための世界地域別組織の活用

マルチドメスティック戦略 (multidomestic strategy) では、製品の特徴を現地の嗜好に合わせるために、それぞれの国において戦略や運営上の意思決定権を事業部門へ移譲している。この戦略を実行する企業は、確固たる市場ポジションを構築し、現地国間の差異によって最も影響を受ける産業分野で競争することによって、グローバル競争の波から自社を隔離しようと努める。このような戦略を実行するために、世界地域別組織が導入される。**世界地域別組織** (worldwide geographic area structure) は、各国内の利益に重点を置き、現地の差異を満足させるための取り組みを促す (図11.8参照)。

戦略フォーカス・コラムで説明したように、ゼロックス社は、自社のマルチドメスティック戦略の実行をサポートするために、世界地域別組織を導入している。ゼロックス社は、2006年の企業全体の利益のうち、アメリカ国内からは52％を、ヨーロッパからは34％を生み出しており、残りの14％は途上国市場の売上から生み出したものであった。

マルチドメスティック戦略では、国境をまたがった協調はあまり必要としない。つまり、世界地域別組織の事業部門間における統合メカニズムは、あまり必要ないのである。したがって、組織の公式化の程度は低く、それら事業部門間の協調は、しばしば非公式に行われる。

マルチドメスティック戦略と世界地域別組織の適合関係は、多文化であるヨーロッパ市場において自然発生的に生み出されてきた。近隣国で現地子会社を展開するために、本社から経営者の友人や家族の一員が、外国へ送られ現地で居住しながら現地子会社を独立的に展開した。そのような企業において、しばしばこの組織構造が使われていた。事業部門と企業本部との関係は、"ファミリー・メンバー"間の非公式的なコミュニケーションを通して行わ

**図11.8** マルチドメスティック戦略を実行するための世界地域別組織

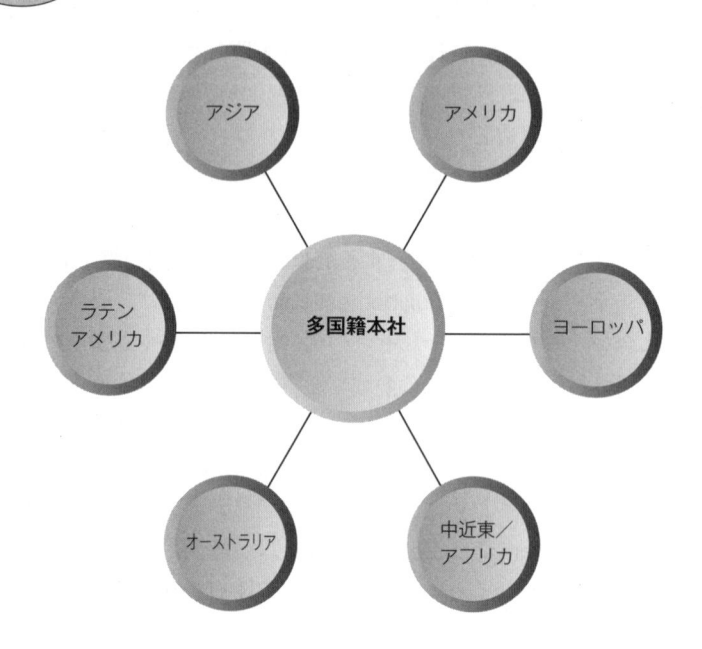

```
        アジア         アメリカ

  ラテン
  アメリカ      多国籍本社       ヨーロッパ

                       中近東／
      オーストラリア    アフリカ
```

注：
- 周りの小円はオペレーションの分権化を示したものである。
- 各地域や国の文化に適合させるために現地需要に沿った差別化が重視される。
- 企業本部は独立した子会社間において財務的資源を調整する。
- 組織は分権化された連邦に類似している。

れたのである。

　ゼロックス社と同じように、SABミラー社も世界地域別組織を導入している。SABミラー社は、世界で最も大きいビール・メーカーの1つであり、6つの大陸にまたがった60以上の国で、流通網を持ち利益を生み出している。同社はまた、コカ・コーラ製品の瓶詰め業者としては世界で最も大きい企業の1つでもある。SABミラー社は、2002年にサウス・アフリカ・ブリュワリーズとミラー社の合併によって誕生した。SABミラー社は現在、ピルスナー・ウルケルやペローニ・ナストロ・アズーロ、ミラー・ジニューイン・ドラフトなどといった、複数のブランドの国際的なプレミアム・ビールを製

**戦略フォーカス・コラム**

## ゼロックス社による世界地域別組織の導入

　ゼロックス社は、"スマートなドキュメント（書類）管理戦略を展開する事業、および、より良い働く環境を見つけようとする事業"をサポートする、技術とサービスの企業である。ゼロックス社では、顧客ニーズに最も適した製品を提供するための、製品イノベーション、および、品質改善と生産コストの削減を同時に達成するための、工程イノベーションに力点を置いている。ゼロックス社は、総収入のうちの６％以上を研究開発に割り当てており、自社のイノベーション・グループは、製品／工程イノベーションを促すために事業部門をまたがった協力体制を構築している。

　ゼロックス社は、以下の３つの主要市場での活動に焦点を絞っている。①ハイ・エンドの製品と商業用プリント環境、②小さなものから大きなものまでネットワークでつながれたオフィス、③高付加価値サービス、がそれである。"顧客の問題を解決するためにゼロックス社の機器を顧客に合わせてつくる"ドキュメント・カラーとソリューションは、それら３つの市場において企業活動を導く共通のテーマである。

　ゼロックス社は、それら３つの主要市場において顧客にサービスを提供するために、マルチドメスティック戦略を実行している。この戦略を実行している理由の１つは、異なった立地で、顧客のユニークな問題を解決するサービスを提供することができるからである。世界中の顧客が、ドキュメントとドキュメント・サービスのニーズを持っている。しかし、そのニーズの具体的な特徴は、現地ビジネス環境における事業文化や市場の洗練の度合いによって異なる。そのために、ゼロックス社は、自社のマルチドメスティック戦略をサポートするものとして、世界地域別組織を導入しているのである。ゼロックス社の組織構造を構成しているのは、グローバルサービス、北アメリカ、ヨーロッパ、そして、途上国市場オペレーションの４事業グループである。これらの事業部門は、異なった地域でユニークな顧客ニーズに対応しているが、その活動を支えているのが、イノベーション、企業戦略／提携、そして、人的資源／企業倫

理などのグループである。ゼロックス社は、このような国際戦略と組織構造間の適合関係が、成長の重要な鍵であると期待しているのである。

出典： M. Bushman, 2007, Functional, divisional and matrix organizational structures, *The People's Media Company*, http://www.associatedcontent.com, January 18; 2007, Xerox fact sheet, http://www.xerox.com, September 14; 2006, Aligning the organization with the market: Focusing on the customer's total experience, *Knowledge@Wharton*, http:// knowledge.wharton.upenn.edu, May 31; 2006, Xerox annual report, http://www.xerox.com.

造している。また、そのうちの6つのブランドが、世界トップ50のビール・ブランドに含まれている。2007年後半においてSABミラー社は、自社のプレミアム・イタリアン・ビール（ペローニ・ナストロ・アローズ）の販売を日本（東アジア市場への最初の進出）で開始する計画を立てた。これらの国際的ブランドを補完しているのは、アギラや雪花（スノー）、ティスキエなどの有力なローカル・ブランドである。それらのブランドもSABミラー社の製品ラインの一部を占めている。SABミラー社は、自社の成長を見据え、製品の提供や立地を拡大させるためにマルチドメスティック戦略を実行している。企業買収と協調の戦略が、この企業のマルチドメスティック戦略の活用を顕著に象徴している。例えば、2007年後半において、SABミラー社と華潤創業（China Resources Enterprise, Ltd.：CRE）との合弁事業は、中国において4つの醸造所を買収中と報じられた。グローバルな醸造企業であるインベヴやハイネケンも、買収され協調関係を形成した企業である。

　SABミラー社は、マルチドメスティック戦略を実行するために、世界中に地域別／国別事業本部を持つ世界地域別組織を導入している。これらの地域別／国別事業本部へ分権化を進めることによって、合併したブランドが現地文化に適合するための強力なマーケティング活動を可能にしている。また、地域をまたがった輸送コストを大幅に削減するなどのコスト構造の改善を可能にしてくれる。SABミラー社は、今後の成長のためにインドのような途上国市場での企業買収に期待をかけている。この章で説明している戦略／組

織構造間の適合関係は、おそらくこの会社の財務上の業績に貢献しているだろう。

マルチドメスティック戦略と世界地域別組織間の適合関係における主な問題点は、グローバル化による強力な効率性を創出できないという点にある。国際市場においてより低コスト商品への需要が高まっている中で、世界的な規模の経済性を追求する必要性も増加してきている。これらの変化が、世界製品事業部制組織というグローバル戦略と組織構造間の適合関係を促進させているのである。

### ▶ グローバル戦略を実行するための世界製品事業部制組織の活用

競争戦略を指揮する企業の本部にとって、**グローバル戦略**（global strategy）とは、各国市場をまたがって標準化された製品を供給することである。そのような企業の成功は、グローバルなレベルで規模の経済性と範囲の経済性を生み出す能力によって左右される。企業が規模の経済性を達成しようとする際に、何らかの主要活動、あるいは、支援活動を世界で最適な供給業者に外部委託することの意思決定は特に重要である。

世界製品事業部制組織は、グローバル戦略の実行をサポートする。**世界製品事業部制組織**（worldwide product divisional structure）において、意思決定の権限はグローバル企業本部に集権化されている。それは、事業部門間の意思決定と活動を、統合しコーディネートするためである（図11.9参照）。この組織構造は、自社の多角化された製品ラインを効率的に管理し急速に成長している企業によって導入されている。その例として、エイボン・プロダクツ社をあげることができるだろう。

エイボン社は、口紅や香水、アンチ・エイジング・スキンケアなどの女性用商品においてグローバルなブランド・リーダーの地位を築いている。1886年以来、エイボン社は、"世界中の女性を力づける"ことを心掛けている。同社は、各市場において先行者になるための製品イノベーションに取り組んでおり、長年マルチドメスティック戦略を実行してきた。しかし、2006年に突然、企業の成長が止まってしまったのである。この衰退は、新興市場（ロシアや中央ヨーロッパなど）や米国、メキシコにおいて同時に起こった売上高の失墜によるものであった。この問題を解決するために、エイボン社はグ

**図11.9** グローバル戦略を実行するための世界製品事業部制組織

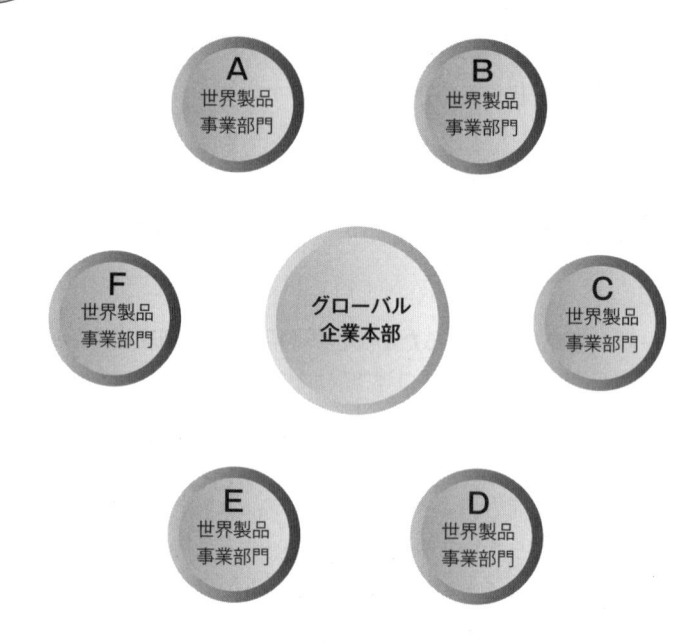

```
        A                          B
    世界製品                     世界製品
    事業部門                     事業部門


  F                グローバル                C
世界製品            企業本部              世界製品
事業部門                                   事業部門


        E                          D
    世界製品                     世界製品
    事業部門                     事業部門
```

注：
- 本部は世界製品事業部門間の情報の流れを調整するために集権化されている。
- 企業本部は、グローバルな規模の経済性、および範囲の経済性を推進するために、多くの部門間調整方法を駆使する。
- 企業本部は協調的な方法で財務資源を配分する。
- 組織は中央集権化された連邦に類似している。

ローバル戦略へ切り替え、その戦略の実行をサポートするために、世界製品事業部制組織を導入することとなった。この変革について、当時のCEOであるアンドレア・ジュングは、以下のように言及している。「以前は、ポーランドからメキシコまでのエイボン社の経営者は、できるだけ多くの直観に頼りながら、自社のプラントを管理し、新製品を開発、彼ら自身の広告を生み出していた」。今日では、「ファンデーションやパウダー、口紅、アイシャドウ、ネイル商品を含めた多様なカラー・コスメティック商品を提供する、最高のグローバルなカラー・コスメティック・ブランド」であるエイボン・

カラー、および、スキンケア、バス・アンド・ボディー、ヘアケア、ウェルネス、そして、フレグランスなどの製品事業部別に組織化されている。これら製品事業部の業績の分析は、ニューヨーク本社のスタッフによって行われている。エイボン社にとって、戦略と組織構造変革の目的の1つは、業績改善をするためにコストをコントロールし、追加的な規模の経済性を達成させることにあった。

世界製品事業部制組織を効果的に実行する上で、統合の仕組みは重要な役割を果たす。経営者間の直接的なコンタクトや部門間の連絡業務、恒常的なチームだけでなく、一時的なタスクフォースなどがこの仕組みの例になるだろう。ある研究者は、世界規模組織におけるこのような仕組みの使用について、「世界規模の事業活動で必要なコミュニケーションとコーディネーションを補うために、タスクフォースや運営委員会を大規模で公式的に使うことがある」と記述している。しかしながら、グローバル戦略と世界規模組織構造との組み合わせには、国境をまたがった調整のための意思決定や活動が難しく、また、現地ニーズや好みに迅速に対応することが困難であるといった不利益が生じる。

このような不利益に対処するために、エイボン社は、グローバルな領域にわたり女性に対するサーベイ調査を行うなど、いくつかの活動を実施している。例えば2005年において同社は、スキンケアや容姿、気ままな行動についての世界の女性の意見をより深く理解するために、22カ国における2万人以上の女性に対してサーベイ調査を行った。そこから得た情報を基に、グローバルな規模で女性へアピールできるイノベーティブ（革新的）な商品を開発しているのである。

### ▶ トランスナショナル戦略を実行するための複合組織の活用

**トランスナショナル戦略** (transnational strategy) は、マルチドメスティック戦略から生み出される現地対応力と、グローバル戦略から生み出される効率性を結合させたものである。この戦略を実行する企業は、現地対応力とグローバル効率性の両方から生み出される優位性を獲得しようとする。このトランスナショナル戦略を実行するために、複合組織が導入される。**複合組織** (combination structure) は、世界地域別組織と世界製品事業部制組織の両方

の特徴と仕組みを組み込んだ組織構造である。トランスナショナル戦略は、グローバル・マトリックス型組織とハイブリッド・グローバル・デザイン型組織という２つの可能性のある複合組織によって実行されることがある。

　グローバル・マトリックス型組織では、現地市場と製品の専門的知識の両方を同時にチームに持ち込み、そこでは開発をしながらグローバル市場へ対応する。グローバル・マトリックス型組織（基本的なマトリックス型組織については前述した）では、製品を設計しながら顧客のニーズへ対応する柔軟性を促しているのである。しかし、それには厳しい制約が課される。つまり、従業員は複数の管理者の責任下に置かれることになるため、時には１人の従業員が複数の機能別、あるいは、製品別グループのチームに属することになる。複数のグループに所属することから生み出された関係によって、従業員は、すべての所属先にに対して忠実でなければならないという困難にぶつかる場合がある。マトリックス型組織では、それを最もうまく使いこなす管理者の手に権限を委ねることになるにもかかわらず、組織があまりにも複雑で曖昧なために、主要な意思決定の承認を得るのが困難で時間がかかるなど、企業の報告体系に関連する問題点が発生する。

　図11.10は、ハイブリッド型組織を示したものである。この組織では、いくつかの事業部門は製品を志向し、その他は市場地域を志向する。そのため

**図11.10**　トランスナショナル戦略を実行するためのハイブリッド型複合組織

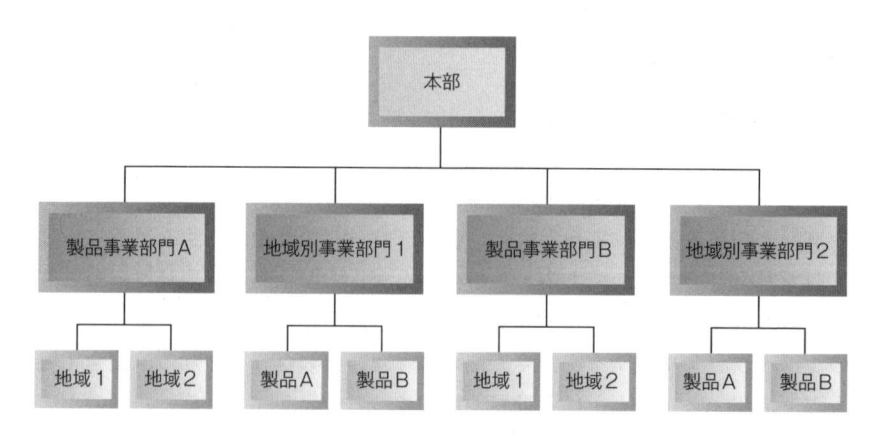

に、地域の方がより重要であるいくつかのケースでは、事業部門長は地域志向となる。世界規模の製品の調整と効率性の方がより重要であるその他の事業部門では、事業部門長はより製品志向となる。

それぞれの事業部門長は、地域、あるいは、製品中心の責務を果たすために働きながら、同時にシナジー創出を模索している。プロクター・アンド・ギャンブル社（P&G）の組織構造は、グローバル事業単位（製品志向）と市場開発組織（地域、あるいは現地志向）の両方を備えている。P&Gでは、これらの事業部門を管理する人が、ブランド価値を明確にすることを考えながら、他方では、多様な地域における異なる好みの事情に応じてブランド価値を適用しようとするのである。

マルチドメスティック戦略と世界地域別組織との間、および、グローバル戦略と世界製品事業部制組織との間に、適合関係があることは明白である。しかしながら、企業が複合組織を通してマルチドメスティック戦略とグローバル戦略を同時に実行しようとすると、明白に適した統合の仕組みはほとんど見つからない。トランスナショナル戦略を実行するための組織構造は、中央集権的でありながら同時に分権的であり、統合的でありながら同時に非統合的であり、また、公式的でありながら同時に非公式的でなければならない。このような正反対に見える特徴を組織全体が管理することによって、企業を営む上での文化的、地理的多様性の効果を全従業員が理解するように促すことができるのである。

## ● 協調戦略とネットワーク組織間の適合関係

第9章で述べたように、パートナー同士が協調しながら、彼らのつながったネットワークから生み出される成果を改善しようと提携を結ぶ時に、ネットワーク戦略が必要となる。今日のような競争環境では、企業が直面する環境的複雑性や不確実性が一層増大しているので、それによって、より多くの企業が、戦略的提携や合弁などの協調戦略を実行している。

グローバル経済に広がる企業経営の幅と範囲は、企業がより多くの協調関係を結ぶための機会を創出している。事実上、企業は顧客や供給業者、競合企業を含めた自社の利害関係者の多くと協調関係を築くことができる。企業は、協調関係によるつながりに関わるようになることで、戦略的ネットワー

ク、あるいは、星雲（コンステレーション）型の提携の一員となる。

　**戦略的ネットワーク**（strategic network）とは、複数の協調的な関係に参加することで価値を創造するために形成された、企業のグループのことである。有効な戦略的ネットワークは、ネットワーク参加者が個別には気づかないような機会の発見を促す。戦略的ネットワークは、競争相手が模倣することが困難で、かつ、メンバーが自ら生み出すことができない価値を、その活動が創造する時に、そのメンバーにとっての競争優位の源泉となり得る。戦略的ネットワークは、事業戦略や企業戦略、そして、国際的な協調戦略を実行するために導入されている。

　一般的に、戦略的ネットワークは、参加者がネットワークの運営に柔軟に参加している緩やかな連合体である。戦略的ネットワークの中核や中心部分にあって、**戦略的な中核企業**（strategic center firm）は、その周りにネットワーク上の協力関係が発生するような企業のことである。（図11.11参照）。

　戦略的な中核企業は、その中心的なポジションのために、戦略的ネットワーク組織にとっての土台となる。戦略的中核企業は、公式の報告体系や手順といった組織構造の多様な側面を考慮しながら、しばしば複雑であり協力的であるネットワーク参加者間の相互作用を管理している。戦略的な中核企業は、ネットワークに参加することに対するインセンティブが用意されており、その結果、ネットワーク企業がその連携の中にとどまる理由を有することを、確実にしなければならない。その理由は、以下で説明するタスク（任務）を達成するためである。戦略的な中核企業は、戦略的ネットワークを管理しその運営をコントロールする上で、4つの主要なタスク（任務）に従事している。

　　**戦略的アウトソーシング**：戦略的な中核企業は、ネットワーク外のメンバーとパートナーになるよりも、ネットワーク内でより多くの企業とパートナーを組み、あるいは、アウトソーシング（外部委託）を行う。それと同時に、戦略的な中核企業は、契約によって関係を保つ企業よりも、ネットワークのパートナーをより多く持つ必要がある。ネットワーク内のメンバーは、お互いの協力的な業務を通してネットワークのために価値を創出する機会を発見することを期待されている。

　　**コンピタンス**：ネットワークの有効性を増加させるために、ネットワーク内の各メンバーは、ネットワークに利益をもたらす可能性をもったコ

**図11.11** 戦略的ネットワーク

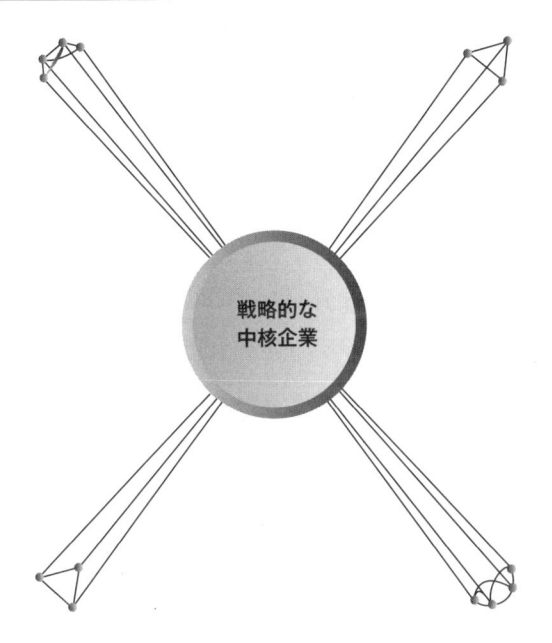

戦略的な
中核企業

アコンピタンスを開発しようと取り組む一方で、戦略的な中核企業はその取り組みをサポートする方法を模索する。

**テクノロジー（技術）**：戦略的な中核企業は、ネットワーク・メンバー間における開発を管理し、技術ベースのアイデアを共有させることに責任を持つ。メンバーは、戦略的な中核企業に対して、彼らが取り組んでいる技術志向の成果を詳細に記述した公式的なレポートを提出しなければならないが、この組織構造がこれらの活動を促す。

**学習のための競争**：戦略的な中核企業は、競争にとり最も重要な側面が、バリューチェーン（価値連鎖）間、および、バリューチェーンのネットワーク間にあることを強調する。このような相互関連性のために、戦略的ネットワークは最も弱いバリューチェーンのつながりと同じぐらいの強さしか持たない。戦略的な中核企業は、中央集権化された意思決定の権限と責任を持ち、メンバーがネットワーク特有の競争優位性の形成

に取り組むように誘導する。各メンバーがネットワークの競争優位性の基盤になり得る組織能力を持つ必要がある。そして、その必要性がメンバー間における友好的な競争を奨励し、ネットワークのためになる価値を創造する新しい組織能力を迅速に形成するのに必要なスキルを開発させる。

興味深いことに、戦略的ネットワークは、より頻繁に使用されてきている。その理由の一部は、戦略的な中核企業が効果的、かつ、有効にパートナー企業を連結するような戦略を執行する能力のためである。改良された情報システムやコミュニケーション能力（例えばインターネット）が、そのようなネットワークを可能にしているのである。

## 事業単位の協調戦略の実行

第9章で述べたように、事業単位の相互補完的提携には、垂直型と水平型の2つのタイプがある。それぞれバリューチェーンの異なる段階に能力を持った企業群は、それらの補完的ではあるが異なったスキルを統合するために、協調的な垂直型提携を形成する。他方で、バリューチェーンの同じ段階で価値を創造する能力を組み込んでいる企業群は、水平型提携を形成する。しかし、トヨタ自動車で形成されたものと同じような、垂直型の相互補完的戦略提携の方が、水平型提携よりもより頻繁に形成されている。

日本における、トヨタとそのサプライヤー間のネットワークのような垂直型の戦略的ネットワーク関係は、実行する上で多くの課題を持つ。最初に、戦略的な中核企業は、下請け企業が設備を近代化することを奨励し、必要であれば近代化するための技術的、財務的な支援を提供する。第2に、戦略的な中核企業は、下請け企業とより長期の契約を進め、サプライヤーであるパートナーは、長期の生産性を向上させることによって取引コストを削減している。このようなアプローチは、製品単価に基づき短期契約を持続的に交渉するということとはまさに正反対であるといえる。第3に、戦略的な中核企業は、川上企業（サプライヤー）の技術者たちが、それに対してサービスを提

供することを契約した企業と、より円滑にコミュニケーションができるように促している。その結果、サプライヤーと戦略的な中核企業は、より相互依存関係が強まり、より独立的ではなくなるのである。

トヨタやその他の企業によって開拓されたリーン生産システム（垂直的な相互補完型戦略提携）は、グローバルな自動車産業に普及していった。しかしながら、トヨタが戦略的ネットワークの協調関係から生み出したものと同じような、製造工程の能率性と効率性を模倣できる自動車企業は皆無である。トヨタにおける製造ベースの競争優位性を説明してくれる鍵となる要因は、コストである。トヨタの取り組みをサポートするのに使われる組織構造を他の企業が模倣するには、コストが掛かり過ぎるのである。さらに、戦略的な中核企業として生み出したトヨタの戦略的ネットワークの組織構造は、ネットワークのメンバー間の協調的な行動を促すので、競争相手はそれを十分に理解したり、あるいは、模倣したりすることができない面もあるのである。

トヨタとそのサプライヤーの関係のような垂直的な相互補完型戦略提携において、戦略的な中核企業の存在は、あたかもその企業が構築した組織構造のように明白である。しかしながら、バリューチェーンの中の同じ段階で価値創造をしようとする水平的な相互補完型戦略提携では、垂直型と同じような結果が生み出されるとは限らない。例えば、航空業界での提携は一般的に、バリューチェーンの基本的な活動セグメントであるマーケティングと販売における価値を創造するために結ばれたものである（表3.6参照）。ルフトハンザやユナイテッド航空、タイ航空、エア・カナダ、SASやその他の会社の間に結ばれたスター・アライアンスのように、エアラインは一般的に複数の水平的な相互補完型戦略提携に参加しているために、戦略的な中核企業を決定するのは難しい。そのうえ、複数の提携に参加しているために、企業はパートナーの真の忠誠心と意図に疑問を投げかけるようになる。また、あまりに多くの協調的な活動をしながらライバル同士が団結している場合、政府の中には、不法な談合の可能性を疑うところも出てくるだろう。これらの理由によって、水平的な相互補完型戦略提携は、垂直型に比べると頻繁には利用されないのである。

## 全社的協調戦略の実行

　全社的協調戦略（フランチャイズなど）は、製品と市場多角化を促進する時に実行される戦略である。協調戦略であるフランチャイズは、最終的に合併や買収（M&A）を行うことなく、製品や市場の範囲を拡大するか多角化するために企業の能力を使う。これまでの研究は、全社的協調戦略に組み込まれた知識がシナジーを生み出すことを示している。例えば、「マクドナルド社は、フード・サービス産業において主にマクドナルド・レストランをフランチャイズし経営している。これらのレストランは、世界中の100カ国以上において多様で、かつ、限られた特価メニューを提供している」。マクドナルド社のフランチャイズ・システムは、戦略的ネットワークの1つである。マクドナルド社の本社は、ネットワークであるフランチャイジーにとって戦略的な中核企業としての役割を果たす。その本社は、フランチャイジーの経営によってネットワーク全体に最大限の価値を生み出すことを確かめるために、戦略的コントロールと財務的コントロールを実行している。

　マクドナルド社にとって重要な戦略的コントロールの問題は、フランチャイジーの立地である。マクドナルド社は、自社の最大の拡大機会が米国外にあると信じているために、"2008年に開催される北京オリンピックのパートナー"になることで中国などの国へ拡大を続けることを決定している。そのために、マクドナルド社は、グローバルに展開する自社レストラン群の戦略的な中核企業として、米国以外の市場でフランチャイジーを展開するために資本の大部分を注ぎ込んでいる。

## 国際的な協調戦略の実行

　国際的な協調戦略を実行するために形成された戦略的ネットワークは、複数の国で競争する企業によって生み出される。各国の規制環境間に差異があるために、国際的なネットワークを管理する上で、また、そのネットワーク

第 11 章 組織構造とコントロール

の運営が少なくともすべての法的必要条件を満たすことを確認する上で、多くの挑戦すべき課題が生じる。

**分散型戦略的ネットワーク** (distributed strategic networks) は、国際的な協調戦略の管理に使われる組織構造である。図 11.12 で示すように、いくつかの地域の戦略的な中核企業群は、パートナー企業による複数の協調的な提携を管理するために分散型戦略ネットワークに属する。

分散型戦略的ネットワークの例として、EDS アジリティー・アライアンスを挙げることができる。この提携は、すべての提携メンバーが、1 つのプロジェクトに資源を注ぎ込み、その仕事を完成させるためにお互いが協力し合うことを通じて、共同で問題解決に挑むことを前提として構築されたものである。EDS 社はこの提携の主要な戦略的な中核企業であるが、その他に、

**図 11.12** 分散型戦略的ネットワーク

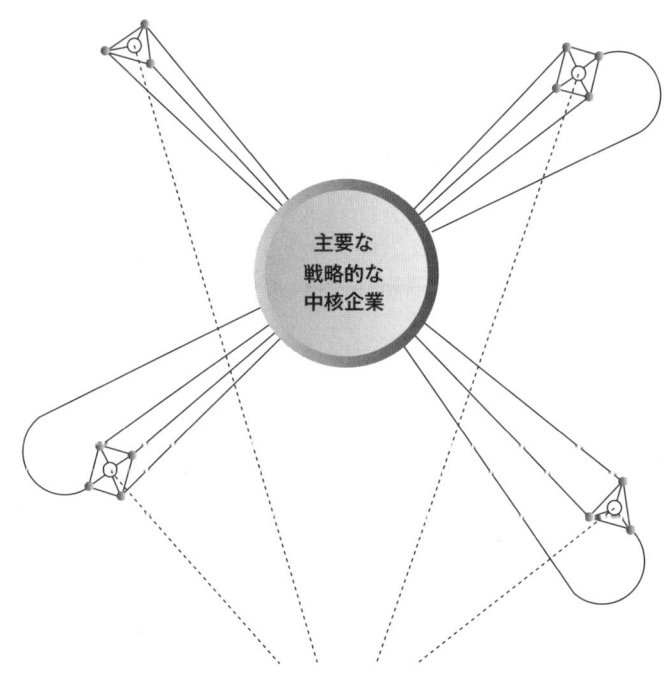

**分散した戦略的な中核企業**

515

パートナーと共同でイニシアチブを開発するためのハブの役割をする2つのそのためのセンターがある。シスコやSAP、サン、ゼロックス社、オラクル、EMC、そしてマイクロソフトはこの分散型戦略的ネットワークのメンバーである。協力し合うことでEDS社やそのパートナーは、市場を先導するサービス・プラットフォームをデザインし作り上げて管理するために、また、顧客に目に見える結果をもたらす技術ベースのサービスを開発するために共同開発を行う。EDS社のパートナーは、アジリティー・アライアンスにおけるプロジェクトの一部を完成させるために、それぞれ彼ら自身のネットワーク内で仕事を進める。この例が示すように、国際的な協調戦略を実行するために使われるこの組織構造は複雑であり、また、その導入に成功するためには周到な注意が必要である。

## 要約　　　　　　　　　　　　　　　　　　　　*Summary*

- 組織構造は、企業の公式の報告体系や手順、コントロール、権限、そして、意思決定プロセスを規定する。組織構造とは本質的に、企業の中で遂行されるべき仕事の内容やその仕事を達成する方法を詳細に表すものである。組織的なコントロールは、戦略の実行を導き、実際の結果と期待された結果を比較する方法を示し、そして、業績が期待値を下回る場合、その業績を改善するために取るべき行動を提示する。戦略と組織構造間の適切な適合関係が、競争優位を導いてくれるのである。

- 戦略を実行する上で使われる組織的コントロールとして、戦略的コントロール（主観的な評価基準）と財務的コントロール（客観的な評価基準）の2つのタイプがある。それらのコントロールは、戦略と組織間の個々の適合関係においてそれぞれ重視する度合は異なるものの、両方とも重要である。

- 戦略と組織構造は相互に影響を及ぼす。もっとも、全体的に見れば、戦略の方が組織構造に対してより強い影響を及ぼしている。企業は業績が悪化した時にやむを得ず組織構造を変化させる傾向があることを、これまでの研究が示している。成果を上げる経営者は、いくつかの指標が組織構造の変革の必要性を示唆する時、それらの必要性を先読みし、自社の戦略に適応させるために瞬時に組織構造を作りかえる。

第 11 章　組織構造とコントロール

■ 機能別組織は、事業戦略の実行に使われる。コスト・リーダーシップ戦略には、中央集権化された機能別組織が必要である。そこでは、生産効率と工程エンジニアリングに力点が置かれる。一方、差別化戦略を実行するための機能別組織は、戦略の実行に関する意思決定を各々関連する機能部門へ分権化する。特にマーケティングに関連する意思決定はそうである。しばしば小企業で使われる集中戦略には、その企業が製品や市場を多角化するまでは、単純な組織構造が必要とされる。

■ 多角化戦略を適切に実行するために、独自の異なった形態の事業部制組織（M 型組織）が組み合わされ、異なる全社多角化戦略に適合される。関連拘束型全社戦略を実行するために導入される協調型事業部制組織は、中央集権化された本社や大規模な統合メカニズムを持ち、各事業部門のインセンティブは企業全体の業績と連動している。関連連鎖型 SBU 型事業部制組織は、多角化された部門内に独立したプロフィット・センターを持つ。各プロフィット・センターは類似した製品を提供しているかもしれないが、それらは相互に関係を持たない。非関連多角化の実行のために導入される競争型事業部制組織は、高度に分権化され、統合メカニズムを持たず、また、各部署の業績を評価するために客観的な財務評価基準を用いる。

■ 世界地域別組織を基に実行されるマルチドメスティック戦略は、すべての機能的活動をホスト国や地域に配置しながら分権化を進める。世界製品事業部制組織は、グローバル戦略を実行するために導入される。この組織構造は、グローバルな規模の経済性や範囲の経済性を達成するために、異なった機能部門別の活動を統合し調整しようと中央集権化を図る。意思決定の権限は、世界規模の事業本部に集中されるのである。

■ マルチドメスティック戦略における現地対応力と、グローバル戦略におけるグローバルな効率性の両方を追求する戦略であるトランスナショナル戦略は、複合組織を通して実行されている。その複合組織を組織化しうまく管理することは難しい。なぜなら、集権化と分権化、統合と非統合、公式化と非公式化を同時に追求しなければならないからである。しかしながら、そのような組織構造として、地域別事業部門と製品別事業部門の両方を持つマトリックス型組織とハイブリッド型組織の 2 つを挙げることができる。

■ 競争に打ち勝つことの重要性が増す中、協調型の戦略は、戦略的ネットワークを配した組織構造を通して実行される。それらの戦略的ネットワークを管理する上で決定的な役割を果たすのが、戦略的な中核企業である。

## 重要用語　　　　　　　　　　　　　　　　　　　　　key words

- **組織構造**（organizational structure）は、企業の公式的な報告体系や手続き、コントロール、権限、そして、意思決定プロセスを詳細に表すものである。

- **組織のコントロール**（organizational control）は、戦略の活用を導き、期待された結果と実際の結果を比較する方法を示し、そして、その違いが容認できない時には取るべき正しい行動を示唆するものである。

- **戦略的コントロール**（strategic control）とは、主に主観的な評価基準であり、その基準は自社の外部環境、および、競争優位性における諸条件に対して、企業が適切な戦略を実行しているかどうかを確認する意図を持つものである。

- **財務的コントロール**（financial control）とは、前もって確立された定量的基準に対する、企業の業績測定に使われる主に客観的な評価基準である。

- **単一事業組織**（simple structure）とは、オーナー経営者がすべての主な意思決定と全活動の監視を行い、従業員は経営者の監督指揮権限の手足となって動く組織構造である。

- **機能別組織**（functional structure）は、生産、会計、マーケティング、研究開発、エンジニアリング、人的資源など、企業組織の主要領域での機能別ライン管理者という限られたスタッフとCEO（最高経営責任者）によって構成される。

- **事業部制組織（M型組織）**（multidivisional（M-form）structure）は、それぞれが異なった事業やプロフィット・センターを意味する現業部門から構成されており、トップ経営陣から事業部長へ、日常の業務や事業部門単位の戦略についての権限が委譲されている。

- **協調型組織**（cooperative form）は、事業部門間の協調を引き出すために水平的統合を行った組織構造である。製品事業部門制や市場事業部門制等が含まれる。

- **SBU型組織**（strategic business unit（SBU）form）は、企業本部とSBU、および、SBU事業部門の3つのレベルから構成されている。各SBU内の事業部門間は製品や

市場、あるいはその両方を共有している。

- **競争型組織**（competitive form）は、企業の事業部門間がお互いに完全に独立しているという特徴を持った組織構造である。各事業部門は企業共通の優位性を共有せず、事業部門間の競争に力点が置かれる。

- **世界地域別組織**（worldwide geographic area structure）は、各国内の利益に重点を置き、現地の差異を満足させるための取り組みを促す。

- **世界製品事業部制組織**（worldwide product divisional structure）において、意思決定の権限は世界事業本部に集権化されているが、それは部門別事業単位間の意思決定と活動を統合しコーディネートするためである。

- **複合組織**（combination structure）は、世界地域別組織と世界製品事業部制組織の両方の特徴とメカニズムを組み込んだ組織構造である。グローバル・マトリックス型組織やハイブリッド・グローバル・デザイン型組織等が含まれる。

## 復習問題　　　　　　　　　　*Review questions*

1. 組織構造、および、組織コントロールとは何か。戦略的コントロールと財務的コントロール間の違いは何であり、それらの違いはなぜ重要なのか。
2. 戦略と組織構造間において相互的な関係があるということは何を意味するのか。
3. コスト・リーダーシップ戦略、差別化戦略、コスト・リーダーシップと差別化の統合型戦略、事業単位の集中戦略、をそれぞれ実行するために用いられる機能別組織の特徴は何か。
4. 関連拘束型戦略、関連連鎖型戦略、全社的非関連多角化戦略、を実行するために導入される3類型の事業部制組織（M型組織）間の違いは何か。
5. マルチドメスティック戦略、グローバル戦略、トランスナショナル戦略などの国際化戦略を実行する上で導入される組織構造は何か。
6. 戦略的ネットワークとは何か。また、戦略的な中核企業とは何か。

# 第12章

## 戦略的リーダーシップ

本章の狙いは、下記目的に必要な戦略的経営の知識を提供することにある。

1. 戦略的リーダーシップを定義し、トップレベルの経営管理者の重要性を説明する。
2. トップ・マネジメント・チームを定義し、それが企業の業績に及ぼす効果を説明する。
3. 社内外の経営管理者雇用市場を活用した、経営者の継承のプロセスを説明する。
4. 企業の戦略的方向を決定する際の、戦略的リーダーシップの価値を議論する。
5. 企業の資源を活用する際の、戦略的リーダーシップの重要性を説明する。
6. 組織文化を定義し、成果を上げる文化を維持するためにしなければならないことを説明する。
7. 倫理的実践を確立し重んじるために、リーダーは何ができるかを説明する。
8. 組織コントロール（統制）の重要性とその活用を議論する。

*opening case*

私はどれぐらい長く仕事に就いていられるのか？
CEO とトップレベルの戦略的リーダーの短い命

　CEO（最高経営責任者）の在職期間は長くないし、さらに短くなり続けているということが証明されている。1995 年には CEO の平均在職期間は 9.5 年だった。2005 年には 7.3 年に減り、今日さらに短くなりつつある。

　さまざまな意味において、CEO の在職期間の平均は、他のトップレベルのリーダーも同様に短期間しか在職しない場合があることの、十分な説明にはならない。この例として、次の経営管理者層の在職期間を考えてみるとよい。①クレイグ・モナガン、シアーズの CFO（最高財務責任者）、5 カ月、②トム・テイラー、ホームデポのマーケティングとマーチャンダイジングのトップ、11 カ月、③キャサリン・ウェスト、JC ペニーの COO（最高業務責任者）、7 カ月、④チャールズ・チャンピオン、エアバスの COO、13 カ月、⑤ジー・ウェン、ヤフー・チャイナの社長、42 日。このように、何人かのトップレベルのリーダーの短い在職期間は、ある産業、ある肩書、ある職務内容に特有のものというわけではない。

　戦略的リーダーとしての、何人かの CEO やトップレベルの経営管理者の在職期間の短さを説明するものは何か。疑いようもなく、高いストレス・レベルと大きな業績への期待のために、何人かの CEO とトップレベルの経営管理者が、前例よりも早く自発的に辞任している（本章最

後の戦略的フォーカス・コラムで詳述)。しかしながら在職期間の短さには他の理由も影響している。

ピーター・ボーンパースは、アン・クライン、ジョーンズ・ニューヨーク、ナインウェストなどのブランドを所有するジョーンズ・アパレル・グループのCEOを最近辞任した。企業の戦略(そしてジョーンズ・アパレル社が異なる戦略を採用した場合のボーンパースが予見する会社の将来像)についての、ボーンパースと会社の取締役会の意見の不一致が、彼の辞任を招いた。社外の経営者雇用市場(本章で詳述)から採用されたボーンパースは、ジョーンズ社での6年間の任期の大部分を、マックスウェル・シュー・カンパニーの敵対的買収、グローリア・バンダービルトの買収、その後のバーニーズ・ニューヨーク社の買収などを通じて衣服の販売を多角化することに費やした。同社の取締役会は、同社が核となる顧客との緊密な関係を失い、ボーンパースが行い挑戦した経営行動によりあまりにも多角化しすぎたと感じたようだ。その結果、ジョーンズ・アパレル社はバーニーズ・ニューヨークを売却し、自社をプライベート・エクイティ投資会社に売ることを考えた。ボーンパースの後任を探すことはなかった。その代わり、1990年からジョーンズ・アパレル社で働いていた社内出身者が新しいCEOに選ばれた。

ポール・プレスラーは2002年の秋にディズニーから引き抜かれ、ギャップ社の新しいCEOに就任し、およそ5年で辞任することになった。ある意味プレスラーは、"やり手のオペレーションの魔術師"として知られていたために選任された。彼は、企業のコスト構造の見直しに力をふるい業績を向上させるであろうと、ギャップ社の取締役会が信じていた、練達のリーダータイプである。しかしその後明らかになったように、プレスラーを批判する者は、プレスラーはファッションビジネスの感覚を大事にすることを何も学んでいないと主張した。この理由のせいで、ギャップ社のクリエイティブ・アーティストやデザイナーたちは、プレスラーがコスト管理と厳しい財務管理を強調し過ぎて、彼らの業務が制約されていると感じた。プレスラーの辞任後、ギャップ社の元幹部は、「プレスラーは有能であるが、間違った時期に間違った人物を雇ってしまったのかもしれない」と述べた。

これらの例は、トップレベルの地位を社内出身者が継承することの優位性を示しているように見える。しかしそのような考えは正しくない。社内で豊かな経験を持ち、トップレベルの戦略的リーダーとして会社の伝統に深い理解をもつような会社の内部人材からトップを選ぶこともまた、早い辞任と期待はずれの結果を招くことがあるのだ。

出典：N. Byrnes & D. Kiley, 2007, Hello, you must be going, *Business Week*, February 12, 30–32; L. Lee, 2007, Paul Pressler's fall from the Gap, *Business Week*, February 26, 80–84; J. L. Story, 2007, Chief executive steps down at Jones Apparel, *New York Times Online*, http://www.nytimes.com, July 13.

　オープニング・ケースで示しているように、戦略的リーダーの仕事は過酷で、挑戦的で、すぐに辞任の時期を迎えるかもしれない。しかし、彼らがその地位にどのぐらい長くとどまっているかにかかわらず、戦略的リーダー（そしてほとんどの傑出したCEO）は、企業の業績に大きな差をもたらすことができる。もし戦略的リーダーが先見の明を活用して企業の戦略的ビジョンを生み出すことができるなら、そのリーダーは、企業の人的資本を活性化し、好ましい結果を達成できるかもしれない。しかし、戦略的リーダーの直面する挑戦は大きい。例えば、カーリー・フィオリーナをヒューレット・パッカード社（HP）が雇ったことは、世間の大きな注目を浴びた（HPのCEOとして働いた約6年間、彼女はメディアのスポットライトを浴びて仕事をしたのである）。論争を呼んだコンパック社買収と企業変革の試みは、その後同社が企業業績の悪化に苦しむ中で、成功しなかったように見えた。フィオリーナは、最終的に職を失うという代償を支払うことになった。彼女の後任（マーク・ハード）は、多くの点でフィオリーナと違っていて、HPの事業活動の業績を向上させることに焦点を当てている。それは、コンパック社の買収による利益を実現するために必要とされる任務であると信じる人もいる。だが2007年の後半には、HPはPCビジネスにおける主要なライバルのデル社をしのぐ業績をあげた（第5章のオープニング・ケース参照）。この業績の好転は、ハードよりむしろ前任のフィオリーナの貢献に帰すべきではないかと

考えることは、興味をそそる疑問である。

　この章の主要なメッセージは、成果を上げる戦略的リーダーシップが、戦略経営のプロセスをうまく活用する基礎となるということである。第1章の図1.1で示しているように、戦略的リーダーは、ビジョンとミッション（使命）の策定につながる方法で企業を導く（第1章参照）。この指導を通して、業績をあげるために組織の中のすべての人を精一杯働くようにさせるという目標を生み出す方法についての、リーダーの思考がわかる。さらに、戦略的リーダーは、適切な戦略的行動の展開を促し、それらをどのように実行するかを

**図12.1**　戦略的リーダーシップと戦略的経営のプロセス

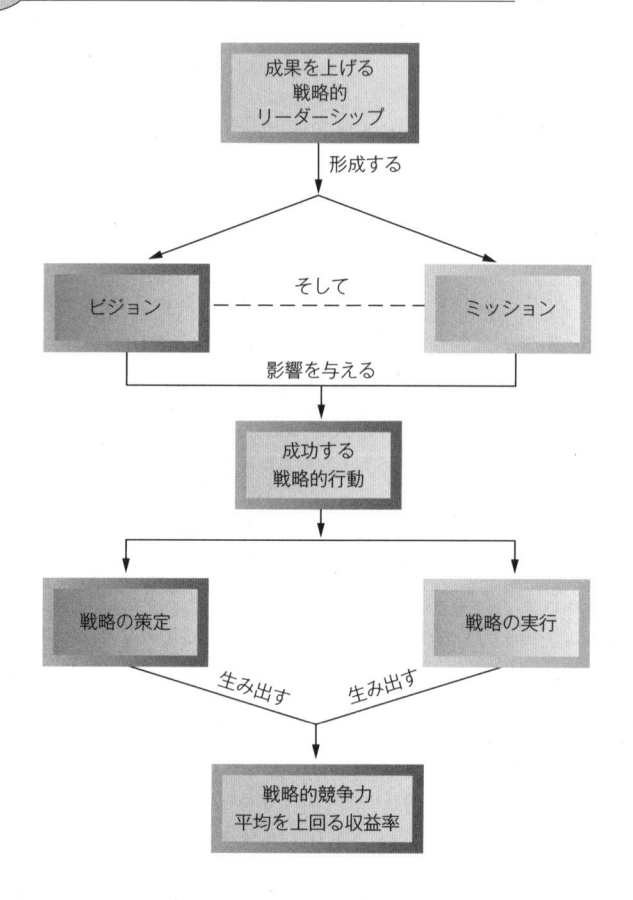

決定する。図12.1にあるように、これらの行動は、戦略的競争力と業界平均を上回る収益性を導く。

戦略的リーダーシップの定義からこの章を始める。それから、その効果的なスタイルだけでなく、戦略的リーダーシップが、競争優位の潜在的な源泉として重要なことを考察する。次に、トップ・マネジメント・チームとそのイノベーション、戦略的変革、企業の業績に及ぼす影響を検証する。この考察に続き、戦略的リーダーが選定される企業内外の経営管理者雇用市場について分析する。章の最後では、成果を上げる戦略的リーダーシップの鍵となる5つの要素を述べる。それは、①企業の戦略的方向を決定すること、②企業の資源ポートフォリオを効果的に管理すること（人的資本と社会関係資本を開発するのに加えて、コアコンピタンスを活用し維持することを含む）、③成果を上げる組織文化を維持すること、④倫理的実践を重視すること、⑤バランスのとれた組織コントロール（統制）を確立すること、の5点である。

## 戦略的リーダーシップとスタイル

**戦略的リーダーシップ**（strategic leadership）とは、予見し、ビジョンを持ち、柔軟性を維持し、必要な戦略的変革を生み出すように他の人を鼓舞する能力である。戦略的リーダーシップは、本質的にいくつかの働きをするものであり、他の人を通して経営すること、職能的な下位の部門よりもむしろ全社を経営すること、グローバル経済の中で増え続ける変化に対処することを含むものである。グローバル経済の複雑さのために、戦略的リーダーはどのように効果的に人々の行動に影響を及ぼすかを、しばしば不確実な環境の中で学ばなければならない。言葉あるいは個人の手本によって、そして将来を見通す能力を通して、成果を上げる戦略的リーダーは、ともに働く人の行動、思考、感情に著しい影響を与える。

特に、能力のある人材で重要なポストを埋めることができないと、企業の成長が抑制されるという事実をみると、人材を引きつけて管理する能力は、戦略的リーダーのスキルの中で最も重要であるかもしれない。グローバル経

済におけるリーダーは、ますますこのスキルを持ったり発達させている。例えば、中国の企業の中で現在出現しつつあるリーダーは、市場に基づいた経済における競争原理を理解し、企業の人材を開発させるように企業を導いている、と信じている人たちもいる。しかし、このリーダーの何人かにとって、市場に基づいた経済の中でどのようにして競争に成功するかを学ぶことは、大きなストレスを伴う。それゆえに何人かのアナリストは、「進歩には常に代償が伴う」と言うのである。

　21世紀において、企業が所有する知的資本（知識を管理しイノベーションを生み出して商業化する能力が含まれる）は、戦略的リーダーの成功に影響を与える。成果を上げる戦略的リーダーはまた、ステークホルダー（従業員、顧客、そしてサプライヤーなど）が最大限効率的に活動することができる状況を作り上げる。戦略的リーダーシップの最も重要な点は、効果的に企業のオペレーションを管理し、長期にわたり高い業績を維持し続ける能力であるとすれば、このスキルを実際に示すことができるのは重要である。

　戦略的リーダーが、複雑かつグローバルで激しい競争環境下で、適切に反応し迅速に変化することに失敗するとき、競争優位を達成し平均を上回る収益性をあげる企業の能力は、危うくなる。競争環境下で変化の必要性に対応できなかったり、それを見極められないといったことが、何人かのCEOが失敗する理由の1つである。それゆえに、戦略的リーダーは、多様で複雑な環境状況にどのように対処するかを学ばなければならない。個人の判断は、企業の競争環境について学習し、それを分析するためには重要な一部である。しかし、戦略的リーダーも、企業の外部環境の競争的条件を評価する際に間違いをおかす。成果を上げる戦略的リーダーは、そのような決定の間違いに対する責任を認め、受け入れて、同僚、上司そして従業員から誤りを修正するための意見を求める勇気を持っている。

　成果を上げる戦略的リーダーシップに第1に責任があるのは、トップ、特にCEOである。他の一般的に認められた戦略的リーダーには、取締役会のメンバー、トップ・マネジメント・チームや部門長が含まれる。実際には、人材や（あるいは）企業の一部分（例えば生産単位）の業績に責任を持つ人物は、戦略的リーダーである。肩書と組織上の職務にかかわらず、戦略的リーダーは、権限を委譲できない実質的な意思決定の責任を持つ。戦略的リーダー

## 第12章 戦略的リーダーシップ

シップは、複雑であるが重要なリーダーシップの形態である。成果を上げる戦略的リーダーなしには、平均を上回る収益性をあげるという目的のために、戦略を策定できないし、実行することもできない。

リーダーシップを提供するために使われるスタイルは、部下の生産性にしばしば影響を与える。変革型リーダーシップ（transformational leadership）は、最も成果を上げる戦略的リーダーシップのスタイルである。このスタイルは、フォロワー（部下）に対して、他の人が彼らに抱く期待を超えるように、彼らの能力を絶えず豊かにするように、そして彼ら自身の利益よりも組織の利益を優先するように、フォロワーを動機づける。変革型リーダーは、組織に対するビジョンを育て、それを伝達し、ビジョンを達成するための戦略を策定する。変革型リーダーは、価値のある組織成果を達成する必要性をフォロワーに気づかせる。そして、より高いレベルを達成しようと絶えず努力するように、フォロワーを励ます。このようなタイプのリーダーは、高度の誠実さ（マクドナルド社の創設者ロイ・クロックは、高度の誠実さに価値をおいた戦略的リーダーだった）と品性を持つ。品性について言えば、あるCEOが部下に次のように言った。「リーダーは、品性によって形作られ定義される。リーダーは、他の人が優れた仕事をするように、そして彼らの潜在能力を引き出すように鼓舞し、それを可能にさせる。結果として、彼らは成功し持続する組織を作り上げる」。付け加えると、変革型リーダーは、感情的知性を持つ。感情的に知的なリーダーは、自分自身を良く理解し、強いモチベーションを持ち、他人に共感的であり、効果的な対人スキルを持つ。プロクター＆ギャンブル(P&G)では、感情的知性は"心に触れる能力"があるものと考えられている。

キャンベルスープ社のCEOであるダグ・コナントは、変革型リーダーの一例と思われる。戦略フォーカス・コラムで、この可能性を示す証拠を紹介している。変革型リーダーのさまざまな特徴の中でも、コナントは企業に対するビジョンとミッションを確立し、企業の従業員——それは企業の持続的な成功にとって重要であると彼が信じる資源——を支えることに身を捧げている、という点に注目してみよう。戦略フォーカス・コラムを読みながら、コナントが変革型リーダーであるという結論を出すための特徴あるいは特質の一覧を作ってみよう。

## 戦略フォーカス・コラム

### ダグ・コナント：
### キャンベルスープ社で成果を上げる戦略的リーダーシップを行使すること

「CEOとして会社に雇われてちょうど6年、コナント、55歳は、売りに出される噂のあった、悩める古いブランドを食品業界で最も業績の良い企業の1つへと変革した」。明らかにこの言葉が示す成果は、きわめて注目すべきものである。コストの削減が好ましい結果に貢献したのだが、全従業員に力を与え、新たに活気を与えた手際の良い生産イノベーションと行動が、キャンベルでのコナントが導いた変革においてより重要な役割を果たしている。付け加えると、コナントは、消費者製品のポートフォリオの中でのシナジーを絶えず評価する。最近彼は、ゴディバ（チョコレート）部門が、キャンベルの「スープ、焼き菓子、野菜ジュースを基本にした簡便な食への戦略的集中」にもはや合致しないという結論を出した。結果として、ゴディバは2007年の第3四半期に売却されることになった。

コナントが取っている多くの行動だけでなく、彼がそれらの行動をどのように行うかということが、変革型のリーダー属性と一致している。彼は喜んで企業の業績についての栄誉を他の人に与え、キャンベルの変革における彼の役割についての賞賛をいつも受けないようにしていることに注目したい。コナントは、在職期間中（現在までに）、業績にハイライトを当てた1万6,000通以上ものお礼の手紙を従業員と他の人々に送った。ある人の仕事あるいは行動について、"正しいこと"を賞賛する努力を彼はする。彼は（「自分はもっとうまくやれるはずだ」と言って）進んで誤りを認める。その理由として、彼がすべての答えを持っているわけではないとわかっていることが大きい。希望を与えるビジョンとミッションの骨組みを作ったのは、CEOとして彼が取った最初の行動である。彼は全従業員の多様性を強く信じる。そして次のように話すのである。「会社としての私たちの目標は多様な従業員を育てることです。多様な従業員は新しくより豊かな視点を仕事にもたらし、それによ

───────── 戦略フォーカス・コラム

り私たちは変化した市場をよりよく理解し、予測し、反応することができるようになるのです」。キャンベルが本社ビル（その場所に本社以外の施設を作ることを含めて）を、ニュージャージのカムデン（訳者注：もともと本社があった場所）で拡張するであろうと表明した理由の1つは、会社は所属するコミュニティで良き市民である必要があるというコナントの信念である。

　いくつかの信条が、戦略的リーダーとしてのコナントの仕事を導いた。人々と相互に交流するために心のこもった触れ合いをすることと、ともに業績の期待値を定めるために従業員個々人と協働すること、そしてすべての人が成功する機会を生み出すことは、戦略的リーダーとしてコナントが従う方向を示す信条の一部である。

出 典：2007, Diversity, passion, innovation, growth, http://www.campbellsoupcompany.com, September 30; 2007, Executive team, http://www.campbellsoupcompany.com, September 30; 2007, Doug Conant remarks to press announcing plan for Campbell to expand world headquarters facilities, http://www.campbellsoupcompany.com, September 30; B. Dorman, 2007, Campbell Soup considers selling Godiva unit, *USA Today Online*, http://www.usatoday.com, August 9; A. Carter, 2006, Lighting a fire under Campbell, *Business Week*, December 4, 96–100.

## ■ トップレベルの経営管理者の役割

　企業が戦略を効果的かつ確実に策定し、実行することをゆだねられているという点において、トップレベルの経営管理者（top-level manager）は重要な役割を果たす。トップレベルの経営管理者の戦略的決定は、どのように企業組織が設計され目標が達成されるかに影響を与える。したがって、組織の成功の重要な要素の1つは、優れた経営スキルを備えたトップ・マネジメント・チームを持つことである。

　効果的な戦略の実行に関する決定を含んだ戦略的決定を行う時、経営管理

者は自分の裁量権（あるいは行動の自由の範囲）を行使することになる。経営の裁量権は、産業によって著しく異なる。経営管理者（特にトップレベルの経営管理者）による意思決定の裁量権の程度を決定する主な要因は、①産業構造、企業の属する主要市場の成長率、そして製品の差別化の度合いといった外部環境資源、②企業規模、設立年数、その資源と組織文化などの組織の特徴、そして③企業とその戦略的成果に対するコミットメント、不明瞭性に対する許容範囲、異なる人々と働くスキル、そして志のレベルなどの、経営管理者の特徴である（図12.2）。戦略的リーダーが下す決定は、企業が競争優位を獲得する助けになるので、適切な戦略的行動を決定するときに経営管理者がいかに裁量権を行使するかは、企業の成功にとって重要である。

**図 12.2** 経営の裁量権に影響を与える要因

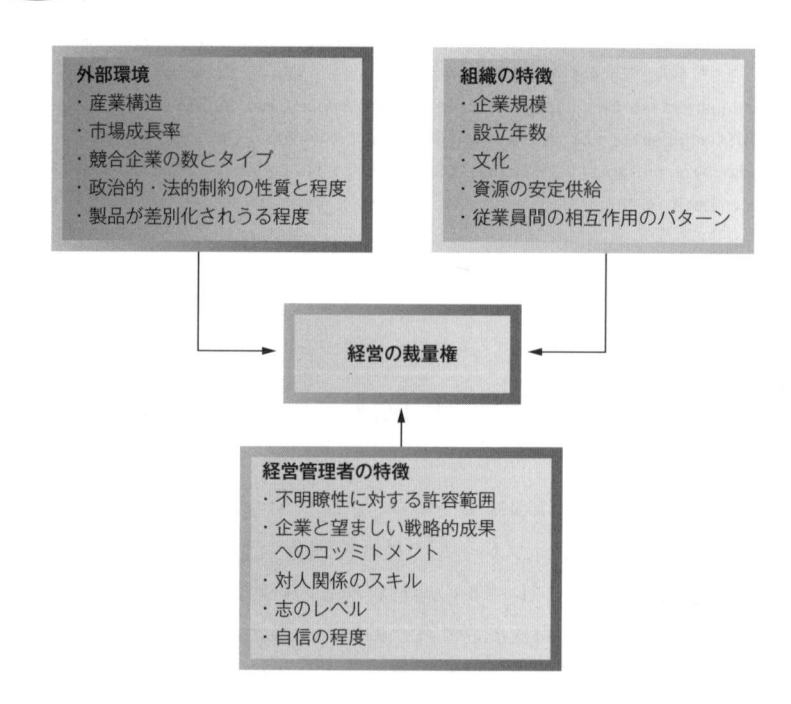

**外部環境**
・産業構造
・市場成長率
・競合企業の数とタイプ
・政治的・法的制約の性質と程度
・製品が差別化されうる程度

**組織の特徴**
・企業規模
・設立年数
・文化
・資源の安定供給
・従業員間の相互作用のパターン

**経営の裁量権**

**経営管理者の特徴**
・不明瞭性に対する許容範囲
・企業と望ましい戦略的成果へのコミットメント
・対人関係のスキル
・志のレベル
・自信の程度

出典：Adapted from S.Finkelstein & D. C. Hambrick, 1996, *Strategic Leadership: Top Executives and Their Effects on Organizations*, St. Paul, MN: West Publishing Company.

第12章　戦略的リーダーシップ

　新しい戦略的提案を決定するということに加えて、トップレベルの経営管理者は、企業の組織構造と報酬システムを創り出す。トップの経営幹部はまた、企業文化に大きな影響を与える。経営管理者の価値観が、企業の文化的価値観を形作るのに重要であることを示唆する証拠がある。したがって、トップレベルの経営管理者は、組織の活動と業績に重要な影響を与える。トップの経営幹部が直面するチャレンジ（課題）のおかげで、彼らがトップ・マネジメント・チームとして仕事をする時、より効果が大きい場合が多い。

## ● トップ・マネジメント・チーム

　ほとんどの企業では、その挑戦する業務は複雑で、かなりの量の情報と知識が必要になるため、経営幹部チームによる戦略的リーダーシップが必要とされる。戦略的決定をするためにチームを使うということはまた、これらの決定がCEO単独で行われる時の、別の潜在的な問題である経営者の自信過剰を避けるのに役立つ。研究によれば、CEOが、ちやほやする報道の評価を信じ、そして自分は間違いをおかしそうにないと信じ始めると、まずい戦略的決定をしがちになる、ということが示されている。トップの経営幹部は、自信を持つ必要があるが、その自信により傲慢になったり、自分が無敵であるという間違った考えをもったりすることは、避けなければならない。CEOの自信過剰とまずい決定から身を守るために、戦略的な機会と問題を考え、戦略的決定をするようなトップ・マネジメント・チームを、企業は使うことがある。**トップ・マネジメント・チーム** (top management team) は、企業の戦略を選択し実行するのに責任を持つ、鍵となる人から構成される。一般的に、企業のトップ・マネジメント・チームは、バイス・プレジデント（訳者注：部長に当たる）とそれより上の地位、あるいは取締役会の一員から成る幹部社員 (officer) により構成される。トップ・マネジメント・チームによってなされる戦略的決定の質は、イノベーションを起こし効果的な戦略的変革に関わる企業の能力に影響を与える。

### ▶ トップ・マネジメント・チーム、企業の業績と戦略的変革

　トップレベルの経営幹部の仕事は複雑で、企業の外部環境の3つの鍵となる部分、すなわち第2章で述べたように一般的環境、産業環境、競合企業環

境の3点についての知識だけでなく、企業の運営についての幅広い知識を必要とする。それゆえに、企業は、内部組織を運営するために必要とされる知識と専門性を持ち、さらに競合企業だけでなく企業のすべてのステークホルダーに対処できるトップ・マネジメント・チームを作ろうとする。一般にこれらの特徴を備えるには、異質なトップ・マネジメント・チームが必要である。**異質な**トップ・マネジメント・チーム (heterogeneous top management team) は、異なる職務経歴、経験と教育を持った人々からなる。

　異質なトップ・マネジメント・チームのメンバーは、他のチームメンバーから出される異なる視点の議論により恩恵を受ける。多くの場合、特に多様な視点を評価することを通してチームの中にまとまりが出てくるとき、これらの議論によってチームの決定の質が高まる。異質なチームによるそのような行動の直接の効果は、市場占有率と平均を上回る収益性にプラスの影響を与えてきた。研究によれば、トップ・マネジメント・チームのメンバーがより異質であるということは、メンバー間の議論を促進し、その議論は、時によりよい戦略的決定を導くということが示されている。さらに、よりよい戦略的決定はより高い企業業績を生み出す。

　トップ・マネジメント・チームのメンバーが一丸となって機能することも、重要である。一般的に、トップ・マネジメント・チームが異質でその規模が大きくなるほど、チームが効果的に戦略を実行することがより難しくなる。異なる経歴と異なる認識スキルを持つトップの経営幹部の間のコミュニケーションが困難なために、広範囲で長期間にわたる戦略計画はうまくいかない。一方、多様なトップ・マネジメント・チームのメンバー間のコミュニケーションは、電子機器を用いたコミュニケーションを通して促進されうる。そしてそれは、フェイス・ツー・フェイスの会議をするときの障壁を減らすことがある。しかし多様な経歴を持ったトップの経営幹部の集団は、それが効果的に運営されなければ、意思決定のプロセスが妨げられるかもしれない。この場合、トップ・マネジメント・チームは、脅威と機会を幅広く検討するのに失敗し、最適ではない戦略的決定を導くかもしれない。そのため、CEOはチームのメンバーの行動をまとまりのあるものにしなくてはならない。

　企業のコアとなる機能と業務についての重要な専門知識を持つメンバーがいるということはまた、トップ・マネジメント・チームがその役割を有効に

果たす上で重要である。ハイテク産業では、特に成長戦略が実行されているときに、企業のトップ・マネジメント・チームのメンバーが研究開発の専門知識を持つことは重要かもしれない。しかし、戦略的決定に及ぼす最終的な効果は、専門知識とチームが運営される方法だけでなく、彼らが決定を下す状況（ガバナンスの構造、業績連動報酬など）によって違ってくる。

　トップ・マネジメント・チームの特徴と、イノベーションと戦略的変革には関連がある。例えば、より異質なトップ・マネジメント・チームは、イノベーションと戦略的変革と正の関係がある。異質性のために、チームやメンバーの何人かは「既存の枠の外で考える」ということを強いられ、意思決定はより創造的になる。それゆえに、もし企業が多様な経歴と専門知識を備えたトップ・マネジメント・チームを持っているなら、戦略を変革する必要がある企業は、そうする可能性がより高いだろう。新しいCEOがその産業の外から雇われる時、戦略的変革の可能性は、企業や産業の内部からCEOが雇われるよりも大きい。産業の外から新しいCEOを雇うことはチームに多様性を付け加えるが、トップ・マネジメント・チームは、前向きなやり方でその多様性を効果的に使うように運営されなければならない。したがって、戦略的変革をうまく生み出すために、CEOは変革型リーダーシップを行使すべきである。さまざまな領域の専門知識を持ったトップ・マネジメント・チームは、異なる戦略的方向の必要性を示唆して、環境の変化（機会と脅威）あるいは企業内の変化を識別する可能性が高い。

### ▶ CEOとトップ・マネジメント・チームのパワー（権力）

　第10章で述べたように、取締役会は、企業の戦略的方向を監視するため、そしてステークホルダー、特に株主の利益を代表するための重要なガバナンスのメカニズムである。事実、取締役会が企業の戦略的方向を形作ることにより直接的に関与する時、一般にさらに高い業績が達成される。

　しかし、取締役会は、強力なCEOとトップ・マネジメント・チームの戦略的行動を管理することが難しいと知るかもしれない。強力なCEOは、多くの気に入った外部メンバーを取締役会メンバーに指名することがある。あるいは、トップ・マネジメント・チームの一員でCEO直属のメンバーを、社内からの取締役会のメンバーにしているかもしれない。多分どちらの場

合も、CEOは取締役会の行動に大きな影響を与えるだろう。このように、CEOが戦略的意思決定をするときに持つ裁量権の大きさは、取締役会と関係があり、取締役会がどのようにしてCEOとトップ・マネジメント・チームの行動を監視するのかと関連している。

CEOとトップ・マネジメント・チームのメンバーは、他の方法で権力を獲得できる。取締役会の議長の地位にも就いているCEOは、そうでないCEOよりも通常、より大きな権力を持っている。CEOが2つの地位を兼任する慣習（CEOと取締役会長が同一人物である時）を批判する、アナリストや企業の"お目付役"もいる。この批判の理由として、CEOの会長兼任のために、多くの企業で業績が上がらなかったり、変化への対応が遅くなるといったことが言われている。

CEOの会長兼任は、企業によって異なるけれども、より規模の大きな企業において通常見られるものである。しかし株主のアクティビィズムが広がって、CEOの会長兼任は、米欧の両方の企業で監視と批判にさらされるようになった。同じ人物がCEOと取締役会長の地位には就かないという、独立した取締役会のリーダーシップ構造は、トップレベルのマネージャーの特に財務業績に関する意思決定と行動を監視する取締役会の能力を高めると、これまで信じられていた。そして第10章で述べられたように、取締役会をCEOから独立させるために、これら2つの地位は、ほとんどの会社で分けられるべきであると多くの人が信じている。他方でスチュワードシップ（受託責任）理論は、CEOの会長兼任は、効果的な決定と行動を促進すると示唆する。この場合、CEOの会長兼任を通して獲得される大きな有効性は、効果的に仕事を成し遂げたいと思い、企業の資産のできるだけ最善の管理人でありたいと願うCEO個人から生じる。このCEOの前向きな志向と行動のため、独立した取締役会のリーダーシップ構造にかかわる余分なガバナンスと協調のコストは必要とされないであろう。

チームと組織に長く在籍するトップ・マネジメント・チームのメンバーとCEOは、取締役会の決定に、より大きな影響を及ぼす。そして、より大きな影響力を持つCEOは、自分自身の利益を図り、その結果として、会社から受け取る自分の報酬を大きくするかもしれない。このような懸念に応えて、米国議会で、2007年の後半に「公開会社は経営幹部の報酬案を株主の勧告決

議にかけることを必要とする」という法案が提議された。ほとんどのアナリストたちは、この法案が困難な闘いに直面することを予想した。それはこの提起された法律の最終的な採否がどうなるかわからないことを意味する。

　一般的に、長い在職期間は、経営幹部の知識の幅に制約を加えると考えられる。研究によれば、長い在職期間を持つトップの経営幹部は、限られた知識ベースによって視野に限界があるために、一般的に戦略的意思決定をする時に評価すべき代替案をあまり出せない、ということが示されている。しかし、長い在職期間を持つ経営者はまた、より効果的な戦略的支配ができるかもしれず、それによって取締役会のメンバーが関与する必要性を減らす。なぜなら効果的な戦略的支配は、一般的に高い業績を生み出すからである。興味深いことに、最近の研究の知見によれば、「短い在職期間の不都合な点は、(中略) 利点を上回るように見え、一方長い在職期間の利点（企業特殊的な人的資本、社会関係資本、知識とパワー）は、柔軟性のなさと現状を維持することの不利益よりもまさっているように思われる」ということを示唆している。全体的に見て、CEOの在職期間と企業の業績の関係は複雑で、企業を強化するためには、取締役会は、トップ・マネジメント・チームと有効な関係を発展させるべきであることを示している。

　要約すると、取締役会とトップ・マネジメント・チームのメンバーによって保持される権力の相対的な度合いは、個々の企業の状況に照らして検証されるべきである。例えば、企業の外部環境に資源が偏在しその環境の変動が大きいことは、取締役会とトップ・マネジメント・チームの理想的な権力のバランスに影響を与えるかもしれない。さらに、激変し不確実な環境は、強力なCEOが素早く対応することを必要とする状況を生み出すかもしれないが、多様なトップ・マネジメント・チームは、チームメンバー間の団結を少なからず阻害する状況を引き起こし、必要な戦略的行動を阻んだり、失速させるかもしれない。効果的な仕事上の関係をもちながら、取締役会、CEOたち、その他のトップ・マネジメント・チームのメンバーたちの三者は、ステークホルダーの利益に最大限奉仕する可能性が最も大きい方策を選ぶために必要とされる基盤を持っている。

## 経営者の継承

　トップの経営幹部（特に CEO）の選択は、企業の業績にとって重要な関わりを持つ重大な決定である。多くの会社が、経営のリーダーシップと戦略的なリーダーシップの潜在能力を持つ個人を特定するだけでなく、個人が CEO の地位の候補者であるために満たすべき基準を決定するために、リーダーシップ能力をスクリーニングするシステムを使う。これらのシステムの中で最も効果的なのは、企業内で人々を評価し、他社の経営管理者の能力、特に戦略的リーダーの能力についての貴重な情報を得る仕組みである。これらの評価の結果をもとに、教育と開発のプログラムが、明日のリーダーになるかもしれない人をあらかじめ選抜し、スキルを形成する目的で、在職者に提供される。GE は、そのプログラムの質の高さのため、想像力あふれるアイデアを優れた製品とサービスに変えることに打ち込むリーダーを育成することで有名である。

　組織は 2 つのタイプの経営者雇用市場、すなわち社内市場と社外市場から、経営者と戦略的リーダーを選ぶ。**社内の経営者雇用市場**（internal managerial labor market）は、企業の提供する経営者のポストの機会と、企業内にいる適格な従業員から構成される。**社外の経営者雇用市場**（external managerial labor market）は、経営者のキャリアの機会と、機会が存在する組織の外にいる適格者から構成される。

　新しい CEO として社内の人間を選ぶために社内雇用市場が使われる時、その企業にいくつかの利益が生まれると考えられる。企業とその企業が競争する業界環境での経験から、社内の人間は自社の製品、市場、技術と作業手順に通じている。また、社内から採用することにより、貴重な企業特有の知識を持っている現在の従業員の転職率が低くなる。企業が業績を上昇させている時には、高い業績を持続するために社内での継承が好まれる。社内の人間を選抜することで、業績を維持するのに必要となる重要な知識を社内に保つと考えられる。

　経営コンサルタントのジム・コリンズによる研究の結果は、CEO を選ぶ時に社内雇用市場を使用することの重要性を支持している。コリンズは、高

第 12 章　戦略的リーダーシップ

業績企業がほとんどいつも社内の人間を新しい CEO に指名するということを見出した。ホワイト・ナイト（白馬の騎士）と彼が呼ぶ、よく知られている社外の人間を連れてくることは、月並みの方策であると彼は論じている。コリンズの研究結果は、GE とケロッグ社での最近の経営者の継承の決定が成功している説明になるかもしれない。GE の驚くべき成功と、その効果の高い経営とリーダーシップ開発プログラムによって、社内の人間であるジェフリー・イメルトが、ジャック・ウェルチの後任に選ばれた。継承のプロセスは、ケロッグ社でも同様の結果を導いた。マッケイがトップの仕事を引き受ける準備があまりできていなかったとしても、取締役たちはコーンフレーク、ライス・クリスピーとフルート・ループ（ケロッグ社の商品名）にどっぷりつかって職業生活を過ごさなかった誰かに、ほぼ 100 年の歴史がある会社を委ねたくはなかった。彼らの見解を前提として、ケロッグ社の取締役会は新しい CEO に社内からデビッド・マッケイを選んだ。しかし、取締役会のメンバーの 1 人が暫定 CEO を 2 年間つとめた。それはマッケイが新しい地位の本質と厳しさに充分精通するのに必要な期間であった。

　トップ・マネジメント・チームと CEO を選ぶ時に、社内の経営者雇用市場を使うことを従業員が強く好むのは、珍しいことではない。過去においては、企業もまた社内の者がトップレベルの経営者の地位を占めるのを好んだが、それは連続性への欲求と、企業の現在のビジョン、ミッション（使命）と選ばれた戦略への継続的なコミットメントのためであった。しかし、変化する競争状況と変動する業績水準のために、多くの取締役会が、社外出身者に CEO の跡を継がせるように変化しつつある。企業には、新しい CEO として外部の者を選ぶ妥当な理由があることが多い。例えば、企業をあげてのイノベーションを推し進めていく戦略的リーダーレベルのコミットメントが、在職期間が長いために減少するかもしれないような状況がある。企業の成功にとってイノベーションが重要であることを考えれば（第 13 章参照）、イノベーションをためらうことは戦略的リーダーにとって障害になりうる。

　これまでの伝統を打ち破り、アメリカの自動車メーカー（クライスラー、フォードと GM）は、最近 CEO を社外経営者雇用市場から選んでいる。これらの選択は、「自動車会社を経営するためにもはや"経営者の血管の中に自動車オイル"が流れている必要はない」ということを示すものであると見

るアナリストもいる。しかし、社内市場を使う場合も同様だが、社外市場からトップレベルのリーダーを選択する決定をすることは、成功を保証するものではない。ウォルマートの最近の出来事を考えてみよう。"中年期にさしかかる"危機に直面して、ウォルマートは社外経営者雇用市場からクレール・ワッツを採用し、販売部門担当の上級副社長に指名した。リミテッド・ブランドとメイ・デパートメント・ストアで働いてきたので、ワッツはウォルマートをファッショナブルな服飾と調度品の分野へ進出させるように求められた。簡潔に述べると、この努力はウォルマートが思い描いた成功のレベルには達せず、ワッツは辞職を決断することになった。この失敗の細かな原因はいくつもあるのかもしれないが、その1つとして、ウォルマートで働いた何人かの者は、ウォルマートの企業文化が新しいプログラムを受け付けるには障害になりすぎて、それに対する抵抗がワッツと彼女と一緒に働く人に対して問題を生み出したようだと主張する。

トップ・マネジメント・チームの構成と、CEOの継承（経営者の雇用市場）がどのように戦略に対して相互作用を及ぼすのかを、図12.3に示す。例えば、トップ・マネジメント・チームが同質的であり（そのメンバーが類似の職務

**図12.3** CEOの継承とトップ・マネジメント・チームの構成が戦略に及ぼす効果

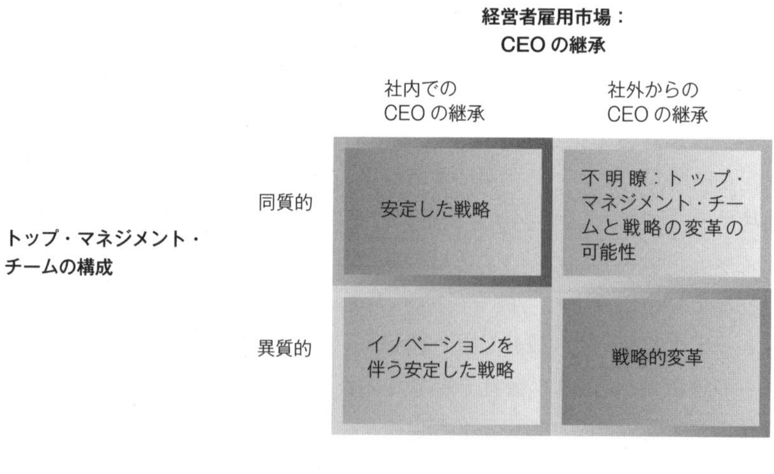

|  |  | 経営者雇用市場：CEOの継承 | |
|---|---|---|---|
|  |  | 社内でのCEOの継承 | 社外からのCEOの継承 |
| トップ・マネジメント・チームの構成 | 同質的 | 安定した戦略 | 不明瞭：トップ・マネジメント・チームと戦略の変革の可能性 |
|  | 異質的 | イノベーションを伴う安定した戦略 | 戦略的変革 |

経験と教育歴を持つ)、新しいCEOが企業内部から選ばれる時、企業の現在の戦略は変化しない傾向がある。反対に新しいCEOが企業外部から選ばれ、トップ・マネジメント・チームが異質であるとき、戦略が変化する可能性は高い。新しいCEOが企業内部から選ばれ、異質なトップ・マネジメント・チームが存在する場合、戦略は変化しないかもしれないが、イノベーションは続けられる傾向がある。同質的なチームでCEOが社外からきた場合、よりあいまいな状況が生まれる。ソニーのCEOとしてハワード・ストリンガーが最近選ばれたことは、ソニーの未来の変化を示唆する。彼は社外の者であるだけではなく外国人でもある。ソニーの新しいCEOに彼を選んだことは、グローバリゼーションの高まりの結果かもしれないし、これからのCEO指名の先駆けかもしれない。

　社内と社外の両方の労働市場のすべての場所からの人材を候補に含むことは、企業が成果を上げるトップ・マネジメント・チームを形成することができる可能性を増大させる。これまではやや見落とされてきたが、女性は戦略的リーダーとして適格な人材ソースであることを示唆する証拠がある。数が増えつつある女性経営幹部の成功に照らして見れば、変化への基盤は確立されるかもしれない。キャサリン・エリザベス・ヒューズ(アメリカ合衆国証券取引所上場企業初のアフリカ系アメリカ人女性トップ)、ミュリエル・シーベルト(ニューヨーク証券取引所の会員権を買った最初の女性)、そして出版社経営者のジュディス・レーガンのような先駆者は、戦略的リーダーとして重要な貢献をした。卓越した女性CEOたちはまた、彼女たちの業績にふさわしい評価を受けている。アン・マルケィヒー(ゼロックス・コーポレーション)、メグ・ホイットマン(イーベイ)とアンドレア・ヤング(エイボン・プロダクツ)は、これらの女性経営者の例である。

　これまでCEOの選任には進化があったにも関わらず、まだやるべきことは残っている。例えば、「女性CEO就任の発表に対する投資家の反応は、男性CEO就任の発表に対する反応よりも著しく否定的である」ことが、最近証明されている。「女性は組織の中のリーダーシップの地位において著しく低く見られ続けている」ことを示す別の研究もある。戦略的リーダーが留意すべき重要な点は、全従業員を力づけることが従業員が自分のスキルを十分に伸ばす機会を増やすし、その結果として社内外の経営者雇用市場の規模

を広げる、ということである。

## 鍵となる戦略的リーダーシップ行動

　ある種の行動は、効果的な戦略的リーダーシップを特徴づける（図12.4に最も重要な点を示す）。リーダーの行動の多くは互いに影響を与え合う。例えば、企業の資源を効果的に管理することには、人材を開発することが含まれる。そしてそれは、戦略的方向を定めること、効果的な文化を育むこと、コアコンピタンスを開拓すること、効果的な組織コントロール（統制）システムを行使すること、そして倫理的な実践を確立することに寄与する。これらの行動を観察すると、これらのすべての中に、企業の指針についての決定と資源の使い方についての決定などを行う、戦略的リーダーが見出されることに注目すべきである。最も効果的な戦略的リーダーは、効果的な決定をする基礎として、鍵となる戦略的リーダーシップ行動のそれぞれの状況に対処する時、実行可能な選択肢を生み出す。

**図12.4** 効果的な戦略的リーダーシップの行使

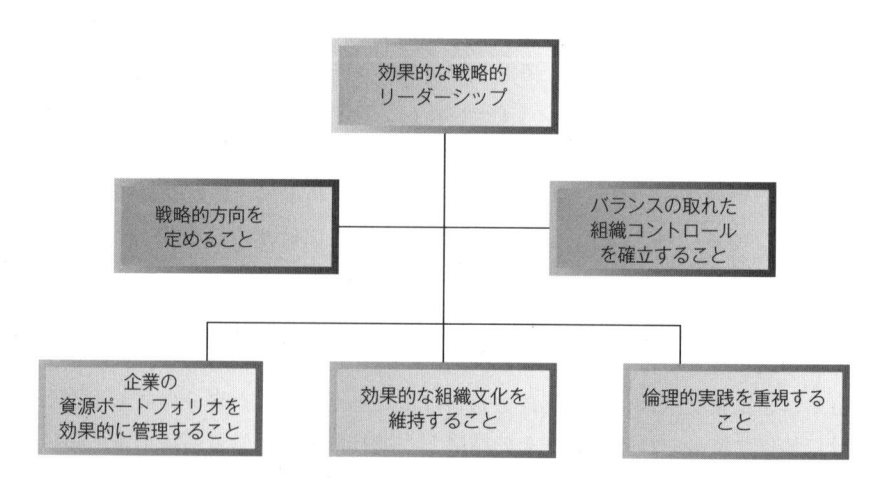

```
                効果的な戦略的
                リーダーシップ
        ┌───────────┴───────────┐
   戦略的方向を              バランスの取れた
   定めること                組織コントロール
                              を確立すること

  ┌──────────────┬──────────────┬──────────────┐
  企業の        効果的な組織文化を    倫理的実践を重視する
  資源ポートフォリオを  維持すること        こと
  効果的に管理すること
```

## 第12章　戦略的リーダーシップ

### ● 戦略的方向の決定

**戦略的方向を決定する**(determining the strategic direction)ということは、企業が長期にわたり発展させようとするイメージと特徴を特定することを含む。戦略的方向は、戦略的リーダーが、およそ3～5年のうちに企業が直面すると予測する、諸条件の文脈（すなわち、機会と脅威）の中でその骨組が作られる。

理想的な長期の戦略的方向は、2つの部分を持つ。コアとなる価値（信念）体系と、想定される未来である。コアとなる価値（信念）体系は、企業の受け継がれた伝統を通して従業員を動機づけるが、想定される未来は、彼らの達成の期待を超えてストレッチ（伸長）するように従業員を励まし、著しい変化と進歩が実現されるように要求する。想定される未来は、企業が戦略を実行するプロセス（動機付け、リーダーシップ、従業員への権限委譲と組織設計を含む）の多くの側面に対する指針として役立つ。

戦略的方向の変化のほとんどは、設計し実行するのが難しい。しかし、CEOのジェフリー・イメルトは、GEにおいてかなり大きな挑戦をしている。GEは、ジャック・ウェルチのリーダーシップのもとで非常に優れた業績をあげた。競争的な環境が移り変わっているので変化は必要だが、ジャック・ウェルチと高い業績に慣れたステークホルダーたちは、たやすくはイメルトの変化を受け入れないかもしれない（例えば第11章で検討した全社戦略と組織構造の変化）。イメルトは、企業の文化、戦略とガバナンスに影響を及ぼそうとし、同時にそれらに対するステークホルダーのコミットメントを得ようとした。企業の戦略的方向を変えようとするすべてのリーダーに当てはまることだが、イメルトは、人が「登れないほどの高さに挑戦する」ように励まし、なぜ変化が必要なのかを理解させ、企業にとって、そして従業員にとって変化の中には何があるのかを熱意を持って説明しつつ、彼らの心をつかむ必要がある。付け加えると、会社の戦略的方向に関する情報は、すべての影響を受ける人に一貫性を持って、明確に伝えられなければならない。

カリスマ的なCEOは、新しいビジョンと戦略的方向に対するステークホルダーのコミットメントを育てるかもしれない。それにもかかわらず、新しい戦略的方向によって要求される変化を起こす際には、組織の強みを見失わないようにすることが重要である。例えばイメルトは、持続する業績の向上

を確かなものにするために、GE の強みを使う必要がある。目標は、その資源のポートフォリオを効果的に管理することによって長期の生き残りを図りながら、新しいビジョンと戦略的方向に適合するように企業の短期のニーズに応えることである。

## 企業の資源ポートフォリオの効果的な管理

　企業の資源ポートフォリオを効果的に管理することは、最も重要な戦略的な仕事かもしれない。企業の資源は、財務資本、人的資本、社会関係資本と組織的資本（組織文化も含む）に分類される。

　明らかに財務資本は、組織の成功にとって重要である。戦略的リーダーは、この現実を理解している。しかし、最も成果を上げる戦略的リーダーは、それぞれの残っている資源を管理することだけでなく、資源の統合を管理することが等しく重要であることを認識する（例えば、人材が学習し業績を最大化することができる訓練の機会を与えるために、財務資本を使うこと）。最も重要なことだが、成果を上げる戦略的リーダーは、その資本を組織能力の中に組織化し、それらの能力を使うことを促進するように企業を構築し、顧客にとっての価値を生み出すためにその組織能力がうまく活用される戦略を選ぶことによって、企業の資源ポートフォリオを管理する。コアコンピタンスを開発し維持することと、企業の人的資本と社会関係資本を開発し維持することは、これらの重要な目標に達するためにとられる行動である。

### コアコンピタンスの開発と維持

　第 1 章と第 3 章でみたように、コアコンピタンスは、企業にとって競合企業を打ち負かす競争優位の源泉として働く組織能力である。一般的にコアコンピタンスは、製造、財務、マーケティングと研究開発のような組織の職能的スキルと関係する。戦略的リーダーは、戦略を実行するときに企業の能力が重視されることを検証しなければならない。例えば、インテルには、競争的な俊敏さ（競争的に適切であるさまざまな方法で行動する能力）と競争のスピード（環境の圧力と競争的な圧力に直面する時に素早く行動する能力）のコアコンピタンスがある。組織能力は、企業が自らの行動から学び、必要とされる特定の行動についての知識を深めるにつれて、時間とともに発達

する。例えば、繰り返される相互作用を通して、いくつかの企業は、変化する顧客の要求を十分に理解する能力を形成した。たくさんの産業の中でイノベーションは重要な特質をもつため、コアコンピタンスへと発展する組織能力を研究開発部門に持つ企業は、市場から評価される。

多くの大企業の中で、そして関連型多角化をしている企業では確かに、コアコンピタンスは、異なる組織ユニットを超えて育てられ、適用される場合に効果的に利用される（第6章参照）。例えば、ペプシコは、スポーツドリンクのゲータレードを作っているクエーカー・オーツ社（現クエーカー・フーズ）を買収した。ペプシコは、クエーカー社の資産を活用するために、その配送システムの能力を使う。この場合、ペプシコのソフトドリンク（例えばペプシコーラやマウンテンデュ）とゲータレードは、ロジスティック活動を共有する。同様にペプシコは、同じチャネルを通してクエーカー社のヘルシースナックやフリートレイの塩味スナックを配送するためにこの能力を使う。今日、ペプシコは、"消費者が栄養と味をトレードオフ（二者択一）する必要がないということを確認"しようとしながら、すべての自社の食品の栄養価を高めようとしている。

企業は絶えず発展しなければならず、必要な時にはライバルを圧倒するためにコアコンピタンスを変革しなければならない。もし彼らが、優位を与えるコンピタンスを持っていてもそれを変化させないなら、競合企業は結局、そのコンピタンスをまねしてその企業の優位を減らしてしまうかあるいは消滅させてしまうだろう。付け加えると、企業は、コンピタンスが障害になりそれゆえに変化を阻止することに対して警戒しなければならない。

次に論じるように、人的資本は、企業の成功にとって決定的に重要である。その理由は、人的資本を通してコアコンピタンスが発展し、活用されるからである。

### ▶ 人的資本と社会関係資本の開発

**人的資本**（human capital）とは、企業の労働力全体の知識とスキルのことである。人的資本の視点から、従業員は絶え間ない投資を必要とする資本資源と見なされる。ペプシコでは、人々は企業の継続的な成功への鍵と見なされる。"才能を維持する"必要性を前提に、ペプシコは、多くのプログラム

と開発志向的な経験の形で人的資本に投資する。

　ペプシコでなされているような投資は生産的である。それは、アメリカの産業の発展の多くが、人的資本の有効性のおかげであると考えることができるからだ。この事実は、"競争のダイナミクスが加速するので、人材が多分唯一の真に持続する競争優位の源泉である"ことを示唆する。大小あるいは新旧を問わずすべてのタイプの組織の中で、人的資本の重要性の増大は、企業の人材管理活動の重要な役割を示唆する。支援活動(第3章参照)のように、人材管理活動は、人々の努力により企業が戦略をうまく選択しそれを活用するのを助ける。

　効果的な人的資本の訓練と開発プログラムは、個人が成功する戦略的リーダーになる可能性を増大させる。競争優位を獲得し維持するためには、知識が不可欠なものとなってきているので、これらのプログラムは、企業の成功とますます結びつけられている。付け加えると、そのようなプログラムは、知識とスキルを築き上げ、一連のコアとなる価値をうえつけ、系統だった組織の見方を与え、それにより企業のビジョンと組織の結束を促進する。マクドナルドでは、"職業ブランド"を築こうとしている。それは、10代からマクドナルドでのキャリアを始め、一生懸命働くことと会社の訓練プログラムを通して戦略的リーダーになることができることを意味する。このキャリア・パスは、マクドナルドのアメリカ東部部門の社長であるカレン・キングが経験したものである。

　効果的な人的資本の訓練と開発プログラムはまた、コアコンピタンスを形成しようとする企業の努力に積極的に貢献する。さらに、それは戦略的リーダーがスキルを向上させるのを助ける。そのスキルとは、効果的な戦略的リーダーシップに関わるその他の任務を成し遂げるために重要なものである。企業の戦略的方向を決定したり、企業のコアコンピタンスを開発し維持したり、倫理的実践を支持する組織文化を育てるようなことである。このように、人的資本を確立することは、戦略的リーダーシップの効果的な遂行にとって不可欠である。「世界的なベスト・カンパニーにとって、彼らが携わっているビジネスがどのようなものであろうとも、彼らの真のビジネスはリーダーを育てることである」と論じる人もいるのである。

　戦略的リーダーは、彼らに責任がある領域において人的資本を開発するこ

とを助けるのに必要なスキルを獲得しなくてはならない。人的資本への投資が成功している時には、絶えず学ぶことができる従業員がその結果生まれる。絶え間ない学習と企業の拡大する知識基盤を活用することは、戦略的成功と結びつく。企業の知識を活用するという重要な側面に、退職する従業員が彼らの知識を継承者たちに伝えるということがある。企業は、退職する人的資本からの知識が企業の将来の人的資本にうまく受け継がれている現場に、公式のプログラムをますます取り入れている。

　学習はまた、失敗を犯すのを防ぐことができる。戦略的リーダーは、成功よりも失敗からより多くを学ぶ傾向がある。なぜなら彼らは、成功について間違った原因を特定することがあるからである。例えば、あるアプローチと知識の有効性は、状況によることがあり得る。例えば、いくつかの成功事例はすべての状況でうまく働くとは限らない。決定をするのにチームを使うことは効果的であるが、リーダーが１人で決定するのがよい時もあり、特に素早く決定されかつ実行されなければならない時（例えば危機的な状況）がそうである。

　このように、成果を上げる戦略的リーダーは、成功と失敗から学ぶことの重要性を認識している。ディズニー社の戦略的リーダーは、多くの成功から学んだが、最近は失敗から学ぶ機会もある。ディズニー社は、ディズニー携帯電話サービスとイーエスピーエヌ携帯電話会社を始めたが、それから程なくしてどちらも廃業した。携帯電話と携帯電話サービスを直接顧客に売るのにブランド名に頼るという決断は、大手の通信企業と競争し、ベストバイのような大きな家電小売業者をその販売に使うという努力ほどには、簡単に実を結ばなかった。流通チャネルがうまくいかなかったからである。これらの失敗から学び、ディズニー社は現在、そのコンテンツを流通させる方法を見つけるために、他社（例えばベライゾン・ワイヤレス社）と手を組もうとしている。

　知識を学び、築き上げることは、企業の中でイノベーションを生み出すのに重要である。イノベーションは競争優位へと導く。結局、より大きな知識を生み出しかつ維持する企業は、たいてい競争優位を獲得し維持する。しかし、コアコンピタンスのところで述べたように、戦略的リーダーは、ある領域での高いレベルの知識をもっているがゆえに、近視眼的になったり、他の

重要なビジネス領域で知識の発達の機会を見逃したりすることを警戒しなければならない。

挑戦的な状況に直面したとき、企業は、人材の一部を人員整理することがある。戦略的リーダーはしかし、人員整理により企業の人的資本が持っている知識が著しく失われるということを認識しなければならない。研究によれば、中規模の人員整理は、企業の業績を改善させるかもしれないが、大規模な人員整理は、人材の喪失のために、より大きく業績を悪化させることが証明されている。リストラクチャリング（事業の再編成）を行う企業が、訓練や能力開発プログラムの費用やそれらへの投資を減らすということは、よく見られることである。しかし、リストラクチャリングをするということは、実際にはこれらのプログラムへの投資を増やす重要な時期なのかもしれない。人材訓練と能力開発が多くの関心をひく理由は、リストラクチャリングをしている企業は余裕が少なく、多くの失敗をする余裕がないからである。さらに、人員整理後に残された従業員が、要求される仕事を効果的に行うのに必要なスキルと知識をあまり持っていない職務に就くかもしれないからである。

従業員を最小化すべきコストと見なすよりもむしろ最大化すべき資源であると見なすことは、企業の戦略がうまく実現することを手助けする。それは、従業員が公正で公平であると信じるやり方で人員整理に対処する戦略的リーダーの能力が、成功を促進するのと、同じことである。従業員にとって重要な問題は、人員整理時と仕事における処遇での公正性である。

**社会関係資本**（social capital）は、企業が仕事を成し遂げ、顧客と株主にとっての価値を創造するのを助ける企業内外の関係に影響を与える。社会関係資本は、企業にとって重要な資産である。企業の中では、従業員と部署は仕事を成し遂げるために協力しなければならない。多国籍組織では、従業員はしばしば業績目標を達成するために、研究開発のような活動において国境を越えて協力する（例えば新製品の開発）。

外部社会関係資本は、企業の成功にとってますます重要になっている。企業がライバルとの競争に勝つために必要なすべての資源を持っているなら、社会関係資本の重要な理由はほとんどない。企業は社会関係資本を開発するために、戦略的提携（第9章参照）のような協力的な戦略を使用することが

できる。社会関係資本は、補完的な資源を共有するような戦略的提携の中で開発することができる。しかし、パートナーが相手企業を信頼し、望まれた資源を喜んで共有するのを確実にするために、資源の共有は効果的に管理されなければならない。

研究によれば、多くのタイプの企業の成功は、社会関係資本に部分的には依存することが示唆されている。大規模な多国籍企業は、新しい外国市場に参入するために提携関係を築かなければならないことがある。同様に、起業家が起こした会社は、資源、ベンチャー・キャピタル、あるいは他のタイプの資源（例えば、起業家が起こした会社が自社では維持する余裕のない特別な専門的技術）へのアクセスを獲得するために、提携関係を築かなければならない場合が多い。高い質の人的資本を保持し、強力な社内の社会関係資本を維持することは、企業の文化によって強く影響される。

## 効果的な組織文化の維持

第1章で**組織文化**（organizational culture）を、企業全体にわたって共有され、ビジネスの方法に影響を与える、イデオロギー、シンボル、コアとなる価値の複雑な組み合わせと定義した。研究によれば、企業が持つ組織能力と、望む結果を生み出すために戦略を遂行するときに組織能力が活用される方法の両方に関して、企業はコアコンピタンスを発達させることができることが示唆されている。言い換えれば、組織文化は、企業がどのようにビジネスを行いどのように従業員の行動を管理し統制するのかに影響を与えるので、それは競争優位の源泉となりうるし、"イノベーションを促進する重要な要因"でもある。その重要性を前提とすれば、生き生きした組織文化は、ビジネス組織にとってもっとも価値がある競争上の差別要因かもしれない。このように、企業が戦略を考案し、それを実行する状況を形作ること、つまり、組織文化を形作ることは、最も重要な戦略的リーダーシップ行動である。

### 企業家的思考態度

特に大きな組織では、組織文化はしばしば、戦略的リーダーに、企業家として活躍する機会を手に入れることを促す（あるいは、そうしないことを促す）。この問題は重要である。なぜなら企業家として活躍する機会は、成長

とイノベーションの活力にあふれた源泉だからである。したがって、戦略的リーダーの鍵となる役割は、企業家として活躍する機会を追求することにより、イノベーションを奨励し促進することである。

イノベーションを促進する1つの方法は、リアル・オプション（訳者注：金融取引ではなく、実際のビジネス活動で生じるオプション）として、事業機会に投資することである。つまり、将来のある時点での事業機会を利用する潜在的なオプションを提供するために、事業機会に投資することである。例えば、より多くのスペースが必要になり、その土地の価値が会社にとってより大きくなる、未来のある時点において建物を建てるというオプションを持つために、企業は一区画の土地を買うかもしれない。企業は同様の理由のために、戦略的提携に入るかもしれない。この場合、企業は、後で提携相手を買収するオプション、あるいはそれとのより強い関係を築くオプションを持つために提携するかもしれない（例えば、新しいジョイント・ベンチャーを立ち上げること）。

第13章で、大企業が企業家として活躍する機会を追い求め、先行者利益を獲得するために、どのように戦略的アントレプレナーシップを活用するかということを述べる。中小企業も、利益をもたらす成長の基盤としてイノベーションを起こそうとするとき、戦略的アントレプレナーシップにたよる。あらゆる規模の企業で、戦略的アントレプレナーシップは、従業員が企業家的思考を持つときより成功する可能性がある。5つの次元が企業の企業家的思考態度を特徴づける。それは、自律性、イノベーティブ（革新的）なこと、リスクをとること、積極性、競争的な攻撃性の5つである。これらは結びつきながら、革新的であるためにそして新しい事業を始めるために、企業がとる行動に影響を与える。要約すれば、企業家的思考態度をもった戦略的リーダーは、利益をもたらす成長を追求することにコミットしている。

自律性は、企業家的志向の5つの次元の1番目であり、従業員に組織的な制約がない行動をとらせ、個人と集団に自律的な行動をとるのを許す。2番目のイノベーティブなこととは、新製品、新サービス、あるいは新しい技術的なプロセスをもたらすかもしれない新しい考え、斬新さ、実験、創造的なプロセスに携わり支持する企業の傾向を反映する。イノベーティブな傾向を持つ企業文化は、従業員が価値を付加する創造的な方法を発見するために、

既存の知識、技術、限界を超えて考えることを促す。リスクを取ることは、企業家として活躍する機会を追い求める時に、従業員と企業がリスクを喜んで受け入れる程度を反映する。かなり大きなレベルの負債を引き受けることと、完成されないかもしれないプロジェクトに他の資源（例えば人材）を割り当てることは、これらのリスクの例である。企業家的志向の4番目の次元の、積極性は、フォロワーよりはむしろマーケット・リーダーである企業の能力を表す。積極的な組織文化は、将来のマーケットの要求を予測するプロセスと、競争者がどのようにそうするかを知る前に、それらの要求を満たすプロセスを絶えず活用する。最後に、競争的な攻撃性とは、絶えずかつ十分にライバルを圧倒する行動をとる企業の傾向である。

### ▶ 組織文化の変革とリストラクチャリング（事業の再編成）

　企業の組織文化を変えることは、それを維持することよりもむずかしい。しかし、成果を上げる戦略的リーダーは、いつ変化が必要なのかを認識する。企業文化の漸進的な変革は、一般に戦略を実行するときに行われる。組織文化のより重要で、ときには急進的でさえある変革は、企業が歴史的に実行してきたものと異なる戦略を選択することを後押しする。変革の理由に関わらず、新しい文化を形成し強化することには、適任者（組織にとって望ましい価値を持つ人）を選び、効果的な業績評価を保証し（目標を確立し、新しいコアとなる価値に適合する目標に照らして個人の業績を計測すること）、適切な報酬システムを使う（新しいコアとなる価値を反映する望ましい行動に報酬を与えること）と同時に、効果的なコミュニケーションと問題解決が必要とされる。

　研究によれば、文化の変革は、企業のCEOや、その他の鍵となるトップ・マネジメント・チームのメンバーと中間管理職が、それを積極的に支持するときのみ成功するということが示唆されている。変革をもたらすには、とりわけ中間管理職が、文化を活性化させ戦略的ビジョンとの一致を促進するように、十分に訓練される必要がある。

### ● 倫理的実践の重視

　企業の戦略を実行するために用いられるプロセスの効果は、それが倫理的

実践に基づく時に大きくなる。倫理的な企業は、戦略を実行するのに必要なことを行う時に、倫理的に行動するように組織のすべてのレベルの人々を勇気づけ、そうできる力を与える。また逆に、倫理的実践とそれらの基礎となっている判断は、組織の中に"個人と集団が備える善意"を増大させて、組織の中に"社会関係資本"を生み出す。他方、倫理的ではない行動が組織の中に生じた時、それが多くの経営管理者と従業員に受け入れられることになるかもしれない。ある研究は、このような状況の中で目標を達成する現在の努力が不十分な時、経営管理者は目標を達成するために倫理的でない活動に携わる傾向が特にある、ということを見出した。

　従業員の判断と行動に適切に影響を与えるために、倫理的実践は、企業の意思決定過程を方向づけなければならず、また倫理的実践は、組織文化の必要不可欠な一部でなければならない。事実、価値に基づいた文化は、従業員が企業の倫理的要求に従うことを確実にする最も効果的な手段であることを、研究結果は示唆する。第10章で説明したように、倫理的実践に関して規律の緩んだ期待に直面したときに、経営管理者は、企業の最大の利益のためではなく自分自身の最大の利益のために決定を下して、日和見主義的に行動するかもしれない。言い換えれば、日和見主義的に行動する経営管理者は、企業のステークホルダーには不利益になり自分自身には利益になる決定を下して、その地位を利用する。しかし戦略的リーダーは、企業が明確な倫理綱領をもち、その綱領が徹底的な倫理訓練を通してビジネスの中に溶け込み、ステークホルダーが倫理的実践を期待するとき、倫理的価値をその意思決定に融合させる可能性が最も高い。

　企業は倫理的な戦略的リーダーを雇うべきである。倫理的な戦略的リーダーとは、企業のための戦略的方向の一部として倫理的実践を行い、正しいことをすることを望み、そのために正直、信用、誠実が重要とされるリーダーである。これらの特性を絶えず示す戦略的リーダーは、従業員が他の人々と働く時に、倫理的実践が期待される行動規範となっている組織文化を、発展させ支持する気を従業員に起こさせる。

　戦略的リーダーは、倫理的な組織文化を発展させるいくつかの行動をとることができる。これらの行動には、次のような例がある。①企業の倫理基準を記述する特定の目標を確立し伝えること(例えば、行動規定を開発し広め

ること)、②全社員と他のステークホルダー (例えば顧客とサプライヤー) からの情報提供に基づいて、行動規定を絶えず修正し新しくすること、③企業の倫理的基準と活動を知らせるために、すべてのステークホルダーに行動規定を広めること、④会社の倫理的基準を達成するときに使う手段と手続きを、開発し実行すること (例えば、基準と一致する内部監査手順を使うこと)、⑤勇気ある行動を識別する明確な報酬システムを作り出し、それを使うこと (例えば、不正を発見したときに通報するための適切なチャネルと手続きを使った人に報酬を与えること)、⑥すべての人が尊厳を持って遇される仕事の環境を生み出すこと。この行動の効果は、それらの行動が同時に行われ、相互に支えあう時に増大する。戦略的リーダーと企業の他のすべての人がこのような行動をするのに失敗するとき (たぶんそれは倫理的な文化が生まれていないためであるが)、問題が起こりやすくなる。次の項で論じるように、公式の組織コントロール (統制) は、さらなる問題が起こるのを防ぐのを助け、よりよい倫理的活動を強化することができる。

## バランスのとれた組織コントロール (統制) の確立

組織コントロール (統制) は、資本主義システムの基礎であり、戦略実行プロセスの重要な一部分であると長い間みなされてきた。コントロールは、企業が望む結果を確実に獲得するのを助けるのに必要である。コントロールは、「公式の情報に基づいた (中略) 組織活動のパターンを維持する、あるいは変えるために経営管理者によって使われる手続き」と定義される。それは、戦略的リーダーが信用を確立するのを助け、企業のステークホルダーが戦略の価値を明らかにするのを助け、戦略的変化を促進し後押しするのを助ける。最も大事なことは、コントロールが、戦略を実行することに対して指針を与えるだけではなく、戦略の実行に関連した調整が必要とされる時に、取られるべき是正措置を提供することである。

この章では、2つの組織コントロールに焦点を当てる。それは戦略的コントロールと財務的コントロールである。それらは第11章で紹介された。ここでの組織コントロールの考察は、短期の財務的な結果に焦点を当てる。戦略的リーダー、特に組織のトップにある戦略的リーダーは、その開発と効果的な使用に責任があるからである。

第11章で説明したように、財務的コントロールは、短期の財務的成果に焦点を当てる。反対に、戦略的コントロールは、戦略的行動の結果よりもむしろそれらの行動の内容に焦点を当てる。戦略的行動が正しい可能性があるにもかかわらず、経済の後退、予期せぬ国内あるいは海外の政府の行動あるいは自然災害のような外部の状況のせいで、その行動が不振な財務的結果をもたらすということがある。それゆえに、財務的コントロールを強調することは、より短期指向でリスクを取らない経営決定をもたらすことになる。それは財務的な成果が、経営者の直接のコントロールを超えた出来事によってもたらされるかもしれないためである。他方、戦略的コントロールは、下位の管理者が妥当な水準のリスクを織り込んだ決定をするのを促す。それは戦略的提案をする事業部門の経営幹部と、それらを評価する本社の経営幹部の間で結果が共有されるからである。

　戦略的リーダーが直面する課題は、企業が財務的コントロールと戦略的コントロールに力点をおいていて、その結果業績が上がるのを検証することである。バランス・スコアカードは、戦略的リーダーがコントロールの効果を評価するのを助けるツールである。

### ▶ バランス・スコアカード

　バランス・スコアカード (balanced scorecard) とは、企業が業績を評価するために、戦略的コントロールと財務的コントロールの両方を確立していることを確認するために使う分析の枠組みである。このテクニックは、事業戦略を取り扱う時に使うのが最も適切である。しかし、それはまた企業が実行することを選ぶような他の戦略とともに使うことができる（例えば企業戦略、国際戦略、協調戦略）。

　バランス・スコアカードの基礎となっている前提は、戦略的コントロールを犠牲にして財務的コントロールが強調されるとき、企業は将来の業績の可能性を危険にさらすことになる、ということである。それは財務のコントロールが、過去の行動から達成された結果についてのフィードバックを与えるが、将来の業績をもたらす原動力（ドライバー）とならないからである。このように財務的コントロールの過度の重視は、企業の短期の業績獲得のために、長期で価値創造的な潜在力を犠牲にするという経営行動を促進する可能性が

ある。どちらかを過度に強調するのでなく、戦略的コントロールと財務的コントロールのバランスを適切にとることは、企業が業績を有効に監視することを可能にする。

　4つの視点が、バランス・スコアカードの分析の枠組みを作るために統合される。財務的視点（株主の視点からの成長性、収益性、リスクに関連する視点）、顧客の視点（企業の生産物によって創出されたと顧客が認識する価値の量に関連する視点）、内部ビジネス・プロセスの視点（顧客と株主の満足度を生み出すさまざまなビジネス・プロセスの優先順位に焦点をあてた視点）、学習と成長の視点（変化、イノベーション、成長を支持する風土を作る企業の努力に関連する視点）である。このように、バランス・スコアカードの分析の枠組みを使うことにより、企業がどのように株主に気を配るのか（財務的視点）、顧客がどのように企業を見るのか（顧客の視点）、その競争優位をうまく活用することを重視しなくてはならないプロセス（企業内の視点）、成長するために業績を向上させるのに企業は何ができるのか（学習と成長の視点）ということを、企業は理解する。一般的に言えば、戦略的コントロールは、企業が学習と成長の視点に関連して業績を評価するときに強調される傾向がある。他方、財務的コントロールは、財務的視点に関して業績を評価するときに重視される。

　企業はスコアカードの4つの視点に関して、自社の状態を評価するのに異なった基準を使う。図12.5に例となる評価基準を紹介している。企業は、細部にこだわらずに、業績の戦略的理解と財務的理解の両方を企業にもたらす評価基準の数を選択することが望ましい。例えば、研究によると、企業のイノベーション、製品とサービスの質、売上の伸び、収益性がすべて相互に関係していることがわかっている。

　戦略的リーダーは、単一事業を行う企業の中にいようと、大規模で多角化した企業の中にいようと、戦略的コントロールと財務的コントロール間の適切なバランスを決定するときに重要な役割を果たす。コントロール間の適切なバランスは重要である。その理由は次のようなものである。戦略的リーダーシップが行使される組織にとって、富の創造は可能である。なぜならこれらのリーダーが、"財務的コントロールを通して"現在の財務的安定の適切な水準を維持しながら、将来の可能性に向けて"戦略的コントロールを通して"

**図12.5** バランス・スコアカードの分析枠組での戦略的コントロールと財務的コントロール

| 視点 | 基準 |
|---|---|
| 財務 | ・キャッシュフロー<br>・自己資本利益率<br>・総資産利益率 |
| 顧客 | ・顧客のニーズを予測する能力の評価<br>・顧客サービス活動の有効性<br>・リピート・ビジネスの割合<br>・顧客とのコミュニケーションの質 |
| 社内ビジネス・プロセス | ・資産利用の向上<br>・従業員の志気の向上<br>・転職率の変化 |
| 学習と成長 | ・イノベーション能力の向上<br>・競合企業と比較した新しい製品の数<br>・従業員のスキルの向上 |

適切な投資を行うからである。事実、ほとんどの企業のリストラクチャリング（事業再編成）は、企業がコアビジネスにふたたび焦点を当てるように設計され、それによってトップの経営幹部はそれぞれの事業部門の戦略的コントロールを再構築する。

　戦略的コントロールをうまく使うことは、さまざまな部署に対する適切な自律性としばしば不可分である。その結果それらの部署は、ぞれぞれのマーケットで競争優位を獲得することができる。企業のポートフォリオの中の相互に独立した事業間の、有形、無形両方の資源の共有を促進するために、戦略的コントロールを使うことができる。付け加えると、与えられた自律性により、特定の市場における機会を利用するのに必要な柔軟性が可能になる。その結果、戦略的リーダーシップは、戦略的コントロールと自律性を同時に

## 戦略フォーカス・コラム

### 次は何？　未来の戦略的リーダー

　企業の鍵となる戦略的リーダーへの期待の核心は、戦略的経営プロセスの細部に宿る。簡単に述べると、戦略的リーダーは、企業が平均を上回る収益性をあげ、絶えずライバルを圧倒する基礎として使われるようなプロセス（図1.1参照）を設計しなければならない。しかし、この言い方は単純なので、われわれが今日の戦略的経営について話をしているのか、あるいは明日の戦略的経営について話しているのか、を曖昧にしている。

　戦略的リーダーの未来と、未来の戦略的リーダーが出会うかもしれない課題について、私たちは何を知っているのだろうか。未来の予測がリスクを伴うものであろうとも、いくつかの現実性と予測はあり得そうに思える。

　第一に、明日の戦略的リーダーは、今日のリーダーよりもストレスを感じる可能性はありそうである。この予測の理由の1つには、企業の鍵となる戦略的リーダーが奉仕する人々（CEOの場合には取締役会であり、トップレベルの経営幹部の場合はCEO）は、当然ながら戦略的リーダーに対して大きな期待を持つことがある。戦略的リーダーとして選ばれた個人の過去の成功は、将来のより大きな成功を予測するように思われる。戦略的リーダーシップには要求が大きいので、リーダーが認めざるを得ないストレスが生まれる。もしリーダーがその責任からうまく解放されたいなら、その対処方法を学ばなければならない。

　もう1つの合理的で無難な予測は、すべてのステークホルダーは、企業の取締役会が彼らの利害をより良く代表するように期待し続けるだろう、ということである。今日でさえ、取締役会のメンバーは、各ステークホルダーの代理人として業績を向上させるための"責任ある立場"にいる。また逆に、取締役会へのより良い業績の期待があると、取締役会のメンバーたちは、次の点に関して好ましい成果を達成することの説明責任を戦略的リーダーに果たすようにさせるであろう。それは、①戦略の策定と実行、②危機、特に財務的な危機への効果的な対処、③トップ

レベルの経営者報酬を業績に有意義に結びつけることができること、そして④いつでも会社の最善の利益を代表すること、といった点に関しての好ましい成果である。明日の取締役会のメンバーと企業の戦略的リーダーは、彼らの行動と達成あるいは失敗の結果に対する高いレベルの説明責任に疑いようもなく直面し続けるであろう。

　人は明日の組織の中において、戦略的リーダーとなる能力を高めるために、何をすることができるのか。ここでわれわれは、いくつかの行動を確認するだろう。第一に、戦略的リーダーは、絶えず好奇心旺盛であるべきである。その結果彼らは、接触するどの人からも、彼らができるすべてのことを学ぼうとする基礎を持つであろう。人が"知る"内容がより多様であることは、成果を上げる戦略的マネジメントに関連する決定をするとき、問題について最も広い可能な観点で検証する可能性を大きくする。戦略的リーダーは、将来の条件を示唆するパターンを見つけるために、好奇心に頼るべきである。いったんそれを見つけたら、リーダーは、このパターンが企業の成功に関して暗示することについて、深く考えるべきである。付け加えると、明日の戦略的リーダーは、今日のケースよりも、効果的な戦略的リーダーシップの"単純なルール"に、より一層の力点をおくべきである。単純だが極めて重要なルールは、次のようなものである。

① リーダーは、自分自身ではなく、他の人々についての仕事をする。ある人が一度戦略的リーダーになると、行うすべてのことは、"彼ら"(ステークホルダー、特に従業員)についてのことである。一方、リーダー自身に関することは何も行わない。

② リーダーは、戦略的視点と戦術的視点の両方から、企業について可能なすべてのことを学ぶ。

③ リーダーは、それぞれの成果についての説明責任を従業員に果たさせる。しかし、リーダーは、企業全体の業績について自分自身が最も説明責任を果たさなければならない。

④ リーダーは、仕事のすべての部分に対してすべての責任を負う。彼らはいつも間違いに対しては責めを負い、成功の栄誉は他の人々に与える。

> 出典: N. Byrnes & J. Sasseen, 2007, Board of hard knocks, *Business Week*, January 22, 36–39; K. Sulkowicz, 2007, Stressed for success, *Business Week*, May 21, 18; J. Useem, 2007, What's next? Fortune, February 5, 44–54; M. Heffernan, 2006, Lessons from a great thinker, *Fast Company Online*, http://www.fastcompany.com, January 2; L. Lavelle, 2005, Three simple rules Carly ignored, *Business Week*, February 28, 46.

用いることを推し進めることになる。

　バランス・スコアカードは、自動車製造業のポルシェで使われている。人気のあるスポーツカーを作るこの会社が市場をリードする地位を再び獲得した後、この地位を維持するための努力の中で、バランス・スコアカードの取り組みを実施した。特に、ポルシェは、学習を促進し、絶えず事業を向上するためにバランス・スコアカードを使った。例えば、世界中のすべてのポルシェ販売店から情報が集められた。情報を集めるために使われた手段は「ポルシェの主要業績指標」と呼ばれた。ポルシェが現在世界で最も利益をあげている自動車メーカーであるという事実は、戦略的コントロールと財務的コントロールを同時に重視することの基礎として、バランス・スコアカードを使うことによって、企業が獲得したあるいは獲得しつつある価値を示唆する。

　すでに説明したように、戦略的リーダーは、戦略的経営プロセスのすべての分野をうまく使う企業の能力にとり、不可欠のものである。未来は戦略的リーダーに何を用意しているのか。戦略フォーカス・コラムで、その未来に関する記述を試みることにする。そこに出てくるように、戦略的リーダーの未来は、困難だがやり甲斐がある可能性が高い。同時に、戦略的リーダーの仕事は、依然として刺激的なものであり、そして、うまく実現された時には、企業のステークホルダーのすべてに対して好ましい結果を生み出す強い可能性を持つ一連の行動となろう。

# 要約 *Summary*

- 効果的な戦略的リーダーシップは、戦略的経営プロセスで成功するには欠かせないものである。戦略的リーダーシップには、出来事を予測し、可能性を予見し、柔軟性を維持し、そして他の人に戦略的変化を生み出すことができるようにする能力が必要である。

- トップレベルの経営管理者は、企業が競争優位を発展させ活用するための重要な資源である。付け加えると、彼らおよび彼らの仕事に価値があり、希少で、完全にはまねできず、代替不可能なとき、戦略的リーダーは、自分自身を競争優位の源泉とすることができる。

- トップ・マネジメント・チームは、企業の戦略を選択し、実施する時に重大な役割を果たす鍵となる経営管理者からなっている。一般的に、彼らは企業の幹部社員かあるいは取締役会のメンバーである。

- トップ・マネジメント・チームの特徴、企業の戦略、その業績は、すべて相互に関連している。例えば、マーケティングと研究開発の重要な知識をもっているトップ・マネジメント・チームは、企業が成長戦略を行使するときにポジティブに貢献する。全般的に、多様なスキルを持っていることは、ほとんどのトップ・マネジメント・チームの有効性を増大させる。

- 一般的に、取締役会が企業の戦略的方向の形成に携わる時、業績は向上する。しかし、CEOが大きな権力を持つ時、取締役会は戦略の策定と実行に少ししか携わることができないかもしれない。取締役を指名する権限を持ち、CEOと取締役会長を兼任している場合、CEOは権力を拡大する。

- 経営者の継承において、戦略的リーダーは、社内あるいは社外のどちらかの経営者雇用市場から選ばれる。業績に及ぼす効果のため、戦略的リーダーの選定は、企業の有効性に意味合いを持つ。戦略的リーダーを選ぶとき、企業は社内か社外かどちらで探すかについて、さまざまな理由を挙げる。ほとんどの場合、CEOを選ぶのに社内の市場が使われる。しかし、社外の人が選ばれる数は増えつつある。社外の人は、しばしば変革を始めるために選ばれる。

第12章 戦略的リーダーシップ

- 効果的な戦略的リーダーシップは、5つの主要な部分から成る。それは、企業の戦略的方向を決定すること、企業の資源ポートフォリオを有効に管理すること（コアコンピタンスを開発し維持することと、人的資本と社会関係資本を活用することを含む）、効果的な組織文化を維持すること、倫理的実践を重視すること、バランスの取れた組織コントロールを確立すること、の5つである。

- 戦略的リーダーは、企業の戦略的方向を創り出さなければならない。戦略的方向は、企業が長期にわたり発展させたいイメージと性格を特定する。戦略的方向を策定するために、戦略的リーダーは会社が向こう3年から5年の間に直面すると予測される諸条件（例えば、外部環境の機会と脅威）を評価する。

- 戦略的リーダーは、企業がコアコンピタンスを開発することを確実にしなくてはならない。それは戦略を実行するときに、顧客にとっての価値を創造する製品を生産し供給することに用いられる。特に関連多角化した大企業において、コアコンピタンスは、部門と製品を超えて共有されることによって十分に活用される。

- 企業の資源ポートフォリオを管理する能力は、企業の戦略を効果的に実行するために使われる戦略的リーダーシップとプロセスの重要な要素である。資源ポートフォリオを管理することは、組織能力を生み出すために資源を統合し、競争優位を作るために戦略を通してその組織能力を活用することを含む。人的資本と社会関係資本も重要な資源である。

- 企業の資源を管理する一環として、戦略的リーダーは、企業の人的資本を開発しなくてはならない。成果を上げる戦略的リーダーは、人的資本を最小化すべきコストではなく最大化すべき資源と見る。この視点から、企業のその他の人的資本を育てるのに必要なスキルを築き上げるために、現在と将来の戦略的リーダーを訓練することを意図したプログラムを、開発し活用するということが出てくる。

- 成果を上げる戦略的リーダーはまた、社内外の社会関係資本をつくり維持する。社内社会関係資本は、企業内の部門の中とそれらを超えた協調と調整を促進する。社外社会関係資本は、企業が効果的に競争するのに必要な資源へ接近する機会を提供する。

- 企業の文化を形作ることは、効果的な戦略的リーダーシップの中心的な仕事である。適切な組織文化は、従業員の中の企業家的志向と、必要に応じて文化を変革する能力の発達を促す。

■ 倫理的組織では、従業員は倫理的判断をし、いつも倫理的に行動するように奨励される。高められた倫理的活動は、社会関係資本を育てる。企業の倫理的基準を記述する特定の目標を設定し、行動規定を用い、倫理的な行動には報酬を与え、すべての人が尊厳を持って取り扱われる仕事環境を作ることは、倫理的実践を促進し支持する行動の例である。

■ バランスのとれた組織コントロールを発達させ活用することは、効果的な戦略的リーダーシップの最後の要素である。バランス・スコアカードは、企業の戦略的、財務的コントロールの有効性を計るツールである。戦略的コントロールと財務的コントロールの間の効果的なバランスは、コアコンピタンスを柔軟に用いるのを許すが、それは企業の財務状況の条件内でのことである。

## 重要用語　　　*key words*

- **戦略的リーダーシップ** (strategic leadership) とは、予見し、ビジョンを持ち、柔軟性を維持し、必要な戦略的変化を生み出すように他の人を鼓舞する能力である。

- **トップ・マネジメント・チーム** (top management team) は、企業の戦略を選択し実行するのに責任を持つ、鍵となる人から構成される。

- **異質なトップ・マネジメント・チーム** (heterogeneous top management team) は、異なる職務経歴、経験と教育を持った人々からなる。

- **社内の経営者雇用市場** (internal managerial labor market) は、企業の提供する経営者のポストの機会と、企業内にいる適格な従業員から構成される。

- **社外の経営者雇用市場** (external managerial labor market) は、経営者のキャリアの機会と、機会が存在する組織の外にいる適格者から構成される。

- **戦略的方向を決定する** (determining the strategic direction) ということは、企業が長期にわたり発展しようとする特定のイメージと特徴を含む。

- **人的資本** (human capital) とは、企業の労働力全体の知識とスキルのことである。

- 社会関係資本 (social capital) は、企業が仕事を成し遂げ、顧客と株主にとっての価値を生み出すのを助ける企業内外の関係に影響を与える。

- 組織文化 (organizational culture) を、企業全体にわたって共有され、ビジネスの方法に影響を与える、イデオロギー、シンボル、コアとなる価値の複雑な組み合わせから成ると定義した。

- バランス・スコアカード (balanced scorecard) とは、企業が業績を評価するために、戦略的コントロールと財務的コントロールの両方が確立されているのを確認するために使う分析の枠組みである。

## 復習問題 *Review questions*

1. 戦略的リーダーとは何か。トップの経営幹部たちは、どのような方法で組織にとって重要な資源と考えられるのか。

2. トップ・マネジメント・チームとは何か、そしてそれは企業の業績と、革新し効果的な戦略的変革を行う能力に、どのような影響を与えるのか。

3. 社内外の経営者雇用市場は、経営者の継承プロセスにどのような影響を及ぼすのか。

4. 戦略的リーダーシップは、企業の戦略的方向を決定することにどのような影響を及ぼすのか。

5. コアコンピタンスが開発され、人的資本と社会関係資本が競争優位を獲得するために活用されるような会社の資源ポートフォリオを、戦略的リーダーはどのようにして効果的に管理するのか。

6. 組織文化とは何か。効果的な組織文化を発達させ維持させるために、戦略的リーダは何をしなければならないのか。

7. 戦略的リーダーとして、企業の中で倫理的実践を確立し重視するために、どのような行動をとることができるだろうか。

8. 組織コントロールとは何か。戦略的コントロールと財務的コントロールは、戦略的マネジメント・プロセスの重要な一面であるのはなぜか。

# 第13章

## 戦略的アントレプレナーシップ

本章の狙いは、下記目的に必要な戦略的経営の知識を提供することにある。

1. 戦略的アントレプレナーシップ（企業家活動）と企業内アントレプレナーシップを定義する。
2. アントレプレナーシップと企業家的機会を定義し、これらの重要性を紹介する。
3. 発明、イノベーション、模倣を定義し、これらの諸関係を紹介する。
4. アントレプレナー（企業家）と企業家的思考態度について紹介する。
5. 国際的アントレプレナーシップとその重要性について解説する。
6. 企業内におけるイノベーションの開発方法について解説する。
7. イノベーション活動のための協力戦略がどのように行われるかについて紹介する。
8. イノベーションの手段としての企業買収がどのように行われるかについて紹介する。
9. 戦略的アントレプレナーシップによる企業の価値創造がどのように行われるかについて解説する。

*opening case*

## グーグル・イノベーション！

　グーグルは、インターネット検索エンジンの分野において、急速でかつ驚異的な企業家的成功を収め、大評判になった。2007年には、3.8億人以上の人がグーグルにアクセスし、35の異なった言語でサービスを提供した。グーグルは、非常に普及したので新しい言葉がわれわれの辞書の中に加わった。人々は、インターネットで情報を検索するために「ググる」、すなわちグーグルの検索エンジンを参照するようになっている。

　実際、グーグルは多くのサービスを提供している。グーグルはよく知られた検索エンジンであるのに加えて、ウェブ・メール、ブログ、写真共有、インスタント・メッセージなどのウェブ・ポータル・サービスを提供している。また、グーグルは、インタラクティブ・マップ、ディスカッション・グループ、比較購買、画像・ライブラリーなどの多くの他のツールを提供している。グーグルは、買収（例えば、ユーチューブ、ダブル・クリック等）を通じて提供するサービスを拡大し、戦略的提携（例えば、サン・マイクロシステムズ、MTV、ニューズ・コーポレーション・フォックス・インタラクティブ・メディア等）を通じてさまざまな市場に進出してきた。

おそらくグーグルは、絶え間なく新しいサービス市場を開発し、取り入れるイノベーティブ（革新的）な企業としてたいへんよく知られている。グーグルは、創造性とイノベーションを促進する企業文化を持っている。例えば,すべてのグーグル従業員は、彼らが選んだ好きなプロジェクトでの仕事に全体の20％の時間を割り当てている。また、グーグルの組織構造はフラットで、経営管理者の数は少ない。各々のプロジェクト・チームに決まったリーダーはいない。各チーム・メンバーは持ち回りでプロジェクト・リーダーになる。グーグルでは、休憩時間におやつ、食べ物、ビデオゲームでリラックスし、楽しんでいる。グーグル文化の魅力は、グーグルではほとんど離職がないという事実によって示されている。

　グーグルには、従業員によって創り出されたすべてのアイデアを利用する方法と、やる気のあふれる仕事場がある。第1に、多くのアイデアを役立てるために、グーグルは新しいアイデアを追跡するための社内ウェブページを構築した。それぞれのアイデア・クリエーターは、新しいアイデアのための特別のウェブページを製作する。この情報は、インターネットに掲載され、社内の別の人にテストしてもらう。第2に、マリッサ・メイヤーは、検索製品とユーザー体験担当副社長になった。彼女の責任は、ある製品を市場に発表するための準備をするかどうか、する場合はいつかを提案することである。したがって、彼女は、社内におけるゲート・キーパーの役割を果たしている。マリッサはまた、良いアイデアを発展させるのを助ける役割を果たしている。彼女はまた、技術（オタク）と市場（マーケティングと販売）の境界を橋渡しすることが出来る。あるかつての同僚は、「彼女の服装は似合っているが、彼女もまたオタクである」と述べている。彼女は、各プロジェクトが適切に開発されているかどうか、他のトップに対して報告テストしてもらう時期を決めることを助けている。新製品のアイデアをさらにテストするため、グーグルは、新しい技術や新しいサービスの試作品をフィードバックし、顧客が新製品のアイデアをテストしたりする、グーグル・ラボを立ち上げた。また、グーグル・ラボは、製品が市場に正式に導入される際には、すでに顧客層ができているように新製品のための需要をあらか

じめ創り出す方法を採っている。

　グーグルは、アナリストがカテゴリー・キラーと呼んでいるグーグル・チェックアウトを立ち上げているが、これが大きな成功をもたらしている。このようなやり方は、新たな検索製品には特に重要である。最高の検索以外のサービスは、買収や戦略的提携を通じてもたらされると信じている人もいる。とにかく、グーグルは、中国のような国際市場においてさえ、競争に勝つ方法としてイノベーションを利用している。中国における市場のリーダーは、Baidu（百度）社である。これに対して、グーグルは、中国向け新製品開発と中国市場で効果的に競争するため、北京に研究センターを開設し、中国語のブランドネームを導入した。

出典：　2007, Marissa Mayer, *Wikipedia*, http://wikipedia.org, September 2; 2007, It's not journalism; Google's latest effort highlights the difference between what it does and what newspapers and magazines do, *Los Angeles Times*, August 17, 30; D. Clark, 2007, Google begins to distribute Sun's Staroffice software, *Wall Street Journal*, August 16, B4; K. J. Delaney & A. LaVallee, 2007, Google news offers rebuttal time; Articles' subjects, sources allowed to post comments; Verifying identity an issue, *Wall Street Journal*. August 9, B2; L. Garrigues, 2007, Surui partner with Google Earth to map territory, *Indian Country Today*, July 4, 27(4): A5; 2007, Reclaiming the web from YouTube, *Investors Chronicle*, May 29, 1; J. Murphy, 2007, Google prepares to fend off army of "YouTube killers," *Media*, April 20, 14; A. Pham, 2007, Google spends oodles again; The Internet behemoth agrees to pay $3.1 billion for ad firm and once more uses its financial strength to head off rivals, *Los Angeles Times*, April 14, C1; A. Schein, 2007, Google, Inc. (NASDAQ (GS): GOOG), http://www.google.com; 2006. Inside Google's new-product process. *BusinessWeek*, http://businessweek.com, June 30; 2006, Google, BSkyB plan online video deal, *Wall Street Journal* (Eastern edition), December 6, B4; M. Hitt, C. Miller, & A. Collela, 2006, *Organizational Behavior*, New York: John Wiley & Sons, 469–476; B. Elgin, 2005, Managing Google's idea factory, *BusinessWeek*, http:// businessweek.com, October 3.

　第1章において、**組織文化** (organizational culture) は、企業組織全体で共有され、企業行動に影響を及ぼすイデオロギー、シンボル、コアとなる価値といった複雑な要素の組み合わせであることを指摘した。したがって、文化は、組織に活力を与える、あるいは与え損なう、社会的エネルギーである。

本章のオープニング・ケースでは、グーグルの文化が、継続的な製品イノベーションを促進したり、支援していることを説明している。今後ますます、イノベーションに関連する企業能力は、競争優位を獲得し、それを維持し、成果目標に到達する上での差違を作り出す。

　グーグルは、明らかに企業家的でイノベーティブ（革新的）な企業である。世界におけるインターネット検索エンジンのリーダーであるだけでなく、製品イノベーションを継続的に生み出している。新製品の社内開発に加え、製品の提供を多角化し、注意深く買収を計画したり戦略的提携に参加したりすることによって市場を多角化している。本章の内容から、グーグルのイノベーション能力が、戦略的アントレプレナーシップ（企業家活動）を成功裏にもたらす実践例であることを理解できるだろう。

　**戦略的アントレプレナーシップ**(strategic entrepreneurship)は、戦略的視野で企業家的行動をとることである。戦略的アントレプレナーシップを展開している時、企業は、イノベーションを通じて開拓しようとする外部環境の機会を、同時に探索することに集中する。イノベーションを通して開拓する機会を識別するのは、戦略的アントレプレナーシップにおける企業家的側面であるが、同時に企業のイノベーション努力を管理する最善の方法を決めるのは戦略的側面である。このように、戦略的アントレプレナーシップに従事する企業は、機会を見出す行動と、アントレプレナーシップ（企業家活動）を追求する主要な手段としてうまくイノベーションを生む行動を、統合する。21世紀の競争的環境において、企業の生き残りや成功は、企業が新しい機会を継続的に見出し、それらを促進するために素早くイノベーションを生み出す能力に依拠している。

　戦略的アントレプレナーシップを分析するために、本章においていくつかのトピックを検討する。第1に、われわれは戦略的な文脈におけるアントレプレナーシップとイノベーションを明らかにする。アントレプレナーシップの定義、企業家行動の機会、それを追求する企業家活動に従事するアントレプレナー（企業家）などが、この分析の対象になる。われわれは、世界経済全体におけるアントレプレナーシップの増大を反映する現象として、国際的なアントレプレナーシップについて述べる。この議論に引き続き、本章では企業がイノベーション活動を行う3つの方法についての説明に移る。社内で

## 第13章 戦略的アントレプレナーシップ

企業は、自律的あるいは誘発された戦略行為のいずれかを通じてイノベーションを行う。次に、企業がこれらの2つのタイプの戦略行為からイノベーションをもたらす手段を実行する行動をとることについて説明する。

社内活動を通じたイノベーションに加えて、企業は、戦略的提携のような協調戦略の行使によって、また、そのイノベーションとイノベーション能力を得るために他社を買収することよって、イノベーションを展開することができる。多くの大手の複雑化した企業は、3つのすべての方法をイノベーションのために用いる。企業のイノベーションに関する方法の選択は、企業のガバナンスの仕組みによって影響される。例えば、ある研究によれば、株主でもある社内取締役は社内のイノベーションを支持し、株主でもある社外取締役は買収という方法でのイノベーションを支持すると示唆している。本章では、企業が、価値を創造し、平均を上回る収益性を得るために戦略的アントレプレナーシップをいかに用いるかについてのまとめのコメントを行う。

本章で明らかにしていることは、イノベーションとアントレプレナーシップは、若い企業にとっても、歴史のある企業にとっても、大企業にとっても、中小企業にとっても、製造企業やハイテク・ベンチャーと同様にサービス企業にとっても、極めて重要であるということである。グローバルな競争環境においては、ニューベンチャーであれ既存企業であれ、長期間にわたる成功は、アントレプレナーシップを戦略的経営と融合させる能力次第である。

本章の主要な内容は、既存組織内におけるイノベーションとアントレプレナーシップである。これらは**企業内アントレプレナーシップ**(corporate entrepreneurship)と呼ばれており、既存企業におけるアントレプレナーシップの活用あるいは適用ということである。アントレプレナーシップの概念の重要な要素として、企業内アントレプレナーシップが、既存組織の生き残りと成功にますます深く結びついていると思われている。実際、既存企業は、成果を強固にし、成長機会を高めるアントレプレナーシップを生かしている。もちろん、イノベーションとアントレプレナーシップは、スタートアップの起業家的事業が達成する成功の度合いにも、重要な役割を果たしている。本章で分析されている多くの内容は、起業家的事業(スタートアップと呼ばれる)と既存組織の両方において同等に重要である。

## ■ アントレプレナーシップ（企業家活動）と企業家活動の機会

　アントレプレナーシップ（entrepreneurship）とは、個人あるいはグループが、現在コントロールしている資源によっては直接的に制約されていない企業家活動の機会を特定し、追求するプロセスのことである。**企業家活動の機会**（entrepreneurial opportunity）とは、新製品や新サービスが市場におけるニーズを満足させるような状況のことである。市場や、生産を行うため生産要素間に競争上の不完全性があり、そしてこの不完全性に関わる情報が非対称的に個人間に伝達される時、このような機会は存在している。企業家活動の機会は、新製品を開発したり販売する好機や、新市場で既存製品を販売する好機のような形で現れる。企業は、機会が現れる時はいつでも、どこでも企業家活動の機会を追求することを受け入れるべきである。

　これらの2つの定義が示唆するように、アントレプレナーシップのエッセンスは、企業家活動の機会を特定し生かすことである。すなわち、それらの機会は、他の人が気が付かないか商業的潜在力を認識していないかである。そのプロセスにおいて、アントレプレナーシップは、既存製品（財あるいはサービス）や生産方法の創造的破壊をもたらし、既存製品や生産方法を新製品と新生産方法に置き換える。したがって、アントレプレナーシップを実践している企業は、個人のイノベーション活動だけではなく、時間を超えて継続的にイノベーションを行う能力に高い価値を置く。

　われわれは、個々の企業レベルでのアントレプレナー（企業家）を論じている。しかし、企業家は、グローバルな競争環境での多くの国民経済を駆り立てる経済エンジンである。したがって、企業家と企業家が生むイノベーションは、グローバル経済において競争する企業にとって重要であり、市民の生活標準をよくする潜在力を持った経済的環境を刺激しようとする国々にとり重要である。ボストン・コンサルティング・グループとSMDIによって行われた最近の研究によれば、アメリカにおいて新しいビジネスをスタートしようと考えている人は1,000万人以上いるとされる。この約3分の1は国際市場へ展開していくだろう。起業家（訳者注：この項では新しいベンチャーを興す企業家を指すので、以下起業家とする）の数は2017年まで増え続け、

第13章　戦略的アントレプレナーシップ

起業家は多くの女性や移民を含む、より若い人々になるとされる。したがって、起業家の重要性は高まり続けるが、新しいベンチャーをスタートする人の顔ぶれもまた変化する。

## ■イノベーション (innovation)

　ドラッカーは、イノベーションとは既存ビジネス、公共サービス機関、一個人によって開始されたベンチャー企業のいずれの場合においても、アントレプレナーシップ（企業家精神）の特別な機能であると論じている。さらに、ドラッカーは、イノベーションとは、アントレプレナーが新たな富を生み出す資源を創り出し、富を創り出す高い潜在力を既存資源に与える手段を意味していると指摘している。したがって、21世紀の競争環境において競争する際には、アントレプレナーシップおよびそれから生まれたイノベーションは、スタートアップ企業と同様に、大企業と中小企業の両方において重要である。実際、イノベーションをし損なう企業は、成長が止まるであろうと論じているものもいる。21世紀の競争の激しい環境における現実は、市場リーダーになるために、顧客の要求するイノベーティブ（革新的）な製品開発を、企業は持続的に行わなければならないということである。これは、イノベーションは事実上、すべての企業活動の本質的部分であることを意味している。

　イノベーションは、企業がアントレプレナーシップによって追求する重要な成果であり、とりわけ激しく変動し、非常に競争的な環境における成功の源泉である。例えば、ある研究では、イノベーションにより多く投資するグローバル産業の中で競争している企業は、最も高い利益を獲得している。実際、投資家は、企業の株価を高める新製品の導入に前向きに反応することが多い。さらに、イノベーションは、多くのグローバル市場では、競争優位の地位を得るというよりは、競争が拮抗した関係を維持したり実現するために必要なのかもしれない。新技術開発における投資は、異なってはいるが関連している製品市場で活動している企業全体の、成果を高めることが可能である（第6章で多角化に関連して言及している）。このようにして、イノベーショ

ンが複数の市場において用いられ、投資の回収は速くなる。

　シュンペーターはその古典的著作において、企業には3つの革新的な活動の類型があると論じている。**発明** (invention) は、新製品や新しい生産工程を創造するか、あるいは開発する行為である。**イノベーション** (innovation) は、発明から実用化される製品を創りだすプロセスである。発明が実用化開発に移ることで、イノベーションが始まる。このように、発明は何か新しいものを生み出し、イノベーションは何か新しいものを使えるようにする。したがって、技術基準が、発明が成功するかどうかの判断をするために用いられる。他方、商品化基準が、イノベーションが成功するかどうかの判断のために用いられる。最後に、**模倣** (imitation) は、異なる企業による類似のイノベーションの適用である。模倣は、通常、製品あるいは生産工程の標準化に行き着き、そして、模倣製品は低コストだが、大した特徴がないことが多い。アントレプレナーシップは、発明とイノベーションの間をつなぐ要としての役割を果たすという点で、革新的な活動には極めて重要である。

　特にアメリカでは、イノベーションは、3つの革新的な活動のうちで、最も重要である。多くの企業は、発明を導くアイデアを創造することが可能であるが、発明を商品化することは時には困難である。この困難は、研究開発費の約80%は大企業において発生しているが、大企業は、特許の50％以下しか生み出していない、ということによって示される。特許は、戦略的資産であり、定期的に特許を生みだす能力は、競争優位の重要な源泉となりうるものである。とりわけ、知識集約産業における企業間競争（例えば、医薬品産業）においてはそうである。

## ■ アントレプレナー

　アントレプレナー（entrepreneur：企業家）は、独立して行動する個人であるか、もしくは組織の一部として行動する個人である。彼らは、企業家活動の機会を観察し、そしてそれを追求するためにイノベーションを生み出すリスクを取る。トップレベルの経営者から企業の製品やサービスの生産に従

事している人たちまで、組織内のあちこちに企業家を見つけることができる。例えば、グーグル社内でも同様である。本書のオープニング・ケースを思い出してほしい。グーグルの全社員は、就業時間の概ね20％をイノベーションの創造に使うことを奨励されていた。企業家には、いくつかの共通の特徴が見られる。それは、彼らは高い動機付けを持ち、自身のプロジェクトに対する責任感が強く、そして自信家だということである。それに加えて、彼らは自身のイノベーションに基づいたアイデアの価値と重要性について、情熱的で感情的な傾向がある。彼らは不確実性に対処することができ、そして他の人たちよりも機会に対して機敏である。

　成功する企業家は企業家的思考態度を持つということを、研究の結果が示している。**企業家的思考態度**（entrepreneurial mind-set）の備わった人は、市場の不確実性を重んじ、そして重要なイノベーションへ繋がりそうな潜在性のある機会を、継続的に探し出そうとする。ある個人の企業家的思考態度は、継続的なイノベーションを導く潜在性があるために、企業の競争優位の源泉となり得るのである。スターバックス設立者のハワード・シュルツと同社の経営陣には、企業家的思考態度がある。音楽をスターバックスの顧客の体験の意義ある一部にすることは、企業家的思考態度によってもたらされた商品提供の発展の一例である。シュルツ曰く、「音楽の世界は変わり続けている。そして、スターバックスとスターバックス・ヒア・ミュージックもまた、業界の革新者であり続けるだろう。その地位を守り抜くために、情熱と献身、そして少しの試みが必要である」。事業領域を音楽市場にまで拡げる上で、スターバックスは、コンコルド・ミュージック・グループと提携した。その目的は、スターバックスの立ち上げた、新しいヒア・ミュージック・レーベルの市場開拓を助けてもらうことであった。その提携はうまくいっているようである。同じレーベルから発売されたポール・マッカートニーの新譜は、発売後最初の2カ月で100万枚以上を売り上げた。スターバックスはまた、映画を含む他のエンターテインメント分野まで、同社の製品パッケージを拡張している。同社は、ファミリー向け映画である「アキーラ・アンド・ザ・ビー」の配給を共同で行う契約を締結した。

　企業家的思考態度が育まれ、支持されるのは、知識が企業内のあちらこちらで容易に利用できるときである。実際に、企業内の作業チームは、新しい

知識に接するときに、より革新的になることが研究によって明らかにされてきた。しかしながら、知識移転は困難な作業である。なぜなら、知識を受け入れる側には、往々にして新しい知識を学習するために、適切な吸収力のある才能（または能力）が求められるからである。学習には、新しい知識が既存の知識に結びつけられることが必要である。そのため、経営者は、自社の人的資本の組織能力を高めることが求められる。それによって、人材が現行の知識ベースを基に成長し、他方でその知識を漸進的に拡大していくためである。

最近のコカ・コーラの行動は、新製品市場へ参入するための知識を獲得し、有効活用することを意図している。2007年、コカ・コーラは、北米事業の組織再編を公表した。それは、同社の飲料事業部門を中心としたものだった。同社は、ソフトドリンク市場以外で新製品を開発することを目的に、特別な部門を作ったのである。また、製品ポートフォリオを拡大し、他の飲料市場に関する知識を得るために、フューズ・ビバレッジ社という紅茶やジュースの飲料メーカーを買収した。

## 国際的アントレプレナーシップ

国際的アントレプレナーシップ（international entrepreneurship：国際的企業家活動）とは、企業が競争優位性を得るために、国内市場の外にある機会を創造的に発見したり、利用したりするためのプロセスである。この定義で示唆される実例が示すように、アントレプレナーシップとはグローバルな現象である。すでに述べたように、新規事業のほぼ3分の1が、ライフサイクルの早い段階で国際市場へ進出している。既存の大企業のほとんどが、極めて重要な海外事業を擁しており、そしてしばしば国内市場や国際市場において新規事業を始める。巨大な多国籍企業は、例えば、売上のほぼ54％を国内市場以外から生み出しており、そして50％以上の従業員が母国以外で働いているのである。

アントレプレナーシップがグローバルな現象となってきている主たる理由

は、一般的に、国際化によって企業の業績が改善することにある。それにもかかわらず、意思決定者は、国際化の決定によって彼らの会社がさまざまな危険に晒されると認識すべきである。それらの危険とは、不安定な他国の通貨や、市場効率性の問題、ビジネスをサポートするインフラが未整備だということ、そして市場規模の限定性などである。そのため、国際的アントレプレナーシップに関わることを決めるためには、慎重な分析が不可欠となる。

　明白な利点があるために、アントレプレナーシップはフィンランド、ドイツ、アイルランド、イスラエルといった世界の多くの国において、公共政策における重要な政治課題のトップに置かれている。イノベーションとアントレプレナーシップを阻害する規制が欧州の生産性にまつわる諸問題の根源であるということからみて、この重要な政治課題にアントレプレナーシップを入れることは適切である、という意見がある。例えばアイルランドでは、政府は、成長の見込みがあり、かつ輸出志向の、新しい革新的な企業の振興に特に力を入れている。

　アントレプレナーシップはグローバルな現象ではあるが、その度合いは国によって異なっている。42カ国を対象とした研究によって明らかになったのは、アントレプレナーシップに従事する人の比率は、ペルーのような高いところで40％超、ベルギーのような低いところではだいたい3％程度と、その範囲が広いということである。アメリカではその比率は10％超であった。重要なことは、こうした研究が、アントレプレナーシップと一国の経済成長との間には強い正の相関があるということを明らかにしたことである。

　文化は、異なる国の間でアントレプレナーシップの比率が異なる理由の1つである。研究によって示唆されることは、個人の自発性とイノベーションを進める上での協調の精神や集団参加との間におけるバランスが、企業家的行為の促進に必要だということである。企業が企業家的であるためには、個人の自発性が表面化するように、企業は適切な自主性とインセンティブを与えなければならないのである。また、それがうまく実現されるためには、イノベーションを進めるうえでの協調と集団参加とを促進しなければならない。したがって、国際的アントレプレナーシップには、他にはない独自のスキルや資源を持った人々によって構成されるチームが必要とされる。とりわけ、個人主義あるいは集団主義を高く尊重する文化においてはそのような

チームが必要になる。個人の自発性と協調的行為との間のバランスを重視することに加えて、企業は革新的であるために組織能力を構築しなければならないし、また革新的な活動を支援する上で必要となる資源を獲得しなければならない。

　新興企業による母国以外での投資水準もまた、国際的アントレプレナーシップの重要な側面である。事実、グローバリゼーションの拡大によって、ますます多くの新興企業が"グローバル市場生まれ"の企業として誕生してきている。国際市場へ参入する新興企業が、新しい技術的知識を増やし、それによって業績を高めているという研究結果が示されている。国際的アントレプレナーシップを活用することに関連して良い結果が出ているため、近年では国際的アントレプレナーシップの規模は拡大し続けている。

　国際経験を積んだ経営陣を擁する企業は、国際市場に参入する可能性が高まる。そしてそのような企業の場合、市場での競争に成功する見込みが高まる。国際市場での事業によって得られた学習および規模・範囲の経済によって、国際的に多角化した新興企業と既存企業の双方は、母国市場においても同様に強力な競争者である。加えて、研究によって明らかにされてきたことは、国際的に多角化した企業群は、一般的に革新的な存在だということである。

　次に、われわれは企業がイノベーションを行う3つのタイプの方法について述べる。

## 企業内イノベーション

　既存の組織では、多くのイノベーションは研究開発（R&D）の努力によって得られる。効果的な研究開発では、自らの革新的な製品やサービスを防衛するために特許を出願することが多い。グローバルに存在するスキル（技能）を結集することによって、研究開発で成功する企業がますます増えている。研究開発を通じて企業内イノベーションを模索する企業は、次のことを理解しておかねばならない。それは、「才能やアイデアは、バンガロールから上海、

キエフまで、そこかしこにある。そしてどんな企業であっても、地理的な範囲に関係なく、アイデアのあるところはどこであっても出掛けて行くことを躊躇してはならない」ということである。そのため近い将来には、世界中の人的資本の才能を組み合わせることが出来る企業こそが、イノベーションに立脚した競争優位性のある能力を得ることになるであろう。

戦略フォーカス・コラムで説明するように、モトローラ社は長年にわたって、高度に革新的な企業であり続けてきた。事実、彼らは重要なイノベーションの努力をしてきたおかげで、ナショナル・メダル・オブ・テクノロジー賞を受賞した。同社は多くの破壊的イノベーション（例えば携帯電話）と漸進的イノベーション（例えば Razr2）を生み出してきた。そしてその Razr は、史上最もたくさん売れた携帯電話である。それに加えて、同社は世界中で研究開発を行っている。それにもかかわらず、近年では同社は不完全な製品ポートフォリオをもつようになり、競合他社によって市場シェアを奪われている。この事例は、企業が成功する上でイノベーションの重大な本質と重要性を示唆している。

21世紀の競争を展望すると、医薬品産業のような、いくつかの産業において競争優位性を獲得し維持していく上で、研究開発は最も決定的な要因になると思われる。グローバルに競争する巨大な既存企業は、競合他社の競争優位を根底から覆すような新技術と新製品とを生み出そうとして、自身の研究所を使おうとする。この方法を使って革新的になることで、多くの産業において企業は、競争優位性を生み出すことができる。長期間にわたる企業の成功にも関わらず、研究開発投資の成果は不確実であり、かつ往々にして短期間では結果が出ないものである。これが意味するのは、企業には研究開発の成果を評価する上で忍耐が求められるということである。

## ● 漸進的イノベーションと破壊的イノベーション

企業は研究開発活動にあたって、2つのタイプの企業内イノベーション、つまり**漸進的イノベーション**（incremental innovation）と**破壊的イノベーション**（radical innovation）とを生み出す。イノベーションのほとんどは漸進的なものである。なぜなら、企業は、通常は既存知識に立脚した研究開発を行い、現行の製品ラインに対して少しだけ改善したものを投入するものだからであ

る。漸進的イノベーションは、本来進化的で直線的である。漸進的イノベーションの市場は明確で、製品のアーキテクチャー（基本設計概念）はよく理解されている。その利幅はたいてい小さく、製品技術は効率的であり、そしてなんといっても競争は製品価格に依存している。石鹸洗剤にこれまでと異なる漂白剤を添加するなどはその一例である。それは過去数十年にわたるテレビの改善のようなものである（白黒テレビからカラーテレビ、オーディオの改善等）。モトローラが発売したRazr2は、漸進的イノベーションの事例である。企業が発売するものは、破壊的イノベーションよりも漸進的イノベーションの方がはるかに多いのである。

漸進的イノベーションに比べて、破壊的イノベーションは、通常、特筆すべき技術的なブレイクスルーを成し遂げ、新しい知識を生み出す。革命的で過去からの延長線上にない性質を持つ破壊的イノベーションは、通常、新市場創造に役立つ新しい技術を利用する。初代のパーソナル・コンピュータ（PC）の開発は、破壊的イノベーションの事例である。「破壊的な新しいコンピュータ・ブレイン・チップ（例えば、1秒間に1兆回もの演算を処理するようなもの）」開発によってもたらされたコンピュータの革新は、破壊的イノベーションとなり得た1つの事例である。明らかに、そのような破壊的イノベーションは、コンピュータの性能に革命をもたらす可能性を持っていた。

ユーザーに新しい機能性を提供するため、破壊的イノベーションには、売上面と利益面で多大な成長を導く潜在能力がある。新しいプロセスの開発は、破壊的イノベーションを作り出す決定的な要素である。この2つのタイプのイノベーションは、どちらも価値を生み出すことができる。つまり、企業は漸進的イノベーションもしくは破壊的イノベーションのどちらに重点を置くかを、適切に決定していかなければならないということである。しかしながら、破壊的イノベーションには、企業が平均を上回る収益性を稼ぎ出す企業の努力に顕著な貢献をする潜在的可能性がある。

破壊的イノベーションは、その困難さと開発時に伴うリスクにより、まれにしか起こらない。技術の価値と市場機会は、極めて不確実である。破壊的イノベーションは、新しい知識を生み出し、かつ企業の現行製品や現行の技術知識もいくらかは使うため、創造性が求められる。しかしながら、創造性

## 戦略フォーカス・コラム

### Razr の優位性：
### モトローラの研究開発とイノベーション

　モトローラ社は、ガルビン・マニュファクチャリング・コーポレーションとして設立されて以来、その革新的な製品で知られてきた。事実、1930年に同社は初のカーラジオを市場に投入した。重要なことは、モトローラは1984年に初の携帯電話を開発したことである。2006年、同社は426億ドルの売上高を誇る企業として、フォーチュン100社に名を連ねている。同社はそのイノベーションによって多くの賞を受賞してきた。最近のものを挙げると次の通りである。

　2004年　ナショナル・メダル・オブ・テクノロジー賞
　2006年　IEEE 加盟企業賞
　2006年　CES 優秀賞（家庭内ワイヤレス製品部門の最優秀企業）
　2006年　ITS 研究・イノベーション最優秀賞
　2006年　NANO 50周年記念 発光ディスプレイ技術賞

ホワイトハウスから授与されるナショナル・メダル・オブ・テクノロジー賞は、技術イノベーションにおいて、全米で最も栄誉のある賞である。このメダルはモトローラの技術的貢献に対して授与された。それは、「モバイル・コミュニケーションを社会標準へと押し上げてきた電子ソリューション分野のイノベーション開発における、75年以上に及ぶ技術的偉業とリーダーシップに対しての賞」である。

　しかしながら近年では、おそらくモトローラは、2005年に同社が投入したRazrという携帯電話によって大規模市場を開拓した企業として最も知られている。Razrは、極めて魅力的なデザインの超薄型電話である。事実、それはファッション・アイテムとして有名となり、一時期は1台500ドル以上で売られていた。その人気のおかげで、発売後3年しか経っていない2007年夏には、モトローラは1億台のRazrを販売した。Razrの成功によって、モトローラは、2003年に13%のシェアだった携帯電話市場において、2006年には22%までシェアを高めることができたのである。Razrのような製品を作るために、モトローラは、研究開発部門とそれを補完する部門との複雑な機構を持っている。これらの部門は、新製品のアイデアを練り、それらを検証し、そして最良のものを商品化するためにクロス・ファンクショナル方式を採っている。同社は、北米・中米・南米・欧州・アジアの研究部門とともに、最高の技術の頭脳をグローバルに活用する。これらの研究部門は、技術の最前線で研究開発活動を行っており、近い将来破壊的で新しい製品（例えば特殊な入力用キーパッド）を持つことになるかもしれない。

　モトローラは、技術のリーダーであり続けているが、過去には戦略上の失敗によって苦難の道も歩んできた。つい最近では、モトローラの市場シェアは低下し、サムスン電子に携帯電話メーカーにおけるナンバー2の地位を奪われた。2007年の第1四半期には、同社は赤字に転落した。市場シェア低下の原因は、シェアを高めるために新製品を投入するのではなく、コスト削減と価格引き下げに頼ってしまったためであった。モトローラのCEOであるエド・ザンダーは、このミスを認めた。結果として、競合他社が多くの新製品を投入している間に、モトローラは、弱い製品ポートフォリオで不利な状況に陥ったのである。

戦略フォーカス・コラム

　モトローラは、これらの問題点を是正するために、研究開発プロセスを加速するよう舵を切った。2007年5月、モトローラは、5つの新しい携帯電話を市場に投入した。新製品の中で最も重要なのは、Razr2である。Razr2は、初代Razrよりも流線型を強調し、第3世代のネットワーク技術を含む最新の技術を搭載している。

　過去の悪しき経験を教訓に、モトローラは自らの地位を確固たるものにするため、その他の行動も取った。例えば、モトローラは、シンボル・テクノロジー社を買収した。その目的は、法人向けモビリティ・ソリューション、先進データ・キャプチャ、無線周波数認証等の製品やシステムにアクセスすることであった。それに加えて、同社は、「スマートフォン」市場に参入するため、グッド・テクノロジー社を買収した。最後に、モトローラが次世代サービス（例えばターゲット型広告）を提供できるような能力を構築するために、テレイヨン社を買収した。

出典： Motorola Technology: Global R&D and Software Development Organization, http://www.motorola.com/innovators/pdfs/Motorola-Technology-FactSheet05142007.pdf, fact sheet, accessed September 7; J. Palmer, 2007, Our gadget of the week: A better Razr, *Barron's*, August 27, 87(35): 40; M. Palmer & P. Taylor, 2007, Loss of market share adds to pressure on Motorola chief, *Financial Times*, August 23, 21; P. Taylor, 2007, Gloom over Motorola's results, *Financial Times,* July 19, 23; R. O. Crockett, 2007, Honing the Razr edge: Motorola stops trying to reinvent the wheel, *BusinessWeek*, May 28, 38; R. Martin, 2007, With Razr2, Motorola returns to what's worked before, *Information Week*, May 21, 36; M. Reardon, 2007, Is Motorola's cell phone revamp enough? CNET.com, http://www.news.com, May 15.

は無から有を生み出すわけではない。むしろ創造性とは、既存知識を発掘したり、結びつけたり、あるいは合成したりすることである。しかもそれは、しばしば多様な分野からの知識で行われる。そのためこの知識は、新市場に参入したり、新しい顧客を獲得したり、新しい資源へとアクセスするといった企業家的手法で、有効な新製品を開発するために使われる。そのようなイノベーションは、しばしば社内ベンチャーとして、本業とは距離を置いた事業部門で開発される。

### 図 13.1　企業内ベンチャー活動のモデル

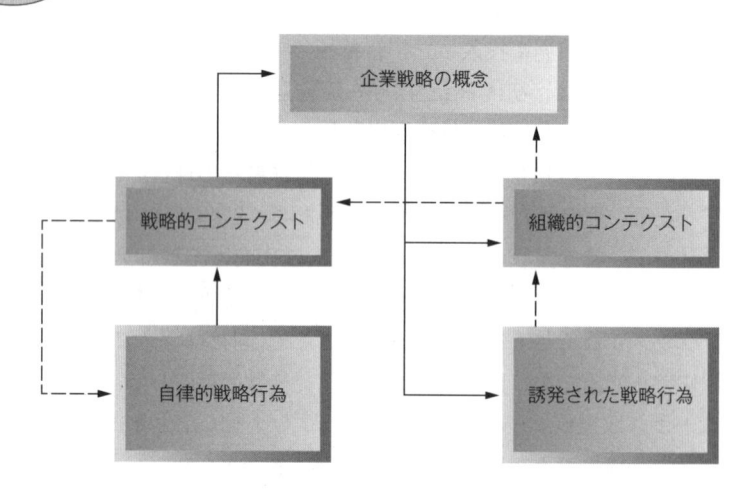

```
              ┌──────────────────┐
              │  企業戦略の概念    │
              └──────────────────┘
                ↑              ↑
                │              ┆
    ┌──────────────────┐  ┌──────────────────┐
    │  戦略的コンテクスト │←┄│  組織的コンテクスト │
    └──────────────────┘  └──────────────────┘
       ↑      ┆              ↑
       │      ┆              │
    ┌──────────────────┐  ┌──────────────────┐
    │   自律的戦略行為   │→│  誘発された戦略行為│
    └──────────────────┘  └──────────────────┘
```

出典：Adapted from R. A. Burgelman, 1983, A model of the interactions of strategic behavior, corporate context, and the concept of strategy, *Academy of Management Review*, 8: 65.

　企業内で開発された漸進的イノベーションと破壊的イノベーションとは、計画的な努力によって成し遂げられるものである。この計画的な努力は、企業内ベンチャー活動と呼ばれる。それは、企業が社内の発明や特にイノベーションを開発するための一連の活動を指す。図13.1に示すように、自律的戦略行為と誘発された戦略行為とは、企業内ベンチャーの2つの類型である。各々の新規事業が漸進的イノベーションと破壊的イノベーションとを促進する。しかしながら、大半を占める漸進的イノベーションが、誘発された戦略行為から生じる一方で、多くの破壊的イノベーションは、自律的戦略行為から生じるのである。

### ● 自律的戦略行為

　**自律的戦略行為**（autonomous strategic behavior）は、製品チャンピオンが新しいアイデアを追求するボトムアップ型のプロセスであり、しばしば社内での政治的なプロセスを経て行われる。そしてそれは、新しい製品やサービスの事業化が市場で成功するまで、組織のメンバーが取り組み、協力する

ことを通じて行われるのである。**製品チャンピオン**（product champion）とは、新しい製品やサービスに対して企業家的なビジョンを持っている組織メンバーのことである。また彼らは、その事業化を支えようとする人々である。製品チャンピオンは、イノベーションを前進させる上で決定的な役割を担う。もちろん、多くの企業では、チャンピオンは、イノベーションのスピードや成功に対して極めて重要な存在として広く認識されている。チャンピオンは、イノベーションが将来事業化されるように、組織内の他の人たちへアイデアを売り込むことに熱心である。共通しているのは、製品チャンピオンが企業内の非公式ネットワークを構築するために、社会的資本を使用することである。進捗するにつれて、これらのネットワークは、イノベーションを事業化が成功するまで後押しする手段として、より公式的になる。自律的戦略行為によって生じた企業内イノベーションは、しばしば企業の現在の戦略とは異なる。それは、新しい市場、そしておそらく顧客や他の利害関係者にとっての価値創造の新しい手段として採り入れられるものである。

　自律的戦略行為は、企業のイノベーションの根源である企業の持つ知識と資源の源泉に立脚している。そのため、企業の技術力と競争力は、新しい製品とプロセスの基礎となる。明らかに、モトローラは、顧客にとってより役に立つ新しい技術や製品が何であるかを見出すために、長年にわたって自律的戦略行為にある程度は依存してきたのである。iPodは、アップルの自律的戦略行為から生まれたようである。しかし、iPhoneの開発は、次項で述べるように、誘発された戦略行為に近かったようである。

　ある製品が戦略的文脈（コンテクスト）と組織的文脈（コンテクスト）で支持される場合、自律的戦略行為を通じて企業戦略の考え方に変化が起きる（図13.1参照）。そのような転換は、アップルにおけるiPod開発とiTunesの投入によって起こった。戦略的側面は、戦略的意思決定に達するために使われるプロセスである（承認されるためには政治的なプロセスが必要となることが多い）。優れた企業は、戦略的文脈と自社の戦略とを変化させ続ける。なぜなら、目前の競争環境が変わり続けているからである。そのために、競争力があり、かつ成功しているたいていの企業は、現在および将来のライバルと長期的に競争していくために、自らの産業を改革するか、もしくは全く新しい産業を生み出すのだと考える人もいる。

新製品開発のための自律的プロセスは、効果的であるためには、新しい知識が企業内のすみずみまで継続的に普及していくことが必要とされる。とりわけ、暗黙知（言葉で表すことのできない知識）の普及は、より効果のある新製品を開発する上で重要なことである。興味深いことに、自律的新製品開発の行動を促進する上で重要ないくつかのプロセスは、企業が事業活動を行っている環境や国によって変化するのである。例えば、日本の文化には、不確実性を極力避けようとする性格がある。実際、日本企業は、低い不確実性の状況下において、より自律的行動を採ろうとすることが研究によって明らかにされてきた。

## ● 誘発された戦略行為

　企業内新規事業の2つの類型における2番目、つまり**誘発された戦略行為**（induced strategic behavior）とは、トップダウン型のプロセスである。そのため、企業の現行の戦略と組織構造が、それらと密接な関係にあるイノベーションを育むのである。この形態の新規事業では、その戦略が組織のそれぞれの階層に浸透する。要は、誘発された戦略行為が、企業の現行の戦略と高い一貫性のある企業内イノベーションをもたらすことである。

　グローバル規模での携帯電話市場において、モトローラの主たる競合他社の1社であるノキアは、新しい携帯電話開発に、誘発された戦略アプローチを採っている。例えば、同社の戦略的ゴールとは、2010年末までに新興国市場を中心に、20億人の新規顧客を追加することである。そのため、中国、ブラジル、インドに分散している同社の研究開発部門は、各地域の文化にとって重要かつ魅力的な特質（例えばデザイン上の特徴）と、フィンランドにある本社研究開発部門によって開発された主要な技術を統合している。おもしろいことに、これらの設計チームは、技術者だけでなく、人類学者や心理学者を含んでいる。彼らは、携帯電話の設計（ないしは新しい技術の必要性）にとって重要と思われる行動パターン変化の初期の兆候を求めて、文化や行動について研究している人たちである。彼らはとりわけ、その国固有のトレンドに敏感である。ノキアにおけるこれらの活動やアプローチは、グローバル市場においてナンバーワンの地位を維持することを意図したものなのである。

## 企業内イノベーションの実行

　イノベーティブ（革新的）になるため、そして成功する企業内ベンチャーを推進するためには、企業家的思考態度が必要である。環境面や市場面の不確実性を評価する時、そのような評価をすることは企業家的思考態度の主要な構成要素なのだが、個人や企業は、イノベーションを事業化するために積極的にリスクを採ることを行動で示すのである。彼らは継続的に機会を見出そうとしなければならないが、その一方で最良の機会を選別し、追求しなければならなく、それも規律を守ってやるのである。企業家的思考態度を採ることにより、新製品や新しい市場を開発するのみならず、実行を重視することにもなる。しばしば、企業は、経営者が企業家的になりイノベーションを事業化するよう、インセンティブを与えるものである。

　企業内ベンチャーの成果を企業がうまく実行に移し、イノベーションを事業化できるようにプロセスや組織構造を適切に整えることは、企業にとり極めて重要である。もちろん、イノベーションの市場投入に成功するということは、実行の有効性を反映している。企業内ベンチャーでは、経営者は資源の配分、活動の調整、組織内の多くの部門との意思疎通等を行わねばならず、そして自律的戦略行為もしくは誘発された戦略行為の結果であるイノベーションを、市場参入の成功という形に変換するための、一連の意思決定をしなければならない。第11章で述べたように、組織構造とは、経営者がイノベーションを事業化するために使うプロセスを支援する、一連の公式的な関係なのである。

　イノベーションのプロセスに含まれるさまざまな機能の効果的統合、すなわちエンジニアリングから製造、そして最終的には市場流通までの統合には、企業内ベンチャーがもたらす漸進的イノベーションと破壊的イノベーションの実行が求められる。製品開発チームは、他部門の機能と関連する活動をますます統合するようになってきている。そのような統合には、イノベーションを最大化するために、異なる機能分野の知識や能力を調整し、適用することが含まれる。どのプロジェクトが事業化され、どのプロジェクトが幕を閉じなければならないのかについて意思決定するのを、チームは助けなければ

ならない。イノベーション志向のプロジェクトでは、情緒的な深い関与が時として見られるため、プロジェクトを終了させることは困難である。しかし、イノベーションが当初想定していたような価値を生み出せなくなるといった状況の変化が起こったとき、成果を上げるチームはその状況を認識するものである。

## ● クロス・ファンクショナル製品開発チーム

　クロス・ファンクショナル・チーム（cross-functional team：機能部門横断的チーム）の採用によって、設計、製造、マーケティングのように異なる組織機能が結びつけられた活動を統合する努力が促進される。加えて、クロス・ファンクショナル・チームが効果的に機能するならば、新製品開発のプロセスは、もっと迅速に完遂されることが可能となり、製品の市場投入は、もっと容易になる。クロス・ファンクショナル・チームの採用により、製品開発段階は、同時並行的またはオーバーラップ型のプロセスへと編成される。そしてこのようなプロセスによって、企業は製品開発の努力を、自らの独自なコアコンピタンスと市場のニーズへと合わせることができるようになる。

　さまざまな組織機能にまたがるイノベーション志向の諸活動を統合する取り組みにおいて、クロス・ファンクショナル・チームの利用は、水平的な組織構造によって支援されている。そのため組織は、垂直的かつ階層的な機能や部門として設計されるのではなく、イノベーションを促進し管理するための核になる、水平型のプロセスを中心に構築される。イノベーションの取り組みにとって決定的な核になる水平型のプロセスの中には、公式的なものも存在する。例えば、手続きや習慣として定義づけられたり、文書化されたりするような場合である。しかしながら、より共通して言えることは、これらのプロセスは非公式だということである。すなわち、それらは長い期間にわたって発展していく、ルーチン（決められた仕事）もしくは仕事の方法である。往々にして目に見えないが、非公式なプロセスは、成功するイノベーションにとって重要な意味を持っており、それらのプロセスは、当然のことながら、垂直的な組織構造よりも水平的な組織構造によってもっと適切に支援されるのである。

　組織機能の統合の手段として、クロス・ファンクショナル・チームの効果

的利用を妨げるかもしれない2つの主要な障壁は、チーム・メンバー各々の属性と組織内政治である。はっきりと専門化された（例えば特定の組織機能）環境下で働いているチーム・メンバーは、通常共通の経歴や経験に依拠した各々独自の背景をもつであろう。彼らは、例えば製品開発活動にまつわる問題を評価するとき、自らの機能部門の中で行うような、同じ意思決定基準を用いる可能性が高い。研究によって示唆されるのは、機能部門は、4つの次元に沿って分類されるということである。それは、時間志向、人間関係志向、目的志向、そして組織の形式である。そのため、これら4つの次元上異なる方向性を持った異なる機能部門からやってきた個々人には、各々異なる方法から製品開発活動を評価することが期待されていることになる。例えば設計技術者であれば、製品が機能的で、動作可能なことが、最も重要な製品特性であると考えるかもしれない。他方、マーケティング部門出身者ならば、顧客ニーズを満足させるような特徴を最も重視するだろう。これらの異なる方向性が原因で、機能間にまたがる効果的な意思疎通を妨げる障壁が生み出され、時にはチーム内にコンフリクトさえ発生させてしまう恐れが出てくるのである。

　組織内政治は、クロス・ファンクショナル・チームにおける効果的な統合を妨げる2番目の潜在的障壁である。いくつかの組織では、かなりの政治的活動が、異なる機能に資源を配分することに重点を置く。部門内のコンフリクトが、異なる組織の機能を代表する者たちの間での、内部資源を巡る攻撃的な競争行為の結果生じる。機能間で繰り広げられる機能不全のコンフリクトは、その統合において障壁を生み出す。過剰な政治的コンフリクト無しに、そしてタスク専門化や効率にとって必要不可欠な基本的な組織特性を変えること無しに、クロス・ファンクショナル・チームの統合を達成するような解決策が、見出されなければならない。

## ● 統合とイノベーションの促進

　クロス・ファンクショナルな統合を達成することとイノベーションの実行にとって、価値観の共有と効果的なリーダーシップは重要である。極めて効果的な価値観の共有は、企業のビジョンとミッションとを取り囲むように構築され、そして機能部門間の統合を促進する接着剤になる。そのため、結束

力の向上と企業内イノベーションは組織文化によって促進される。

　戦略的リーダーシップもまた、クロス・ファンクショナルな統合を達成し、イノベーションを促進する上でかなり重要である。リーダーは目標を設定し、資源を配分する。その目標には、新しい製品やサービスを統合的に開発し、事業化することが含まれている。成果を上げる戦略的リーダーは、クロス・ファンクショナルな統合を促進するための質の高いコミュニケーションの仕組みも実現する。効果的なコミュニケーションによってもたらされる極めて重要な利点とは、チーム・メンバー間で知識が共有されることである。効果的なコミュニケーションはそのため、チーム・メンバー間におけるシナジー（相乗効果）の創造を助け、組織内の隅々にまで、彼らのイノベーションに対するコミットメントを醸成する。価値観の共有とリーダーシップの実践は、新製品の開発と事業化を支援するために作られたコミュニケーションの仕組みを形成する。

## ● 企業内イノベーションからの価値創造

　図 13.2 のモデルが示すのは、企業はいかにして、企業内ベンチャーのプロセスから価値を創造しうるかということである。そのプロセスとは、企業が新しい製品やサービスを開発および事業化するために利用しているものである。経営者と従業員が、新しい製品・サービス・市場を開発することによって、企業が追求可能なアントレプレナーシップ（企業家活動）の機会をなんとしても見出そうとしていくためには、企業家的思考態度が必要不可欠である。クロス・ファンクショナル・チームは、統合された新製品の設計案、そしてその次に控える実行に対するコミットメントを促進する上で重要となる。効果的なリーダーシップと価値観の共有によって、イノベーションおよび、それへのコミットメントのための、統合とビジョンが促進されるのである。企業にとっての最終的な結果とは、新製品の開発および事業化を通じて、顧客と株主の価値を創造することである。われわれが受け入れなければならないのは、すべての企業家的取り組みが成功するわけではないということである。そしてそれは、効果的な経営が伴っていても然りである。経営者は時に、価値の減少を避けるためには市場からの撤退をも決意しなければならない。

　次に、企業がイノベーション活動を行う他の手法、すなわち協調戦略と企

### 図 13.2　企業内イノベーション・プロセスによる価値創造

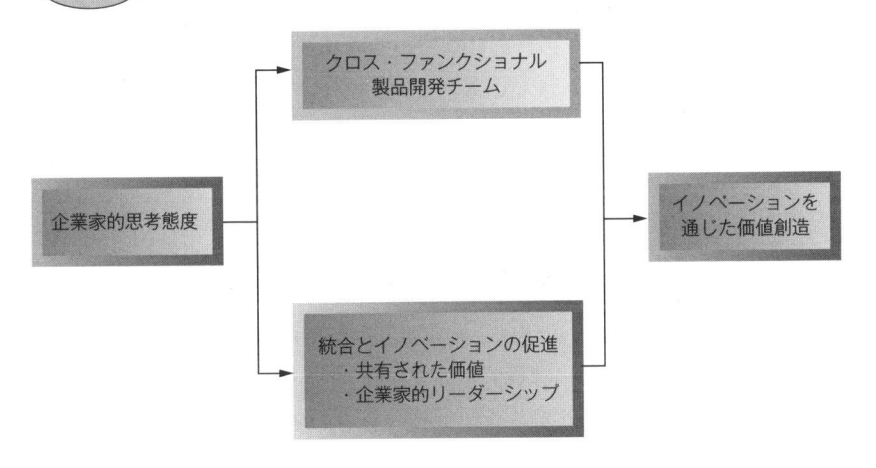

```
企業家的思考態度 → クロス・ファンクショナル製品開発チーム
               → 統合とイノベーションの促進
                  ・共有された価値
                  ・企業家的リーダーシップ
               → イノベーションを通じた価値創造
```

業買収を通じたイノベーションについて述べる。

## 協調戦略によるイノベーション

　事実上すべての企業が、経営資源（例えば人的資本や社会的資本）の広がりや深さの点で不足を感じている。それら資源とは、市場ニーズを満たし競争を維持するために、企業内部で十分な数のイノベーションを開発するのに求められる研究開発活動で必要とされるものである。そのため企業は、イノベーションを生み出すのを助ける外部資源の利用に門戸を開かねばならない。他の企業との提携は、さまざまな点でイノベーションに貢献する。第一に、提携によって、新しいビジネスの機会といかにそれを有効活用するかという情報がもたらされる。別の例では、将来のイノベーションにつながる潜在性を持つ補完資産と考えられる経営資源を確保するために、企業は協調戦略を採る。

　21世紀の激しい競争環境における、目まぐるしい技術変化、グローバリ

ゼーション、および世界水準のイノベーションの必要性などが、他社と協調してイノベーションを生み出すという企業の意思決定に対する主要な影響要因である。イノベーションのために協調戦略を採る企業のスキルや知識は、技術志向になりやすいとされている。また、21世紀の激しい競争環境のもとで競争していく上で、技術やその応用がいかに企業の選択に対して影響を与え続けているかということを示唆する事実がある。確かに、これらの条件があるため、グローバル経済の中でうまく競争する糸口として、企業はますます協調戦略に頼るようになっていると信じる人もいる。伝統ある古参企業のIBMですら、21世紀の環境下で競争力を維持していくのに欠かせないイノベーションを創造するためには、他社の力を借りねばならないことを学んできた。2002年、IBMの半導体ビジネスは、10億ドルの損失を計上した。そのためIBMは大変革を決意した。同社は自らのイノベーションのプロセスをオープン化し、協調のためにはあらゆるパートナーを招き入れることを決めた。同社は、セルという半導体の開発のため、ソニー、東芝、アルバニー・ナノテク社をパートナーとした。また同社は、処理性能に優れる半導体、すなわちセルの製造プロセスに関する研究開発をAMD社やフリースケール社とともに行っている。そして同社は、コンピュータ用半導体の科学的ブレイクスルーを達成するための、次世代材料やプロセスの実用化に関する研究を行っている、数多くの企業もパートナーにしている。そのプロセスは決して単純ではなかったものの、2007年時点のIBMには、同社とともにイノベーションに取り組むために、10億ドルにも及ぶ自社経営資源を投下してくれるようなパートナーがいくつもあったのである。

　企業家的な企業も伝統ある企業も、イノベーションのために協調戦略（例えば戦略的提携やジョイント・ベンチャー）を採っている。例えば企業家的な企業は、必要な投下資本だけではなく、市場に自社の革新的な製品をうまく紹介するための既存企業が保有する流通能力も探し求めているかもしれない。その代わりに、より社歴の長い既存企業は新しい技術知識を必要としているかもしれないので、企業家的ベンチャーと協調戦略を形成することで、それを得ることが可能となるのである。巨大な医薬品メーカーとバイオ・テクノロジー企業との提携は、新製品開発とそれらを市場投入できるよう、両社の知識や資源を統合することを目的に形成されてきた。

戦略的提携は重要であるため、とりわけ新技術開発やイノベーションの事業化においては、企業は提携のネットワークを構築し始めている。そのネットワークは、企業にとって一種の社会関係資本となっている。他社と関係を持つことで形成される社会関係資本の構築により、企業はイノベーションの開発に欠かせない知識やその他の資源にアクセスすることができる。企業は、これらの提携からもたらされる知識を使うことによって、新しい組織能力の開発が可能となる。今や、社内の新製品開発プロセスに他社が参加することさえ厭わない企業も存在する。例えば、企業が、自社サプライヤーをクロス・ファンクショナル・チームの代表にすることも珍しくはない。なぜなら、サプライヤーが提供する良質の原料・素材は、いかなる新製品においても不可欠なものだからである。

　しかしながら、イノベーションを目的として形成される提携は、リスクと無縁ではない。企業が共通の目標を目指して協働しようとする時に不可避となる意見の不一致の存在に加えて、協調戦略の参加者は次のようなリスクにも晒される。それは、パートナーが提携を通じて他社の技術や知識を盗用しようとしたり、それらをパートナー自身の競争力を高めることに使おうとしたりすることである。このリスクを回避し、もしくは少なくとも最少化するためには、企業（特に新興企業）は、パートナー選択を慎重に行う必要がある。理想的なパートナーシップとは、企業同士が相互補完的な能力を持ち、共通の戦略的目標があることである。しかしながら、企業は企業間ネットワーク内で行動しており、そのため同時に複数の提携に参加しているかもしれないので、提携マネジメントに関して、企業は難問に出くわすのである。研究によって明らかにされてきたのは、企業はあまりに多くの提携に関与し過ぎているということである。そのため、多すぎる提携に関わることは、イノベーションの組織能力を高めるという効用よりも、それによる害の方が大きくなる可能性がある。したがって、イノベーションを創造するためには、協調戦略を効果的にマネジメントすることが何よりも大事となる。

　戦略フォーカス・コラムで説明したように、ホール・フーズ社は革新的で成功している企業である。しかしながら、すべてのイノベーションがホール・フーズ社の従業員と経営者だけの手で開発されたわけではない。ある革新的なコンセプトは、ロード・アンド・テイラー社（デパート）とホール・フー

ズ社（食品スーパー）との提携の結果、実現したものである。ともに参加する再開発事業において、両社はデパートとスーパーの共同事業を行っている。ホール・フーズ社は、戦略フォーカス・コラムで列記したように、数多くの企業買収を行ってきた。その結果、現在ホール・フーズ社が顧客に提供するのは、本業の成長（企業内イノベーション）、共有資源（提携）、そして買収した製品群と店舗立地（企業買収）の成果である。

## ■ 企業買収を通じたイノベーション

　企業は、イノベーションやイノベーティブ（革新的）な組織能力を得るため、他社を買収することがある。企業がこれらの買収を行う理由の1つとして、資本市場が成長を高く評価することがあげられる。企業買収という手段を使うことによって、企業は時間をかけずに製品ラインナップを1つないしそれ以上増やすことができ、そして売上を増やせる。企業買収はそのような理由から進められるが、そこには戦略的合理性がある。例えば近年、いくつかの巨大医薬品メーカーは、成長力を高める等のいくつかの理由から企業買収を進めてきた。しかしながら、同産業における企業買収の第一の理由は、一貫してイノベーション（つまり事業化可能な新薬）の獲得であり続けてきた。このようにして、製薬会社は新製品の供給パイプを強化している。

　企業内ベンチャーや戦略的提携の場合と同じなのだが、企業買収は、イノベーションに取り組む上でリスクと無縁な手段ではないということである。企業買収にまつわるリスクの最たるものは、企業が社内でイノベーションを創造する替わりに、イノベーションを外部から買ってくるようになるということである。この論点を支持するものとして、買収に依存する企業は、新製品をほとんど市場に投入していないという研究結果がある。この買収を通じたイノベーションの失敗は次のような理由で起こる。すなわち、買収志向の企業は戦略のコントロール（統制）を失い、代わりに既存の事業部門と特に買収した事業部門の財務的コントロールに焦点をあてるようになるからである。

## 戦略フォーカス・コラム

### ホール・フーズ社は本当にイノベーションを特異な手段で獲得しているのか？

　ホール・フーズ社は、無添加、有機栽培の食品を売るスーパーマーケットの草分けであり、ほとんど独力で有機栽培食品という言葉をありふれた言葉にした。ホール・フーズ社は、1980年にテキサス州オースティンで有機栽培食品を扱う小さな小売店として産声をあげた。2006年には、同社の店舗網は300店を超えており、56億ドルの売上があった。現在同社は、世界最大の無添加食品の小売店となっている。取扱品目は1,500点以上で、そのうち3分の2が生鮮食品である。

　長年にわたり、ホール・フーズ社は、数多くの独自製品とコンセプトを提供してきた。そして同社は、この産業において文句なしのトップ企業である。同社の店舗に投入される新しい製品やコンセプトの大半が、社内で考案し開発されたものである。例えば2005年、ホールフーズ社は、ライフサイクル・ストアと名付けられた新しい独立運営型店舗を開発した。そこでは、衣類から家庭用品まで幅広い分野に及ぶ、環境にやさしい商品が売られている。その製品はすべて有機素材からできている。例えば、レノール・バッグ（小花柄バッグ）やトート・バッグ（口の

開いた大きなバッグ)は、電話帳の古紙とその他のリサイクル素材からできている。その店舗では、乳幼児向けの有機素材でできた衣類も扱っており、その他にも個人や家庭で必要となるものを提供する部門がある。

しかし、同社が投入する新製品のすべてが、社内で考案されたものではない。例えば、ホール・フーズ社は、アレグロ・コーヒー社を買収し、高品質コーヒー市場へと参入した。アレグロ・コーヒー社は、今やホール・フーズ社の全店で販売されている。同様に2007年には、同社はコネティカット州スタンフォードの再開発事業で一役買うために、ロード・アンド・テイラー社(大手デパート)と提携した。両社は、シックというデパートとヒップというスーパーを統合することで、顧客が独特のショッピングを体験できるよう協力している。両社はともに、独自性のある、品揃えを補完する販売の機会を得たと確信している。

同社は、主として内部成長によって大きく成長してきた無添加食品の小売店である。興味深いことに、同社は長い期間をかけて、数多くの特筆すべき企業買収を成し遂げてきた。アレグロ・コーヒー社に加えて、ホール・フーズ社は以下のような企業を買収した。それは、ウェルスプリング・グロウスリー社、ブレッド・アンド・サーカス社、ミセス・グーチ社、フレッシュ・フィールズ社、ブレッド・オブ・ライフ社、アムリオン社、マーチャント・オブ・ヴィーノ社、ホールピープル・ドット・コム社の電子商取引子会社、ネイチャーズ・ハートランド社、フード・フォー・ソウト社、ハリーズ・ファーマーズ・マーケット社、セレクト・フィッシュ社、フレッシュ・アンド・ワイルド社、タイニー・トラピーズ社、そしてつい最近では、ワイルド・オーツ社である。確かなことは、これらのビジネスによってホール・フーズ社は、単に成長し、新しい顧客や販路を得たのみならず、同社のポートフォリオに新製品を追加することができたということである。ホール・フーズ社は国際市場へと参入するため、イギリスの小さな無添加食品チェーンを買収した。その後2007年、ホール・フーズ社は、同社初となる巨大小売アウトレット(直販)店を新しくロンドン市内に開設した。

さまざまな提携や企業買収を行ってきたにもかかわらず、ホール・フーズ社は今なお革新的な企業である。ホール・フーズ社はシカゴ店内

にレストランを開いたが、そこで提供しているディナーの評判が大変良かったため、同社は現在、他の店舗にもレストランを開くようにしている。そのレストランは、同社の店内で売られている有機栽培食材の販売促進にも貢献している。興味深いことに、ホール・フーズ社は 1998 ～ 2007 年の間、最も従業員満足度の高い企業としてリストアップされ続けている。

出　典：2007, Whole Foods Market, Inc., http://www.hoovers.com/company-information, September 2; 2007, Whole Foods Market, Inc., http://www.wikipedia.org, September 2; 2007, Whole Foods, http://www.wholefoodsmarket.com, September 2; K. Field, 2007, Vertically championed, *Chain Store Age*, August, 83(8): 158; S. Armstrong, 2007, Make way for Big Organic, *New Statesman*, April 2, 136(4838): 32; D. Desjardins, 2005, Whole Foods goes Hollywood with Lifestyle store, *DSN Retailing Today*, November 7, 44(21): 4; D. Howell, 2005, Whole Foods goes whole hog with landmark Austin store, *DSN Retailing Today*, October 10, 44(5): 3.

　われわれは第 7 章において、企業は買収した会社からも新しい組織能力を学ぶことができることに言及している。そのため、企業は買収した会社からイノベーションを創造するための組織能力を獲得するかもしれない。加えて、イノベーションを大切にし、買収時には同じくイノベーション志向の企業を慎重に選択するような企業であれば、その革新性は変わらないだろう。同様に、買い手側の企業が、買収された会社が自社に統合された後も生産的であり続け、かつイノベーションを創造し続けていくことができるよう、買収した会社の技術能力をうまく統合していかねばならないのである。シスコ・システムズは、買収した技術力のある会社をうまく統合し続けている企業である。シスコの経営者は、買収した会社の主力人材を失わないよう最大限配慮している。なぜなら、彼ら主力人材は、多くのイノベーションの源であると経営者は理解しているからである。
　次に、これまで述べてきたように、戦略的アントレプレナーシップがいかに利害関係者のための価値創造に役立つかということを評価し、本章の結びとする。

## ■ 戦略的アントレプレナーシップ（企業家活動）を通じての価値創造

　より新しい企業家的企業はたいてい、企業家活動の機会の探索に関して、既存企業よりも効果的である。そのため、企業家的ベンチャーは、相方のより大規模な大手企業よりも破壊的なイノベーションを創出するものである。企業家的ベンチャーの戦略的柔軟性と積極的にリスクを採ろうとする姿勢によって、彼らの機会を見出す能力と、そして機会に乗じるため破壊的イノベーションを開発する能力を、少なくとも部分的には説明することができる。

　その代わりに、大規模で地位を確立した企業の場合はたいてい、見出された機会を活かす上で、より多くの経営資源と組織能力とを保有している。社歴の長い企業が通常は優位性追求の面で優れる一方、若くて企業家的な企業の場合、一般的には戦略的アントレプレナーシップによる機会追求の面で優れている。しかしながら、21世紀の激しい競争環境のもとで効率的な競争をしていくためには、企業は単に機会を見つけて活用していくだけではなく、それと同時並行して、競争優位性を獲得し維持していかねばならないのである。そのため相対的な基準から見れば、新しい企業家的企業は、競争優位性（優位性を追求する行為）をいかに獲得するかを学習しなければならず、そして歴史のある既存企業は、企業家的機会（機会を追求するスキル）をいかに見出すかを学習しなければならない。

　いくつかの巨大な組織においては、これらの問題に即した行動が採られている。例えば、ウィリアムズ・ソノマ社、ウェンディーズ・インターナショナル社、アストラゼネカ社、チョイス・ホテル社などの、広く知られた大企業のますます多くは、新規事業（エマージング・ブランド）担当の、普通、社長もしくは執行役副社長と呼ばれる新しいトップレベルの経営管理ポストを新設してきた。これらのポジションにある人にとって欠かせない職務とは、自身の会社のために企業家的機会を見つけ出すことである。見出された機会を追求するための意思決定が行われるとき、前述のポジションにある人は、イノベーションを内部開発すべきか、協調的なベンチャーによって追求すべきか、あるいは企業買収をするべきかの意思決定に必要な分析を指揮するこ

とになろう。その目的とは、企業が漸進的イノベーションと破壊的イノベーションとをうまく展開できるように、手助けすることである。

　企業家的であるためには、企業は、経営管理者と従業員の中に、企業家的思考態度を開発せねばならない。経営管理者は、特に人的資本と社会関係資本のマネジメントに力を入れなければならない。機会を見出し活用するため、同様に競争優位性を獲得し維持するための知識の重要性から示唆されるのは、企業は強力な人的資本を持っていなければならないということである。国内外の市場で有利に競争するために、パートナーの持つ補完的な資源へアクセスすることにとって、社会関係資本は極めて重要である。

　多くのアントレプレナーシップの機会は、国際市場において表面化し続けているが、それは、企業の意欲が国際的アントレプレナーシップへの取り組みに役立っているという事実の証左である。新しいグローバル市場へと参入することで、企業は、新技術や経営管理の実際を学習し、そして企業全体へ知識を普及させることが可能となる。さらには、企業の得る知識は、自身のイノベーションに寄与する。国際市場で事業を行う企業は、以前よりも革新的になる傾向があるということが、これまでの研究によって明らかにされてきた。企業家的ベンチャーと大企業は現在、絶えず国際市場に参入している。効率的に競争していくためには、双方の企業ともに革新的でなければならない。したがって、資源（人的資本と社会関係資本）の開発、国内外市場における機会の有効活用、および、革新的になるためにこれらの市場から得た資源と知識の利用等により、企業は競争優位性を獲得することになる。また、企業がそれを行う過程において、彼らは顧客と株主の価値を創造するのである。

　戦略的アントレプレナーシップを実践している企業の存在は、その国の経済発展に貢献する。事実、アイルランド等のいくつかの国は、国内でのビジネスにおける制度上のルールを変えることで、これまでに劇的な経済発展を遂げてきた。このアプローチは、制度に依存したアントレプレナーシップの一形態として理解されうる。同様に、自社の技術を業界標準にしようとし、そしてまた制度に依存したアントレプレナーシップの代表たらんとする企業は、戦略的アントレプレナーシップに取り組んでいる。なぜなら、業界標準の策定は、企業に競争優位性をもたらすからである。

アントレプレナーシップは、その経済的重要性と個別企業の動機に後押しされ、グローバルレベルで増え続けていることが研究によって明らかにされている。さらには、これまでよりも多くの女性が起業家（訳者注：この項では新しいベンチャーを興す企業家を指すので、以下起業家とする）になりつつある。その要因として、アントレプレナーシップによってもたらされる経済的な機会と個人の自立が挙げられる。最近の研究によって明らかにされたのは、今やすべての起業家のうち、実に3分の1が女性だということである。例えばアメリカでは、起業家のうち最も早いスピードで増加している集団は女性である。将来、アントレプレナーシップは、富の蓄積が十分でない国を豊かにし、現在すでに豊かな国には持続的な経済成長を可能とするかもしれない。いずれにせよ、戦略的アントレプレナーシップの実践を選んだ起業家的ベンチャーと既存大企業とは、21世紀における勝者となるだろう。

　機会を見出した後、企業家は、彼らの所属する企業にとってコアコンピタンスと競争優位性の基礎となりうる組織能力の開発にあたらねばならない。機会を見出すプロセスは、それ自体が企業家的ではあるが、それだけでは、富を最大化することはおろか、長期間にわたって企業が存続することすらままならないのである。第3章において学んだように、機会をうまく活かすには、価値があり、稀少で、模倣に費用がかかり、かつ代替不可能な組織能力を企業は開発しなければならない。組織能力がこれら4つの基準を満たすならば、企業には、見出された機会を活用するための、1つないしそれ以上の競争優位性を持つことになる（第3章を参照）。競争優位性が無ければ、企業の成功は一過性のものとなるであろう（第1章を参照）。その開発に際して、市場の将来の見通しが織り込まれているならば、イノベーションは、その登場初期には価値があり、稀少なものである。しかしながら、新製品を市場に投入し、競争優位を獲得するために競合他社に対して自社の市場地位を防衛するときにこそ、競争行動を取らなければならない。これら一連の行動は、戦略的アントレプレナーシップを表しているのである。

第13章　戦略的アントレプレナーシップ

## 要約　　*Summary*

■ 戦略的アントレプレナーシップ（企業家活動）とは、戦略的見通しを用いて企業家的な行動をとることである。戦略的アントレプレナーシップに取り組む企業は、同時に、機会追求行為と優位性追求行為にも取り組んでいる。その目的は、継続的に新しい機会を見つけ出し、そしてそれを活用して素早くイノベーションを創り出すことである。

■ アントレプレナーシップ（企業家活動）とは、個人やグループが、現在支配する経営資源によって直ちに制約されることなく、企業家的な機会を見出すために用いるプロセスである。企業内アントレプレナーシップは、アントレプレナーシップ（企業家活動機会の識別作業を含む）の、現在活動する既存組織の内部への応用である。企業家的機会とは、新しい製品やサービスが市場ニーズを満たすことができるような状況を意味する。アントレプレナーシップは、個別企業の業績および国々の経済成長を刺激するのに、ますます積極的に貢献するようになっている。

■ 企業は、3つのタイプのイノベーション活動に取り組む。それは、①発明：新しい製品やプロセスを創造する行動、②イノベーション：発明を商品として事業化するプロセス、③模倣：他企業によって開発済みのよく似たイノベーションの採用、である。発明とは何か新しいことを形にすることであるが、他方、イノベーションとは何か新しいものを実際に使えるようにすることである。

■ アントレプレナー（企業家）には企業家的機会が見えており、彼らはそれについて考えを巡らせている。その後彼らは、それらを利用してイノベーションを開発するための行動を起こす。最も成功する企業家（彼ら自身がベンチャーを立ち上げるか、既存組織で働いているかは関係ない）には、企業家的思考態度がある。それは、市場の不確実性を前提に、潜在的な機会を利用可能なものとして重視するという姿勢である。

■ 国際的アントレプレナーシップは、企業の国内市場の外に企業家的機会を見出し、活用するプロセスであり、世界中の企業にとって重要となっている。研究によれば、国際的アントレプレナーシップに効果的に取り組む能力がある企業は、国内市場だけで競争する企業よりも業績が優れている。

■ 3つの基本的アプローチが、イノベーション創出に利用されている。①企業内イノベー

ション：研究開発と企業内ベンチャーの形成とを含むもの、②戦略的提携のような協調戦略、そして③企業買収の3つである。自律的戦略行為と誘発された戦略行為は、企業内ベンチャーの2つの形態である。自律的戦略行為とは、製品チャンピオンによってイノベーティブ（革新的）な製品やサービスの事業化が促進されるというボトムアップ型プロセスのことである。他方、誘発された戦略行為とは、企業の現行の戦略および組織構造によって製品およびプロセスのイノベーションの開発と実施が促進されるという、トップダウン型プロセスのことである。そのため、誘発された戦略行為は、既存の企業戦略や組織構造によって決定されるが、他方で、自律的戦略行為は、企業の現在の戦略と組織構造の配置に変化をもたらすことができるのである。

- 自律的戦略行為もしくは誘発された戦略行為の、いずれかの形態でなされる企業内イノベーションを通じて、企業は漸進的イノベーションと破壊的イノベーションという2つのタイプのイノベーションを創造する。概して、企業は漸進的イノベーションを創出することの方が多いが、破壊的イノベーションの方が顕著な売上高や利益の増加をもたらす、より大きな可能性を持っている。クロス・ファンクショナル（機能部門横断的）な統合は、企業内ベンチャー活動を開発し実施し、結果として生み出されたイノベーションを事業化することといった企業努力にとって、ますます不可欠になっている。加えて、価値観の共有を醸成し、戦略的リーダーシップを効果的に利用することによって、統合とイノベーションは促進される。

- 複雑なグローバル経済の中で、イノベーション活動を行うのにしばしば必要となる専門的な知識へのアクセス手段を得るため、企業は他社との戦略的提携のような協調的関係を構築する。そして、その他社の中には、競合他社が含まれるかもしれないのである。

- 企業買収とは、企業がイノベーション獲得のために利用するもう1つの手段である。直接的な企業買収を通じて、イノベーションを獲得することができる。あるいは、企業は買収によって、新しい組織能力を学習することができる。その結果、企業内イノベーションの能力は、より強化されることになる。

- 大企業であれ小企業であれ、新興企業であれ伝統企業であれ、あらゆるタイプの企業による戦略的アントレプレナーシップの実践は、すべてのステークホルダー（利害関係者）の、とりわけ株主と顧客の価値を創造することになる。戦略的アントレプレナーシップはまた、各国の経済発展に貢献するのである。

## 第13章 戦略的アントレプレナーシップ

# 重要用語　　　　　　　　　　　　　　　　　　*key words*

- **戦略的アントレプレナーシップ**（strategic entrepreneurship）とは、戦略的視野で企業家的行動をとることである。

- **企業内アントレプレナーシップ**（corporate entrepreneurship）とは、既存企業におけるアントレプレナーシップの活用あるいは適用である。

- **アントレプレナーシップ**（entrepreneurship）とは、個人あるいはグループが現在コントロールしている資源によっては直接的に制約されていない企業家活動の機会を特定し、追求するプロセスのことである。

- **企業家活動の機会**（entrepreneurial opportunity）とは、新製品や新サービスが市場におけるニーズを満足させるような状況のことである。

- **発明**（invention）とは、新製品や新しい生産工程を創造するか、あるいは開発する行為である。

- **イノベーション**（innovation）とは、発明から実用化される製品を創りだすプロセスである。

- **模倣**（imitation）とは、異なる企業による類似のイノベーションの適用である。

- **企業家**（entrepreneur）とは、独立して行動する個人であるか、もしくは組織の一部として行動する個人であり、企業家活動の機会を観察し、そしてそれを追求するためにイノベーションを生み出すリスクを取る。

- **企業家的思考態度**（entrepreneurial mind-set）の備わった人は、市場の不確実性を重んじ、そして重要なイノベーションへ繋がりそうな潜在性のある機会を継続的に探し出そうとする。

- **国際的アントレプレナーシップ**（international entrepreneurship）とは、企業が競争優位性を得るために、国内市場の外にある機会を創造的に発見したり、利用したりするた

めのプロセスである。

## 復習問題　*Review questions*

1. 戦略的アントレプレナーシップとは何か。企業内アントレプレナーシップとは何か。
2. アントレプレナーシップとは何か。企業家的な機会とは何か。なぜそれは、21世紀の激しい競争環境における企業の競争にとって重要なのか。
3. 発明、イノベーション、模倣とは何か。どのようにこれらの概念は相互に関連しているのか。
4. アントレプレナーとは何か。企業家的思考態度とは何か。
5. 国際的アントレプレナーシップとは何か。なぜそれは重要なのか。
6. どのようにして企業は社内でイノベーションを開発するのか。
7. イノベーションを創出し、イノベーティブ（革新的）な組織能力にアクセスするため、どのようにして企業は協調戦略を利用するのか。
8. 企業は、生み出すイノベーションの数を増やし、そのイノベーションを創出するための組織能力を改善するために、どのようにして他社を買収するのか。
9. 戦略的アントレプレナーシップは、どのように企業の価値創造に役立っているのか。

# 索引

## <かな>

### あ行

| | |
|---|---|
| I/Oモデル | 9, 22, 46 |
| アウトソーシング | 139, 146, 414 |
| アウトソーシング契約 | 385 |
| アクティビスト | 449 |
| アクティビスト株主 | 436 |
| アクティビズム | 437 |
| アセシング | 60, 64 |
| アップル | 18 |
| アフィリエーション | 158 |
| アマゾン | 62, 158 |
| アントレプレナー | 570 |
| アントレプレナーシップ | 568, 599 |
| 暗黙知 | 156 |
| 暗黙的共謀 | 397, 414 |
| イーベイ | 370 |
| イケア | 184, 334 |
| 異質なトップ・マネジメント・チーム | 532, 560 |
| 5つの競争要因 | 58, 80 |
| 一般環境 | 57, 65, 104 |
| イノベーション | 569, 570, 599 |
| インテル | 542 |
| インプット | 341 |
| インフラストラクチャー | 341 |
| インベストメント・バンカー | 305 |
| ウォーレン・バフェット | 315 |
| ウォルト・ディズニー | 179, 411, 545 |
| ウォルマート | 13, 53, 172, 216 |
| 受入国 | 334, 352 |
| エアバス | 3 |
| エージェンシー関係 | 428, 467 |
| エージェンシー・コスト | 433, 468 |
| エージェント | 428 |
| SBU型組織 | 496, 518 |
| X世代 | 161 |
| M型組織 | 486, 518 |
| エンプロイー・バイアウト | 326 |
| 欧州連合 | 351 |
| 大株主 | 435, 468 |
| オフショア・アウトソーシング | 365 |
| オラクル | 290 |

### か行

| | |
|---|---|
| 海外への外部委託 | 365 |
| 外国企業であることの不利 | 14, 349 |
| 全社レベルのコアコンピタンス | 279 |
| 買い手の交渉力 | 87, 171 |
| 外部環境 | 57, 103 |
| 外部環境分析 | 60 |
| 価格掠奪者 | 226 |
| カスケードファニチャー | 185 |
| カスタマイズ | 83 |
| 価値 | 146 |
| 価値がある組織能力 | 131, 146 |
| 価値連鎖分析 | 135 |
| 株主アクティビズム | 459 |
| カリブ・コーヒー | 181 |
| 監査役会 | 456 |
| 官僚的なコントロール（統制） | 311, 325 |
| 関連型企業買収 | 294 |
| 関連拘束型戦略 | 492 |
| 関連拘束型多角化戦略 | 247 |
| 関連多角化 | 245 |
| 関連連鎖型戦略 | 496 |
| 関連連鎖型多角化戦略 | 248 |
| 機会 | 60, 104 |
| 機会最大化 | 412 |
| 機関所有者 | 436, 468 |
| 企業家 | 570, 599 |
| 企業家活動の機会 | 568, 599 |
| 企業合併 | 288, 326 |
| 企業家的思考態度 | 547, 571, 599 |
| 企業コントロールの市場 | 449, 455, 468 |
| 企業市民 | 102 |
| 企業全体のバイアウト | 322, 326 |
| 企業戦略 | 44, 243, 279 |
| 企業統治 | 424, 467 |
| 企業内アントレプレナーシップ | 567, 599 |
| 企業買収 | 289, 326 |
| 技術 | 15 |
| 技術的なセグメント | 72, 105 |
| 技術変化 | 15 |
| 希少な組織能力 | 146 |
| 機能別組織 | 485, 518 |
| 規模の経済（性） | 82, 393 |
| ギャップ | 159 |
| キャンベルスープ | 528 |
| 脅威 | 61, 105 |
| 業界 | 80 |
| 業界環境 | 57, 58, 104 |
| 業界環境分析 | 80 |
| 競合企業 | 236 |
| 競合企業環境 | 57 |
| 競合企業間の敵対関係の激しさ | 89 |
| 競合企業情報 | 99, 105 |
| 競合企業との敵対関係 | 170 |
| 競合企業分析 | 59, 205 |
| 競争型組織 | 497, 519 |
| 競争行動 | 214, 237 |
| 競争削減型戦略 | 397, 415 |
| 競争削減型提携 | 415 |
| 競争の行為 | 202, 236 |
| 競争のダイナミクス | 202, 236 |
| 競争反応 | 214, 237 |
| 競争反応型戦略 | 395, 415 |
| 競争優位 | 7, 48 |
| 協調型組織 | 492, 518 |
| 協調戦略 | 416 |
| 共謀戦略 | 414 |
| 業務提携 | 385, 414, 416 |
| グーグル | 77, 563 |
| グリーンフィールド・ベンチャー | 359, 373, 374 |
| グルッポ | 321 |
| グレイハウンド・ライン | 169 |
| グローバリゼーション | 12 |
| グローバル・アウトソーシング | 14 |
| グローバル経済 | 11, 48 |
| グローバル・セグメント | 74, 105 |
| グローバル戦略 | 346, 372, 373, 374, 505 |
| グローバルな思考態度 | 114, 146 |
| グローバル・ニッチ市場 | 76 |

| | | |
|---|---|---|
| クロス・ファンクショナル・チーム | 584 | |
| クロス・ボーダー型（戦略）提携 | 404, 415, 417 | |
| 経営幹部報酬 | 442, 443, 468 | |
| 経営資源 | 29, 49, 119 | |
| 経営者の機会主義 | 430, 468 | |
| 経営者の継承 | 536 | |
| 戦略的経営のプロセス | 43 | |
| 経営の裁量権 | 530 | |
| 経済環境 | 68, 105 | |
| 経済セグメント | 68 | |
| 経済的リスク | 369, 373 | |
| 系列 | 458 | |
| 現地化の比率 | 334 | |
| 権力 | 533 | |
| コアコンピタンス | 29, 49, 128, 162 | |
| 行為者 | 225 | |
| 効果的な戦略的リーダーシップ | 540 | |
| 恒久的なイノベーション | 15 | |
| 後発参入者 | 220, 237 | |
| 合弁企業 | 414 | |
| 合弁事業 | 382, 416 | |
| コーポレート・ガバナンス | 424, 467 | |
| ゴールデン・パラシュート | 451, 452 | |
| コカ・コーラ | 126, 572 | |
| 顧客関係管理 | 191 | |
| 国際環境内のリスク | 368 | |
| 国際協調戦略 | 415 | |
| 国際事業戦略 | 341 | |
| 国際全社戦略 | 344, 372 | |
| 国際戦略 | 333, 340, 374 | |
| 国際的アントレプレナーシップ | 572, 599 | |
| 国際的企業家活動 | 572 | |
| 国際的多角化 | 365, 373, 374 | |
| コスト最小化 | 412 | |
| コスト集中戦略 | 184 | |
| コスト・リーダーシップ戦略 | 23, 168, 196 | |
| コスト・リーダーシップ戦略を実行するための機能別組織 | 488 | |
| コスト・リーダーシップと差別化の統合戦略 | 164, 187, 196 | |
| コスト・リーダーシップと差別化の統合戦略を実行するための機能別組織 | 491 | |
| コダック | 383 | |
| コマツ | 355 | |
| コングロマリット | 248 | |
| コングロマリット・ディスカウント | 262 | |

## さ行

| | | |
|---|---|---|
| サーベンス・オクスリー法 | 434, 463 | |
| 最高経営執行責任者 | 40 | |
| 再編成 | 264 | |
| 財務的コントロール | 481, 518, 551 | |
| 財務の経済性 | 259, 279 | |
| サウスウエスト航空 | 164 | |
| サプライヤーの交渉力 | 86, 172 | |
| 差別化集中戦略 | 185 | |
| 差別化戦略 | 24, 174, 196 | |
| 差別化戦略を実行するための機能別組織 | 490 | |
| ザラ | 188 | |
| 産業 | 80 | |
| 産業構造分析 | 46 | |
| 産業構造分析モデル | 9, 22 | |
| 産業または業界 | 105 | |
| 参入障壁 | 82 | |
| CEOの会長兼任 | 534 | |
| 支援活動 | 136, 146 | |
| 事業規模縮小 | 316, 325 | |
| 事業戦略 | 44, 154, 196 | |
| 事業単位の協調戦略 | 390, 417 | |
| 事業の再編成 | 315, 325, 327 | |
| 事業範囲の縮小 | 320, 326 | |
| 事業部制組織 | 486, 518 | |
| 資源の類似性 | 208, 237 | |
| 資源ベース・モデル | 9, 29, 46 | |
| 市場依存 | 226 | |
| 市場支配力 | 254, 279, 289 | |
| 市場の共通性 | 207, 237 | |
| シスコ・システム | 299 | |
| シナジー | 272, 279, 307 | |
| シナジー型（戦略）提携 | 401, 417 | |
| 支配的事業に基づく多角化戦略 | 247 | |
| 資本関係のある戦略的提携 | 382, 414, 416 | |
| 資本関係のない戦略的提携 | 385, 414, 416 | |
| 資本市場のステークホルダー | 35, 38 | |
| 資本提携 | 382, 414, 416 | |
| 資本の必要性 | 84 | |
| 社会関係資本 | 546, 561 | |
| 社外取締役 | 439 | |
| 社外の経営者雇用市場 | 536, 560 | |
| 社会文化的なセグメント | 70, 105 | |
| 社内の経営者雇用市場 | 536, 560 | |
| ジャンク債 | 305 | |
| 上海汽車工業 | 329 | |
| 集中戦略 | 167, 180, 196 | |
| 受託製造業者 | 257 | |
| 主要活動 | 136, 146 | |
| ジョイント・ベンチャー | 382, 414, 416 | |
| 使用許諾契約 | 354 | |
| 情報化時代 | 17 | |
| 情報ネットワーク | 191 | |
| 所得配分 | 68 | |
| 所有と経営コントロールの分離 | 427 | |
| 所有の集中 | 435, 468 | |
| 自律的戦略行動 | 580 | |
| 新規完全所有子会社 | 359, 373 | |
| 新規参入 | 173 | |
| 新規参入の脅威 | 81 | |
| 人口規模 | 65 | |
| 新興経済国 | 296 | |
| 人口動態セグメント | 65, 105 | |
| 人種構成 | 67 | |
| 人的資本 | 543, 560 | |
| 垂直型企業買収 | 294 | |
| 垂直・水平相互補完型戦略提携 | 392 | |
| 垂直・水平相互補完型提携 | 415 | |
| 垂直相互補完型戦略提携 | 391 | |
| 垂直統合 | 255, 279 | |
| スイッチング・コスト | 84 | |
| 水平型企業買収 | 293 | |
| 水平相互補完型戦略提携 | 392 | |
| スイング世代 | 160 | |
| スキャニング | 60, 61 | |
| スタートアップ | 567 | |
| スターバックス | 406, 571 | |
| スティール・パートナーズ | 459 | |

# 索引

ステークホルダー　9, 35, 47, 49, 425, 464
ステークホルダー資本主義　460
ストック・オプション　448, 451
スピンオフ　320
スミス＆ウェッソン　260
成果を上げる戦略的リーダー　526
政治的／法的セグメント　69, 105
政治的リスク　368, 373
製品市場のステークホルダー　35, 38
製品多角化　415
製品チャンピオン　581
製品の差別化　83
政府の政策　85
世界製品事業部制組織　505, 519
世界地域別組織　501, 519
セメックス　157, 347
ゼロックス　503
先行者　215, 237
全社戦略　44
全社的協調戦略　400, 417
全社レベルのコアコンピタンス　253
戦術的行動　214, 237
戦術的反応　214, 237
漸進的イノベーション　575
戦略　6, 48
戦略グループ　93, 105
戦略的アントレプレナーシップ　566, 599
戦略的競争力　6, 46, 48
戦略的経営のプロセス　8, 46, 48
戦略的行動　214, 237
戦略的コントロール　325, 479, 518, 551
戦略的事業単位　345
戦略的柔軟性　21, 49
戦略的中核企業　407
戦略的提携　356, 373, 416
戦略的な中核企業　510
戦略的ネットワーク　510
戦略的反応　214, 237
戦略的方向の決定　541, 560
戦略的リーダー　9, 40, 47, 49
戦略的リーダーシップ　525, 560
戦略と組織構造の関係　482
戦略と組織構造の成長パターン　484
総合的品質管理システム　192, 196
相互補完型（戦略）提携　391, 415, 417
組織構造　474, 518
組織コントロール　479, 518, 551
組織能力　29, 49, 125
組織のステークホルダー　35, 39
組織文化　41, 49, 547, 561, 565
組織文化の変革　549
SOX法　434, 463

## た行

代替製品の脅威　88
大競争　11
代替製品　173
代替不可能な組織能力　133, 146
ダイムラー　317
多角化型戦略提携　400, 417
多国籍企業　12
多数市場での競争　202, 236
タタ・グループ　321
タタ・スチール　306
多地点競争　255, 279
単一事業組織　485, 518
単一事業多角化戦略　246
地域化　350
地域分布　67
知識　21
知的資本　526
チャンドラー　476
中途半端　193
長期インセンティブ報酬　443
直接投資　331
地理の多角化　415
追随者　219, 237
提携ネットワーク　408
適正評価　304
敵対的な競争関係　201, 236
敵対的買収　289, 326, 452
撤退障壁　92
デュー・ディリジェンス　304
デル　156, 199
ドイツのコーポレート・ガバナンス　456
投資銀行　305
投資銀行家　305
投資利益率　336
トップ・マネジメント・チーム　531, 560
トップレベルの経営管理者　529
トヨタ　142, 360
ドラゴン企業　75
トランスナショナル戦略　347, 372, 374, 507
取締役会　438, 441, 468

## な行

二層構造の取締役会　456
日産　393
ニッチ　86
日本のコーポレート・ガバナンス　457
任務　475
ネットフリックス　25, 211
ネットワーク型協調戦略　407, 415, 417
年齢構成　66

## は行

バークシャー・ハサウェイ　314
バーチャルな統合　257
ハーレーダビッドソン　86
買収　357, 373
買収戦略　325
ハイパーコンペティション　11
ハイブリッド戦略　193
破壊的イノベーション　575
破壊的な技術　16
発明　570, 599
バランス・スコアカード　552, 561
バリューチェーン　169
バリューチェーン分析　135
パワー　533
範囲の経済性　251, 279, 393
非関連多角化戦略　248
非関連多角化戦略を実行するための競争型事業部制組織　497
ビジョン　9, 31, 32, 33, 47, 49
ヒューレット・パッカード　156, 199
現代自動車　120
評判　225
品質　222, 237
ファイブ・フォーシズ　23

603

|  |  |
|---|---|
| フォーキャスティング | 60, 63 |
| 不確実性削減型戦略 | 396, 415 |
| 複合組織 | 507, 519 |
| プライベート・エクイティ | 318 |
| プライベート・エクイティ投資会社 | 322 |
| プライベート・エクイティ・ファンド | 450 |
| プライベート・シナジー | 307 |
| フランチャイジング | 402, 415, 417 |
| フリー・キャッシュフロー | 268 |
| プリンシパル | 428 |
| フレキシブル生産システム | 190 |
| プロクター・アンド・ギャンブル | 241 |
| ブロックバスター | 25, 211 |
| 分散型戦略的ネットワーク | 515 |
| 平均的収益性 | 8, 48 |
| 平均を上回る収益性 | 8, 46, 48 |
| 米州機構 | 351 |
| サーベンス・オクスリー法 | 463 |
| ベスト・バイ | 477 |
| ヘッジ・ファンド | 450 |
| ペットスマート | 151 |
| ベビーブーム世代 | 160 |
| ペプシコ | 126, 335, 543 |
| 変革型リーダーシップ | 527 |
| 変化の周期が遅い市場 | 227, 237, 387, 388, 414 |
| 変化の周期が速い市場 | 229, 238, 387, 388, 389, 414 |
| 変化の周期が標準の市場 | 232, 238, 387, 388, 389, 414 |
| ボーイング | 3 |
| ホームデポ | 444 |
| ホール・フーズ | 591 |
| 補完者 | 101, 105 |
| 北米自由貿易協定 | 351 |
| ポルシェ | 557 |
| ホンダ | 86 |

## ま行

|  |  |
|---|---|
| マーケット・セグメンテーション | 159, 196 |
| マス・カスタマイゼーション | 83 |
| マトリックス組織 | 495 |
| マネジメント・バイアウト | 326 |
| マルチドメスティック戦略 | 345, 372, 373, 374, 501 |
| ミッション | 9, 31, 33, 47, 49 |
| 無形資源 | 21, 122, 146 |
| 明示的共謀 | 397 |
| 明示的共謀戦略 | 414 |
| メインバンク関係 | 458 |
| モトローラ | 575, 577 |
| モニタリング | 60, 63 |
| 模倣 | 570, 599 |
| 模倣に費用がかかる組織能力 | 132, 146 |

## や行

|  |  |
|---|---|
| 有形資源 | 21, 122, 146 |
| 誘発された戦略行為 | 582 |
| 輸出 | 352, 373 |
| ユナイテッド・テクノロジーズ | 299 |
| ユナイテッド・パーセル・サービス | 303 |
| ユニーク | 83 |

## ら行

|  |  |
|---|---|
| ライセンシング | 354, 373 |
| ライフサイクル | 333 |
| リアル・オプション | 548 |
| リーチ | 157 |
| 利益プール | 42, 49 |
| リスク | 48 |
| リストラクチャリング | 264 |
| リッチネス | 158 |
| 立地の優位 | 339 |
| リバース・エンジニアリング | 336 |
| 流通チャネルへのアクセス | 85 |
| リレーションシップ資本主義 | 460 |
| 倫理慣行 | 102 |
| 倫理的実践の重視 | 549 |
| 倫理的な戦略的リーダー | 550 |
| 倫理的配慮 | 102 |
| ルクソッティカ | 260 |
| ルノー | 393 |
| レクサス | 174 |
| レバレッジド・バイアウト | 321, 326 |
| ロバート・タルボット | 175 |

## <欧字>

### A

|  |  |
|---|---|
| above-average returns | 8, 48 |
| access to distribution channels | 85 |
| acquisition | 289, 326, 357 |
| actor | 225 |
| affiliation | 158 |
| agency cost | 433, 468 |
| agency relationship | 428, 467 |
| alliance network | 408 |
| assessing | 64 |
| Aufsichtsrat | 456 |
| autonomous strategic behavior | 580 |
| average returns | 8, 48 |

### B

|  |  |
|---|---|
| balanced scorecard | 552, 561 |
| bargaining power of buyers | 87 |
| bargaining power of suppliers | 86 |
| barrier to entry | 82 |
| board of directors | 438, 468 |
| BRICs | 296 |
| bureaucratic controls | 311 |
| business-level cooperative strategy | 390, 417 |
| business-level strategy | 44, 154, 196 |

### C

|  |  |
|---|---|
| capability | 29, 49, 125 |
| capital requirements | 84 |
| chief executive officer | 40 |
| combination structure | 507, 519 |
| competitive action | 214, 237 |
| competitive advantage | 7, 48 |
| competitive behavior | 202, 236 |
| competitive dynamics | 202, 236 |
| competitive form | 497, 519 |
| competitive response | 214, 237 |
| competitive rivalry | 201, 236 |
| competitor analysis | 59 |
| competitor intelligence | 99, 105 |
| competitors | 236 |
| complementary strategic alliance | 391, 417 |
| complementor | 101, 105 |

索引

| | | |
|---|---|---|
| conglomerate 248 | equity strategic alliance 382, 416 | induced strategic behavior 582 |
| cooperative form 492, 518 | EU 351 | industrial organization model 22 |
| cooperative strategy 416 | executive compensation 442, 468 | industry 80, 105 |
| core competence 29, 49, 128, 162 | exporting 352 | industry environment 58, 104 |
| corporate citizen 102 | external managerial labor market 560 | innovation 569, 570, 599 |
| corporate entrepreneurship 567, 599 | | institutional owners 436, 468 |
| corporate governance 424, 467 | **F** | intangible resource 122, 146 |
| corporate-level cooperative strategy 400, 417 | fast-cycle market 229, 238, 388 | integrated cost leadership/differentiation strategy 187, 196 |
| corporate-level core competence 253, 279 | financial controls 481, 518 | intensity of rivalry among competitors 89 |
| corporate-level strategy 44, 243, 279 | financial economy 259, 279 | internal managerial labor market 560 |
| cost leadership strategy 168, 196 | first mover 215, 237 | international diversification 365, 374 |
| costly-to-imitate capability 132, 146 | focused cost leadership strategy 184 | international entrepreneurship 572, 599 |
| cost minimization 412 | focused differentiation strategy 185 | international strategy 333, 374 |
| CRM 191 | focus strategy 180, 196 | invention 570, 599 |
| cross-border strategic alliance 404, 417 | forecasting 63 | IO model 22 |
| cross-functional team 584 | franchising 402, 417 | |
| CVS 290 | functional structure 485 | **J** |
| | | joint venture 382, 416 |
| **D** | **G** | JT 284 |
| demographic segment 105 | GE 471, 541 | junk bond 305 |
| determining the strategic direction 560 | general environment 57, 104 | |
| differentiation strategy 174, 196 | generic 155 | **L** |
| distributed strategic networks 515 | global economy 11, 48 | large-block shareholders 435, 468 |
| diversifying strategic alliance 400, 417 | global mind-set 114, 146 | late mover 220, 237 |
| downscoping 320 | global segment 74, 105 | LBO 321, 322, 326 |
| downsizing 316 | global strategy 346, 374, 505 | leveraged buyout 322 |
| due diligence 304 | GM 337 | liability of foreignness 14, 349 |
| | government policy 85 | licensing 354 |
| **E** | greenfield venture 359, 374 | |
| EBO 322, 326 | grupo 321 | **M** |
| economic environment 68, 105 | | management buyout 322 |
| economies of scale 82 | **H** | managerial opportunism 430, 468 |
| economies of scope 251, 279 | heterogeneous top management team 532, 560 | market commonality 207, 237 |
| employee buyout 322 | horizontal acquisition 293 | market dependence 226 |
| entrepreneur 570, 599 | horizontal complementary strategic alliance 392 | market for corporate control 449, 468 |
| entrepreneurial mind-set 571, 599 | host country 334, 352 | market power 254, 279, 289 |
| entrepreneurial opportunity 568, 599 | human capital 543, 560 | market segmentation 159, 196 |
| entrepreneurship 568, 599 | hypercompetition 11 | mass customization 83 |
| | | matrix organization 495 |
| | **I** | MBO 322, 326 |
| | IBM 96, 377, 588 | merger 288, 326 |
| | imitation 570, 599 | M-form structure 518 |
| | incremental innovation 575 | |

605

| | | |
|---|---|---|
| mission | 33, 49 | |
| MNC | 12 | |
| monitoring | 63 | |
| multidivisional structure | 486, 518 | |
| multidomestic strategy | 345, 374, 501 | |
| multimarket competition | 202, 236 | |
| multi-national corporation | 12 | |
| multipoint competition | 255, 279 | |

### N
| | |
|---|---|
| NAFTA | 351 |
| network cooperative strategy | 407, 417 |
| new wholly owned subsidiary | 359 |
| nonequity strategic alliance | 385, 416 |
| nonsubstitutable capability | 133, 146 |

### O
| | |
|---|---|
| OAS | 351 |
| opportunity | 60, 104 |
| opportunity maximization | 412 |
| organizational control | 479, 518 |
| organizational culture | 41, 49, 547, 561, 565 |
| organizational structure | 474, 518 |
| outsider | 439 |
| outsourcing | 139, 146 |
| ownership concentration | 435, 468 |

### P
| | |
|---|---|
| perpetual innovation | 15 |
| P&G | 241 |
| political/legal segment | 69, 105 |
| price predator | 226 |
| primary activity | 136, 146 |
| private equity firm | 322 |
| private synergy | 307 |
| product champion | 581 |
| product differentiation | 83 |
| profit pool | 42, 49 |

### Q
| | |
|---|---|
| quality | 222, 237 |

### R
| | |
|---|---|
| radical innovation | 575 |
| rare capability | 146 |
| reach | 157 |
| regionalization | 350 |
| related acquisition | 294 |
| related constrained strategy | 492 |
| related linked strategy | 496 |
| reputation | 225 |
| resource | 29, 49, 119 |
| resource similarity | 208, 237 |
| restructuring | 315, 327 |
| return on investment | 336 |
| richness | 158 |
| risk | 48 |

### S
| | |
|---|---|
| SAP | 290 |
| SBU | 345, 518 |
| scanning | 61 |
| second mover | 219, 237 |
| simple structure | 485, 518 |
| slow-cycle market | 227, 237, 387 |
| social capital | 546, 561 |
| sociocultural segment | 70, 105 |
| stakeholder | 35, 49 |
| standard-cycle market | 232, 238, 388 |
| strategic action | 214, 237 |
| strategic alliance | 356, 416 |
| strategic business unit form | 496, 518 |
| strategic center firm | 407, 510 |
| strategic competitiveness | 6, 48 |
| strategic control | 479, 518 |
| strategic entrepreneurship | 566, 599 |
| strategic flexibility | 21, 49 |
| strategic group | 93, 105 |
| strategic leaders | 40, 49 |
| strategic leadership | 525, 560 |
| strategic management process | 8, 48 |
| strategic network | 510 |
| strategic response | 214, 237 |
| strategy | 6, 48 |
| stuck in the middle | 193 |
| support activity | 136, 146 |
| switching cost | 84 |
| synergistic strategic alliance | 401, 417 |
| synergy | 272, 279, 307 |

### T
| | |
|---|---|
| tactical action | 214, 237 |
| tactical response | 214, 237 |
| takeover | 289, 326 |
| tangible resource | 122, 146 |
| technological segment | 72, 105 |
| threat | 61, 105 |
| threat of new entrants | 81 |
| threat of substitute products | 88 |
| top-level manager | 529 |
| top management team | 531, 560 |
| total quality management | 192, 196 |
| TQM | 192, 196 |
| transformational leadership | 527 |
| transnational strategy | 347, 374, 507 |

### U
| | |
|---|---|
| UPS | 303 |

### V
| | |
|---|---|
| valuable capability | 131, 146 |
| value | 146 |
| vertical acquisition | 294 |
| vertical complementary strategic alliance | 391 |
| vertical integration | 255, 279 |
| vision | 32, 49 |

### W
| | |
|---|---|
| whole-firm buyout | 322 |
| worldwide geographic area structure | 501, 519 |
| worldwide product divisional structure | 505, 519 |

## 監訳者あとがき

　原著はアメリカの大学、大学院で最も使用され、8版を重ねる戦略論のベストセラー・テキストである。本書の特徴は、理論を現実のビジネスに対比させながら、戦略の概念が網羅的にわかりやすく解説されている点にある。グローバル競争環境下の具体的な企業ケースを踏まえて、3人の経営学界で活躍する代表的な研究者たちが、理論面で最新の研究成果を取り入れて体系化している。スタンダードな理論と最新の研究成果、具体的な企業の事例がバランスよくまとめられた類書にない特徴を持つ、良くできたテキストである。このような特徴から本書は、大学の上級やMBAの学生だけではなく、実社会で経営戦略に興味を持つ社会人にも最適の戦略経営の標準的なテキストになっている。

　2009年8月シカゴで開催され数千人が参加したAcademy of Management学会で、監訳者の久原が、著者の代表者で世界的に有名な、同学会前会長のヒット教授と面談し、日本での本書の翻訳を報告し、日本の読者への前書きを依頼した。ヒット教授によれば、「米国で毎年5～6万部がでるベストセラー・テキストの本書は、その内容がグローバルで、わかりやすい内容となっていることから、世界10カ国で翻訳されている。有力国の中では日本だけが翻訳がなかったので、大変にうれしい。経営学界では、このテキストに論文が引用されたら、研究上の論文引用実績になることで有名で、普通は学術専門誌での論文引用しかこの引用件数には含まれないので、このテキストがいかに学術的にも評価の確立したものであるかを示すものである」とのことであった。

　われわれは、この評価の高い原著を、日本最初の本格的国際大学の立命館アジア太平洋大学の学部とMBAの"Corporate Strategy"で、長年テキストとして用いてきた。その関係で、出版社のセンゲージ・ラーニング日本支社より、本書の翻訳を持ちかけられた。膨大なテキストでもあり、われわれの手には負えないことから、立命館大学、九州大学の各分野の専門の先生方に各章の翻訳をお願いすることにし、監訳者が全体を統一し調整することとした。監訳者と編者は、各訳者からの原稿を統一調整するために10回以上の打ち合わせの作業を行った。なお読みにくい点や誤りがあれば監訳者の責任である。

　この翻訳にあたっては、立命館大学の翻訳メンバーの諸調整を肥塚浩教授にご助力いただいた。また、センゲージ・ラーニング・ジャパン社の松村社長、編集者の大河内さほさんはじめ多くの方にお世話になった。心からお礼を申し上げる。

2010年4月

久原　正治

横山　寛美

● 監訳者略歴

久原　正治（くはら　まさはる）

九州大学大学院経済学研究院教授（経営政策講座）。
慶応義塾大学経済学部卒業、青山学院大学大学院国際ビジネス修士、立命館大学経営学博士、1972年日本長期信用銀行入行、シカゴ支店長等を経て、1999年立命館大学経営学部教授、2001年立命館アジア太平洋大学経営管理研究科教授、2007年10月より現職。この間シンガポール・マネジメント大学客員教授、ソフィア総合経済大学(ブルガリア)大学院客員教授、デポール大学（シカゴ）経営大学院客員講師。
主要著書に『日本の若者を世界に通用する人材に』学文社、2009年、『新版銀行経営の革新』学文社、2001年。

横山　寛美（よこやま　ひろみ）

立命館アジア太平洋大学客員教授、株式会社アドウェイズ常勤監査役。
一橋大学商学部卒業、1965年日本長期信用銀行入行、コロンビア大学大学院ビジネス・スクール留学、長銀ロサンゼルス支店長、英バークレイズ信託銀行(日本)社長等を経て、2006年より現職、経営戦略論、国際経営論、国際金融市場論。
主要著書に『経営戦略　ケーススタディ』シグマベイスキャピタル社、2009年、『ケースで学ぶ経営戦略』シグマベイスキャピタル社、2004年。

● 訳者略歴

1・2章担当 … 横山　寛美（監訳者略歴参照）

3章担当……… 久原　正治（監訳者略歴参照）
　　　　　　　椎名　由美子（しいな　ゆみこ）

ビジネス英語翻訳者。東京女子大学文理学部英米文学科卒。青山学院大学国際ビジネス修士。

4章担当……… 善本　哲夫（よしもと　てつお）

立命館大学経営学部准教授。同志社大学商学部卒。同志社大学大学院商学研究科博士後期課程終了。
代表論文：共著；Junjiro Shintaku, Koichi Ogawa, Tetsuo Yoshimoto, "Architecture-based approaches to international standardization and evolution of business models," International Standardization as a Strategic Tool., IEC 2006.

5・6章担当 … 守　政毅（もり　まさき）

立命館大学経営学部准教授。九州大学経済学部卒。九州大学経済学府博士後期課程単位取得退学、九州大学経済学博士。

代表論文:「中国東北三省における日中企業の戦略的提携の可能性」、『立命館国際地域研究』第28号、2008年12月。

7章担当 ……… 樋原　伸彦（ひばら　のぶひこ）

立命館大学経営学部准教授。東京大学教養学部教養学科国際関係論分科卒。コロンビア大学Ph.D。
代表論文:"Grandstanding and Venture Capital Firms in Newly Established IPO Markets" (Journal of Entrepreneurial Finance and Business Ventures)2004.

8・9章担当 … 徳田　昭雄（とくだ　あきお）

立命館大学経営学部准教授。立命館大学経営学部卒。立命館大学経営学博士。
主要著書:『グローバル企業の戦略的提携』ミネルヴァ書房、2000年

10章担当 …… 近藤　まり（こんどう　まり）

同志社大学大学院ビジネス研究科教授（前立命館アジア太平洋大学教授）。同志社大学文学部卒、京都大学大学院人間・環境学研究科博士。
代表論文:Mari Kondo "Management in the Philippines," in eds. Harukiyo Hasegawa and Carlos Noronha, Asian Business & Management – Theory, Practice and Perspectives, New York: Palgrave Macmillan. 2009.

11章担当 …… 河　知延（は　ちょん）

近畿大学産業理工学部准教授。延世大学校商経大学卒。九州大学経済学博士。
代表論文:「イノベーション理論の展開と企業によるイノベーション能力の構築」『経営ビジネス学科論集』近畿大学産業理工学部、2009年

12章担当 …… 小久保　みどり（こくぼ　みどり）

立命館大学経営学部教授。東京大学文学部卒。東京大学大学院社会学修士。
主要著書:共編著『マネジメント論』ナカニシヤ出版、2009年

13章担当 …… 肥塚　浩（こえづか　ひろし）

立命館大学経営学部教授。立命館大学大学院経済学研究科博士後期課程単位取得退学。立命館大学経営学博士。
主要著書:『現代の半導体企業』ミネルヴァ書房、1996年

2010年6月10日　第1刷発行

## 戦略経営論
―競争力とグローバリゼーション

著　者　　マイケル A. ヒット
　　　　　R. デュエーン・アイルランド
　　　　　ロバート E. ホスキソン

監　訳　　久原　正治
　　　　　横山　寛美

発行者　　松村　達生

発　行　　センゲージ ラーニング株式会社
　　　　　〒102-0073
　　　　　東京都千代田区九段北1-11-11　第2フナトビル5階
　　　　　TEL.03(3511)4390　　FAX.03(3511)4391

　　　　　　　　　　　　〒113-0033　東京都文京区本郷6-16-2
発　売　　㈱同友館　　TEL.03(3813)3966
　　　　　　　　　　　　FAX.03(3818)2774
　　　　　　　　　　　　http://www.doyukan.co.jp/

本文デザイン・組版 (有) トライアングル／印刷・製本：株式会社 恒陽社印刷所活版事業部
落丁・乱丁本はお取り替えいたします。

ISBN 978-4-496-04675-9　　　　　　　　　　　　　Printed in Japan

本書の内容を無断で複写・複製（コピー）、引用することは、特定の場合を除き、著作者・出版社の権利侵害となります。